El pasado, presente y FUTURO de México

El pasado, presente y FUTURO de México

RICARDO ANAYA

DEBATE

El papel utilizado para la impresión de este libro ha sido fabricado a partir de madera
procedente de bosques y plantaciones gestionadas con los más altos estándares ambientales,
garantizando una explotación de los recursos sostenible con el medio ambiente y beneficiosa para las personas.

El pasado, presente y futuro de México

Primera edición: septiembre, 2020
Primera reimpresión: octubre, 2020
Segunda reimpresión: diciembre, 2020
Tercera reimpresión: febrero, 2021
Cuarta reimpresión: julio, 2021

D. R. © 2020, Ricardo Anaya Cortés

D. R. © 2021, derechos de edición mundiales en lengua castellana:
Penguin Random House Grupo Editorial, S. A. de C. V.
Blvd. Miguel de Cervantes Saavedra núm. 301, 1er piso,
colonia Granada, alcaldía Miguel Hidalgo, C. P. 11520,
Ciudad de México

penguinlibros.com

ISBN: 978-607-319-804-2

Impreso en México – *Printed in Mexico*

A Carolina, Carmen, Mateo y Santiago

Índice

SEGUNDA PARTE
Pensar los problemas del presente para construir un futuro mejor

Capítulo 4. La lucha contra la corrupción. El caso del Sistema
Nacional Anticorrupción y del Nuevo Sistema
de Justicia Penal

Capítulo 5. La violencia y la delincuencia en México:
en busca de la paz

A manera de entrada

Las elecciones son lecciones. Hoy puedo decirlo con serenidad. Perder una elección es un trago amargo, pero las derrotas pueden ser grandes maestras, si tenemos la humildad para aprender de ellas.

El resultado electoral de 2018 fue para mí una gran oportunidad para madurar y para poner a prueba mi carácter; al final, la vida es eso: caer y levantarse. Y cuando se curan las heridas, uno entiende que vale más una cicatriz, habiéndolo intentado, que tener la piel intacta y haberse quedado sentado. Sé que cometí muchos errores, pero también tengo la convicción de que le puse todo mi corazón y mi esfuerzo: deseaba con toda mi alma servir a México desde la Presidencia de la República. Hay tanto que se puede hacer.

Pasada la elección, viajé con regularidad a Nueva York para dar clases en la Universidad de Columbia, y el resto del tiempo estuve en México, con mi familia, dedicado a estudiar y a escribir este libro.

Decidí tomar distancia de la vida pública, porque creí que era correcto darle espacio a quien ganó la elección por un margen amplio. Creí correcto darle a López Obrador el espacio que se ganó en las urnas. Un espacio que él, por cierto, nunca les dio a quienes le ganaron las dos elecciones anteriores. Dejé pasar el tiempo que consideré suficiente para que las y los ciudadanos pudieran evaluar su trabajo y sus resultados.

Ya han pasado dos años de la elección, y la misma razón que me llevó a alejarme de la vida pública ahora me trae de regreso. Frente a los problemas profundos que se acumulan a gran velocidad, y ante la falta de soluciones eficaces, creo que ahora lo correcto es estar presente, señalar el desastre y, sobre todo, participar activamente para ayudar a remediarlo.

Quienes no votaron por López Obrador mayoritariamente han confirmado lo que ya pensaban: que ese no era el mejor camino para México; y cada vez más personas que le entregaron su voto de confianza ahora están profundamente desilusionadas.

Es difícil negar, con honestidad intelectual, que el balance del gobierno es negativo. En materia económica, aun antes de la pandemia, nuestra economía tuvo su peor desempeño en una década, se desplomó la inversión y el pronóstico ya era negativo. En materia de violencia, el número de homicidios es el más alto desde que existen registros confiables, hace más de 20 años. La voracidad por controlarlo todo ha trastocado severamente la división de poderes y ha llevado al desmantelamiento de órganos autónomos y reguladores. Bajo el argumento de que el presidente dice ser honesto, la corrupción se tolera en su círculo cercano y tres de cada cuatro contratos que celebra el gobierno no se licitan, se otorgan mediante adjudicación directa. Y los recortes presupuestales reflejan el profundo desprecio por la investigación, la cultura y el medio ambiente.

El presidente se ha empeñado en dividir al país, polarizando y fomentando el odio entre los mexicanos. Ha despreciado movimientos genuinos: calificó la Caminata por la Verdad, la Justicia y la Paz como un "show", y también descalificó el movimiento contra la violencia que sufren las mujeres. Finalmente, frente a la peor crisis sanitaria y económica de nuestra generación, el manejo ha sido desastroso.

Las malas decisiones son difíciles de creer vistas en conjunto: tirar a la basura un aeropuerto, construir una refinería cuando la gasolina va de salida, hacer una contrarreforma educativa, cancelar inversiones ya ejecutadas mediante consultas amañadas, privilegiar las energías contaminantes frente a las limpias y renovables, entre muchas otras.

López Obrador tenía todo para promover una verdadera transformación modernizadora: legitimidad, respaldo popular, mayoría legislativa; sin embargo, ha caído víctima de su obsesión por el pasado.

Frente al desastre, ante la gravedad del momento, la pregunta recurrente en toda conversación sobre los problemas de México es ¿qué vamos a hacer? No importa dónde tengan lugar los diálogos: en la familia, en el trabajo, en las comunidades o en las aulas, la pregunta termina siendo esa. ¿Qué vamos a hacer?

Hay quienes piensan que se debe articular un movimiento igual de radical y polarizador que el de la autodenominada cuarta transformación, pero en sentido contrario, incluso al margen de la ley. No lo comparto. Además de ilegal, esa no es una vía eficaz para enmendar el camino y mejorar la vida de la gente.

La respuesta a la pregunta sobre qué vamos a hacer debe, necesariamente, estar dentro del marco legal y ser democrática.

La primera oportunidad para enderezar el rumbo serán las elecciones de 2021. Acrecentar la presencia de la oposición en la Cámara de Diputados es un asunto de justicia y también de necesidad. Es de justicia, porque está documentado que MORENA obtuvo la mayoría de los escaños a base de trampas (ver capítulo 10);[1] y es además necesario por dos razones: primero, para recuperar los equilibrios democráticos. Como dijo Francisco I. Madero hace poco más de un siglo: "Siempre es peligroso para los pueblos dejar todo el poder en manos de un solo hombre".[2] Segundo, para evitar un desastre futuro de proporciones aún mayores al que ya estamos viviendo, particularmente en materia económica. Recordemos que los grandes disparates de los gobernantes populistas de nuestro pasado reciente, como José López Portillo y Luis Echeverría, no ocurrieron al inicio del sexenio, sino una vez que la terca realidad los había alcanzado: cuando la larga cadena de errores cobra factura es que vienen los dislates mayores. La Cámara es el dique de protección adecuado porque ahí se aprueba el presupuesto; y, a diferencia de las leyes en general, las reformas en materia de impuestos o endeudamiento solo pueden iniciar en la Cámara de Diputados. Se trata de un órgano de contención fundamental en materia económica.

Al año siguiente, en 2022, muy probablemente se pondrá a consideración de la ciudadanía la revocación del mandato del presidente, ya sea por iniciativa de la oposición o del propio gobierno que lo ha ofrecido. Ojalá no tengamos que llegar al extremo de votar para destituir a López Obrador. Desear que la crisis se agudice y que la calidad de vida de la gente siga empeorando para así poder remover al presidente sería mezquino y contrario al interés nacional. Aún tiene tiempo para rectificar y es deseable que lo haga. Finalmente, en 2024, como cada seis años, el reloj de la democracia volverá a marcar la hora de la elección presidencial.

Son esos procesos democráticos el camino para que las oposiciones recuperen terreno, se restablezcan los equilibrios y se corrija el rumbo del país. Pero para que eso ocurra no basta con criticar al gobierno en turno: más que oponer, el reto es proponer. Jesús Silva-Herzog Márquez lo ha planteado con claridad:

> La incompetencia y la arrogancia del gobierno federal no otorgan pase automático a las oposiciones. Que el gobierno de López Obrador se haya convertido en una amenaza abierta a la salud pública, que sus políticas le aseguren al país una crisis económica profunda y larga [...] no regala títulos de representatividad a quien lo cuestiona. Toda alternativa debe probarse en el debate público [...] no basta levantar la voz y colocarse en el polo opuesto a la Presidencia [...] La única manera de salir del maniqueísmo oficial, la única forma de plantear alternativa es construyendo plataformas políticas y de comunicación que tengan un argumento más allá del anti.[3]

No basta con expresar a qué nos oponemos, ni por qué nos oponemos. El momento requiere definiciones claras a favor de una agenda. La estrategia de "abrazos y no balazos" ha fracasado, no hay duda, pero ¿cuál es la propuesta alternativa? "Por el bien de todos, primero los pobres" se quedó en eslogan de campaña ya que, lamentablemente, se han sumado 10 millones de personas a las filas de la pobreza, es verdad, pero ¿cómo erradicar la pobreza y reducir la escandalosa desigualdad? Las promesas de empleo abundante y bien remunerado terminaron en palabras huecas, es cierto, pero ¿cuál es la vía hacia el crecimiento y la prosperidad compartida?

No debemos confundirnos: que la gente esté desilusionada no significa que quiera regresar a las condiciones anteriores. ¿Cuál es la propuesta de futuro? Si el camino trazado por la autodenominada cuarta transformación no lleva a buen puerto, ¿cuál se ofrece como alternativa? De eso trata este libro. Es un esfuerzo por contribuir a la discusión sobre el rumbo que debe tomar el país para que todas y todos tengamos una vida mejor.

¿De dónde partir? ¿Cómo emprender una tarea que parece superar nuestras fuerzas? Como decía don Manuel Gómez Morin: "¿Qué armas para esta lucha? [...] Las ideas, los valores del alma. Ni tenemos otras, ni las hay mejores".[4]

Buena parte del contenido que aquí se expone es producto de la reflexión en las aulas universitarias, de numerosos intercambios con especialistas, a quienes agradezco mucho su orientación, así como de mi experiencia práctica.

De estas condiciones de origen derivan algunas características del libro que para algunos lectores, dada mi actividad política, pueden resultar inesperadas. La primera es la perspectiva académica en el tratamiento de los temas y el tono con el que se abordan. Debo decir con toda claridad que este libro no es una arenga partidista, sino un esfuerzo analítico que busca soluciones útiles para México. Es producto de una investigación, en la medida de mis posibilidades, rigurosa y fundamentada, accesible pero no simplista. El lector encontrará abundantes elementos de crítica, pero siempre en forma de argumentos. Este libro contiene opiniones, pero sobre todo apela a las razones.

Otra característica que puede resultar inesperada es la selección de los temas. Algunos temas relevantes para la discusión pública de hoy no aparecen aquí. La razón es que el índice del libro corresponde al curso que he estado impartiendo.

La amplitud de algunas reflexiones está directamente relacionada con la premisa central del libro: contrario a la farsa populista, los problemas complejos suelen requerir soluciones igualmente complejas, pero que están a nuestro alcance.

Dada la extensión del texto, hago al lector la invitación de elegir el orden que mejor le convenga: aunque recomiendo la lectura secuencial, pues aporta una perspectiva cronológica, la lectura temática o parcial es igualmente posible.

El libro se divide en dos partes: la primera abarca tres capítulos y la segunda los nueve restantes. La extensión de las partes y de cada capítulo varía en razón de la materia que abordan.

La primera parte, de menor extensión, está dedicada al debate sobre nuestro pasado, bajo la premisa de que la forma en que entendemos ese pasado es determinante a la hora de comprender nuestro presente, e imaginar y construir nuestro futuro. Suele darse poca importancia a la interpretación que los tomadores de decisiones hacen de la historia, lo cual me parece un grave error, porque la manera en que entiende la historia quien tiene una posición de poder puede cambiar para mal el destino de millones, si se impone arbitrariamente. Sobran los ejemplos en la historia de la humanidad.

Así, el capítulo 1 abre con una vista panorámica de nuestra historia, para después concentrarse en dos etapas clave para el debate público de hoy: el legado del siglo XIX y el autoritarismo posrevolucionario. Queda claro que la historia tiene un peso específico en el presente. Prueba de ello es el uso maniqueo y torcido que el actual gobierno hace del legado liberal, así como la restauración del hiperpresidencialismo que está en marcha. Después de la mirada interna, el horizonte más amplio: ¿qué sorprende a los extranjeros que se asoman a la realidad política mexicana?, ¿qué hace a México distinto del resto del mundo? Finalmente, el capítulo cierra con la historia que se está escribiendo actualmente: la de la pandemia provocada por el coronavirus, que representa la peor desgracia que ha vivido el planeta después de la Segunda Guerra Mundial. La pandemia nos ha obligado a repensar nuestro modo de vida, y exige de nosotros, y más aún de quienes ejercen algún tipo de liderazgo en el país, una dosis máxima de realismo, inteligencia y responsabilidad.

En el capítulo 2 se aborda el cambio de modelo económico iniciado en la década de 1980. Es cierto que entre 1950 y 1970 la economía mexicana, bajo un modelo de estatismo proteccionista, creció a una tasa promedio de 6.3% anual. En contraste, bajo el modelo neoliberal, durante los últimos 30 años, la economía no ha logrado crecer ni siquiera a la mitad de esa tasa. La pregunta central que se busca responder es si esa desaceleración se debió al cambio de modelo económico, como algunos postulan. Para responder la interrogante se analiza cómo, cuándo y en qué condiciones ocurrió el diametral cambio en el modelo económico de México.

El capítulo 3 desmonta la farsa de una democracia nacida el 1 de julio de 2018, para darle valor a la construcción colectiva que tuvo lugar hacia finales del siglo xx, conocida como la transición democrática. Se trata de un proceso paulatino pero constante, asentado en una serie de reformas electorales. El proceso se comprende mejor cuando se analiza a la luz de los acontecimientos políticos y económicos más relevantes de ese tiempo. Nuestra democracia puede aún ser calificada de imperfecta, electoral y no consolidada, incipiente o no sustantiva; sin embargo, queda claro que la historia de la transición a la democracia no es la de un solo hombre, sino la de un magnífico esfuerzo colectivo que hoy está bajo amenaza.

La segunda parte del libro aborda los problemas del presente, y las propuestas de solución hacia el futuro. La lucha contra la corrupción es sin duda uno de los grandes temas nacionales y es el eje del capítulo 4. Se explica por qué la cultura como causa de la corrupción, postulada por el expresidente Peña Nieto, y la bonhomía del líder como el gran remedio, tesis de López Obrador, son dos caras de una misma moneda.

Los capítulos 5, 6 y 7 están íntimamente relacionados: abordan el problema de la violencia y la delincuencia, el narcotráfico y el debate sobre la legalización de las drogas. El abordaje parte de lo general para avanzar hacia lo particular.

El capítulo 5 está dedicado a la búsqueda de la paz, que necesariamente pasa por la erradicación de las violencias. Para este problema complejo tampoco hay soluciones simplonas. Y desde luego no involucran abrazos ni el uso indiscriminado de las Fuerzas Armadas en tareas de seguridad pública. Las soluciones deben ser estratégicas, tomadas con criterios científicos, con evaluaciones constantes y con visión de largo plazo. El capítulo plantea una ruta concreta para lograr la paz y la seguridad de México.

Para entender el fenómeno del narcotráfico, tema del capítulo 6, es necesario remontarnos al origen de la prohibición, y tomar en cuenta el énfasis que las administraciones estadounidenses, a partir de Nixon, han puesto en la persecución de este delito. En México pasamos de la *pax narca* a la guerra declarada contra los cabecillas, y a la atomización de los cárteles en los últimos años. Entender cómo funciona el negocio ilícito de las drogas y su evolución en el tiempo, el cambiante mapa de las organizaciones criminales, sus métodos de acción y su diversificación económica es parte central del capítulo. Varias cosas quedan claras después de décadas de intensa y costosísima batalla a nivel mundial en contra del narcotráfico: que mientras exista demanda, habrá oferta, sin importar cuántos recursos se inviertan para evitarlo; que los niveles de violencia, directa e indirectamente relacionados con el narcotráfico, son insostenibles; que seguir haciendo lo mismo es irracional; y que llegó el momento de discutir nuevas alternativas frente al actual modelo, que parece estar agotado.

El capítulo 7 se centra en el debate sobre la legalización de las drogas. El punto nodal es que la regulación no significa liberalización sin control. Regular implica establecer reglas, mientras que una liberalización incontrolada implica exactamente lo contrario: ausencia total de normas. En México, el debate es inaplazable porque la Suprema Corte de Justicia de la Nación recientemente ordenó al Congreso mexicano regular el uso de la marihuana para fines recreativos. A lo largo del capítulo se analizan distintos argumentos tanto a favor como en contra, y se comparan los distintos modelos que actualmente operan en otras partes del mundo. Las ideas están a debate y tendremos que tomar decisiones en el futuro inmediato. El llamado es a no aplazar la decisión, asumiendo el reto con seriedad y responsabilidad.

El capítulo 8 aborda tres temas fundamentales para el México de hoy: la desigualdad, la pobreza y una propuesta revolucionaria, el Ingreso Básico Universal. Sobre los elevados niveles de desigualdad tanto en México como en el mundo, se busca aclarar tres cuestiones torales: ¿qué tan desigual es nuestra sociedad?, ¿por qué la desigualdad es un problema en sí mismo, más allá de la pobreza?, y ¿qué se puede hacer para reducirla? Por su parte, la pobreza en la que vive la mitad de la población constituye una dolorosa realidad, y es muestra palpable del fracaso de la política social y económica ensayada en las últimas décadas. El problema de la pobreza se aborda desde dos ángulos sugestivos e inquietantes: la precarización del salario y la trampa de la escasez. Finalmente, sin perder de vista que la mejor política social es el empleo bien pagado y que no basta con redistribuir, sino que también es necesario crecer, se propone con seriedad la implementación de un Ingreso Básico Universal: un ingreso mensual garantizado para todos los mexicanos mayores de edad. ¿Para qué implementarlo?, ¿por qué a todas y a todos?, y ¿cómo se podría financiar?, son algunas de las interrogantes que se busca responder.

México debe retomar el camino del crecimiento económico, y de eso trata el capítulo 9. Se busca explicar por qué algunas naciones prosperan económicamente y otras no, y por qué ha sido tan mediocre el crecimiento de México en las últimas décadas. Caso aparte es el estancamiento que hoy padecemos, producto de las malas decisiones de este gobierno, ahora con la agravante de una pandemia cuyo manejo ha sido francamente inapropiado. A pesar de ciertos prejuicios muy arraigados, se sostiene que ni la geografía ni la idiosincrasia explican la falta de crecimiento económico de nuestro país. En las últimas décadas, esa condición se explica más bien por el estancamiento de la productividad, que a su vez deriva de una persistente mala asignación de los recursos. Los elevados niveles de violencia, la corrupción y la economía de la extorsión completan la explicación. Se propone una ruta concreta para crecer y prosperar, sin que nadie se quede atrás.

El capítulo 10 trata sobre las reglas del proceso electoral mexicano y también contiene propuestas concretas de mejora. Se aborda el tema de la igualdad de género, el problema de la manipulación del voto y el modelo de comunicación. Está pensado, especialmente, para las y los jóvenes que quieren participar en política y desean comprender mejor las reglas del proceso electoral. En la parte final del capítulo, hago un breve apunte sobre la elección presidencial de 2018, incluyendo el ataque artero e injusto que el gobierno de Peña Nieto enderezó en mi contra, y que terminó beneficiando a Andrés Manuel López Obrador y a su partido. No es el objetivo de este libro, ni siquiera de este capítulo, el hacer una narración de mi experiencia personal como candidato en esa elección. Abordo el tema con la intención expresa de que una campaña de descalificación orquestada desde el Estado, como la que el Tribunal Electoral del Poder Judicial de la Federación (TEPJF) acreditó, por unanimidad, que hubo en mi contra, no vuelva a suceder jamás. Nuestras elecciones deben estar a la altura de lo que los ciudadanos esperan y nuestra democracia merece.

La peculiar y conflictiva relación de México con Estados Unidos es materia del capítulo 11. Está dividido en dos partes cronológicamente distinguibles. La primera explica los orígenes de la relación, a través de sus episodios más relevantes: la separación de Texas, la guerra de 1846-1848 y la consiguiente pérdida de más de la mitad de nuestro territorio, la venta de La Mesilla, el intervencionismo durante la Revolución, la reacción frente a la expropiación petrolera, hasta llegar al punto de inflexión de 1994, con la entrada en vigor del Tratado de Libre Comercio de América del Norte (TLCAN) . La segunda parte se sitúa en el presente, para revisar lo que ha sido la relación bilateral en tiempos de Donald Trump. Nunca en la conflictiva historia de los dos países se había usado un lenguaje tan ofensivo, ni se había atentado de tal forma contra la dignidad de los migrantes y de todos los mexicanos, llamándonos "criminales" y "violadores". La perspectiva de Trump sobre el comercio, sobre el TLCAN (hoy T-MEC) y sobre la relación en general se basa en supuestos falsos, que saltan a la vista en el más somero examen. El futuro debe basarse en otras actitudes. Alentar el derrotero actual, apoyando tácita o expresamente la reelección de Trump, es un grave error histórico.

El último capítulo es una reflexión sobre el futuro deseable y posible para México. Un futuro que, hay que decirlo, no es alcanzable por el camino que sigue la autodenominada cuarta transformación. Un futuro posible que es diametralmente opuesto al pasado que representa la absurda refinería, el desprecio por la ciencia, el rechazo a las energías limpias o el elogio del trapiche en la era de las tecnologías exponenciales. La conquista de ese futuro implica abandonar el dogmatismo, el pensamiento mágico, el pesimismo y la resignación. El capítulo concluye con un llamado urgente a la acción y con un grito de esperanza.

PRIMERA PARTE:
SOBRE NUESTRO PASADO

Conocer el pasado para comprender el presente e imaginar el futuro

1

El peso de nuestra historia: un vistazo panorámico

Un vistazo panorámico a la historia de México
    35 mil años de historia
    Los últimos 200 años
Dos etapas clave para el debate político de hoy
    El legado del siglo xix
    El autoritarismo posrevolucionario
Una mirada a México desde una perspectiva comparada
    La subordinación de las autoridades militares al mando de los civiles
    La vecindad con Estados Unidos
La historia que hoy se está escribiendo: la pandemia provocada por el coronavirus

La manera en que entendemos nuestro pasado resulta determinante a la hora de comprender nuestro presente, e imaginar y construir nuestro futuro. El objetivo de los primeros capítulos es ofrecer un panorama muy sintético de algunas etapas de la historia de México. Siempre es útil tener un panorama general antes de entrar al análisis de los detalles. Este capítulo empieza con un vistazo panorámico dividido en dos partes: los últimos 35 mil años y un acercamiento a los 200 más recientes. Este vistazo, aunque veloz y somero, sirve para clarificar aspectos relevantes para el debate político de nuestros días, y permite identificar el tamaño del disparate lopezobradorista de calificar a su gobierno como la cuarta transformación de México.

En la segunda parte del capítulo, por su relevancia para la discusión actual, volveremos a dos etapas de la historia mexicana: el legado del siglo XIX y el régimen político posrevolucionario. Se explicará por qué el gobierno actual no representa el legado liberal, por qué López Obrador es un conservador, y por qué el riesgo de sufrir una regresión autoritaria es real.

Después de la mirada interna, un horizonte más amplio: se analizan dos características que son distintivas de México desde una perspectiva comparada, es decir, dos rasgos que nos hacen distintos y distinguibles a los ojos del observador extranjero, y que también son relevantes en la actualidad: la subordinación de las autoridades militares al mando de los civiles, y la peculiar relación bilateral producto de nuestra vecindad con Estados Unidos.

El capítulo concluye con la historia que hoy se está escribiendo: la de la pandemia provocada por el coronavirus.

Un vistazo panorámico a la historia de México

35 mil años de historia

¿Desde cuándo hay seres humanos en el territorio que hoy conocemos como México? Recientemente, el presidente de México, Andrés Manuel López Obrador, dijo que esto ocurrió hace "5 o 10 mil millones de años",[1] pero lo cierto es que en ese tiempo ni siquiera se había formado el planeta Tierra.

Los primeros pobladores de América llegaron al territorio que hoy es México provenientes del norte, hace aproximadamente 35 mil años;[2] sin embargo, aún tendrían que transcurrir más de 30 mil años para que floreciera la primera gran civilización: los olmecas, cuya cultura floreció hace unos 3 500 años.[3] Decenas de civilizaciones prehispánicas, incluyendo a los mayas, teotihuacanos, toltecas y mexicas, se desarrollarían durante los siguientes 30 siglos, hasta la llegada de los españoles al continente.[4]

Después de la caída de Tenochtitlán, capital del Imperio mexica o azteca, en 1521, a manos de los conquistadores españoles y de sus múltiples aliados indígenas, iniciaría una etapa de 300 años conocida como la Colonia. Durante esta etapa se dio el proceso de mestizaje que cambió, a todos los niveles, las características de la población que habitaba el territorio. La Nueva España fue durante tres siglos una colonia, dependiente de la Corona española.

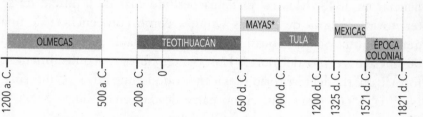

IMAGEN 1.1 Línea de tiempo 1200 a. C.-1821 d. C.

* Periodo Clásico tardío.

Fuente: Elaboración propia con base en Ignacio Bernal, "El tiempo prehispánico", en *Historia mínima de México*, de Daniel Cosío Villegas *et al.*, 2ª ed. Ebook (México: El Colegio de México, 1994) y Pablo Escalante Gonzalbo *et al.*, *Nueva historia mínima de México ilustrada* (México: El Colegio de México, Secretaría de Educación del Gobierno del Distrito Federal, 2008).

Los últimos 200 años

La independencia de México fue el resultado de una guerra intermitente que duró 11 años, de 1810 a 1821. El levantamiento popular iniciado por Miguel Hidalgo el 16 de septiembre de 1810, continuado tras su muerte por Morelos y otros insurgentes, cristalizó en el acuerdo alcanzado en 1821 por Agustín de Iturbide, general realista, y Vicente Guerrero, caudillo que había mantenido viva la insurrección en el sur del territorio.

Durante casi todo el siglo XIX, México vivió un periodo de enorme turbulencia e inestabilidad. Se había conseguido la independencia política, pero el país padeció las consecuencias de no haber alcanzado, al mismo tiempo, la independencia económica. Su población había vivido durante siglos bajo un régimen de jerarquías y divisiones tajantes. De modo que los procesos de adaptación de sus instituciones y sus modos de vida a la modernidad fueron largos y accidentados.

De 1821 a 1823 tuvo lugar el experimento de un efímero imperio, encabezado por Agustín de Iturbide. Para tener una idea del nivel de inestabilidad, basta considerar que de 1821 hasta la década de 1870 México tuvo dos emperadores y más de 50 presidentes. Eso significa que, en promedio, el país tuvo más de un presidente por año. Parecía imposible colocar una piedra sobre otra.

Agréguese a esto que tan solo 27 años después de su independencia, en 1848, México ya había perdido más de la mitad de su territorio a manos de Estados Unidos, como consecuencia de una guerra injusta y alevosa ocasionada por el insaciable apetito territorial de nuestro vecino del norte. Hasta antes de esos acontecimientos, formaba parte del territorio mexicano todo lo que hoy es California, Nevada, Utah, Texas, así como parte de Arizona, Nuevo México, Wyoming, Colorado, Kansas y Oklahoma.

La guerra con Estados Unidos dejó honda cicatriz en la memoria colectiva. El escritor José María Roa Bárcena consigna el hecho de que el 14 de septiembre de 1847, víspera del aniversario del inicio de la Independencia, la bandera mexicana fue arriada por soldados estadounidenses, y fue la bandera de las barras y las estrellas la que ondeó en el Palacio Nacional.[5]

Buena parte del siglo XIX transcurre en medio de fuertes pugnas entre liberales y conservadores, que desembocan inevitablemente en la Guerra de Reforma (1858-1861),[6] en la que triunfan los liberales, que habían promulgado en 1857 una nueva Constitución, a la que después incorporaron las llamadas Leyes de Reforma, que marcaban la separación entre la Iglesia y el Estado.

Agotado el erario, el presidente Benito Juárez decreta la suspensión de pagos de la deuda externa, lo que da lugar a la llamada Intervención Tripartita: Inglaterra, España y Francia envían tropas a México. Tras las negociaciones, Inglaterra y España se retiran, pero Francia permanece e invade el país, para dar paso al establecimiento de un Segundo Imperio Mexicano (1864-1867), encabezado por Maximiliano de Habsburgo.[7] Tras una enconada resistencia, se restaura la República en 1867, con Juárez como figura central. Sobre las implicaciones de la pugna ideológica entre liberales y conservadores volveremos más adelante.

Porfirio Díaz llegó al poder al grito de "no reelección" —oponiéndose a lo que había hecho Juárez y a lo que había intentado hacer Sebastián Lerdo de Tejada—. Ocupó la presidencia por primera vez en 1876, y con una sola interrupción, la del gobierno de su compadre Manuel González (1880-1884), gobernó el país durante tres décadas, reeligiéndose en cinco ocasiones, aunque siempre con las reformas necesarias para aparentar un pleno respeto a la ley.

El Porfiriato fue un periodo de larga estabilidad política y progreso material,[8] aunque marcado por un ejercicio autoritario del poder,[9] en el que las desigualdades se profundizaron.

La Revolución Mexicana marcó el fin del Porfiriato en más de un sentido.[10] Ese amplio movimiento social, considerado la primera gran revolución del siglo XX,[11] tuvo tal relevancia en la historia nacional, que incluso acaparó el concepto. Cuando en México se habla de "la Revolución",[12] se alude inequívocamente al movimiento iniciado en 1910, excluyendo, por ejemplo, al que los historiadores del siglo XIX denominaban Revolución de Independencia.

Fue 1910, en opinión de Javier Garciadiego, el año que marcó el "nacimiento del Estado mexicano contemporáneo".[13] Del proceso que inició ese año surgiría un México distinto, con nuevas formas de sociabilidad, participación política y ejercicio del poder.

Solo seis meses después del inicio de la Revolución, Porfirio Díaz renuncia y parte al exilio; sin embargo, el conflicto armado se prolongó una década, en la que carrancistas, villistas, zapatistas, obregonistas y un largo etcétera se disputaron las principales poblaciones y zonas de influencia.

Francisco I. Madero, iniciador de la Revolución, fue electo presidente tras la caída de Díaz. Al ensayo democrático de Madero siguió el golpe de Estado de Victoriano Huerta, y a este, las accidentadas presidencias de Carranza, Adolfo de la Huerta, Álvaro Obregón y Plutarco Elías Calles.

De 1928 a 1934 tres presidentes, Emilio Portes Gil, Pascual Ortiz Rubio y Abelardo L. Rodríguez, ocupan el puesto, pero siempre a la sombra del *Jefe Máximo* de la Revolución, el expresidente Plutarco Elías Calles, por lo que a este periodo se le conoce como el Maximato. Es Calles quien mueve los hilos de la política nacional, hasta que su hijo político, Lázaro Cárdenas, lo manda fuera del país.

Con el presidente Cárdenas (1934-1940) empiezan los sexenios, palabra clave del vocabulario político mexicano, y toma forma eso que Cosío Villegas llamó "Monarquía Absoluta, Sexenal y Hereditaria en Línea Transversal",[14] y Krauze llamó, más sintéticamente, "la presidencia imperial".[15]

Pero regresemos un poco. Entre 1926 y 1929, producto de la aplicación de un conjunto de reformas anticlericales durante la presidencia de Calles, tuvo lugar otro sangriento conflicto armado entre el gobierno y grupos identificados como católicos, conocido como la Guerra Cristera. Aunque no tuvo alcance nacional, pues se concentró en los estados de Jalisco, Michoacán, Colima, Aguascalientes, Nayarit, Zacatecas y Guanajuato, Meyer da cuenta de que el número de muertos fue de 250 mil, aproximadamente.[16]

El año 1929 es importante en la pacificación de México por partida doble. Marca el fin de la Guerra Cristera y la fundación del partido que con tres nombres distintos (Partido Nacional Revolucionario, Partido de la Revolución Mexicana y Partido Revolucionario Institucional), gobernaría a México hasta el año 2000. Durante gran parte del siglo XX, México tuvo un sistema político en el que el poder estaba concentrado en el Presidente de la República, a través de un partido dominante.[17] Este sistema autoritario[18] pervivió alrededor de 70 años. También sobre esto volveremos en la segunda parte del capítulo.

Con el triunfo electoral de Vicente Fox el 2 de julio del 2000, concluyó la hegemonía del PRI e iniciaron dos sexenios consecutivos del Partido Acción Nacional (PAN).

En 2012 regresó el PRI a la Presidencia con Enrique Peña Nieto; su cuestionado sexenio dio paso al triunfo de MORENA y López Obrador en 2018.

En este apretado repaso se mencionó ya la Independencia, la Reforma y la Revolución. Fueron, en efecto, tres grandes transformaciones que marcaron un antes y un después en la historia de México. ¿La llegada de López Obrador al poder representa una cuarta transformación?

Lo primero que habría que notar es que ningún movimiento político o social puede dar por hecho lo que no ha sucedido, ni atribuirse en la historia un lugar que no se ha ganado. Un país no se transforma por decreto. Y si un régimen marca o no una transformación definitiva, es algo que se concluye con posterioridad, jamás de manera previa.

En la autodenominada cuarta transformación subyace una cierta visión de la historia, pero es una visión maniquea: muy en consonancia con la historia oficial de corte propagandístico, lo "bueno" se idealiza y se identifica con el caudillo; lo "malo" se sataniza y se asocia a sus adversarios. Ni siquiera es novedoso. Ya en tiempos del autoritarismo priista, Cosío Villegas advertía sobre "la generalización extremosa que divide al mundo en una zona de negro azabache y otra de un blanco angelical".[19]

Pero quizá el rasgo más preocupante de la manera en que López Obrador interpreta la historia de México está en su megalomanía: su delirio de grandeza y su hinchada autoestima. Se proclamó el protagonista de una transformación que imagina a la altura de las tres transformaciones previas.

En el logotipo del gobierno (ver imagen 1.2) aparecen los personajes que López Obrador eligió de cada una de esas tres transformaciones: de la Independencia, Miguel Hidalgo y José María Morelos; de la Reforma, Benito Juárez; y de la Revolución, Francisco I. Madero y Lázaro Cárdenas. Son los héroes cuyas lecciones supone que desembocan en su persona, y por tanto, prefigura que merece un lugar en la his-

GOBIERNO DE MÉXICO

IMAGEN 1.2 Logotipo del gobierno de Andrés Manuel López Obrador.

toria al lado de ellos. "Ningún otro presidente mexicano postuló su lugar en la historia antes de que la propia historia dictara su veredicto".[20]

Si lo clasificamos como propaganda política, esto puede parecer irrelevante. Creo que no lo es: la historia universal nos enseña que la extrema vanidad y las ínfulas de grandeza conducen a errores de cálculo que se traducen en catástrofe y calamidad. La experiencia nos dice que el gobernante megalómano no escucha, ni cambia de opinión; siempre tiene la razón y frente a la evidencia en contrario, siempre tiene "otros datos". Sus acciones son legítimas porque cuenta con el respaldo del pueblo "auténtico". Y lo más peligroso: el megalómano jamás rectifica, dobla su apuesta porque confía en su estrategia, aunque todo indique que el barco se está hundiendo.

IMAGEN 1.3 Línea de tiempo 1810-2000.

Fuente: Elaboración propia con base en *Nueva Historia mínima...*

DOS ETAPAS CLAVE PARA EL DEBATE POLÍTICO DE HOY

Por su relación con el debate político actual, conviene detenerse brevemente en dos de los episodios antes enunciados: *a)* la pugna entre liberales y conservadores durante el siglo XIX, y *b)* el régimen político posrevolucionario.

El legado del siglo XIX

Hacia 1850, dos corrientes de pensamiento político dominaban el debate nacional: conservadurismo y liberalismo. Una figura relevante del periodo fue Antonio López de Santa Anna, quien, entre

38

1833 y 1855, ocupó la silla presidencial en repetidas ocasiones. El llamado "seductor de la patria"[21] fue en un momento el héroe que borró la última tentativa de reconquista española,[22] y en otro, el villano vencido en la guerra contra Estados Unidos, por la que México perdió más de la mitad de su territorio.[23]

Finalmente, Santa Anna fue derrotado por la Revolución de Ayutla, encabezada por un grupo de liberales que dominarían la escena política en las siguientes décadas. El primer presidente de ese periodo fue Juan Álvarez. Formaban parte de su gabinete figuras de la talla de Benito Juárez, Melchor Ocampo, Miguel Lerdo de Tejada y Guillermo Prieto.

Estos aguerridos liberales defendían la libertad de expresión, prensa y palabra, y la de conciencia contra viento y marea; insistían en las ventajas de la separación de poderes, del respeto a las instituciones y de la autonomía de los tribunales; y creían en la discusión política y el combate a la intolerancia.

Con el objetivo central de separar a la Iglesia del Estado, se aprobó un conjunto de leyes, conocidas como Leyes de Reforma, que fueron incorporadas a la Constitución promulgada el 5 de febrero de 1857, lo cual exarcerbó el conflicto entre liberales y conservadores.

El sucesor de Álvarez, Ignacio Comonfort, formó un gabinete que buscaba crear un equilibrio entre liberales —divididos a su vez en "puros" o radicales y moderados— y conservadores. Al no lograrlo, Comonfort abandonó el gobierno y, mediante el Plan de Tacubaya, los conservadores tomaron el poder, lo que desató un conflicto armado que hoy conocemos como Guerra de los Tres Años o Guerra de Reforma.

En esa coyuntura, ambos bandos reclaman la legitimidad y hay dos presidentes: por el bando conservador, Félix María Zuloaga, y por los liberales, quien en ese momento era el Presidente de la Suprema Corte de Justicia de la Nación, y que de acuerdo a la Constitución vigente, debía ocupar la Presidencia en ausencia de Comonfort: Benito Juárez.[24]

Juárez parte hacia Veracruz e inicia su largo peregrinaje en defensa de la República. Con la precariedad de las comunicaciones de la época, es de imaginarse el nivel de confusión y desinformación que prevalecía en la opinión pública. Beezley y Meyer recuperan una carta escrita en febrero de 1858, en la que un guanajuatense le escribe a un amigo suyo en la capital, narrándole que un hombre "de nombre Benito Juárez, quien dice ser el Presidente de la República, ha llegado a la ciudad".[25]

Ambos bandos buscaron respaldo internacional. Juárez y los liberales pactaron con Estados Unidos; Zuloaga y los conservadores con los europeos. Suele hacerse un paralelo de las consecuencias indeseables de esta búsqueda de alianzas, comparando los tratados que ambos gobiernos firmaron, y que por distintas razones jamás entraron en vigor: el McLane-Ocampo por parte de los liberales y el Mon-Almonte por parte de los conservadores.

En el artículo I del Tratado McLane-Ocampo,[26] firmado el 14 de diciembre de 1859, se establecía que: "cede la República Mexicana a Estados Unidos en perpetuidad, y a sus ciudadanos y propiedades, el derecho de vía por el Istmo de Tehuantepec, desde un océano hasta otro por cualquiera clase de camino que exista hoy o existirá en lo adelante, gozando de ello ambas Repúblicas y sus ciudadanos".[27] Igualmente se concedía libre paso entre Guaymas y Nogales; Camargo o Matamoros y Mazatlán, sin que se pudiera imponer ningún tipo de gravamen a las mercancías que por ahí circularan, a cambio de lo cual el gobierno de Juárez recibiría la cantidad de 4 millones de pesos.

Por su parte, los ocho artículos del Tratado Mon-Almonte, firmado el 26 de septiembre de 1859, se referían específicamente a las obligaciones del gobierno de Zuloaga, y luego de Miramón, de castigar a los culpables de delitos cometidos contra ciudadanos españoles en tres puntos de México (San Vicente, Chiconcuac y San Dimas), que habían polarizado a la opinión pública y habían ocasionado el rompimiento de relaciones, mismas que el Tratado restablecía. El Gobierno mexicano también se comprometía a pagar una indemnización a los afectados.[28]

Desde luego, no fueron estos los únicos tratados firmados, pero nos sirven para dar idea del grado de polarización que había alcanzado la pugna entre liberales y conservadores, y de lo que estaban dispuestos a ceder para ganar la guerra. Finalmente, en 1861, en la batalla de Calpulalpan, triunfan los liberales y Juárez, tras años de una "presidencia itinerante", restablece su gobierno en la Ciudad de México.

Pero no acaba ahí el enfrentamiento. Juárez hereda un país profundamente endeudado; obligado por las circunstancias, decide suspender el pago de la deuda externa por un plazo de dos años. Los conservadores, que contaban con el apoyo de la Iglesia católica, habían estado buscando respaldo entre sus aliados europeos. La suspensión de pagos y el vínculo entre los conservadores y Napoleón III explican la llegada de tropas francesas, inglesas y españolas a Veracruz en 1862.

Los norteamericanos estaban enfrascados en la Guerra de Secesión. El gobierno de Juárez logra un acuerdo con los gobiernos de España e Inglaterra; sin embargo, las tropas de Napoleón III, sobrino de Napoleón Bonaparte, que desde hacía tiempo soñaba con expandir su influencia y poner un dique a la supremacía norteamericana en el continente, permanecen en México con el claro propósito de invadirlo, para fundar una monarquía bajo tutela francesa.

El 5 de mayo de 1862, las tropas mexicanas, bajo las órdenes del general Ignacio Zaragoza, logran un triunfo histórico en lo que hoy conocemos como la Batalla de Puebla. ¿Fue definitiva la victoria del ejército mexicano frente a los franceses? Absolutamente no. Napoleón III envió refuerzos y un año después el ejército mexicano fue derrotado. Benito Juárez se ve obligado a dejar la capital.

En 1864 Maximiliano de Habsburgo y su esposa Carlota de Bélgica llegan a Veracruz para encabezar el periodo conocido como Segundo Imperio Mexicano (1864-1867). ¿Por qué un austriaco, si quienes derrotaron a los mexicanos fueron los franceses? Los franceses no buscaban hacer de México su colonia, les bastaba con tener un aliado estratégico en el continente americano. La propuesta de Maximiliano llegó después de descartar otras, y logró conciliar los intereses de los franceses y de sus aliados: los conservadores mexicanos.[29]

La gran paradoja es que, aunque llamado por los conservadores, Maximiliano profesaba ideas liberales. Una vez coronado emperador, se niega a suprimir la libertad religiosa y a revertir la nacionalización de los bienes de la Iglesia.[30]

En 1866, Napoleón III le informa a Maximiliano su intención de retirar las tropas francesas del país, dada la inminencia de un conflicto armado con Prusia. Carlota acude personalmente a la corte de Napoleón III a implorar la permanencia de las tropas francesas y mayor apoyo para sostener el Imperio. Después de su fallido intento, acude a Roma a ver al papa Pío IX. En ese viaje se hacen evidentes los signos de su locura.

Para cuando las tropas francesas se retiran, en febrero de 1867, el Imperio estaba reducido principalmente a Puebla, Veracruz y la Ciudad de México. Maximiliano parte hacia Querétaro, mientras que el joven general Porfirio Díaz retoma una a una las plazas y finalmente recupera Puebla y la capital del país.

Maximiliano es capturado en Querétaro y fusilado en el Cerro de las Campanas el 19 de junio de 1867. Carlota, por su parte, muere recluida en el Castillo de Bouchout, Bélgica, el 19 de enero de 1927, 60 años después.

El triunfo de los liberales en el siglo XIX tuvo consecuencias políticas trascendentales para México. En palabras de Edmundo O'Gorman: "Sin la visión, decisiones, actos y sacrificios de quienes en 1867 resolvieron con el 'triunfo de la República' el gran dilema en que se debatía el ser de la nación, esa entidad histórica que es México no sería lo que ahora es".[31]

El Estado liberal, republicano, federal y laico es su magnífico legado. Nada más, pero nada menos. Por eso es tan importante no viciar ese legado y no confundir los términos.

La 4T no representa el legado liberal

En la propaganda de la autodenominada cuarta transformación, la política de nuestros días es una continuación de la lucha entre los liberales y los conservadores del siglo XIX. Según su narrativa, que se revela falaz cuando se analizan los hechos, López Obrador es el heredero de Benito Juárez y encarna el liberalismo;[32] mientras que sus adversarios políticos son los redivivos y siempre equivocados "conservadores". Él representa el Estado moderno, liberal, republicano y federal; mientras que quien no está con él es monárquico, integrista, centralista y nostálgico de la restauración de los fueros.

Equiparar una disputa propia del siglo XIX con lo que sucede en el México del siglo XXI es, ya en sí, un disparate. Ni el liberalismo de hoy puede encarnar el programa de los liberales de entonces (puesto que no enfrenta los mismos problemas), ni tener opiniones distintas a las que propone un gobierno convierte a quienes las sostienen en conservadores.

Hablar así es manipular la historia con fines políticos, o de plano no comprenderla. El legado liberal tiene que ver con cosas muy distintas. Para empezar, con la libertad individual en su sentido más amplio: política, de expresión, de asociación, etcétera. Y en esa medida, el liberalismo busca la limitación de la autoridad, precisamente para evitar sus excesos. Propia del liberalismo es la división de poderes y la búsqueda de contrapesos. Basta recordar que la Constitución de 1857 otorgó un peso preponderante al Poder Legislativo.

La autodenominada 4T va en sentido contrario a esos postulados. Lo que vemos hoy es una voluntad insaciable de concentración de poder. Después de décadas de lucha para salir de ese esquema, presenciamos el intento de restauración del país de un solo hombre. Estamos ante el desmantelamiento de organismos autónomos y reguladores; respecto a la división de poderes, lo que vemos es un lastimoso espectáculo de subordinación del Congreso a los designios del Ejecutivo, así como un caso claro de sobrerrepresentación de MORENA, producto de un rebuscado fraude a la ley, que anula la voz de la oposición.[33]

Al contrario de lo que predica, en el pensamiento y en las decisiones de López Obrador abundan lo rasgos de conservadurismo. Si, como dice Krauze, los liberales buscaron acabar con los caudillos, mientras los conservadores alentaron los gobiernos de un solo hombre; si los liberales respetaron la autonomía de los poderes, mientras los conservadores no creyeron en los congresos representativos, hay que concordar con él en que "López Obrador no es liberal, López Obrador es conservador".[34]

¿Alguien podría imaginarse a Benito Juárez, en el contexto de la mayor amenaza de su tiempo, sacando de su bolsillo una estampita religiosa para explicar que ese es su "escudo protector", su "guardaespaldas"? Más allá de la tragicomedia, queda claro que el presidente de México podrá ser muchas cosas, pero bajo ningún criterio medianamente serio y objetivo es un gobernante liberal.

El autoritarismo posrevolucionario

Es importante hacer énfasis en este periodo de nuestra historia, porque hoy el riesgo de sufrir una regresión autoritaria es real. Los esfuerzos sistemáticos de López Obrador por acumular la mayor cantidad de poder posible, mediante la captura del Poder Legislativo, del Poder Judicial y de los organismos autónomos, tiene referentes que le son muy próximos: un partido político del que fue militante por más de una década (el PRI); y una serie de personajes históricos por los que siente profunda admiración, y que fueron arquitectos de ese régimen autoritario.

Aunque el fruto jurídico de la Revolución Mexicana es encomiable, no deja de ser paradójico que una revolución que comenzó como una lucha a favor de la democracia, y contra la simulación política y el fraude electoral, haya dado origen a un Estado profundamente autoritario, vertical e hiperpresidencialista: una clara perversión de los ideales maderistas. Durante prácticamente todo el siglo XX, México careció de un régimen político verdaderamente democrático, con limitaciones efectivas y un adecuado equilibrio entre los poderes.

Suele considerarse que el autoritarismo está presente en México desde los orígenes mismos de nuestra historia, y por doble vía: la de los pueblos originarios y la de los conquistadores españoles. Más allá de la existencia o no de un improbable nexo causal entre esos antecedentes remotos y el régimen político surgido de la Revolución, el

44

hecho es que México experimentó una clara concentración del poder en manos de una sola persona durante gran parte del siglo xx.[35]

¿Cómo llegamos a ese arreglo institucional? La Revolución pasó por distintas fases: de la revuelta en contra de la dictadura de Porfirio Díaz, a prolongados conflictos entre facciones revolucionarias. Para 1928, las principales figuras de la Revolución habían sido asesinadas: Madero (1913), Emiliano Zapata (1919), Venustiano Carranza (1920), Pancho Villa (1923) y Álvaro Obregón (1928). Pongámoslo de esta manera: en solo 15 años, entre 1913 y 1928, tres presidentes de la República fueron asesinados: Madero, Carranza y Obregón, entre otros importantes líderes sociales, políticos y militares.

Tras la muerte de los líderes más prominentes del movimiento revolucionario, Plutarco Elías Calles se convierte en el *Jefe Máximo*. Menos de 50 días después del asesinato de Álvaro Obregón, el 1 de septiembre de 1928, Calles rindió su último informe de gobierno como presidente de México. En este contexto de turbulencia, planteó la idea de que México requería un partido para estabilizar al país y respaldar al gobierno.

El Partido Nacional Revolucionario (PNR) no nació para competir por el poder, sino para, desde el poder, arbitrar a los diversos grupos revolucionarios y garantizar que todos ellos pudieran beneficiarse del régimen, evitando así los conflictos entre facciones y liderazgos.[36]

Lázaro Cárdenas inauguró un presidencialismo de corte corporativo. Durante su gobierno, el Partido Nacional Revolucionario se transformó en el Partido de la Revolución Mexicana (1938), mismo que volvería a cambiar de nombre en 1946, año en que postuló como candidato presidencial a Miguel Alemán Valdés.

Se dice que origen es destino. Desde su primera elección, el recién creado PNR protagonizó una campaña orquestada desde el gobierno para asegurar el triunfo de su candidato presidencial, Pascual Ortiz Rubio, quien compitió contra el intelectual José Vasconcelos, exrector de la UNAM y primer secretario de Educación Pública. Según los resultados oficiales, Ortiz Rubio obtuvo el 95% de los votos.

En un lúcido ensayo dedicado a esta elección, Garciadiego concluye que: "Más que una contienda ilegal, las elecciones de 1929 fueron una lucha desigual. Vasconcelos fue vencido [...] por las restricciones demográficas de la ley electoral entonces vigente, por las limitaciones sociopolíticas de su movimiento y por la maquinaria gubernamental".[37]

La "maquinaria gubernamental" funcionó con precisión de reloj en cada elección a partir de entonces. Todos los presidentes, desde 1929 hasta el año 2000, fueron miembros de este mismo partido. El PRI también dominó ambas cámaras del Congreso. Fue hasta 1997 que, por primera vez, el PRI perdió la mayoría en la Cámara de Diputados, aunque seguía controlando el 60% del Senado de la República.

¿Y las gubernaturas de los estados? Durante los primeros 60 años de vida del partido oficial, todas las gubernaturas de los estados fueron encabezadas por sus integrantes. Fue hasta 1989 cuando por primera vez se reconoció un triunfo a la oposición. El primer gobernador de oposición fue Ernesto Ruffo, del PAN, partido fundado medio siglo antes por el exrector de la UNAM, don Manuel Gómez Morin.

El gobierno era juez y parte, árbitro y jugador. Se guardaban las formas, pero el resultado era conocido de antemano. Con razón el escritor Mario Vargas Llosa bautizó ese régimen autoritario como "la dictadura perfecta":

> La dictadura perfecta no es el comunismo. No es la URSS. No es Fidel Castro. La dictadura perfecta es México [...] es la dictadura camuflada [...] tiene las características de la dictadura: la permanencia, no de un hombre, pero sí de un partido. Y de un partido que es inamovible [...] Tan es dictadura la mexicana que todas las dictaduras latinoamericanas desde que yo tengo uso de razón han tratado de crear algo equivalente al PRI.[38]

Una de las características del ejercicio autoritario del poder fue la violación constante e impune de los derechos humanos. La lista de incidentes es muy larga: los "charrazos" de 1948; la huelga de Nueva Rosita en 1952; la represión de los maestros, telegrafistas, petroleros y ferrocarrileros en los años cincuenta; el asesinato de Rubén Jaramillo en 1962; los ataques al movimiento médico de 1964-1965; la masacre de estudiantes en Tlatelolco en 1968; la guerra sucia durante los años setenta; el asesinato de perredistas y los excesos en Chiapas, solo por mencionar algunos.

La concentración del poder en manos del Presidente de la República

Entre la promulgación de la Constitución de 1917 y la presidencia de Lázaro Cárdenas, que inició en 1934, el Poder Ejecutivo enfrentó con frecuencia importantes contrapesos. La concentración del poder político en la figura del presidente, que es a la vez jefe indiscutible del partido hegemónico, ocurre durante la gestión de Lázaro Cárdenas.

Después de casi un año y medio de tensiones, Lázaro Cárdenas toma la decisión de exiliar a quien fuera su mentor político. El 10 de abril de 1936, Calles fue conducido al aeropuerto y enviado a Estados Unidos, junto con algunos de sus incondicionales.

A partir de entonces, todas las decisiones políticas fundamentales pasaban por el Ejecutivo. Era impensable que un gobernador desafiara el poder presidencial. Cuando el presidente así lo decidía, los gobernadores eran relevados de sus cargos.

Hoy vivimos un esfuerzo de reedición del poder presidencial que decide todo solo, sin tomar en cuenta ni a sus propios colaboradores, y que manifiesta un claro desprecio por las instituciones que sirven de contrapeso. El argumento de la corrupción, sin duda una lacra que debe combatirse (ver capítulo 4), ha sido usado por el presidente para concentrar más y más poder.

UNA MIRADA A MÉXICO DESDE UNA PERSPECTIVA COMPARADA

Nos hemos asomado de manera muy somera a nuestra historia, para constatar que sus huellas son perceptibles en el México de hoy. Ya nos miramos por dentro; ahora la mirada desde fuera: ¿qué hace a

México distinto del resto del mundo? ¿Qué sorprende a los extranjeros que se asoman a la realidad mexicana?[39]

En este apartado se enuncian dos de los aspectos que más llaman la atención de los estudiosos foráneos: la subordinación de las autoridades militares al mando de los civiles, y la vecindad de México con Estados Unidos.

La subordinación de las autoridades militares al mando de los civiles

Una característica que hace singular al sistema político mexicano, y que ha convertido al país en un auténtico referente regional en la materia, es su capacidad de subordinar las autoridades militares al mando civil.

Durante el siglo xx, los regímenes militares fueron muy comunes en América Latina. Entre 1940 y el año 2000 se registraron más de 60 golpes de Estado, algunos exitosos y otros fallidos. Lejos de ser la excepción, los gobiernos militares surgidos de golpes de Estado se convirtieron en la regla. Muestra de ello son las dictaduras militares de Alfredo Stroessner en Paraguay, Juan Velasco Alvarado en Perú, Jorge Rafael Videla en Argentina o Augusto Pinochet en Chile.

En México, desde 1946, año en que Miguel Alemán llegó a la Presidencia de la República (el llamado *Cachorro de la Revolución*[40] fue el primer civil sin antecedentes militares en ocupar el cargo), nunca más un militar, ni en activo ni en retiro, ha vuelto a ocupar la "silla del águila".[41]

Puede parecer un dato menor, pero resulta que con la sola excepción de Costa Rica —que no tiene ejército desde 1948—, ningún otro país de América Latina[42] ha logrado un periodo tan prolongado de subordinación de las autoridades militares al mando de las civiles, como puede observarse en la tabla 1.1.

	Panamá (1941)	Uruguay (1941)‡	Bolivia (1943)	Argentina (1943)	Ecuador (1944)
1940	Colombia (1944)×	Guatemala (1944)	Bolivia (1945)	Brasil (1945)	Venezuela (1945)
	Ecuador (1947)	Costa Rica (1948)	Perú (1948)	Venezuela (1948)	

1950	Argentina (1951)×	Bolivia (1952)	Colombia (1953)	Paraguay (1954)	Guatemala (1954)
	Argentina (1955)	Honduras (1956)	Nicaragua (1956)	Colombia (1957)	Venezuela (1958)
1960	El Salvador (1960)	El Salvador (1961)	Ecuador (1961)	Argentina (1962)	Perú (1962)
	Guatemala (1963)	Ecuador (1962)	Honduras (1963)	Bolivia (1964)	Brasil (1964)
	Argentina (1966)	Nicaragua (1967)	Panamá (1968)	Perú (1968)	Chile (1969)×
1970	Bolivia (1970)	Bolivia (1971)	Honduras (1972)	Ecuador (1972)	Uruguay (1973)‡
	Chile (jun 1973)×	Chile (sep 1973)	Perú (1975)	Honduras (1975)	Ecuador (1975)×
	Argentina (1976)	Ecuador (1976)	Honduras (1978)	Nicaragua (1979)	El Salvador (1979)
1980	Bolivia (1980)	Bolivia (1981)×	Guatemala (1982)	Guatemala (1983)	Ecuador (1986)×
	Ecuador (1987)×	Panamá (1989)	Paraguay (1989)		
1990	Venezuela (1992)×	Perú (1992)‡	Guatemala (1993)×‡	Ecuador (1997)	

× Intento de golpe de Estado
‡ Autogolpe de Estado

TABLA 1.1 Golpes de Estado, autogolpes de Estado e intentos de golpe de Estado en Latinoamérica (1941-2000).

Fuente: Elaboración propia con base en Marcos Roitman Rosenmann, *Tiempos de oscuridad: Historia de los golpes de Estado en América Latina* (Madrid: Akal, 2013).

Esta es una de las razones por las que resulta tan cuestionable que el gobierno de López Obrador entregue cada vez más facultades y recursos a las Fuerzas Armadas fuera del escrutinio civil, incluyendo el acuerdo que militariza la seguridad pública hasta el 2024,[43] así como el control de las aduanas y la encomienda de construir todo tipo de obras públicas, como hospitales, sucursales bancarias, aeropuertos, etcétera.

La lealtad de las Fuerzas Armadas de México es incuestionable, pero la saturación y la exigencia a la que están siendo sometidas vuelve inviable su labor. Lejos de preservar el equilibrio mantenido hasta ahora, la excesiva delegación de tareas y facultades en las Fuerzas Armadas desvirtúa su esencia y su misión.

Javier Corrales[44] advierte que una democracia tiende a militarizarse en la medida en que un gobierno democráticamente electo, al sentirse amenazado, recurre a la expansión de los poderes militares a costa del liderazgo civil. La subordinación de las autoridades militares al mando de los civiles en México tiene un valor histórico que el presidente debería honrar.

La vecindad con Estados Unidos

Por último, otra característica singular de México es su vecindad con Estados Unidos. La disparidad es innegable. No existe otro caso en el mundo de un país con una economía del tamaño de la mexicana que comparta una frontera de 3 mil kilómetros con una economía del tamaño de la estadounidense.

En la imagen 1.4 se ilustra la longitud de la frontera entre México y Estados Unidos. Al sobreponerla en un mapa de Europa, nuestra frontera es el equivalente a viajar desde París, Francia, hasta Estambul, Turquía, pasando por Suiza, Austria, Eslovenia, Croacia, Bosnia, Serbia y Bulgaria. Se trata de una frontera que separa a un país con un

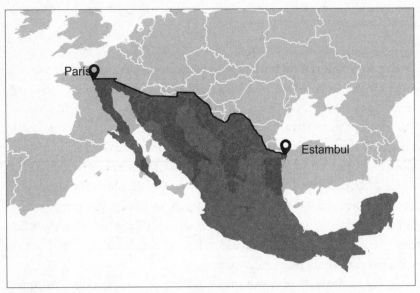

IMAGEN 1.4 Frontera entre México y Estados Unidos sobrepuesta en el mapa de Europa.

un producto interno bruto per cápita de 19 880 dólares, de otro con un PIB per cápita de 62 640 dólares (PPA 2018).[45]

Esta "vecindad distante"[46] respecto a Estados Unidos es otra característica que resalta la singularidad de México, y que es parte importante del debate político actual. Por la enorme trascendencia y complejidad de esa relación bilateral, volveremos a este tema en el capítulo 11.

Por ahora solo un apunte. Hasta hace poco era difícil imaginar que llegarían a las presidencias de México y Estados Unidos, simultáneamente, dos personajes del talante de Trump y López Obrador.

No pocos han advertido sus similitudes. Desde su control de un gabinete que no se atreve a asomar la cabeza, hasta su desprecio por los contrapesos y sus ataques a los medios de comunicación, pasando por sus políticas proteccionistas y su egoísmo nacionalista.[47] En efecto, ambos prefieren vivir intramuros, desentenderse del mundo y gobernar para sus incondicionales. Ambos actúan bajo la premisa de que "la mejor política exterior es la política interior". El precio para Estados Unidos ha sido la pérdida de su liderazgo mundial. El precio para México ha sido la pérdida de su credibilidad internacional.

La historia que hoy se está escribiendo: la pandemia provocada por el coronavirus

> Sí, la tormenta pasará, la humanidad sobrevivirá,
> muchos de nosotros todavía estaremos vivos,
> pero habitaremos un mundo diferente.
>
> Yuval Noah Harari[48]

Se ha intentado, en este capítulo inicial, ofrecer un contexto histórico útil para la discusión de temas que actualmente son relevantes. La historia tiene un peso real, no solo simbólico, en la forma en que nos vemos y nos asumimos como mexicanos, y por tanto, en la forma en que actuamos y resolvemos los retos que nuestro tiempo nos plantea.

Pero el contexto estaría incompleto sin hacer mención del mayor reto de nuestro tiempo: la pandemia de Covid-19. Un reto que muchos expertos han calificado como la crisis más grande de la humanidad desde la Segunda Guerra Mundial; una crisis que no es exagerado calificar como la más difícil de la historia moderna de México.

La pandemia del coronavirus, advierte Harari, acelerará procesos que probablemente habrían tardado décadas en ocurrir, porque "esa es la naturaleza de las emergencias: adelantan los procesos históricos".[49] La crisis apresurará procesos que ya estaban en curso, por ejemplo, la automatización y la robotización; la transición hacia el trabajo y el estudio a distancia; acelerará también el comercio electrónico. Todo esto tendrá un impacto profundo en el empleo y en muchos otros aspectos de nuestra vida en sociedad.

A nivel geopolítico el cambio ya es visible: se aceleró la polarización China-Estados Unidos. Los movimientos que se oponen a la globalización han encontrado nuevos argumentos.

La crisis también puso a debate temas que parecían resueltos, como los beneficios de las ciudades con muy alta densidad poblacional, o los modelos de transporte público masivo.

Harari advierte, asimismo, sobre un riesgo real a nivel político: el control de los gobiernos sobre la vida privada de las personas, con el argumento del monitoreo de la salud pública. La vigilancia sobre nuestros actos puede llegar a niveles que hoy no sospechamos. ¿Qué pasaría si, por medio de dispositivos tecnológicos, un régimen autoritario fuera capaz de monitorear no solo la temperatura corporal —con fines sanitarios—, sino también nuestras acciones, reacciones y contactos? ¿Tendríamos que elegir entre la libertad individual y la salud colectiva? El riesgo de caer en esas falsas disyuntivas no está lejano.

Pero también puede ser, ojalá, que la pandemia acelere las posibilidades de empoderamiento de los ciudadanos, y que el avance tecnológico, lejos de mermar las libertades, sirva para vigilar mejor a los gobiernos. La epidemia del coronavirus también se revela como "una prueba importante de ciudadanía". Desde ahora y en adelante, debemos decidir, dice Harari, si preferimos "confiar en los datos científicos y en los expertos en salud, en lugar de en teorías de conspiración infundadas y en políticos egoístas".[50]

Una emergencia tiende a revelar el carácter real de los líderes, precisamente cuando no hay margen de error para titubeos y ocurrencias. No es casual que justamente los países gobernados por Putin, Bolsonaro, Trump y López Obrador, todos ellos políticos de corte populista y autoritario, que desprecian los criterios científicos, estén entre los más golpeados por la pandemia.[51]

Setenta y cinco años después del fin de la Segunda Guerra Mundial, seguimos hablando de su impacto en el mundo de hoy. De la misma manera, dentro de 75 años se seguirá hablando de la forma en que la pandemia cambió al mundo.

Una característica compartida por los grandes líderes de la historia es que fueron capaces de identificar los hechos de su tiempo que en el futuro serían vistos como auténticos parteaguas, y supieron estar a la altura de las circunstancias.

Dentro de 10, 20 o 75 años seguiremos hablando del coronavirus y de cómo nos cambió la vida. Quienes lo vivimos recordaremos las noticias, al principio lejanas, que nos llegaban de China. Recordaremos las primeras advertencias de la OMS, la alarmante propagación por Europa, y nos recordaremos a nosotros mismos, poco después, encerrados en nuestras casas. Recordaremos la consternación cuando oíamos las cifras de contagios y fallecidos. Recordaremos la magnitud de la crisis económica y sus dolorosas consecuencias. Recordaremos la angustia cuando supimos del primer contagio entre nuestros conocidos, y muchos sentiremos el dolor profundo de haber perdido a un ser querido.

¿Y qué recordaremos de quien, en ese momento crucial, conducía los destinos del país?

Las paradojas de la vida: quien soñaba con aparecer en los libros de historia como el protagonista de la cuarta transformación de México, sin darse cuenta, escribió para siempre su nombre en la historia cuando, al inicio de la peor crisis del siglo, se dirigió a la nación para decir: "Lo del coronavirus, eso de que no se puede uno abrazar... hay que abrazarse, no pasa nada".[52] Se empeñó en dar mal ejemplo: negándose a utilizar un cubrebocas y a mantener la sana distancia, continuando con sus giras y hasta besando niños. Unos días después de su primera declaración remató: "O sea que nos vino esto como anillo al dedo para afianzar el propósito de la transformación".[53] Tristemente, no entendió que no solo era la peor crisis del sexenio, sino la peor crisis del siglo. No supo, no pudo estar a la altura de las circunstancias. Eso lo recordaremos.

Pero también recordaremos lo que la pandemia nos enseñó. Habremos aprendido de lo perdido y de lo rescatado. Recordaremos que en los peores momentos nos unió la solidaridad, y que afrontamos el reto con coraje y determinación. Recordaremos que México fue más grande que la adversidad. Recordaremos, a no dudarlo, que nos pusimos de pie y que logramos salir adelante.

2

El cambio en el modelo económico iniciado en los años ochenta

La versión de la autonombrada cuarta transformación sobre la historia económica de México es, en buena medida, maniquea, narcisista y selectiva: la economía marchaba sobre ruedas durante el periodo conocido como el desarrollo estabilizador, y en contrapartida, el neoliberalismo es la causa de todas las calamidades que hoy padecemos; el caudillo de la cuarta transformación es el heredero de las ideas de Antonio Ortiz Mena, quien fuera secretario de Hacienda cuando la economía crecía aceleradamente, y sus adversarios son los representantes del neoliberalismo o neoporfirismo.

Con el modelo anterior había crecimiento y bienestar; y la razón del estancamiento, de la pobreza y de la desigualdad que hoy se padecen está en el cambio de modelo económico iniciado en la década de 1980.

Según ese relato, el desastre no empezó con el populismo de Echeverría y López Portillo. Esos 12 años de gobierno están absueltos de toda culpa, ya que el problema inició después. Desde esa lectura de la historia se hizo la promesa incumplida, plasmada en el Plan Nacional de Desarrollo, de que la economía crecería a una tasa promedio del 4% anual a lo largo del sexenio actual, pero muy pronto se impuso la terca realidad: desde el primer año de gobierno, antes de la pandemia, la economía nacional se contrajo y tuvo su peor desempeño en una década.

Si la autonombrada cuarta transformación tenía tan claro lo que había funcionado en el pasado y su plan era tan bueno, ¿por qué fracasó desde el primer año?

Suele darse poca importancia a la interpretación que los políticos hacen del pasado y ese es un grave error, porque la manera en la que entendemos de dónde venimos, prefigura cómo actuamos en la búsqueda del destino que queremos alcanzar. Es importante discutir sobre el presente y sobre el futuro, pero igual de relevante resulta contrastar la visión que se tiene del pasado, porque esa visión se refleja en las decisiones gubernamentales que impactan la vida de millones de personas.

En este capítulo se hace un esfuerzo por abordar, con objetividad y seriedad, el radical cambio en el modelo económico de México, iniciado durante la década de 1980. En muchos aspectos, el cambio de modelo económico implicó un viraje de 180 grados: México pasó del proteccionismo a la apertura comercial; de la industrialización basada en la sustitución de importaciones, a una economía enfocada en la exportación; de una planta productiva nacional protegida de la competencia internacional por barreras arancelarias y no arancelarias a una economía abierta a los mercados internacionales; de un gobierno propietario de una multitud de empresas paraestatales, a la privatización de muchas de ellas. En síntesis, y usando los términos del debate actual, del estatismo proteccionista al neoliberalismo.

Entre 1950 y 1970, la economía mexicana, en tiempos del proteccionismo, creció a una tasa promedio del 6.3% anual.[1] En contraste, bajo el modelo neoliberal, durante los últimos 30 años, la economía no ha logrado crecer ni siquiera a la mitad de esa tasa.[2] La pregunta que se intentará responder en este capítulo es si esa desaceleración económica se debió al cambio de modelo económico, como algunos postulan.

Para eso, es necesario entender cuándo y en qué condiciones ocurrió el diametral cambio en el modelo económico de México.

Haremos un recorrido por cuatro momentos clave: los años dorados de crecimiento sostenido (1950-1970), conocidos como el *desarrollo estabilizador*;[3] la crisis económica de 1976; el boom petrolero (1980-1981) y la crisis económica de 1982.

LOS AÑOS DORADOS DEL DESARROLLO ESTABILIZADOR (1950-1970)

La industrialización de México, durante las décadas de los cincuenta y sesenta, ocurrió en un contexto de enorme protección a la producción nacional, a través de barreras arancelarias, precios oficiales y permisos previos o licencias de importación, mediante los cuales el gobierno garantizó que las industrias nacionales pudieran operar sin necesidad de competir en precio y calidad con otras industrias similares en otras partes del mundo.

Las barreras fueron gradualmente aumentando durante esos años. Por ejemplo, mientras que en 1956 el 28% de los productos requería un permiso previo para poder ser importados a México, 14 años después, en 1970, prácticamente el 70% lo requería[4] (ver gráfica 2.1).

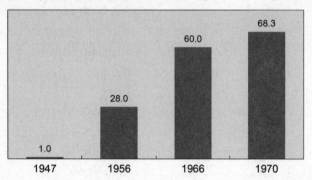

GRÁFICA 2.1 Porcentaje del total de fracciones arancelarias sujetas a permisos previos de importación.
Fuente: Elaboración propia. Los datos de 1956 y 1970 fueron tomados de Nora Lustig, *Mexico: The Remaking of an Economy*, 2.ª ed. (Washington, D. C.: Brookings Institution Press, 1998), 115, y los datos de 1947 y 1966 son de Leopoldo Solís, *La realidad económica mexicana: retrovisión y perspectivas*, 13.ª ed. (México: Siglo XXI Editores, 1984), 176.

Durante esos 20 años, la economía mexicana tuvo un desempeño francamente notable: creció a una tasa promedio del 6.3% anual. Esa es la razón por la cual algunos se refieren a dicha etapa de la historia económica de México como el "milagro mexicano", atribuyendo el éxito a la gestión de Antonio Ortiz Mena, quien fue secretario de Hacienda de 1958 a 1970 (ver gráfica 2.2).

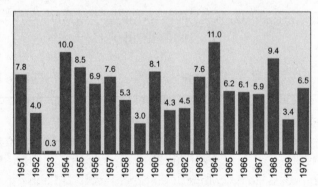

GRÁFICA 2.2 México: crecimiento del PIB entre 1951 y 1970 (% anual).
Fuente: Elaboración propia con datos de Aparicio Cabrera, "Series estadísticas de la economía mexicana en el siglo XX", *Economía Informa*, núm. 369 (2011): 63-85.

Se debe tener en cuenta que en la época que va de 1950 a 1970 estaba apenas en proceso de creación el Sistema de Cuentas Nacionales, y fue hasta mediados de 1969 cuando, por primera vez, el Banco de México publicó, con un nivel satisfactorio de desagregación, las Cuentas Nacionales,[5] por lo que, en realidad, el llamado "milagro mexicano" se autoproclamaba tal sin que se conocieran a detalle todas las variables macroeconómicas que se requieren para el cálculo del PIB.

Cuando se compara el crecimiento de México durante el desarrollo estabilizador con el de las décadas siguientes, el reflejo inmediato es el de exaltar el primero. Como puede observarse en la gráfica 2.3, mientras que entre 1951 y 1970 la economía mexicana creció a una tasa promedio del 6.3% anual, entre 1999 y 2018 solo creció al 2.2%, es decir, apenas una tercera parte.[6]

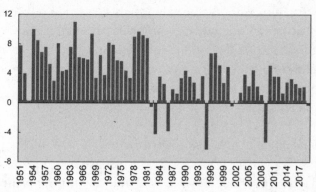

GRÁFICA 2.3 México: crecimiento del PIB (% anual).

Fuente: Elaboración propia. La serie de 1951 a 1994 son datos de Aparicio Cabrera, "Series estadísticas de la economía mexicana en el siglo XX", 71. Para los años de 1995 a 2019 ver: Instituto Nacional de Estadística y Geografía, Sistema de Cuentas Nacionales de México, Producto Interno Bruto (año base 2013), 2020.

Se podría argumentar que en las épocas del desarrollo estabilizador no solo la economía crecía de manera acelerada, sino que también la población estaba aumentando a un ritmo vertiginoso, lo cual es cierto: el pastel se hacía más grande pero también el número de invitados a la fiesta.

Eso obliga a revisar el dato del crecimiento de la economía, pero como proporción del número de habitantes, en cada uno de los dos periodos que estamos comparando, es decir, el PIB per cápita. Entre 1951 y 1970, el crecimiento promedio anual del PIB per cápita fue del 3.3%, mientras que entre 1999 y 2018 fue del 1.12%. Esto significa que, aun eliminando el sesgo relativo al cambio en la dinámica poblacional en ambos periodos, se sigue sosteniendo el argumento de que la economía crecía al triple en aquellos años del desarrollo estabilizador, en comparación con el periodo más reciente.

Pero el error que sí suele cometerse consiste en comparar dos periodos de la historia económica de México muy distantes entre sí, sin observar el contexto mundial en el que ocurrieron, lo cual lleva a conclusiones inexactas y a una idealización desproporcionada del desarrollo estabilizador.

Para valorar las tasas de crecimiento durante el desarrollo estabilizador en su justa dimensión, debe tomarse en cuenta el contexto mundial, por lo que es indispensable responder las siguientes preguntas: en esas mismas décadas, ¿a qué tasa estaba creciendo, en promedio, la economía mundial? ¿A qué tasa estaba creciendo la economía en América Latina? ¿A qué tasa crecían otros países en particular?

Cuando se responden estas preguntas con rigor, encontramos que el desempeño de la economía mexicana sí fue notable, pero no tan extraordinario como se suele referir.

La economía mundial como punto de referencia

El periodo que va de 1950 a 1973 fue de enorme prosperidad a nivel mundial. El PIB, a nivel global, creció casi el 5% anual; el PIB per cápita casi el 3%, y las exportaciones casi el 8% anual. El crecimiento económico fue mejor, en todas las regiones del mundo, que en cualquier periodo anterior.[7]

Para efectos de comparar el crecimiento durante la etapa que en México conocemos como desarrollo estabilizador con el crecimiento de la economía en otras latitudes, tomaremos el periodo comprendido entre 1950 y 1970, con la finalidad de tener información de dos décadas completas.

Como puede verse en la gráfica 2.4, entre 1951 y 1970, el crecimiento económico promedio en el mundo era del 4.9%, es decir, mucho mayor que el 2.9% al que la economía mundial creció entre 1998 y 2018.

Esto significa que México no fue el único país en el que la economía creció a una tasa mucho más acelerada en los años cincuenta y sesenta que en décadas recientes. En el caso de México, el contraste entre esos dos periodos es aún mayor, lo cual amerita un análisis particular; sin embargo, es importante tener claro que el mundo en su conjunto experimentó esta tendencia.

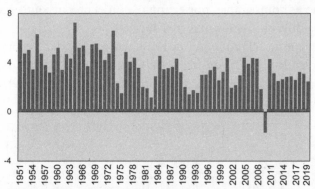

GRÁFICA 2.4 El mundo: crecimiento del PIB (% anual).

Fuente: Elaboración propia. Datos de 1951 a 1990 de Angus Maddison, "The World Economy, 1950-2001", en *The World Economy: Volume 1: A Millennial Perspective and Volume 2: Historical Statistics* (París: OECD Publishing, 2006), 616. La serie de 1991 a 2019 corresponde al Banco Mundial, "Crecimiento del PIB (% anual)".

Si hacemos un análisis similar, pero ahora respecto de América Latina, encontramos exactamente el mismo patrón. Como puede observarse en la gráfica 2.5, entre 1951 y 1970, la economía en la región

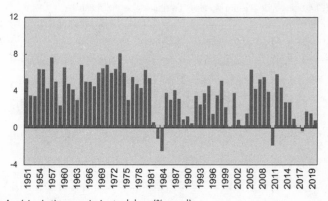

GRÁFICA 2.5 América Latina: crecimiento del PIB (% anual).

Fuente: Elaboración propia. Datos de 1951 a 1990 de Maddison, "The World Economy, 1950-2001", 616. La serie de 1991 a 2019 corresponde al Banco Mundial, "Crecimiento del PIB (% anual)".

creció a una tasa promedio del 5.2% anual, mientras que entre 1998 y 2018 el crecimiento fue del 2.5% anual.

Finalmente, teniendo en mente que México creció a una tasa del 6.3% anual entre 1951 y 1970, hay que observar cuánto creció la economía en otros países en particular. ¿Es México realmente una excepción respecto de lo que estaba pasando en otras latitudes? ¿El milagro mexicano es comparable, por ejemplo, con el crecimiento económico de China durante las últimas tres décadas?

La respuesta, claramente, es no. Cuando México crecía al 6.3%, Brasil lo hacía al 6.1% (gráfica 2.6); Costa Rica al 7.0% (gráfica 2.7); Colombia al 5.0% (gráfica 2.8); Japón al 9.7% (gráfica 2.9), por citar solo algunos ejemplos.

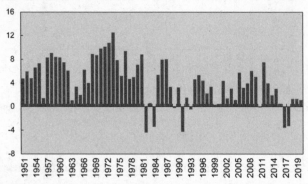

GRÁFICA 2.6 Brasil: crecimiento del PIB (% anual).
Fuente: Elaboración propia. Datos de 1951 a 1990 de Maddison, "The World Economy, 1950-2001". La serie de 1991 a 2019 corresponde al Banco Mundial, "Crecimiento del PIB (% anual)".

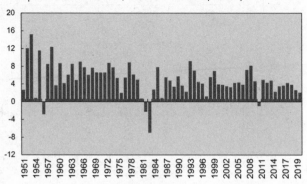

GRÁFICA 2.7 Costa Rica: crecimiento del PIB (% anual).
Fuente: Elaboración propia. Datos de 1951 a 1990 de Maddison, "The World Economy, 1950-2001". La serie de 1991 a 2019 corresponde al Banco Mundial, "Crecimiento del PIB (% anual)".

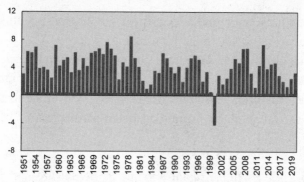

GRÁFICA 2.8 Colombia: crecimiento del PIB (% anual).

Fuente: Elaboración propia. Datos de 1951 a 1990 de Maddison, "The World Economy, 1950-2001". La serie de 1991 a 2019 corresponde al Banco Mundial, "Crecimiento del PIB (% anual)".

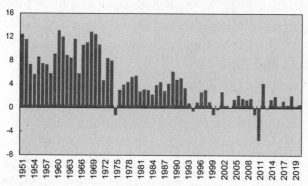

GRÁFICA 2.9 Japón: crecimiento del PIB (% anual).

Fuente: Elaboración propia. Datos de 1951 a 1990 de Maddison, "The World Economy, 1950-2001". La serie de 1991 a 2019 corresponde al Banco Mundial, "Crecimiento del PIB (% anual)".

Un juicio histórico debe siempre hacerse tomando en consideración el contexto en el que los hechos ocurren. Así, queda claro que México no fue el único país que experimentó tasas altas de crecimiento. Mucho se ha escrito sobre las razones del acelerado crecimiento mundial en la posguerra. Se trata de un periodo en el que el crecimiento estuvo acompañado de incrementos en la productividad y de bajas tasas de desempleo. La expansión económica coincide con el surgimiento de importantes instituciones como el Fondo Monetario Internacional, el Banco Mundial, la Organización de las Naciones Unidas para el Desarrollo Industrial, así como la puesta en marcha de mecanismos internacionales de cooperación como el Plan Marshall y la estrategia para el Primer Decenio de las Naciones Unidas para el Desarrollo.[8]

A partir de todo lo anterior, una primera conclusión es que el desempeño de la economía mexicana durante los años cincuenta y sesenta fue, sin duda, notable; sin embargo, no tan extraordinario como algunos, con cierta nostalgia, suelen plantear.

La relación entre el PIB per cápita y la tasa de crecimiento

Continuando con el esfuerzo de encontrar puntos de referencia para poder valorar, en su justa medida, el crecimiento de México durante el desarrollo estabilizador, otro ejercicio útil es el de analizar cómo se comporta la tasa de crecimiento, en la medida en la que el PIB per cápita aumenta.

Está claro que la economía de México creció mucho más rápido en los años cincuenta o sesenta que lo que creció a partir de los años noventa y hacia delante. Pero esto no significa que, en promedio, la gente en México fuera más rica hace 50 años. Por el contrario, aunque la tasa de crecimiento del PIB se fue reduciendo con el paso del tiempo, el ingreso per cápita fue aumentando gradualmente.

Como puede observarse en la gráfica 2.10A, el ingreso promedio por habitante en México pasó de 3 662 dólares en 1950, a 6 821 en 1970 y a 11 939 en el 2010, en términos reales,[9] lo cual lleva a plantear algunas preguntas: ¿es usual que la economía de un país crezca a una tasa menor, conforme la riqueza de esa nación, por habitante, va aumentando? ¿Es típico o es atípico que una economía se desacelere conforme aumenta el ingreso per cápita? ¿Es posible predecir cuándo las economías de rápido crecimiento, como era el caso de México, se desacelerarán?

Hoy existe mucha evidencia disponible para poder responder estas preguntas. Entre 2012 y 2013, Eichengreen, Park y Shin publicaron dos investigaciones que arrojan mucha luz sobre esta cuestión.[10]

Los autores encontraron que cuando las economías de "rápido crecimiento" alcanzan cierto nivel de ingreso per cápita,[11] se desaceleran significativamente. En promedio, la tasa de crecimiento del PIB per cápita se reduce de 5.6% anual a 2.1%, es decir, disminuye a menos de la mitad.

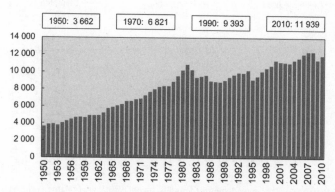

GRÁFICA 2.10A México: PIB per cápita (dólares a precios internacionales constantes de 2005).

Fuente: Elaboración propia con datos de Alan Heston, Robert Summers y Bettina Aten, Penn World Table versión 7.1 (Center for International Comparisons of Production, Income and Prices de la Universidad de Pensilvania y Groningen Growth and Development Centre de la Universidad de Groningen, noviembre de 2012).

De 1981 a la fecha, el ingreso per cápita de México ha aumentado muy lentamente, por lo que suele considerarse que México está atrapado en lo que se conoce como la "trampa del ingreso medio".[12]

Se conoce como la "trampa del ingreso medio" al fenómeno por el cual los países que logran cierto nivel de ingreso[13] se quedan atrapados en ese nivel, sin poder continuar progresando hacia un nivel de ingreso catalogado como alto. En América Latina y Medio Oriente, la mayoría de las economías alcanzó el nivel de ingresos medios en las décadas de 1960 y 1970, y ha permanecido ahí desde entonces, sin lograr convertirse en países catalogados como de ingresos altos.[14]

De acuerdo con un estudio del Banco Mundial,[15] de 101 economías consideradas de ingresos medios en 1960, solo una minoría ha logrado sostener su crecimiento y rebasar el umbral que las separa de las naciones de ingresos altos.

Entre los contados países que sí lo lograron destacan Hong Kong, Irlanda, Israel, Japón, Portugal, Puerto Rico, Corea del Sur, Singapur, España y Taiwán.

Como puede observarse en la gráfica 2.10B, México, al igual que Brasil, Costa Rica, Colombia y Perú, se encuentra en la trampa del ingreso medio.

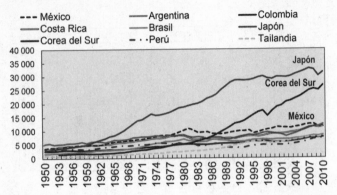

GRÁFICA 2.10B Países en la trampa del ingreso medio. PIB per cápita, PPA (dólares a precios internacionales constantes de 2005).

Fuente: Elaboración propia usando los datos de Heston, Summers y Aten, Penn World Table versión 7.1 y la metodología descrita en Banco Mundial, Development Research Center of the State Council P. R. China, *China 2030: Building a Modern, Harmonious, and Creative Society* (Washington, D. C.: Banco Mundial, 2013), 12.

Así, una segunda conclusión importante es que México comparte la realidad de muchos otros países, cuyo ingreso per cápita era similar en los años sesenta, y que no lograron sostener el crecimiento necesario para pasar a la categoría de naciones de ingreso alto.[16]

¿El abandono del proteccionismo y la adopción del neoliberalismo son el origen de todos los males económicos de México?

Es común, entre los nostálgicos del desarrollo estabilizador, llegar a la conclusión de que la fuerte expansión económica ocurrió gracias al modelo proteccionista, y que el fin de esa gloriosa época de crecimiento económico es la consecuencia directa de haber abandonado el proteccionismo, para adoptar el neoliberalismo. El discurso de toma de protesta de Andrés Manuel López Obrador, el 1 de diciembre de 2018, es un claro ejemplo de esa visión.

Esa lectura de la historia económica acusa importantes distorsiones. Primero, porque la desaceleración de mediados de los años setenta y, específicamente, la crisis económica de 1976 es anterior al cambio de modelo económico; y segundo, porque las llamadas políticas neoliberales son también posteriores a la crisis de 1982. Ambas crisis ocurrieron en un momento en el que las políticas proteccionistas, totalmente alejadas del modelo neoliberal, se encontraban aún en pleno apogeo.

También es justo decir que es igualmente incorrecto atribuir las crisis de 1976 y 1982 al antiguo modelo proteccionista. Aunque se ha sostenido que el modelo estaba probablemente agotado, y que era inviable sostenerlo en el mediano plazo,[17] tampoco puede señalársele como la causa directa de esos colapsos económicos.

Si no fueron las políticas proteccionistas, pero tampoco las neoliberales las que causaron estas dos severas crisis, entonces ¿qué las causó?

LA CRISIS ECONÓMICA DE 1976

Se intentará dar una explicación muy sintética de la crisis económica de 1976, en 10 puntos.

1. En 1973, como consecuencia de la guerra del Yom Kippur, los Estados Árabes decidieron utilizar los precios del petróleo como un arma en contra de los países que habían apoyado a Israel. Como puede verse en la gráfica 2.11, esto provocó un aumento de 250% en el precio promedio del petróleo de los países miembros de la OPEP (Organización de Países Exportadores de Petróleo).

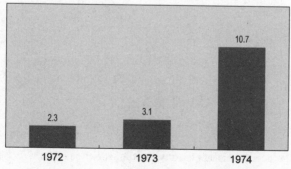

GRÁFICA 2.11 Precio medio en dólares del barril de petróleo (1972-1974).
Fuente: Elaboración propia con datos de la Organización de Países Exportadores de Petróleo (OPEP).

2. El aumento en los precios del petróleo contribuyó a detonar una recesión económica mundial, que tuvo lugar entre 1973 y 1975. Tanto la economía mundial como la mexicana se desaceleraron, aunque el declive fue mucho más moderado en México que a nivel global (ver gráfica 2.12).

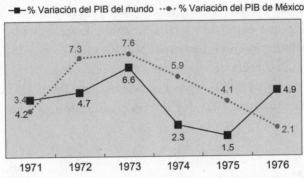

GRÁFICA 2.12 Comparativo del crecimiento del PIB de México y del mundo entre 1971 y 1976 (% anual).
Fuente: Elaboración propia. Los datos del mundo se tomaron de Maddison, "The World Economy, 1950-2001", 616. Los datos de México son del Banco de México, "Informe Anual 1978" (México: Banco de México, 1979).

3. En adición al efecto de la recesión mundial, el aumento en los precios del petróleo también afectó de manera directa a la economía mexicana debido a que, en esas épocas, México era un importador neto de petróleo. En la gráfica 2.13 puede observarse

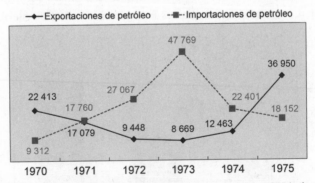

GRÁFICA 2.13 México: exportaciones e importaciones de petróleo de 1970 a 1975 (miles de barriles).
Fuente: Elaboración propia con datos del Instituto Nacional de Estadística y Geografía, *Estadísticas históricas de México 2009* (Instituto Nacional de Estadística y Geografía, 2010), cuadro 16.23.

que importábamos más de lo que exportábamos. Los grandes yacimientos mexicanos aún no habían sido descubiertos.

4. Probablemente motivado por sus sueños de tener un lugar en la historia, a un lado del general Lázaro Cárdenas, o quizá impulsado por su legítimo anhelo de justicia social, lo cierto es que, con enorme irresponsabilidad, Luis Echeverría aumentó, de manera desproporcionada, el gasto público.

El gasto creció a un ritmo mucho mayor que los ingresos del gobierno. El déficit fiscal pasó de 2.3% del PIB en 1971 a 9.3% en 1975 (ver gráfica 2.14).

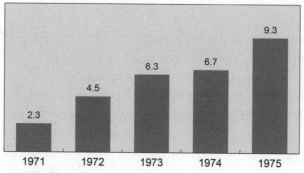

GRÁFICA 2.14 Déficit fiscal como porcentaje del PIB (1971-1975).

Fuente: Elaboración propia con datos de Pedro Aspe Armella, *El camino mexicano de la transformación económica*, 2ª ed. (México: Fondo de Cultura Económica, 1993), 114.

Esos números pueden decirle poco a quien no es economista. Otra manera de entender la magnitud de la irresponsabilidad de Echeverría es plantear su equivalencia en pesos: para 1975, el gobierno gastaba 134 pesos por cada 100 que recaudaba.[18] De ese tamaño era la insensatez.

5. Si el gobierno gastaba más de lo que recaudaba, ¿de dónde obtenía el diferencial de recursos? Por un lado, contratando deuda. Entre 1972 y 1975, la deuda externa de México creció 140%,

pasando de 6.7 a 15.7 miles de millones de dólares (ver gráfica 2.15).

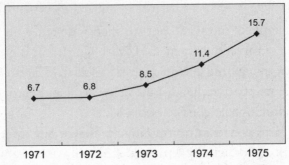

GRÁFICA 2.15 Deuda pública externa en miles de millones de dólares (1971-1975).

Fuente: Elaboración propia con datos de Ernesto Zedillo Ponce de León, "The Mexican External Debt: The Last Decade", en *Politics and Economics of External Debt Crisis: The Latin American Experience*, ed. Miguel S. Wionczek y Luciano Tomassini. Ebook (Nueva York: Routledge, 2019), 297.

6. La otra fuente de dinero para cubrir el monumental déficit fue el incremento del circulante: lo que popularmente se conoce como "echar a andar la maquinita de los billetes".

Es importante observar que durante el tiempo en que Ortiz Mena fue secretario de Hacienda (1958-1970), la tasa de crecimiento de los billetes y las monedas en circulación fue moderada. El gobierno de Echeverría rompió con esa disciplina de política monetaria. La mala práctica de imprimir billetes para financiar el gasto público iría en aumento en los años siguientes (ver gráfica 2.16).

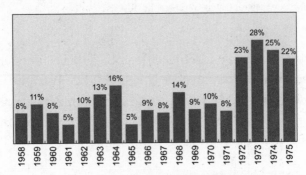

GRÁFICA 2.16 Billetes y monedas en poder del público (1958-1975). Variación porcentual respecto al año anterior.

Fuente: Cálculos propios, elaborados con base en datos del Instituto Nacional de Estadística y Geografía, *Estadísticas históricas de México 2009...*, cuadro 18.1.

7. ¿Cuál es la consecuencia de aumentar de manera indiscriminada el circulante?

La ley de la oferta y la demanda nos dice que cuando algo es escaso, su valor aumenta, y cuando es abundante, su valor disminuye. Por lo tanto, al aumentar el número de billetes y monedas en circulación, se requerirá más dinero para poder adquirir los mismos bienes y servicios.

Para efectos prácticos, los precios de las cosas, en pesos, suben, y a eso le llamamos inflación. Con Echeverría, por primera vez en décadas, la inflación alcanzó cifras de dos dígitos, pasando de 1.7% en 1969 a casi 16%, en promedio, entre 1973 y 1975 (ver gráfica 2.17).

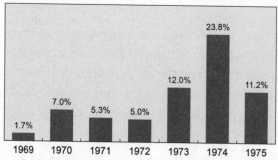

GRÁFICA 2.17 Promedio anual de la inflación (1969-1975).
Fuente: Elaboración propia con datos de Aspe Armella, *El camino mexicano...*, 69.

8. El déficit en la cuenta corriente de la balanza de pagos pasó de 929 millones de dólares a 4 443 millones de dólares, entre 1971 y 1975 (ver gráfica 2.18).

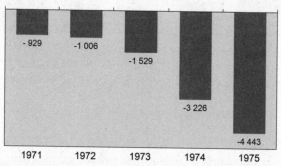

GRÁFICA 2.18 Saldo de la cuenta corriente en millones de dólares (1971-1975).
Fuente: Elaboración propia con datos del Instituto Nacional de Estadística y Geografía, *Estadísticas históricas de México 2009...*, cuadro 16.36.

Es de esperarse, como de hecho ocurrió, que el sector privado se inquiete cuando el gobierno está gastando 134 pesos por cada 100 que recauda, la tasa de inflación se quintuplica, el tipo de cambio se encuentra sobrevaluado y el déficit de la cuenta corriente sigue aumentando. Peor aún si, adicionalmente, el presidente adopta una retórica populista.

Y aunque sería deseable que no ocurriera, la realidad se impone: en esas circunstancias de pérdida de confianza, el sector privado busca sacar su dinero del país, cambiándolo por una divisa en la que exista mayor confianza. Así, en 1973 empezó a registrarse una creciente fuga de capitales.

9. Las reservas internacionales se empezaron a agotar en la medida en que, con un tipo de cambio fijo, los particulares recurrieron a sus bancos para cambiar sus pesos por dólares, y los bancos, a su vez, recurrieron al Banco Central. En solo cuatro meses (ver gráfica 2.19), entre junio y octubre de 1976, México perdió más de la mitad de sus reservas internacionales.[19]

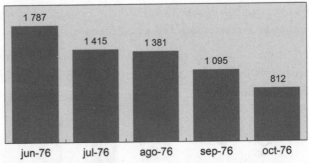

GRÁFICA 2.19 Reservas brutas de activos internacionales del Banco de México (millones de dólares). *Fuente:* Elaboración propia con datos del Banco de México, "Informe Anual 1976" (México: Banco de México, 1977), 42, 99.

10. Finalmente, cuando se están agotando las reservas internacionales y la demanda de dólares continúa en ascenso, el gobierno tiene pocas alternativas. Una de ellas es devaluar la moneda, para provocar que quien tenga dólares encuentre atractivo comprar

pesos, y quien tenga pesos, encuentre menos atractivo seguir comprando dólares.

Con un tipo de cambio fijo desde 1954 y sobrevaluado, el 31 de agosto de 1976, por primera vez en 22 años, el gobierno devaluó la moneda. El peso perdió casi 40% de su valor frente al dólar. Era el final de la paridad de 12.50 pesos por dólar (ver gráfica 2.20).

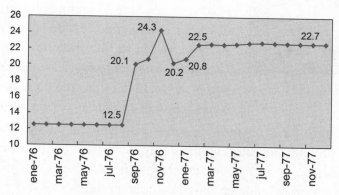

GRÁFICA 2.20 Tipo de cambio peso-dólar (enero 1976-diciembre 1977).
Fuente: Promedio mensual. Elaboración propia con datos del Banco de México.

Como ha quedado claro, la crisis económica de 1976 fue la consecuencia de una serie de decisiones equivocadas del gobierno, de corte populista, de Luis Echeverría. Decir que el fin de los años dorados del desarrollo estabilizador fue consecuencia de la adopción del neoliberalismo es falso. El neoliberalismo, adoptado muchos años después, sí ha provocado muchos otros problemas que serán abordados más adelante; sin embargo, no fue, en lo absoluto, la causa de la crisis económica de 1976.

Cantarell, el rápido alivio de la crisis

Una de las principales razones por las cuales México logró superar, en poco tiempo, la crisis de 1976 fue el hallazgo de un gigantesco yacimiento petrolero que recibiría el nombre de Cantarell.

En 1961, navegando por la sonda de Campeche, el pescador Rudesindo Cantarell Jiménez se percató de una mancha oscura que brotaba del mar. Años más tarde, en 1968, se lo comentó a un amigo petrolero

IMAGEN 2.1 Rudesindo Cantarell.

que le recomendó dar aviso a Pemex. La petrolera mexicana tardó tres años en ponerse en contacto con Rudesindo, quien los condujo al sitio en el que había observado la mancha. El final de la historia personal es trágico: Rudesindo muere pobre y olvidado,[20] lo cual es triste e injusto, pues el hallazgo del pescador resultó ser el segundo yacimiento petrolero, de su tipo, más grande de todo el mundo, eso sí, bautizado en su honor como Cantarell.[21] Durante las siguientes décadas, dos terceras partes de toda la producción de petróleo en México provinieron de ese yacimiento.

La gráfica 2.21 es impresionante. Fundamentalmente, gracias al descubrimiento de este yacimiento, México pasó de ser un modesto productor, de menos de 500 mil barriles diarios, a una auténtica potencia mundial, que en muy poco tiempo rebasó los dos y medio millones de barriles diarios de petróleo.

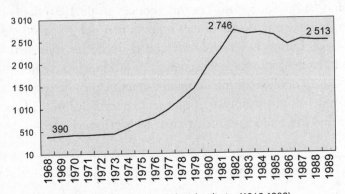

GRÁFICA 2.21 Producción de petróleo en miles de barriles diarios (1968-1989). *Fuente:* Elaboración propia con datos del Instituto Nacional de Estadística y Geografía, *Estadísticas históricas de México 2009.*

El gobierno de José López Portillo reaccionó con euforia. Se lanzó una campaña nacional que transmitía un mensaje de optimismo

74

desenfrenado. El guion de uno de los promocionales gubernamentales de la época es elocuente sobre el nivel de optimismo:

> LOCUTORA: México se descubre dueño de una inmensa riqueza petrolera, de hecho, una de las más importantes riquezas del mundo en la materia. ¿Qué hacer en tal circunstancia? Hay quienes aconsejan no vender. Opinan que debemos guardar nuestro petróleo para mañana, posponer su negociación, conservar esta riqueza para un futuro. Hay quienes opinan, por otra parte, que el negocio debe realizarse ahora. Que debe ser ahora, ahora mismo, no mañana, cuando debemos transformar nuestro petróleo en la moneda que nos permita vivir sin deudas, por primera vez en nuestra historia moderna.

Acto seguido, aparecía el fragmento de un discurso del presidente José López Portillo, que contenía una frase que quedaría grabada para siempre en la memoria popular: "México, país de contrastes, ha estado acostumbrado a administrar carencias y crisis. Ahora, con el petróleo, en el otro extremo, tenemos que acostumbrarnos a administrar la abundancia".

Haber descubierto ese yacimiento de petróleo era ya un acontecimiento afortunado, pero la suerte de México no paró ahí. Como puede observarse en la gráfica 2.22, el precio del barril de petróleo prácticamente se triplicó entre 1978 y 1981. El aumento en el precio y en la producción fue, literalmente, como ganarse la lotería.

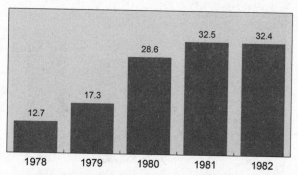

GRÁFICA 2.22 Precio medio en dólares del barril de petróleo (1978-1982).
Fuente: Elaboración propia con datos de la Organización de Países Exportadores de Petróleo (OPEP).

LA CRISIS ECONÓMICA DE 1982

Como suele ocurrir con muchos ganadores de la lotería, el sueño pronto se convirtió en pesadilla. A continuación, se presenta una síntesis de la evolución de la crisis de 1982, también en 10 puntos.

1. En un ambiente de optimismo exagerado, el gobierno mexicano emprendió un ritmo de gasto desmedido. El déficit fiscal alcanzó el máximo histórico de 14.1% del PIB, lo que en aquel momento implicaba que el gobierno de López Portillo gastaba 153 pesos por cada 100 que recaudaba[22] (ver gráfica 2.23).

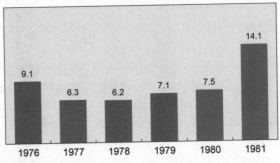

GRÁFICA 2.23 Déficit fiscal como porcentaje del PIB (1976-1981).
Fuente: Elaboración propia con datos de Aspe Armella, *El camino mexicano...*, 114.

Pero no solo el gobierno gastaba sin medida. La iniciativa privada también entró en una espiral de gasto descomunal. La deuda del sector privado pasó de 7 152 millones de dólares en 1978 a casi 20 mil millones de dólares en 1981 (ver gráfica 2.24).

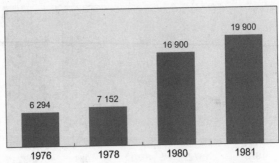

GRÁFICA 2.24 Deuda externa del sector privado en millones de dólares (1976-1981).
Fuente: Elaboración propia con datos de Roberto Gutiérrez, "El endeudamiento externo del sector privado en México 1971-1991", *Comercio Exterior* 42, núm. 9 (septiembre de 1992): 852-864.

2. Los altísimos niveles de inversión pública y privada detonaron un fuerte crecimiento económico. Entre 1978 y 1981, México creció a una tasa promedio de 9.2% anual. ¡Ni en las mejores épocas del desarrollo estabilizador! (ver gráfica 2.25).

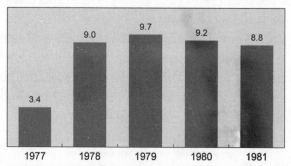

GRÁFICA 2.25 Porcentaje de crecimiento del PIB (1977-1981).

Fuente: Elaboración propia con datos de Aparicio Cabrera, "Series estadísticas de la economía mexicana en el siglo XX", cuadro 4.

Con la economía en franca expansión, había trabajo en abundancia. La tasa de desempleo se redujo a la mitad entre 1977 y 1981 (ver gráfica 2.26).

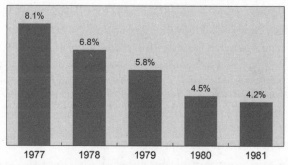

GRÁFICA 2.26 Tasa de desempleo abierto en áreas urbanas (1977-1981).

Fuente: Elaboración propia con datos del Instituto Nacional de Estadística y Geografía, *Estadísticas históricas de México 2009...*, cuadro 5.15.

3. El auge de las exportaciones basadas en hidrocarburos suele provocar que la moneda se sobrevalúe. La lógica es simple: Pemex vende petróleo fuera de México y recibe dólares a cambio. El banco central cambia esos dólares por pesos. La fuerte demanda de pesos provoca el fortalecimiento, y la consecuente sobrevaluación de la moneda.

Un síntoma evidente de que una moneda está sobrevaluada es que, al cambiarla por moneda extranjera, el poder adquisitivo resulta muy alto. Cuando el peso está sobrevaluado, las cosas en dólares resultan muy baratas. En la gráfica 2.27 puede observarse la evolución del tipo de cambio real.

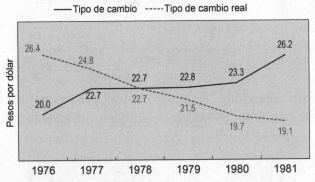

GRÁFICA 2.27 Tipo de cambio real (1976-1981).

Nota: Los índices de precios que se utilizaron para el cálculo del tipo de cambio real fueron con base 1978=100.

Fuente: Enrique Cárdenas Sánchez, *El largo curso de la economía mexicana: De 1780 a nuestros días* (México: Fondo de Cultura Económica, El Colegio de México, Fideicomiso Historia de las Américas, 2015), 636.

4. Cuando una moneda está sobrevaluada y, en consecuencia, resulta barato comprar bienes y servicios fuera del país, las importaciones tienden a aumentar, lo cual se refleja en la cuenta corriente de la balanza de pagos.

Para 1981, el déficit de la cuenta corriente era ya de más de 16 mil millones de dólares (ver gráfica 2.28).

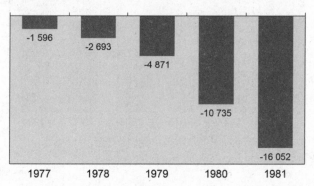

Gráfica 2.28 Saldo de la cuenta corriente en millones de dólares (1977-1981).
Fuente: Elaboración propia con datos de Aspe Armella, *El camino mexicano...*, 118.

5. En esas condiciones, López Portillo (un megalómano bastante terco) apostaba a dos condiciones futuras que eran absolutamente necesarias para que continuara el buen desempeño de la economía mexicana: que los precios del petróleo aumentaran —para financiar el creciente gasto—, y que las tasas de interés disminuyeran —para poder pagar la enorme deuda contratada—. Su apuesta resultó un desastre, porque ocurrió exactamente lo contrario: disminuyó el precio del petróleo (ver gráfica 2.29) y aumentaron las tasas de interés (ver gráfica 2.30).

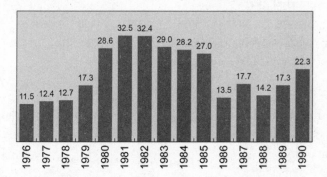

Gráfica 2.29 Precio medio en dólares del barril de petróleo (1976-1990).
Fuente: Elaboración propia con datos de la Organización de Países Exportadores de Petróleo (OPEP).

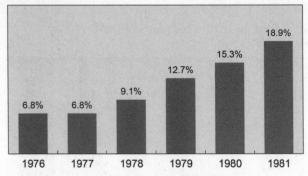

GRÁFICA 2.30 Tasa de interés nominal de Estados Unidos (1976-1981).
Fuente: Elaboración propia con datos de Lustig, *Mexico: The Remaking...*, 115.

6. La historia se repite: cuando la iniciativa privada vio venir la crisis, se adelantó y se llevó su dinero del país. En 1981, casi 12 mil millones de dólares salieron de México (gráfica 2.31).

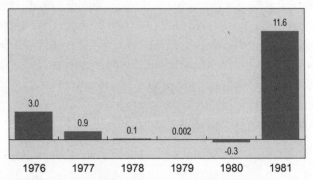

GRÁFICA 2.31 Fuga de capitales en miles de millones de dólares (1976-1981).
Fuente: Elaboración propia con datos de Lustig, *Mexico: The Remaking...*, 23.

En la medida en que aumentó la demanda de dólares, con un tipo de cambio fijo,[23] las reservas del banco central se fueron agotando.

Entre 1981 y 1982, México perdió casi el 70% de sus reservas internacionales (ver gráfica 2.32).

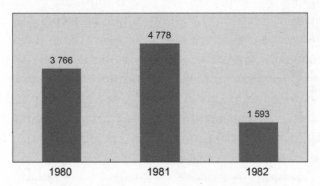

GRÁFICA 2.32 Reservas internacionales netas en millones de dólares (1980-1982).
Fuente: Elaboración propia con datos del Banco de México.

7. Y exactamente bajo la misma lógica que en 1976, agotadas las reservas e insaciable la demanda de dólares, el gobierno se vio obligado a devaluar.

Entre enero y marzo de 1982, el peso mexicano perdió más del 42% de su valor frente al dólar. Y entre julio y agosto del mismo año, volvió a perder el 40% de su valor. En siete meses, la paridad peso–dólar pasó de 26.4 a 80.9 (ver gráfica 2.33).

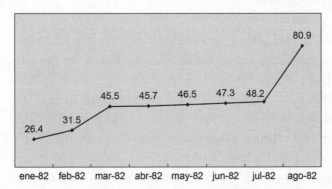

GRÁFICA 2.33 Tipo de cambio peso-dólar, promedio mensual (enero 1982-agosto 1982).
Fuente: Elaboración propia con datos del Banco de México.

8. La devaluación no fue suficiente para detener la estampida. Aunque el dólar estaba casi cuatro veces más caro, era tal la desconfianza hacia el gobierno, que parecía imparable el apetito por la moneda extranjera. Fue entonces que las locuras del gobierno empezaron a tomar otro nivel. Entre otras cosas, López Portillo introdujo los "mexdólares": quien quisiera cambiar sus pesos por dólares, recibiría mexdólares, a un tipo de cambio establecido por el gobierno, no por el mercado, de 69.5 pesos por dólar. Así, durante 1982, había cuatro tipos de cambio distintos: libre, controlado, preferencial y mexdólares (ver gráfica 2.34).

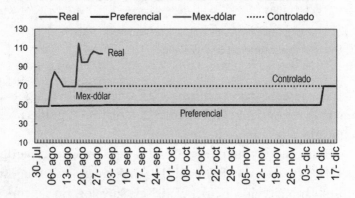

GRÁFICA 2.34 Tipo de cambio peso-dólar, 30 de julio de 1982-17 de diciembre de 1982. *Fuente:* Elaboración propia con datos del Banco de México.

9. Finalmente, en un intento desesperado por salvar el barco que se estaba hundiendo, en su último informe de gobierno, el 1 de septiembre de 1982, López Portillo expropió los bancos privados del país, usando el término eufemístico de "nacionalización de la banca". En su discurso, sin asumir la propia, se dedicó, eso sí, con una retórica impecable, a repartir culpas: los "saca dólares", el aumento en las tasas de interés, la caída de los precios del petróleo, el exceso de importaciones, la baja del turismo externo eran los responsables del desastre, él no:

No vengo aquí a vender paraísos perdidos, ni a buscar indulgencias históricas [...] Decir la verdad, la mía, es mi obligación, pero también mi derecho [...] Soy responsable del timón, pero no de la tormenta. Todos estos factores: altas tasas de interés afuera que arrastran a las de adentro; baja del precio de las materias primas; exceso de importaciones; disminución de exportaciones; baja en el turismo externo; aumento del turismo nacional al extranjero; colocaron a nuestra economía en una situación súbita de particular vulnerabilidad.

Pero si eso solo hubiera sido el problema, la potencialidad del país lo hubiera podido resolver con esfuerzo, pero sin deterioro.

Con lo que no pudimos, fue con la pérdida de confianza en nuestro peso, alentada por quienes adentro y afuera pudieron manejar las expectativas y causar lo que anunciaban, con el solo anuncio.

Así de delgada es la solidaridad.

Así de subjetiva es la causa fundamental de la crisis.

Contra esto ya no pudo el vigor de nuestra economía.

Y finalmente remató con su apuesta final:

He expedido, en consecuencia, dos decretos: uno que nacionaliza los bancos privados del país, y otro que establece el control generalizado de cambios, no como una política superviniente del más vale tarde que nunca, sino porque hasta ahora se han dado las condiciones críticas que lo requieren y justifican.

Es ahora o nunca.

Ya nos saquearon.

México no se ha acabado.

No nos volverán a saquear.

Los decretos respectivos se publican hoy en el *Diario Oficial*.

10. En 1982, la tasa de crecimiento del PIB se desplomó 9.3 puntos porcentuales (gráfica 2.35), y la inflación alcanzó casi el 100% (gráfica 2.36). Eso significa que, en promedio, lo que en enero costaba 100 pesos, para diciembre había aumentado al doble.

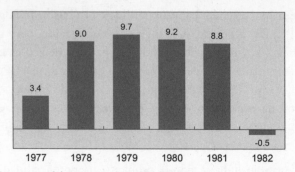

GRÁFICA 2.35 Crecimiento del PIB entre 1977 y 1982 (% anual).
Fuente: Elaboración propia con datos de Aparicio Cabrera, "Series estadísticas de la economía mexicana en el siglo XX", 71.

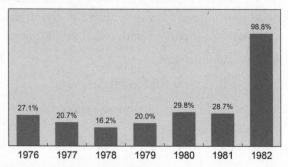

GRÁFICA 2.36 Inflación promedio anual (1976-1982).
Fuente: Elaboración propia con datos de Aspe Armella, *El camino mexicano...*, 69.

La profundidad de la crisis fue tal, que a México le tomaría ocho años recuperarse del desastre (ver gráfica 2.37).

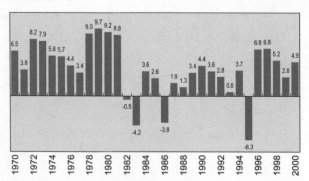

GRÁFICA 2.37 Tasa real de crecimiento del PIB (1970-2000).
Fuente: Elaboración propia. Para los datos de 1970 a 1994: Aparicio Cabrera, "Series estadísticas de la economía mexicana en el siglo XX". Para la serie de 1995 a 2000: Instituto Nacional de Estadística y Geografía, Sistema de Cuentas Nacionales de México, Producto Interno Bruto (año base 2013), 2020.

A partir del somero recuento de las crisis económicas de 1976 y 1982, resulta evidente la equivocación en la que incurren quienes afirman que los años dorados de estabilidad y crecimiento económico de los años cincuenta y sesenta llegaron, a su fin debido a la implementación de las políticas económicas neoliberales. Esa lectura de la historia pasa por alto un largo periodo de 12 años, como si no hubiera existido. Esa interpretación de la historia económica de México borra de la ecuación a dos presidentes de la República, Echeverría y López Portillo, que nada tuvieron de neoliberales. En todo caso, si se les quiere poner una etiqueta de orden ideológico, fueron un par de populistas irresponsables.

El largo proceso de recuperación económica

A diferencia de la crisis de 1976, la recuperación de la crisis de 1982 fue dolorosa y muy prolongada. El deterioro, causado por el torpe manejo económico durante el sexenio de López Portillo, fue muy profundo. No fue sino hasta 1989 que pudo decirse que la crisis había sido superada. El proceso de recuperación se prolongó a lo largo de todo el sexenio siguiente.

En su último informe de gobierno, en 1982, José López Portillo anunció la expropiación de los bancos y decretó el control generalizado de cambios.

Todo el sexenio de Miguel de la Madrid transcurrió entre intentos fallidos de recuperación económica. La inflación acumulada a lo largo de esos seis años fue del 520%[24] y el dólar aumentó un 3 179% con respecto al peso.[25]

Para hacer un repaso del accidentado y tortuoso proceso de recuperación, se hará referencia a cuatro momentos: el primer intento de recuperación, entre 1983 y 1985; la crisis petrolera y la devaluación de 1987; el pacto de solidaridad de 1988; y, finalmente, la recuperación a partir de 1989.[26]

El primer intento fallido de estabilización

Casi tan pronto como asumió la Presidencia de la República, Miguel de la Madrid anunció el Programa Inmediato de Recuperación Económica (PIRE). El país estaba quebrado. La "terapia de choque" consistió en la implementación de dos medidas drásticas: la reducción del déficit público y la devaluación de la moneda.

El 10 de diciembre de 1982, se anunció el establecimiento de un nuevo sistema de control de cambios. El tipo de cambio controlado se fijó en 95 pesos, y las cotizaciones del dólar en el mercado libre de México abrieron a 148.5 pesos a la compra y 150 pesos a la venta. La devaluación de los tipos de cambio libre y controlado fue de 113% y 35%, respectivamente.[27]

Adicionalmente, México accedió a una línea de crédito de aproximadamente 4 mil millones de dólares con el Fondo Monetario Internacional de tres años de duración, a partir de 1983; sin embargo, el financiamiento del Fondo Monetario Internacional estaba condicionado al cumplimiento de una serie de metas en materia de inflación, deuda, déficit en la cuenta corriente y tasa de crecimiento.

Toda vez que México no logró cumplir las metas planteadas para el periodo (1983-1985), el financiamiento del FMI fue suspendido a mediados de 1985. Estas circunstancias derivaron en una nueva devaluación y en la crisis de la balanza de pagos de mediados de 1985. Así concluyó, de manera fallida, el primer intento de recuperación económica del gobierno de De la Madrid.

El shock petrolero de 1986 y la devaluación de 1987

Más allá de las alarmantes cifras que ponen de manifiesto el estado de crisis en el que se encontraba la economía mexicana, al inicio del gobierno de Miguel de la Madrid, uno de los principales problemas era la enorme desconfianza del sector privado.

La expropiación de la banca y el control de cambios habían causado enorme incertidumbre entre los inversionistas. Esto es algo que no debe subestimarse en el análisis, dado que la inversión privada ya era, y sigue siendo, mucho mayor que la inversión pública. Salir de la crisis implicaba, necesariamente, recuperar la confianza del sector privado para que volviera a invertir. Esto es algo que a los populistas les cuesta mucho trabajo entender.

El cambio de modelo económico, del proteccionismo al neoliberalismo, tiene muchas explicaciones. Por un lado, buena parte de la élite gobernante estaba convencida de que, técnicamente, era la ruta más eficaz para lograr que la economía creciera. Adicionalmente, los tomadores de decisiones en el gobierno pensaban que era el único camino viable para recuperar la confianza de la iniciativa privada.

Creían que solo un mensaje contundente en el sentido de que la economía se manejaría de manera diferente, sería capaz de recuperar la confianza y propiciar inversión productiva.

El primer mensaje para comunicar el inicio del proceso de reforma estructural del modelo económico fue la liberalización comercial.

En el transcurso de los dos siguientes años, justo al inicio de ese proceso de cambio estructural que el gobierno creía que sería el camino para recobrar la confianza de los inversionistas y lograr la recuperación económica, ocurrieron tres eventos que, en conjunto, resultaron devastadores: el terremoto de 1985, la caída en los precios del petróleo entre 1985 y 1986, y el desplome mundial de los mercados de valores de 1987.

El porcentaje de importaciones no sujetas a licencias de importación pasó de 16.4% en diciembre de 1984 a 64.1% en julio de 1985 (ver gráfica 2.38).

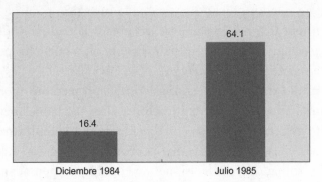

GRÁFICA 2.38 Porcentaje del valor total de las importaciones no sujetas a permisos previos de importación.

Fuente: Elaboración propia con datos de United States International Trade Commission, *Review of Trade and Investment Measures by Mexico and Prospects for Future United States-Mexican Relations* (Washington D. C.: United States International Trade Comission, 1990).

a) El sismo

El 19 de septiembre de 1985, un terremoto de 8.1 grados en la escala de Richter sacudió la Ciudad de México. El número exacto de muertos, heridos y afectaciones materiales nunca se conoció con precisión. Algunos estimaron los daños materiales en 8 mil millones de dólares, y casi un millón de personas se vieron obligadas a abandonar

IMAGEN 2.2 Personas ayudando a retirar escombros después del terremoto de 1985.

88

sus hogares. En el 2017, aún existían campamentos con damnificados de este sismo.[28]

En cuanto a las personas fallecidas, fuentes extraoficiales han estimado que las muertes pudieron haber llegado a más de 40 mil. Una de las primeras cifras oficiales la brindó el Registro Civil de la Ciudad de México, que contabilizó 3 692 fallecimientos durante el 19 y el 20 de septiembre de 1985.[29] En 2015, el periódico *Excélsior* publicó que la cantidad exacta de personas que murieron por politraumatismo, aplastamiento, asfixia y todas las causas asociadas con los terremotos fue de 12 843.[30]

b) El precio del petróleo

La caída en los precios del petróleo a finales del sexenio de López Portillo, a la que previamente se hizo referencia, fue francamente moderada en comparación con la ocurrida durante el sexenio de Miguel de la Madrid. La mezcla mexicana pasó de 25.4 dólares por barril en 1985 a solo 12 dólares en 1986. Un desplome de más del 50 por ciento.

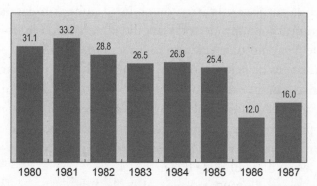

GRÁFICA 2.39 Precio medio en dólares por barril de crudo de la mezcla mexicana (1980-1987). *Fuente:* Elaboración propia con datos de Petróleos Mexicanos (Pemex).

c) La caída mundial de los mercados de valores

El "lunes negro", 19 de octubre de 1987, se cayeron las bolsas en todo el mundo. El problema empezó en Hong Kong, se esparció por

Europa y llegó a Estados Unidos. En el caso de México, las pérdidas acumuladas entre el cierre de septiembre y diciembre de 1987 fueron del 70% (ver gráfica 2.40).

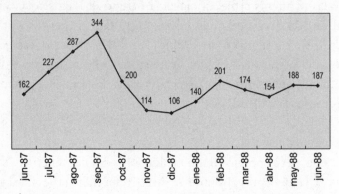

GRÁFICA 2.40 Índice de Precios y Cotizaciones de la Bolsa Mexicana de Valores.
Fuente: Elaboración propia con datos de la Bolsa Mexicana de Valores.

La crisis de 1982, y sus efectos posteriores, claramente tiene su origen en la torpeza y la irresponsabilidad gubernamental; sin embargo, en un momento de total fragilidad, a México le llovió sobre mojado: el terremoto, la caída en los precios del petróleo y el desplome de las bolsas de valores son tres fenómenos que, sin ser atribuibles al gobierno, complicaron enormemente el proceso de recuperación.

A pesar de que los niveles de reservas internacionales eran altos para la época, la fuga de capitales fue tan fuerte que el peso nuevamente sufrió una devaluación, alcanzando la paridad peso-dólar los 2 250 pesos en diciembre de 1987.

Entre enero de 1985 y noviembre de 1987, el tipo de cambio frente al dólar ya se había incrementado 775% (ver gráfica 2.41); y si tomamos como punto de referencia la paridad de 12.50 pesos por dólar, que se mantuvo estable en México durante 22 años (entre 1954 y 1976), el tipo de cambio frente al dólar se incrementó casi 18 000% en 11 años.

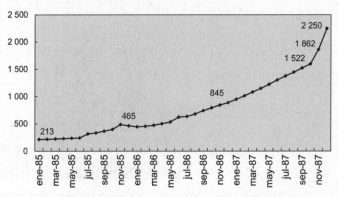

GRÁFICA 2.41 Tipo de cambio peso-dólar, enero de 1985-diciembre de 1987.
Fuente: Elaboración propia con datos del Banco de México.

Para 1987, la inflación ya era de 159%. Estos altísimos niveles empezaban a acariciar la frontera de la hiperinflación (un ciclo inflacionario sin tendencia al equilibrio).

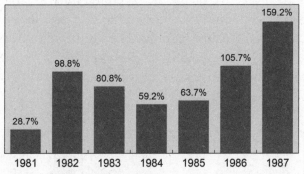

GRÁFICA 2.42 Inflación promedio anual (1981-1987).
Fuente: Elaboración propia con datos de Aspe Armella, *El camino mexicano...*, 69.

El gobierno de De la Madrid se convenció de que el objetivo de combatir la inflación tendría que plantearse como máxima prioridad. Así, a finales de su sexenio, surgió el Pacto de Solidaridad Económica.

Pacto de Solidaridad Económica

El 15 de diciembre de 1987, el gobierno, empresarios y representantes obreros y campesinos firmaron el Pacto de Solidaridad Económica. Dado que el objetivo central del pacto era detener la creciente inflación, el acuerdo principal consistía en congelar los precios y los

IMAGEN 2.3 Miguel de la Madrid con Fidel Velázquez, líder de la Confederación de Trabajadores de México (CTM), en la firma del Pacto de Solidaridad Económica.

salarios. Aunque, sin duda, son muchos más los inconvenientes que las ventajas de un régimen autoritario como el que México tenía en esa época, también es verdad que un acuerdo de esta naturaleza habría sido casi imposible en una democracia liberal.

En cuanto al objetivo de detener la espiral inflacionaria, el Pacto de Solidaridad Económica fue exitoso. No solo dejó de aumentar la inflación como venía ocurriendo durante los tres últimos años, sino que esta se redujo a un tercio de la del año anterior. Seguía siendo superior al 50% pero, ciertamente, mucho menor que el 159% del año anterior (ver gráfica 2.43).

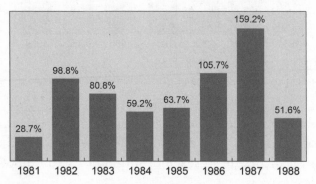

GRÁFICA 2.43 Inflación promedio anual (1981-1988).
Fuente: Elaboración propia con datos de Aspe Armella, *El camino mexicano...*, 69.

LA RECUPERACIÓN

En condiciones aún complejas, pero ya mucho menos adversas, Carlos Salinas de Gortari asumió la Presidencia de la República el 1 de diciembre de 1988. De esa elección presidencial se hablará en el siguiente capítulo.

Si bien algunos indicadores como la inflación daban señales de mejoría, el reto de recuperar el camino del crecimiento y la generación de empleos aún permanecía inalcanzado.

Carlos Salinas de Gortari estaba convencido de que, para alentar la inversión privada, no sería suficiente que el gobierno se ajustara a la ortodoxia de la disciplina fiscal dictada por el Consenso de Washington.[31] Creía que esa era una condición necesaria pero no suficiente.

Su gobierno puso en marcha una serie de acciones que lograron entusiasmar al sector privado, de las que destacan cuatro. Las tres primeras fueron motivo de enorme controversia; sin embargo, en su conjunto, sí generaron confianza en el sector privado y alentaron la inversión productiva.

Primero, en mayo de 1990, el gobierno anunció su intención de privatizar la banca que había sido nacionalizada por José López Portillo; segundo, ese mismo año, Salinas anunció su intención de firmar un tratado de libre comercio con Estados Unidos y Canadá; tercero, en 1992 se reformó el artículo 27 constitucional para permitir la enajenación de las parcelas ejidales; y cuarto, en un acto de corte más simbólico, se eliminaron tres ceros al peso mexicano.

La campaña publicitaria diseñada para informar sobre la eliminación de tres ceros a la moneda tuvo una amplísima difusión. Un sinnúmero de comerciales se transmitieron a todas horas por radio y televisión (ver ejemplo de anuncio en el siguiente cuadro). Aunque, ciertamente, en términos económicos, eliminar tres ceros a la moneda no implicaba una reforma sustancial, el poder comprar un dólar con tres pesos y ya no con 3 mil, sí provocaba en la mente de la gente una sensación de prosperidad.

NIÑO: Hola, don Memo. Ahora sí le vengo a pagar. ¿Cuánto le debo?

DON MEMO: Déjame ver, son 20 500 pesos.

NIÑO: Y el año que entra van a ser 20 nuevos pesos con 50 centavos, ¿no?

Don Memo: Ah, ya aprendiste.

NIÑO: Oiga, ¿y el año que entra también le voy a pagar con billetes y monedas actuales, o solamente con nuevos pesos?

DON MEMO: Con los dos. Te voy a explicar: me podrías pagar, por ejemplo, con un billete de 20 mil pesos, o con uno de 20 nuevos pesos, que son igualitos; y con una moneda actual de 500 pesos o con una de 50 centavos del nuevo peso.

NIÑO: Uy, don Memo, usted sí que es bueno para las cuentas, ¿verdad?

DON MEMO: Ni tanto.

NIÑO: Pus entonces apúnteme estos chicles a la cuenta.

LOCUTOR: Nuevo peso. Más práctico y más sencillo.

Para 1991, parecía que México finalmente le estaba dando la vuelta a los años de crisis económica. Una clara señal de que la confianza se estaba recuperando es el crecimiento de la inversión extranjera, que pasó de 4.6 a 14.5 miles de millones de dólares entre 1990 y 1991 (ver gráfica 2.44).

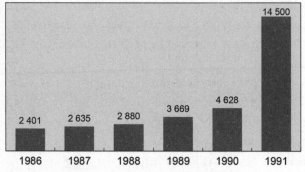

GRÁFICA 2.44 Inversión Extranjera en millones de dólares (1986-1991).

Fuente: Elaboración propia con datos del Banco de México.

La tasa de inflación, que había llegado al 159% en 1987, cerró en 18.8% en 1991 (ver gráfica 2.45).

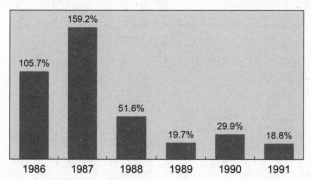

GRÁFICA 2.45 Inflación promedio anual (1986-1991).
Fuente: Elaboración propia con datos de Aspe Armella, *El camino mexicano...*, 69.

Y el promedio de crecimiento económico de los últimos tres años alcanzó el 3.8% (ver gráfica 2.46).

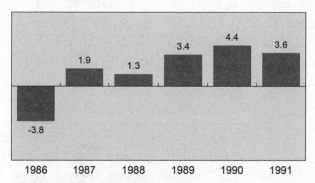

GRÁFICA 2.46 Tasa real de crecimiento del PIB (1986-1991).
Fuente: Elaboración propia con datos de Aparicio Cabrera, "Series estadísticas de la economía mexicana en el siglo XX".

Las reservas internacionales rebasaron los 17 mil millones de dólares y las tasas de interés se habían reducido a la mitad (ver gráfica 2.47).

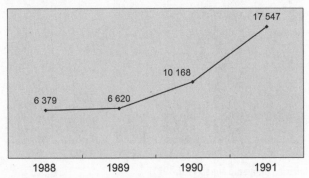

Gráfica 2.47 Reservas internacionales netas en millones de dólares (1988-1991).
Fuente: Elaboración propia con datos del Banco de México.

A partir de estos números, se puede decir que la crisis de 1982 finalmente había sido superada. Los indicadores económicos, en general, eran motivo de optimismo; sin embargo, dos problemas se asomaban en el horizonte: las deficiencias en el proceso de reprivatización de los bancos, y el déficit creciente en la cuenta corriente de la balanza de pagos (ver gráfica 2.48). Se analizará la crisis de 1994-1995 en el siguiente capítulo.

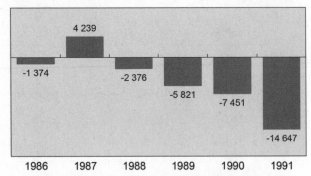

Gráfica 2.48 Saldo en la cuenta corriente en millones de dólares (1986-1991).
Fuente: Elaboración propia con datos del Instituto Nacional de Estadística y Geografía, *Estadísticas históricas de México 2009...*, cuadro 16.37.

Al inicio de esta sección, se dijo que, a diferencia de la crisis de 1976, la recuperación de la crisis de 1982 fue dolorosa y muy prolongada. Ya ha quedado claro tanto el nivel de complejidad como el enorme lapso que debió transcurrir para superar esa crisis económica. Ahora veremos por qué se sostiene que el proceso fue, además, tremendamente doloroso para millones de personas.

EL DOLOR HUMANO DETRÁS DE LA CRISIS ECONÓMICA

Una crisis económica trae aparejado un enorme sufrimiento humano. En su delirio de grandeza, el gobernante que se cree predestinado a figurar en los libros de historia, termina convirtiendo sus sueños de transformación en una pesadilla de destrucción: la gente cae en la pobreza, aumenta la desigualdad, se pierde el trabajo, se deteriora la salud, los niños dejan la escuela y millones se ven obligados a migrar para sobrevivir. Detrás de los fríos números que dan cuenta de la magnitud de la crisis, el dolor humano es real.

En la gráfica 2.49 puede observarse la caída en los salarios que, en 1983, fue de casi 23%; sin embargo, en la gráfica 2.50 se puede ver que el consumo no cayó en la misma proporción. La razón es que, en tiempos de crisis, se hacen grandes esfuerzos. Las personas trabajan más y gastan con mayor cuidado. La gente pone un puesto de comida para completar el ingreso, las familias echan mano de lo ahorrado o piden prestado.

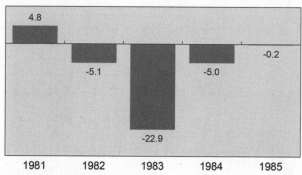

GRÁFICA 2.49 Salario real (% variación anual).

Fuente: Elaboración propia con datos de Lustig, *Mexico: The Remaking...*, 115.

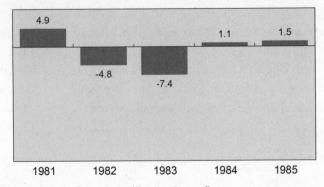

GRÁFICA 2.50 Consumo privado per cápita (% variación anual).
Fuente: Elaboración propia con datos de Lustig, *Mexico: The Remaking...*, tabla 3-2.

En una crisis económica, las reglas del juego son asimétricas entre el trabajo y el capital. El segundo siempre tiene la opción de migrar en busca de mejores condiciones. Quienes deciden llevarse su dinero fuera del país encuentran menos barreras; en contraste, los trabajadores se enfrentan a enormes obstáculos en su intento por migrar.

Entre 1977 y 1987, salieron del país entre 22 y 36 mil millones de dólares.[32] Muchos sacaron su dinero y además lo multiplicaron: primero, viéndolo crecer frente a un peso en caída libre, y después, comprando activos a precio de ganga, mismos que una vez pasada la crisis, recuperaron su valor.

A diferencia de la facilidad con la que el capital puede escapar de la crisis, el trabajo encuentra enormes obstáculos. Aun así, el número

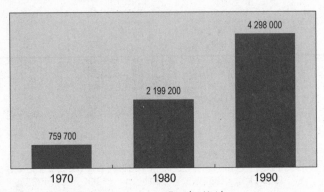

GRÁFICA 2.51 Número de inmigrantes mexicanos en Estados Unidos.
Fuente: Elaboración propia con datos de Migration Policy Institute (MPI).

de mexicanos que emigraron a Estados Unidos, entre 1970 y 1990, fue enorme (ver gráfica 2.51), y las remesas enviadas se convirtieron en la tabla de salvación de millones de familias mexicanas (ver gráfica 2.52).

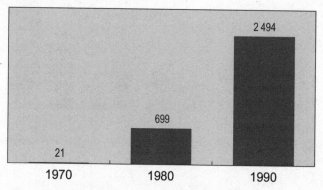

GRÁFICA 2.52 Ingresos por remesas familiares en millones de dólares.

Fuente: Elaboración propia con datos de Alma Rosa Muñoz Jumilla, "Evolución de las remesas familiares ante el crecimiento económico en México, 1950-2002", *Papeles de Población* 10, núm. 42 (octubre-diciembre de 2004): 9-35.

El gasto en salud, como proporción del PIB, se desplomó más de 20% entre 1980 y 1988 (ver gráfica 2.53).

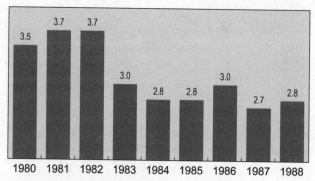

GRÁFICA 2.53 Gasto del gobierno federal en salud (porcentaje del PIB).

Fuente: Elaboración propia con datos de Lustig, *Mexico: The Remaking...*, tabla 3-7.

La muerte de niños mexicanos directamente causada por desnutrición se disparó 500% entre 1980 y 1988 (ver gráfica 2.54).

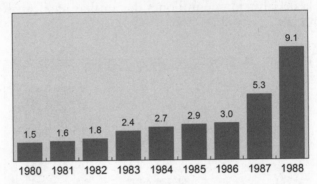

GRÁFICA 2.54 Porcentaje de muertes causadas por deficiencias nutricionales en edad preescolar.
Fuente: Elaboración propia con datos de Lustig, *Mexico: The Remaking...*, tabla 3-10.

La cantidad de niños que en esos ocho años tuvieron que dejar la escuela primaria es alarmante (ver gráfica 2.55).

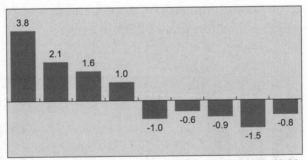

GRÁFICA 2.55 Variación por ciclo escolar en la matrícula de estudiantes de primaria (%).
Fuente: Elaboración propia con el número de alumnos inscritos al inicio de cursos según nivel educativo. Ver Instituto Nacional de Estadística y Geografía, *Estadísticas históricas de México 2009...*, cuadro 3.2.

Los delitos patrimoniales, en específico los robos, también se incrementaron sustancialmente (ver gráfica 2.56).

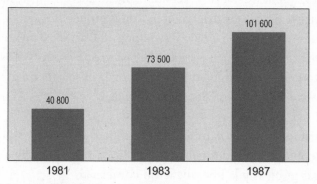

GRÁFICA 2.56 Robos reportados en el Distrito Federal.*
*Ahora denominada Ciudad de México.
Fuente: Elaboración propia con datos Lustig, *Mexico: The Remaking...*, 89.

Las gráficas anteriores dejan claro que detrás de los fríos números, la realidad es muy dolorosa. Las crisis económicas traen consigo un costo social brutalmente alto.

El cambio de modelo económico

Finalmente, se presenta una breve síntesis del cambio de modelo económico experimentado por México durante la década de 1980 y el inicio de la de 1990, en el contexto antes expuesto. Por ahora, el objetivo es solo describir ese cambio de modelo; sin embargo, en el capítulo 9 discutiremos los problemas del nuevo modelo económico en la realidad mexicana: bajo crecimiento e incremento de la desigualdad.

Una primera razón detrás de las reformas que diametralmente modificaron el modelo de desarrollo fue la idea del gobierno de modernizar la economía; sin embargo, también es cierto que, frente a la realidad económica, seguir adelante sin hacer modificaciones sustantivas parecía poco viable. Como dice Enrique Cárdenas:

En términos generales, las reformas eliminaron diversas barreras para hacer más competitiva la economía del país [...] Estas reformas, por tanto, implicaron abrir la economía mexicana a los mercados internacionales, liberalizar diversas actividades productivas que a lo largo de muchos años habían estado restringidas al Estado o a mexicanos, y eliminar regulaciones innecesarias que encarecían costos [...] No todos los sectores económicos fueron tocados con la misma fuerza ni los cambios tuvieron la misma rapidez ni profundidad.[33]

Las reformas que cambiaron el modelo económico pueden clasificarse en tres grandes rubros: la política fiscal, la privatización de empresas púbicas y la liberalización comercial.

Política fiscal

Como hemos visto, tanto la crisis de 1976 como la de 1982 fueron originadas en gran parte, por el desmedido déficit fiscal que alcanzó 10 y 14 puntos del PIB respectivamente. México logró un superávit primario[34] (excluyendo el servicio de la deuda) a partir de incrementar los ingresos y reducir los gastos.

Los ingresos del gobierno se incrementaron, al aumentar el impuesto al valor agregado (IVA) del 10 al 15% en 1983,[35] mediante la introducción de un nuevo impuesto que gravaba los activos, y a través del aumento del precio de los bienes públicos, principalmente la gasolina.

Adicionalmente, el gobierno recortó el gasto. La reducción en el gasto afectó, sobre todo, la inversión pública, que cayó a la mitad entre 1982 y 1988, con las dolorosas consecuencias que ya se han referido.

Así es como, a partir de 1983, aunque a un costo social muy alto, el gobierno alcanzó un superávit primario (ver gráfica 2.57).

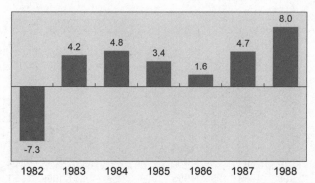

Gráfica 2.57 Balance primario del sector público como porcentaje del PIB (1982-1988).

Nota: El balance primario es igual a la diferencia entre los ingresos totales del sector público y sus gastos totales, excluyendo los intereses.

Fuente: Elaboración propia con datos de Aspe Armella, *El camino mexicano...*, 23.

Privatización de empresas públicas

La Constitución mexicana otorga amplísimos poderes en materia económica al Presidente de la República. Dos decretos presidenciales pintan de cuerpo entero la magnitud de ese poder presidencial: la expropiación de la industria petrolera en 1938 y la nacionalización de la banca en 1982, decretadas por Lázaro Cárdenas y José López Portillo, respectivamente.

Para el año 1982, el gobierno mexicano era dueño de 1 155 empresas.[36] Jesús Silva-Herzog Flores, quien fue secretario de Hacienda entre 1982 y 1986, en una entrevista publicada por Clío lo explica: "Y así, pues teníamos las fábricas de textiles, de bicicletas, hoteles, restaurantes. Yo siempre cuento, y me gusta hacerlo, que llegamos a tener hasta un cabaret, que probablemente haya sido el único cabaret en el mundo que perdía dinero".

El gobierno perseguía tres objetivos principales al hacer las privatizaciones: incrementar los ingresos públicos, reducir las ineficiencias características de las empresas públicas y recuperar la confianza del sector privado.

103

Entre 1982 y 1990, el 80% de las empresas públicas fue privatizado (ver gráfica 2.58).

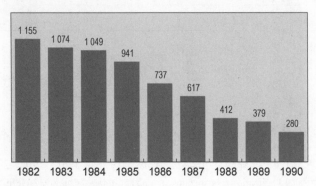

GRÁFICA 2.58 Número de empresas paraestatales.
Fuente: Elaboración propia con datos de Lustig, *Mexico: The Remaking...*, 105.

No debe dejar de denunciarse que enormes fortunas fueron forjadas al amparo de las privatizaciones que, en muchos casos, se dieron en un contexto de poca transparencia y enorme corrupción. Como ha dicho Luis Rubio, en muchos casos "la burocracia se desvivió por encontrar la manera de transferir esos activos a sus empresarios favoritos".[37] En adición a ello, el otro problema es que México no cambió el paradigma del actuar gubernamental: el gobierno vio en las privatizaciones "una manera de agenciarse ingresos fiscales de corto plazo y de quitarse de encima pesados fardos y enormes fuentes de corrupción y subsidios descontrolados, pero no más. La noción de potenciar el desarrollo a través de un mercado activo y pujante nunca avanzó",[38] lo cual explica los pobres resultados obtenidos hasta el día del hoy.

Liberalización comercial

Como puede observarse en la gráfica 2.59, para 1983, el 100% de los productos requería un permiso para ser importado a México. Para 1990, ya menos del 15% de los productos lo necesitaba.

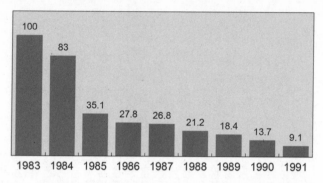

GRÁFICA 2.59 Porcentaje del valor total de las importaciones sujetas a permisos (1983-1991).
Fuente: Elaboración propia con datos de Aspe Armella, *El camino mexicano...*, 46.

En 1986, México se unió al GATT (antecedente directo de la Organización Mundial de Comercio).[39] Posteriormente se firmó el Tratado de Libre Comercio de América del Norte en 1992, y este entró en vigor el 1 de enero de 1994.

IMAGEN 2.4 De izquierda a derecha: Jaime Serra, Carla Hills y Michael Wilson, y de pie Carlos Salinas, George W. Bush y Brian Mulroney, durante la firma del TLCAN el 17 de diciembre de 1992.

México experimentó una transición hacia una economía fuertemente basada en la exportación de manufactura. Como puede observarse en la gráfica 2.60, en poco tiempo, las exportaciones pasaron de representar el 15% del PIB (1985) a más del 30% (2005).

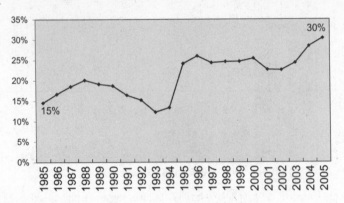

GRÁFICA 2.60 México: exportaciones de bienes y servicios (% del PIB).
Fuente: Elaboración propia con datos del Banco Mundial, "Exportaciones de bienes y servicios (% del PIB)-México".

Para entender la magnitud del cambio, puede tomarse como punto de referencia al resto de América Latina que, en conjunto, tiene una población cuatro veces mayor que la de México, y a pesar de ello México exporta el doble de productos manufacturados que todos los países latinoamericanos en conjunto.[40]

En conclusión, durante la década de 1980 y principios de la de 1990, México experimentó un cambio muy profundo en su modelo económico.

Las devastadoras crisis económicas de 1976 y 1982 no se explican por el cambio de modelo económico, son el resultado de una cadena de torpes decisiones directamente atribuibles a los gobiernos populistas de Echeverría y López Portillo.

También es importante subrayar que las críticas en contra del neoliberalismo, tan estridentes en el plano retórico, suelen ser poco consecuentes a la hora de implementar decisiones de gobierno. López Obrador, en su discurso de toma de posesión como presidente de México, usó 16 veces la palabra "neoliberal" o alguno de sus derivados; en todos los casos, en tono fustigador: "el fracaso del modelo económico neoliberal"; "la ineficiencia del modelo económico neoliberal"; "La política económica neoliberal ha sido un desastre, una calamidad para la vida pública del país"; "Antes del neoliberalismo producíamos y éramos autosuficientes en gasolinas, diésel, gas, energía eléctrica. Ahora compramos más de la mitad de lo que consumimos de estos insumos"; "Durante el periodo neoliberal nos convertimos en el segundo país del mundo con mayor migración"; "El distintivo del neoliberalismo es la corrupción"; "Hacer todo lo que podamos para abolir el régimen neoliberal"; "Haremos a un lado la hipocresía neoliberal". ¿En qué se traduce, en la práctica, toda esta retórica vehemente e incendiaria?

Hay un texto muy interesante sobre esta cuestión.[41] No solo por su contenido, sino también por el autor que lo publica. Se trata de Carlos M. Urzúa, quien fue tanto el secretario de Hacienda durante los primeros meses de la administración del presidente López Obrador (2018-2019), como su secretario de Finanzas (2000-2003) cuando se desempeñaba como Jefe de Gobierno del Distrito Federal (hoy Ciudad de México).

Urzúa se pregunta qué se ha entendido por neoliberalismo en América Latina y propone, como una primera aproximación, los postulados contenidos en el llamado Consenso de Washington: un decálogo de políticas económicas publicado por el británico John Williamson en 1990. El resumen que Urzúa propone es el siguiente:

1) Disciplina fiscal. *2)* Redirección del gasto hacia la educación básica y la atención primaria de salud. *3)* Ampliación de la base tributaria. *4)* Tasas de interés determinadas por el mercado. *5)* Tipo de cambio competitivo. *6)* Reducción de aranceles al comercio exterior. *7)* Atracción de la inversión extranjera directa. *8)* Privatización de las empresas estatales. *9)* Promoción de la competencia económica. *10)* Y finalmente, seguridad jurídica para los derechos de propiedad.[42]

Urzúa lanza algunas preguntas: "¿Con cuáles de estos 10 mandamientos cree usted que el presidente López Obrador estaría hoy de acuerdo?" "¿Aprobaría la llamada Cuatroté un examen basado en el Consenso de Washington?" Para una evaluación integral, Urzúa agrega otras cinco políticas que, con posterioridad a 1990, han sido identificadas como neoliberales:

11) Autonomía del Banco de México. 12) Libre flotación del peso. 13) Metas inflacionarias para la política monetaria. 14) Libre asociación laboral. 15) Y finalmente, acuerdos de libre comercio con un sinnúmero de países.[43]

Urzúa demuestra que la oposición de López Obrador al neoliberalismo es pura demagogia. ¿Con qué puntos realmente discrepa en los hechos? Jamás aceptaría públicamente la necesidad de ampliar la base tributaria (punto 3); reniega de la privatización de las empresas estatales, aunque solo en el caso del sector energético (punto 8); y respecto de la competencia económica, ciertamente no le preocupan los monopolios estatales ni tampoco los privados (punto 9). Pero fuera de eso, ha sido consecuente con el decálogo y sus cinco agregados.[44]

Urzúa concluye que "de quince posturas 'neoliberales', ya llegamos a que hay coincidencias [de la 4T] con al menos doce". El excolaborador de López Obrador remata diciendo: "El examen ha sido aprobado, y casi con honores".[45]

Sobre la crisis económica de 1994-1995, esa sí ocurrida en el auge del modelo económico neoliberal, se hablará en el capítulo siguiente, al abordar la transición a la democracia.

Finalmente, aunque ha quedado claro que el nuevo modelo económico no es la causa directa y única del desastre, sí amerita una seria reflexión el hecho de que, en el contexto de su implementación, durante los últimos 20 años, la economía de México ha sido, excluyendo a Venezuela, la que menos ha crecido en toda América Latina, al tiempo que la desigualdad resulta escandalosa. ¿Qué hacer para que el piso sea más parejo y para que la economía crezca con justicia y a mayor velocidad? Esto se analizará en los capítulos 8 y 9.

3

La transición a la democracia

Hay quienes creen que en México no había democracia sino hasta que López Obrador ganó las elecciones de 2018. Hasta antes de su triunfo presidencial, la transición a la democracia no era más que un mito,[1] dado que México estaba gobernado por una oligarquía económica y política: una mafia integrada por los partidos políticos, los empresarios más poderosos y la mayor parte de los medios de comunicación.

En ese relato, lo ocurrido en el año 2000 fue un engaño: una estrategia de comunicación novedosa para hacer creer a la gente que finalmente habíamos llegado a la democracia, aunque en realidad seguiría mandando la misma mafia del poder.

Desde esa perspectiva, la democracia en México es la obra de un hombre fuerte, y su fecha de nacimiento es el 1 de julio de 2018. Esa narrativa está plagada de inconsistencias y curiosidades: quienes antes eran considerados parte de la mafia (los dueños de algunos medios de comunicación, el Partido Verde y Manuel Bartlett, como ejemplos notables), han sido redimidos por el caudillo. Pero además de inconsistente, es un cuento ingrato y muy injusto, que demerita el papel de muchas mexicanas y mexicanos que dedicaron su vida a sentar las bases que permitieron, entre muchas otras cosas, que el 1 de julio de 2018 hubiera condiciones para una elección democrática.

La historia de nuestra transición a la democracia es mucho más compleja e infinitamente más interesante que la novela épica del caudillo de la supuesta cuarta transformación. No es la historia de un solo hombre, sino la de un magnífico esfuerzo colectivo que hoy está bajo amenaza. De eso trata este capítulo.

¿QUÉ ES UNA TRANSICIÓN DEMOCRÁTICA Y CUÁNDO OCURRIÓ EN MÉXICO?

Una transición es el intervalo entre un régimen político y otro.[2] Parece obvio, pero hay un grado alto de complejidad en la determinación de cuándo un régimen puede darse por concluido, y el que lo sustituye puede considerarse establecido, y por tanto qué periodo abarca ese intervalo.

En el caso mexicano, cuando hablamos de la transición a la democracia, nos referimos al intervalo entre el régimen autoritario posrevolucionario —las siete décadas del PRI hegemónico—, y el régimen democrático.

¿Cuándo se puede dar por concluido el régimen autoritario posrevolucionario? ¿Cuándo quedó establecido el régimen democrático?

¿Cómo y cuándo se gestó ese cambio de régimen? Delimitar y caracterizar la transición mexicana no ha sido tarea fácil. Como apunta Woldenberg:

> A diferencia de otros procesos de transición —ya sea en América Latina, en España o Portugal o en Europa del Este—, no tenemos en México, ni tampoco entre los estudiosos y observadores extranjeros un diagnóstico básico ampliamente compartido acerca del origen, la naturaleza y la mecánica de la transición democrática en México.[3]

La transición mexicana resulta además difícil de encuadrar, porque no encaja en los modelos teóricos desarrollados para otras transiciones en el mundo;[4] en algunos países, la transición a la democracia está marcada por acontecimientos muy concretos, que pueden ser claramente identificados: la muerte del dictador, el colapso de un régimen, una revolución popular, etcétera. Veamos algunos ejemplos. En España, a la muerte del general Francisco Franco en 1975, las fuerzas políticas del régimen y las de la oposición pactan una nueva Constitución, que inaugura un sistema político distinto. En Argentina, después de siete años de dictadura militar, en 1983 se celebraron las elecciones en las que resultó electo Raúl Alfonsín. En el caso de Chile, el plebiscito de 1988, la salida de Pinochet y la elección de Patricio Aylwin marcan un momento fundacional.

En el caso mexicano, la transición a la democracia no está marcada por un gran pacto,[5] elecciones fundacionales o una asamblea constituyente, lo cual dificulta su ubicación precisa en el tiempo. De modo que no hay acuerdo respecto al inicio y fin de la transición mexicana.

No obstante, un rasgo destacable y reconocido por los estudiosos del tema es su carácter gradual. Nuestra transición a la democracia fue un paso a paso, una aspiración que fue tomando forma. Como afirma Woldenberg: "No hubo un plan. Ni una ruta trazada de antemano por estrategas visionarios [...] Se trataba de escapar de un sistema autoritario, haciendo avanzar una agenda parcial, democratizadora, cuya condición implícita era evadir la violencia política".[6]

111

Es precisamente ese gradualismo el que permite interpretaciones diversas sobre los límites temporales de la transición. El inicio puede ubicarse en cualquiera de los diversos momentos de quiebre, que marcaron un antes y un después en el mapa político del país, desde el "primer episodio en el que, masivamente y con gran energía, emergió el reclamo democrático"[7] con el movimiento estudiantil de 1968, hasta alguna de las reformas electorales concretadas entre 1963 y 1996, que se convirtieron en "elementos activos de democratización".[8]

Becerra, Salazar y Woldenberg, entre otros autores, consideran como el momento de inicio el año 1977, cuando la reforma electoral impulsada por el entonces secretario de Gobernación, Jesús Reyes Heroles, permitió mayor acceso de las fuerzas de oposición a la arena electoral, y generó lo que los autores llaman "la estructura del cambio", es decir, la flexibilización de las reglas y el fortalecimiento de los partidos como factores que cambiaron las condiciones de competencia y las posibilidades de acceso al poder. La reforma electoral de 1977 "marca todo un hito en la historia política" del país, pues permitió la creación de un incipiente sistema de partidos, con todas sus consecuencias a largo plazo, y "naturalizó el pluralismo".[9]

En cuanto al término de la transición, tampoco existe consenso. Becerra, Salazar y Woldenberg consideran un periodo justo de 20 años, de 1977 a 1997, cuando, como producto de los sucesivos cambios operados por las reformas electorales, el PRI pierde la mayoría en el Congreso. "En 1997 vivimos con todo su vigor las consecuencias de un equilibrio de fuerzas extendidas y arraigadas, que se expresó en una Cámara de Diputados por primera vez sin mayoría absoluta [...] Y algo más: los partidos se hallan instalados en el corazón del Estado nacional".[10] La vida política mexicana es ya, según la expresión de Woldenberg, "denodadamente plural". Para el expresidente del IFE la transición tuvo su punto final en 1996-1997, no porque el PRI haya perdido la mayoría absoluta en la Cámara (eso fue un resultado tangible), sino porque considera que a partir de esas fechas estaban dadas las condiciones normativas, institucionales y políticas que permitían la recreación y competencia del pluralismo a través de elecciones libres y equitativas.

Frente a la posición de otros autores, que consideran el 2000 como el año en que se concretó la transición, al perder el PRI la Presidencia de la República, Woldenberg afirma: "La alternancia no constituyó la condición de nuestra democracia: demostró su existencia. Pero el fin de la transición no es el fin de la política, ni de las reformas, mucho menos es el fin de los problemas del país. Todo lo contrario".[11]

A continuación se hará un breve recorrido por dos carreteras. En primer lugar, identificaremos las principales reformas legales, en materia electoral, que explican el proceso de transición; en segundo lugar, nos referiremos a los acontecimientos políticos más relevantes ocurridos durante el proceso de transición a la democracia.

Una mirada panorámica, tanto de las reformas electorales ocurridas entre 1963 y 1996, como de los sucesos políticos que tuvieron lugar en esos años, permite imaginar a México como una enorme olla exprés en la que se iba acumulando más y más presión, frente a lo cual, el régimen autoritario abría y volvía a cerrar la válvula en su afán de mantener el control, pero sin llegar al punto en que ocurriera la explosión.

Reformas institucionales y electorales

Un rasgo distintivo de la transición mexicana es, como se dijo, su gradualismo. El cambio de régimen —del autoritarismo a la democracia electoral— fue posible gracias a una serie de reformas que permitieron la competencia política, el conteo efectivo de los votos y la aceptación de los resultados.

Poco a poco, las condiciones mínimas, los procedimientos universales de Bobbio o los parámetros de Juan Linz que apunta Salazar,[12] los nueve requisitos para la democracia de Sartori o las siete instituciones para la democracia de Robert Dahl que refiere Woldenberg,[13] se actualizaron para hacer efectivo en México el modelo democrático (aunque también en esta materia haya discrepancias, como se verá más adelante).

Estas reformas fueron operadas desde dentro del régimen autoritario, como respuesta —muchas veces tardía o desfasada— a las exigencias democráticas de una sociedad cada vez más compleja y plural. En efecto, "el tema de fondo de la transición política es el de una sociedad modernizada que ya no cabía (ni quería hacerlo) en el formato político de partido hegemónico".[14]

La centralidad del tema electoral en la transición mexicana y las interpretaciones a que dio lugar tuvieron eco en la expresión acuñada por Mauricio Merino: la "transición votada". Para este autor, el "tipo ideal de transición" implica "un pacto entre las élites que, con base en una ruptura con el pasado, lleva a una transformación político-institucional del país". En cambio:

> en lugar de ser una transición pactada, la mexicana ha sido, por llamarla de alguna manera, una transición votada; además no ha habido […] una ruptura con el régimen anterior, sino que, por el contrario, el cambio se ha basado en la apertura gradual y continua […] en vez de la transformación de las reglas del juego, lo que ha ocurrido ha sido la recuperación de las instituciones ya existentes, más que el diseño de nuevas.[15]

La expresión de Merino, "la transición votada", es muy afortunada; sin embargo, creo que no hay necesidad de optar por una fórmula u otra porque esos votos, a su vez, estuvieron apuntalados por reformas pactadas.

Pero ¿la transición mexicana se agota en lo electoral? Al privilegiar esta vía para lograr el cambio de régimen, ¿se dejaron de lado otros aspectos fundamentales?, ¿quedó por ello incompleto el proceso? En suma, ¿las reformas electorales dieron lugar a efectivas reformas institucionales? Todas estas cuestiones han sido materia de análisis en las últimas décadas.

Evidentemente aún no está dicha la última palabra sobre las peculiaridades de la transición mexicana, pero ciertamente hay acuerdo entre los autores respecto a este hecho: la columna vertebral de la transición mexicana fueron las reformas electorales: "El día de hoy no nos podríamos explicar la vida política del país sin seguir la huella de las sucesivas reformas normativas e institucionales en materia electoral".[16]

Si se atiende a este punto, puede comprenderse por qué la discusión sobre los límites y alcances de la transición se centra en cuál de esas reformas puede considerarse como definitiva para el proceso. ¿Fue la de 1963, cuando se creó la figura de los "diputados de partido", o la de 1977, cuando se permitió el acceso de nuevas fuerzas de oposición a la competencia política? ¿La reforma culminante fue la de 1990, con la creación del IFE, o la de 1996, cuando se le otorgó plena autonomía y se reguló el financiamiento de los partidos?

Cada uno de esos momentos abonó el terreno de la transición democrática. Los sucesivos promotores, luchadores y arquitectos de cada uno de esos cambios edificaron sobre lo que los anteriores habían construido. Como le dijo Newton a Hooke: "Si he podido ver más lejos es porque estoy sentado sobre hombros de gigantes".[17] Así como los descubrimientos de Newton no se explican sin Galileo, Copérnico y Kepler, lo ocurrido en 1997 y en el 2000 —y por supuesto, también en 2018— no se explica sin el esfuerzo tenaz de miles de mexicanas y mexicanos que participaron en la ardua y prolongada lucha por democratizar a México en las décadas anteriores.

A continuación se hará un recorrido por las principales reformas electorales que permitieron, a la larga, la democratización del antiguo sistema autoritario posrevolucionario.[18]

1963

El Partido Nacional Revolucionario (PNR) se fundó en 1929 y más de 30 años después (ahora bajo las siglas del PRI) seguía controlando el 100% del Senado y el 97% de la Cámara de Diputados. En 1963 se creó la figura de los "diputados de partido", mediante la cual resultaban electos los candidatos que, no habiendo ganado la elección en sus distritos, eran los "mejores perdedores", es decir, los que habían obtenido más votos en el distrito en el que participaron, pero sin haber ganado la elección.

Cada fuerza política podía obtener un máximo de 20 diputados de partido. Con esta nueva fórmula, el régimen mostraba apertura, al permitir que la oposición estuviera representada en la Cámara de Diputados, pero sin necesidad de reconocer la derrota electoral del partido oficial en las elecciones distritales.

Después de la reforma electoral de 1963, la presencia de la oposición aumentó, hasta constituir el 16% de la Cámara de Diputados.

1977

En 1977, cuando el secretario de Gobernación era Jesús Reyes Heroles, durante el sexenio de José López Portillo —quien había sido candidato presidencial único un año antes—, se estableció la representación proporcional para la Cámara de Diputados. De manera adicional a los 300 diputados electos en los distritos electorales de mayoría, con las nuevas reglas, se asignarían 100 curules de manera proporcional a los votos obtenidos por los partidos (para 1988 aumentaría a 200 diputados de representación proporcional).

Algo muy relevante de la reforma de 1977 es que fuerzas políticas organizadas que existían a la sombra de la vida institucional, pudieron desde entonces hacer política a la luz del día y ejercer sus libertades y derechos: se otorgó el registro a partidos a los que históricamente les había sido negado. Es el caso del Partido Comunista Mexicano y el Partido Demócrata Mexicano, heredero de la Unión Nacional Sinarquista.

Asimismo, esta reforma otorgaba algunas prerrogativas a los partidos políticos, como un breve espacio en radio y televisión y una dotación de papel para sus publicaciones editoriales. En los años siguientes a la reforma de 1977 aumentó la presencia de la oposición, que llegó a 26% en la Cámara de Diputados.[19]

1989-1990

Después de las controvertidas elecciones de 1988, el gobierno y la oposición negociaron una reforma electoral. Así, en 1989 se creó el Instituto Federal Electoral como autoridad responsable de organizar las elecciones; sin embargo, era presidido por el secretario de Gobernación. Se implementó también la credencial para votar con fotografía, y se emitió un nuevo padrón electoral. Para entonces, la oposición ya representaba el 48% de la Cámara de Diputados.[20]

1993

Si bien la oposición ya contaba con una importante presencia en la Cámara de Diputados, el partido oficial seguía ocupando más del 95% de los espacios en el Senado. Con esta reforma, el número de senadores por cada entidad federativa se incrementó de dos a cuatro, uno de los cuales sería electo mediante la figura de la "primera minoría", es decir, quien encabezaba la fórmula que obtenía el segundo lugar (mejor perdedor) también resultaba electo.[21] Nuevamente, el gobierno daba entrada a la oposición, sin necesidad de reconocerle una sola victoria en las elecciones de senadores celebradas en los estados. Con este nuevo diseño legal, la oposición aumentó su presencia de menos del 5% a más del 25% en el Senado de la República.

1994

La reforma de 1994 trajo importantes cambios. En lo que se refiere al Instituto Federal Electoral, aunque seguía siendo encabezado por el secretario de Gobernación, seis ciudadanos independientes fueron incluidos en el Consejo General: José Woldenberg Karakowsky, Miguel Ángel Granados Chapa, Santiago Creel Miranda, José Agustín Ortiz Pinchetti, Ricardo Pozas Horcasitas y Fernando Zertuche Muñoz.[22]

1996

Con la reforma de 1996, se consolidó la autonomía del Instituto Federal Electoral. El secretario de Gobernación dejó de formar parte del Instituto. Por primera vez, el 100% de los consejeros electorales eran ciudadanos que no formaban parte ni del gobierno ni de los partidos políticos. Un avance importantísimo: el PRI-gobierno dejaba de ser juez y parte del proceso electoral.

Para el caso de la elección del Senado, se introdujo la figura de la representación proporcional; este sistema de elección sigue funcionando hasta el día de hoy: en cada uno de los 31 estados y en la Ciudad de México, se eligen dos senadores por el principio de mayoría relativa y uno se asigna a la primera minoría, es decir, a quien encabeza la fórmula que obtiene el segundo lugar en la elección, en cada una de las entidades. Así, en cada estado se eligen tres senadores, y para totalizar los 128 senadores, los restantes 32 escaños se asignan en proporción a los votos obtenidos por los partidos políticos que participan en la elección. Para este propósito, cada partido registra una lista y la votación que se toma como referencia es la computada a nivel nacional.

Hasta antes de la reforma de 1996, la autoridad política y administrativa del Distrito Federal era el jefe del Departamento del Distrito Federal o regente capitalino, designado por el Presidente de la República. A partir de la reforma, su elección sería mediante el voto directo de los ciudadanos y su denominación sería Jefe de Gobierno del Distrito Federal (a partir de la reforma de 2016 se le denomina Jefe de Gobierno de la Ciudad de México).

Otro cambio importante ocurrió en materia de financiamiento de los partidos políticos. La asignación de recursos públicos a los partidos políticos se incrementó de manera muy importante, a la vez que se restringió severamente su facultad de allegarse recursos de origen privado.

Un año después de esta reforma, en 1997, por primera vez el PRI perdió la mayoría en la Cámara de Diputados, y casi el 40% del Senado de la República quedó integrado por representantes de los partidos de oposición. Asimismo, el Partido de la Revolución Democrática (PRD) triunfó en la primera elección de Jefe de Gobierno del Distrito Federal.

Como puede observarse en este somero recorrido, no hubo una reforma electoral que, por sí sola, haya concretado el establecimiento de las reglas que hicieron posible el tránsito a la democracia. Se trató de un largo proceso gradual, que ocurrió en el marco de múltiples tensiones y acontecimientos políticos, económicos y sociales.[23]

Acontecimientos destacados durante el proceso de transición a la democracia

Además de las reformas electorales e institucionales antes mencionadas, diversos acontecimientos marcaron el proceso de la transición democrática en México, y aceleraron cambios que, a su vez, quedaron reflejados en las reformas expuestas.

Los siguientes apartados se centran en los eventos ocurridos en las dos décadas previas al año 2000; sin embargo, es importante dejar apuntado que el movimiento estudiantil de 1968 es un episodio fundamental debido a la fuerza, el brío y la energía con la que expresó el reclamo democrático. El movimiento que desembocó en la brutal masacre de estudiantes supone un parteaguas en la historia del sistema político posrevolucionario.[24] Muchos autores coinciden en considerar este acontecimiento como el inicio de la transición democrática en México. En opinión de Loaeza: "El movimiento estudiantil fue el primer paso hacia la implantación del modelo pluralista y el desplazamiento del corporativismo, dado que su tema central fue la defensa de las garantías individuales consagradas en la Constitución".[25]

En el mismo sentido apunta Meyer: "El movimiento de 1968 demandaba el respeto al espíritu democrático de la Constitución de 1917; lo cual, sin ser abiertamente revolucionario, equivalía a denunciar y rechazar la tendencia autoritaria y corporativa del régimen".[26] Para José Woldenberg, se trató de un "movimiento anunciador de los vientos democráticos que corrían por México y que develó los resortes más autoritarios del régimen".[27]

Por otra parte, conviene recordar que la conflictividad política y social de los años setenta fue el acicate de la reforma de 1977.

Como se verá enseguida, no se trata de un solo gran acontecimiento sino de muchos eventos que hicieron evidente que México ya no cabía dentro del formato de un partido hegemónico. La olla exprés estaba ardiendo.

Chihuahua 1986

En 1986 el Partido Revolucionario Institucional (PRI) seguía encabezando el 100% de las gubernaturas en México; en el Senado, no había un solo representante de un partido distinto; el 72% de los integrantes de la Cámara de Diputados provenían de sus filas; y en el 100% de las legislaturas de los estados tenía mayoría el PRI.[28]

Para entender lo ocurrido en la elección de gobernador de Chihuahua en 1986, así como su trascendencia para el proceso de transición a la democracia, es necesario remontarse cuatro años atrás. Como ya hemos visto, la crisis económica de 1982 fue devastadora para la economía mexicana. Entre enero y agosto de ese año, la paridad peso-dólar pasó de 26.35 a 80.92 pesos (ver gráfica 3.1).

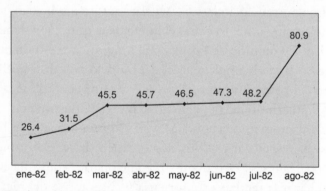

GRÁFICA 3.1 Tipo de cambio peso-dólar, promedio mensual (enero de 1982- agosto de 1982). *Fuente:* Elaboración propia con datos del Banco de México.

La magnitud del colapso y las medidas adoptadas por el gobierno, señaladamente la nacionalización de la banca, provocaron la irrupción en la escena política de muchas personas provenientes del sector empresarial, que decidieron participar activamente y desafiar al régimen.

En la mayoría de los casos, se trataba de medianos empresarios que decidieron dedicar su tiempo a la actividad política. Algunos ejemplos representativos son Ernesto Ruffo Appel en Baja California, Manuel Clouthier en Sinaloa, Rodolfo Elizondo en Durango y Vicente Fox en Guanajuato.

La devaluación del peso frente al dólar en 1982 tuvo un impacto particularmente importante en los estados de la frontera, en los que tanto el intercambio comercial como el cruce de personas hacia Estados Unidos es parte de la vida cotidiana. En ciudades como Juárez, colindante con El Paso, Texas, la gente resintió la devaluación de manera inmediata en el precio de los artículos de primera necesidad: comida, papel de baño, medicinas, etcétera.

En 1983, en un ambiente de irritación social y franco rechazo al gobierno y a su partido, se celebraron elecciones municipales en el estado norteño de Chihuahua. El PAN postuló a Luis H. Álvarez en el municipio de la capital, y a Francisco Barrio Terrazas en el municipio más poblado: Ciudad Juárez. Considerando la molestia generalizada en contra del gobierno, lo sorprendente, más que el triunfo electoral de los candidatos del PAN, fue el hecho de que el gobierno reconociera los resultados.

Tres años después, en 1986, tuvo lugar la elección de gobernador en el mismo estado. El PAN tenía en Luis H. Álvarez y Francisco Barrio a dos candidatos con amplio reconocimiento público, y el ambiente político y social era inmejorable para la oposición. Se ha dicho que al gobierno federal, abrumado por la crisis económica y sus consecuencias en todo el país, le había tomado por sorpresa el resultado de las elecciones municipales de Chihuahua en 1983.[29] Esta vez, en la elección de gobernador, el gobierno federal no estaba dispuesto a que su partido sufriera una derrota.

121

© Archivo del PAN

IMAGEN 3.1 Hortensia Olivas, Luis H. Álvarez, Blanca Magrassi y Francisco Barrio.

Al interior del PAN se celebró una elección para definir al candidato a gobernador. Compitieron los dos presidentes municipales: Pancho Barrio y Luis H. Álvarez. El primero, una joven promesa de 36 años; y el segundo, un respetadísimo veterano de 67 años que, casi 30 años antes, había sido el candidato de ese partido a la Presidencia de la República. En una elección interna ejemplar y con el pleno reconocimiento de Luis H. Álvarez, el joven Francisco Barrio se convirtió en el candidato a gobernador.

Era notorio el arrastre social de Francisco Barrio, así como el hartazgo de la gente y el rechazo hacia el partido oficial. La elección atrajo la atención del país entero. ¿Permitiría el gobierno que, por primera vez en la historia, triunfara la oposición en una elección de gobernador? La votación se llevó a cabo el domingo 6 de julio de 1986.

El periodista Francisco Ortiz Pinchetti, quien cubrió durante más de cuatro meses, de forma ininterrumpida, el proceso electoral para el semanario *Proceso*, publicó en vísperas de la jornada electoral los pormenores de lo que él llamó el "Plan Bartlett" para detener al PAN en el estado más grande del país. Manuel Bartlett, entonces secretario de Gobernación, había tomado el control de la elección, desplazando a los operadores locales del PRI.

La manipulación del padrón electoral, la negativa de registro o la expulsión de los representantes de la oposición en las casillas fueron elementos clave en la instrumentación del fraude. Ortiz Pinchetti dio cuenta de un suceso que pinta de cuerpo entero lo que sucedió ese día. En la casilla 95-B, la representante del PAN era una joven de 21 años de edad, llamada Lourdes Cerecero, quien llegó puntual, antes de las 8:00 a. m., hora marcada para el inicio del proceso de votación. Para su sorpresa, al llegar a la casilla le informaron que la votación había iniciado media hora antes. De acuerdo con Ortiz Pinchetti, las urnas ya estaban repletas de boletas electorales.[30]

El resultado oficial de la elección de gobernador dio el triunfo al candidato del PRI, Fernando Baeza Meléndez, con más del 59% de los votos, mientras que a Francisco Barrio solo se le reconoció una votación del 34.1 por ciento.

A pesar de que se presentaron impugnaciones, dado que 50 casillas se habían instalado antes de la hora oficial para evitar la presencia de los representantes de la oposición, la respuesta de la autoridad fue que "se cumplieron todas las formalidades de la instalación".[31] Como si la hora no fuera una formalidad establecida expresamente en la ley.

A Manuel Bartlett, entonces responsable de la política interna y ahora prominente integrante de la autodenominada cuarta transformación, se le atribuye haber insinuado la realización de un "fraude patriótico". El argumento consistía en que el fraude, en ese caso, era un acto de patriotismo en defensa de los enemigos del Estado mexicano. Se trataba de un dique de defensa frente a tres supuestas amenazas del régimen posrevolucionario: la Iglesia, Estados Unidos y los empresarios. En esa lógica, era un acto de lealtad a México el evitar que un hombre proveniente del sector empresarial y cercano a la Iglesia católica gobernara un estado fronterizo con Estados Unidos.[32]

A pocos convencía esa narrativa, y el burdo fraude electoral desató una auténtica batalla contra el gobierno en innumerables frentes. Las imágenes de la época dan cuenta de protestas multitudinarias, en las que se exigía el respeto del voto popular.

Luis H. Álvarez, aún presidente municipal de la capital del estado, decidió iniciar una huelga de hambre, apostado en una pequeña tienda de campaña en pleno centro de la ciudad. Heberto Castillo, un líder histórico de la izquierda mexicana, viajó hasta Chihuahua para entrevistarse con Barrio y con el propio Luis H. Álvarez. Además de sumarse a la causa democrática, fue a convencer a Álvarez de que debía suspender su huelga de hambre. "No dé su vida de contado, hay que irla dando en abonos", le dijo.[33]

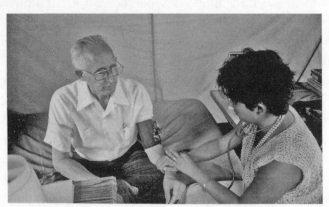

© Archivo del PAN

IMAGEN 3.2 Luis H. Álvarez durante la huelga de hambre.

Quizá la protesta más inusual vino de la Iglesia católica. El arzobispo Adalberto Almeida anunció que se suspenderían las celebraciones religiosas, en señal de rechazo al fraude electoral; sin embargo, pronto llegó la orden del nuncio apostólico Girolamo Prigione, de cancelar la medida.[34] Entre miembros del PAN se volvió frecuente la alusión al nuncio como "PRI-gione".

Los más destacados intelectuales mexicanos de la época, representantes de todo el espectro ideológico, se sumaron a las protestas. Publicaron una carta en la que afirmaron que "los testimonios ciudadanos y de la prensa nacional e internacional registran suficientes irregularidades como para arrojar una duda razonable sobre la legalidad de todo el proceso", e hicieron una solicitud expresa: la anulación del proceso electoral. Entre los firmantes había figuras de la talla de Octavio Paz, Elena Poniatowska, Enrique Krauze, Héctor Aguilar Camín y

Carlos Monsiváis. Cada vez era más difícil sostener la narrativa del "fraude patriótico" en contra de la supuesta "derecha conservadora".

EL CASO CHIHUAHUA

Los resultados oficiales de las pasadas elecciones en el Estado de Chihuahua arrojaron triunfos del PRI en el 98% de los casos en contienda. Desde lejos y sin ligas con los partidos, pensamos que estas cifras revelan una peligrosa obsesión por la unanimidad. De cerca y con mayores elementos de juicio, un sector amplio y diverso de la sociedad chihuahuense cree que su voto no fue respetado. Para expresar su descontento, este sector ha realizado actos pacíficos de valor cívico que desmienten la unanimidad y ponen en entredicho la limpieza democrática de los comicios.

Las autoridades no deben ignorar la trascendencia de estas manifestaciones. Hoy más que nunca los electores necesitan creer en que votar tiene sentido: más sentido que la abstención o la violencia. Para eso hace falta que los vencidos queden convencidos. Los testimonio ciudadanos y de la prensa nacional e internacional registran suficientes irregularidades como para arrojar una duda razonable sobre la legalidad de todo el proceso. Para despejar plenamente estaduda, que toca una fibra central de la credibilidad política en México, pensamos que las autoridades, procediendo de buena fe, deben restablecer la concordia y anular los comicios en Chihuahua.

Héctor Aguilar Camín
Huberto Batis
Fernando Benítez
José Luis Cuevas
Juan García Ponce
Luis González y González
Hugo Hirjart

David Huerta
Enrique Krauze
Teresa Losada
Lorenzo Meyer
Carlos Monsiváis
Carlos Montemayor
Marco Antonio Montes de Oca

Octavio Paz
Elena Poniatowska
Ignacio Solares
Abelardo Villegas
Ramón Xirau
Isabel Turrent
Gabriel Zaid

Responsable de la publicación: Lic. José Luis Torres Ortega. Plomeros No. 145. Col. Emilio Carranza

IMAGEN 3.3 Desplegado en el que intelectuales denuncian el fraude y exigen la anulación de los comicios.
Fuente: Arturo Fuentes Vélez, *Chihuahua 86: De viva voz* (México: Partido Acción Nacional, Fundación Rafael Preciado Hernández, 2016).

Un grupo de intelectuales acudió a una reunión con Manuel Bartlett, en la que el secretario de Gobernación los confrontó, exigiéndoles las pruebas del supuesto fraude electoral. En un desplante de soberbia, les ofreció acceso a todos al acervo documental de la elección, incluyendo las actas de escrutinio y cómputo de las casillas, asegurándoles que no encontrarían evidencia para sustentar sus imputaciones.

Algunos de los asistentes a la reunión pensaron que revisar esos papeles sería ocioso, dado que a esas alturas, seguramente ya todo el acervo documental estaría alterado para cuadrar con los resultados oficiales; sin embargo, decidieron tomarle la palabra. Héctor Aguilar Camín propuso entregar todo ese cúmulo de papeles a un joven académico: Juan Molinar Horcasitas.

El hallazgo de Molinar fue sorprendente y permitió, por primera vez, documentar con enorme precisión un fraude electoral a gran escala en México. Al dar cuenta de las irregularidades, Molinar expuso que "hubo padrones excesivos en un total de 53 municipios del estado, o sea, en el 79.1% de los municipios de la entidad". Con los documentos oficiales proporcionados por el propio Bartlett, demostró que había "varios municipios en los cuales la votación oficial supera incluso al número de ciudadanos que habitan en ellos".[35]

En la comunidad de Maguarichi, por ejemplo, la votación representó el 165.5% de la población ciudadana. Más votantes que habitantes.[36]

El artículo con todos los hallazgos de Molinar se publicó en la revista *Nexos* el 1 de marzo de 1987, con el título "Regreso a Chihuahua", y parte de su contenido fue retomado por la prestigiada revista británica *The Economist*. Las publicaciones tuvieron un enorme impacto a nivel nacional e internacional; sin embargo, el gobierno decidió sostener su versión en el sentido de que "los comicios chihuahuenses fueron impolutos, y que si alguna mancha tienen, debe atribuirse al Partido Acción Nacional (PAN)".[37]

En muchos sentidos, la elección de Chihuahua en 1986 fue un punto de inflexión y un preámbulo de lo que sucedería dos años después, en la elección presidencial de 1988.

La elección de 1988 y la presidencia de Carlos Salinas de Gortari

El cambio de modelo económico iniciado a partir de 1982, que se discutió ampliamente en el capítulo anterior, fue un factor que dividió de manera muy importante al PRI. Para simplificar la estructura del conflicto intrapartidista, nos referiremos a los dos bandos en disputa como "tecnócratas" y "nacionalistas".[38]

Por un lado, los tecnócratas estaban convencidos de la necesidad de controlar la inflación, privatizar las empresas públicas en aras de lograr mayor eficiencia, abrir el país al libre comercio y orientar la economía hacia las exportaciones; por el otro, los nacionalistas eran partidarios del antiguo modelo proteccionista de industrialización, a través de la sustitución de importaciones, eran promotores de la rectoría del Estado en la economía y defensores de los beneficios de contar con empresas públicas.

Los nacionalistas, opuestos a la política económica en curso, ya en el marco de la sucesión presidencial y muy conscientes de que sus profundas diferencias con el Presidente de la República hacían casi imposible que uno de los suyos fuera elegido como el candidato del PRI, formaron la Corriente Democrática al interior del partido.

Entre los organizadores destacaba el entonces gobernador de Michoacán, Cuauhtémoc Cárdenas;[39] también el expresidente del PRI y exsecretario del Trabajo, Porfirio Muñoz Ledo. Ellos exigían reglas claras en el proceso de selección del candidato presidencial. Se oponían al tradicional método del "dedazo" que, claramente, los dejaba fuera de la competencia.

Los criterios que Cuauhtémoc Cárdenas y Porfirio Muñoz Ledo exigían para la selección del candidato nunca fueron atendidos. Carlos Salinas de Gortari fue designado candidato, con las tradicionales formas priistas, que en el fondo respondían a la decisión personal del presidente en turno, en este caso, la de Miguel de la Madrid.

La Corriente Democrática terminó abandonando al PRI, y bajo las siglas del PPS (Partido Popular Socialista), del PARM (Partido Auténtico de la Revolución Mexicana) y del PFCRN (Partido del Frente Carde-

© Pedro Valtierra/CUARTOSCURO.COM

IMAGEN 3.4 Cuauhtémoc Cárdenas y Porfirio Muñoz en una de las movilizaciones de la Corriente Democrática.

nista de Reconstrucción Nacional) postularon a Cuauhtémoc Cárdenas como su candidato presidencial. Más adelante, ya en el proceso electoral, Heberto Castillo, entonces candidato del PMS (Partido Mexicano Socialista), declinó a favor de Cuauhtémoc Cárdenas.

En ese tiempo, además de Bartlett, Andrés Manuel López Obrador era un distinguido miembro del PRI en el estado de Tabasco, y continuó militando en ese partido durante la campaña presidencial de Carlos Salinas de Gortari. Su renuncia al PRI no ocurrió sino hasta "después de su infructuoso intento para ser candidato a presidente municipal de Macuspana".[40] A raíz de ese intento fallido en las filas del PRI, aceptó la candidatura a gobernador por el Frente Democrático Nacional, meses después de la elección presidencial de 1988.[41]

Por su parte, el Partido Acción Nacional postuló a Manuel J. Clouthier como su candidato presidencial. Clouthier era un empresario sinaloense, expresidente nacional de la Coparmex (Confederación Patronal de la República Mexicana) y del CCE (Consejo Coordinador Empresarial), y había sido, en 1986, candidato del PAN a gobernador de Sinaloa.

128

© Archivo del PAN

IMAGEN 3.5 Manuel J. Clouthier, candidato de Acción Nacional a la Presidencia de la República.

El 6 de julio de 1988, los ciudadanos en México salieron a votar para elegir a 500 diputados, 64 senadores y al Presidente de la República. Los primeros datos disponibles daban una ligera ventaja al candidato del Frente Democrático Nacional, Cuauhtémoc Cárdenas Solórzano, algo inédito durante el régimen posrevolucionario.

Fue entonces cuando ocurrió lo que popularmente se conoce como la "caída del sistema". El entonces secretario de Gobernación, Manuel Bartlett, en su carácter de presidente de la Comisión Federal Electoral, apareció en televisión, tratando de justificar la interrupción del flujo de información: "Hemos tenido dificultades en la recepción de la información, pero estamos ya en situación de poder afirmar que el retraso que tenemos será [subsanado]".[42]

El sistema de resultados, eventualmente, quedaría restablecido y el cómputo oficial arrojaría una enorme ventaja para el candidato del PRI, Carlos Salinas de Gortari (50.4%) contra Cuauhtémoc Cárdenas Solórzano (31.1%) y Manuel J. Clouthier (17.1%).

El régimen no solo se negaba a reconocer una derrota: ni siquiera aceptaba que la mitad de la población hubiera votado por un candidato distinto al del PRI.

Foto: Captura de video

IMAGEN 3.6 Manuel Bartlett en el anuncio de la "caída del sistema", el 7 de julio de 1988.

La indignación popular era enorme. La posibilidad de que se desatara un conflicto violento era real. Cuauhtémoc Cárdenas tomó una decisión que muchos han calificado como altamente responsable: canalizar la indignación de sus seguidores hacia la creación de un nuevo partido político, en el que confluyeron distintas corrientes de la izquierda mexicana.

El 5 de mayo de 1989 se fundó el Partido de la Revolución Democrática (PRD). El emblema originalmente propuesto estaba elaborado con los colores de la bandera nacional: verde, blanco y rojo. Fue rechazado por la autoridad, bajo el argumento de que podría generar confusión entre los electores, por su similitud con el emblema, también tricolor, del PRI. Finalmente quedó aprobado con los colores que perviven hasta hoy: negro y amarillo.

Carlos Salinas de Gortari tomó posesión como presidente de México el 1 de diciembre de 1988. A los 40 años de edad, graduado de la Universidad de Harvard, Salinas integró un gabinete con un balance peculiar: la mayoría de las designaciones recayeron en políticos egresados de prestigiadas universidades estadounidenses, quienes serían motejados como "tecnócratas"; aunque también integró a representantes del priismo tradicional, de corte nacionalista. Entre los primeros destacaban el secretario de Hacienda, Pedro Aspe, egresado de

MIT (Massachusetts Institute of Technology); el secretario de Programación y Presupuesto, Ernesto Zedillo, egresado de la Universidad de Yale; el secretario de Comercio y Fomento Industrial, Jaime Serra Puche, también egresado de Yale; el secretario de Desarrollo Social, Luis Donaldo Colosio,[43] egresado de UPenn (Universidad de Pensilvania); y el regente del Distrito Federal, Manuel Camacho Solís, egresado de la Universidad de Princeton.

Como balance frente a los tecnócratas, estaban Fernando Gutiérrez Barrios, Manuel Bartlett, Carlos Hank González y Jorge de la Vega Domínguez, secretarios de Gobernación, Educación Pública, Turismo y Agricultura y Recursos Hidráulicos, respectivamente.[44]

A las pocas semanas, como una muestra de poder del nuevo gobierno, que había sido marcado por la sospecha del fraude electoral, fue encarcelado el poderoso dirigente del sindicato petrolero, Joaquín Hernández Galicia, mejor conocido como *La Quina*, quien durante la campaña electoral había coqueteado con la candidatura de Cuauhtémoc Cárdenas.

Salinas profundizó la reforma económica que se había iniciado en el gobierno de Miguel de la Madrid. Decenas de empresas públicas fueron privatizadas, entre ellas algunas tan emblemáticas como Teléfonos de México o la televisora estatal Imevisión. También reprivatizó los bancos que años atrás López Portillo había nacionalizado. Hubo una amplia liberalización comercial, la cual quedó consagrada con la firma del Tratado de Libre Comercio con Estados Unidos y Canadá, que entró en vigor el 1 de enero de 1994.

Durante el sexenio de Salinas se llevaron a cabo reformas que hubieran sido impensables años atrás: se restablecieron las relaciones diplomáticas con El Vaticano, se otorgó personalidad jurídica a las iglesias y se invitó a México al papa Juan Pablo II. Asimismo, Salinas promovió una profunda reforma al artículo 27 constitucional que, entre muchas otras cosas, puso fin al reparto agrario y permitió la enajenación de las parcelas ejidales.

A los ojos del mundo, el gobierno de Salinas dejaba atrás el desastre de las crisis económicas y se consolidaba como el ejemplo más exitoso del modelo neoliberal. El prestigio internacional de Salinas era notable.

En una de sus visitas a México durante aquel sexenio, el Presidente de Estados Unidos, George Bush, pronunció un discurso lleno de elogios hacia Carlos Salinas:

> El mundo también está observando. Porque el presidente Salinas está conduciendo a México por una era de emocionantes reformas que no tienen precedentes. Como el águila azteca, México está volviendo a levantar el vuelo, como un gigante del siglo XXI, más grande que nunca. El renacimiento de México ha comenzado.[45]

En paralelo a las reformas económicas, el gobierno de Salinas puso en marcha un ambicioso programa social llamado Solidaridad. El dinero obtenido de las privatizaciones permitió liquidar volúmenes muy grandes de deuda, lo cual a su vez liberó recursos que fueron utilizados para fondear el programa.

Evaluaciones independientes han demostrado que el programa no fue particularmente eficaz en el combate a la pobreza;[46] sin embargo, el cuantioso gasto público en todo tipo de acciones sociales (salud, educación, vivienda, apoyo al campo, créditos, infraestructura social, etcétera), aunado a la copiosa propaganda realizada a través de los medios de comunicación masiva, contribuyeron decisivamente al aumento de la popularidad del presidente.

Los anuncios, especialmente los reproducidos miles de veces por televisión, eran memorables y efectivos. Con una producción de alta calidad para los estándares de la época, los promocionales del gobierno penetraron en la mente del público. A los ojos de millones, el gobierno de Salinas era el camino hacia la prosperidad económica, pero también hacia la justicia social y la solidaridad con los más pobres.

Como parte de la propaganda, se grabó una canción, en distintas versiones, en cuya interpretación participaban muchos de los artistas más populares de la época.[47]

Lo que se busca destacar con estos dos ejemplos es que el aparato propagandístico del gobierno usaba todos los recursos a su alcance para comunicar la idea de un gobierno modernizador en lo económico y sensible en lo social.

En paralelo a la cascada de propaganda gubernamental, el gobierno mantenía un férreo control en la arena electoral; sin embargo, en cada vez más zonas del país, los ciudadanos se rehusaban a aceptar resultados surgidos del fraude electoral.

Las trampas se cometían de manera indistinta en contra de los candidatos del PAN y del PRD; sin embargo, la animadversión del régimen no se manifestaba de manera igualitaria. Para Salinas, el PAN era un adversario electoral que debía ser derrotado, mientras que el PRD, además de antagonista electoral, era tratado como enemigo ideológico. En términos de fraude electoral, el gobierno repartía parejo, pero el nivel de represión violenta del régimen era mayor hacia el partido de la izquierda.[48]

Como ya se dijo, 60 años después del inicio de la hegemonía del PNR-PRM-PRI, por primera vez se reconoció el triunfo de la oposición en un gobierno estatal, con Ernesto Ruffo, del PAN, en Baja California.

En 1991 se celebraron elecciones. Entre muchos otros cargos, se renovaban las gubernaturas de los estados de Guanajuato y San Luis Potosí. En el primero, el fraude electoral atropelló al candidato del PAN, Vicente Fox. Fue tal la presión social y partidista hacia el gobierno de Salinas, que el gobernador electo del PRI, Ramón Aguirre, se vio obligado a renunciar al cargo y, en un acuerdo de orden político, el Congreso del estado designó como gobernador interino al alcalde panista de la ciudad de León: Carlos Medina Plascencia.

En el caso de San Luis Potosí, el fraude se cometió en contra de Salvador Nava, un histórico luchador social que había sido víctima de tortura a manos del régimen autoritario. Nava ya había sido candidato a gobernador, así como presidente municipal en dos ocasiones.

En 1991, el doctor Nava fue postulado por una coalición en la que participaban el PRD, el PAN y el PDM. El fraude electoral desató un cúmulo de protestas que obligaron al gobernador priista, Fausto Zapata, a renunciar a su cargo, y se designó a Gonzalo Martínez Corbalá como gobernador interino.

En noviembre de 1993, Carlos Salinas de Gortari "destapó" a Luis Donaldo Colosio como el candidato del PRI a la Presidencia de la República. A esas alturas del sexenio, la popularidad de Salinas era muy alta. En México se pensaba que Salinas podría convertirse en el director general de la Organización Mundial de Comercio. Parecía que la historia le tenía reservado un lugar como uno de los expresidentes más populares, junto a Benito Juárez y Lázaro Cárdenas; durante el último año de ese sexenio, tenía una aprobación del 78% entre la población.[49] Sin embargo, lejos de tal pronóstico, la popularidad de Salinas muy pronto terminaría hecha pedazos, y se mantendría así por años. Una encuesta de Parametría, realizada más de 10 años después, da cuenta de que el 73% de la población tenía una opinión negativa de Carlos Salinas.[50]

El año siguiente, 1994, deparaba una serie de acontecimientos que provocarían el desmoronamiento del sueño salinista: el surgimiento de un movimiento indígena armado en Chiapas, el asesinato del candidato presidencial y del secretario general del PRI, y la gestación de una crisis económica que acabó con el patrimonio de millones de mexicanos.

El 1 de enero de 1994, mientras la élite política aún festejaba la llegada del año nuevo, el mismo día en que entraba en vigor el Tratado de Libre Comercio con Estados Unidos y Canadá, justo cuando, en el sueño salinista, México daba un paso decisivo para convertirse en una economía de primer mundo, la realidad se impuso: un grupo armado de indígenas tomaba por asalto siete cabeceras municipales en el estado de Chiapas, y declaraba la guerra al Estado mexicano.

El autodenominado Ejército Zapatista de Liberación Nacional (EZLN) anunció sus planes de dirigirse hacia la capital. Las fuerzas federales respondieron con toda su energía. Después de varios días de enfrentamientos y decenas de muertos, Carlos Salinas de Gortari ofreció un alto al fuego para dialogar con los rebeldes neozapatistas, encabezados por el carismático Subcomandante Marcos.

Los zapatistas lograron colocar en la agenda nacional e internacional la evidencia de las deplorables condiciones en las que vivían los indígenas chiapanecos. Comenzaron una larga lucha para exigir el reconocimiento de los derechos indígenas. Como negociador del gobierno federal, Salinas nombró a Manuel Camacho Solís, quien había sido el principal rival de Colosio, al interior del gobierno, en la disputa por la candidatura presidencial del PRI, lo cual enrareció aún más el ambiente político.

© Pedro Valtierra/CUARTOSCURO.COM

IMAGEN 3.7 Subcomandante Marcos, líder del EZLN en Chiapas, México.

Los acontecimientos de Chiapas conmocionaron al país y al mundo entero, y confrontaron la imagen de país desarrollado que tanto se había esforzado Salinas en construir.

Menos de tres meses después, el 23 de marzo de 1994, el candidato del PRI a la Presidencia de la República, Luis Donaldo Colosio, fue asesinado.

En un acto de campaña en la colonia Lomas Taurinas, del municipio de Tijuana, Baja California, mientras caminaba entre la multitud hacia su camioneta, un hombre penetró el pequeño cerco de seguridad del candidato, le puso una pistola calibre .38 cerca del oído derecho y le disparó. Un segundo disparo fue dirigido al abdomen del candidato.

El asesino material fue Mario Aburto Martínez, de 22 años de edad. Colosio fue trasladado al hospital general de Tijuana, donde murió a las 18:55 horas. La versión oficial señaló que el asesino actuó en solitario y que fue el único responsable del magnicidio. Hasta la fecha existen enormes dudas sobre la autoría intelectual. Por ejemplo,

Agustín Basave Benítez, quien fuera un cercano colaborador de Luis Donaldo Colosio, ha dicho que no cree que el presidente Salinas haya estado detrás del asesinato, por la sencilla razón de que resultó el principal afectado desde el punto de vista político; no obstante, Basave ha dicho: "No podría decir lo mismo respecto del círculo familiar y profesional del expresidente Salinas".[51]

Tras la muerte de Colosio, Salinas eligió y el PRI designó a Ernesto Zedillo Ponce de León como su candidato a la Presidencia de la República, mientras que el candidato del PAN fue Diego Fernández de Cevallos, y el del PRD fue, nuevamente, Cuauhtémoc Cárdenas.

El debate presidencial televisado (el primero de la historia) fue uno de los momentos más singulares de esa contienda presidencial, y ahí el candidato del PAN, Diego Fernández de Cevallos, tuvo una participación muy destacada. Durante todo el proceso electoral, la cobertura de las campañas por parte de los medios de comunicación masiva fue francamente inequitativa: favoreció sin ambages al candidato priista.

El resultado oficial dio el triunfo a Ernesto Zedillo con el 48.69% de los votos, frente a Diego Fernández de Cevallos con el 25.92% y Cuauhtémoc Cárdenas con el 16.59 por ciento.

© Coordinación Nacional de Comunicación Social, INE

IMAGEN 3.8 Los candidatos presidenciales en el debate realizado el 12 de mayo de 1994. De izquierda a derecha: Ernesto Zedillo Ponce de León, Diego Fernández de Cevallos y Cuauhtémoc Cárdenas Solórzano.

Sergio Aguayo lanza una pregunta obligada sobre el gobierno de Carlos Salinas: "¿Renovador o corruptor?", y ofrece una respuesta: "Tal vez ambas cosas. Hubo cambios, es cierto, pero hay evidencia de que durante su administración floreció la gran corrupción y México confirmó su vocación de paraíso de la impunidad".[52]

La crisis económica de 1994-1995

Antes de hablar del déficit de la cuenta corriente como causa inmediata de la crisis, es importante recordar que el origen del desastre económico de 1995 se remonta a la nacionalización de la banca decretada por López Portillo en 1982, y a los severos errores cometidos durante el proceso de reprivatización a inicios del sexenio de Salinas de Gortari.

Como se ha visto, el gobierno de Salinas había decidido acelerar el proceso de apertura económica, lo cual resultaba incompatible con una banca estatizada. También se consideraba necesario reprivatizar la banca para recuperar la confianza del sector privado. La idea no era equivocada; sin embargo, la implementación fue muy deficiente. Entre los defectos destaca que la regulación era extremadamente laxa; que se actuó con prisa (en un periodo de 13 meses se vendieron los 18 bancos); que hubo falta de transparencia en el sentido de que no se permitía a los adquirentes conocer los detalles de la cartera (las deudas por cobrar); y quizá lo más delicado fue que en un afán por aparentar que los bancos se vendían a precios muy altos se permitió a los compradores prestarse dinero entre sí para financiar las adquisiciones,[53] lo cual era muy grave, dado que en realidad el capital total no existía y se generó un riesgo sistémico: bastaba con que uno de los bancos fallara para que se diera un efecto dominó y fallaran los demás bancos.

Aunque fue ampliamente celebrado que el gobierno vendiera los bancos a precios muy altos, incluso por encima del valor real de sus activos, esto se convirtió en una de las semillas de la crisis que vendría, porque solo había dos formas para que los inversionistas recuperaran su inversión: *a)* cobrar tasas muy altas, o *b)* tomar riesgos excesivamente elevados al prestar dinero a quienes muy probablemente no podrían pagar. Muchos bancos actuaron con irresponsabilidad dando créditos en condiciones que no eran sensatas, y algunos de ellos incurrieron en graves actos de corrupción, prestando el dinero de los ahorradores a sus propias empresas, en condiciones extremadamente ventajosas.

Encima del problema subyacente de la debilidad bancaria, se fue acumulando un importante déficit en la cuenta corriente. Para el cierre de 1994 ya era de 30 mil millones de dólares (ver gráfica 3.2). México contaba con un tipo de cambio prácticamente fijo (ver gráfica 3.3),[54] y el peso mexicano estaba sobrevaluado.[55]

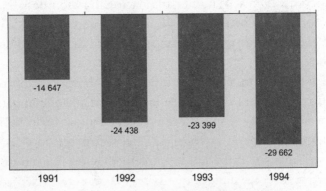

GRÁFICA 3.2 Saldo de la cuenta corriente en millones de dólares (1991-1994).

Fuente: Elaboración propia con datos del Instituto Nacional de Estadística y Geografía, *Estadísticas históricas de México 2009* (México: Instituto Nacional de Estadística y Geografía, 2010), cuadro 16.37.

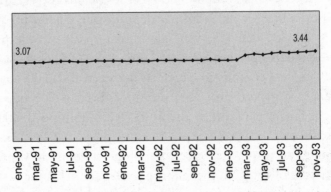

GRÁFICA 3.3 Tipo de cambio peso-dólar, promedio mensual (enero de 1991–noviembre de 1993).
Fuente: Elaboración propia con datos del Banco de México.

Con un peso sobrevaluado, resultaba atractivo comprar dólares y adquirir bienes y servicios fuera de México, lo que se reflejó —en el contexto de un tipo de cambio fijo— en una creciente disminución de las reservas internacionales (ver gráfica 3.4).

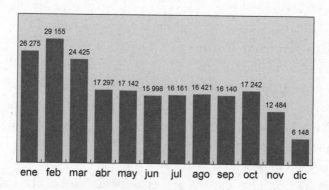

GRÁFICA 3.4 Reservas internacionales en millones de dólares (1994).
Fuente: Elaboración propia con datos del Banco de México, "Informe anual 1994" (México: Banco de México, 1995), 154.

Para aumentar las reservas, así como para paliar el déficit en la cuenta corriente, el gobierno mexicano recurrió al endeudamiento. Como puede observarse en la gráfica 3.5, se registró un crecimiento importante en la deuda externa mexicana.

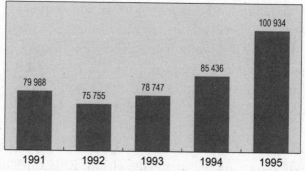

GRÁFICA 3.5 Deuda externa bruta en millones de dólares (1991-1995).
Fuente: Fausto Hernández Trillo y Alejandro Villagómez Amezcua, "La estructura de la deuda pública en México: Lecciones y perspectivas", Research Network Working Papers núm. 405 (Washington D. C.: Banco Interamericano de Desarrollo, 2000).

Es cierto que la debilidad bancaria y los problemas estructurales de la economía mexicana, por sí mismos, no necesariamente iban a provocar una crisis económica de la magnitud de la ocurrida; sin embargo, a las fragilidades estructurales se sumó una serie de eventos altamente disruptivos que dispararon el desastre económico de 1994-1995.

El levantamiento armado en Chiapas, el asesinato de Luis Donaldo Colosio y el asesinato de José Francisco Ruiz Massieu fueron los tres principales acontecimientos que, en el contexto del cambio de gobierno, incrementaron de manera exponencial la percepción de riesgo hacia la economía mexicana y, por lo tanto, fueron los catalizadores que hicieron explotar los problemas subyacentes de la debilidad bancaria y del déficit en la cuenta corriente.

Enrique Cárdenas explica que el asesinato de Luis Donaldo Colosio "provocó gran incertidumbre y la fuerte salida de reservas del Banco de México, de casi 11 mil millones de dólares en los siguientes 30 días del crimen".[56] Los inversionistas perdieron la confianza y decidieron cambiar sus pesos por dólares.

Así, la inestabilidad política derivó en inestabilidad económica. El gobierno de Salinas intentó calmar los mercados aumentando las tasas de interés y canjeando[57] a los inversionistas los Cetes (Certificados de la Tesorería), originalmente respaldados en pesos mexicanos, por Tesobonos. Esto implicaba que el gobierno se obligaba a pagar en dólares deuda que originalmente había sido contratada en pesos; sin embargo, se incurrió en una enorme trampa, porque de no haber habido emisión de Tesobonos (garantizados en dólares), el monto de las reservas habría sido tan pequeño, que habría obligado al gobierno a realizar una devaluación antes de las elecciones.[58]

Con una banca débil, un peso sobrevaluado, las reservas internacionales agotándose, el endeudamiento creciendo y el déficit en la cuenta corriente agravándose, devaluar la moneda parecía inevitable; el equipo de transición del presidente electo, Ernesto Zedillo, así lo propuso al equipo económico de Salinas, pero este último se negó, alegando que la medida no era necesaria y que implicaría una contravención al Pacto de Solidaridad Económica.[59]

Una vez en el cargo, Zedillo tomó la decisión de devaluar la moneda. Se ha cuestionado el procedimiento adoptado por el secretario de Hacienda, Jaime Serra Puche, al externar en una reunión previa con empresarios, la decisión del gobierno. Sin embargo, la evidencia muestra que al día siguiente de la controvertida reunión con empresarios la reducción de las reservas fue de solo 98 millones de dólares. Decir que esa reunión y el aviso a los empresarios fue la causa de la crisis es una simplificación equivocada.[60] El problema fue mucho más complejo: en la medida en que se iban agotando las reservas internacionales, al gobierno no le quedó más remedio que flotar el peso. Para finales de diciembre, el peso ya se había devaluado 48% con respecto al dólar, y las reservas internacionales quedaron en apenas 6 200 millones de dólares, frente a los casi 30 mil millones de dólares que se tenían a principios de año.

Aunque ciertamente ya no era posible sostener el tipo de cambio dado el agotamiento de las reservas, la devaluación trajo un problema enorme que requería atención urgente: para el cierre de 1994 la deuda en Tesobonos (garantizados en moneda extranjera) exigible al gobierno mexicano era de 29 mil millones de dólares. México no contaba con los recursos necesarios para honrar sus compromisos, por lo que el presidente Zedillo inició gestiones para obtener el respaldo financiero de Estados Unidos.

El presidente Clinton utilizó su autoridad ejecutiva para prestar a México alrededor de 20 mil millones de dólares, a los que se sumaron otros tantos provenientes principalmente del Fondo Monetario Internacional, del Banco Mundial y del Banco de Pagos Internacionales.[61] De esta manera se enfrentó con éxito el primer problema relacionado con la insolvencia del gobierno mexicano frente a sus acreedores; sin embargo, la crisis económica aún tendría un largo recorrido.

Entre febrero y abril de 1995, la fuga de capitales fue enorme: casi 14 mil millones de dólares salieron del país, principalmente provenientes de Tesobonos (papel gubernamental garantizado en dólares).

Cuando el apetito por dólares es tan grande, cuando nadie quiere tener pesos en la mano por el temor de que pierdan su valor en el tobogán de la devaluación, una alternativa es aumentar las tasas de interés, en aras de atraer nuevamente los capitales y evitar que se sigan fugando.

Así como se debe reconocer la voluntad del presidente Clinton, también hay que decir que las condiciones impuestas desde el extranjero fueron muy severas y en sentido contrario a lo que los estadounidenses hacen cuando es su economía la que está en crisis: inyectar dinero y bajar las tasas de interés. El gobierno de Estados Unidos y los organismos internacionales ejercieron presión para que México aumentara las tasas de interés, lo cual resultó efectivo en términos macroeconómicos pero muy doloroso para la gente.

Entre noviembre de 1994 y abril de 1995, las tasas de interés pasaron de 13.7 a 74.8% (ver gráfica 3.6).

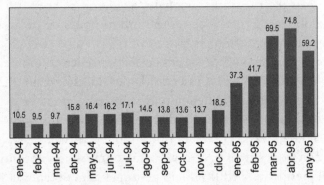

GRÁFICA 3.6 Tasa de interés, Cetes a 28 días (enero de 1994-mayo de 1995).
Fuente: Elaboración propia con datos del Banco de México.

Para quienes tenían dinero líquido en pesos esto resultó un gran negocio, pero para quienes debían dinero a los bancos resultó la ruina, al volverse imposible el pago de las deudas a tan elevadas tasas de interés. Millones de personas lo perdieron todo: su casa, su negocio, su automóvil, el refrigerador, la estufa y hasta la maquinaria de trabajo, por mencionar algunos ejemplos.

Los bancos ya estaban debilitados como consecuencia de las múltiples deficiencias del proceso de reprivatización que se han expuesto antes, pero la situación se agravó en la medida en que quedaron atrapados en una severa crisis de liquidez, dado que quienes debían dinero suspendieron sus pagos, al tiempo que los ahorradores reclamaban su capital.

En México se creó el Fondo Bancario de Protección al Ahorro (Fobaproa) con el objeto de rescatar a los ahorradores, frente a la crisis de liquidez que enfrentaron los bancos. Algunos opositores, señaladamente Andrés Manuel López Obrador, hicieron de ese tema su bandera central: lo explotaron bajo el argumento de que se trataba del "saqueo más grande del que se tenga memoria desde la época colonial".[62]

Es cierto que en el marco del rescate hubo terribles abusos y mucha corrupción: basta recordar los casos de Carlos Cabal Peniche, del Grupo Financiero Unión; Ángel Isidoro Rodríguez, de Banpaís; Jorge Lankenau, de Banco Confía, entre otros. El informe del auditor externo canadiense Michael Mackey identificó más de 70 mil millones de pesos de créditos "reportables" (expedientes sin pagaré, créditos hipotecarios sin escritura, préstamos a los propietarios o administradores de los mismos bancos, etcétera).[63] Pero también es verdad que, si el gobierno mexicano no hubiera tomado medidas para enfrentar la crisis de liquidez, millones de ahorradores habrían perdido su dinero ante la quiebra de la banca, y las consecuencias económicas habrían sido aún más devastadoras de lo que fueron.

El impacto social de la crisis fue enorme: se disparó el desempleo (ver gráfica 3.7) y la pobreza creció de manera escandalosa. Si bien la recuperación del dinamismo económico ocurrió relativamente pronto, quienes más caro pagaron el precio fueron los más pobres.

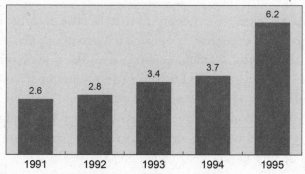

GRÁFICA 3.7 Tasa de desempleo abierto en áreas urbanas (1991-1995).

Fuente: Elaboración propia con datos del Instituto Nacional de Estadística y Geografía, *Estadísticas históricas de México 2009…*

Tendrían que pasar casi 10 años para que los niveles de pobreza regresaran a los números anteriores a la crisis. Como puede verse en la gráfica 3.8, se trató de una década perdida en materia de combate a la pobreza en México.

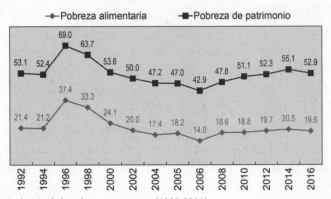

GRÁFICA 3.8 Evolución de la pobreza por ingreso (1992-2016).

Fuente: Estimaciones del Coneval con base en la Encuesta Nacional de Ingreso y Gastos de los Hogares (ENIGH) de 1992 a 2016, específicamente el Módulo de Condiciones Socioeconómicas (MCS-ENIGH) 2008-2014 y el Módulo Estadístico para la Continuidad (MEC) 2016 del MCS-ENIGH.

Pobreza alimentaria: insuficiencia del ingreso para adquirir la canasta básica alimentaria, aun si se hiciera uso de todo el ingreso disponible en el hogar exclusivamente para la adquisición de estos bienes.

Pobreza de patrimonio: insuficiencia del ingreso disponible para adquirir la canasta alimentaria y efectuar los gastos necesarios en salud, educación, vestido, vivienda y transporte, aun si se hiciera uso de todo el ingreso disponible en el hogar exclusivamente para la adquisición de estos bienes y servicios.

En este contexto, se celebraron en 1997 las elecciones interme-dias. Como era de esperarse, la oposición logró un avance muy signi-ficativo: Cuauhtémoc Cárdenas ganó la elección, y se convirtió en el primer Jefe de Gobierno del Distrito Federal electo por voto directo de los ciudadanos; el PAN arrebató al PRI las gubernaturas de Que-rétaro y Nuevo León con Ignacio Loyola Vera y Fernando Canales Clariond; y por primera vez en la historia el PRI perdió la mayoría en la Cámara de Diputados (ver imagen 3.9).

CÁMARA DE DIPUTADOS

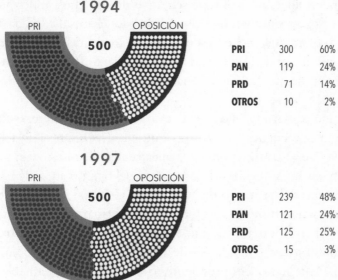

PRI	300	60%
PAN	119	24%
PRD	71	14%
OTROS	10	2%

PRI	239	48%
PAN	121	24%
PRD	125	25%
OTROS	15	3%

IMAGEN 3.9 Composición por partido de la Cámara de Diputados 1994 y 1997.

Fuente: Elaboración propia con datos de José Woldenberg, *Historia mínima de la transición* democrática *en México.* Ebook (México: El Colegio de México, 2012).

La elección del 2000

Tanto en el PAN como en el PRD, se intuía que la posibilidad de arrebatar al PRI la Presidencia de la República era más alta que nunca. Y muchos compartían la idea de que una alianza electoral prácticamente aseguraría el triunfo.

Durante meses, liderazgos de ambos partidos dialogaron en torno a esa posibilidad. En casa del panista Diego Fernández de Cevallos, se reunieron durante semanas los principales dirigentes de los partidos opositores, entre ellos Luis Felipe Bravo (PAN), Amalia García (PRD), Jorge González Torres (PVEM), Dante Delgado (Convergencia por la Democracia), Manuel Camacho Solís (PCD) y Alberto Anaya (PT).[64]

Ni la construcción de una plataforma electoral compartida ni la distribución de las candidaturas legislativas resultó un obstáculo insalvable. La realidad es que la negociación se trabó, como suele suceder, debido a la natural discrepancia respecto de quién debería encabezar la candidatura presidencial. Los representantes del PAN, buscando que fuera Vicente Fox, proponían que el método para elegir al candidato de la coalición fuera una encuesta. Por su parte, los representantes del PRD, con la pretensión de que Cuauhtémoc Cárdenas fuera el candidato, pugnaban por que se hiciera una consulta directa en la que los ciudadanos pudieran votar.

En los cálculos del PAN, Fox resultaría ganador si el método de selección fuera por encuesta; mientras que en el PRD prevalecía la convicción de que su arraigo popular y su capacidad de movilización, especialmente en la Ciudad de México, darían el triunfo a Cárdenas.

Al no prosperar el proyecto de la coalición electoral entre el PAN y el PRD, cada partido tomó su camino y ambos formaron coaliciones electorales con partidos más pequeños. El PAN postuló a Vicente Fox, en alianza con el PVEM (Partido Verde Ecologista de México). Luis Felipe Bravo Mena, entonces presidente nacional del PAN, ha hablado de la enorme insistencia de Vicente Fox en lograr la alianza con el Partido Verde, misma que implicó ceder importantes posiciones legislativas, incluyendo espacios de representación proporcional en el Senado de la República. El PRD postuló a Cuauhtémoc Cárdenas, en alianza con el PAS, Convergencia, PT y PSN.

Por su parte el PRI, por primera vez en su historia, organizó una elección primaria para elegir a su abanderado presidencial. Los precandidatos que participaron en el proceso interno fueron Francisco Labastida, Roberto Madrazo, Manuel Bartlett y Humberto Roque.

Aunque con evidentes diferencias respecto de las formas tradicionales, la "maquinaria priista" respaldó a Francisco Labastida que, hasta antes de participar en la contienda, se desempeñaba como el secretario de Gobernación. Su principal contendiente fue Roberto Madrazo, políticamente enfrentado al entonces presidente Ernesto Zedillo. Prácticamente todos los gobernadores y las estructuras formales del PRI respaldaron a Labastida, quien resultó electo.

Concluidos los procesos internos, los candidatos registrados fueron seis: Vicente Fox, Francisco Labastida, Cuauhtémoc Cárdenas, Porfirio Muñoz Ledo, Manuel Camacho y Gilberto Rincón Gallardo (quien eventualmente se convertiría en el primer titular del Conapred).

Foto: Captura de video

IMAGEN 3.10 Debate presidencial realizado el 25 de abril del 2000.

Como puede observarse en las gráficas 3.9 y 3.10, más de seis meses antes de la elección, en enero del año 2000, la contienda se perfilaba cerrada entre Vicente Fox y Francisco Labastida. De acuerdo con la serie publicada por el periódico *Reforma*, y también según el promedio de distintas encuestas, los candidatos llegaron a la jornada electoral en un empate técnico.

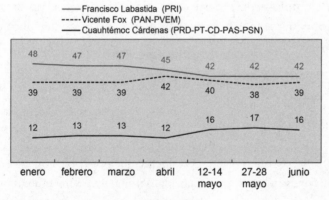

GRÁFICA 3.9 Intención de voto en las elecciones del año 2000.

Nota: Solo se incluye a los tres candidatos con mayor intención de voto.

Fuente: Elaboración propia con datos de las encuestas electorales de Grupo Reforma dirigidas por Alejandro Moreno.

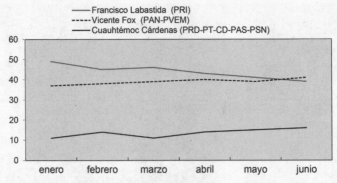

GRÁFICA 3.10 Promedio de encuestas sobre la preferencia electoral en el año 2000.

Fuente: Elaboración propia con datos publicados por Víctor Manuel Guerrero en "Pronósticos electorales", *Nexos,* 1 de octubre de 2012.

La campaña de Vicente Fox, especialmente los anuncios de televisión, fue particularmente creativa y memorable. El mensaje central de la campaña de Fox descansaba en un anhelo compartido por millones de mexicanos, sin distingo de inclinaciones de carácter ideológico: sacar al PRI de Los Pinos.

A Fox se le presentaba como el hombre fuerte, franco, ranchero, echado para adelante, capaz de lograr la hazaña.[65]

Un ejemplo representativo de esa campaña fue un anuncio de televisión que se editó inmediatamente después del debate presidencial.

> LOCUTOR: La pregunta este 2 de julio será si los mexicanos queremos a alguien que hable así:
>
> LABASTIDA: Me ha llamado chaparro, me ha llamado mariquita, me ha dicho "La vestida", me ha dicho mandilón.
>
> LOCUTOR: O queremos un presidente que nos hable con la verdad.
>
> FOX: Mi estimado señor Labastida, a mí tal vez se me quite lo majadero, pero a ustedes, lo mañosos, lo malos para gobernar y lo corruptos, no se les va a quitar nunca.
>
> LOCUTOR: Presidente Fox, vota Alianza por el Cambio.[66]

La misma noche del 2 de julio del 2000, apareció en televisión nacional José Woldenberg, presidente del Instituto Federal Electoral, para informar sobre los resultados de la elección. El anuncio fue histórico: por primera vez en más de 70 años había triunfado el candidato de un partido distinto al PRI. Minutos después, en un gesto democrático destacado, el presidente Ernesto Zedillo respaldó el anuncio sobre el triunfo de Vicente Fox, en un mensaje en cadena nacional.

La noticia relativa al resultado de la elección de Jefe de Gobierno de la Ciudad de México pasó a segundo plano, frente a la magnitud del anuncio del triunfo de Vicente Fox; sin embargo, el tiempo dejaría clara la relevancia de aquella elección, en la que Andrés Manuel López Obrador, postulado por el PRD, obtuvo el triunfo por un margen de apenas cinco puntos porcentuales, frente al panista Santiago Creel Miranda, quien reconoció el resultado.

Como se ha visto, el tránsito de un régimen autoritario a uno democrático se dio de manera gradual. El 2 de julio del año 2000 quedó registrado como el día en el que los ciudadanos mexicanos decidieron poner fin a la hegemonía del partido político más longevo del mundo. Siempre será discutible si ese día marca el fin de la transición a la democracia, en toda la extensión de la palabra. Lo cierto es que, sin lugar a dudas, México calificaba ya como una democracia electoral.

Transición y consolidación democrática

En este capítulo se ha seguido el eje de las sucesivas reformas electorales y, a la par, el de los acontecimientos políticos, económicos y sociales que marcaron el camino, para ofrecer una visión comprensiva del periodo. Como apunte final, se abordan algunas nociones mínimas sobre las consecuencias de la transición, según las diferentes posturas enunciadas.

Después de la transición, ¿qué?, parece ser la pregunta obligada. En efecto, al hablar de la transición democrática resulta insoslayable hablar de su corolario deseable: la consolidación democrática. Algunos autores consideran la transición y la consolidación como parte del mismo proceso. Merino afirma: "La transición mexicana todavía debe afrontar su consolidación".[67] Desde un enfoque muy crítico, Aziz Nassif argumenta que la transición significó el tránsito de "un sistema de partido hegemónico" a "un sistema hegemónico de partidos" y que "la pura alternancia no garantiza nada en términos democráticos", por lo que "la democracia mexicana, inicial, no está al borde de una ruptura, pero sí está muy lejos de una consolidación".[68] En el extremo, Rodríguez Araujo considera incluso que no hay diferencia entre el antiguo régimen hegemónico y las prácticas del régimen inaugurado con la alternancia del 2000.[69] Con menor grado de sofisticación, esa es la visión en la que se inscribe el discurso de la autodenominada cuarta transformación.

En cambio, para quienes afirman que la transición es un proceso concluido —ya sea que se ubique entre 1977 y 1997 o entre 1968 y 2000, con sus variantes—, México vive hoy en un régimen democrático, con leyes e instituciones que regulan el acceso al poder y que son reconocidas por todos los actores. "Gracias a esa historia de cambios graduales y concertados en la ley, México vive hoy en la democracia, nada más pero nada menos", dice Woldenberg.[70] Lo que el expresidente del IFE sostiene es que la victoria electoral de Fox fue posible porque México ya era democrático, pero agrega que, como todo en la vida, esa democracia se puede fortalecer o reblandecer, dado que no hay ley de la historia que señale que a la transición le sigue la consolidación (ojalá así fuera).

En este punto resulta útil y pertinente la delimitación que establece Pedro Salazar entre los diferentes conceptos que juegan en la ecuación: transición, consolidación y democracia.

Respecto a la transición, Salazar aclara: "La transición es el proceso de transformación y no la culminación de la transformación misma", y que una vez que la forma de gobierno "es una forma nueva y distinta a la anterior podemos decir que la transición ha concluido".[71]

Refutando la tesis de las transiciones sin principio ni fin, Salazar recuerda que, dado que "la consolidación [de la democracia] nunca es definitiva", sostener que la transición concluye hasta que la democracia está plenamente consolidada implicaría que la transición fuera, por definición, interminable.[72]

En cuanto a la vigencia de la democracia, Salazar utiliza diferentes modelos teóricos (Dahl, O'Donnell y Schmitter, Linz y sobre todo Bobbio) para constatar que el proceso de democratización se dio efectivamente en México: "México transitó a la democracia porque hoy tienen vigencia instrumentos democráticos para la adopción de las decisiones colectivas que antes no operaban".[73] Y enfatiza: "Lo que determina el carácter democrático del sistema político mexicano son sus 'reglas del juego', no la alternancia",[74] experiencia que, cabe recordar, México ya vivió varias veces —de PRI a PAN, de PAN a PRI y de PRI a MORENA.

En esencia, las diferentes posturas abogan por la consolidación democrática, pero mientras unos la consideran una meta no alcanzada de la transición, otros la ven como un proceso separado, ciertamente vinculado pero ulterior.

Sin duda, los estudiosos de la transición están conscientes de los desafíos que enfrenta la democracia mexicana. La diferencia es el enfoque. Al hablar de una "transición votada", Merino pone de manifiesto lo que quedó fuera de la dimensión electoral. Para él "el problema central de la consolidación democrática ya no está en la transparencia de las elecciones sino en la eficacia de la política", es decir, "la capacidad de las instituciones políticas para resolver los problemas concretos", por ejemplo, la seguridad.[75]

El sentido es similar a lo que señala Aziz Nassif: "El sistema político puede vivir una suerte de vida paralela, en donde tengamos un Estado poco eficiente o un sistema económico de marcadas desigualdades y, al mismo tiempo, elecciones razonablemente competidas e institucionalizadas".[76]

A estos argumentos se suma el hecho de que la cultura democrática tampoco está consolidada. Como dice Durand Ponte, la adhesión de muchos mexicanos "es profundamente incoherente", pues "los que se adhieren a la democracia como el mejor régimen expresan, al mismo tiempo, que sería bueno para el país contar con líderes duros o

151

líderes decididos que, sin respetar las leyes, resolvieran los problemas; es decir, prefieren a personas (carisma) que a las reglas institucionales".[77]

Aunque después del 2000 se siguieron registrando algunos avances en aspectos relevantes para la democracia, señaladamente en materia de transparencia y acceso a la información pública, es evidente que la tarea está muy lejos de quedar terminada.

Nuestra democracia, aún no consolidada, es asimismo la de los presidentes que intervienen de manera ilegal e impune en el proceso electoral: Fox en contra de López Obrador y Peña Nieto en contra mía. Y nuestros problemas actuales son también evidentes: vemos un gobierno surgido de las urnas, pero que en el ejercicio del poder revive muchos rasgos del viejo régimen autoritario.

Con un presidente que concentra el poder y lo usa para anular contrapesos y polarizar a la opinión pública; con un partido dominante en el Congreso y con nuevas amenazas a las instituciones electorales, es claro que no estamos en el camino de la consolidación democrática. Si el INE resulta capturado por un partido, el pluralismo quedará secuestrado. Estamos viviendo un momento de fuertes amenazas a la democracia, que bien podría erosionarse y, en el extremo, desaparecer.

A pesar de todo, no se debe ignorar lo logrado; como tampoco debe olvidarse que los resultados de las decisiones democráticas no son la democracia misma. La transición logró cambiar las reglas del sistema político. Hoy México vive en una democracia que aún no es la "democracia sin adjetivos" de la que habló Krauze; puede aún ser calificada de imperfecta, electoral y no completa, incipiente o no sustantiva. Es una democracia que no representa la solución a todos los problemas, ni es la llave de la felicidad colectiva, pero que sí es, a no dudarlo, la mejor forma que hemos encontrado para tomar juntos las decisiones que nos atañen como ciudadanos. Con plena conciencia de que, actualmente, en muchos países la mayor amenaza a la democracia proviene de líderes que fueron electos conforme a sus reglas, hoy resulta imperativo defenderla.

SEGUNDA PARTE:
PENSAR LOS PROBLEMAS DEL PRESENTE PARA
CONSTRUIR UN FUTURO MEJOR

Contrario a la farsa populista, los problemas
complejos suelen requerir soluciones
igualmente complejas

La lucha contra la corrupción. El caso del Sistema Nacional Anticorrupción y del Nuevo Sistema de Justicia Penal

Los textos que abordan el problema de la corrupción suelen iniciar con una muy larga argumentación sobre las razones por las que la corrupción es perjudicial para una nación. No se ahondará en eso. Existe mucha literatura sobre los costos y las consecuencias de la corrupción[1] y está plenamente acreditado que la corrupción es una terrible enfermedad de efectos profundamente destructivos: corroe el sistema educativo y el sistema de salud, afecta el crecimiento económico, deteriora la seguridad pública, además de fomentar la pobreza[2] y la desigualdad. Por mucho tiempo se dijo que en México la corrupción "aceitaba" el funcionamiento de la economía. Hoy está demostrado que los aparentes beneficios de la corrupción jamás resultan suficientes para compensar sus altísimos costos.[3] Es un cáncer que, además, discrimina: lastima más a quienes menos tienen, a quienes menos saben y a quienes menos pueden.

Este capítulo inicia explicando por qué la corrupción no es un problema cultural, ni su combate puede fincarse en la supuesta bonhomía de los gobernantes. Se argumentará por qué se requiere de un auténtico sistema para controlar el flagelo, y se examinará tanto el Sistema Nacional Anticorrupción como el Nuevo Sistema de Justicia Penal.

La cultura como la causa y la bonhomía como el remedio: dos caras de una misma moneda

Hay quien piensa que basta con que el Presidente de la República sea honesto —o diga serlo— para que pueda decretarse el fin de la corrupción; o bien, que la corrupción es muy difícil de erradicar porque es un problema de orden cultural.

Para Andrés Manuel López Obrador, la corrupción dio inicio con Hernán Cortés, en el contexto de la conquista española, y alcanzó niveles de despojo con el "neoliberalismo". En su menosprecio hacia el papel de las instituciones señala que, aunque deberían abrirse expedientes en contra de los corruptos del pasado, "no habría juzgados ni cárceles suficientes para procesarlos y castigarlos".[4] Desde su muy peculiar punto de vista, la gran noticia es que, por fin, llegó un gobierno limpio ("siendo honestos, como lo somos"[5]), lo cual le permitió afirmar sin vacilaciones: "Lo puedo decir ya, se acabó la corrupción".[6]

¿En serio? ¿Ya se acabó la corrupción? ¿No será el problema un poco más complejo que eso?

Los políticos conocen muy bien los rendimientos electorales de los discursos en los que se afirma que los problemas complejos se pueden resolver con fórmulas simplonas. A la hora de gobernar, la realidad es muy distinta: los problemas complejos suelen requerir soluciones igualmente complejas. Las recetas que ofrecen remedios inmediatos suelen ser tomaduras de pelo o retoques que agravan el problema.

Susan Rose-Ackerman señala que un cambio en el liderazgo nacional no modifica, por sí mismo, las actitudes y los comportamientos, y claramente advierte que:

> demasiadas lecciones de moral corren el riesgo de degenerar en una retórica vacía, o peor aún, en una cacería de brujas. Las políticas deben atender las condiciones subyacentes que incentivan la corrupción, de lo contrario, no tendrán efectos duraderos [...] No debe extrañarnos que el control efectivo y duradero de la corrupción sea un logro tan preciado como escaso. [7]

En un esfuerzo por definir la corrupción, Robert Klitgaard sostiene que esta ocurre cuando un individuo, de manera ilícita, pone sus intereses por encima de los de la gente o de los ideales que se comprometió a servir. Existe de muchas formas y puede ir desde lo trivial hasta lo monumental. Se da en el sector privado o en el sector público y a menudo ocurre en ambos de manera simultánea. Puede ser esporádica o generalizada; en algunos países se ha convertido en un problema sistémico. La corrupción puede implicar promesas, amenazas, o ambas cosas; puede ser iniciada por un servidor público o por un particular interesado; puede cometerse por acción o por omisión y puede implicar servicios lícitos o ilícitos. [8]

Es importante enfatizar que la corrupción no solo se relaciona con actos ilícitos que producen dinero. La corrupción también puede estar presente en la obtención de espacios de poder. Y en México esa lógica es muy frecuente: personas que no necesariamente cometen actos de corrupción para incrementar su patrimonio, sino como mecanismo para aumentar su poder político. Se trata de la corrupción que sirve para obtener un puesto, para mantenerse en él o para acrecentar el dominio sobre los demás. Esto es especialmente delicado, pues suele pensarse que quien "no roba" es honesto, aunque en realidad utilice sus cargos y su influencia de manera indebida para mantenerla y acrecentarla. La corrupción no solo se cifra en dinero, sino también, y con mucha más frecuencia, en poder.

Transparencia Internacional define la corrupción de manera sintética como el abuso del poder conferido para beneficio personal.

En la historia moderna de México abundan los ejemplos que encuadran, palabra por palabra, en esta definición. Uno muy conocido es el del profesor Carlos Hank González, a quien se le atribuye la famosísima frase de que "un político pobre es un pobre político". Hank González fue un maestro de educación primaria que amasó una inmensa fortuna al amparo de los cargos públicos que ocupó a lo largo de su carrera.

En la década de 1960, el presidente Gustavo Díaz Ordaz nombró al profesor Hank como el responsable de la Conasupo, una empresa paraestatal que contaba con grandes almacenes y tiendas comunitarias en las que se vendían, a precios subsidiados, productos de la canasta básica.

Infinidad de camiones y camionetas de carga eran utilizados para la operación cotidiana de esa empresa pública. El profesor Hank decidió que, además de fungir como titular de la empresa pública, se haría de una empresa privada que pudiera prestar el servicio de transporte a la Conasupo. Pidió un crédito por 250 millones de dólares a un banco en Texas y creó una muy lucrativa empresa de fletes, que daba servicio a la paraestatal que él mismo encabezaba.[9] De ahí otra frase célebre de El Profe, como se le conocía: "La política es una carga muy pesada, pero los fletes son muy buenos".

A eso se refiere Transparencia Internacional cuando habla del "abuso del poder conferido para beneficio personal". El profesor Hank llegó a ser gobernador del Estado de México, regente del Distrito Federal y titular de las secretarías de Turismo y Agricultura, y era conocido como el líder de un poderoso grupo político llamado "Grupo Atlacomulco", del que, años más tarde, también formó parte el expresidente Enrique Peña Nieto.

El 19 de agosto de 2014, Peña Nieto, ya como presidente de México, en una entrevista televisiva, declaró que la corrupción era un problema de orden cultural. Un sinnúmero de intelectuales y académicos reaccionaron señalando que la corrupción no era un problema cultural, sino un problema de instituciones, reglas e incentivos.

Si la corrupción fuera un problema de orden cultural, si el pueblo mexicano fuera culturalmente corrupto, argumentaron, estaríamos frente a un problema respecto del cual no cabría sino la resignación. Por el contrario, si la corrupción es un problema de instituciones, reglas e incentivos, un diseño legal adecuado y una implementación rigurosa pueden coadyuvar a controlar el flagelo.

Es necesario detenerse en el concepto de la corrupción como un problema de orden cultural, no tanto porque el concepto haya sido expresado por el expresidente, sino porque, como se verá más adelante, desmentir esa creencia resulta fundamental.

Una de las fuentes documentales más serias en materia de lucha contra la corrupción es un libro publicado por Transparencia Internacional llamado *TI Source Book*. Al principio del texto se plantea una pregunta obligada: ¿por dónde deben empezar los esfuerzos en contra de la corrupción? La respuesta es que el punto de partida, justamente, implica desterrar la idea de la corrupción como un problema cultural:

> ¿Por dónde deben empezar los esfuerzos en materia de combate a la corrupción? El punto de entrada obvio es adquirir un claro entendimiento de las causas, lagunas legales e incentivos que alimentan prácticas corruptas a cualquier nivel [...] Cualquier entendimiento sobre la corrupción inicia por disipar el mito de que la corrupción es un asunto de orden cultural.[10]

Un primer argumento es que, si la corrupción fuera un problema de orden cultural, no se podría explicar el que empresas transnacionales que no cometen actos de corrupción en otros países, sí lo hacen en sus operaciones en México. Peña Nieto jamás entendió que no es lo mismo que exista una cultura en torno a la corrupción, a la insensatez de afirmar que los mexicanos somos culturalmente corruptos. Tomemos como ejemplo el caso de Walmart.

En el año 2013, la mexicana Alejandra Xanic von Bertrab y el estadounidense David Barstow ganaron el premio Pulitzer, en la categoría de periodismo de investigación, por una serie de reportajes publicados en *The New York Times*, en los que documentaron que Walmart empleó millones de dólares para sobornar a funcionarios públicos mexicanos, para agilizar trámites de cambio de uso de suelo y licencias de construcción y funcionamiento, logrando una muy rápida expansión y el dominio del mercado mexicano.[11]

Si la corrupción fuera un problema de orden cultural, ¿cómo explicar el hecho de que Walmart no realiza esas mismas prácticas dentro de Estados Unidos?

Otro ejemplo que refuta la idea de la corrupción como un problema de orden cultural lo encontramos en Corea. Hasta 1948, toda la península integraba a una misma nación, con cultura, idioma e historia compartida. Solo siete décadas después de que el norte y el sur quedaron separados física y políticamente, los contrastes son enormes: el ingreso de los ciudadanos de Corea del Sur es 20 veces mayor, en promedio, que en Corea del Norte;[12] la esperanza de vida es 12 años mayor;[13] y en promedio estudian seis años más.[14]

¿Y qué hay de los niveles de corrupción? De acuerdo con el Índice de Percepción de la Corrupción de 2019, publicado por Transparencia Internacional, Corea del Sur está entre las naciones con los niveles más bajos de corrupción, mientras que Corea del Norte ocupa prácticamente el último lugar, entre los 180 países analizados (ver tabla 4.1).

Los surcoreanos tienen razones para creer que sus instituciones funcionan aun frente a los más poderosos: en 2017, una corte avaló la destitución de la presidenta de la república, Park Geun-hye, debido a un escándalo de corrupción que alcanzó los más altos niveles del gobierno y del mundo empresarial.

Estos ejemplos ilustran la idea de que el diseño institucional, las reglas y los incentivos sí importan, y que el argumento fatalista de la cultura como causa de la corrupción no resiste la crítica.

País/territorio	Lugar	País/territorio	Lugar	País/territorio	Lugar
Dinamarca	1	Portugal	30	Grecia	60
Nueva Zelanda	1	Qatar	30	Jordania	60
Finlandia	3	España	30	Croacia	63
Singapur	4	Botsuana	34	Santo Tomé y Príncipe	64
Suecia	4	Brunéi Darussalam	35	Vanuatu	64
Suiza	4	Israel	35	Argentina	66
Noruega	7	Lituania	39	Bielorrusia	66
Países Bajos	8	Eslovenia	39	Montenegro	67
Alemania	9	Corea del Sur	39	Senegal	66
Luxemburgo	9	San Vicente y las Granadinas	39	Hungría	70
Islandia	11	Cabo Verde	41	Rumania	70
Australia	12	Chipre	41	Sudáfrica	70
Austria	12	Polonia	41	Surinam	70
Canadá	12	Costa Rica	44	Bulgaria	74
Reino Unido	12	República Checa	44	Jamaica	74
Hong Kong	16	Georgia	44	Túnez	74
Bélgica	17	Letonia	44	Armenia	77
Estonia	18	Dominica	48	Baréin	77
Irlanda	18	Santa Lucía	48	Islas Salomón	77
Japón	20	Malta	50	Benín	80
Emiratos Árabes Unidos	21	Granada	51	China	80
Uruguay	21	Italia	51	Ghana	80
Francia	23	Malasia	51	India	80
Estados Unidos	23	Ruanda	51	Marruecos	80
Bután	25	Arabia Saudí	51	Burkina Faso	85
Chile	26	Mauricio	56	Guyana	85
Seychelles	27	Namibia	56	Indonesia	85
Taiwán	28	Omán	56	Kuwait	85
Bahamas	29	Eslovaquia	59	Lesoto	85
Barbados	30	Cuba	60	Trinidad y Tobago	85

TABLA 4.1 Índice de Percepción de la Corrupción (2019). *(Continúa)*

(*Continuación*)

País/territorio	Lugar	País/territorio	Lugar	País/territorio	Lugar
Serbia	91	Níger	120	Mozambique	146
Turquía	91	Pakistán	120	Nigeria	146
Ecuador	93	Bolivia	123	Camerún	153
Sri Lanka	93	Gabón	123	República Centroafricana	153
Timor Oriental	93	Malaui	123	Comoros	153
Colombia	96	Azerbaiyán	126	Tayikistán	153
Etiopía	96	Yibuti	126	Uzbekistán	153
Gambia	96	Kirguistán	126	Madagascar	158
Tanzania	96	Ucrania	126	Zimbabue	158
Vietnam	96	Guinea	130	Eritrea	160
Bosnia y Herzegovina	101	Laos	130	Nicaragua	161
Kosovo	101	Maldivas	130	Camboya	162
Panamá	101	Malí	130	Chad	162
Perú	101	México	130	Irak	162
Tailandia	101	Birmania	130	Burundi	165
Albania	106	Togo	130	Congo	165
Algeria	106	República Dominicana	137	Turkmenistán	165
Brasil	106	Kenia	137	Rep. Democrática Congo	168
Costa de Marfil	106	Líbano	137	Guinea Bisáu	168
Egipto	106	Liberia	137	Haití	168
Macedonia	106	Mauritania	137	Libia	168
Mongolia	106	Papúa Nueva Guinea	137	Corea del Norte	172
El Salvador	113	Paraguay	137	Afganistán	173
Kazajistán	113	Rusia	137	Guinea Ecuatorial	173
Nepal	113	Uganda	137	Sudán	173
Filipinas	113	Angola	146	Venezuela	173
Esuatini	113	Bangladesh	146	Yemen	177
Zambia	113	Guatemala	146	Siria	178
Sierra Leona	119	Honduras	146	Sudán del Sur	179
Moldova	120	Irán	146	Somalia	180

Fuente: Transparency International, *Corruption Perceptions Index 2019* (Berlín: Transparency International, 2020).

Ciertamente, nuestra circunstancia presente, incluyendo el actual diseño de nuestras instituciones, está influenciada por la historia y la cultura; sin embargo, eso no significa que los mexicanos llevemos la corrupción impresa en el acta de nacimiento.

También puede verse el estudio realizado por Lisa Cameron y tres colegas más, quienes aplican una serie de experimentos en cuatro países distintos: dos de ellos identificados por sus altos niveles de integridad (Australia y Singapur), y los otros dos, consistentemente catalogados entre aquellos con altos índices de corrupción (India e Indonesia). La conclusión del estudio apunta en la dirección que ya se ha señalado: no existe una clara correlación entre los niveles de corrupción en esos países y la tolerancia hacia prácticas corruptas por parte de los individuos que participan en los experimentos.[15]

Si el problema fuera de orden cultural, ¿cómo explicar el hecho de que una misma persona se comporte de manera distinta, dependiendo del lado de la frontera en el que se encuentre? Pensemos en el conductor de un vehículo que tiene mucha prisa por llegar a su destino, mientras recorre una carretera en Tijuana. En su análisis costo-beneficio, puede tener sentido rebasar el límite de velocidad, dado que la probabilidad de ser detenido es baja y, aun en caso de que esto ocurra, la probabilidad de poder evadir la sanción es alta.

Violando la ley, es muy probable que logre llegar a tiempo a su destino, sin recibir sanción alguna. Pero cuando ese mismo conductor cruza la frontera hacia Estados Unidos, ahora rumbo a San Diego, California, aun con la misma prisa que tenía mientras conducía en Tijuana, decide reducir su velocidad y no rebasar el límite. ¿Cambió su cultura al cruzar la frontera, o será más bien que cambiaron las instituciones, las reglas y los incentivos?

Al saber que se incrementa exponencialmente la probabilidad de ser detenido y sancionado con severidad, el mismo análisis costo-beneficio arroja una conclusión distinta. Es tan alto el costo de la sanción frente al beneficio de llegar a tiempo, que el conductor opta por respetar el límite de velocidad.

Aunque el expresidente mexicano jamás lo planteó en términos tan claros, es cierto que en los regímenes comunistas a la gente se

163

le enseñó a ver diversas transacciones de mercado como actos de corrupción. A la caída de estos regímenes, esas mismas prácticas pasaron al plano de lo legal y de lo correcto. Estudiosos como Jens Andvig[16] han expuesto lo que esto provocó en términos de confusión moral, especialmente entre las personas de mayor edad. Sin embargo, como dice John T. Noonan, Jr.: "En ningún país, quienes reciben sobornos, hablan públicamente de esos sobornos, ni quienes sobornan publicitan los sobornos que pagan [...] Nadie se promueve por su capacidad de organizar un soborno. Nadie es premiado por ser un gran sobornador ni tampoco por haber sido sobornado".[17]

Aun en los países en los que la corrupción es algo muy común, los ciudadanos siguen condenando los actos de corrupción.[18]

Si para Peña Nieto la corrupción es un problema cultural, y para López Obrador todo depende de la bonhomía de las personas, en especial la del presidente, ¿cuál es la diferencia de fondo entre ambas posiciones? Ninguna: en ambos casos las personas actúan desde sus creencias.

En contraste con esa posición, creo que la corrupción no es un problema de orden cultural, ni tampoco se acaba por decreto presidencial. La corrupción se combate con el adecuado diseño de las leyes y los incentivos, y el eficaz funcionamiento de las instituciones, lo cual nos lleva a la discusión relativa a los *sistemas* como mecanismos eficaces y duraderos en la lucha contra la corrupción.

¿POR QUÉ SE REQUIEREN SISTEMAS PARA COMBATIR LA CORRUPCIÓN?

El concepto de un "Sistema Nacional de Integridad" fue acuñado por Transparencia Internacional en la publicación de la primera versión del *TI Source Book*[19] hace dos décadas, y desde entonces es empleado por académicos y activistas dedicados al combate a la corrupción en todo el mundo.

Se trata de un enfoque que promueve la adopción de un método holístico: no basta con un solo órgano o con una sola voluntad; lo que se requiere es todo un sistema, es decir, un conjunto de órganos que, con distintas funciones, colaboren en el objetivo de controlar el problema de la corrupción. Esto implica no a uno sino a muchos órganos del Estado, y no únicamente al sector público sino también a la sociedad civil y al sector privado. No hay ejemplo exitoso de combate a la corrupción que no involucre a los tres sectores.

Como dice Peter Eigen:[20] "Los cambios fundamentales y duraderos, en términos de actitudes y prácticas, solo pueden ser alcanzados reuniendo la energía de todos los puntos del triángulo de fuerzas de una sociedad —el Estado, el sector privado y la sociedad civil— y no solo al interior de cada nación sino también en términos transnacionales".[21]

En el corazón de esta afirmación está el hecho de reconocer el involucramiento de la sociedad civil como parte fundamental de la coalición anticorrupción, dado que ha quedado claro que los gobiernos, por sí solos, suelen carecer de la capacidad para controlar la corrupción.

La corresponsabilidad del sector público y del privado parte de la premisa de que los actos de corrupción pueden originarse en cualquiera de los dos lados de la transacción: ya sea que el soborno se ofrezca al servidor público o que el servidor público sea quien solicite o exija el pago indebido. Como en la economía, se requiere un ingrediente de oferta y otro de demanda.

Lo que Transparencia Internacional plantea es que las estrategias para combatir la corrupción deben atender dos objetivos: minimizar las oportunidades a través de reformas sistemáticas —y desde luego su observancia— y reducir la propensión cambiando el escenario de "ganancias elevadas con bajo riesgo", por un escenario de "bajas ganancias y alto riesgo". Para que una estrategia de esta naturaleza sea eficaz, es necesario que no solo se limite a castigar los actos indebidos, sino que también los prevenga.

La corrupción suele florecer cuando se conjuntan tres factores: *1)* la existencia de agentes con un control monopólico sobre sus clientes; *2)* cuando esos mismos agentes tienen enormes poderes discrecionales; y *3)* cuando el sistema de rendición de cuentas de los agentes es débil. Este planteamiento se sintetiza en la ecuación propuesta por Klitgaard:

Corrupción = monopolio + poder discrecional − rendición de cuentas[22]

La ecuación también explica por qué la acumulación casi monopólica de poder público, como está ocurriendo en México, lejos de ser un antídoto, puede eventualmente convertirse en un problema en términos de aumento de la corrupción.

No hay duda de que un elemento muy útil en cualquier esfuerzo nacional por combatir la corrupción es que los liderazgos políticos tengan la voluntad de hacerlo. Pero debemos diferenciar entre *voluntad* y *voluntarismo*. La voluntad se refiere al compromiso con la causa y a promover los mecanismos para alcanzarla; el voluntarismo es, según la Real Academia de la Lengua, "la teoría filosófica que da preeminencia a la voluntad sobre el entendimiento" o, puesto de manera más sencilla, aquella actitud que da prioridad a los deseos por encima de la comprensión de las posibilidades reales de que ocurran.

Existen ejemplos notables de voluntad política para combatir la corrupción, tanto en regímenes democráticos como en regímenes autoritarios: Mikheil Saakashvili en Georgia es un buen ejemplo de los primeros y Lee Kuan Yew con su política de tolerancia cero en Singapur lo es en el caso de los segundos; sin embargo, la voluntad política del líder jamás es suficiente. Adicionalmente, se requiere tanto un cuerpo normativo diseñado con inteligencia, como de instituciones sólidas para su implementación.

La lista de acciones que en el marco de una estrategia integral han probado ser eficaces es larga. Antes de revisar las recomendaciones de autores y autoras más recientes, conviene detenerse en algunas de las que, de manera pionera, Klitgaard[23] destacó: un adecuado diagnóstico es siempre el mejor punto de partida; contar con mecanismos robustos de auditoría; un sistema de procuración e impartición de justicia eficaz en la tarea de castigar a los corruptos; asegurar que el salario que reciben los servidores públicos sea suficiente para que una carrera en el servicio público sea una elección de vida razonable;

poner en marcha servicios de carrera que ofrezcan seguridad laboral y contribuyan a reducir el riesgo de que el servidor público pierda su empleo al concluir el ciclo sexenal o trienal; recompensar el buen comportamiento; evitar el contacto cara a cara en actividades vulnerables o rotar con frecuencia al personal; utilizar todas las herramientas tecnológicas que sea posible;[24] implementar revisiones sorpresa en lugares de trabajo proclives a la corrupción; depurar de manera constante la nómina para evitar el pago de "aviadores"; monitorear de manera constante la evolución patrimonial de los servidores públicos con poder de decisión, así como regular los conflictos de interés, estableciendo restricciones razonables a los servidores públicos para que al dejar el cargo puedan trabajar en el sector privado; establecer canales seguros para que los subordinados puedan informar sobre las desviaciones de sus superiores; procurar que la prensa sea profesional, independiente y libre para denunciar la corrupción, eliminando la censura y la autocensura; garantizar el involucramiento constante y permanente de la sociedad civil organizada; encuestar periódicamente a la población para monitorear la percepción sobre la corrupción; establecer un sistema abierto, transparente y competitivo en materia de adquisiciones y licitaciones; fijar la obligación de que todas las donaciones y atenciones a funcionarios públicos sean declaradas y registradas, solo por mencionar algunos ejemplos.

Pero ninguna de estas acciones es, por sí misma, suficiente para lograr un cambio significativo.[25] Lo que se requiere es un sistema integral que se haga cargo del ciclo completo: prevención, detección, investigación, sanción, reparación del daño y recuperación de activos. El sistema debe ser capaz de aprender de sus propias experiencias, dando lugar a un ejercicio de mejora continua.

Una sola institución sería incapaz de realizar con eficacia todas las tareas antes listadas. Se requiere, pues, un conjunto de órganos coherentemente coordinado en lo que denominamos *sistema*.

Como veremos más adelante, en el modelo de sistema propuesto por los organismos de la sociedad civil mexicana, la prevención corresponde principalmente al INAI y a la Secretaría de la Función Pública (SFP); la detección, tanto a la misma SFP, como a la Auditoría

Superior de la Federación (ASF), al Servicio de Administración Tributaria (SAT) y a la Unidad de Inteligencia Financiera (UIF); la investigación en materia penal corresponde a la Fiscalía General de la República; y la sanción, al Tribunal de Justicia Administrativa y al Poder Judicial de la Federación.

Se requiere de un sistema porque la corrupción no consiste en un conjunto de actos discretos, singulares o aislados cometidos por una persona, sino que la corrupción ocurre en *redes*, como lo demuestra el vergonzoso caso de "La Estafa Maestra" o el tan conocido caso de Odebrecht.

Que todas esas instituciones funcionen de manera eficaz y coordinada (ninguna de las dos cosas ocurre en la actualidad), ciertamente representa un reto monumental, pero ese es el camino en el que se debe insistir. Porque es el único que puede producir resultados duraderos. Las promesas de remedios inmediatos, al estilo de los productos milagro, son auténtica charlatanería.

Combatir la corrupción implica atacar sus causas. Solo los cambios estructurales en los corruptos incentivos subyacentes que se encuentran en la operación del gobierno pueden provocar cambios duraderos.[26] Como dice Mauricio Merino:

> Si la corrupción no es vista como la consecuencia de un sistema de captura —de puestos, decisiones y presupuestos— sino como un problema de individuos que contradicen valores o quebrantan las reglas, resulta imposible modificar sus causas originales, crear pesos y contrapesos, imprimir inteligencia institucional y comprender que siempre sucede en redes y no de manera aislada.[27]

Un buen referente para comprender el potencial de los cambios institucionales, aun en ambientes de fuertes resistencias y profusos intereses creados, es el proceso de democratización al que se hizo referencia ampliamente en el capítulo anterior. A lo largo del siglo XX, los mexicanos no nos resignamos al autoritarismo como una fatalidad de orden cultural. Tampoco fue la voluntad de un iluminado, ni una sola institución lo que hizo posible la transición a la democracia. Fue el esfuerzo de miles de personas, en el marco de diversas reformas institucionales, lo que hizo realidad el tránsito del autoritarismo posrevolucionario a una democracia electoral. No debe olvidarse que las instituciones fundamentales no nacieron siendo perfectas: del primer IFE, aún encabezado por el secretario de Gobernación, Fernando Gutiérrez Barrios, al IFE plenamente autónomo y ciudadano presidido por José Woldenberg, debieron pasar siete años.

A continuación se analizarán dos sistemas en proceso de consolidación: el Sistema Nacional Anticorrupción y el Nuevo Sistema de Justicia Penal. Ambos están lejos de ser perfectos e igualmente lejos de dar todos los frutos esperados; sin embargo, conviene revisarlos porque representan dos claros ejemplos de la ruta institucional que debemos seguir, si en realidad queremos obtener resultados duraderos en materia de combate a la corrupción en México.

Sistema Nacional Anticorrupción

Cuando concluyó la elección presidencial del año 2012, en la que resultó ganador Enrique Peña Nieto, los tres partidos políticos con los grupos parlamentarios más numerosos en el nuevo Congreso firmaron un acuerdo programático llamado Pacto por México. Dentro de los compromisos tripartitas del Pacto por México se incluyó el de establecer "una comisión nacional y comisiones estatales anticorrupción con facultades de prevención, investigación, sanción administrativa y denuncia".[28]

El 14 de diciembre de 2013, el Senado de la República aprobó una iniciativa que creaba una Comisión Nacional Anticorrupción. La minuta fue enviada, para su discusión y votación, a la Cámara de Diputados, pero nunca se aprobó, por lo que jamás entró en vigor.

Académicos y organizaciones de la sociedad civil criticaron la iniciativa aprobada por el Senado de la República. Su argumento central era que, en línea con lo expuesto en el apartado anterior, para combatir la corrupción, México necesitaba no un órgano único, sino todo un sistema, es decir, un conjunto de órganos del Estado que, con distintas funciones, colaboraran en el objetivo de controlar la corrupción, además de promover la participación activa de la sociedad civil y del sector privado. Un solo órgano sería incapaz de hacer todo lo que se requería y, además, si ese órgano único se corrompía, toda la reforma habría fracasado.

Su propuesta consistía en crear algunos nuevos órganos, así como en mejorar y coordinar los esfuerzos de las distintas instituciones ya existentes, pero que hasta ese momento carecían de la autonomía o de los recursos necesarios para su adecuado funcionamiento.

El Partido Acción Nacional construyó una iniciativa de reforma constitucional que fundamentalmente recuperaba las recomendaciones de las organizaciones de la sociedad civil. Para la elaboración de la iniciativa se llevaron a cabo múltiples consultas a diversas organizaciones, principalmente representadas por Eduardo Bohórquez, director de Transparencia Mexicana, y Mauricio Merino, coordinador de la Red por la Rendición de Cuentas.

La iniciativa fue presentada por el PAN el 20 de octubre de 2014.[29] Era una propuesta muy ambiciosa y, en consecuencia, su contenido era incómodo para el gobierno en turno. Construida desde la oposición, y con la lógica de una agenda de máximos, la probabilidad de que fuera aprobada, en esos términos, por un Congreso de mayoría priista, era francamente muy reducida; sin embargo, el contexto político estaba cambiando aceleradamente: tres semanas antes de la presentación de la iniciativa, ocurrió la desaparición de 43 estudiantes de la escuela normal de Ayotzinapa; y tres semanas después de que fue presentada la propuesta, estalló un escándalo de corrupción que dañó significativamente la imagen del presidente y redujo de manera considerable los márgenes de maniobra del gobierno: la "Casa Blanca" de Enrique Peña Nieto. Nos detendremos en este segundo episodio.

No se trató solo de un escándalo de corrupción. El caso es especialmente relevante porque generó un escenario político que, en buena medida, explica por qué el gobierno y su partido no tuvieron condiciones para oponerse a la reforma, a pesar de contar con los grupos parlamentarios más numerosos en ambas cámaras del Congreso.

A principios de 2014,[30] después de un intenso proceso de reformas legales y constitucionales, especialmente en materia política y económica, la revista *Time* dedicó su portada al presidente de México, Enrique Peña Nieto. El encabezado, visible sobre la fotografía de Peña Nieto, no podía ser más elogioso: "Salvando a México".

Tan solo nueve meses después, empezó la debacle que conduciría a Peña al desprestigio, y a su partido, a la peor derrota electoral en toda su historia. Del cielo al infierno, en un abrir y cerrar de ojos.

El reportaje con el que todo inició fue difundido por la periodista Carmen Aristegui, el 9 de noviembre de 2014, y consistió en un video titulado "La Casa Blanca de Enrique Peña Nieto".

La noticia cimbró a la opinión pública y se convirtió en un escándalo mayúsculo, porque ponía al descubierto que el presidente de México y su esposa poseían una mansión con un valor de 7 millones de dólares, mientras que el empresario Juan Armando Hinojosa Cantú, presumiblemente, fungía como su "prestanombres". Las sospechas de conductas indebidas aumentaron, al revelarse que Hinojosa Cantú también era el propietario de una empresa constructora que había recibido contratos millonarios, tanto del gobierno federal como del gobierno del Estado de México, cuando Peña Nieto era el gobernador.

A pesar de que los cuestionamientos aumentaban, el gobierno no ofreció una versión oficial hasta que, nueve días después de haberse publicado el reportaje, llegó la respuesta: mediante un video, la esposa del presidente salió a dar la cara.

La gente no creyó la versión de Angélica Rivera. El 22 de noviembre de 2014, el periódico *Reforma* publicó una encuesta, de acuerdo con la cual solo el 13% se decía convencido con su explicación sobre cómo adquirió la "Casa Blanca", mientras que el 71% de los entrevistados declaró creer que había un conflicto de interés.[31]

La aprobación presidencial cayó 15 puntos porcentuales en un año (ver gráfica 4.1). El escándalo de la Casa Blanca fue el inicio de un largo camino, que llevó al presidente de la popularidad al repudio ciudadano. Un largo camino que, hay que decirlo, fue abonado por repetidos actos de corrupción fomentados y tolerados desde el poder.

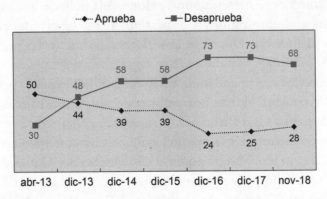

GRÁFICA 4.1 Aprobación del presidente Enrique Peña Nieto.
Fuente: Elaboración propia con datos de las encuestas de vivienda del periódico *Reforma*.

Aunque ciertamente no es la única, la corrupción es una importante variable explicativa del resultado electoral de 2018, por partida doble: *a)* el abuso de poder para inventar falsos cargos en mi contra, en pleno proceso electoral, representa la comisión de graves actos de corrupción (ver capítulo 10); y *b)* es indudable que los bajísimos niveles de aprobación del presidente, relacionados con los escándalos de corrupción de su sexenio, son una causa importante de los resultados de esa elección, en la que el PRI quedó en tercer lugar y terminó reducido a una fracción verdaderamente marginal, tanto en la Cámara de Diputados como en el Senado de la República.[32]

Las organizaciones de la sociedad civil deciden doblar la apuesta

El escándalo de la Casa Blanca cambió las condiciones políticas del país y colocó al gobierno en una condición de enorme fragilidad. El grado de autoridad moral que pudiera haber tenido se había esfumado.

Un mes después de que el PAN presentó la iniciativa de ley que creaba el Sistema Nacional Anticorrupción, diversas organizaciones de la sociedad civil vieron en las nuevas condiciones políticas una gran oportunidad para acelerar el proceso de cambio. Hicieron una jugada muy audaz: lanzaron un reto a la clase política llamado "3 de 3".

Proponían que todos los candidatos a cargos de elección popular, en la elección del siguiente año, hicieran públicas tres declaraciones: *1) su declaración fiscal* del ejercicio inmediato anterior; *2) una declaración patrimonial* en la que transparentaran todos sus activos (ingresos, bienes inmuebles, vehículos, otros bienes muebles, inversiones y cuentas bancarias); y *3) una declaración de intereses* (participación en direcciones y consejos de administración o sociedades con fines de lucro; préstamos, créditos y obligaciones financieras; bienes inmuebles que generaran ingresos; posiciones y cargos durante los últimos cinco años; actividades profesionales o empresariales en los últimos cinco años; viajes financiados por terceros; patrocinios, cortesías y donativos).

La presión pública obligó al partido en el gobierno a aprobar la iniciativa presentada por el PAN, prácticamente sin cambios, el 26 de febrero de 2015, en la Cámara de Diputados. Todavía un día antes de esa votación, el Presidente de la República se reunió con los gobernadores de los estados en Durango, en el marco de la Conferencia Nacional de Gobernadores (Conago), y en la reunión, a puerta cerrada, muchos gobernadores le pidieron que interviniera para que no se aprobara la iniciativa.

Lo que más inquietaba a los gobernadores era el hecho de que la Auditoría Superior de la Federación (órgano con autonomía técnica que fiscaliza los recursos públicos), ahora estuviera facultada para auditar los recursos que el gobierno federal transfiere a los estados. En promedio, el 90%[33] del dinero que gasta un gobierno estatal en México proviene de transferencias federales.

Hasta antes de la reforma, esos recursos solo eran auditados por órganos locales, generalmente controlados por los propios gobernadores. Al final, quedó claro que no estaban dadas las condiciones para que el presidente interviniera deteniendo la aprobación del proyecto de ley, el cual sí fue aprobado en la Cámara de Diputados, en el Senado de la República y en la mayoría de las legislaturas de los estados. La reforma constitucional fue promulgada el 27 de mayo de 2015.

La reforma[34] consistía en un conjunto de modificaciones a los artículos 22, 28, 41, 73, 74, 76, 79, 104, 108, 109, 113, 114, 116 y 122 en materia de combate a la corrupción, con lo que, entre otras cosas, se creaba el Sistema Nacional Anticorrupción. Algunos de los aspectos más relevantes de la reforma consistían en:

- Considerar el delito de enriquecimiento ilícito entre los casos en los que puede aplicarse la extinción de dominio (art. 22).
- Facultar al Tribunal Federal de Justicia Administrativa para imponer sanciones a los servidores públicos que incurran en actos de corrupción (art. 73).
- Facultar a la Auditoría Superior de la Federación para fiscalizar directamente los recursos federales que administren o ejerzan las entidades federativas y los municipios (art. 79).
- Facultar a los tribunales de la Federación para conocer de los recursos de revisión que se interpongan contra las resoluciones definitivas de los tribunales de Justicia Administrativa (art. 104).
- Establecer la obligación de los servidores públicos de presentar su declaración patrimonial y de intereses (art. 108).
- Establecer las sanciones por la comisión de delitos de cualquier servidor público o de particulares que incurran en hechos de corrupción (art. 109).
- Crear el Sistema Nacional Anticorrupción, el Comité Coordinador y el Comité de Participación Ciudadana del Sistema, este último integrado por cinco ciudadanos que se hayan destacado por su contribución a la transparencia, la rendición de cuentas o el combate a la corrupción (art. 113).
- Establecer el procedimiento de juicio político (art. 114).
- Instruir que las Constituciones y leyes de los estados deban instituir tribunales de Justicia Administrativa, dotados de plena autonomía (art. 116).[35]

La modificación a la Constitución era apenas el inicio de un largo camino. El siguiente paso necesario era la aprobación de las leyes secundarias, que harían aplicable la reforma constitucional.

El 17 de marzo de 2016, un conjunto numeroso de organizaciones de la sociedad civil presentó una *iniciativa ciudadana* para crear una nueva ley. Popularmente, la nueva ley sería conocida como "Ley 3 de 3", debido al conocido nombre del reto relativo a las tres declaraciones (fiscal, patrimonial y de intereses) al que ya se ha hecho referencia.

Técnicamente, se trataba de una iniciativa para crear la Ley General de Responsabilidades Administrativas. Para que los ciudadanos pudieran presentar esa o cualquier otra iniciativa de ley, la Constitución requería que, aproximadamente, 120 mil personas la firmaran.[36] La meta no solo fue alcanzada, sino que fue ampliamente superada: 634 mil firmas la respaldaron. Eduardo Bohórquez, director ejecutivo de Transparencia Mexicana, fue quien pronunció el discurso a nombre de los firmantes en el acto de presentación.

México fue testigo de un cambio muy importante: a diferencia de lo ocurrido en otras naciones de América Latina, los ciudadanos, indignados por la corrupción y descontentos con el gobierno, no ocuparon las calles, marcaron la agenda legislativa; no protestaron en el zócalo, propusieron en el Congreso de la Unión.

Fue tal el impacto de la iniciativa que se convocó a un periodo extraordinario de sesiones para proceder, de inmediato, a su discusión en el Congreso. Durante el análisis, despertó especial interés el artículo 29 del proyecto de ley, que establecía la obligación, para todos los servidores públicos de alta jerarquía, incluyendo al Presidente de la República, diputados y senadores, de hacer públicas sus declaraciones patrimonial, fiscal y de intereses, en los términos antes explicados.

Ya no sería una simple invitación a los candidatos, sino una obligación legal para todos los funcionarios públicos de alto nivel y para todos aquellos que, por su responsabilidad, fueran considerados vulnerables a la corrupción. En todos los partidos hubo voces que manifestaron su oposición a esa propuesta, en la mayoría de los casos expresada de manera privada: los políticos no querían poner su patrimonio y sus intereses en una caja de cristal.

La ley fue aprobada y quedó establecido que un comité ciudadano estaría facultado para determinar el contenido específico de las declaraciones, lo cual fue impugnado ante la Suprema Corte de Justicia de la Nación; un año después, la corte resolvió a favor de la validez del artículo 29 de la ley.

El 17 de junio de 2016, las primeras siete leyes secundarias del Sistema Nacional Anticorrupción fueron finalmente aprobadas por el Congreso de la Unión.[37]

Los formatos de declaración patrimonial y de intereses fueron publicados en el *Diario Oficial de la Federación* el 23 de septiembre de 2019.[38] A nivel federal entraron en vigor a partir del 1 de enero de 2020, y en estados y municipios a partir de mayo de 2021.[39]

La implementación del Sistema Nacional Anticorrupción sigue siendo una asignatura pendiente. La razón por la que los resultados han sido magros puede sintetizarse en dos palabras: resistencia y desdén.

Primero, hubo enorme resistencia por parte del gobierno encabezado por Peña Nieto. Su administración hizo todo lo posible para evitar que el sistema entrara en vigor durante su periodo. Ya con López Obrador en el poder, el desdén ha sido mayúsculo. Quien encabeza el gobierno cree que la solución radica en la bonhomía de las personas y en consecuencia desprecia lo sistémico.

La resistencia peñanietista y el desdén lopezobradorista son dos explicaciones mayoritariamente compartidas por diversas organizaciones de la sociedad civil dedicadas a la lucha contra la corrupción; sin embargo, aun entre estas agrupaciones ciudadanas existe un intenso debate sobre una segunda causa de los flacos resultados: unos ponen el acento en el diseño, y otros, en el liderazgo. Para los primeros, las deficiencias en el diseño legal e institucional del sistema están en la raíz del problema; para los segundos, ha faltado liderazgo en el Comité Coordinador para vencer resistencias y elevar los costos a quienes se oponen al nuevo modelo de prevención y castigo a la corrupción.

La realidad es que tanto Peña Nieto como López Obrador boicotearon el SNA con las mismas armas: *a)* detener o complicar los nombramientos de quienes habrían de darle vida al sistema; *b)* ahogarlo desde el punto de vista presupuestario; y *c)* arrastrar los pies desde el Poder Ejecutivo para impedir que el Comité Coordinador, la Secretaría Ejecutiva y el Comité de Participación Ciudadana funcionaran a cabalidad. Los dos gobiernos actuaron con animadversión hacia el sistema. Probablemente el primero por rechazo abierto, y el segundo por su deseo de controlarlo todo. Pero la conducta, en los hechos, ha sido prácticamente igual.

El Nuevo Sistema de Justicia Penal

Otra herramienta fundamental en el combate a la corrupción es el Nuevo Sistema de Justicia Penal. Los ciudadanos esperan que quienes cometen actos graves de corrupción terminen en la cárcel, y no solo con sanciones de tipo administrativo. Para que los corruptos vayan a prisión, se requiere del correcto funcionamiento del sistema penal.

Es cierto que uno de los principales errores cometidos por los estados latinoamericanos ha sido creer que el castigo ejemplar, por sí solo, es suficiente para acabar con la corrupción. Los casos son bien conocidos: en Guatemala, en el Perú, en Brasil y en Honduras hay evidencia suficiente para demostrar que castigar políticos de alta jerarquía no equivale, ni remotamente, a terminar con el problema.

Está claro que una política anticorrupción no puede únicamente concentrarse en identificar y encarcelar "manzanas podridas"; sin embargo, como dice Transparencia Internacional, convertir la corrupción en una actividad de "alto riesgo", incrementando la probabilidad de ser descubierto y de recibir el castigo adecuado, resulta un elemento fundamental de cualquier estrategia. La prevención es indispensable, pero la sanción también es necesaria en una estrategia integral. De ahí la importancia del Sistema de Justicia Penal en la lucha contra la corrupción.

Más de 10 años han pasado desde que, en 2008, se aprobó la reforma constitucional que drásticamente modificó el sistema penal mexicano. La reforma dejó atrás el viejo sistema, en el que los procedimientos eran fundamentalmente sustanciados por escrito, y lo reemplazó por un nuevo sistema acusatorio adversarial, en el que la Fiscalía y los acusados debaten de manera presencial frente a un juez, a lo largo de las distintas etapas del procedimiento.

La falta de supervisión y transparencia, inherentes al antiguo sistema escrito, favorecían graves abusos por parte de la autoridad, que incluían la exoneración de delincuentes, particularmente de cuello blanco, así como la fabricación de testimonios y la siembra de evidencias incriminatorias por parte de la Fiscalía, para obtener sentencias en contra de acusados inocentes.

Con el nuevo sistema, además de que los acusados pueden participar directamente en su propia defensa, resulta mucho más complicado para un juez dictar una sentencia absolutoria a un delincuente de cuello blanco que enfrenta una sólida acusación de corrupción.

En el antiguo sistema, la falta de registro audiovisual era otro espacio de opacidad que favorecía los abusos en ambos sentidos.

Como puede observarse en la gráfica 4.2, de acuerdo con el World Justice Project, que utiliza datos del Instituto Nacional de Estadística y Geografía (Inegi), los avances del Nuevo Sistema de Justicia Penal han sido significativos respecto de la claridad de las sentencias, la presencia y atención de los jueces y el registro audiovisual de las audiencias.[40]

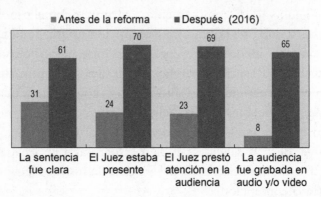

GRÁFICA 4.2 Experiencia en el proceso penal antes de la reforma y después de la reforma (porcentaje). *Fuente:* Elaboración propia con datos de World Justice Project, *La nueva justicia penal en México: Avances palpables y retos persistentes* (México: World Justice Project, 2018), 3.

Los juicios también se resuelven en menor tiempo bajo el nuevo sistema de tipo oral (gráfica 4.3).

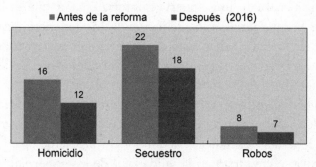

GRÁFICA 4.3 Número de meses en emitir una sentencia antes de la reforma y después de la reforma. *Fuente:* Elaboración propia con datos de World Justice Project, *La nueva justicia penal...*, 6.

Aunque los retos siguen siendo enormes, respecto del objetivo de contar con un sistema penal verdaderamente eficiente, la evidencia muestra que el nuevo sistema apunta en la dirección correcta.

La oposición al Nuevo Sistema de Justicia Penal

A pesar de los resultados positivos observados, persisten altos índices criminales; esto provoca que un número creciente de autoridades atribuya el alza en las tasas delictivas al Nuevo Sistema de Justicia Penal. Es cierto que 2019 concluyó como el año con más homicidios dolosos desde que se cuenta con un registro sistemático, esto es, en más de 20 años; sin embargo, la pregunta es si realmente la causa de la violencia es el Nuevo Sistema de Justicia Penal, como argumentan muchos procuradores y gobernadores.

La salida fácil para las autoridades es culpar al nuevo sistema de justicia: muchos políticos mexicanos, de distintos partidos, opinan que el incremento en los índices de criminalidad tiene su explicación en lo que llaman "la puerta giratoria".

Después de una reunión de la Conferencia Nacional de Gobernadores, en 2017, uno de los gobernadores dio cuenta de que el tema central de la reunión a la que acudieron 29 mandatarios estatales fue el de la seguridad. Este gobernador explicó la idea, compartida por muchos de sus colegas, consistente en equiparar el Nuevo Sistema de Justicia Penal con una "puerta giratoria": "¿Por qué es la puerta giratoria? Porque igual, a los delincuentes los detienen, entran, y la puerta se da vuelta y salen. Este es un tema que está en todo el país y que los gobernadores ayer lo plantearon como uno de los temas prioritarios".[41]

No hay duda de que, en el aún deficiente sistema de justicia penal en México, algunos jueces liberan, sin el debido sustento legal, a quienes deberían permanecer detenidos. El problema es que ese argumento ya se convirtió en la salida fácil de los gobernadores y del presidente en turno, quien, adicionalmente, utiliza el término "debido pretexto", en alusión al "debido proceso", para culpar a los jueces de los graves problemas de violencia. Según ellos, las faltas no corresponden a la deficiente investigación de las policías y procuradurías que dependen del Poder Ejecutivo, sino al Nuevo Sistema de Justicia Penal y a los jueces.

Con ese argumento, han venido ampliando el catálogo de delitos que ameritan prisión preventiva. Dudo mucho que la violencia disminuya a partir de ese tipo de cambios regresivos. Debemos preguntarnos, con seriedad, si realmente el Nuevo Sistema de Justicia Penal es la causa del incremento en la incidencia delictiva, en especial de los homicidios dolosos, porque, como decía Bertrand Russel, una aseveración extraordinaria requiere evidencia igualmente extraordinaria. En este caso, ¿cuál es la evidencia que respalda la afirmación?

Al tratar de responder esa pregunta, es importante recordar que la correlación no necesariamente implica la existencia de un nexo causal.

Correlación no implica causalidad

Un problema típico entre los políticos es la confusión entre correlación y causalidad. La correlación es una técnica estadística que permite identificar la fuerza con la cual dos variables están relacionadas entre sí. La correlación entre la entrada en vigor del Nuevo Sistema de Justicia Penal y el incremento en los homicidios en México es real: en la medida en la que más juicios se llevan a cabo bajo las reglas del nuevo sistema, más homicidios se han venido cometiendo en el país; sin embargo, debemos preguntarnos si además de correlación existe causalidad, es decir, si una variable —en nuevo sistema penal— es la causa de la otra —el incremento en los homicidios.

La respuesta es que no necesariamente. Antes de explicar por qué, revisemos dos ejemplos muy simples para reforzar que la correlación no necesariamente implica causalidad.

Estadísticamente hablando, la gente que carga un encendedor en el bolsillo es más propensa a contraer cáncer en los pulmones. Eso quiere decir que existe una correlación directa entre una variable y la otra; sin embargo, afirmar que cargar un encendedor en el bolsillo es la *causa* del cáncer es absurdo. Cualquiera con un mínimo de sentido común puede concluir que quienes cargan un encendedor en el bolsillo de manera cotidiana suelen ser fumadores, lo cual sí tiene una relación causal con el cáncer en los pulmones.

Un segundo ejemplo. Numerosos estudios han encontrado que mujeres menopáusicas que están bajo algún tratamiento de sustitución de hormonas presentan menor incidencia de accidentes cardiovasculares. Esto significa que existe correlación entre la ingesta de hormonas y la disminución, entre otras enfermedades, de los infartos al corazón. Quien confunde los conceptos de correlación y causalidad, de inmediato podría concluir que la ingesta de hormonas en mujeres con menopausia disminuye las enfermedades cardiovasculares. Sin embargo, esa conclusión es equivocada.

Resulta que, al llevar a cabo ensayos aleatorios controlados, la ingesta de hormonas no solo no disminuye el riesgo de un infarto, sino que lo incrementa. Estudios adicionales muestran que la razón por la cual las mujeres bajo ese tipo de tratamientos presentan menos infartos tiene que ver con que pertenecen a grupos con un mayor nivel de ingreso, y presentan un mejor régimen alimenticio y de ejercicio. El nexo causal de la disminución en los infartos es con la dieta y la actividad física, no con las hormonas tomadas.

Por obvio que esto parezca, los políticos constantemente construyen narrativas, a veces de manera intencional y muchas otras por ignorancia, en las que confunden la correlación con la causalidad.

En México no existe evidencia alguna, hasta este momento, que permita afirmar que el Nuevo Sistema de Justicia Penal es la causa de la violencia y la corrupción.

Si México quiere seguir avanzando en el combate a la violencia y a la corrupción, debe aprender a ejercitar la paciencia legislativa. Lo que México necesita no es una contrarreforma al sistema de justicia penal, sino trabajar en la adecuada implementación y perfeccionamiento del sistema vigente.

LA INTUICIÓN Y EL MÉTODO CIENTÍFICO

Como se adelantó al inicio del capítulo, es importante que los políticos y quienes toman decisiones en la administración pública se acostumbren a contrastar su intuición con la evidencia empírica al momento de diseñar y evaluar las políticas públicas, especialmente en materia de combate a la corrupción.

Cuando hablamos de intuición, no nos referimos a las simples ocurrencias, sino al resultado de procesar información a la luz de nuestras experiencias previas. La intuición no debe ser menospreciada. Puede jugar un papel fundamental en el campo de los descubrimientos y constituir la semilla de poderosas transformaciones. No se está construyendo un caso en contra de la intuición. Lo que se busca en este apartado es recordar que la intuición debe confrontarse contra la evidencia, usando el método científico, antes de saltar a plantear conclusiones. La humildad no es la virtud más frecuente entre los políticos, lo que explica una tendencia, bastante generalizada, a creer que nuestras intuiciones —muchas veces simples ocurrencias—, representan ideas geniales.

Debemos acostumbrarnos a respaldar con evidencia nuestras posiciones, sobre todo cuando se diseñan políticas públicas para intervenir materias tan sensibles como la inseguridad y la corrupción. No basta con tener un poco de sentido común.

El método científico que, con rigor, prueba una hipótesis mediante la experimentación y el análisis de la evidencia, antes de llegar a una conclusión, es indispensable para atajar tanto las hipótesis equivocadas como las ocurrencias.

La corrupción es muy difícil de medir, dado que quienes incurren en actos de corrupción suelen evitar que sus infracciones dejen rastro; sin embargo, entre las herramientas más útiles y más utilizadas en la actualidad para diagnosticar y evaluar con seriedad tanto los procesos como los resultados de las políticas en materia de combate a la corrupción están los índices de percepción, las auditorías de sistema (entre las que destacan las Auditorías a los Sistemas de Integridad diseñadas por Transparencia Internacional) y los experimentos de laboratorio. A continuación se hablará brevemente sobre estas tres categorías.

Índices de percepción[42]

Encuestar al público para comprender la manera en que la corrupción afecta su vida cotidiana es siempre un buen punto de partida. En el caso mexicano, la Encuesta Nacional de Calidad e Impacto Gubernamental (ENCIG), realizada por el Inegi, ofrece información sobre las experiencias y la percepción de la población con trámites y servicios públicos que proporcionan los diferentes órdenes de gobierno, y aporta información en materia de percepción y experiencias de corrupción sufridas por la población. Se ha realizado en 2011, 2013, 2015, 2017 y 2019.

A nivel global, uno de los ejercicios más conocidos es el Índice de Percepción de la Corrupción, realizado por Transparencia Internacional desde 1995. El ejercicio mide, en una escala de 0 (percepción de mucha corrupción) a 100 (percepción de ausencia de corrupción), los niveles de percepción de corrupción en el sector público en 180 países. Se trata de un índice compuesto, producto de diversas entrevistas a expertos y representantes de empresas.

El Barómetro Global de la Corrupción, también publicado por Transparencia Internacional, es un ejercicio muy valioso porque combina la percepción de los entrevistados (por ejemplo, qué tanto creen que ha aumentado la corrupción) con métricas de victimización (si debieron pagar un soborno para acceder a determinado servicio).

La organización privada sin fines de lucro Latinobarómetro también publica una encuesta, que incluye información relativa a la percepción de la corrupción en 18 países latinoamericanos.

En la misma línea, a partir de encuestas a empresas, ciudadanos y especialistas, el Banco Mundial publica un documento llamado "Worldwide Governance Indicators (WGI)", que reporta una serie de indicadores para 200 países y territorios desde 1996. El reporte se divide en seis ejes y uno de ellos es el control de la corrupción.

Finalmente, World Justice Project (WJP) es una organización de la sociedad civil que también opera a nivel internacional y publica un Índice sobre el Estado de Derecho[43] basado en encuestas a expertos, así como otras levantadas en hogares. El Índice utiliza 44 indicadores, organizados en ocho factores: límites al poder gubernamental, ausencia de corrupción, gobierno abierto, derechos fundamentales, orden y seguridad, cumplimiento regulatorio, justicia civil y justicia criminal. En 2019 incluyó a 126 países. Los tres países mejor evaluados fueron Dinamarca, Noruega y Finlandia.

Los índices de percepción son una herramienta muy útil a la hora de evaluar las políticas públicas en materia de combate a la corrupción.

Auditoría del sistema

Como se ha dicho, la corrupción es un fenómeno complejo y difícil de detectar, analizar, prevenir y castigar. Al requerirse de un conjunto de instituciones que trabajen de forma simultánea, el concepto de Sistema Nacional de Integridad (SNI) busca llevar este enfoque a la práctica, identificando las principales instituciones y sectores de un país determinado que juegan un papel prioritario en la lucha contra la corrupción.

Desde la perspectiva de Transparencia Internacional, cuando el SNI funciona correctamente, este dota al país de defensas fundamentales contra la corrupción. Por el contrario, cuando las instituciones clave no cuentan con la legislación adecuada, no rinden cuentas sobre sus decisiones y actividades y no llevan a cabo su rol dentro del SNI, es más factible que la corrupción se propague.

Transparencia Internacional ha desarrollado una metodología para evaluar el Sistema Nacional de Integridad (SNI) de un país en particular. Es una metodología para analizar la efectividad de las principales instituciones y sectores que debieran liderar la lucha contra la corrupción en una nación. La auditoría revisa que las instituciones más importantes: *a)* tengan la capacidad adecuada (recursos e independencia); *b)* cuenten con mecanismos de gobernanza adecuados (mecanismos de transparencia, rendición de cuentas e integridad); y *c)* cumplan su rol en el combate a la corrupción en el marco del sistema.

Los reportes son muy completos e incluyen conclusiones claras y recomendaciones concretas. Como referencia, puede verse la Evaluación del Sistema Nacional de Integridad de Paraguay.[44] Sería muy conveniente contar con una auditoría de esa naturaleza para el caso mexicano.

Experimentos de laboratorio

Finalmente, los experimentos de laboratorio también son útiles herramientas de medición, pues permiten recrear escenarios de corrupción presentes en la vida real, facilitando la obtención de información de manera controlada. Aunque es cierto que los datos obtenidos en un ambiente artificialmente construido debilitan la validez de los resultados, no dejan de ser instrumentos que sirven para comprender el comportamiento humano en contextos de corrupción.

Por ejemplo, los experimentos de Abbink (2004)[45] son útiles para demostrar la eficacia de las políticas de rotación de personal para combatir el soborno; los experimentos de Cameron *et al.* (2005),[46] conducidos en distintas naciones pero bajo condiciones equivalentes, han probado que el nivel de corrupción del país en el que una persona nace y crece no necesariamente determina su tolerancia frente a situaciones de corrupción, como ya se ha mencionado;[47] los experimentos de Azfar y Nelson (2007)[48] arrojaron evidencia en el sentido de que la transparencia y la rendición de cuentas son importantes mecanismos para desincentivar comportamientos corruptos.

Este no es el lugar para detenerse en la amplia bibliografía en materia de experimentos sobre corrupción; sin embargo, se describirán dos del académico Dan Ariely, especializado en economía conductual, porque pueden ilustrar los alcances de esta tercera fuente de información.

Dan Ariely muestra que, entre jóvenes estudiantes de prestigiadas universidades estadounidenses, cuando la probabilidad de ser descubierto es extremadamente baja o nula, la propensión a la corrupción aumenta de forma drástica.

En un experimento, se le da un dado a un participante y se le dice que le será pagada una cantidad de dinero, en dólares, equivalente al número que salga en el dado; sin embargo, se le permite al participante elegir, antes de tirar el dado, la parte de arriba, o la parte de abajo, con el privilegio de no tener que decir cuál eligió, sino hasta después de ver qué número resultó.[49]

Cuando el dado tiene el número 1 en la cara superior, tendrá un 6 en la inferior; cuando tiene un 2 en la de arriba, tiene un 5 en la de abajo, y así sucesivamente. El participante recibe un dólar o hasta seis dólares por tiro, dependiendo del número que resulte y de la cara que, en su mente y sin revelarlo, eligió antes de lanzar el dado.

Al permitir a los participantes en el experimento elegir libremente y en secreto la cara de arriba o la de abajo, el resultado arroja que los participantes son, en promedio, extremadamente suertudos: según su dicho, casi siempre pensaron en la cara con el número más alto, antes de saber cómo habría de caer el dado.

Las conclusiones confirman la pertinencia de diseñar sistemas integrales que permitan convertir los actos de corrupción en actividades de "alto riesgo" para quienes las realizan, como ha sugerido Jeremy Pope.[50]

Aunque sabemos que la corrupción puede ser iniciada en cualquiera de los dos lados de la transacción, es decir, tanto por un servidor público pidiendo un pago indebido, como por un particular ofreciéndolo, este otro experimento que se describirá a continuación pone de manifiesto las implicaciones de que sea una autoridad quien proponga la realización de la conducta indebida.

El participante debe lanzar una moneda al aire y existen dos posibilidades: que se haga acreedor a 4 dólares, o que se haga acreedor a 40. El experimento se desarrolla en un cubículo en el que solo están presentes dos personas: quien participa y quien conduce el experimento.

El participante lanza la moneda y, sin importar el lado en el que cae, quien conduce la sesión le dice que la moneda cayó del lado que únicamente lo hace acreedor a los 4 dólares. Acto seguido, voltea hacia la puerta y le dice al participante en voz muy baja: "Fíjate que mi jefe no está. Te propongo lo siguiente: a ti te pagaron 3 dólares, simplemente por presentarte en este experimento; si tú me das esos 3 dólares, yo puedo anotar en mi libreta que la moneda cayó del otro lado, y así, en lugar de solo cobrar 4 dólares te puedes llevar los 40".

Para efectos prácticos, el responsable de conducir el experimento está pidiendo un soborno de 3 dólares a cambio de entregarle 40 al participante. Lo sorprendente en los resultados de este experimento realizado en Estados Unidos es el porcentaje de participantes que sí aceptan la propuesta de dar dinero a cambio de obtener un mayor beneficio: el 90% acepta participar en el acto de corrupción. Con esta evidencia y la obtenida en muchos otros ejercicios, Ariely ha puesto el acento en la necesidad de prevenir la corrupción originada desde el lado de la autoridad, pues la evidencia demuestra que si la manzana podrida tiene una posición de autoridad, la deshonestidad generalizada aumenta.

Hemos hablado de la importancia de acostumbrarnos a respaldar nuestras hipótesis y conclusiones con evidencia. Nos hemos referido a tres valiosas fuentes de información: los índices de percepción, las auditorías de sistema y los experimentos controlados. Está claro que no existe un indicador único y definitivo para medir la corrupción; que por ser un problema extremadamente complejo, resulta todo un reto su medición. Bienvenido el disenso y el debate sobre esta cuestión. Bienvenido siempre un enfoque nuevo que desafíe lo que creíamos comprender. Sí se vale "tener otros datos", siempre y cuando se transparente la metodología para su obtención e interpretación. Decir "yo tengo otros datos", sin mostrar la evidencia en que se sustentan, es un perverso ejercicio de simulación.

EL CAMINO A DINAMARCA

En el más reciente Índice de Percepción de la Corrupción,[51] el país que aparece mejor calificado es Dinamarca. El buen desempeño de Dinamarca no es nuevo: hace más de una década, Pritchett y Woolcock[52] usaron la metáfora de "llegar a Dinamarca" como sinónimo de alcanzar el punto de referencia ideal en términos de gobernanza.

En un libro enfocado en el control de la corrupción,[53] Alina Mungiu-Pippidi titula uno de los capítulos como "El camino a Dinamarca". El capítulo empieza planteando una pregunta: ¿por qué algunas sociedades logran controlar la corrupción de tal manera que solo se manifiesta de manera ocasional, como una excepción, mientras que otras sociedades no lo logran y permanecen sistémicamente corruptas?

Lo que Mungiu-Pippidi nos recuerda es que el camino a Dinamarca fue largo. El control de la corrupción evolucionó a partir de una serie de equilibrios a lo largo de más de un siglo: inició con la modernización del Estado, impulsada por un déspota ilustrado, seguida de una transición gradual hacia una sociedad política más inclusiva.

La corrupción es tan antigua como los gobiernos mismos. Hace 2 300 años Chandragupta ya daba cuenta de al menos 40 formas distintas de apropiarse de dinero público de manera ilícita.[54]

Al igual que las enfermedades, es cierto que, en alguna medida, siempre existirá la corrupción; sin embargo, así como eso no detiene el esfuerzo por combatir la enfermedad, jamás deberíamos dejar de luchar por controlar la corrupción. Aunque nunca se logre erradicar por completo, no hay que olvidar que la corrupción implica cuestiones de grado. Los países y las organizaciones tienen más o menos corrupción, y algunos comportamientos ilícitos son más dañinos que otros. La experiencia confirma que sí es posible reducir significativamente la corrupción.[55] Podemos tener altísimos niveles de integridad.

Aunque el camino puede ser largo, en sintonía con Fisman y Golden, el esfuerzo por combatir la corrupción debe ser tan integral, potente y expedito como sea posible —ellos lo llaman "big bang"—.[56] Como dicen los mismos autores, ese tipo de esfuerzos son "difíciles de orquestar, costosos y traen riesgos aparejados".[57] Aun así, debe hacerse un esfuerzo por lograr que los cambios sean tan rápidos como sea posible, dado que los cambios lentos dan tiempo a los titulares de los intereses creados para diseñar nuevas estrategias para seguir robando.[58]

El deseo de lograr cambios profundos en el menor tiempo posible tampoco impide comprender que, como se vio en el capítulo anterior, al igual que el camino para construir la democracia electoral, la lucha contra la corrupción requiere de mucha tenacidad y persistencia. Puede y debe haber importantes victorias de corto plazo, pero se debe también asimilar que la lucha será larga, y que, como en casi todo aquello por lo que vale la pena luchar, solo el que persevera alcanza.

Cada generación está llamada a enfrentar los retos cruciales de su tiempo. A nosotros nos corresponde acabar con la corrupción sistémica que ahoga a México. Nos toca hacerlo y no tengo ninguna duda de que lo vamos a conseguir.

5

La violencia y la delincuencia en México: en busca de la paz

En este capítulo se realiza un análisis conciso de la violencia y de los principales delitos que afectan a los mexicanos; se discute sobre aquello que está detrás de su incidencia y se proponen soluciones para enfrentar la problemática.

Sería maravilloso que fuera verdad, como algunos han afirmado, que México se puede pacificar de un plumazo: atendiendo a las causas, y con abrazos y no balazos. Las decisiones presidenciales, alejadas de cualquier estrategia razonable, como liberar a Ovidio Guzmán o acudir a Badiraguato a saludar a la mamá del *Chapo*, no llevan a ninguna parte. La buena noticia es que sí hay solución, pero el camino es un poco más complejo. No es tiempo de ocurrencias.

LOS HOMICIDIOS COMO TERMÓMETRO DE LA VIOLENCIA

Un parámetro útil para identificar los niveles de violencia en un país, así como para poder compararlos con los de otras naciones, es la tasa de homicidios dolosos,[1] es decir, la cantidad de homicidios por cada 100 mil habitantes. La razón por la que se emplea como medida ese delito en particular, y no otros como el robo, la extorsión o el secuestro, es muy simple: es el delito con la mejor información disponible.

Los homicidios en México

Utilizar los homicidios como el gran termómetro debido a la calidad de los datos disponibles no es una razón menor, si se toma en cuenta el hecho de que en México el 93% de los delitos que se cometen jamás se denuncian ante las autoridades.[2] En contraste, únicamente el 2% de los homicidios no son denunciados.[3] Esto se debe a muchas razones; en primera instancia, la inmensa tragedia que implica la pérdida de una vida humana; por otra parte, también existe una obligación legal de investigar esa clase de delitos tan nocivos. Asimismo, la denuncia de este tipo de delito es indispensable para poder realizar un sinnúmero de trámites, que incluyen la contratación de servicios funerarios, el cobro de seguros, el trámite de pensiones o la regularización de los derechos de propiedad, por mencionar algunos.

Como puede observarse en esta tabla, mientras que más del 90% de las extorsiones, fraudes, asaltos y secuestros permanece sin ser denunciado, esto solo ocurre con el 2% de los homicidios.

Tipo de delito	%
Extorsión	97.9%
Fraude	95.5%
Asalto en la calle	94.7%
Secuestro	91.2%
Robo en casa habitación	89.1%
Lesiones	86.9%
Robo total de vehículo	38.1%
Homicidio	2.0%

TABLA 5.1 Porcentaje de delitos no reportados (cifra negra 2018).
Fuente: Instituto Nacional de Estadística y Geografía, Encuesta Nacional de Victimización y Percepción sobre Seguridad Pública (Envipe) 2019. Cifra negra del homicidio: Santiago Roel, "Semáforo de cifra negra", *Semáforo Delictivo*, 13 de marzo de 2015.

Antes de analizar cuántos homicidios se cometen anualmente, conviene establecer un punto de referencia que permita identificar la magnitud del problema en México. En la literatura sobre el tema, es ampliamente mencionado que, de acuerdo con la Organización Mundial de la Salud (OMS), cuando en un país se rebasan los 10 homicidios al año por cada 100 mil habitantes, el fenómeno delictivo se considera una epidemia. Existen informes del Banco Mundial y de la ONU que directamente atribuyen el planteamiento a la OMS. La cantidad de 10 homicidios por cada 100 mil habitantes es un parámetro útil para el análisis.[4]

Marcelo Bergman propone tres categorías, en función del número de homicidios por cada 100 mil habitantes: menos de 10, equilibrio criminal bajo; entre 10 y 20, en transición hacia la inestabilidad; más de 20, equilibrio criminal alto.[5]

Con estos parámetros en mente, veamos dos datos que dan cuenta de la gravedad del problema: por un lado, la tasa de homicidios se incrementó 183% de 2007 a 2011; y por otro lado, en 2018 la tasa de homicidios dolosos en México llegó hasta 29.3 por cada 100 mil habitantes según el Inegi, dato similar al de países con tasas históricamente más altas como Colombia y Guatemala, y, sin lugar a dudas, la tasa más alta de la historia reciente. Si bien hubo una considerable disminución de 2011 a 2014,[6] a partir de 2015 la tendencia volvió al alza (ver gráfica 5.1).

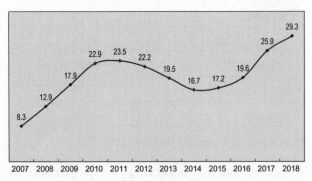

GRÁFICA 5.1 Tasa de homicidios en México por cada 100 mil habitantes (2007-2018).
Fuente: Elaboración propia con datos del Inegi (Estadísticas Vitales).

Es importante destacar que las crisis o epidemias de violencia son desatadas por circunstancias específicas —o variables de carácter contextual— que muestran enorme variación entre los países de América Latina e, incluso, al interior de países como Brasil, Colombia o México.

Estas "variables contextuales" tienen que ver con las decisiones que toman los gobiernos nacionales y subnacionales para enfrentar las amenazas criminales. En ocasiones, estas decisiones no son ponderadas debidamente y terminan por exacerbar los problemas de crimen y violencia, en lugar de atemperarlos.

En el caso específico de la administración del expresidente Calderón, por ejemplo, se decidió implementar una política de detención y abatimiento indiscriminado de capos de primer nivel. Esta estrategia no ponía suficiente acento en distinguir y priorizar entre las organizaciones criminales más nocivas y violentas, y otras que no representaban un riesgo tan grave. Tampoco se calcularon las consecuencias que para la seguridad y gobernabilidad de varias regiones del país implicaría la fragmentación de estos grupos.

En ese sentido, la pulverización de las principales organizaciones criminales, entre las que destacan el Cártel de Sinaloa y la organización criminal de Los Beltrán Leyva, creó más de 200 mafias locales entre 2008 y 2011.[7] Muchas de esas mafias están actualmente dedicadas al narcomenudeo y a la extorsión presencial, pero también a otros delitos de alto impacto como el robo de combustible.

Contexto regional: los homicidios en América Latina

México no está solo frente al problema de la violencia en la región. América Latina es, por mucho, la región más violenta del planeta, pues con solo el 9% de la población mundial concentra el 39% de los homicidios que se cometen en el mundo.[8] Ocho de los 10 países más violentos del mundo se encuentran en esta región.[9]

Según el Programa de las Naciones Unidas para el Desarrollo (PNUD), cuatro conjuntos de variables permiten explicar las vulnerabilidades de América Latina en cuanto al delito y la violencia: *1)* la estructura económica, que ha propiciado un crecimiento económico sin calidad y centrado en el consumo, combinado con una movilidad social insuficiente; *2)* los cambios en las instituciones sociales, como el aumento de las familias monoparentales, la alta deserción escolar y el crecimiento urbano acelerado y desordenado; *3)* la disponibilidad de "facilitadores" (armas, alcohol y drogas); y *4)* la falta de capacidades institucionales de los Estados, sobre todo en materia de procuración de justicia.[10]

El proceso de urbanización de América Latina fue desordenado y acelerado: entre 1950 y 2010, la proporción de personas que habita en las ciudades aumentó del 30% al 80%. Hay 55 ciudades con más de un millón de habitantes, de las cuales, 41 forman parte de las 50 con los mayores índices de homicidios en el mundo.[11] El problema no parece ser el tamaño de la ciudad, ya que hay muchas ciudades grandes en el mundo con tasas bajas de homicidios; el problema se relaciona más con la incapacidad institucional para incorporar a los sectores que se encuentran en zonas marginadas, muchas veces periféricas, debido al rápido y caótico crecimiento de las ciudades.

En este contexto, el crimen y la violencia son el resultado de una variedad de factores, generalmente asociados a condiciones socioeconómicas, debilidades institucionales y falta de cohesión social, pero también, como se dijo, a decisiones gubernamentales frente a factores contextuales. Por otro lado, cuando la violencia es alta en ciudades más pequeñas o zonas rurales, generalmente se debe a que se encuentran próximas a las fronteras o en zonas de tráfico de drogas.

Otra de las características del crimen y la violencia en América Latina es el alto grado de concentración geográfica de la incidencia delictiva. En gran parte de los países se observa una alta concentración de los crímenes en un reducido número de estados, provincias o municipios y, a un nivel más desagregado, se observa que el crimen se concentra en microespacios comúnmente llamados "segmentos de calle". Un estudio que analiza cinco ciudades de América Latina y el Caribe, da cuenta de que un 50% de los delitos se concentra entre el 3 y el 7.5% de los segmentos de calle, y un 25% de los delitos entre el 0.5 y el 2.9% de los segmentos de calle.[12]

Hay que recordar que América Latina es la región del mundo con mayor desigualdad,[13] lo cual también parece tener repercusiones en materia de criminalidad,[14] aunque claramente no es la única variable explicativa, ya que mientras que en la mayoría de los países de la región hubo una disminución de la desigualdad en los últimos años (medida a través del coeficiente de Gini), esto no necesariamente se ha reflejado en una disminución del delito y la violencia.[15] De nuevo, es importante insistir en que las decisiones políticas y de política pública en materia de seguridad tienen un impacto considerable en la dinámica criminal.

La gráfica 5.2 es importante por dos razones. En primer lugar, porque permite observar que la tasa de homicidios en América Latina es de más del doble que en otros continentes con niveles de desigualdad y condiciones sociales, políticas y de gobernabilidad desfavorables, como África;[16] también es cinco veces mayor que en Estados Unidos y Canadá, y 20 veces superior a la de Europa.

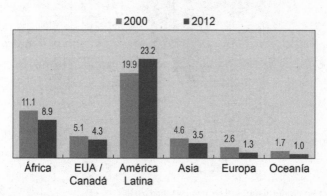

GRÁFICA 5.2 Tasa de homicidio por regiones (2000-2012).

Fuente: Marcelo Bergman, *More Money, More Crime: Prosperity and Rising Crime in Latin America* (Nueva York: Oxford University Press, 2018), tabla 2.1.

En segundo lugar, la gráfica muestra que a diferencia del resto del mundo, en donde se ha observado una reducción de los homicidios, la violencia en América Latina se ha incrementado en los últimos 20 años.

Como puede observarse en la imagen 5.1, los niveles de violencia en México son muy altos y, al compararlos con los de los demás países latinoamericanos, se advierte que comparte una tragedia similar respecto a la incidencia homicida en la región.

En síntesis, México se encuentra inserto en la región más violenta del mundo y en la única con una tendencia al alza.

Chile	4.4		Guatemala	22.5
Argentina	5.3		Colombia	25.3
Ecuador	5.8		Brasil	27.4
Bolivia	6.2		México	29.1
Paraguay	7.1			
Nicaragua	7.2		Venezuela	36.7
Perú*	7.9		Belice*	37.8
Panamá	9.4		Honduras	38.9
			El Salvador	52.0
Costa Rica	11.3			
Uruguay	12.1			

IMAGEN 5.1 Homicidio intencional en América Latina, 2018.

*2017.

Fuente: Elaboración propia con datos de la Oficina de las Naciones Unidas contra la Droga y el Delito, Estadísticas internacionales de homicidios.

LA VIOLENCIA COMO CONSECUENCIA DE DISPUTAS CRIMINALES

Más de la mitad de la violencia homicida en México está relacionada con enfrentamientos entre organizaciones criminales. Tanto los homicidios dolosos como aquellos vinculados con la delincuencia organizada tienden a concentrarse en regiones específicas, durante determinados periodos.

Al igual que en muchos otros países latinoamericanos, la distribución de los homicidios en el territorio mexicano no es homogénea. La concentración geográfica de la incidencia delictiva referida en la sección anterior puede observarse en la distribución de los homicidios en México. Un buen ejemplo es el año 2008, cuando el 30% de todos los homicidios dolosos[17] en el país (y el 60% de los relacionados con el narcotráfico[18]) se concentraron en solo tres entidades federativas: Sinaloa, Chihuahua y Baja California.

De la misma manera, en el periodo de 2015 a 2019, seis entidades federativas concentraron el 45% de los homicidios registrados en México (ver tabla 5.2). El último año, en 2019, casi el 50% de todos los homicidios se cometieron en solo seis de las 32 entidades federativas.

Estado	2015	2016	2017	2018	2019	Acumulado
Estado de México	2303	2256	2361	2651	2856	12427
Guerrero	2016	2213	2522	2470	1875	11096
Baja California	899	1244	2311	3131	2862	10447
Guanajuato	957	1096	1423	3290	3540	10306
Chihuahua	1151	1470	2000	2199	2554	9374
Jalisco	1078	1236	1555	2418	2671	8958
Suma	8404	9515	12172	16159	16358	62608
%	47%	42%	42%	48%	47%	45%
Total nacional	17886	22545	28871	33742	34588	137632

TABLA 5.2 Concentración de homicidios dolosos en seis estados, 2015-2019.
Fuente: Elaboración propia con datos de Secretariado Ejecutivo del Sistema Nacional de Seguridad Pública.

A finales de la primera década del 2000, la violencia criminal se explicaba por distintas disputas entre organizaciones criminales regionales y el Cártel de Sinaloa. En Ciudad Juárez, Chihuahua, por ejemplo, Sinaloa enfrentaba al Cártel de Juárez; en Tijuana, Baja California, a los Arellano Félix (Cártel de Tijuana); y en Culiacán la lucha era en contra de sus antiguos aliados, los hermanos Beltrán Leyva.[19] En otras entidades, como Michoacán, el Cártel del Milenio, aliado del Cártel de Sinaloa, disputaba los mercados ilícitos con La Empresa (posteriormente La Familia Michoacana), que había establecido una asociación con el Cártel del Golfo y su brazo armado, Los Zetas.

Con el paso del tiempo, estas organizaciones se han fragmentado y escindido, algunas han desaparecido, pero la violencia se ha ido extendiendo a lo largo y ancho del territorio nacional. En tiempos más recientes, los enfrentamientos entre el Cártel Jalisco Nueva Generación y el Cártel de Santa Rosa de Lima explican gran parte de la violencia homicida que se vive en Guanajuato.

Aunque el fenómeno de la concentración geográfica sigue vigente, cada vez son más los municipios que registran homicidios relacionados con el crimen organizado, como puede observarse en la siguiente imagen (5.2).

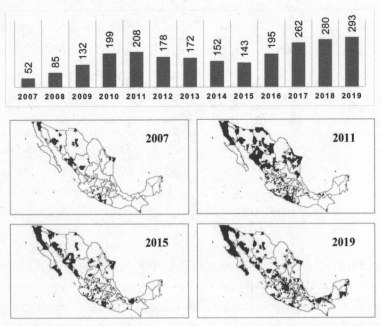

IMAGEN 5.2 Municipios con 12 o más homicidios vinculados con el crimen organizado por año.
Fuente: Lantia Consultores.

Mientras que en 2007 eran apenas 52 municipios en los que se observaban 12 o más homicidios relacionados con el crimen organizado, para 2019 ya eran 293, como puede observarse en la misma imagen.

Podría pensarse que 293 municipios, en un país con casi 2 500, es una cifra menor; sin embargo, en esos 293 municipios vive el 60% de la población del país, lo que significa que más de la mitad de la gente en México vive en un municipio en el que cada año se come-

200

ten más de 10 homicidios relacionados directamente con el crimen organizado.

A más de una década de haberse declarado la "guerra contra las drogas", los costos son enormes. De 2007 a 2019, de acuerdo con datos del Inegi, se han registrado alrededor de 315 mil homicidios en México, de los cuales el 54% son identificados por Lantia Consultores como ejecuciones, es decir, homicidios relacionados con el crimen organizado. Se trata de 168 885 casos (ver gráfica 5.3).

GRÁFICA 5.3 Homicidios vinculados con el crimen organizado (2007-2019).

* Estimación preliminar con base en los datos publicados por el Inegi para la primera mitad de 2019.

Fuente: Elaboración propia con datos del Inegi y Lantia Consultores.

En 2018 la proporción de este tipo de homicidios criminales fue del 61% del total observado por el Inegi; y según estimaciones preliminares, en 2019 esta proporción será de casi 65%. En otras palabras, más de la mitad de la violencia homicida está relacionada con el crimen organizado.[20]

Adicionalmente, como consecuencia directa e indirecta de esta violencia, hay registros de más de 60 mil personas desaparecidas.[21]

DELITOS DE ALTO IMPACTO, DISTINTOS DEL NARCOTRÁFICO, VINCULADOS CON ORGANIZACIONES CRIMINALES

Conocer con certeza los ingresos del crimen organizado es imposible, debido a la naturaleza clandestina e ilegal de sus actividades;

sin embargo, sí existen estimaciones serias. De acuerdo con el *Informe Mundial de Drogas 2017* de la Oficina de las Naciones Unidas contra la Droga y el Delito (basado a su vez en el informe de la organización Global Financial Integrity[22]), el narcotráfico es el segundo negocio más lucrativo, solo después de la falsificación y piratería de bienes a nivel global.[23]

De todo lo relacionado con el mercado ilícito de las drogas se hablará en el siguiente capítulo. En este nos concentraremos en otros delitos que, por una suerte de diversificación de actividades, son cometidos, en la mayoría de los casos, por las mismas organizaciones criminales que trafican con drogas.

El fenómeno de diversificación de las organizaciones criminales ocurre exactamente por la misma razón por la que una empresa legalmente establecida diversifica sus actividades: para maximizar sus ganancias.

En la medida en la que aumentan los ingresos de las organizaciones criminales, se va incrementando su poder, incluyendo su capacidad de control territorial, lo que les permite incursionar en otros delitos altamente lucrativos, entre los que destacan el secuestro, la extorsión presencial (cobro de derecho de piso), el robo de combustibles, el robo al autotransporte y a los ferrocarriles, el tráfico y trata de personas y el tráfico de armas.

Asimismo, el control territorial permite a los grupos criminales dominantes obtener beneficios económicos de quienes realizan actividades en "su territorio", ya sean lícitas o ilícitas. Por ejemplo, es usual que los grupos más poderosos cobren cuotas a las bandas dedicadas al robo de autos, o bien que exijan a los gobiernos, principalmente municipales, la asignación de contratos de obra pública.

También es frecuente que las organizaciones criminales se diversifiquen hacia la comisión de otro delito que, técnicamente, no es considerado delincuencia organizada, al no estar contenido en el catálogo de la ley —lo cual es absurdo—, pero que es reiteradamente cometido por estos grupos: la extorsión presencial (cobro de derecho de piso). Conviene distinguirla de la extorsión telefónica, que suele realizarse desde centros penitenciarios.

A continuación, nos referiremos con mayor detalle a dos de los delitos más nocivos: la extorsión presencial (cobro de derecho de piso) y el robo de combustibles (conocido popularmente como *huachicoleo*). Primero, nos detendremos en la extorsión, porque permite comprender el importante fenómeno del control territorial de las organizaciones criminales; y, en segunda instancia, hablaremos del robo de combustible, pues se ha convertido ya en la segunda actividad más lucrativa,[24] después del narcotráfico, para las organizaciones criminales en México.

Extorsión presencial: cobro de derecho de piso

La extorsión, delito recurrente en muchos países de América Latina, es un reflejo del enorme poder e impunidad con el que las organizaciones criminales operan. Una vez que establecen su control en un territorio, literalmente operan como un gobierno paralelo, y empiezan exigiendo cuotas a la gente, como si se tratara de la recaudación de un impuesto.[25]

Este delito se conoce comúnmente como "cobro de derecho de piso". Integrantes de la organización criminal visitan periódicamente los establecimientos comerciales, o incluso a autoridades locales, para cobrar una cuota. Se han documentado cientos de casos en los que quienes se niegan a pagar son asesinados o sus bienes son dañados.

El tormento del cobro de piso con frecuencia lleva al cierre de los negocios, en especial cuando varias organizaciones se disputan una misma plaza, y cada grupo criminal exige su cuota. Además de muy injusto, suele resultar financieramente insostenible para los negocios.

Por ejemplo, en julio de 2019, un comerciante que no quiso pagar fue asesinado en pleno Centro Histórico de la Ciudad de México. Los victimarios fueron presuntos integrantes de La Unión Tepito (organización criminal con presencia en el centro del país). Otro comerciante de la Ciudad de México explica cómo operan algunas de estas bandas: "Son chicos. Llegan y te pasan un celular, te dicen que te hablan, contestas y con groserías te dicen que hablan de la Unión [Tepito] y que ya te tocaba entrarle con la renta y que por tu seguridad que si no le entras te van a matar, quemar tu negocio, que ya te tenían bien ubicado".[26]

Este fenómeno no es exclusivo de las grandes ciudades, también ocurre en ejidos y en centros urbanos más pequeños, donde se ha documentado cómo varios negocios tuvieron que cerrar por las represalias derivadas de este delito.[27]

La falta de confianza en las autoridades y el miedo de la población a las organizaciones criminales explican que en el caso de la extorsión haya una cifra negra tan alta (97.9%); únicamente en el 2.1% de los casos de extorsión hubo una denuncia o se inició una carpeta de investigación en las procuradurías y fiscalías del país.

Se trata, por tanto, del delito menos denunciado e investigado. Además, es el delito más frecuente en 14 estados y el segundo delito con más incidencia en México, después del robo en la calle o en el transporte público: representa casi el 20% de los 33 millones de delitos estimados por el Inegi en 2018.[28]

Los datos del Inegi son útiles para dimensionar la magnitud del problema; sin embargo, no distinguen entre modalidades de extorsión como la telefónica o la presencial —tampoco lo hacen, por cierto, los datos del SESNSP—, lo cual debe corregirse, dadas las enormes diferencias entre ambas modalidades.

Lantia Consultores ha documentado, desde 2014, algunas actividades criminales que pueden servir para identificar indirectamente el delito de extorsión en su modalidad presencial, y así aproximarnos a la realidad del cobro de derecho de piso en el país. El registro incluye actividades como asesinatos, agresiones, secuestros, "levantones" y rafagueos (disparos con arma de fuego a fachadas de establecimientos mercantiles y edificios gubernamentales).

De 2014 a 2019, este tipo de sucesos se ha incrementado un 269%, y en el último año más de la mitad de los eventos registrados fueron rafagueos.

Otra información que resulta útil para identificar la magnitud del problema son las encuestas de la Coparmex a sus socios. La edición de diciembre de 2019 registró que el cobro de derecho de piso representaba el 5% del total de los delitos que afectan a los empresarios.[29]

Por sus consecuencias nefastas[30] es indispensable resolver de forma prioritaria este grave problema. Se necesita una colaboración estrecha entre autoridades de los tres órdenes de gobierno, para establecer grupos especiales destinados a contener de forma exclusiva este delito, similares a las unidades que ya combaten el secuestro en el país. Uno de los enfoques centrales de estas unidades tendrá que ser la desarticulación de las redes de protección institucional, que suelen estar detrás de la proliferación de este delito.

Estos grupos deben estar conformados por cuerpos policiacos confiables y bien entrenados, y tener como objetivo principal la integridad de las víctimas, pero también la detención de los responsables. Es necesario fortalecer la confianza de la ciudadanía en sus autoridades, para que las víctimas de este lamentable delito lo denuncien, lo cual solo es posible brindando una atención cercana, segura, confiable y accesible. Los comerciantes extorsionados se saben observados. Mientras los ciudadanos tengan la sospecha fundada de que sus victimarios están coludidos con la policía, optarán por no denunciar, por el temor de ser atacados en su lugar de trabajo.

Finalmente, se tiene que mejorar la calidad de los datos sobre este delito y distinguir en las cifras oficiales entre los distintos tipos de extorsión, de manera que se puedan realizar diagnósticos focalizados, que coadyuven al diseño e implementación de estrategias acordes con la realidad local.

Mercado ilícito de hidrocarburos: el huachicoleo

En fechas recientes, una de las actividades más lucrativas en las que han incursionado las organizaciones criminales es el robo de combustible. El territorio mexicano cuenta con casi 40 mil kilómetros de ductos bajo tierra, mediante los cuales se transporta principalmente gasolina, diésel y gas.

El *modus operandi* es relativamente simple. Los ductos son fáciles de encontrar, debido a que abunda la señalización para evitar que, por accidente, sean perforados. Primero se hace una pequeña excavación para dejar descubierto el ducto subterráneo. Después se agujera el tubo y se coloca una válvula industrial, a la cual se le conecta una manguera. En muchos casos, se utilizan mangueras de varios kilómetros de longitud, para que quienes están robando el combustible tengan tiempo suficiente para abandonar el lugar, una vez que las autoridades llegan al punto de la perforación del ducto.

Distintas investigaciones periodísticas han denunciado la complicidad entre las organizaciones criminales dedicadas al robo de combustible y trabajadores y altos funcionarios de Pemex, incluyendo el hecho de compartir información con los delincuentes sobre los horarios de tránsito del combustible, así como el solapamiento de sus actividades ilícitas.[31]

La disputa de las organizaciones criminales por el negocio del robo de hidrocarburos explica los elevados índices delictivos en distintas regiones del país, señaladamente Guanajuato. Lantia identifica a 84 grupos criminales dedicados a este delito. Sin embargo, también es importante destacar que en entidades como Puebla, Tlaxcala e Hidalgo se observa la participación de ciudadanos, ajenos a ese tipo de organizaciones, que han optado por robar combustible para mejorar sus condiciones de vida.

Como toda actividad ilícita, dimensionar el tamaño de este mercado y sus consecuencias resulta complicado. Dos variables fundamentales para entender la magnitud del problema en México son las tomas clandestinas y el número de barriles extraídos ilegalmente (miles de barriles diarios desviados).

Desafortunadamente, ya no existe información pública disponible y actualizada sobre tomas clandestinas, pues Pemex dejó de compartir estos reportes de forma íntegra desde el último trimestre de 2018. La interrupción de este ejercicio de transparencia impide saber con precisión los registros mensuales nacionales y por estado; sin embargo, en virtud de investigaciones periodísticas y solicitudes de información, es posible conocer la tendencia de tomas clandestinas.[32]

El crecimiento de este delito fue brutal durante la administración del expresidente Enrique Peña Nieto. De 2012 a 2018, el número de tomas clandestinas en el país se incrementó en más de 800%: de 1 635 al iniciar el sexenio a 14 910 tomas al finalizar su gobierno.[33]

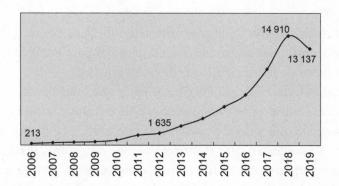

GRÁFICA 5.4 Tendencia en la incidencia de tomas clandestinas en México (2006-2019).

Fuente: Alejandra Padilla, "Tomas clandestinas disminuyeron en 11% durante 2019", *Serendipia*, 25 de febrero de 2020.

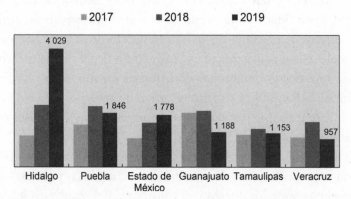

GRÁFICA 5.5 Estados con más tomas clandestinas para el robo de combustibles (2017-2019).

Fuente: "Tomas clandestinas disminuyeron…".

Con el inicio de la administración de Andrés Manuel López Obrador, el número de tomas clandestinas ha disminuido marginalmente.[34]

En el caso de la información sobre la cantidad de combustible robado,[35] hasta diciembre de 2018, estos datos se consideraban de seguridad nacional y eran resguardados con secrecía por Pemex; sin embargo, a partir de enero de 2019 se empezaron a difundir parcialmente.[36]

En el último año de la administración de Peña Nieto se robaron más de 15 millones de barriles,[37] con pérdidas para Pemex estimadas en alrededor de 60 mil millones de pesos anuales.

Existen indicios fundados para afirmar que buena parte del combustible era robado por funcionarios públicos, que maniobraban para que pareciera que todo el desvío era responsabilidad del crimen organizado. Recordemos, por ejemplo, el nivel de complicidad, desvergüenza e impunidad que fue puesto al descubierto el 7 de enero de 2019, cuando se encontró que, en el interior de la refinería de Salamanca, propiedad de Pemex, estaba conectada una manguera de tres kilómetros de longitud, mediante la cual se realizaba la ordeña.[38] El general Eduardo León Trauwitz, quien era el responsable de la seguridad de Peña Nieto cuando era gobernador del Estado de México, y ya con Peña Nieto en la presidencia fue el encargado de cuidar la red de ductos de gasolina del país, está siendo procesado por los delitos de delincuencia organizada y sustracción ilegal de hidrocarburos, y existe una orden de aprehensión librada en su contra. La Fiscalía General de la República solicitó el apoyo de Interpol para capturarlo, por lo que se giró una ficha roja para buscarlo en los 194 países miembros de la organización.[39]

En enero de 2019, el gobierno federal puso en marcha un programa para combatir el robo de combustible. Una de las primeras acciones fue el cierre de los ductos y el transporte del combustible a través de autotanques, comúnmente conocidos como pipas.

Mientras que el gobierno ha informado que disminuyó el robo de combustible, investigaciones periodísticas presentan información opuesta.[40]

Adicionalmente a la falta de claridad sobre los volúmenes robados, la estrategia ha sido fuertemente criticada, por varias razones. Principalmente porque la acción inicial de cerrar los ductos provocó un serio problema de desabasto, además de que el costo de transportar la gasolina mediante pipas es 14 veces mayor que cuando se traslada a través de los ductos.[41]

Otra consecuencia indeseable de la estrategia ocurrió de manera inesperada y trágica. El 18 de enero de 2019, justo durante el periodo crítico del desabasto de gasolina, tuvo lugar un terrible suceso en Tlahuelilpan, Hidalgo.

Todo inició con la perforación de un ducto que atraviesa la comunidad de Tlahuelilpan y que derivó en una enorme fuga. Un chorro de gasolina, que alcanzaba varios metros de altura, captó la atención de los pobladores. La pobreza de la gente, pero también la escasez de gasolina que por aquellos días existía, atrajo a cientos de personas, que con cubetas y bidones buscaban llevarse el combustible.[42]

Los soldados, rebasados en número, observaban a la distancia una fuga que había sido detectada desde las 14:30 horas. Había familias enteras, incluyendo niños, bañadas en gasolina, intentando recolectarla. A las 18:52 ocurrió la explosión. Las personas corrían envueltas en llamas y se escuchaban los gritos de dolor. Tlahuelilpan nos recordó que el robo de combustible no solo implica pérdidas millonarias para el erario, sino que la corrupción asociada a la ordeña también mata. Más de 135 personas perdieron la vida en esa explosión y cientos resultaron gravemente heridas.[43]

La solución al problema del robo de hidrocarburos debe partir de un diagnóstico integral, que incluya el complejo contexto social en el que este delito ocurre. Existen experiencias muy exitosas en el mundo, que dan cuenta de que sí es posible contener esta grave y lucrativa actividad delictiva.

Las políticas y los programas diseñados para contener este delito deben incluir: *a)* el uso de las más modernas tecnologías para detectar el robo y para hacer el rastreo del combustible hurtado; *b)* un moderno sistema de vigilancia y control de la cadena de suministro; y *c)* la puesta en marcha de políticas y programas que ofrezcan alternativas de empleo y actividades productivas, así como obras y acciones en las comunidades con alta incidencia, en aras de reducir la base social con la que cuentan las organizaciones criminales dedicadas al robo de combustibles. Esto facilitará las detenciones y los decomisos, así como la prevención de este peligroso delito.

Ni toda la violencia ni todos los delitos se relacionan con el crimen organizado

Suele asociarse, casi en automático, la violencia con el crimen organizado y, más específicamente, con el narcotráfico, el robo de combustible y la extorsión; sin embargo, la violencia criminal también tiene que ver con delitos cometidos por personas que no forman parte de la delincuencia organizada.

La Convención de las Naciones Unidas contra la Delincuencia Organizada Transnacional de septiembre de 2013 define a un "grupo delictivo organizado" como el que existe durante cierto tiempo y que actúa en conjunto para cometer uno o más delitos graves —que ameriten al menos cuatro años de prisión— con el objetivo de obtener un beneficio económico u otro beneficio de orden material.[44]

En México existe una Ley Federal contra la Delincuencia Organizada, en la que se establece cuándo debe considerarse que un delito ha sido cometido por personas que forman parte de la delincuencia organizada. El artículo segundo establece dos condiciones: en primer lugar, deben ser tres o más personas las que se organicen para realizar, en forma permanente o reiterada, conductas que por sí o unidas a otras tengan como fin o resultado cometer un delito. En segundo lugar, el delito cometido debe estar contenido en el catálogo del mismo artículo 2 de la ley.

Una parte importante de la violencia y de los delitos que se cometen en México, aunque no son producto del crimen organizado, sí tienen un impacto muy negativo en la vida de la gente. Se trata de delitos cometidos por personas que pertenecen a pandillas y grupos menores, o por individuos que actúan por cuenta propia. Esto debe tenerse en cuenta en el diseño de una política integral de seguridad.

La violencia y la delincuencia cotidiana: robos

Si se toman como referencia los datos sobre homicidios relacionados con el crimen organizado de Lantia Consultores que se refirieron antes, al menos 46% de los homicidios desde 2007 no están vinculados con la delincuencia organizada. Ese 46% atañe a la violencia contra las mujeres (feminicidios), a los linchamientos (justicia por propia mano), a las riñas (que frecuentemente ocurren en circunstancias de abuso del alcohol y de otras drogas), así como a conflictos políticos, sociales, familiares o personales.

De acuerdo con la última encuesta de victimización del Inegi, en 2018 tres delitos tradicionalmente no relacionados con la delincuencia organizada (el robo o asalto en calle o transporte público, el robo total o parcial de vehículo y el robo en casa habitación) fueron los que registraron más incidencia. De todos, el robo en la calle o en el transporte público es el delito que a más personas afecta en el país, con una tasa de 10 775 casos por cada 100 mil habitantes, predominantemente en zonas urbanas.

Aunque las encuestas del Inegi son útiles, la ausencia de denuncia (cifra negra) dificulta mucho conocer el número real de los delitos que se cometen. Al inicio del capítulo se explicó que los homicidios son un buen termómetro, debido a que casi siempre se denuncian. El robo de vehículo es otro delito que cuenta con una baja cifra negra (más del 60% sí se denuncia), y también es útil para observar las tendencias recientes.

En los últimos tres años de la administración de Peña Nieto, la incidencia en el robo total de vehículo automotor se incrementó un

33%.[45] Si bien en 2019 se observó una disminución del 13%, el número de robos aún es mayor que lo registrado en 2015.

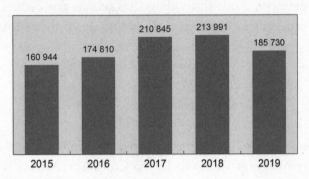

GRÁFICA 5.6 Robo total de vehículo: tendencias recientes.

Fuente: Secretariado Ejecutivo del Sistema Nacional de Seguridad Pública, Unidades robadas 2015-2020, 20 de mayo de 2020. Los datos corresponden a carpetas de investigación.

La violencia contra las mujeres

Mención especial merecen los altísimos índices de violencia en contra de las mujeres y las niñas en México. La violencia en contra de las mujeres[46] se da de muchas formas: física, psicológica, sexual y económica; es causa y a la vez la consecuencia de la desigualdad y de la discriminación de género.

Lo sucedido en febrero de 2020 nos recuerda la magnitud del dolor y de la tragedia: la niña Fátima, de tan solo siete años fue secuestrada, violada y posteriormente asesinada en la alcaldía Xochimilco en la Ciudad de México.[47]

La forma más común de violencia proviene de la pareja íntima o de la familia, pero se encuentra presente en todos los ámbitos: en la escuela, en el espacio público, en el trabajo, en los medios de comunicación masiva, en las redes sociales, en la comunidad, en las instituciones y en la política.

Según el Inegi, al menos 6 de cada 10 mujeres en México han enfrentado incidentes de violencia en su vida. El 43.5% de las mujeres mexicanas ha experimentado violencia con su pareja y este porcentaje es aún mayor en mujeres de menos de 18 años (llega casi al 50%).[48]

212

En su forma más extrema esa violencia llega al homicidio. De acuerdo con el Inegi, en 2018 fueron asesinadas 10 mujeres diariamente. Es la cantidad más alta de mujeres asesinadas en los últimos 30 años.

Es cierto que la inmensa mayoría de las víctimas de homicidio en México son hombres (más del 85%); sin embargo, especialmente desde que se incrementaron los asesinatos de mujeres en Ciudad Juárez, Chihuahua, en los años noventa, ha venido tomando fuerza la idea de que a los hombres y a las mujeres en México se les mata de manera sistemáticamente distinta, lo cual amerita un análisis cuidadoso que atienda las diferencias de género.[49]

Por ejemplo, la inmensa mayoría de los asesinatos de hombres ocurren en la calle (en el espacio público), mientras que el porcentaje de mujeres que son asesinadas en la vivienda es significativamente mayor que en el caso de los hombres (ver gráfica 5.7A). Aunque tanto en el caso de los hombres como en el de las mujeres el uso de un arma de fuego es el modo más común de ocurrencia, el ahorcamiento o ahogamiento representa un porcentaje mucho mayor en el caso de las mujeres que en el de los hombres: 6% en el caso

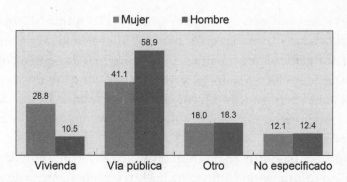

GRÁFICA 5.7A Porcentaje promedio de los homicidios por lugar de ocurrencia y sexo de la víctima (2010-2018).

Fuente: Elaboración propia con datos de los registros de mortalidad del Inegi, 2010-2018.

de los primeros y 17% en el caso de las segundas (ver gráfica 5.7B). Como puede observarse, a las mujeres las matan, desproporcionadamente, de modos mucho más crueles, como son la asfixia, el ahogamiento, el uso de un arma blanca, el envenenamiento o el uso de la "fuerza corporal".

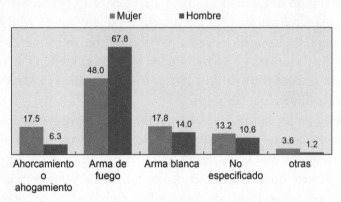

GRÁFICA 5.7B Porcentaje promedio de los homicidios por modo de ocurrencia y sexo de la víctima (2010-2018).

Fuente: Elaboración propia con datos de los registros de mortalidad del Inegi, 2010-2018.

La violencia contra las mujeres es una de las formas de violencia más arraigadas y toleradas en el mundo, lo cual resulta inadmisible. Algunas organizaciones civiles dedicadas a temas de género consideran que este problema se ha exacerbado en el contexto de la contingencia por el coronavirus. En México y en el mundo ha iniciado un fuerte movimiento que exige, con toda razón, un cambio rápido y profundo.[50]

El primer paso para resolver un problema es reconocerlo de forma clara y no minimizarlo como lo ha hecho recientemente, y de manera muy lamentable, el gobierno federal. Se debe visibilizar la crisis de violencia contra las mujeres y, por lo tanto, como ha dicho la ONU: "Necesitamos un movimiento global para poner fin a todas las formas de violencia hacia las mujeres y niñas, así que fortalezcamos los movimientos que buscan sacar a la luz y poner bajo un reflector la violencia contra las mujeres y las niñas".[51]

Se deben fortalecer los canales de denuncia. La operación de esos canales requiere la puesta en marcha de protocolos que garanticen una eficacia total, ya que en muchos casos la mujer violentada tiene una sola oportunidad para pedir auxilio. Cuando la atención es deficiente, el resultado puede ser fatal. Los canales de denuncia deben también contar con una difusión amplia y permanente, para que la ciudadanía en general, y especialmente las potenciales víctimas, se familiaricen con su existencia y funcionamiento.

Por otra parte, se requiere garantizar el financiamiento para los Centros de Justicia para las Mujeres (Cejum), así como construir y consolidar más centros en los municipios con mayor violencia de género. Los Cejum son —de acuerdo con expertos, académicos y organizaciones feministas— de mucha utilidad para atender la violencia de género, pues funcionan como unidades integrales que brindan atención psicológica, médica, jurídica y económica. También son espacios de refugio temporal y capacitación laboral, con perspectiva de género. En suma, son una herramienta indispensable para ofrecer protección a las mujeres víctimas de la violencia y a sus familias.

ALGUNAS CONSECUENCIAS DE LA CRISIS DE SEGURIDAD

Durante los últimos años se duplicó la tasa de homicidios, se incrementó el número de personas desaparecidas y aumentaron diversos delitos de alto impacto, pero adicionalmente, las organizaciones criminales mostraron su más brutal, feroz y sanguinario rostro. A continuación, se hace un breve recuento de algunos de los episodios más representativos del trágico saldo de más de una década de violencia.

Asesinato de policías[52]

En enero de 2008, un grupo criminal colocó un mensaje con amenazas a policías municipales en el Monumento al Policía Caído de Ciudad Juárez en Chihuahua. Para entonces ya habían asesinado a varios elementos y amenazaron con continuar la barbarie en contra de otros más, y así ocurrió. En ese entonces se registraban enfrentamientos entre bandas relacionadas con el Cártel de Sinaloa y el Cártel de Juárez.[53]

Después, en mayo de 2008, en un franco desafío al Estado mexicano, fue asesinado Édgar Millán, un alto mando de la Policía Federal. Le dispararon cuando regresaba a descansar a su domicilio particular, unas horas después de encabezar un operativo en contra de la organización criminal de Los Beltrán Leyva.

El registro de homicidios de policías a lo largo de los últimos años es trágicamente copioso, y da cuenta de eventos en distintos estados y en contra de elementos de las corporaciones de los tres órdenes de gobierno; por ejemplo, el asesinato de policías municipales en Michoacán con el involucramiento de La Familia Michoacana en 2006, o los ataques a policías federales de la División de Gendarmería en Ocotlán, Jalisco, en 2015, a manos del Cártel Jalisco Nueva Generación. Otro caso reciente de suma gravedad fue el atentado en contra del jefe de la policía de la Ciudad de México, Omar García Harfuch, en el que fallecieron tres personas a manos del mismo cjng.

Según la organización Causa en Común, en los últimos tres años (2018 a febrero de 2020), han asesinado en promedio a 1.25 policías diarios. Los estados con más incidencia son Guanajuato, Estado de México y Guerrero. En 2019 asesinaron a 446 policías.

Las bajas de las Fuerzas Armadas[54]

En diciembre de 2009, en un operativo de la Armada de México (la Marina) para abatir al líder de la organización criminal de Los Beltrán Leyva, Arturo Beltrán Leyva, el marino Melquisedec Angulo Córdova resultó gravemente herido y perdió la vida en un hospital cercano. Tres días después, se llevó a cabo un homenaje en el que participó el titular de la Secretaría de Marina, el cual fue ampliamente difundido en los medios de comunicación. Angulo Córdova fue sepultado en su natal Tabasco. Esa misma noche, el 21 de diciembre de 2009, Los Beltrán Leyva cobraron venganza de la manera más brutal: asesinaron, en su casa mientras dormían, a la madre, a dos hermanos y a una tía de Melquisedec. Otra hermana resultó gravemente herida y poco después también falleció.

De 2007 a febrero de 2019, la Armada había perdido 57 marinos, y 117 elementos resultaron heridos durante el mismo periodo. En el caso del Ejército, la Secretaría de la Defensa informó que, de diciembre de 2006 al 1 de enero del 2020, 562 militares fallecieron como parte de su despliegue contra el narcotráfico.

Ataques contra periodistas

Según la organización internacional Artículo 19, la violencia contra periodistas y medios de comunicación ha mantenido un crecimiento constante desde hace 12 años. Además de los homicidios, que son la embestida más grave en contra de los periodistas, destacan otras agresiones como las amenazas, los ataques físicos, los ataques a bienes materiales, el desplazamiento forzado, la intervención ilegal de comunicaciones, la privación de la libertad y la tortura. Según el informe anual de la organización, durante 2019 fueron agredidos 609 periodistas y 10 de ellos fueron asesinados. Muchas de las agresiones provinieron directamente del crimen organizado.[55] Por su índice de letalidad, México es considerado el país más peligroso del continente americano para la prensa.[56]

Atentados contra políticos[57]

El 28 de junio de 2010, el candidato puntero en la contienda electoral por la gubernatura del estado de Tamaulipas, el priista Rodolfo Torre Cantú, fue asesinado por un comando armado, junto con cuatro de sus colaboradores, presuntamente por órdenes de la cúpula del Cártel del Golfo. En ese entonces el Cártel del Golfo estaba encabezado por Jorge Eduardo Costilla Sánchez, *El Coss*, e información de las investigaciones sugiere que presuntamente recurrió a la ayuda del exgobernador priista de Tamaulipas, Tomás Yarrington Ruvalcaba, para planear el atentado. Yarrington fue arrestado en Italia en abril de 2017 y extraditado recientemente a Estados Unidos por cargos de narcotráfico.

Ya sea por motivos políticos, sociales, o relacionados con el crimen organizado, en más de una década las agresiones y asesinatos de candidatos, exaspirantes, exgobernantes, presidentes municipales en funciones y otros políticos han sido una constante en el país. De acuerdo con un informe de Etellekt, en 2018 fueron asesinados 159 políticos en México, 112 de estos en el transcurso del proceso electoral, de los cuales 48 eran candidatos y precandidatos. La mayor parte de las agresiones ocurrieron en el ámbito municipal: contra alcaldes, regidores y síndicos, o personas que ejercieron con anterioridad esas funciones.

Agresiones a diplomáticos de Estados Unidos[58]

Probablemente por una confusión de personas, en marzo de 2010 una empleada del consulado de Estados Unidos en Ciudad Juárez, Chihuahua, su esposo y el esposo de otra empleada fueron asesinados. Dos de ellos eran estadounidenses. El presidente Barack Obama manifestó su indignación y dijo que se trabajaría para llevar a los asesinos ante la justicia. En 2014, un jurado federal de Texas declaró culpable a uno de los líderes de la pandilla Los Aztecas, vinculada al Cártel de Juárez.

Posteriormente, el 14 de diciembre de 2010, Brian Terry, miembro de la Patrulla Fronteriza de Estados Unidos, falleció como consecuencia de un enfrentamiento con integrantes del Cártel de Sinaloa, en una región cerca de Río Rico, en Arizona; y el 15 de febrero de 2011, el agente Jaime Zapata, del Servicio de Inmigración y Control de Aduanas (ICE), fue asesinado en San Luis Potosí por un grupo armado de Los Zetas.

El 24 de agosto de 2012, un grupo de policías federales corruptos y un grupo armado vinculado a una organización criminal, emboscaron una camioneta en donde viajaban dos entrenadores de la CIA-DEA con carácter diplomático y marinos mexicanos. Las víctimas resultaron heridas y la PGR procesó a 14 policías federales involucrados.

Además de los ataques directos a funcionarios del gobierno estadounidense, también se han registrado agresiones a las instalaciones diplomáticas a manera de amenaza. En 2008 un grupo armado atacó con granadas el consulado estadounidense en Monterrey, Nuevo León. El ataque fue atribuido a Los Zetas. Después, en abril de 2010, un grupo armado, probablemente del Cártel del Golfo, lanzó un artefacto explosivo al consulado de Estados Unidos en Nuevo Laredo, Tamaulipas. Más recientemente, el 30 de noviembre de 2018, un grupo supuestamente relacionado con el Cártel Jalisco Nueva Generación lanzó dos granadas, que explotaron en el edificio del consulado de Estados Unidos en Guadalajara, Jalisco.

Terrorismo[59]

La noche del 15 de septiembre de 2008, durante la tradicional fiesta para conmemorar el aniversario de la Independencia de México en Morelia, Michoacán, dos granadas de fragmentación fueron detonadas entre la multitud de ciudadanos. El resultado fue de ocho personas muertas y 106 lesionadas. Unos días después del atentado, cuatro presuntos autores materiales fueron detenidos y confesaron formar parte de la organización criminal Los Zetas; sin embargo, siete años después, un juez decretó su libertad por diversas irregularidades en el proceso que se siguió en su contra. Aunque no se han visto incidentes similares, en el último bienio el Cártel de Santa Rosa de Lima ha utilizado coches bomba como estrategia de intimidación.

Los actos de barbarie ocurridos durante la última década, incluyendo el desmembramiento de cadáveres, los mensajes con amenazas y otros hechos de violencia extrema, han contribuido a generar mucho temor entre la población.

La barbarie de Los Zetas[60]

El 20 de marzo de 2010, un grupo armado de alrededor de 60 sicarios de Los Zetas tomaron ranchos y casas en los municipios de Zaragoza y Allende, Coahuila, para vengarse de una supuesta traición. En un periodo de 14 meses desaparecieron a 42 personas, de acuerdo con los expedientes judiciales.

Después, entre 2010 y 2011, perpetraron dos asesinatos masivos en el municipio de San Fernando, Tamaulipas. Los cuerpos sin vida en el primer hallazgo (agosto de 2010) fueron de 72 personas (50 eran migrantes, principalmente hondureños) y en el segundo hallazgo se identificaron 193 (abril de 2011). Los cadáveres se encontraban en diversas fosas clandestinas. Las víctimas habían sido secuestradas y obligadas a trabajos forzados.

Un año después, en agosto de 2011, Los Zetas participaron en la muerte de 52 personas, al incendiar el Casino Royale en Monterrey, Nuevo León, presuntamente por un conflicto relacionado con el cobro de derecho de piso. Actualmente Los Zetas ya no existen como una organización cohesionada y se han fragmentado en una decena de pequeñas bandas. La más relevante es el Cártel del Noreste.

Autodefensas[61]

Otra de las consecuencias de la inseguridad y la violencia en años recientes fue la proliferación de grupos de autodefensa y de policías comunitarias. Se trata de grupos civiles que tomaron las armas para defenderse de las organizaciones criminales. Aunque esta clase de agrupaciones existe al menos desde los años noventa, a partir de 2013 su número aumentó, como consecuencia de la violencia criminal y la extorsión presencial.

De acuerdo con información de Lantia Consultores, en 2013 se tenía registro de 119 grupos de autodefensa distribuidos en 12 estados del país. El estado en el que se registraba el mayor número era Guerrero, seguido por Michoacán.

Algunos de los grupos más emblemáticos se formaron en Michoacán, en respuesta a las afectaciones de las organizaciones criminales de La Familia Michoacana, y posteriormente de Los Caballeros Templarios, a productores de jitomate y aguacate, así como a las poblaciones de Tierra Caliente.

Para 2018 los grupos de autodefensa se habían reducido a 23, distribuidos en Guerrero, Michoacán, Puebla y Tlaxcala.

Ayotzinapa

A finales de septiembre de 2014, 43 normalistas de la Escuela Normal Rural "Raúl Isidro Burgos" de Ayotzinapa fueron agredidos en Iguala, Guerrero, por policías municipales y estatales en probable colusión con fuerzas federales. Posteriormente fueron entregados a la organización criminal Guerreros Unidos (una escisión de la organización de Los Beltrán Leyva). Hasta la fecha, permanecen desaparecidos y no ha sido plenamente esclarecido lo que ocurrió la noche del 26 de septiembre.[62]

LAS INSTITUCIONES DEL ESTADO
FRENTE A LA CRISIS DE SEGURIDAD Y DELINCUENCIA

La crisis de seguridad, caracterizada por un incremento de la violencia y los delitos, ha representado un enorme reto humano e institucional para el Estado mexicano. Las últimas tres administraciones federales la han enfrentado con algunas diferencias, pero con un elemento en común: el uso del Ejército y la Marina.

La estrategia de seguridad en las últimas tres administraciones federales

Durante el sexenio de Calderón se hicieron varios cambios legislativos en materia de secuestros, recursos de procedencia ilícita, extinción de dominio y narcomenudeo; así como reformas constitucionales en materia de derechos humanos y procuración de justicia. También se establecieron las bases de la transición del sistema inquisitivo a uno acusatorio y oral, y se fortaleció a la Policía Federal con sus áreas de inteligencia.[63]

En tiempos de Peña Nieto[64] se planteó una reorganización institucional: la Secretaría de Seguridad Pública desapareció y sus atribuciones se transfirieron a la Secretaría de Gobernación (Segob), donde se creó una Comisión Nacional de Seguridad (CNS) y se puso en marcha una política de prevención por medio del Programa para la Prevención Social de la Violencia y la Delincuencia (Pronapred).

También se creó una Coordinación Nacional de Secuestro, que se dedicó a conformar un grupo táctico interinstitucional (unidades antisecuestro) en cada entidad federativa, con resultados inicialmente exitosos.

Por último, la administración de López Obrador[65] volvió a establecer el tema de seguridad a nivel secretaría de Estado, mediante la creación de la Secretaría de Seguridad y Protección Ciudadana (SSPC), a la que incorporó Protección Civil y el Secretariado Ejecutivo del Sistema Nacional de Seguridad Pública, tradicionalmente adscritos a la Segob. Asimismo, transformó el Centro de Investigación y Seguridad Nacional (Cisen, el órgano de inteligencia civil del Estado mexicano) en el Centro Nacional de Inteligencia, colocó a un militar al frente e hizo aún más borrosas las fronteras entre seguridad nacional y seguridad pública, y entre inteligencia militar y civil.

El cambio más relevante fue la desaparición abrupta de la Policía Federal, y la creación de la Guardia Nacional: un cuerpo formado en los hechos por militares y marinos, y complementado con los cuadros de la Policía Federal que no renunciaron, se jubilaron o fueron transferidos a otras áreas. Actualmente la Guardia Nacional tiene un mando y disciplina militar, aunque esté formalmente adscrita a la SSPC. El componente de prevención del delito fue abandonado, con el argumento de que los programas sociales de la actual administración ya atendían ese tema. La eliminación de la Policía Federal causó molestia entre funcionarios y se registraron varias protestas por un trato injusto hacia los policías.[66]

El uso de las Fuerzas Armadas en tareas de seguridad pública

En suma, se trata de agendas de gobierno distintas, pero que tienen un elemento en común: el uso del Ejército y de la Marina en tareas de seguridad pública.

Los tres últimos presidentes han dicho, cada uno en su momento, que se trata de una medida temporal, que resulta necesaria a la luz de las circunstancias: primero, la capacidad de fuego del crimen organizado frente a la falta de profesionalización y confiabilidad de los cuerpos policiales; y segundo, se aduce que una vez que las Fuerzas Armadas están desplegadas, retirarlas de golpe dejaría en el desamparo a muchas comunidades del país. Con esos argumentos han venido afirmando que su retiro debe hacerse de forma gradual.

Como referencia, mientras que en 2007 estaban desplegados 45 085 elementos militares realizando tareas de seguridad pública y contra el narcotráfico, para el último trimestre de 2019 había 62 954 elementos; se trata de un incremento de casi el 40 por ciento.[67]

Peña Nieto y, sobre todo, López Obrador propusieron regresar el Ejército y la Marina gradualmente a los cuarteles. El caso del presidente López Obrador es sorprendente, porque lo dijo de forma consistente durante su campaña e incluso estableció un plazo para retirar a las Fuerzas Armadas (seis meses) y prometió transferir la responsabilidad a una nueva Policía Federal. El hecho de que haya desaparecido a la Policía Federal y que utilice al Ejército en la construcción de obras públicas como el Nuevo Aeropuerto de Santa Lucía y hasta en la repartición de libros es una contradicción.[68]

Formalmente, aunque no en los hechos, aun después de la reforma constitucional que creó la Guardia Nacional, la seguridad pública en México continúa teniendo un carácter exclusivamente civil. El artículo 21 de la Constitución señala de forma clara que: "Las instituciones de seguridad pública, incluyendo la Guardia Nacional, serán de carácter civil, disciplinado y profesional". La realidad es que las Fuerzas Armadas continuarán realizando tareas de seguridad un sexenio más: primero, porque los legisladores establecieron en la última reforma un plazo de cinco años para la consolidación de la Guardia

Nacional y para el regreso del Ejército y la Marina a sus cuarteles; y segundo, porque el presidente López Obrador así lo ha planeado, como lo demostró con la publicación de un reciente decreto.[69]

Es cierto que el uso de las Fuerzas Armadas en tareas de seguridad pública no inició durante el sexenio de Felipe Calderón y es parte de un proceso que empezó desde la década de los noventa, e incluso en menor medida desde la Operación Cóndor de mediados de los setenta; sin embargo, a partir de 2006 esa práctica se llevó a niveles nunca vistos en México, y desde entonces se ha continuado con un proceso que algunos han caracterizado como la militarización de la seguridad pública.

Para Eduardo Guerrero, el fracaso de la primera etapa de esta estrategia —particularmente durante la administración de Felipe Calderón— se debió a dos razones: pronto desapareció el factor sorpresa y las organizaciones criminales estuvieron preparadas y dispuestas a contraatacar al gobierno; y segundo, porque la capacidad de combate de las autoridades disminuyó, en la medida en que los puntos en los que el gobierno decidió intervenir se fueron multiplicando a lo largo y ancho del país.[70]

Quienes se oponen a la utilización de las Fuerzas Armadas en tareas de seguridad pública señalan: *a)* que la evidencia demuestra que lejos de disminuir, la violencia tiende a aumentar; *b)* que en la medida en la que el Ejército sustituye, más y más, a las corporaciones civiles de policía, se vuelve más complejo volver al estado anterior; y *c)* que debido a que el entrenamiento de los militares no está planteado para la realización de tareas de seguridad pública, los casos de violación a los derechos humanos tienden a aumentar de manera importante.[71]

La participación de las Fuerzas Armadas ha sido tan extensa en México, que la mitad de los mexicanos vive en un municipio en donde el Ejército o la Marina han tenido al menos un enfrentamiento violento con presuntos delincuentes.[72]

En ese sentido, Robert A. Donnelly y David A. Shirk sostienen que "mejorar la efectividad de las fuerzas civiles de policía es una mejor alternativa" a largo plazo. En el corto plazo, la dependencia de las Fuerzas Armadas puede ser un "mal necesario"; sin embargo, debe ponerse énfasis no solo en la necesidad, sino también en los males: violaciones a derechos humanos, incremento en la violencia y otras amenazas a la gobernabilidad democrática.[73]

No es cierto que los militares, por el simple hecho de serlo, violen derechos humanos de manera sistemática, como tampoco lo es el que todas las violaciones a los derechos humanos ocurran a manos de las Fuerzas Armadas. Si bien existen casos de violación de derechos humanos verdaderamente graves, como el caso de junio de 2014 en Tlatlaya, Estado de México, en otros como en Tanhuato, Michoacán, participaron gendarmes de la Policía Federal (mayo de 2015).

Lo cierto es que como ha señalado Jan Jarab, exrepresentante de la Alta Comisionada de la ONU para los Derechos Humanos en México, "la estrategia iniciada hace más de una década no ha dado los resultados esperados, produciéndose un incremento de la violencia y de las violaciones a los derechos humanos".[74]

En su más reciente informe sobre México, la Comisión Interamericana de Derechos Humanos señaló que: "México atraviesa una grave crisis de violencia y de seguridad desde hace varios años". El informe hace una serie de recomendaciones al Estado mexicano, entre las que destaca el "desarrollar un plan concreto para el retiro gradual de las fuerzas armadas de tareas de seguridad pública y para la recuperación de estas por parte de las policías civiles", así como "fortalecer a las procuradurías en el país en materia de capacitación técnica e independencia, con el fin de garantizar una debida investigación".[75]

En todo caso, la "militarización" ha avanzado en gran medida por la vulnerabilidad de las policías de los tres órdenes de gobierno. Como se verá a continuación, la profesionalización de los cuerpos civiles de policía es una asignatura pendiente de la máxima relevancia; sin embargo, también debe reconocerse que las fuerzas militares podrían seguir siendo necesarias de forma excepcional y focalizada para enfrentar a las organizaciones delictivas más violentas y poderosas, como el Cártel Jalisco Nueva Generación y el Cártel de Sinaloa, o regionales relevantes como el Cártel del Noreste. La idea de la participación excepcional y focalizada de las Fuerzas Armadas parece pertinente en el marco del debate que ha cobrado fuerza a partir del asesinato de George Floyd en Estados Unidos, en el sentido de acotar las capacidades de fuego de los cuerpos civiles de policía.

IDEAS PARA LA PAZ Y LA SEGURIDAD DE MÉXICO

Las trampas de equilibrio de bajo nivel

En 1956, el economista estadounidense Richard R. Nelson planteó la teoría sobre las trampas de equilibrio de bajo nivel. Para Nelson, el problema de las economías en vías de desarrollo radica en un equilibrio de bajo nivel, en el que una serie de variables se refuerzan entre sí, atrapando al país en el subdesarrollo.

Como puede observarse en la imagen 5.3A, los bajos niveles de ingreso (punto 1) explican el que la gente sea demasiado pobre para ahorrar (punto 2), lo cual, a su vez, conduce a que tampoco pueda invertir (punto 3). Al no haber inversión, la economía no crece (punto 4) y los niveles de ingreso de la gente permanecen bajos (punto 1). Este círculo vicioso es una trampa, debido a que las variables se refuerzan mutuamente y provocan un equilibrio del que es difícil escapar.

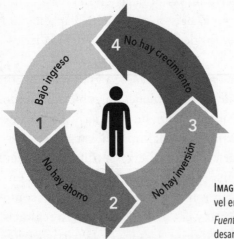

IMAGEN 5.3A Las trampas de equilibrio de bajo nivel en economías en vías de desarrollo.

Fuente: Elaboración propia con base en el concepto desarrollado por Richard R. Nelson.

Nelson agrega que cuando el ingreso aumenta, también aumenta la población, lo cual nuevamente coloca el precario ingreso disponible en los anteriores niveles de subsistencia.[76]

Bajo esa lógica, John Bailey sostiene que México, al igual que muchos países latinoamericanos, se encuentra atrapado en una trampa de equilibrio de bajo nivel, pero en materia de seguridad. Bailey se pregunta: "¿Por qué hay muchos países atrapados en trampas de seguridad de bajo equilibrio en las que el crimen, la violencia, la corrupción y la impunidad se refuerzan mutuamente, anulando los esfuerzos por construir gobernanza ética y democrática?"[77]

La lógica de la trampa de inseguridad es similar a la expuesta por Nelson en materia económica. En este caso, como puede observarse en la imagen 5.3B, la comisión de crímenes (punto 1), implica que exista violencia (punto 2). Esa violencia ocurre en un ambiente de corrupción o ineficacia gubernamental (punto 3). Ambas, tanto la corrupción como la ineficacia, a su vez, explican el hecho de que los crímenes cometidos queden sin castigo, es decir, que haya impunidad (punto 4). Cuando los delitos no se castigan, la delincuencia tiende a aumentar, lo que nos lleva nuevamente al punto de inicio del círculo vicioso.

IMAGEN 5.3B Las trampas de equilibrio de bajo nivel en materia de seguridad.

Fuente: Elaboración propia basado en la definición de la trampa de inseguridad de John Bailey.

Sobre la relevancia de abatir la impunidad, Ernesto López Portillo ha recordado que es la probabilidad del castigo lo que tiene mayor importancia en el efecto disuasorio. Mucho más que la crueldad de las penas, es la certidumbre del castigo lo que realmente hace la diferencia.[78]

Bailey explica que ese círculo vicioso, a su vez, se refuerza por factores estructurales como la extrema desigualdad, la pobreza y el desempleo. No debe confundirse esta idea con el hecho de criminalizar la pobreza. No es que los pobres sean quienes más delitos cometen; de hecho, es cierto que las regiones más violentas de México no son aquellas con los más altos índices de pobreza.[79] Lo que sí es verdad es que cuando las cuatro variables internas del gráfico (crimen, violencia, corrupción e impunidad) coexisten con las del círculo exterior (desigualdad extrema, pobreza extendida y desempleo), estas tienden a reforzar la trampa de seguridad de bajo nivel a la que alude Bailey.

Otro factor que refuerza el círculo vicioso al que nos hemos referido es la falta de confianza de los ciudadanos en las autoridades responsables de procurar seguridad y justicia. De acuerdo con Latinobarómetro, en 2018 solo el 23% de los mexicanos declara tener algo o mucha confianza en los jueces, mientras que la confianza en la policía apenas alcanza el 19 por ciento.

La Encuesta Nacional de Victimización y Percepción sobre Seguridad Pública (Envipe) del Inegi sugiere datos similares, una baja confianza ciudadana en jueces y policías municipales, pero una alta confianza en las Fuerzas Armadas. Estos niveles de desconfianza explican que, como hemos visto, el 93.2% de los delitos que se cometen no sean denunciados ante las autoridades.[80]

Los problemas complejos requieren soluciones complejas

Al igual que en materia de combate a la corrupción, como se vio en el capítulo anterior, lamentablemente no existe una salida sencilla a un problema tan complejo y enraizado como el que México, y muchos otros países latinoamericanos, vive en materia de delincuencia y de violencia. Pero la complejidad no debe paralizar. Existe evidencia sobre la efectividad de actuar con inteligencia, utilizando el conocimiento científico alcanzado.

Veamos tres ejemplos. Primero, la tasa de embarazo de adolescentes y los índices criminales no solo están altamente correlacionados, sino que también existe un nexo causal entre ambos fenómenos. Por eso y por muchas otras razones, la prevención del embarazo adolescente es una medida eficaz para prevenir la violencia.[81]

Segundo, la evidencia también muestra que, como ya hemos visto, la violencia suele estar altamente concentrada en términos geográficos, por lo tanto, las estrategias de prevención deben focalizarse, no solo en entidades o localidades conflictivas, sino incluso en colonias, barrios o calles en particular.

Finalmente, un tercer ejemplo es lo que se conoce como "curva-edad-delito": la comisión de delitos aumenta cuando inicia la adolescencia, llega a su punto máximo en la adolescencia tardía y adultez temprana (15 a 20 años), y rápidamente declina durante la adultez —aunque el pico para delitos más violentos es un poco más tardío—. Sin caer en el error de estigmatizar a los jóvenes, la evidencia referida tiene enormes implicaciones para el desarrollo de políticas públicas preventivas.[82]

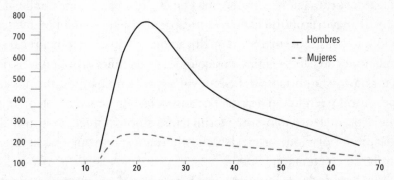

GRÁFICA 5.8 Curva Edad-Delito. Modificado a partir de Hirschi y Gottefredson (1983). Tasa por 100 mil habitantes *vs.* edad.

Fuente: Ernesto López Portillo Vargas y Claudia Rodón, "La prevención de la violencia y la delincuencia en México: Una promesa malograda", en México 2018: *La responsabilidad del porvenir*, coord. Pedro Salazar Ugarte *et al.* Tomo 1 (México: Instituto de Investigaciones Jurídicas [UNAM], Instituto para el Desarrollo Industrial y el Crecimiento Económico, El Colegio de México, 2018), 399-433.

Sabemos que es mejor prevenir los delitos que castigarlos. El filósofo italiano Cesare Beccaria lo dijo hace más de 250 años y sus palabras siguen vigentes. Si bien la prevención implica evitar que los individuos lleven a cabo conductas violentas, delictivas o ilícitas, e impedir que las personas sean sujetos o víctimas de algún agravio o delito, esa visión es incompleta. La prevención social y comunitaria va mucho más allá: busca elevar la calidad de vida y el bienestar general de las personas. A pesar de ser fundamental, la realidad es que la prevención de la violencia y de la delincuencia en México sigue siendo una asignatura pendiente. Siempre está presente en el discurso, mas no necesariamente en la realidad.

La solución al problema de la violencia y la delincuencia implica también la construcción de un sistema policiaco y de justicia íntegro y eficaz, que permita romper el círculo vicioso de crimen-violencia-corrupción-impunidad al que nos hemos referido; y, por otra parte, implica atacar cada uno de los factores estructurales que lo refuerzan: desigualdad, pobreza, desempleo, corrupción.[83]

El diagnóstico ofrecido por Ernesto López Portillo hace casi una década es alarmante por partida doble. Primero, porque pinta de cuerpo entero la magnitud del problema, pero sobre todo porque tristemente sigue vigente: colusión de las policías con los criminales; falta de coordinación entre las más de 2 mil instituciones policiales —en su mayoría municipales—; incapacidad para conducir investigaciones; bajísimos niveles de educación y capacitación; precarias condiciones de salud —física y psicológica— en miles de los policías del país; salarios raquíticos; deficientes y a veces nulos mecanismos de supervisión y rendición de cuentas; ausencia de protocolos; elementos policiacos que no solo son victimarios, sino también víctimas de constantes violaciones a sus derechos humanos; corrupción sistémica y un largo etcétera.[84]

No hay duda de que una reforma policial es extremadamente compleja y riesgosa; pero también es cierto que resulta absolutamente indispensable. La abundante experiencia internacional demuestra que la reforma policial debe entenderse como todo un proceso que va mucho más allá de una simple limpia, del vértice hacia la base, de una corporación. Necesariamente debe incluir la sustitución de los actuales y perversos incentivos informales, por nuevos incentivos formales.[85]

Está claro que existe un reto en términos de diseño para el reclutamiento, la capacitación, el entrenamiento, la organización, la operación, la supervisión, la rendición de cuentas y la evaluación continua; sin embargo, el desafío mayor está en la implementación de la estrategia. Como dice Salomón Chertorivski, "en política pública el diseño es fundamental, y la evaluación, insustituible; pero la magia está en la implementación".[86]

Una adecuada implementación requiere por supuesto de un ejercicio permanente de evaluación, que arroje la información necesaria para hacer los ajustes pertinentes tanto al diseño original como a la ejecución misma.

México ha dado grandes pasos al crear un organismo autónomo, cuya tarea es evaluar las políticas públicas en materia de desarrollo social y combate a la pobreza (Coneval); sin embargo, una asignatura pendiente es la creación de un órgano técnico, no político, capaz de desempeñar tareas similares en materia de seguridad, con los recursos necesarios, el profesionalismo requerido, y con verdaderos márgenes de autonomía. Un papel que claramente no ha desempeñado el Secretariado Ejecutivo del Sistema Nacional de Seguridad Pública en la última década.

Lo que no se mide no se puede mejorar, y mientras el diseño y la evaluación de las políticas públicas en materia de seguridad y justicia estén sujetos a los caprichos del gobernante en turno, difícilmente se hará realidad el anhelo de paz que pasa por revertir la alarmante incidencia criminal. Las políticas públicas en materia de seguridad no solo están plagadas de corrupción, sino también de un enorme grado de improvisación. Existe un problema serio de gobernanza (cómo se toman las decisiones) en materia de política de seguridad, y la rendición de cuentas es casi nula. Un organismo como el que se propone es crucial para subsanar estas deficiencias.

Por un México seguro y en paz

El objetivo de recuperar la paz es tan urgente como complejo de lograr. Como se ha expuesto, requiere de un sistema integral, compuesto por órganos del Estado eficaces y bien coordinados, capaces de cumplir con su función; así como del involucramiento activo de la ciudadanía en general y de las organizaciones de la sociedad civil y el sector privado en particular. No repetiremos los argumentos relativos a la necesidad de abordar el problema con un enfoque sistémico, porque lo expuesto en el capítulo anterior es igualmente aplicable en esta materia.

No existen las recetas mágicas. Para lograr cambios duraderos, se requiere de un sistema eficaz en materia de prevención, investigación, readaptación y procuración e impartición de justicia, con el pleno involucramiento de la sociedad. Además de atacar las causas directas del delito, como se ha dicho, se impone la necesidad de hacerse cargo de los factores estructurales que refuerzan el problema.

Es necesario insistir en que contar con cuerpos policiacos civiles, profesionales, íntegros, bien equipados, bien remunerados, bien reconocidos y comprometidos, ciertamente, no es una condición suficiente, pero sí una absolutamente necesaria en la que hay que concentrarse.

En la medida en la que se avance en el fortalecimiento de los cuerpos civiles de policía de los tres órdenes de gobierno, se podrá avanzar en el objetivo de que las Fuerzas Armadas regresen a sus tareas constitucionales; sin embargo, tampoco debe descartarse por completo su participación en contextos particulares y de forma temporal, en los términos explicados.

Para avanzar hacia la recuperación de la paz, resulta también fundamental investigar y combatir la penetración criminal en las estructuras del Estado, así como contener de forma oportuna el desplazamiento de actividades del crimen organizado a nuevos territorios y con nuevos giros delictivos.

Es muy importante comprender que los mecanismos causales de los fenómenos delictivos más graves responden a lógicas locales. De ahí que su atención requiera acciones diferenciadas y focalizadas. En algunos lugares hay apoyo de comunidades a organizaciones criminales, en otros hay factores sociales que explican ciertos delitos. Por lo tanto, no hay una solución nacional única, sino distintas soluciones locales y regionales que deben articularse en una gran estrategia nacional.

Decía Einstein que la locura consiste en hacer lo mismo una y otra vez y esperar resultados diferentes. Seguir con más de lo mismo no es opción, como tampoco hay espacio para la resignación. Haciendo lo correcto sí podemos construir un México seguro y en paz.

En los siguientes dos capítulos se analizará el fenómeno del narcotráfico, con todas sus implicaciones, y se abordará el debate relativo a la legalización de las drogas.

6

El narcotráfico

LOS ORÍGENES DE LA PROHIBICIÓN DE LAS DROGAS

La prohibición de la producción, venta y consumo de drogas, tan normal en nuestro tiempo, es en realidad un fenómeno bastante reciente. En Estados Unidos, a escala nacional, se prohibió el uso del opio y de la cocaína para fines no médicos en 1914, y la marihuana se agregó a la lista de sustancias controladas en 1937.[1]

En México el tráfico de drogas se prohibió en 1923, en el contexto de un gobierno posrevolucionario que estaba ávido de obtener reconocimiento internacional, especialmente del gobierno de Estados Unidos que, desde entonces, ya promovía la prohibición más allá de sus fronteras.[2] El Código Penal Federal de 1931 tipificó el tráfico, producción, posesión, compra, venta, suministro y cultivo de determinadas sustancias y plantas en el capítulo relativo a los delitos contra la salud.[3]

El año clave en términos de implementación de la política prohibicionista es 1971, cuando el Presidente de Estados Unidos, Richard Nixon, declaró la guerra contra las drogas y convirtió en una auténtica prioridad el combate al narcotráfico en el ámbito nacional e internacional.

La conferencia de prensa ofrecida por el presidente Nixon el 17 de junio de 1971, en la que estuvo acompañado por los líderes tanto republicanos como demócratas del Congreso,[4] marca un antes y un después en este tema. Nixon abrió la conferencia diciendo que iba a repetir la afirmación con la que también había iniciado la reunión que acababa de sostener con los líderes parlamentarios: "El enemigo público número uno de Estados Unidos es el abuso de las drogas". Y expuso que:

Para combatir y derrotar a ese enemigo, es necesario ir con todo, en una nueva ofensiva. Le he pedido al Congreso proveer lo necesario en materia legislativa, así como asignar los recursos para financiar este ataque. La ofensiva será lanzada a nivel mundial y se hará cargo tanto del problema de las fuentes de abasto, como del caso de los estadunidenses destacados en el extranjero, en donde quiera que se encuentren. Será librada por el gobierno en su totalidad [...].[5]

La iniciativa de Nixon daría origen a la DEA,[6] una poderosa agencia gubernamental encargada de combatir el narcotráfico, de la que se hablará más adelante.

El auge de las drogas sintéticas: más potentes y letales

Casi 50 años después de esa declaratoria de guerra, hoy las drogas son más potentes y letales que nunca. Como puede observarse en la gráfica 6.1, las muertes por sobredosis han aumentado de manera consistente en Estados Unidos. Se toma como referencia ese país, pues es el mayor consumidor de drogas del mundo. En 2017 fallecieron 70 237 personas por sobredosis, 317% más que en 1999, y aunque en 2018 se reportó una ligera disminución, la cifra sigue siendo la segunda más alta de las últimas dos décadas.

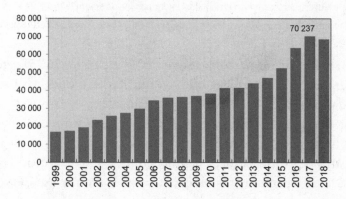

GRÁFICA 6.1 Muertes por sobredosis en Estados Unidos (1999-2018).

Fuente: Elaboración propia con datos de "Overdose Death Rates", CDC Wonder Online Database (Centers for Disease Control and Prevention, National Center for Health Statistics, 2020).

Siempre que una persona muere por sobredosis, se hace un análisis para identificar las sustancias contenidas en su sangre. Como puede observarse en la gráfica 6.2, a partir de 2014 se identificó un fuerte incremento en el consumo de narcóticos sintéticos, especialmente el opiáceo sintético denominado fentanilo. En la actualidad, es la sustancia mayormente vinculada a la muerte de personas por sobredosis.

En la misma gráfica se puede observar que al fentanilo le siguen otros opiáceos: los de prescripción médica. En tercer y cuarto lugar se encuentran la heroína y la cocaína. Si se observa el número de fallecimientos vinculados al consumo de cada una de las sustancias, se

237

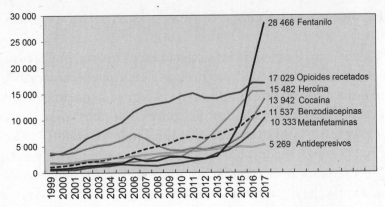

GRÁFICA 6.2 Muertes por sobredosis en Estados Unidos por tipo de droga (1999-2017).
Fuente: Elaboración propia con datos de National Institute on Drug Abuse, "Overdose Death Rates".

encontrará que el número de casos en 2017 rebasa los 70 237 referidos en la gráfica 6.1; la razón es que, en muchas ocasiones, las personas fallecidas consumieron más de una sustancia.

Por ejemplo, de las casi 15 500 muertes vinculadas con el consumo de heroína, en más de la mitad de los casos también se encontraron rastros de consumo de fentanilo (gráfica 6.3). Lo mismo ocurre en el caso de fallecimientos vinculados con la cocaína (gráfica 6.4).

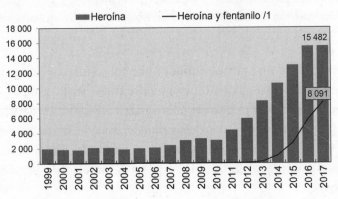

GRÁFICA 6.3 Muertes por sobredosis de heroína en Estados Unidos (1999-2017).
/1 Fentanilo y otros narcóticos sintéticos.
Fuente: Elaboración propia con datos de National Institute on Drug Abuse, "Overdose Death Rates".

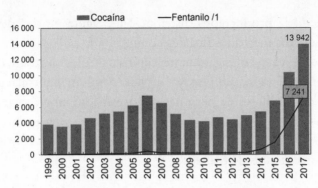

GRÁFICA 6.4 Muertes por sobredosis de cocaína en Estados Unidos (1999-2017).
/1 Fentanilo y otros narcóticos sintéticos.
Fuente: Elaboración propia con datos de National Institute on Drug Abuse, "Overdose Death Rates".

El fentanilo es un opioide, porque tanto su estructura química como sus efectos imitan al opio; y es sintético porque se fabrica en un laboratorio, sin necesidad de contar con la goma de opio como materia prima, por lo que su producción no tiene vínculo alguno con los sembradíos de amapola. Es ampliamente utilizado en medicina, debido a sus efectos analgésicos y anestésicos.

Su utilización a gran escala como droga ilegal es reciente. La Oficina de Aduanas y Protección Fronteriza (CBP) de Estados Unidos empezó a llevar un registro de hallazgos sobre su ingreso ilegal a ese país a finales del año 2015. En 2016, los decomisos rebasaron los 270 kilogramos, y para 2017 la cifra prácticamente se triplicó, al llegar a 850 kilogramos a nivel nacional.[7]

De acuerdo con la DEA, la producción clandestina de fentanilo se da principalmente en México.[8] También se ha detectado mucho fentanilo proveniente de China, enviado a Estados Unidos a través del sistema postal.[9]

Las consecuencias del mercado ilegal de drogas no se limitan a quienes abusan del consumo de narcóticos, sino que también explican buena parte de la creciente violencia en los dos lados de la frontera, en particular en México. Un porcentaje considerable de los homicidios cometidos durante los últimos 14 años en México está relacionado con la producción, distribución y venta de narcóticos, así como con otros mercados ilegales conexos.

Como se verá en el siguiente capítulo, miles de trágicos fallecimientos en Estados Unidos y en México están interrelacionados: mientras que millares de personas son asesinadas en México con armas de fuego provenientes de Estados Unidos, una gran cantidad de quienes mueren por sobredosis en Estados Unidos consumieron drogas provenientes de México.

Breve recuento del narcotráfico en México

Antecedentes: el tráfico de drogas hasta la década de 1980

David Shirk y Luis Astorga han señalado que para la década de 1940, ya había importantes sembradíos de amapola y marihuana en la zona conocida como el "Triángulo Dorado", que es la parte de la Sierra Madre Occidental de México en la que convergen los estados de Sinaloa, Chihuahua y Durango.[10]

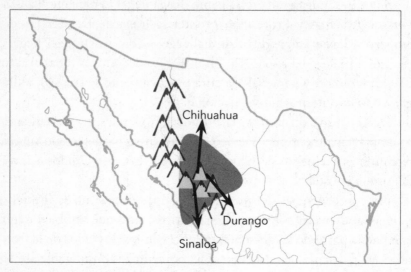

Imagen 6.1 Región del Triángulo Dorado.
Fuente: Elaboración propia.

La zona presenta importantes ventajas para quienes se dedican a esa actividad ilícita, empezando por el clima, que es muy favorable para producir los cultivos necesarios. Además, el estado de Sinaloa cuenta con 650 kilómetros de costa hacia el océano Pacífico y una relativa cercanía con Estados Unidos, lo cual abre muchas posibilidades desde el punto de vista logístico; y la confluencia de tres entidades federativas en las montañas ofrece múltiples rutas a quienes requieren escapar de las autoridades.

A mediados del siglo XX, algunos narcotraficantes ya introducían a Estados Unidos drogas desde las ciudades fronterizas de Mexicali y Tijuana, en complicidad con figuras estadounidenses del crimen organizado.

En el contexto del movimiento contracultural de la década de 1960, la demanda de drogas ilegales aumentó de manera considerable, mientras que la oferta se redujo, especialmente en el caso de la heroína proveniente de Turquía, debido al desmantelamiento de la red de tráfico conocida como la "conexión francesa", como resultado de la guerra declarada por Nixon. Esto fue aprovechado por traficantes mexicanos, que incrementaron sus exportaciones a Estados Unidos.[11]

El consumo de cocaína siguió creciendo en Estados Unidos durante los años setenta y ochenta.[12] En aquellos tiempos, los cárteles colombianos la introducían principalmente a través de Miami, donde los índices de violencia aumentaron dramáticamente. En 1982, el gobierno del presidente Ronald Reagan lanzó una fuerte ofensiva contra el narcotráfico en el sur de Florida, mediante la creación de un grupo de trabajo de alto nivel (South Florida Task Force), encabezado por el entonces vicepresidente de Estados Unidos, George H. W. Bush, e integrado por distintas agencias como la DEA, el FBI, el IRS y el Ejército.[13]

Para mediados de los años ochenta, los intensos operativos provocaron que los cárteles colombianos cerraran sus rutas del sur de Florida y buscaran nuevas alternativas para introducir la droga a Estados Unidos. Así nace una serie de alianzas estratégicas entre los cárteles colombianos y los cárteles mexicanos, dado que estos últimos ya contaban con múltiples rutas terrestres, muy bien establecidas, a lo largo de la extensa frontera de más de 3 mil kilómetros que separa a México de Estados Unidos.

Uno de los primeros narcotraficantes mexicanos en entablar relaciones con los cárteles colombianos fue el expolicía[14] Miguel Ángel Félix Gallardo, cuya organización criminal fue conocida como el Cártel de Guadalajara. Tanto Félix Gallardo como la mayoría de los más destacados integrantes de su organización eran originarios del estado de Sinaloa. Es el caso de los hermanos Arellano Félix, Juan José *El Azul* Esparragoza, Héctor *El Güero* Palma, Rafael Caro Quintero, Ernesto *Don Neto* Fonseca, Ismael *El Mayo* Zambada, Amado Carrillo Fuentes y, por supuesto, Joaquín *El Chapo* Guzmán.

Hasta mediados de los años ochenta, la violencia relacionada con los cárteles de la droga era realmente baja en México, lo cual se explica por dos razones: en primer lugar, porque el Cártel de Guadalajara era tan dominante que prácticamente no había disputas entre organizaciones criminales; en segundo lugar, porque este operaba con total impunidad, con la tolerancia y, en muchos casos, con la complicidad de las autoridades, por lo que los enfrentamientos con el gobierno eran escasos.

El fin de la pax narca *en México: el caso Camarena*

Hay un incidente que marca el fin de las dos condiciones que explican la *pax narca,* así como el inicio de un sinnúmero de disputas entre organizaciones criminales, que persisten hasta la fecha y que se han agravado en los últimos lustros. Ese suceso se relaciona con la agencia antidrogas creada en la administración de Nixon. Se trata del asesinato del agente estadounidense de la DEA: Enrique *Kiki* Camarena.

El contexto en el que se inscribe el asesinato de Camarena tiene que ver con un espectacular operativo, que se llevó a cabo en noviembre de 1984 en el rancho El Búfalo, en Chihuahua, propiedad de Caro Quintero. El operativo fue sugerido por Estados Unidos, y el agente Enrique Camarena desempeñó un papel muy importante en su ejecución.

La revista *Time* bautizó la operación como "el golpe del siglo". Se incautaron y destruyeron 9 mil toneladas de marihuana. El complejo contaba con enormes graneros para almacenar la droga, instalaciones de secado y envasado, un estacionamiento para 30 camiones y se estima que trabajaban ahí unos 7 mil campesinos.[15]

En represalia por el operativo, el Cártel de Guadalajara secuestró, torturó y asesinó a Camarena.[16] La presión del gobierno de Estados Unidos motivó una amplia investigación, que concluyó con el arresto y procesamiento de Caro Quintero, Ernesto Fonseca y el propio Miguel Ángel Félix Gallardo. Los dos primeros fueron apresados en 1985, mientras que Félix Gallardo fue detenido hasta 1989.

El asesinato de Camarena y el arresto de los líderes del Cártel de Guadalajara significaron el fin de las dos condiciones que explicaban los bajos niveles de violencia. Primero, por presión del gobierno de Estados Unidos, la Dirección Federal de Seguridad (DFS) de la Secretaría de Gobernación —penetrada por el Cártel de Guadalajara— tuvo que ser desmantelada. Segundo, el Cártel de Guadalajara se fracturó, lo que dio inicio a una lucha cruenta entre facciones que originalmente eran parte de la misma organización. Terminaba la era de un sistema criminal cohesionado y nacía una nueva etapa, caracterizada por una feroz competencia y niveles crecientes de violencia.

Se ha dicho que de no haber sido capturados los líderes del Cártel de Guadalajara, la *pax narca* habría prevalecido; sin embargo, lo más probable es que tarde o temprano se hubiera fragmentado la organización criminal. Lo que sí es cierto es que el asesinato de Camarena y el arresto de Gallardo, Quintero y Fonseca marcan un antes y un después en la historia del narcotráfico en México y en las instituciones de seguridad pública del país. El fin de la Dirección Federal de Seguridad significó el uso cada vez mayor de las Fuerzas Armadas en tareas de seguridad pública, pero también el inicio de la profesionalización de algunas instituciones del Estado, tanto de policía como de inteligencia, para hacer frente a la creciente amenaza del crimen organizado.

La fragmentación del Cártel de Guadalajara y la disputa entre facciones: los cárteles de Sinaloa, Tijuana y Juárez

Tras los arrestos y la desaparición de la DFS, el Cártel de Guadalajara se dividió en tres organizaciones principales: el Cártel de Tijuana de los hermanos Arellano Félix; el Cártel de Juárez de Rafael Aguilar y Amado Carrillo; y el Cártel de Sinaloa de Héctor *El Güero* Palma y Joaquín *El Chapo* Guzmán.

Como se dijo, la fractura del Cártel de Guadalajara dio inicio a un sinnúmero de enfrentamientos entre las nuevas organizaciones. En una primera etapa, gran parte de la lucha tuvo lugar entre el Cártel de Sinaloa y el de los Arellano Félix. Uno de los episodios más emblemáticos ocurrió en 1992, en la discoteca Christine de Puerto Vallarta, Jalisco: los pistoleros del *Chapo* Guzmán intentaron matar a los hermanos Arellano Félix, del Cártel de Tijuana.[17]

Al año siguiente, en mayo de 1993, el cardenal Juan Jesús Posadas Ocampo fue asesinado a tiros en el estacionamiento del aeropuerto de Guadalajara. Según la versión oficial, los pistoleros de los Arellano Félix lo confundieron con *El Chapo* Guzmán.[18]

El Cártel del Golfo y su brazo armado, Los Zetas

En paralelo al surgimiento de las tres organizaciones mencionadas, cuyo origen común es el Cártel de Guadalajara, surgió otra poderosa organización criminal, que sería conocida como el Cártel del Golfo.

Sus orígenes se remontan a Juan Nepomuceno Guerra, contrabandista de alcohol en la época de la prohibición estadounidense. En los años ochenta, su sobrino Juan García Ábrego asumió el liderazgo de la organización, ahora dedicada al narcotráfico. En 1996, García Ábrego fue arrestado y extraditado a Estados Unidos. Después de violentas disputas internas, su lugar fue ocupado por Osiel Cárdenas Guillén.

La ciudad fronteriza de Nuevo Laredo, Tamaulipas, colindante con Laredo, Texas, es una plaza muy codiciada por las organizaciones criminales. Los narcotraficantes aprovechan el inmenso volumen de bienes que diariamente cruzan de manera legal hacia Estados Unidos, para "pasar" la droga.

En 2019, el número de camiones de carga que cruzaron, exclusivamente a través de Nuevo Laredo, fue de 2 364 681. Esto es más del doble de los camiones que cruzaron por Ciudad Juárez y tres veces más que los que lo hicieron por Tijuana.[19] En promedio, todos los días cruzan unos 6 500 camiones de carga, lo cual abre innumerables oportunidades para el contrabando de mercancía ilegal, y explica el hecho de que Nuevo Laredo sea tan disputado por los narcotraficantes.

Osiel Cárdenas Guillén, jefe del Cártel del Golfo, decidió formar un grupo armado que le permitiera enfrentar al gobierno y a otras organizaciones criminales. La persona que reclutó para ese propósito fue Arturo Guzmán Decena, desertor del Ejército mexicano, que había sido entrenado, al más alto nivel, como parte del GAFE (Grupo Aeromóvil de Fuerzas Especiales).[20]

Guzmán se dedicó a reclutar soldados desertores, a los que les fue asignado un código de identificación personal con la letra Z. De ahí su nombre: Los Zetas. Guzmán Decena fue *El Z-1*, hasta su muerte en 2002. Su lugar al frente de la organización fue ocupado por Heriberto Lazcano Lazcano, *El Lazca* o *El Z-3*, quien a su vez fue abatido en 2012 y sucedido por Miguel Ángel Treviño Morales, *El Z-40*.[21]

Como se ha visto, hasta mediados de los años ochenta el Cártel de Guadalajara era dominante, pero a raíz de la captura de Félix Gallardo, la organización se dividió. Para el año 2006 en que Calderón asumió la Presidencia de la República, eran cuatro las organizaciones criminales más poderosas en México: el Cártel de Tijuana, el Cártel de Sinaloa, el Cártel de Juárez y el Cártel del Golfo, con su sanguinario brazo armado, Los Zetas.[22]

Las escisiones y la atomización de las organizaciones criminales: OCBL y La Familia-Templarios

Así, México pasó de tener una organización criminal altamente dominante a contar con cuatro, cuyas escisiones explican, en buena medida, el surgimiento de las agrupaciones existentes hasta hoy. Por ejemplo, los hermanos Beltrán Leyva, originalmente coordinados con el Cártel de Sinaloa, se separaron y se convirtieron en sus acérrimos rivales. La historia de esa separación inició en 2008, cuando Alfredo Beltrán Leyva, *El Mochomo*, fue capturado por las autoridades. Sus hermanos culparon al *Chapo* Guzmán, lo acusaron de traición y decidieron separarse de su organización, lo que dio origen a una nueva, que sería conocida como la Organización Criminal de Los Beltrán Leyva (OCBL).

La violenta organización criminal de Los Zetas tuvo su origen, como se ha visto, en el Cártel del Golfo, del que eventualmente se escindió para luego convertirse en uno de sus rivales. Los orígenes de la escisión se remontan al 2003, cuando Osiel Cárdenas, líder del Cártel del Golfo, fue arrestado. La inestabilidad subsecuente desembocó, tras un largo proceso, en la separación de Los Zetas del Cártel del Golfo.

Así, el mapa de mediados de los años ochenta, con una sola organización criminal dominante, se ha vuelto cada vez más complejo con el paso de los años. Lantia Consultores ha dado seguimiento a las escisiones y al surgimiento de nuevas organizaciones criminales.

En la tabla 6.1 puede observarse la evolución de las organizaciones criminales en México a partir de 2007. La tonalidad indica la organización en la que los nuevos grupos tienen sus raíces. Queda claro que la organización de la que más grupos criminales han surgido es el Cártel de Sinaloa.

A su vez, tras el abatimiento de Marcos Arturo Beltrán Leyva, *El Barbas*, líder de la OCBL, en diciembre de 2009 en Cuernavaca, inició un proceso de fragmentación: surgieron varias escisiones principalmente en Guerrero y Morelos, como La Barbie, Los Ardillos, Los Rojos, el Cártel Independiente de Acapulco (CIDA), La Barredora, el Cártel del Pacífico Sur, Guerreros Unidos y el Cártel del Sur; así como Los Mazatlecos de Fausto Isidro Meza Flores, *El Chapo Isidro*, con presencia principalmente en Sinaloa y Sonora.

El violento y hoy poderoso Cártel Jalisco Nueva Generación[23] tiene su origen en el Cártel del Milenio —antiguo aliado del Cártel de Sinaloa— al igual que La Resistencia; mientras que de La Empresa

BREVE RECUENTO DEL NARCOTRÁFICO EN MÉXICO

2007	2008-2009	2010	2011	2012	2013-2015	2016-2017	2018	2019-2020
Juárez	Juárez	Juárez	Juárez	Juárez	Juárez	Juárez-LaLinea	Nuevo Cártel de Juárez	Nuevo Cártel de Juárez
Tijuana	Tijuana	Tijuana	Tijuana	Tijuana	Tijuana	Tijuana	Sinaloa	Cártel de Tijuana Nueva Generación
Sinaloa	Sinaloa	Sinaloa	Sinaloa	Sinaloa	Sinaloa	Sinaloa	Los Mazatlecos	Sinaloa
La Empresa	Beltrán Leyva	Beltrán Leyva	Beltrán Leyva	Beltrán Leyva	Beltrán Leyva	Los Mazatlecos	Los Ardillos	Los Mazatlecos
Milenio	Familia Michoacana	La Barbie	Los Ardillos	Los Ardillos	Los Mazatlecos	Los Ardillos	Los Rojos	Los Ardillos
Golfo	Milenio	Familia Michoacana	Los Rojos	Los Rojos	Los Ardillos	Los Rojos	CIDA	Los Rojos
	Golfo-Zetas	Milenio	CIDA	CIDA	Los Rojos	CIDA	La Barredora	CIDA
		Golfo	La Barredora	La Barredora	CIDA	La Barredora	Cártel del Sur	Cártel del Sur
		Zetas	Pacífico Sur	Pacífico Sur	La Barredora	Cártel del Sur	Guerreros Unidos	Guerreros Unidos
			Guerreros Unidos	Guerreros Unidos	Cártel del Sur	Guerreros Unidos	Los Tequileros	Los Viagras-La Nueva Familia Michoacana
			Familia Michoacana	Familia Michoacana	Guerreros Unidos	Los Tequileros	CJNG	CJNG
			Caballeros Templarios	Caballeros Templarios	La Familia	CJNG	Cártel Nueva Plaza	Cártel Nueva Plaza
			CJNG	Tláhuac-Los Ojos	Caballeros Templarios		Cártel del Noreste	Cártel del Noreste
			La Resistencia	CJNG	Tláhuac			Cártel de Santa Rosa de Lima
			Golfo	La Resistencia	CJNG			La Unión Tepito
			Zetas	Golfo				
				Zetas				

6 organizaciones criminales principales (OC)

2007	2008-2009	2010	2011	2012	2013-2015	2016-2017	2018	2019-2020
6	7 OC	9 OC	16 OC	17 OC	14 OC	12 OC	13 OC	15 OC

TABLA 6.1 Principales organizaciones criminales en México, 2007-2020.
Fuente: Lantia Consultores.

derivan La Familia Michoacana, Los Caballeros Templarios, El Cártel de Tláhuac, Los Tequileros, La Nueva Familia Michoacana y Los Viagras. Según Lantia, actualmente ya no existen el Cártel del Golfo ni Los Zetas como organizaciones cohesionadas, dado que se fragmentaron en una veintena de grupos antagónicos entre sí, como el Cártel del Noreste, Los Ciclones o Los Metros.

También existen grupos o mafias locales y regionales que han existido a la par de las grandes organizaciones criminales, por ejemplo, la familia Amezcua del Cártel de Colima; la familia Camarillo Salas del Cártel de Tepito, posteriormente transformada en La Unión Tepito; la familia Díaz Parada del Cártel de Oaxaca; la familia Terán del Cártel de Juchitán; el Cártel de Cancún; o el Cártel de Santa Rosa de Lima dirigido por José Antonio Yépez Ortiz, *El Marro*, recientemente capturado en Guanajuato.

De acuerdo con los registros de Lantia Consultores, el mapa criminal es aún más complejo que este breve recuento; sus registros de 2019 dan cuenta de aproximadamente 230 grupos del crimen organizado en el país.

MERCADOS DE DROGA EN MÉXICO: PRODUCCIÓN Y TRÁFICO[24]

Como en el caso de los ingresos de las organizaciones criminales en general, dimensionar de forma certera el tamaño del mercado del narcotráfico es prácticamente imposible; sin embargo, los informes de Naciones Unidas realizan estimados con base en cuestionarios, estudios y cifras oficiales que pueden resultar útiles para entender la magnitud de los principales mercados del narcotráfico en la región.

De acuerdo con el último *Informe Mundial de Drogas 2019*, el de los opioides (como la heroína), con 13 millones 720 mil usuarios, es el mercado de drogas ilegales más grande en América del Norte (México, Estados Unidos y Canadá); el tamaño de ese mercado representa alrededor del 4% de la población de 15 o más años en la región. Le sigue el mercado de las anfetaminas (y derivados como la metanfetamina) con 7 millones 690 mil usuarios. La cocaína es el tercer mercado en importancia, con 6 millones 950 mil usuarios.

Si bien el mercado de marihuana es más de tres veces mayor al de los opioides, con 44 millones 810 mil usuarios, también es cierto que en Estados Unidos y Canadá la cannabis ya puede obtenerse de forma legal, lo que ha reducido las ganancias y la participación de las organizaciones criminales en su comercio.

En el caso de la cocaína, las organizaciones criminales mexicanas —particularmente las de presencia regional como El Cártel del Noreste, La Línea, el Nuevo Cártel de Juárez, Los Ciclones, y de forma más dominante los cárteles nacionales como el Cártel de Sinaloa y el Cártel Jalisco Nueva Generación— la trafican desde países productores en Sudamérica, sobre todo desde Colombia y Ecuador, y en menor medida desde Perú y Bolivia. Una vez en México, al igual que para otros narcóticos, se utilizan rutas marítimas y terrestres —tanto por autopista como por ferrocarril— hacia Estados Unidos.

Respecto de la marihuana, México es de los mayores productores en el mundo, sobre todo en la zona del Triángulo Dorado;[25] sin embargo, la zona de cultivo se extiende a municipios de prácticamente todos los estados con costa hacia el Pacífico.[26] En el caso de la amapola y la adormidera, la producción se encuentra principalmente en el Triángulo Dorado, en Guerrero y en Nayarit.

Para la producción de narcóticos sintéticos los puertos de Manzanillo, Colima, y Lázaro Cárdenas, Michoacán, son estratégicos, dado que los precursores químicos se obtienen principalmente de Asia. En esos lugares se observa la participación de escisiones de La Familia y de Los Caballeros Templarios, así como del Cártel Jalisco Nueva Generación y del Cártel de Sinaloa.

LA DIVERSIFICACIÓN DE LAS ACTIVIDADES CRIMINALES Y EL COMBATE AL NARCOTRÁFICO

Como se adelantó en el capítulo anterior, aunque la principal actividad de las organizaciones criminales en México continúa siendo el narcotráfico y, por consiguiente, los negocios de narcomenudeo conexos, ahora también predomina en su dinámica criminal la comisión de delitos considerados de alto impacto, como el robo a transportistas y a los ferrocarriles, el tráfico y trata de personas, el robo de combustibles y la extorsión presencial (cobro de derecho de piso).

Es un hecho que la violencia en México no inició en el sexenio del expresidente Felipe Calderón; sin embargo, la tasa de homicidios se duplicó a los cuatro años de iniciada su gestión, a partir de su decisión de involucrar al Ejército y a la Marina en el combate al crimen organizado, a una escala jamás vista. Asimismo, las pugnas constantes entre las organizaciones criminales son parte de la explicación relativa a los altos índices de violencia, como se expuso en el capítulo anterior.

Los golpes al crimen organizado en esos años fueron realmente espectaculares. El 15 de marzo de 2007, tras el arresto de Zhenli Ye Gon, importador de precursores para la fabricación de metanfetaminas, tuvo lugar el mayor decomiso de dinero en efectivo en la historia, no solo de México, sino de todo el mundo: 206 millones de dólares.

A finales de ese mismo año, el 31 de octubre, el gobierno decomisó, en el puerto de Manzanillo, Colima, más de 23 toneladas de cocaína, una cantidad jamás confiscada en ninguna otra parte del planeta. En un solo operativo, se superó todo lo decomisado en los seis años anteriores.

Eduardo Guerrero, socio de Lantia Consultores, explica por qué los espectaculares arrestos y decomisos no contribuyeron a disminuir los índices de violencia. Con este esquema (imagen 6.2), Guerrero muestra la relación entre la violencia y la política de arrestos del gobierno: cuando el gobierno federal intensifica los operativos de arresto de las cabezas de las organizaciones criminales, y esto se combina con policías débiles a nivel local, el resultado es un mercado oligopólico, es decir, fragmentado entre unas cuantas organizaciones que se disputan el mercado violentamente.

Guerrero no sugiere que la solución deba ser la inacción del gobierno frente a los grupos criminales. Lo que él explica es que cuando no existen policías locales fuertes y bien organizadas, capaces de imponer el orden, y el gobierno federal arresta a los líderes de las

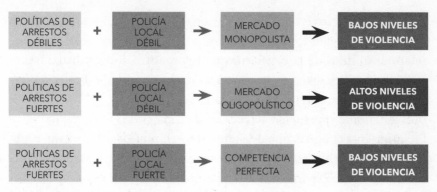

IMAGEN 6.2 Crimen organizado: estructura y violencia.
Fuente: Lantia Consultores.

organizaciones, y con ello propicia su fragmentación, los índices de violencia aumentan.

Según su hipótesis, eso es lo que ha venido sucediendo principalmente a partir de la presidencia de Felipe Calderón, durante la cual fueron arrestados o abatidos 30 importantes capos de diversas organizaciones criminales —sin priorizar, suficientemente, entre las más nocivas y violentas—, en contraste con apenas 10 capturados a lo largo de los dos sexenios anteriores. De hecho, cuando se trabajó en la contención y en el desmantelamiento de Los Zetas, se registró una disminución en la tasa de homicidios por tratarse de la organización más violenta del momento.

Por otra parte, a la explicación de Guerrero habría también que agregar el problema de las profundas deficiencias en los procesos de investigación e impartición de justicia, producto de la falta de recursos y de capacidades de las policías y de los ministerios públicos en México.

En Estados Unidos, las fiscalías están obligadas a llevar a cabo investigaciones muy rigurosas. Su capacidad para investigar debe ser sobresaliente, dado que su reto principal no es solo ubicar a los delincuentes, sino demostrar su culpabilidad ante los jueces a través de sólidos expedientes basados en esas investigaciones. Por el contrario, en México la investigación —con algunas honrosas excepciones— es francamente deficiente.

Al no haber investigación profesional y profunda, los operativos en nuestro país suelen limitarse al arresto de los líderes y no al desmantelamiento de toda la estructura de la organización criminal. Ante la falta de investigación, las capturas de los grandes capos, sin consecuencias para el resto de la organización, no solo no resuelven el problema, sino que suelen acrecentar los índices de violencia, debido a las sangrientas pugnas que desatan, tanto al interior de las mismas organizaciones criminales como frente a las rivales, que encuentran una oportunidad de expansión ante la desestabilización de su competencia.

NARCOMENUDEO Y CONSUMO DE DROGAS

Las actividades de narcomenudeo en México suelen estar delegadas a pandillas, agrupaciones menores o individuos con una relación usualmente alejada de los liderazgos de las principales organizaciones criminales.[27]

En los últimos tres años, según datos de carpetas de investigación, los casos de narcomenudeo muestran un incremento del 55%;[28] sin embargo, estas cifras deben tomarse con cautela por varias razones: primero, porque no siempre el incremento en el número de denuncias implica mayor incidencia, y viceversa;[29] y segundo, porque la Tabla de Orientación de Dosis Máximas y Consumo Personal establece umbrales muy bajos —menores a las cantidades que habitualmente se venden para consumo personal—. Por ejemplo, la legislación vigente considera como narcomenudista a aquel que posea más de medio gramo de cocaína, mientras que en el mercado esa droga suele venderse por gramo (por eso el nombre, "grapa"). En otras palabras, es posible que una parte de los consumidores se esté contabilizando como narcomenudista sin serlo en la práctica.

De acuerdo con un seguimiento de Lantia Consultores, en el último lustro en ciudades como Guadalajara, Cancún, la Ciudad de México y Cuernavaca, las drogas más vendidas por los narcomenudistas son la marihuana (casi el 80% del total), seguida por la cocaína y por las drogas sintéticas.

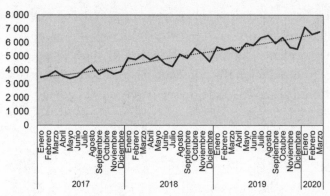

GRÁFICA 6.5 Número de carpetas de investigación de narcomenudeo en México, 2017-2020.
Fuente: Secretariado Ejecutivo del Sistema Nacional de Seguridad Pública (SESNSP).

Esto coincide con los datos de la última Encuesta Nacional de Drogas, Alcohol y Tabaco 2016-2017, que establece que la droga más consumida es la marihuana (8.6% de la población nacional, casi el doble que una década atrás), seguida de la cocaína (con 3.5% de la población), mientras que los narcóticos sintéticos como las metanfetaminas alcanzan menos del 1 por ciento.[30]

Asimismo, se registra un incremento en el porcentaje de personas que habían consumido alguna droga a lo largo de su vida, pasando del 4.5% en el ejercicio previo de 2011, al 10.3% en 2016.

La política de drogas actual es obsoleta y la evidencia muestra que el consumo está aumentando. Es necesario transitar de un enfoque solamente punitivo —que criminaliza a los consumidores— y centrado en la prohibición de las sustancias, a uno con políticas públicas basadas en evidencia, que pongan a las personas en el centro, y cuyo enfoque sea de salud pública.

Las políticas de prevención son muy escasas y la carencia de centros públicos de rehabilitación es notable. Para mucha gente, la única opción disponible son los "anexos", operados al margen de la ley, sin supervisión oficial, y en los que los internos frecuentemente se enfrentan a métodos crueles, carentes de cualquier base científica.

Si algo han dejado claro estos años de intensa y costosísima batalla a nivel mundial en contra del narcotráfico, es que mientras exista demanda, habrá oferta de drogas, sin importar cuántos recursos se inviertan para evitarlo.

En el siguiente capítulo se discutirá el modelo prohibicionista vigente, sus implicaciones y consecuencias, así como las distintas alternativas frente al actual modelo, que parece estar agotado.

7

Debate sobre la legalización de las drogas

El diseño de una nueva política de drogas necesariamente implica una discusión sobre el actual modelo, centrado en la prohibición. La creación de ese modelo y su evolución es relativamente reciente, en especial si se considera que el consumo de sustancias psicotrópicas es tan antiguo como los inicios de la civilización. Sin embargo, durante los últimos 50 años, siguiendo la política restrictiva impulsada por Estados Unidos, muchos países latinoamericanos la adoptaron como propia y declararon la "guerra contra las drogas".

Actualmente, la prohibición es la norma en todo el mundo. En ningún país está legalizada la producción, venta y consumo de todas las drogas. En 2001, en Portugal, se descriminalizó la posesión, mas no la producción y venta de todas las sustancias. En el caso de la cannabis, en más del 80% de los países sigue estando prohibido el consumo para fines distintos de los médicos o científicos, y del restante 20%, en la inmensa mayoría solo se ha descriminalizado la posesión de determinadas cantidades, mientras que la producción y venta siguen siendo un delito.

Existen caminos alternativos. En la experiencia internacional destacan dos: la descriminalización, que implica eliminar las sanciones penales a la posesión de determinadas sustancias, generalmente en cantidades pequeñas; y la regulación, que implica normar toda la cadena, desde la producción hasta el consumo. En este capítulo se discutirá principalmente sobre la regulación, entendida como una modalidad de la legalización.

UNA NUEVA POLÍTICA DE DROGAS

En los últimos años, ha venido aumentando el número de personas convencidas del fracaso de la estrategia basada, fundamentalmente, en la prohibición y la represión en torno a la producción, venta y consumo de drogas. El problema de salud pública, lejos de disminuir, ha aumentado; un sinnúmero de personas han sido encarceladas, en su mayoría por posesión o venta de cantidades muy pequeñas; y la violencia relacionada con el tráfico de drogas ha alcanzado niveles de verdad alarmantes, en especial en América Latina.

En el año 2011 se creó la Comisión Global de Políticas de Drogas, integrada por líderes y expertos de distintas regiones y contextos.[1] El grupo está formado por algunas y algunos expresidentes o ex primeros ministros de distintos países: Brasil, Chile, Colombia, Grecia, Mauricio, México, Nigeria, Nueva Zelanda, Polonia, Portugal, Sudáfrica, Suiza y Timor Oriental; también forman parte de la Comisión personas con destacadas carreras en la ONU, incluyendo, hasta antes de su fallecimiento, al ex secretario general Kofi Annan (1938-2018); de Estados Unidos participa un ex secretario de Estado y un expresidente de la Reserva Federal.[2]

La característica más relevante de algunos de sus miembros es que participaron activamente, durante muchos años, en la implementación de la estrategia prohibicionista, con enorme poder de decisión y con una gran cantidad de recursos a su disposición. Desde su experiencia práctica, han llegado a la conclusión de que la estrategia prohibicionista no solo fracasó, sino que además resulta, en muchos sentidos, altamente contraproducente.

Un claro ejemplo es el caso del expresidente de Colombia, César Gaviria, quien fue electo en 1990, en un contexto de narcoviolencia sin parangón, en el que tres candidatos presidenciales fueron asesinados durante el proceso electoral. En su campaña, Gaviria prometió continuar, de manera enérgica, la lucha contra los cárteles de la droga. Eran los tiempos del poder casi total de Pablo Escobar, quien concentraba cada vez más recursos y sembraba el terror haciendo explotar edificios, derribando aviones y matando policías. Con toda la fuerza del Estado, incluyendo el uso del Ejército, Gaviria se dedicó, en cuerpo y alma, a combatir a los narcotraficantes, hasta lograr, incluso, el abatimiento de Escobar. Hoy, el mismo expresidente colombiano sostiene que:

la guerra contra las drogas fracasó. Al final, lo que vemos es que, sin importar lo que se haga, las drogas llegan a Estados Unidos. La vida de Colombia ha sido muy, pero muy difícil. Hemos sufrido tanta violencia. Debe buscarse una salida, una solución. Sabemos que solo reprimir, solo prohibir, no funciona. Lo sabemos con total certeza. Lo hemos vivido.[3]

REGULACIÓN NO SIGNIFICA LIBERALIZACIÓN SIN CONTROL

El título mismo de uno de los documentos publicado por la Comisión Global adelanta, con claridad, su propuesta: *Regulación: El control responsable de las drogas.*[4] La palabra clave es *regulación*.

En ese documento, la Comisión Global explica con detalle la diferencia entre *regulación* y *liberalización incontrolada*. Regular implica establecer reglas, mientras que una liberalización incontrolada implica exactamente lo contrario: ausencia total de normas.

El que exista regulación es lo común respecto de casi cualquier producto en el mercado, cuyo uso puede significar un riesgo. Por ejemplo, dado que el uso de un automóvil puede significar un riesgo para sus pasajeros o para terceras personas, su uso está fuertemente regulado a través de normas relativas a su fabricación, normas ambientales y también normas de tránsito que deben ser observadas por quien lo conduce. La producción y venta de medicamentos también está regulada por normas técnicas, incluyendo, por ejemplo, todo lo relativo a su fecha de caducidad. En contraste, el mercado de las drogas —con unos 275 millones de consumidores en el mundo—[5] ocurre en la clandestinidad. Como ya hemos dicho, lo que la Comisión Global plantea no es su liberalización, sino todo lo contrario: su regulación.

Desde la perspectiva de la Comisión Global y de muchos expertos en el tema, regular las drogas no debe confundirse con promover su consumo. Las drogas deben ser reguladas, no porque su consumo sea seguro y recomendable, sino exactamente por la razón contraria, porque su consumo puede ser peligroso. El abuso en el consumo de las drogas implica riesgos, tanto físicos como psicológicos. Los daños que provocan las adicciones rebasan al individuo y se extienden a su familia y a la sociedad. Por eso debe entenderse que la drogadicción es un problema de salud pública.

En términos muy generales, la Comisión Global plantea cinco enfoques, entre los cuales la autoridad puede elegir para hacer frente al reto: *1)* prohibición, *2)* descriminalización y reducción de daños, *3)* regulación legal responsable, *4)* regulación laxa y *5)* acceso irrestricto.

IMAGEN 7.1 El impacto del estatus legal en la salud.

Fuente: Comisión Global de Políticas de Drogas, *Regulación: el control responsable de las drogas* (Ginebra: Comisión Global de Políticas de Drogas, Informe 2018), 12.

Con esta gráfica, la Comisión plantea que los dos extremos que resultan más nocivos tienen algo en común: la falta de regulación. En un extremo está la prohibición, que implica un mercado ilegal no regulado; en el otro extremo está el acceso irrestricto a las drogas que, hipotéticamente, sería lícito, pero también exento de regulación. Lo que consideran el punto ideal está igualmente alejado de ambos extremos y lo llaman regulación responsable. Entre los nocivos extremos y la posición que ellos proponen, identifican dos escenarios intermedios: la descriminalización y reducción del daño, y el establecimiento de una regulación laxa.

Las siguientes secciones no se centran en la regulación laxa, ni en la prohibición, ni en la liberalización sin restricciones. El enfoque principal es hacia la regulación; sin embargo, antes se hacen algunos breves comentarios respecto de la descriminalización con reducción de riesgos y daños.

DESPENALIZACIÓN CON REDUCCIÓN DEL DAÑO

Esta modalidad no implica una regulación integral, dado que únicamente legaliza la posesión y el consumo de las drogas, mas no su producción y venta. El país pionero en materia de descriminalización y reducción del daño es Portugal.

Para finales de la década de los noventa, el país europeo enfrentaba una seria epidemia de adicciones, particularmente relacionada con el consumo de heroína. El problema era tan grave que optaron por una solución radical: en cierta medida, legalizar todas las drogas. En 2001 tomaron la decisión de descriminalizar la posesión de todas las sustancias, en cantidades pequeñas. Los recursos públicos antes utilizados para perseguir y castigar a los traficantes se canalizaron a la prevención y tratamiento de adicciones. El foco pasó de las áreas de policía y justicia a las de salud. A partir de la reforma, quien es sorprendido en posesión de drogas no es castigado, sino que se le ofrecen alternativas para dejar de consumir. Y si decide seguir consumiendo, se aplican estrategias de reducción del daño, como la entrega de jeringas para evitar contagios de VIH y hepatitis.

La descriminalización retiró el estigma a las personas con dependencia y erradicó el temor que impedía a muchos acercarse a las autoridades para pedir ayuda. La evidencia es sorprendente: Portugal pasó de tener una de las tasas más altas de consumo problemático de drogas, a tener una tasa general de bajo consumo, en comparación con otros países; el encarcelamiento por delitos de drogas disminuyó en más de 40%; las muertes por sobredosis se redujeron en un 80%. En el año 2000, el 52% de los nuevos casos de VIH/sida correspondía a consumidores de droga; para el año 2015, la cifra había bajado a 6 por ciento.[6]

Son estos resultados positivos los que explican el hecho de que la Comisión considere a la "descriminalización y reducción del daño" como una alternativa viable en ciertas circunstancias, aunque no óptima, frente a lo que llaman "regulación responsable".

LA REGULACIÓN: ARGUMENTOS A DEBATE

Así como existen distintas alternativas de legalización, también existe una gran variedad de sustancias psicoactivas, legales e ilegales, cada una con retos y características particulares. Se pondrá el acento en el caso de la cannabis por varias razones, entre las que destacan tres: primero, es la sustancia prohibida más consumida; segundo, es la sustancia que mejor se ajusta a la recomendación emitida por la Comisión Global, para que el proceso de regulación sea cauto e incremental; tercero, ya existe jurisprudencia, de observancia obligatoria en México, de la Suprema Corte de Justicia de la Nación, en el sentido de que la prohibición absoluta del consumo lúdico de la marihuana es inconstitucional, por no representar una medida proporcional para proteger la salud y el orden público. Este máximo tribunal ha ordenado al Congreso mexicano regular el uso de la marihuana para fines recreativos.[7] Se puede estar de acuerdo o en desacuerdo con lo que resolvió la Suprema Corte, pero en términos legales la decisión es inatacable, por lo que el debate sobre el tema resulta inaplazable.

Aunque el enfoque central del análisis será respecto de la cannabis, también se hará referencia a otras sustancias cuando resulte pertinente para clarificar una idea.

La discusión sobre los argumentos a favor y en contra de la legalización de las drogas es ciertamente compleja. Al citar estudios, conviene recordar el riesgo que siempre existe de que haya intereses detrás de quienes elaboran las investigaciones. Recordemos a la industria tabacalera patrocinando "estudios" para sustentar la defensa de sus posiciones.

En muchos países han tenido lugar intensos debates que han llevado a la regulación de la cannabis para fines recreativos —además del uso medicinal—. En Estados Unidos, por ejemplo, este debate desembocó en su regulación a nivel estatal en Colorado y Washington en 2012. Con distintos matices en el tipo de regulación, para junio de 2019 la legalización ya incluía 14 estados, y en otros 23 se puede decir que está despenalizado el consumo.[8]

En México, especialmente a partir de las resoluciones de la Suprema Corte de Justicia de la Nación, está en marcha un debate público respecto a la regulación de la cannabis.

Se han seleccionado cinco argumentos serios que suelen plantearse en contra de la regulación de la cannabis. A continuación se explicarán y se plantearán los respectivos contraargumentos.

Potencia y peligrosidad de la cannabis

Un primer argumento se basa en la idea de que actualmente la cannabis es una droga potente y peligrosa, muy distinta de la que estaba disponible hace apenas algunas décadas. La cannabis contiene múltiples compuestos que actúan en el cuerpo humano, entre los que destacan dos: el THC (tetrahidrocannabinol) y el CBD (cannabidol). Las moléculas de THC se consideran las principales responsables de los efectos psicoactivos de la droga; mientras que el CBD, que cada vez está siendo más utilizado con fines médicos, no tiene efectos psicoactivos. En años recientes se han hecho modificaciones a la planta para incrementar sus niveles de THC y disminuir o mantener estables los de CBD. En este sentido, la Universidad de Misisipi, contratada por el National Institute on Drug Abuse (NIDA), realizó una serie de investigaciones, incluyendo el Programa de Monitoreo de Potencia (Potency Monitoring Program), en el que se analizaron más de 45 mil muestras, confiscadas entre 1993 y 2008. La Universidad de Misisipi concluyó que, durante esos 15 años, el THC aumentó de 3.4 a 8.8%,[9] es decir, un 159%. Desde esa perspectiva, los altos niveles de THC son un primer argumento en contra de la regulación de la cannabis.

En contrapartida, los promotores de la regulación argumentan que es precisamente la prohibición lo que ha hecho que las drogas sean cada vez más potentes. La Ley de Hierro de la Prohibición (The Iron Law of Prohibition), que se atribuye a Richard Cowan,[10] afirma que entre más rigurosamente se impone la prohibición, más potentes serán las drogas ("The harder the enforcement, the harder the drugs.").

Veamos un ejemplo que ilustra esa afirmación. ¿Qué es más fácil de introducir, de manera ilegal, a través de la frontera que separa a México y Estados Unidos: un objeto pequeño, del tamaño de un teléfono celular, o un objeto mucho más grande, del tamaño de un refrigerador? ¿Qué sería más fácil de ocultar, una vez en territorio estadounidense?

De la misma manera, entre más pequeño es el volumen de la droga, más fácil será traficarla. Bajo esa lógica, se argumenta que la solución que han encontrado quienes trafican con narcóticos ha sido buscar la manera de reducir el volumen de las sustancias ilegales, aumentando su potencia, para poder evadir con mayor facilidad a las autoridades.

Dentro de la categoría de los opiáceos, por ejemplo, una unidad de heroína tiene una potencia aproximadamente 50 veces menor que el fentanilo y 5 mil veces menor que el carfentanilo. En la imagen 7.2, publicada por la policía de Kensington, Canadá, se observa la cantidad de cada una de esas tres sustancias que resulta equivalente en términos de potencia.[11] Siendo sustancias con

IMAGEN 7.2 Dosis equivalentes en términos de potencia.

efectos similares, algunos traficantes han optado por sustituir la heroína por el fentanilo, cuyo consumo es aún más peligroso.

En años recientes, no solo ha venido aumentando la potencia de los opiáceos, sino que lo mismo ha venido sucediendo con las drogas de la categoría de la cannabis, la cocaína y la ephedra, incluyendo las cada vez más potentes versiones sintéticas, como se aprecia en la imagen 7.3.

IMAGEN 7.3 Ley de Hierro de la Prohibición.
Fuente: Comisión Global de Políticas de Drogas, *Regulación: el control responsable…,* 13.

En suma, el contraargumento consiste en que el hecho de que la marihuana cada vez contenga más THC, así como la aparición del fentanilo en las calles, no es algo que se pueda evitar con la prohibición. Por el contrario, es una consecuencia, un daño colateral, evidentemente no deseado, pero sí producto de la política prohibicionista actual.

La cannabis como droga de iniciación

Un segundo argumento en contra de la regulación de la cannabis consiste en que esa sustancia es la puerta de entrada al consumo de otras drogas más potentes y peligrosas. De acuerdo con un estudio,[12] el 44.7% de las personas que consumieron cannabis a lo largo de su vida, avanzaron hacia el consumo de alguna otra droga ilícita.

El contraargumento consiste en que, aunque existe evidencia en el sentido de que el consumo de marihuana suele preceder al de otras drogas ilegales, la correlación no necesariamente implica causalidad. La misma evidencia muestra que la primera puerta de entrada a otras drogas, mucho antes que la marihuana, es el consumo de alcohol y tabaco, lo cual no implica que el consumo de esas sustancias sea la causa del consumo de otras drogas más potentes y peligrosas.

Más que pensar que el consumo de una sustancia es la causa que explica el que más adelante se consuma otra droga, argumenta otro estudio, debe entenderse que las personas que son propensas a desarrollar relaciones dañinas con las sustancias suelen iniciar consumiendo aquello que está a su alcance, ya sea alcohol, tabaco o cannabis, y su interacción posterior con otras personas que consumen sustancias distintas incrementa la probabilidad de que también las empiecen a consumir.[13]

Desde esta perspectiva, no es que el consumo de una droga lleve al consumo de otra, sino que existen factores que hacen a algunos individuos en particular mucho más proclives a desarrollar relaciones dañinas con las sustancias, ya sean legales o ilegales. De hecho, quien es proclive a las adicciones tiene mayores probabilidades de desarrollar relaciones dañinas, no solo con las drogas, sino con cualquier agente adictivo: comida, sexo, las apuestas, etcétera.

Lo que explica por qué algunas personas tienden a desarrollar relaciones dañinas con agentes adictivos, son los factores intrínsecos (genotipo, sexo, edad, edad del primer consumo, enfermedades mentales), los factores extrínsecos (disponibilidad de las sustancias, influencia de compañeros, adversidades en la infancia), así como la naturaleza misma de aquello a lo que la persona se hace adicta.

Desde esta perspectiva, el énfasis para evitar la adicción se debe poner en la persona más que en la sustancia, porque quienes son proclives a las adicciones siempre podrán encontrar un agente, ya sea legal o ilegal, con el cual desarrollar una relación dañina.[14]

Las consecuencias de la cannabis en la salud

Cuando la cannabis se fuma, el humo irrita los pulmones, lo que puede provocar problemas respiratorios e incrementa el riesgo de contraer infecciones pulmonares; su consumo durante el embarazo está directamente relacionado con la baja talla y peso de los recién nacidos.[15]

Los altos niveles de THC pueden implicar un mayor riesgo de desarrollar una dependencia, cuando las personas se exponen con regularidad a dosis elevadas, además de que el uso de la marihuana, a largo plazo, ha sido relacionado con alucinaciones temporales, paranoia temporal, y también puede empeorar los síntomas en personas que ya padecen esquizofrenia.[16]

El Instituto Nacional sobre Abuso de Drogas de Estados Unidos señala que aún se requiere más investigación para arribar a conclusiones definitivas, pero refiere distintos estudios que advierten de posibles riesgos relacionados con los efectos de la cannabis en la memoria, la capacidad de razonamiento y el aprendizaje, especialmente cuando el consumo inicia en la adolescencia.[17]

Antes de mencionar algunos contraargumentos, es pertinente señalar que las y los integrantes de la Comisión Global que proponen la regulación de las drogas, incluyendo la cannabis, bajo ninguna circunstancia sostienen que su consumo sea saludable. Su argumento es que, justamente, porque su consumo puede ser nocivo para la salud, lo mejor es regular el producto.

De acuerdo con un estudio, el 16% de las personas que consumen alcohol desarrollan una dependencia, y lo mismo ocurre con el 32% de las personas que consumen tabaco.[18] Por la evidencia científica disponible, sabemos que el abuso del alcohol y el consumo del tabaco provocan graves daños a la salud.[19] Si el consumo de estas sustancias puede ser nocivo, ¿por qué no se propone su prohibición? Porque su regulación es, precisamente, lo que permite: a) implementar controles para mitigar —que no eliminar— los riesgos relativos a su consumo, por ejemplo, evitando la venta a menores o con advertencias gráficas en los paquetes; y b) establecer altos impuestos a quienes los producen y venden, así como prohibir que sean publicitados.

Por otra parte, no se propone su prohibición porque se sabe que la consecuencia sería el florecimiento de un enorme mercado negro,[20] con ganancias exorbitantes para los traficantes, e incontables muertes violentas relacionadas con su producción, distribución y venta.

Aumento del consumo de la cannabis

Otro argumento de quienes respaldan el modelo prohibicionista vigente es que la regulación provoca un aumento en el consumo, debido a que mucha gente asume que la sustancia fue legalizada debido a que no es dañina, o incluso que tiene propiedades medicinales que hacen saludable su uso.

Ciertamente, uno de los principales problemas de la regulación de las drogas es que suele pensarse que regular significa promover el consumo. El hecho de que la cannabis se venda en farmacias, como ocurre en Uruguay, puede contribuir a la confusión. Una política pública bien diseñada, en este caso, basada en las directrices propuestas por la Organización Mundial de la Salud para normar la venta de los cigarros, puede ser un muy buen punto de partida.[21] Más adelante se discutirá el caso concreto de Uruguay, el cual muestra que no hay evidencia clara que permita establecer que la regulación es la causa del incremento en el consumo.

¿Grupos criminales incursionarán en otros delitos al perder su negocio?

En la actualidad, una enorme cantidad de personas en todo el mundo se dedica al lucrativo negocio de la producción, transporte y venta de drogas. De regularse el mercado, quienes respaldan el actual modelo prohibicionista se preguntan qué sucedería con todas esas personas. Su principal hipótesis es que buscarían compensar la caída en sus ingresos mediante la incursión hacia otros delitos y no en el marco de la legalidad.

Se argumenta que si lo que se legaliza, por ejemplo, es la marihuana, tendrían que intensificar la promoción y venta de otras drogas que son mucho más dañinas. Si se legalizan todas las drogas, no tendrán otra opción más que diversificarse a otras actividades criminales, como el secuestro y la extorsión, para compensar el fuerte golpe a sus finanzas. Bajo esas premisas, la regulación de las drogas podría provocar un fuerte incremento en los índices delictivos.

La Comisión Global sostiene que, en realidad, pocas personas de las que participan en el negocio del narcotráfico corresponden al estereotipo del narcotraficante multimillonario que aparece en las series de televisión. El mercado de las drogas es tremendamente inequitativo, con un número muy pequeño de capos extremadamente ricos, mientras que el resto de campesinos, narcomenudistas y mensajeros reciben ingresos muy bajos. Sin embargo, la propia Comisión sostiene que sería irresponsable negar que algunos participantes en el negocio de las drogas sí podrían incursionar en otro tipo de actividades criminales, particularmente aquellas personas en los niveles más altos de las cadenas de mando.

Respecto de esta posibilidad, la Comisión Global sostiene que "existen fuertes razones para creer que este riesgo no debe ser exagerado",[22] porque sí existe una diferencia de orden moral entre participar en un mercado que, aunque es ilegal, implica el mutuo consentimiento entre quien vende y quien compra el producto, comparado con otros crímenes como el secuestro y la extorsión, que son intrínsecamente explotadores y violentos. Desde su perspectiva, sostener que un narcomenudista se va a convertir en secuestrador implica desatender esta importante distinción.

En adición al argumento de la Comisión Global, conviene recordar que la diversificación es una característica común del crimen organizado en todo el mundo,[23] y que las organizaciones criminales dedicadas al tráfico de drogas en México ya están diversificadas hacia la realización de otro tipo de conductas delictivas. La razón por la que han podido diversificarse tiene que ver, en mucho, con el inmenso poder que han adquirido a partir de la lucrativa y primigenia actividad de vender drogas. El negocio de las drogas, en muchos casos, es la condición previa, no la consecuencia posterior. No podrían contar con ejércitos privados, cobrar derecho de piso, controlar territorios completos, sobornar autoridades en todos los niveles, si no contaran con los millonarios ingresos provenientes del tráfico de drogas.

Algunas consideraciones adicionales

Para complementar los argumentos previos conviene recordar que, de acuerdo con la experiencia internacional, la regulación puede ser el camino para que quienes tienen un consumo problemático de drogas dejen de tener la dificultad adicional de ser considerados como delincuentes, pudiendo recurrir a pedir ayuda sin el temor propio de quien vive en la ilegalidad.

En la actualidad, se persigue y encarcela a las personas que usan drogas,[24] a campesinos pobres que siembran marihuana o amapola, a mujeres sin antecedentes penales que las transportan de un lugar a otro, así como a miles de narcomenudistas, que inmediatamente son reemplazados por otros jóvenes una vez que son encarcelados.

Los pesticidas (el Paraquat, por ejemplo) utilizados para destruir los cultivos son altamente contaminantes. Las tierras de siembra y los cuerpos de agua quedan severamente afectados y con frecuencia se causan graves problemas de salud en poblaciones predominantemente rurales y pobres.[25]

Desde una perspectiva económica, la Comisión Global también plantea que la regulación es el camino para golpear al crimen organizado en sus finanzas, disminuyendo sus ingresos y su poder, al tiempo que también implica liberar importantes cantidades de dinero empleadas en la guerra contra las drogas, así como fortalecer las finanzas públicas a través de impuestos, y que esos recursos puedan ser canalizados a programas de educación, salud y protección de menores.

Desde una perspectiva más amplia que el caso específico de la cannabis, se considera que la regulación podría contribuir a reducir los daños a la salud, bajo la premisa de que la prohibición contribuye a que el consumo sea poco higiénico y a que las sustancias sean más adulteradas y peligrosas, por lo que la regulación es una vía para disminuir las muertes por sobredosis y las infecciones relacionadas con el consumo de determinadas sustancias.

Mucho se ha dicho acerca de las limitaciones para establecer regulaciones en el plano nacional, debido a los tratados internacionales firmados por México; sin embargo, una regulación basada en el respeto y protección a los derechos humanos —como ha sostenido la SCJN— permite salvar el aparente escollo jurídico dado que las normas de derechos humanos deben prevalecer sobre las convenciones en materia de narcóticos.

En contraste con todo lo anterior, quienes argumentan en contra de la regulación sostienen que el problema actual sería mucho mayor, de no ser por las políticas prohibicionistas. Exponen que los bajos niveles de consumo, en muchos países del mundo, se explican por las fuertes barreras establecidas mediante políticas prohibicionistas. Postulan que, de no ser por la prohibición, el consumo de las drogas ilegales habría alcanzado los niveles de las drogas legales, como el alcohol y el tabaco, con consecuencias devastadoras en materia de salud pública.

LA PROHIBICIÓN EXPLICA QUE
EL NARCOTRÁFICO SEA LUCRATIVO

Tanto entre los promotores como entre los detractores de la idea de la regulación de las drogas existe un amplio consenso, en el sentido de que la razón principal por la que se han empoderado y enriquecido las organizaciones dedicadas al tráfico de drogas es el hecho de que los precios de sus productos se han mantenido muy altos a lo largo del tiempo, reportando ganancias exorbitantes a los traficantes. Veamos, como ejemplo, los márgenes de utilidad en el caso de la cocaína:

a) Para producir un kilo de cocaína pura se requieren aproximadamente 375 kilos de hoja seca[26] o 690 kilos de hojas frescas.[27] Incluyendo el resto de los ingredientes, el costo neto de producción del kilo de cocaína es de aproximadamente 455 dólares.[28] Esta cantidad no incluye otros costos como el transporte, la comercialización o los pagos ilícitos.

b) De acuerdo con testimonios aportados durante el juicio a Joaquín Guzmán Loera, *El Chapo*, un kilogramo de cocaína le costaba aproximadamente 2 mil dólares dentro de Colombia.[29] Si el costo de producción es de 455 dólares por kilo, y aún dentro de Colombia ya se vende en unos 2 mil dólares,[30] el margen puede llegar a ser de 340% para quienes la producen.

c) No obstante, la mayor ganancia corresponde a quienes la introducen a Estados Unidos. Ese kilo en Estados Unidos se vende en unos 28 mil dólares.[31] Esa misma cantidad de cocaína vendida al menudeo por gramo puede alcanzar los 165 mil dólares.[32] Los costos relativos al pago de sobornos, incautaciones, personal, transporte, etcétera, son muy difíciles de calcular; sin embargo, antes de esos gastos, la utilidad es estratosférica: 36 164%. Debe recordarse que, por tratarse de un mercado ilegal y clandestino, todas las cifras relacionadas con el mercado de las drogas son estimadas.

También es justo recordar que únicamente regular la marihuana no implica arrebatarle al crimen organizado su principal negocio, porque aunque la cannabis es la droga más consumida, su tráfico no es el que reporta las mayores ganancias por dos razones: *a)* porque actualmente su producción, venta y consumo ya está regulado en gran parte de Estados Unidos; y *b)* porque aun antes de su legalización en ese país las exportaciones de cocaína ya representaban ingresos por más del doble que las exportaciones de marihuana.[33]

El debate no es binario: legalizar o no legalizar. Entre quienes están a favor de la legalización existe una amplia discusión sobre el cómo regular. La liberalización sin restricciones, como forma de legalización, plantea incontables riesgos a la salud pública. En contraste, la regulación responsable, a juicio de la Comisión Global, es el camino para que el Estado asuma plenamente su responsabilidad, incluyendo la tarea de asegurar que el interés público prevalezca sobre cualquier interés económico particular.

Una pregunta obligada en el caso mexicano es si un gobierno que se ha mostrado incompetente a la hora de implementar políticas públicas que implican retos menos complejos puede asegurar una ejecución eficaz, en una materia tan delicada como esta, sin que los intereses comerciales terminen prevaleciendo. Esta pregunta nos lleva a discutir sobre los riesgos de abrirle la puerta al capital privado.

Los riesgos de la sobrecomercialización: ¿aprendimos del pasado?

Se dice que quien no conoce la historia está condenado a repetirla. Un tema obligado cuando se aborda la regulación de las drogas es el riesgo de la sobrecomercialización. El potente impulso por incrementar las ventas y las utilidades, tan presente en el mundo de los negocios, en el contexto de una regulación deficiente y laxa, ha provocado gravísimas consecuencias en el abuso de otras sustancias en el pasado. A continuación se hará referencia a dos casos concretos: el tabaco y los opiáceos.

El tabaco

Como puede observarse en la gráfica 7.1, en el periodo que va desde el principio hasta la mitad del siglo xx, el consumo de tabaco creció de manera exponencial en Estados Unidos, y prácticamente en la misma proporción creció la prevalencia de cáncer en los pulmones.

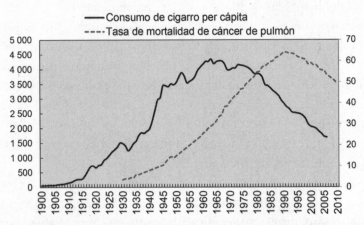

GRÁFICA 7.1 Consumo de cigarro y cáncer de pulmón en Estados Unidos (1900-2010).
Fuentes: Elaboración propia. Para el consumo de cigarro per cápita: us Department of Agriculture. Para las tasas de mortalidad por cáncer de pulmón: National Center for Health Statistics.

Para la década de 1960, más de la mitad de los hombres en Estados Unidos ya eran fumadores, mientras que en Japón, más del 80%.[34] Para los años setenta, el 45% de los hombres de la Ciudad de México fumaba.[35] ¿Cómo llegó el consumo de tabaco a niveles tan elevados?

Las empresas privadas hicieron todo cuanto estuvo a su alcance para inducir a la gente al consumo. Hoy resulta sorprendente que entre 1920 y la década de los cincuenta, en la publicidad de las distintas marcas de cigarros aparecieran bebés, todo tipo de celebridades, deportistas, políticos, personajes animados y hasta doctores, recomendando consumir uno de los productos que más muertes ha causado en la historia reciente de la humanidad.

IMAGEN 7.4 Doctor fumando (1946).

* Más doctores fuman Camels que cualquier otra marca de cigarros.

Foto tomada de Stanford Research into the Impact of Tobacco Advertising (SRITA), tobacco.stanford.edu, 2007.

IMAGEN 7.5 Bebé en publicidad de cigarros (1951).

* Híjole, papá, tú siempre consigues lo mejor de todo… ¡hasta Marlboro!

** Así es, nunca tendrás la necesidad de fumar de más… ¡ese es el milagro de Marlboro!

Foto tomada de Stanford Research into the Impact of Tobacco Advertising (SRITA), tobacco.stanford.edu, 2007.

Es cierto que en las últimas décadas, en muchos países, incluyendo México, se ha avanzado enormemente en la regulación del tabaco con distintas medidas, entre las que destacan la prohibición de la publicidad; las leyendas, imágenes e información que debe figurar en las cajetillas de cigarros; y la prohibición de fumar en lugares públicos. En el marco de todas estas regulaciones, el consumo de tabaco en México en los últimos 30 años también ha disminuido (de 25.8 a 17.6%).[36] En Estados Unidos, en los últimos 50 años, el porcentaje de personas que fuman ha bajado de 43 a 18%.[37] Pero no debe perderse de vista que la voracidad de las compañías tabacaleras no es cosa del pasado.[38]

Cualquiera pensaría que a partir de la evidencia disponible, que claramente demuestra los gravísimos daños que el consumo del tabaco provoca a la salud, la actitud de la industria en la actualidad sería más responsable; sin embargo, no es así. La industria ha usado todos los recursos a su alcance para mantener sus prerrogativas, incluyendo la vía de los tribunales, tanto nacionales como internacionales.

En 2010, Philip Morris demandó a Uruguay, alegando que le causaban agravio las medidas tomadas por ese país para reducir el consumo de tabaco. Uno de los principales reclamos de Philip Morris, dicho por su propia directora de comunicación, era "la obligación de aumentar a 80% la superficie de los paquetes de cigarrillos dedicada a los mensajes sobre los riesgos del tabaco para la salud".[39] Después de largos años de litigio, finalmente el Centro Internacional de Arreglo de Diferencias Relativas a Inversiones falló a favor de Uruguay. Por motivos similares, Philip Morris demandó a Australia, y de la misma manera, tras varios años de pleito legal, también perdió el juicio. Otro caso relevante es Togo, uno de los países con mayor pobreza del mundo, pues en 2013, cuando se alistaba para poner en marcha medidas similares, Philip Morris le envió un escrito amenazando con proceder legalmente en caso de que implementara las políticas antitabaco.

Los opiáceos

El apetito económico puede llevar a la industria a rebasar los límites de la ética. Hoy sabemos que la crisis de los opiáceos en Estados Unidos fue causada, en gran medida, por la ambición de empresas farmacéuticas, que inundaron el mercado con productos altamente adictivos.

Por mucho tiempo, la comunidad médica había sido muy cautelosa al utilizar opiáceos para tratar el dolor, especialmente por periodos prolongados, debido a sus efectos adictivos; sin embargo, entre 1996 y el 2000, Purdue Pharma puso en marcha una muy agresiva campaña publicitaria, para promocionar unas pastillas contra el dolor llamadas OxyContin. Prometían que el uso del opiáceo era muy seguro. Más adelante se daría a conocer que muchos de los datos aportados por la industria para respaldar sus resultados eran falsos.[40]

La intensa campaña publicitaria contribuyó decisivamente a que el número de prescripciones a pacientes con cáncer se cuadruplicara. Y en el caso de pacientes que no padecían cáncer, justo los pacientes para los que los opiáceos no estaban originalmente diseñados, se multiplicó por 10, pasando de 670 mil recetas en 1997 a más de 6 millones en 2002.[41] Las ganancias fueron descomunales y el problema de salud pública fue aún mayor: en 2017 murieron 47 600 personas por sobredosis de algún opiáceo. Esto representa dos de cada tres muertes por sobredosis en Estados Unidos.[42]

Sería equivocado, por simplista, atribuir toda la culpa de la crisis de los opiáceos a una sola empresa; ciertamente, el problema es mucho más complejo y tiene que ver con los incentivos de todo el sistema de salud.[43] Para que la crisis alcanzara estas dimensiones, muchos contribuyeron: distribuidores, médicos y hospitales, reguladores; sin embargo, no hay duda de que la sobrecomercialización destaca en la raíz de esta crisis, que podría costar otro medio millón de vidas en la próxima década.[44]

A menos que Estados Unidos sorprenda al mundo con políticas públicas ejemplares para enfrentar la epidemia, es de esperarse que, además, en la medida en que se endurezcan las normas para la adquisición de opiáceos recetados, crecerá la demanda de heroína y fentanilo en el mercado ilegal, con todos los daños colaterales que esto implica.

La ambición desmedida de algunas industrias es un factor que debe ser tomado en cuenta con seriedad al momento de discutir y diseñar políticas públicas relacionadas con la regulación de las drogas. Debe tenerse claro que, por definición, tiende a haber tensión entre el interés público, que busca que el consumo sea responsable y bajo, y la industria, cuyo interés es exactamente el contrario: más consumo, más ventas, más utilidades. Lograr que prevalezca el primero es la tarea de la regulación responsable.

Alternativas: libre mercado, mercado monopolizado por el Estado o modelo mixto

Para evitar que la iniciativa privada impulse el consumo de alcohol, en muchos países escandinavos el Estado ostenta el monopolio de la venta de bebidas alcohólicas. Por ejemplo, en Suecia, todas las tiendas que venden bebidas con 3.5 grados o más de alcohol son propiedad del Estado. La cadena de tiendas se llama Systembolaget. Los bares y restaurantes sí son propiedad de particulares, pero solo pueden vender bebidas para ser consumidas dentro del mismo establecimiento.

En Finlandia el sistema es muy similar: la empresa estatal que ostenta el monopolio se llama Alko (imagen 7.6). En Noruega la cadena de tiendas del gobierno se llama Vinmonopolet.

IMAGEN 7.6 Alko (Finlandia).

En los tres casos, Suecia, Noruega y Finlandia, al ser las tiendas propiedad del gobierno, no existe interés privado buscando incrementar las ventas. El alcohol no se publicita. En Canadá se aplica un modelo similar y recientemente se ha replicado, en algunas provincias, para la distribución y venta de la cannabis.

La propia Comisión Global alerta sobre los riesgos de los intereses económicos privados:

Debido a lo que está en juego, una aproximación cautelosa pero incremental, que erraría en el lado de una regulación estricta inicial, es preferible a tener que implementar soluciones de ingeniería inversa en marcos diseñados inadecuadamente, particularmente si los grupos de presión de la industria bien financiados y políticamente poderosos tienen influencia de cabildeo.[45]

Zedillo, Pérez Correa, Madrazo y Alonso[46] exponen con detalle tres alternativas: un modelo de libre mercado, un modelo de monopolio público y un modelo mixto. Cada modelo tiene sus ventajas y sus desventajas. El principal problema de los modelos de libre mercado es que la industria siempre tendrá como prioridad la maximización de sus ganancias y no la salud pública. En el otro extremo, los modelos de monopolio público presentan la ventaja de enfocarse solo en la salud pública, aunque —especialmente en la experiencia mexicana— suelen ser altamente ineficientes y tendentes a la corrupción. Estos autores consideran que un modelo mixto podría concentrar los beneficios de los dos modelos antes referidos.

Uruguay: el pionero latinoamericano

En 2013, Uruguay se convirtió en el primer país del mundo en regular, plenamente, la producción, venta y consumo de marihuana, por lo que conviene detenerse a analizar su modelo de regulación.

Se establecieron tres modalidades para tener acceso a la cannabis: *a)* el autocultivo, que permite hasta seis plantas por hogar; *b)* los clubes cannábicos, de no menos de 15 ni más de 45 socios, a los que les es permitido un máximo de 99 plantas; y *c)* la venta en farmacias, donde los ciudadanos y los residentes (los turistas están descartados) pueden comprar hasta 10 gramos por semana, con una tenencia máxima de 40 gramos.

En cualquiera de los tres supuestos, el consumidor debe inscribirse en un registro que contiene sus datos personales, así como la modalidad de acceso a la planta. De los más de 45 mil registrados (febrero de 2019), el 75% accede a la cannabis a través de las farmacias.

El mercado ilícito ha disminuido de manera muy considerable, pero no ha desaparecido por completo, ya que una parte de lo que producen los cultivadores domésticos se desvía para surtir la demanda de los turistas y de quienes buscan marihuana con mayores niveles de THC; además de que también se vende cannabis de menor calidad, y a precio más bajo, principalmente proveniente de Paraguay.

En el caso de las farmacias, se ofrecen productos estandarizados.[47] No deja de resultar paradójico que la cannabis se venda en farmacias y que el empaquetado sea mucho menos explícito que el de los cigarros, respecto de los potenciales riesgos para la salud (ver imagen 7.7).

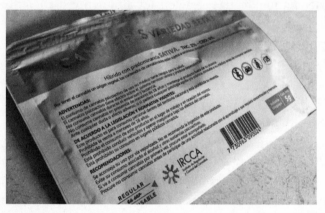

IMAGEN 7.7 Cannabis variedad Beta 1, vendido en farmacias de Uruguay.
Fuente: Foto tomada de la red.

¿La tendencia de consumo aumentó o disminuyó? La evidencia internacional muestra que ni los regímenes de prohibición ni los legales garantizan mayor o menor consumo. En el caso de Uruguay, si se compara la evolución en el consumo de la cannabis antes y después de la legalización, lo que se observa es que en ambas etapas, es decir, tanto en tiempos de la prohibición como en la era de la regulación, la tasa de incremento ha sido similar, como puede observarse en la gráfica 7.2.

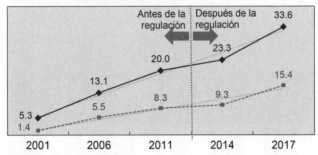

GRÁFICA 7.2 Uruguay: evolución de las prevalencias de la cannabis (2001-2017).

Fuente: Clara Musto y Gustavo Robaina, "Evolución del consumo de cannabis en Uruguay y mercados regulados", Monitor Cannabis Uruguay, 2018.

Si se compara la evolución del consumo de dos drogas, una legal (cannabis) y otra ilegal (cocaína), en el mismo periodo, también se observa que el aumento en el consumo es similar. Si analizamos la evidencia disponible respecto de otros países, también encontramos datos que confirman que la prohibición y la legalización no necesariamente garantizan ni mayor ni menor consumo.[48]

Por ejemplo, durante 2017 el consumo de cannabis en Holanda, donde la venta está regulada desde los años setenta, fue de 8.7% de la población entre 15 y 64 años. La cifra es superior al promedio europeo; sin embargo, también es inferior a la de países donde rige la prohibición, como es el caso de Francia (11.1%), España (9.5%) o Italia (9.2%). En Estados Unidos, el país prohibicionista por excelencia, la prevalencia fue de 16.5 por ciento.[49]

Si bien en el caso de Uruguay el consumo de cannabis ha venido aumentando, tanto antes como después de la legalización, resulta importante observar qué grupos son los que han incrementado el consumo por encima del promedio, y cuáles lo han hecho por debajo del promedio, después de la legalización. Por encima están las mujeres y los mayores de 35 años, especialmente aquellos entre 55 y 65 años;

por debajo del promedio se encuentran los jóvenes menores de 35 años y los varones. La legalización de la sustancia parece restar interés entre los más jóvenes (ver gráfica 7.3).

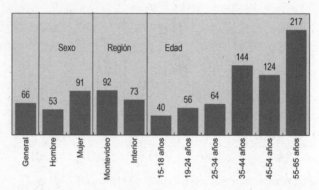

GRÁFICA 7.3 Uruguay: proporción de aumento de las prevalencias de cannabis en el último año para población general, sexo, región y grupos por edad (2014-2017).
Fuente: Musto y Robaina, "Evolución del consumo de cannabis en Uruguay…"

Aunque es un país pequeño (3.5 millones de habitantes), y con uno de los ingresos per cápita más altos de la región, Uruguay es un auténtico laboratorio para América Latina, por lo que habrá que seguir observando con atención lo que ahí sucede.

La propia Oficina de las Naciones Unidas contra la Droga y el Delito (UNODC), tras dar a conocer su *Informe Mundial de Drogas 2019*, señaló que aún "es demasiado pronto para valorar las repercusiones que acabará teniendo la legislación que autoriza el consumo de cannabis con fines no médicos en Canadá, el Uruguay y algunas jurisdicciones de Estados Unidos", y sugiere una vigilancia cuidadosa de las tendencias.

HACIA UNA REFORMA DE LA POLÍTICA DE DROGAS

Una reforma en materia de política de drogas es hoy necesaria, pero también insuficiente para resolver los gravísimos problemas de violencia y delincuencia que enfrenta México. Sería muy ingenuo pensar que una nueva política de drogas podría ser capaz, por sí misma, de pacificar al país.

También debe quedar claro que no existe una fórmula única que sirva para cualquier país, estado o comunidad, y que no todas las sustancias merecen un tratamiento igual.[50] El diseño de una política pública eficaz requiere de un cuidadoso diagnóstico de cada problema en particular.

Dada la incertidumbre que aún existe sobre las repercusiones de la regulación, lo que la Comisión Global sugiere es un enfoque siempre cauto e incremental. No propone regular todas las drogas en un mismo momento, y aboga por un monitoreo cuidadoso de las consecuencias, a efecto de ir haciendo los ajustes pertinentes. Una aproximación cauta e incremental tiene especial sentido cuando el gobierno de un país ha dado muestras de tener francas deficiencias a la hora de implementar las políticas públicas, como actualmente ocurre en México.

La ruta para construir un nuevo modelo, centrado en la regulación responsable, implica una serie de pasos. El primero sería abrir un amplio y multidisciplinario debate público, como ha venido ocurriendo en nuestro país, del cual surja la propuesta concreta en materia de regulación. Una implementación profesional y cuidadosa es el siguiente paso. Después corresponderá realizar un muy riguroso ejercicio de evaluación, basado en evidencia empírica, cuyos resultados deberán hacerse públicos y servir de base para un nuevo debate, a partir del cual pueda reiniciar el ciclo de la política de regulación, que comprende el diseño, la implementación y la evaluación.

Queda mucho por descubrir sobre las consecuencias de una política de regulación. Lo cierto es que cuando los daños colaterales de una estrategia son tan dolorosos, y cuando el país que más dinero invierte en implementar la política prohibicionista, como lo es Estados Unidos, sigue siendo el mayor consumidor del mundo, resulta obligado pensar en modelos alternativos.

Así lo sintetizó Kofi Annan,[51] poco tiempo antes de fallecer:

Tenemos que observar la regulación y la educación pública en lugar de la supresión total de las drogas, que sabemos que no funcionará. Los pasos tomados con éxito para reducir el consumo de tabaco (una adicción muy poderosa y dañina) muestran lo que se puede lograr. Es la regulación y la educación, no la amenaza de prisión, lo que ha reducido el número de fumadores en muchos países. Los impuestos más altos, las restricciones de venta y las campañas antitabaco eficaces han dado los resultados apropiados.

En México, la guerra contra las drogas no ha producido los resultados deseados, y la regulación parece la alternativa más viable; sin embargo, al diseñar la política pública debe tenerse en cuenta que no se trata de sustancias inocuas, incluyendo la cannabis. El hecho de que uno de los compuestos de la planta tenga aplicaciones curativas no significa que el consumo de la planta entera sea saludable. El reto de la regulación debe asumirse con seriedad y con enorme responsabilidad.

8

Desigualdad y pobreza. El Ingreso Básico Universal, una propuesta revolucionaria

LA DESIGUALDAD

La desigualdad en el mundo

La población mundial es de aproximadamente 7 700 millones de personas. Según Oxfam, las 26 personas más acaudaladas del mundo tienen una riqueza equivalente a la de la mitad de la población mundial. Esto significa que la riqueza de solo 26 personas es equivalente a la de 3 800 millones de personas.[1] El dato es realmente impactante. Y significativamente, cada vez que Oxfam actualiza esta cifra, surgen potentes voces que la descalifican.

La metodología empleada por Oxfam es muy fácil de entender, y permite que cada quien concluya si el dato se apega o no a la realidad. Se basa en dos indicadores: por una parte, utiliza la lista de las personas más ricas, publicada por la revista *Forbes*. El número uno de la lista es Jeff Bezos; el número dos, Bill Gates; el tres, Warren Buffet, y así sucesivamente. Por otra parte, emplea un estudio realizado por Credit Suisse llamado Global Wealth Report, del cual toma una estimación de la riqueza total de la mitad más pobre del planeta, es decir, la suma del patrimonio de esos 3 800 millones de personas. Según Credit Suisse, todas esas personas juntas tienen un patrimonio de 1 billón 370 mil millones de dólares.[2]

Finalmente, Oxfam calcula cuántas personas de la lista de la revista *Forbes* tendrían que aglomerar su riqueza para igualar el patrimonio de los 3 800 millones de personas con menores ingresos. Para ello se suman los 100 mil millones de dólares del número uno, los 90 mil millones del número dos, los 80 mil millones del número tres, y así sucesivamente. El resultado es que basta con llegar al número 26 de la lista para alcanzar la cifra de 1 billón 370 mil millones de dólares.

La metodología de Oxfam ha recibido muchas críticas. Sus estimaciones han sido tachadas de alarmistas y sensacionalistas. Es cierto que Oxfam arriba a sus conclusiones a partir de dos fuentes distintas; sin embargo, su inferencia no es un disparate, y sí ha servido para provocar un debate que puede ser muy saludable para la humanidad.

La desigualdad en México[3]

En el marco del debate provocado por Oxfam, quedó claro que muchos de los que critican la medición no tienen cabal idea de cuánto dinero gana, al mes, la gente en su propio país. Más aún, no saben de qué tamaño es su propia riqueza en comparación con la de los demás. Cuando se comparan, con rigor, los ingresos de los ricos y los de los pobres, la desigualdad resulta innegable.

Para ilustrar esta situación, a lo largo de este capítulo se usará la metáfora de un edificio de 10 pisos para representar a México.[4] En ese edificio vivimos un poco más de 125 millones de personas. Si en cada piso se agrupa a igual número de individuos, cada nivel alberga a unos 12.5 millones de personas.

Ahora pensemos que el piso en el que cada persona vive tiene relación con el nivel de los ingresos totales por hogar, es decir, los ingresos de la familia entera. Así, en el primer piso viven los 12.5 millones de mexicanos de los hogares más pobres; en el segundo piso, los siguientes 12.5 millones, y así sucesivamente hasta llegar al décimo piso, en el que viven los 12.5 millones más ricos. Adicionalmente, por encima del décimo piso separaremos a los 1 250 mexicanos más ricos, en lo que llamaremos el *penthouse* o el *top* 0.001% mexicano.

Contando los ingresos de todas las personas de cada hogar mexicano, ¿cuánto dinero ingresa, mensualmente, a los hogares de los 12.5 millones más pobres, aquellos que viven en el primer piso? La respuesta aproximada es 3 mil pesos en promedio.[5] Ese es el ingreso total de esos hogares cada 30 días, y debe rendir para que viva, o más bien sobreviva, cada una de las familias más pobres de México, que son millones. ¡Cómo va a ser verdad que una familia entera viva con solo 3 mil pesos al mes!, dirá una persona poco informada. Tristemente no es una familia o unas cuantas, sino todos los hogares de los 12.5 millones de mexicanos más pobres.

Ahora pensemos en la mitad de la población con menores ingresos, es decir, todas y todos aquellos que viven en los primeros cinco pisos del edificio. ¿Cuánto dinero ingresa a esos hogares cada mes? La respuesta es entre 3 mil (primer piso) y 10 700 pesos (quinto piso).[6] Cuando se compara ese minúsculo ingreso con el de las familias que ocupan los pisos superiores, se hace evidente el enorme nivel de desigualdad. Resulta que los 1 250 habitantes del *penthouse* tienen ingresos por más de 25 millones de pesos al mes, en promedio por hogar. Eso significa que los del *penthouse* ganan, al menos, 8 415 veces más que los de la planta baja.[7]

En la construcción de un país en el que existan mayores niveles de empatía, es un buen ejercicio ubicar el piso en el que cada uno de nosotros vive. Muchos de los que viven en los pisos 9 y 10, equivocadamente, se asumen como parte de la clase media.[8] Piensan que viven entre los pisos 4 y 7. El nivel de conciencia de los ingresos propios, en comparación con los ingresos de los demás, es francamente bajo.[9]

En la siguiente imagen (8.1), podemos identificar el piso en el que vivimos dentro de ese figurado edificio que es nuestro país. Para mayor detalle, arriba del décimo piso hay cuatro pequeños pero muy lujosos *penthouses*, que albergan al 1, 0.1, 0.01 y 0.001% más rico del país. La cantidad que aparece en cada nivel corresponde a la suma del ingreso mensual, por hogar, en pesos. Para efectos aritméticos, debe recordarse que los *penthouses* son parte del décimo decil.

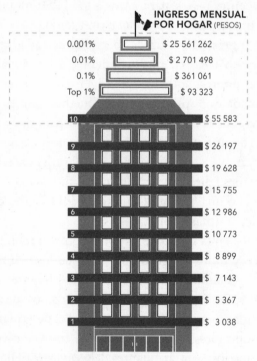

IMAGEN 8.1 Ingreso promedio en hogares por deciles y *top* 1% al 0.001%, México, 2018.

Fuente: Cálculos propios con información del Instituto Nacional de Estadística y Geografía, Encuesta Nacional de Ingresos y Gastos de los Hogares (ENIGH) 2018, y de Sebastián Sandoval Olascoaga, "The Distribution of Top Incomes in Mexico: How Rich Are the Richest?".

De acuerdo con otras estimaciones, la concentración del ingreso en los pisos superiores es aún mayor que la que indican las cifras oficiales que hemos utilizado en este apartado. Esquivel señala que, obteniendo el promedio de cinco estimaciones, el 1% más rico en México recibe el 24% de todo el ingreso, mientras que el 10% más rico recibe casi el 60% del ingreso total nacional.[10]

Como ha quedado claro en este apartado, la desigualdad es real, y su tamaño es muy considerable.

Comparando los niveles de desigualdad entre distintos países

Para medir la desigualdad en un país, y también para poder hacer comparaciones entre distintas naciones, el indicador más utilizado es el coeficiente de Gini. Se trata de un indicador cuyos valores van del 0 (si toda la gente tuviera exactamente el mismo ingreso) al 1 (si todo el ingreso se concentrara en una sola persona).

En la OCDE, los países con los niveles más bajos de desigualdad tienen valores cercanos al 0.25 en este coeficiente.[11] Es el caso de Dinamarca, Noruega, Finlandia, Suecia, Bélgica, la República Eslovaca, Eslovenia y la República Checa.

Un segundo bloque, también con niveles bajos de desigualdad, pero con un índice cercano al 0.30, incluye a países como Luxemburgo, Holanda, Francia y Alemania.

Más cerca del 0.35 están Japón, España, Corea del Sur, Canadá y Gran Bretaña. Finalmente, por encima del 0.35, con los niveles más altos de desigualdad para los estándares de la OCDE, están Estados Unidos y Turquía.

América Latina es la región más desigual de todo el planeta. Si bien México y Chile son miembros de la OCDE, para efectos comparativos los ubicaremos en su contexto regional.

Al igual que casi todos los países de la región, México supera, con creces, los niveles de desigualdad de las naciones de la OCDE. El coeficiente de Gini para México es de 0.49, correspondiente al promedio de América Latina. En los extremos de mayor y menor desigualdad se encuentran Honduras, con 0.56, y Uruguay, con 0.38 (ver gráfica 8.1).

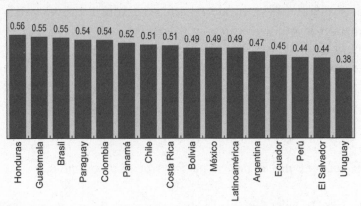

GRÁFICA 8.1 Coeficiente de Gini. Países de América Latina seleccionados, 2014.

Fuente: Índice de Gini. Base de Datos y Publicaciones Estadísticas de la Comisión Económica para América Latina y el Caribe (Cepalstat), 2013.

Un estudio específicamente enfocado en los países miembros de la OCDE[12] muestra datos muy preocupantes, que tienen que ver no solo con los niveles de desigualdad, sino con la tendencia marcada en los años recientes. Más allá del nivel preexistente en cada país, en la mayoría de los casos la desigualdad ha venido aumentando (ver gráfica 8.2).

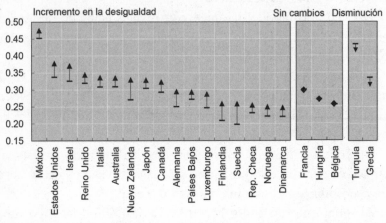

GRÁFICA 8.2 Cambios en la desigualdad en los países de la OCDE. Coeficientes de Gini (mediados de los ochenta *vs.* finales de la década del 2000).

Fuente: Organización para la Cooperación y el Desarrollo Económicos, *Divided We Stand: Why Inequality Keeps Rising* (París: OECD Publishing, 2011), 24.

Esto ha ocurrido en las naciones más igualitarias, como Dinamarca, Noruega, República Checa y Suecia; en las intermedias, como Japón y Gran Bretaña; y también en las más desiguales, como Estados Unidos, Israel y México.

De toda la OCDE, solo en tres casos (Francia, Hungría y Bélgica) se ha mantenido estable el coeficiente de Gini, y en los únicos dos países en los que ha disminuido la desigualdad (Grecia y Turquía), la explicación está más relacionada con el empobrecimiento nacional que con la prosperidad.

La desigualdad en los salarios y en el rendimiento sobre la inversión

En este capítulo se ha hecho referencia al ingreso de las personas. Para entender por qué está aumentando la desigualdad, es necesario analizar el origen de esos ingresos.

Excluyendo las transferencias gubernamentales, fundamentalmente existen dos fuentes de ingreso para la gente: los sueldos y salarios, por un lado, y el rendimiento del capital, por el otro. En la primera categoría, pensemos en el pago que reciben tanto los directores generales de las empresas, como los trabajadores con los salarios más modestos. En la segunda categoría, pensemos por ejemplo en la renta que cobra el dueño de un departamento a su inquilino, o en las ganancias de quienes son dueños de acciones en el mercado de valores. Los de la primera categoría obtienen ingresos en función de su trabajo; los de la segunda, en función del capital invertido.

La desigualdad en sueldos y salarios

Primero es necesario revisar lo que está ocurriendo en el ámbito de los sueldos y los salarios. Es cierto que la brecha entre quienes más ganan y aquellos con sueldos más bajos siempre ha existido; sin embargo, la razón por la que la brecha se está ampliando, es que los sueldos de quienes ganan más están aumentando mucho más rápido que los salarios de quienes ganan menos. Y así está ocurriendo en el mundo entero. Regresemos a la metáfora del edificio para plantearlo de manera gráfica.

Entre mediados de los años ochenta y la década del 2000, en Finlandia los ingresos en el primer piso aumentaron a una tasa del 1.2%, mientras que en el décimo piso, la tasa fue de más del doble; en Suecia, la diferencia fue de 5 a 1; en Estados Unidos, los del primer piso apenas vieron crecer sus ingresos a una tasa del 0.1%, mientras que los del décimo piso lo hicieron a una tasa del 1.5%; en el caso de México, la diferencia fue de 0.8% en el decil más bajo, contra 1.7% en el más alto. Con ese diferencial en las tasas, conforme pasa el tiempo, la brecha que separa a quienes lo tienen todo de aquellos que no tienen prácticamente nada no solo se mantiene grande, sino que cada vez se amplía más.[13]

Frente a esta realidad, se ha intentado identificar las causas que explican el crecimiento de la brecha, así como los factores que pueden contribuir a reducirla. Un estudio de la OCDE[14] analiza los siguientes nueve factores: *1)* integración comercial; *2)* desregulación de la inversión extranjera directa; *3)* avance tecnológico; *4)* caída en la pertenencia a los sindicatos; *5)* desregulación de los productos; *6)* impuestos sobre el trabajo; *7)* tasa de reposición (pago de prestaciones por desempleo como porcentaje de los ingresos); *8)* relajamiento de las normas que determinan los derechos de los trabajadores; y *9)* educación y capacitación.

Lo que el estudio busca responder es cómo impacta cada uno de esos nueve factores en dos planos: por un lado, si contribuye a ampliar o a disminuir la brecha salarial; por el otro, si contribuye a la generación o a la pérdida de empleos. Las dos preguntas son pertinentes y están directamente relacionadas. El problema de la desigualdad no se resuelve, de fondo, si una política pública reduce la brecha salarial, pero al mismo tiempo provoca que se pierdan empleos. El objetivo es encontrar la fórmula que permita seguir generando empleos, y al mismo tiempo lograr que se reduzca la desigualdad. Se trata de emparejar hacia arriba, no a partir de la precarización generalizada. En otras palabras, ¿cuál es el mejor camino para hacer que la prosperidad sea compartida: la vía del crecimiento o la vía de la redistribución? Queda claro que ambas condiciones resultan indispensables.[15]

En la tabla 8.1 se pueden observar los resultados generales del estudio. Dos conclusiones destacan: primero, que los avances tecnológicos representan grandes oportunidades, pero también enormes retos. La razón por la que contribuyen a ampliar la brecha salarial es porque quienes no tienen acceso a las nuevas tecnologías se rezagan considerablemente frente a quienes tienen la posibilidad de aprovecharlas.[16]

En segundo lugar, la educación y la capacitación son, claramente, el mejor antídoto frente a ese rezago y, junto con la legislación laboral, pueden contribuir a reducir la desigualdad en materia salarial.

	Impacto económico en:		Impacto en la desigualdad de ingresos "general"
	Dispersión salarial	Tasa de empleo	
Globalización y tecnología			
Integración comercial	=	=	=
Desregulación de la inversión extranjera directa	=	=	=
Avance tecnológico	+ (**)	=	+
Leyes e instituciones			
Caída en la pertenencia a los sindicatos	+ (*)	+ (***)	= / −
Desregulación de los productos	+ (**)	+ (**)	+ / = / −
Menos normas sobre los derechos de los trabajadores	+ (***)	=	+
Disminución de impuestos sobre el trabajo	+ (***)	++ (***)	= / −
Disminución de la tasa de reposición (pago de prestaciones por desempleo)	+ (***)	+ (***)	
Otros controles			
Mayor nivel educativo	− (***)	+ (***)	− −

TABLA 8.1 Principales impulsores de los cambios en la desigualdad salarial y el empleo en los países de la OCDE.

La dispersión salarial se define como la proporción de los salarios de los trabajadores mejor pagados del top 10% respecto a los de los trabajadores menos remunerados del 10% (primer decil).
Un signo positivo/negativo indica un efecto que aumenta/disminuye la dispersión salarial o el empleo.
"+" (o "-") indica que el coeficiente estandarizado es inferior a un tercio (0.33) para un cambio de desviación estándar en la unidad.
"++" (o "--") indica que el coeficiente estandarizado es de 0.33 o más.
Los valores entre paréntesis (***, **, *) indican que el coeficiente estimado es significativo en los niveles de 1, 5 y 10%, respectivamente.
= indica estimaciones insignificantes (menos que al nivel del 10%), independientemente del valor del coeficiente.
Fuente: Organización para la Cooperación y el Desarrollo Económicos, *Divided We Stand*: ..., 32, tabla 2.

El rendimiento del capital

Para seguir analizando por qué la desigualdad está aumentando en el mundo, ahora hablaremos de la otra fuente de ingreso: el rendimiento del capital, es decir, los ingresos recibidos por una persona que invierte su capital, independientemente de cualquier trabajo, y más allá de su denominación formal: dividendos, intereses, rentas, regalías, plusvalías, etcétera.

El economista francés Thomas Piketty publicó en 2013 *El capital en el siglo XXI*, un libro que provocó amplios debates en el mundo; llegó al número uno en la lista que elabora *The New York Times*, correspondiente a mayo de 2014, en la categoría de libros de no ficción, y se han vendido más de 2 millones de ejemplares. En ese texto, Piketty muestra que, a lo largo de la historia, la tasa de rendimiento puro del capital (*r*) (en general de 4-5%), ha sido, significativa y sostenidamente, mayor que la tasa de crecimiento del ingreso y la producción (*g*), según puede observarse en la gráfica 8.3.

GRÁFICA 8.3 Tasa de retorno *vs.* tasa de crecimiento del mundo desde la Antigüedad hasta el 2100.
Fuente: Thomas Piketty, *Capital in the Twenty-First Century*, trad. Arthur Goldhammer (Cambridge: Harvard University Press, 2014), figura 10.9.

La desigualdad *r* > *g*, mostrada por Piketty, implica que la recapitalización de los patrimonios procedentes del pasado es más rápida que el ritmo de crecimiento de la producción y los salarios. Esto significa que, una vez constituido, el capital se reproduce solo y más aceleradamente que los salarios y la producción.

Utilicemos un ejemplo muy simple para ilustrar el planteamiento $r > g$. Pensemos en r como los ingresos que el dueño de un departamento obtiene al rentarlo a su inquilino; y pensemos en g como el sueldo de un trabajador.

Supongamos que ambos ingresos, por una parte el salario y por la otra la renta, representan la misma cantidad de dinero en un momento determinado. La pregunta que Piketty responde es si después de un periodo considerable el sueldo de ese trabajador y el ingreso por la renta de ese departamento seguirán siendo equivalentes, o si uno de los dos habrá crecido más que el otro.

Continuando con el ejemplo, supongamos que el periodo en cuestión va del año 1982 al año 2012 y que, al inicio de ese periodo, ambos ingresos —el sueldo y la renta— eran idénticos: 30 000 pesos.

Durante esos 30 años, el rendimiento del capital (r) fue de 5.3% anual, mientras que el ingreso y la producción mundial (g) crecieron, en promedio, 3.8% por año.

Aplicando estas tasas tenemos que, después de 30 años, el sueldo del trabajador pasó de 30 000 a 91 842 pesos; en contraste, la renta que el dueño del departamento recibe cada mes pasó de los mismos 30 000 a 141 245 pesos.

A eso se refiere Piketty cuando dice que el crecimiento de los patrimonios procedentes del pasado será más rápido que el ritmo de crecimiento de la producción y los salarios, y por eso concluye que "el pasado devora al futuro".

Si bien es cierto que la brecha entre g y r se redujo durante la segunda mitad del siglo XX, Piketty pronostica que la diferencia aumentará durante el siglo XXI, en la medida en la que se desacelere el crecimiento —sobre todo demográfico—. Su previsión es que el crecimiento mundial podría ser del orden del 1.5% anual entre 2050 y 2100, por lo que la diferencia entre r y g regresaría a los niveles de la Revolución Industrial.

El planteamiento de Piketty es relevante para la discusión en torno a la desigualdad, porque implica que, de no haber cambios estructurales importantes, la brecha entre quienes tienen capital y lo pueden invertir, y aquellos que solo tienen su trabajo, seguirá aumentando en las décadas por venir, lo que exacerbará la desigualdad.

Hasta ahora, ha quedado claro que vivimos en un mundo con altos niveles de desigualdad y que México comparte, con América Latina, niveles especialmente elevados de disparidad en la distribución de la riqueza y el ingreso. También ha quedado de manifiesto que la desigualdad está aumentando, y que, de no haber cambios estructurales significativos, la tendencia habrá de continuar en el futuro. Ahora se discutirá si la desigualdad debe ser vista como un problema, o si se trata de un fenómeno propio de la naturaleza humana, que no representa mayor inconveniente.

¿La desigualdad debe ser vista como un problema?

Hay quienes sostienen que la desigualdad no es un problema en sí misma, y tampoco comparten la idea de que el gobierno deba intervenir para moderarla. Piensan que la tarea del gobierno consiste, sí, en combatir la pobreza, mas no la desigualdad. Argumentan que, en todo caso, debe haber igualdad, pero de oportunidades, sin importar cuán amplia sea la brecha en materia de ingreso y de riqueza. Si a nadie le falta lo indispensable para tener una vida digna, arguyen, es irrelevante cuánto dinero tengan los más ricos, en comparación con los que menos tienen.

En las siguientes líneas, expondremos una selección de argumentos en contra de esa afirmación, y a favor de la necesidad de atender no solo el problema de la pobreza y de la igualdad de oportunidades, sino de atemperar los niveles extremos de desigualdad patrimonial y de ingresos.

Ya en la década de 1970, Efraín González Morfín señalaba que "para servir al bien común [el Estado] necesita tomar medidas de política social, hacer frente a las desigualdades indebidas, eliminar los privilegios injustificados y fomentar la justicia".[17]

A continuación, nos concentraremos en cuatro argumentos. Los tres primeros son de orden económico y para ilustrarlos seguiremos, principalmente, a Joseph Stiglitz, Premio Nobel de Economía y profesor de la Universidad de Columbia.

Es bien sabido que entre los economistas siempre existen opiniones encontradas, y este tema no es la excepción. Es entendible que algunas personas con elevados niveles de riqueza tiendan a rechazar los planteamientos de quienes promueven la necesidad de que existan menores niveles de desigualdad. También circulan ideas inteligentes para contradecir los tres primeros argumentos que presentaremos; sin embargo, aun descartando los tres primeros argumentos, el cuarto debería hacer reflexionar.

Argumento 1. La demanda agregada

El producto interno bruto (PIB) es una forma de medir la producción de una nación, y se calcula con la fórmula $PIB = C + G + I + NX$ (consumo + gasto público + inversión + exportaciones netas). Por definición, cuantitativamente hablando, la demanda agregada y el PIB son iguales.

La mayoría de los gobiernos en el mundo comparten la idea de que cuando existe escasez en la demanda de bienes y servicios, y aumenta el desempleo, deben aplicarse medidas para estimular la inversión privada o pública, y así lograr la reactivación de la economía. Esta idea implica reconocer que la disminución de la demanda es un problema que requiere atención.

Cuando la desigualdad aumenta, la riqueza tiende a concentrarse, cada vez más, entre aquellos que viven en los pisos más altos del edificio, lo cual provoca, justamente, una disminución en la demanda. La razón es simple: los habitantes de la planta baja gastan absolutamente todo el dinero que les ingresa; por el contrario, los que viven en los *penthouses* ahorran gran parte de su ingreso, lo cual no contribuye a estimular la demanda. Desde esta perspectiva está construido el siguiente argumento de Stiglitz.

En Estados Unidos, el 1% más rico concentra el 20% de los ingresos.[18] Gran parte de ese dinero es ahorrado, no gastado. Stiglitz propone que, mediante una política redistributiva, una cuarta parte de esos ingresos, concentrados en el 1% más rico, se reparta entre quienes habitan en los pisos inferiores, a efecto de que sus habitantes los gasten, mejorando así sus condiciones de vida, pero también estimulando la economía. Así, en lugar de concentrar el 20% de los ingresos, los más ricos concentrarían el 15%. Stiglitz estima que mover ese 5% del ingreso nacional hacia los pisos de abajo propiciaría que la demanda agregada, y por lo tanto el PIB, aumentara el 1% de manera anual.[19]

Argumento 2. La desigualdad extrema conduce a menor inversión pública, a menor crecimiento y a mayor desigualdad

El razonamiento es que, en la medida en que la riqueza se concentra en el *penthouse*, también aumenta el poder de los habitantes de ese piso, y con ese poder se oponen al aumento en los impuestos. Las contribuciones son indispensables para financiar la existencia de bienes públicos, como las escuelas, los hospitales, los centros de investigación y la seguridad pública. Se argumenta que la oposición de los más privilegiados no debe sorprender, dado que los habitantes del piso más alto no requieren esos servicios: ellos tienen sus propios aparatos de seguridad y acuden a escuelas y hospitales privados. Pero lo que a veces no se entiende es que sin infraestructura básica y buenos niveles de educación y salud, las mismas empresas y la economía en general estarán impedidas para crecer.

El contraargumento suele ser que primero debe combatirse la corrupción, y que solo después de ello se podría abordar el tema de un incremento en los impuestos. Alegan que no es justo incrementar los impuestos mientras no exista la certeza de que los recursos públicos no acabarán en los bolsillos de los políticos. La realidad es que ambas condiciones son necesarias, no solo la primera.

Argumento 3. La desigualdad provoca distorsiones relacionadas con la búsqueda de rentas (*rent-seeking*)

Se entiende como búsqueda de rentas el conjunto de actividades tendentes a adquirir una mayor tajada de la riqueza existente, sin contribuir a crear riqueza nueva. Es la apropiación de más rebanadas del pastel, sin contribuir a que el tamaño del pastel aumente.

En contextos de desigualdad extrema, la acumulación de dinero y poder en el piso más alto incrementa la influencia de sus habitantes en el ámbito de las decisiones gubernamentales, lo cual les permite gestionar beneficios, a costa de los habitantes de los pisos inferiores.

Ahora bien, un subsidio directo es fácil de detectar y denunciar; sin embargo, abundan los subsidios ocultos. Pensemos en un ejemplo concreto. Un poderoso desarrollador inmobiliario compra un terreno y lo convierte en un fraccionamiento. La enorme extensión de tierra es transformada en miles de pequeños lotes individuales, que son vendidos al público en general. Imaginemos, como suele ocurrir, que la infraestructura básica del nuevo fraccionamiento (calles, sistema de agua potable y de drenaje) es francamente insuficiente para dar servicio a toda la gente que eventualmente habrá de vivir ahí. Pensemos también que el desarrollador usa su poder económico y político para lograr que el municipio autorice el proyecto, a pesar de las insuficiencias. Cuando se venden los lotes y se empiezan a construir las primeras casas, el problema no es evidente: no hay tráfico y el agua es más que suficiente para los primeros habitantes del fraccionamiento.

En la medida en la que pasa el tiempo y aumenta el número de casas ocupadas, empiezan a surgir los problemas: la vialidad primaria se satura, el agua empieza a escasear. El gobierno toma la decisión, en beneficio aparente de los habitantes, de ampliar la avenida y hacer la obra de cabeza requerida para incrementar el flujo de agua potable.

Parece una buena acción del gobierno; sin embargo, estamos en presencia de un subsidio oculto. ¿De dónde saca el municipio el dinero para hacer esas obras complementarias? ¿A quién correspondía haberlas hecho desde el inicio? Lo que ocurre es que el municipio, con el dinero de la gente, hace lo que debió haber hecho el desarrollador inmobiliario. Es exactamente como si el gobierno le quitara dinero a los de los pisos de abajo para regalárselo al desarrollador que vive en el *penthouse,* aun cuando a primera vista no lo parezca.

Cada vez que alguien con poder convence a un gobernante de hacer una obra pública cuyo principal beneficiario es él mismo, el dinero que sale de los bolsillos de los ciudadanos es entregado al poderoso. Cada vez que se relaja una norma ambiental en beneficio de una industria, se le arrebata un bien público a la gente, para beneficio de un interés particular. Cuando la industria tabacalera influye en el relajamiento de las políticas antitabaco, el gran público, a través de sus impuestos, acaba pagando el tratamiento de quienes contraen cáncer en los pulmones.[20]

En síntesis, el argumento consiste en que la concentración de dinero y poder lleva a distorsiones relacionadas con la búsqueda de rentas que, a su vez, contribuyen a incrementar la desigualdad.

Es previsible que los tres argumentos anteriores sean insuficientes para convencer a muchos de los habitantes del *penthouse*. Contra el primer argumento se puede decir que, en realidad, no ahorran el dinero, sino que lo invierten y así generan empleo; contra el segundo, que ellos son los primeros en aceptar una reforma fiscal —siempre y cuando lo que se aumente sea el IVA y no el ISR—; contra el tercero dirán que lo ahí descrito es fruto de la corrupción, mas no un problema atribuible a la desigualdad. La discusión es interminable. Pero aun en el supuesto de rechazar los tres argumentos económicos anteriores, el siguiente razonamiento, como se señaló antes, nos debería sacudir.

Argumento 4. La desigualdad extrema es el caldo de cultivo
perfecto para la inestabilidad social y para el florecimiento
de los regímenes populistas

Levitsky y Ziblatt, en su interesante análisis sobre cómo mueren las democracias,[21] explican que la creciente desigualdad aviva el resentimiento social que, a su vez, deriva en la polarización, que constituye un campo fértil para el florecimiento de los regímenes autoritarios de corte populista.

Explican que atender el problema de la desigualdad no es solo un asunto de justicia social, sino que la salud de la democracia misma depende de ello.[22]

Cuando el director general de Walmart gana 1 188 veces más que la cajera;[23] cuando los habitantes del *penthouse* ganan 8 415 veces más que los del primer piso del edificio; cuando las personas consideran injusta la recompensa que obtienen a cambio de su trabajo, es natural que aflore el resentimiento.[24]

Hoy abundan los estudios sobre las razones que explican el rechazo natural hacia la desigualdad. El publicado por Brosnan y De Waal en la revista *Nature*, en 2003, fue pionero en muchos sentidos. Buscando comprender, desde una perspectiva evolutiva, la tendencia natural a comparar el esfuerzo que realizamos y la recompensa que recibimos, con el esfuerzo y la recompensa de los demás, estos académicos demuestran cómo los monos capuchinos (*Cebus apella*) también responden negativamente a la desigualdad.

El video del experimento es una joya:[25] se observa a los dos animales, colocados en jaulas contiguas, con visibilidad entre sí. Inicialmente, en condiciones de plena igualdad, ambos reciben la misma recompensa (pepino), a cambio de desempeñar la misma tarea (entregar una piedra al humano). Ambos se comen la recompensa con evidente agrado y repiten la tarea para obtener el premio de nuevo.

En la segunda fase, el experimento se conduce en condiciones de desigualdad. La tarea sigue siendo la misma (entregar una piedra), pero la recompensa es distinta para cada uno de los animales participantes. Uno sigue recibiendo pepino, mientas que el otro recibe una uva, una fruta que consideran más sabrosa.

El animal que sigue recibiendo el pepino se niega a continuar la tarea y, eventualmente, también se rehúsa a recibir la recompensa menos apetecible. Sus reacciones son violentas. En lugar de entregar la piedra, la usa para golpear el acrílico de su caja, y cuando recibe los pepinos, los avienta en señal de protesta.

El estudio concluye que las especies animales, con prácticas muy desarrolladas de compartir comida y de cooperar, pueden tener expectativas sobre la distribución de las recompensas, mismas que los llevan a rechazar la inequidad.

La OCDE explica con mucha claridad este cuarto argumento:

La desigualdad plantea retos de orden político porque engendra el resentimiento social y genera inestabilidad política. También puede propiciar el populismo, el proteccionismo y los sentimientos globalifóbicos. Las personas no van a respaldar el comercio abierto y el libre mercado si sienten que ellas pierden, al mismo tiempo que un reducido grupo se hace cada vez más rico.[26]

Luis Felipe López-Calva, director regional de América Latina y el Caribe del Programa de las Naciones Unidas para el Desarrollo, resume muy bien las ideas anteriores:

> Si bien se puede argumentar que el aumento de la desigualdad no es malo per se (por ejemplo, en algunos casos puede servir como un incentivo para avanzar o puede aumentar la productividad), este generalmente se asocia con patrones de exclusión económica, social y política, y puede conllevar costos significativos para la sociedad. Estos costos se manifiestan de diferentes maneras, desde asimetrías de poder y distorsiones de política hasta baja cohesión social y subinversión persistente.[27]

Por todas las razones expuestas, se sostiene que no basta con que el gobierno encare el reto de combatir la pobreza, sino que resulta igualmente importante atender el problema de la creciente desigualdad, con criterios técnicos y sin polarizar a la sociedad.[28]

La movilidad social

La movilidad social es la capacidad que tiene una persona de mejorar —o empeorar— su situación económica, generalmente medida en función de su ingreso. El que nació pobre, ¿qué posibilidades tiene de hacerse rico?; el que nació rico, ¿qué posibilidades tiene de perder esa riqueza?

La movilidad suele medirse comparando la situación de los padres con la de los hijos (intergeneracional); o bien, comparando la realidad de una persona a lo largo de su propia vida (intrageneracional).

¿Vivimos en una sociedad en la que la posición en la que nacemos predetermina el lugar en el que terminamos? Lamentablemente sí, en gran medida.

Para ilustrar las condiciones de movilidad social, pensemos nuevamente en un edificio. En este ejemplo, el edificio será de cinco pisos (quintiles), para adecuarlo a la información de la Encuesta de Movilidad Social 2015, publicada por el Inegi y el Colegio de México.[29] Para tal efecto, consideramos que en cada piso viven 25 millones de personas.

En condiciones de igualdad absoluta, la riqueza concentrada en cada piso sería idéntica; sin embargo, en México la realidad es muy distinta: mientras que en el primer piso se concentra el 5.1% de la riqueza, en el quinto piso está acumulado el 50% de la riqueza.[30]

Para hablar de movilidad social, pensemos ahora en los 25 millones de personas que viven en el primer piso. En un escenario ideal, en el que el piso de nacimiento no predetermina el piso al que se puede llegar —porque es el esfuerzo de cada persona y no su suerte al nacer lo que define su destino—, esos 25 millones de personas tendrían las mismas posibilidades de terminar su vida en cualquiera de los cinco pisos, dependiendo de su desempeño personal.

Si ese fuera el caso, del 100% de los habitantes del piso uno, solo una quinta parte terminaría viviendo en el mismo piso en el que nació, mientras que otra quinta parte llegaría al segundo piso; igual número de personas lograría llegar al tercero, lo mismo que al cuarto, y, finalmente, otra quinta parte de las personas alcanzaría el piso más alto del edificio.

Evidentemente, eso no sucede en la realidad. De los 25 millones que nacen en el primer piso, ¿cuántos logran llegar al quinto piso? Menos del 10 por ciento.[31]

Ahora veámoslo a la inversa. Pensemos en los 25 millones más privilegiados. Esos que nacieron en el quinto piso. ¿Cuántos de ellos terminan en el primer piso, al final de su vida productiva? La respuesta es que solo un 5 por ciento.[32]

Esto significa que, en las condiciones actuales, quien nace rico tiene altas probabilidades de permanecer en esa condición; y quien nace pobre suele estar condenado a morir pobre.[33]

Esto no es así en todo el mundo. De acuerdo con el Índice Global de Movilidad Social, publicado en enero de 2020 por el Foro

Económico Mundial,[34] los mejores ejemplos de movilidad social se encuentran en los países del norte de Europa: Dinamarca, Noruega, Finlandia, Suecia e Islandia. La explicación de su alta movilidad se encuentra en factores como la atención sanitaria, la educación, la protección social, el acceso a la tecnología y al crédito, los salarios justos, las prestaciones y las oportunidades de empleo.

La falta de movilidad social que le impide a la gente mejorar su condición es una tragedia. Resulta profundamente injusto que el futuro de una niña o de un niño dependa más de su suerte al nacer que de todo su esfuerzo, voluntad y empeño.[35]

¿Cómo hacer el piso más parejo?

Ni el crecimiento económico por sí mismo, ni la redistribución de la riqueza por sí sola son condiciones suficientes para la prosperidad compartida. Ambas condiciones son necesarias. Una economía que no crece condena a sus ciudadanos a la escasez de oportunidades; y un modelo económico que no redistribuye no solo perpetúa la desigualdad, sino que tiende a exacerbarla. López Obrador parece no entender esto.

Tras la publicación, en enero de 2020, de que la economía mexicana se había contraído, López Obrador declaró: "Como tengo otros datos puedo decirles que hay bienestar, puede ser que no se tenga crecimiento, pero hay desarrollo y hay bienestar".[36] ¿Puede haber bienestar sin crecimiento en un país en el que la población está aumentando? Por supuesto que no, y la explicación es muy simple: si los invitados a una fiesta cada vez son más (la población está creciendo) y el pastel permanece del mismo tamaño (el tamaño de la economía), cada vez serán más pequeñas las rebanadas que correspondan a cada uno de los invitados.

Lo cierto es que se trata de una condición necesaria mas no suficiente: no basta con que crezca el pastel (crecimiento económico), porque puede suceder que un invitado esté obteniendo una rebanada enorme, y que muchos otros estén recibiendo migajas. Lo que se necesita es que crezca el pastel y que las rebanadas se distribuyan de manera razonablemente justa entre todos los invitados.

Queda claro que el reto es doble: crecer y redistribuir. Se abordará el problema del crecimiento económico en el siguiente capítulo; a continuación nos ocuparemos del reto de la redistribución.

Una de las mejores herramientas que tiene un gobierno para redistribuir es el sistema hacendario en sus dos vertientes: ingreso y gasto. Qué impuestos y contribuciones se cobran y cómo se gastan esos recursos, son dos aspectos de máxima relevancia para lograr una prosperidad compartida.

Los ingresos y el gasto público como herramientas fundamentales

La recaudación en México, como proporción del producto interno bruto, es bajísima. Volvamos al ejemplo del pastel: pensemos ahora que el anfitrión de la fiesta es el encargado de resolver el problema de que un invitado obtuvo una rebanada enorme del pastel, al tiempo que la mayoría solo tiene migajas en el plato. Si el anfitrión de la fiesta solo cuenta con una pequeña rebanada para redistribuir, aun cuando la administre con total honestidad y cuidado, no le será suficiente para convidar a todos los desposeídos, que solo alcanzan moronas. Si además el anfitrión es un corrupto que le da una mordida a la rebanada que debería servir para ser distribuida, el problema resulta doble, como ya se vio en el capítulo 4. En este ejemplo, el anfitrión requiere de una porción más grande de pastel para resolver las distorsiones de la distribución original.

El Estado mexicano cuenta con una rebanada muy pequeña para redistribuir. Al comparar sus ingresos con los de otros países, el problema es más que evidente: como puede observarse en la gráfica 8.4, la recaudación de México apenas alcanza el 16.1% del producto interno bruto, esto es, la mitad del promedio de los países de la OCDE (34%). La precariedad de los ingresos del Estado mexicano es un primer problema que urge corregir.

En segundo lugar, es importante señalar que no basta con incrementar los ingresos tributarios. En qué y cómo gasta el gobierno es

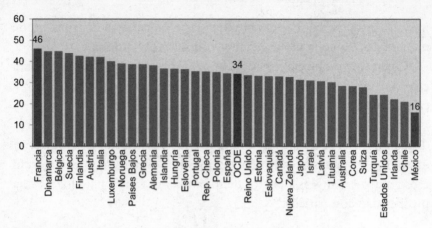

Gráfica 8.4 Ingresos fiscales como % del PIB. Países de la OCDE (2018).
Fuente: Elaboración propia con datos de estadísticas de la OCDE.

igual de importante, porque el gasto público debe tener un efecto multiplicador en la economía.

Veámoslo así: si el gobierno le quita a un ciudadano una determinada cantidad de dinero mediante el cobro de un impuesto, pero ese dinero termina en la cuenta bancaria de un corrupto en el extranjero, o si ese recurso termina gastado en proyectos absurdos, surgidos de la necedad y la ocurrencia de un político inepto, resulta correcto concluir que hubiera sido mejor no cobrar el impuesto y dejar el dinero en las manos del ciudadano.

Cuando hay corrupción o ineptitud en el gasto público, cobran mucha fuerza los argumentos de quienes se oponen al incremento en la recaudación, con el comprensible planteamiento de que ese dinero está mejor en las manos de personas o empresas dispuestas a reinvertirlos o a gastarlos, que en las manos de un gobierno corrupto o ineficaz.

De acuerdo con un estudio entre los países de la OCDE,[37] el gasto público eficiente en educación, salud, vivienda y servicios asistenciales tiene la capacidad de reducir la desigualdad en un 25%, medida a través del coeficiente de Gini (ver gráfica 8.5). La OCDE sugiere que cualquier estrategia diseñada para reducir la brecha entre ricos y pobres debe descansar sobre tres pilares fundamentales: inversión en

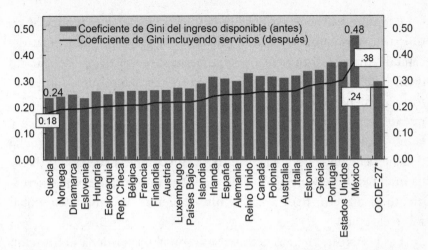

GRÁFICA 8.5 Coeficiente de Gini. Antes y después de los servicios de educación, salud, vivienda social y servicios asistenciales.

Fuente: Organización para la Cooperación y el Desarrollo Económicos, *Divided We Stand…*, tabla 8.2.

capital humano, promoción del empleo y políticas públicas de recaudación y transferencia.[38]

En el informe de la OCDE titulado *El papel y diseño de los impuestos a la riqueza neta en la* OCDE,[39] se menciona que los impuestos sobre la renta de capital, por sí solos, probablemente no sean suficientes para abatir la creciente desigualdad económica, y se sugiere la necesidad de complementar con impuestos sobre la riqueza. Una de las alternativas planteadas es la aplicación de un impuesto a las herencias. Se trata de un tema que requiere de un amplio debate nacional, que permita arribar a la mejor decisión posible. En la OCDE la tasa promedio de los impuestos aplicados a las herencias es de 15%, con naciones cuya tasa máxima es igual o superior al 40%, como Japón, Corea del Sur, Francia, Reino Unido y Estados Unidos.[40] En muchos países, los patrimonios modestos están exentos de este tipo de gravamen, lo cual resulta lógico. Existen sólidos argumentos tanto a favor como en contra. Lo cierto es que respaldar este tipo de propuestas resulta particularmente difícil cuando se tiene un gobierno que gasta sin transparencia y en proyectos basados en ocurrencias.

Cuando se discute la posibilidad de aumentar los impuestos en un país, especialmente aquellos dirigidos a gravar las ganancias del capital, surge el argumento que advierte sobre el riesgo de que los dueños del capital decidan llevárselo a otro país, en el que los impuestos sean menores. Lo peor que puede pasar, argumentan, es que los nuevos impuestos ahuyenten la inversión, la gente pierda su empleo y la desigualdad termine siendo aún mayor. La objeción no es inocua y nadie tiene una respuesta definitiva a esta compleja cuestión. Piketty ha intentado resolver el problema mediante una propuesta que ciertamente es utópica, pero a la vez muy concreta: un impuesto global sobre el capital.

Las poderosas fuerzas del mercado son el motor de la innovación y resultan fundamentales para resolver muchos de los problemas que enfrenta el mundo; sin embargo, hoy queda claro que no lo resuelven todo y, a menudo, conducen hacia elevados niveles de desigualdad, que resultan nocivos para el mismo crecimiento económico.

Cuando un porcentaje muy alto de la población no paga impuestos debido a que opera en la informalidad; cuando las grandes empresas pagan impuestos a tasas más bajas que las pequeñas y medianas; cuando los más ricos contribuyen menos, en proporción, que la clase media, la distorsión está fuera de toda duda. Un primer paso hacia la corrección de esa distorsión es la transparencia, que a su vez depende de mayores niveles de cooperación internacional, incluyendo el intercambio de información financiera entre países.

El objetivo debe ser establecer un sistema fiscal equitativo, con una base tributaria mucho más amplia, que permita a los gobiernos una adecuada recaudación para financiar la inversión correspondiente en bienes públicos, incluyendo la infraestructura que es indispensable para hacer sostenible el crecimiento: calles, carreteras, líneas de ferrocarril, aeropuertos, puertos, generación de energías limpias (solar, eólica), gasoductos, agua potable, saneamiento, telecomunicaciones, hospitales, escuelas, universidades, etcétera.

No se trata de acabar por completo con la desigualdad; se trata de moderarla y de construir progresivamente un país en el que la prosperidad sea compartida y una vida con dignidad esté al alcance de todas y de todos.

LA POBREZA

La pobreza en México

Además de los elevados niveles de desigualdad que padece México, los índices de pobreza siguen representando un reto mayúsculo. El organismo nacional responsable de su medición es el Coneval (Consejo Nacional de Evaluación de la Política de Desarrollo Social).

El Coneval utiliza dos parámetros para determinar si una persona vive en condiciones de pobreza: la línea de bienestar, debajo de la cual se considera que la persona vive en pobreza; y la línea mínima de bienestar, debajo de la cual la persona es considerada en pobreza extrema. Aunque el Coneval también utiliza un indicador de pobreza multidimensional que, además de los ingresos, toma en cuenta el acceso a diversos servicios, en este análisis solo se utilizarán como parámetros la línea de bienestar y la línea mínima de bienestar.

La línea mínima de bienestar o línea de pobreza extrema es la cantidad de dinero que una persona requiere, cada mes, para adquirir una canasta alimentaria; y la línea de bienestar o línea de pobreza por ingresos es la cantidad de dinero que equivale al valor total de la canasta alimentaria y de la canasta no alimentaria por persona al mes. Estos valores los actualiza cada mes el Coneval. Para enero de 2020, la línea mínima de bienestar era de 1 149.18 pesos (unos dos dólares diarios) y la línea de bienestar era de 1 615.21 pesos (unos tres dólares diarios). Para la Organización de las Naciones Unidas, el parámetro de pobreza es cuando una persona vive con menos de 1.9 dólares diarios.

De acuerdo con los umbrales establecidos por el Coneval, la mitad de la población de México vive en condiciones de pobreza (48.8%)

y el 16.8% se ubica en pobreza extrema. Una realidad inadmisible desde cualquier parámetro ético (ver gráfica 8.6).

GRÁFICA 8.6 Evolución de la pobreza (2008-2018).

Fuente: Estimaciones del Coneval con base en la Encuesta Nacional de Ingreso y Gastos de los Hogares (ENIGH) de 2008 a 2016, el Módulo de Condiciones Socioeconómicas (MCS-ENIGH) 2008-2014 y el Modelo Estadístico para la Continuidad (MEC) 2016 y 2018 del MCS-ENIGH.

La distribución geográfica

La distribución de las personas que viven en pobreza no es homogénea en el territorio nacional. Los estados del sur-sureste presentan los mayores índices. En Veracruz, Oaxaca, Guerrero y Chiapas, entre el 60 y el 75% de las personas vive con un ingreso inferior a la línea de pobreza; y estos tres últimos estados presentan también la incidencia más alta de pobreza extrema.

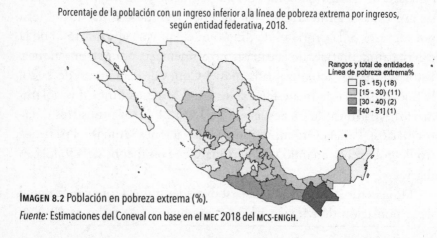

IMAGEN 8.2 Población en pobreza extrema (%).

Fuente: Estimaciones del Coneval con base en el MEC 2018 del MCS-ENIGH.

La evolución de la pobreza en el tiempo

Algo que resulta frustrante e inaceptable es que los niveles de pobreza —de acuerdo con la línea de bienestar— son prácticamente los mismos desde hace 30 años; y los de pobreza extrema —de acuerdo a la línea mínima de bienestar— casi no han variado en los últimos 15 años.[41]

El efecto goteo o teoría del derrame (*trickle down economics*), que postula que basta con que crezca la economía para que los beneficios, eventualmente, lleguen a todos, incluidos aquellos con ingresos menores, claramente no se ha hecho realidad en México.[42] En la gráfica 8.7 se muestra el crecimiento del PIB per cápita, y en la 8.8 la evolución de la pobreza en nuestro país.

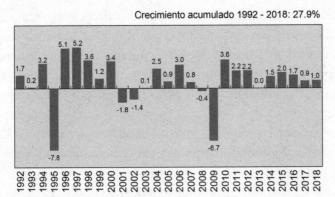

GRÁFICA 8.7 Crecimiento del PIB per cápita (% anual).
Fuente: Elaboración propia con datos del Banco Mundial.

Como puede observarse en la gráfica 8.8, entre 1992 y 2018 el crecimiento económico ha sido mediocre, pero no inexistente: el crecimiento del PIB per cápita total agregado durante ese periodo ha sido de 27.9%; sin embargo, esto no ha sido suficiente para que los beneficios alcancen a todos. Los niveles de pobreza por ingreso prácticamente permanecen idénticos desde 1992.

Por cuanto ve a la pobreza extrema, el 16.8% de 2018 es menor que el 21.4% de 1992, pero superior a la cifra de 2006. Y cuando se

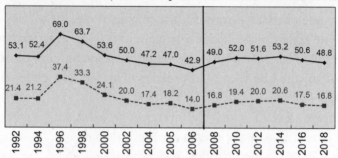

GRÁFICA 8.8 Evolución de la pobreza 1992-2018 (% de la población).

Fuente: Estimaciones del Coneval. La serie de 1992 a 2006 se refiere al porcentaje de la población con pobreza de patrimonio, mientras que la serie de 2008 a 2018 se refiere a la población con ingreso inferior a la línea de bienestar.

observa en términos absolutos, el número de pobres creció en más de 6 millones de personas de 1992 a la fecha.[43] Cuando se analiza la tendencia de los índices de pobreza, queda claro que quienes más caro pagan las crisis económicas son los más pobres, y que la mejor política social, el mejor camino para salir de la pobreza, es el empleo bien pagado.

A juzgar por las cifras, la política económica y también la social han fracasado. El cúmulo de programas sociales diseñados para erradicar la pobreza ha servido a intereses políticos mezquinos, y muy poco hemos avanzado en el combate eficaz a la pobreza.

En su más reciente informe de 2018,[44] el Coneval identificó 6 488 programas y acciones de desarrollo social en todo el país, de los cuales 149 eran federales, 2 528 estatales y 3 811 municipales, muchos de ellos duplicados, sin padrones de beneficiarios, claramente diseñados para ganar elecciones y no para mejorar, de manera sostenible, las condiciones de vida de las personas. Un rediseño de la política social resulta urgente.

Reducir la pobreza es una tarea que, como dice Gonzalo Hernández Licona, implica dos dimensiones: "*a)* Abatir la pobreza en sus síntomas directos. Que la población en pobreza pueda superar mínimos de bienestar indispensables en varias dimensiones; y *b)* Generar las condiciones en toda la sociedad para que se combatan las causas de la pobreza: desigualdad de acceso y de oportunidades; falta de crecimiento económico y generación de valor; falta de mecanismos de protección social".[45]

Ya se ha dicho que la mejor política social es el empleo bien pagado. Esta afirmación nos lleva a reflexionar sobre la tragedia que significa la tendencia a la baja de los salarios de los trabajadores en México.

La precarización del salario

Es muy preocupante que los salarios de quienes viven en los pisos más bajos del edificio hayan venido cayendo en los últimos años, y es importante comprender por qué está sucediendo.

México es un país con muchos jóvenes.[46] Es importante entender de qué tamaño es una generación completa de jóvenes para dimensionar la cantidad de personas que, cada año, buscarán incorporarse a la vida laboral. Tener clara esa cifra permite determinar el número de empleos que tendrían que generarse para hacer frente a la demanda.

Cada año, el número de personas que cumplen 18 años en México es de aproximadamente 2 millones 200 mil.[47] No todas las personas buscan empezar a trabajar a la misma edad, algunos lo harán muy pronto, otros seguirán estudiando y buscarán empleo muchos años después; sin embargo, esa cifra nos indica, en promedio, el número potencial de personas adicionales que podrían buscar trabajo cada año.

Pero el tamaño de una generación no es equivalente al número de empleos que se deben generar para dar oportunidad a todos, porque no todas las personas quieren tener un trabajo remunerado: algunas deciden dedicarse a labores del hogar u otro tipo de actividades no pagadas. Tomemos el promedio de los últimos 10 años: el 60% de las personas en edad de trabajar buscó tener un empleo remunerado.

Si cada generación de jóvenes es de aproximadamente 2.2 millones, e inferimos que el 60%[48] buscará trabajo, la cantidad de empleos que se tendrían que generar es de 1.3 millones cada año. ¿Se está generando ese número de empleos, que son los necesarios para satisfacer la demanda de oportunidades laborales? Lamentablemente, desde hace muchos años, la respuesta es que ni remotamente.

En los últimos 10 años, los empleos informales —sin prestaciones de ley— y los formales generados en promedio por año son apenas 934 mil.

Si 1.3 millones buscan trabajo y solo se generan 934 mil empleos, significa que 366 mil no logran encontrar una oportunidad. El problema es enorme y acumulativo; a lo largo de 10 años, suman aproximadamente tres y medio millones de personas.

Dicho de otra manera: 1.3 millones de jóvenes buscan una oportunidad de trabajo cada año, pero no hay la inversión en capital suficiente para generar ese número de nuevos empleos (nuevas tiendas, nuevos despachos, nuevas empresas, nuevas fábricas o ampliación de las existentes).

¿Qué sucede con toda la gente que no encuentra trabajo? Fundamentalmente, dos cosas: se contratan como pueden y por lo que pueden, o pasan a engrosar las filas de jóvenes que ni estudian ni trabajan y que suelen ser catalogados, de manera despectiva, como *ninis*. El hecho de que tanta gente con el deseo de trabajar no logre encontrar una oportunidad es, de suyo, una tragedia, pero tristemente, el problema no termina ahí.

En la medida en la que hay más oferta (personas que quieren trabajar) que demanda (empleos disponibles), los salarios tienden a disminuir. Cuando la fila de personas dispuestas a tomar el empleo es muy larga, y solo hay una oportunidad disponible, aun cuando el sueldo sea muy bajo, siempre habrá quien esté dispuesto a contratarse.[49]

En la siguiente gráfica se puede observar que el número de trabajadores que gana menos de dos salarios mínimos al mes,[50] ha venido aumentando dramáticamente. En 2010 representaba el 44% de todos los trabajadores, para 2019 llegó al 57%. En contraste, los trabajos con salarios superiores a dos salarios mínimos han venido disminuyendo: en 2010 representaban el 47% y para 2019 bajaron al 31% (ver gráfica 8.9).[51]

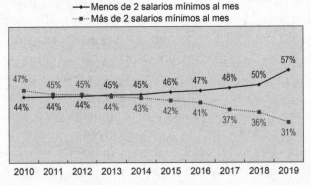

GRÁFICA 8.9 Nivel de ingresos de la población ocupada, 2010-2019.

Fuente: Instituto Nacional de Estadística y Geografía, Encuesta Nacional de Ocupación y Empleo (ENOE) IV trimestre 2019. Datos del último cuatrimestre de cada año. Los porcentajes no suman 100% debido a que en la gráfica no se incluyen los que no declaran ingresos.

En el siguiente capítulo se discutirá sobre las condiciones necesarias para que la economía crezca y se generen más y mejores empleos. Por ahora, debe quedar claro que mientras no aumente la inversión productiva y, por consiguiente, la generación de empleos, esta tendencia hacia la precarización de los salarios continuará, condenando a millones al desempleo o a tener un trabajo con un sueldo que no alcanza para que una familia viva fuera de la pobreza.

La pobreza es una condición aciaga y dolorosa, marcada por innumerables carencias: alimentación, educación, salud, servicios básicos, ingresos, seguridad y un largo etcétera; pero, además, atrapa a las personas en una trampa de la que es muy difícil escapar.

La trampa de la escasez

Sendhil Mullainathan, economista de la Universidad de Harvard, y Eldar Shafir, profesor de psicología en la Universidad de Princeton, han estudiado los efectos de la escasez en la mente y en el comportamiento humano. Su objeto de estudio los llevó a revisar un experimento que se realizó hace más de medio siglo, en el marco de la hambruna que se vivía en Europa. Al terminar la Segunda Guerra Mundial, miles de personas estaban al borde de la muerte por inanición. A medida que los aliados ocupaban el territorio alemán, aparecían más y más personas que padecían desnutrición extrema. El problema para los aliados no era la falta de comida, pues tenían suficiente como para alimentar a todas las víctimas que los nazis habían dejado en los huesos, y que ahora estaban siendo liberadas. El problema era de orden técnico: ¿cómo volver a nutrir a una persona que padeció hambre por un periodo tan prolongado? ¿Se le alimenta poco a poco? ¿Se le permite comer todo lo que su cuerpo demande? En aquellas circunstancias resultaba crucial saber cuál era la manera correcta de hacerlo.

La Universidad de Minnesota ofreció ayudar y puso en marcha un experimento, quizá impensable en nuestros tiempos, en el que participaron 36 voluntarios, que por motivos de objeción de conciencia no habían participado en la guerra, pero que sí estaban dispuestos a colaborar con la investigación, siendo llevados al límite de la desnutrición. El objetivo del estudio, de un año de duración, era idear la mejor forma de volver a nutrir a los participantes en el experimento; pero para eso, antes era necesario hacerlos pasar hambre.

El estudio fue monitoreando, con mucho detalle, la evolución de cada uno de los participantes, al tiempo que se iban convirtiendo en esqueletos humanos. Los efectos físicos eran evidentes: estaban tan flacos que el simple hecho de sentarse les producía dolor; su metabolismo se fue haciendo mucho más lento; una tarea tan simple como bañarse los dejaba completamente agotados. Las consecuencias físicas eran notorias, pero los efectos más perturbadores e inesperados ocurrieron a nivel mental:

> Desarrollaron obsesiones en torno a los libros de recetas y menús de restaurantes. Algunos podían pasar horas enteras comparando los precios de las frutas y las verduras en los periódicos [...] Soñaban con tener una nueva carrera como dueños de restaurantes [...] Cuando iban al cine, solo las escenas con comida lograban mantener su atención.[52]

Más allá de cualquier esfuerzo consciente por resolver el problema de la falta de alimento, su mente quedó completamente atrapada por ideas relacionadas con la comida. Aunque este tipo de datos no eran más que un pie de página en aquel estudio, cuyo objetivo original era resolver la manera adecuada de alimentar a gente que había padecido desnutrición prolongada, para Mullainathan y Shafir los efectos en la mente de los participantes representaron un hallazgo central.

En su libro *Scarcity* muestran que, así como la falta de alimento hace que el cerebro humano solo piense en comida, la escasez, de cualquier tipo, tiende a provocar que utilicemos casi toda nuestra capacidad mental para pensar en aquello que nos falta.

Una persona que está muy ocupada —con escasez de tiempo—, solo piensa en el proyecto que debe terminar; para quien tiene un problema serio de flujo de efectivo, la obsesión puede ser el pago de la renta o de los servicios a fin de mes. Se trata de un mecanismo de defensa, mediante el cual el cerebro nos recuerda, de manera constante, que tenemos un problema y que lo debemos resolver. De manera inconsciente, casi toda nuestra atención se centra en ese desafío.

El experimento de la Universidad de Minnesota llamó mucho la atención de Shafir, porque en sus trabajos sobre pobreza había encontrado patrones muy similares. Quienes vivían en condiciones de pobreza tenían enorme dificultad para pensar en cosas distintas a sus problemas económicos. Así como el hambre desata una obsesión en torno a la comida, la pobreza provoca lo mismo, pero en torno a cómo resolver los problemas financieros de cortísimo plazo.

La explicación, desde una perspectiva evolutiva, es que el cerebro está diseñado para enfocar toda la atención en resolver el problema relativo a lo que creemos que nos hace falta en ese preciso momento.

La metáfora del ancho de banda lo ejemplifica bien. Nuestro cerebro funciona como la conexión a internet en nuestra casa u oficina. Si alguien más está descargando un video, el ancho de banda disponible es mucho menor y la velocidad de descarga en los demás dispositivos disminuye. Una manera de ilustrarlo es con un ejercicio práctico: intentemos memorizar este número: 38-56-21-14-08 (se recomienda volver a leer el número antes de seguir leyendo). Si continuamos con la lectura de este párrafo, lo más probable es que ocurra una de dos cosas: perdamos el hilo de la argumentación, o bien, olvidemos el número de 10 dígitos. Ese es el efecto de la escasez: captura nuestro "ancho de banda" y deja poco espacio para pensar en lo demás. Al principio, la obsesión parece útil para resolver el problema, pero en el largo plazo termina por agravarlo.

Está documentado que la gente en situación de pobreza muchas veces no toma buenas decisiones financieras. El podcast *The Hidden Brain*[53] ofrece un ejemplo de la vida real: una jefa de familia pierde su trabajo y sus deudas empiezan a aumentar. Le agobia pensar en no tener lo indispensable para sus hijos. En su desesperación, se dirige a la tienda y, con su tarjeta de crédito, realiza una compra de pánico que incluye todo lo que ella cree que sus hijos van a necesitar: papel de baño, comida, pasta de dientes, etcétera. Todo lo adquiere en tamaño familiar. La compra de pánico logra aliviar su preocupación, pero pronto se da cuenta de que agotó al 100% su límite de crédito, y ahora no tiene dinero ni siquiera para transportarse y buscar un nuevo empleo.

Para quien externamente observa la conducta de esta madre, su comportamiento parece irracional. La mujer da la impresión de ser poco inteligente. Pero la madre desesperada no es menos lista que quien la juzga. La diferencia es que ella tiene ocupado todo su ancho de banda en resolver un serio problema de escasez.

La gente en situación de pobreza no es ignorante. Está documentado que las personas que viven en la pobreza, por ejemplo, saben mucho mejor que los ricos dónde se pueden encontrar los mejores precios; sin embargo, suelen estar absortos en la solución de problemas de muy corto plazo, como conseguir dinero para alimentar a sus hijos ese mismo día.

Ignorar los compromisos financieros de mediano plazo hace que el problema sea cada vez mayor. La trampa de la escasez es ese círculo vicioso en el que los problemas de hoy hacen que cada vez sean más grandes los de mañana.

Existe la creencia de que los pobres lo son porque toman malas decisiones, pero ese razonamiento pasa por alto que la causa de las malas decisiones es la escasez misma. ¿Qué tal si, como dice Shafir, no es que la población en pobreza tome malas decisiones, sino que es la pobreza la que los hace menos aptos para tomar buenas decisiones? ¿No será que cualquiera de nosotros, en condiciones de pobreza, cometería los mismos errores? Pero ¿cómo saber que esta no es una simple hipótesis justificadora de decisiones irresponsables? ¿Existe una manera de probarlo?

Mullainathan y Shafir no encontraban la manera de medir la capacidad cognitiva de una misma persona, primero en condiciones de abundancia y luego en situaciones de escasez, a efecto de poner a prueba su hipótesis. Finalmente idearon cómo hacerlo: analizaron el caso de los productores de caña de azúcar en la India, quienes, como en otras partes del mundo, solo reciben dinero una vez al año, justo después de la cosecha. Inmediatamente después de recibir el pago son bastante ricos, pero para finales del año suelen estar en condiciones de enorme escasez. ¿Una prueba de IQ arrojaría el mismo resultado en condiciones de abundancia y en condiciones de escasez?

Los académicos realizaron un conjunto de evaluaciones a distintos agricultores en los dos momentos: primero, después de recibir su pago, segundo, a finales del año, cuando sus recursos se habían agotado. Cuando se comparan las evaluaciones, el contraste es realmente sorprendente: para finales de año, la misma persona presenta una importante disminución en sus habilidades cognitivas, equivalente a una baja de 13 puntos de IQ.

Para dimensionar lo que una caída de esa magnitud representa, estos autores explican que perder 13 puntos de IQ lleva a una persona de la categoría de inteligencia "promedio", a la categoría denominada "límite de una alteración o retraso". En sentido inverso, aumentar esa cantidad de puntos de IQ es la diferencia entre estar en la categoría definida como "promedio", y estar en la categoría de inteligencia "superior". El cambio en la capacidad cognitiva de los participantes es enorme. No se está comparando a un rico con un pobre. Se trata de la misma persona, dentro y fuera de una condición de pobreza.

Son muchas las conclusiones que pueden obtenerse de este análisis. Una muy importante es que la población en pobreza no se compone de personas con una inteligencia limitada, que deban ser tratadas como menores de edad. La tesis consistente en que si a una persona pobre se le da dinero, lo primero que hará será gastarlo en alcohol o tabaco, ha sido repetidamente refutada con evidencia empírica.[54]

Por simple que parezca, es imperativo que comprendamos que lo primero que una persona en pobreza requiere para superar su condición, es dinero para aliviar sus necesidades básicas. Es correcta la idea de que el fortalecimiento de sus capacidades, a través de políticas públicas en materia de educación y salud, es fundamental para su prosperidad, pero igualmente cierto es que transferir dinero a quien carece de él permite mucho más que el solo solventar sus necesidades inmediatas. Esa entrega de recursos, además, libera el "ancho de banda" necesario para la toma de las buenas decisiones futuras, que resultan indispensables para superar esa condición. Esta idea nos lleva a la discusión sobre el Ingreso Básico Universal.

A lo largo de este capítulo se ha visto que la desigualdad en el mundo y en México, además de ser enorme, muestra una preocupante tendencia a aumentar. También se ha abordado el lacerante problema de la pobreza que padece la mitad de la población mexicana. Este no es el lugar para hacer una propuesta de rediseño integral de toda la política pública en materia social; sin embargo, debe quedar asentado que los niveles de dispersión, discrecionalidad, ineficiencia y corrupción que imperan en el gasto social deben ser urgentemente atendidos y corregidos.

A continuación se hablará del Ingreso Básico Universal, una de las propuestas de política social más revolucionarias de nuestra época, que podría ser una poderosa herramienta de cambio en un país con tan elevados índices de pobreza y de desigualdad como México. No se trata ni de la solución final ni del remedio único, pero sí de una alternativa que amerita una seria discusión.

Una propuesta revolucionaria: el Ingreso Básico Universal (ibu)

En este apartado trataremos de ofrecer una respuesta a las siguientes preguntas: ¿qué es el Ingreso Básico Universal? ¿Quién respalda la idea y qué evidencia existe, más allá de la teoría, sobre los efectos de su implementación en distintas partes del mundo? ¿Cuánto dinero se entregaría a la gente? ¿Para qué implementar un IBU en México? ¿Cuáles son las principales objeciones? ¿Cuánto costaría y de dónde se obtendrían los recursos para financiar el IBU?

¿Qué es el Ingreso Básico Universal?

El Ingreso Básico Universal (IBU) es una forma de seguridad social en la que todos los ciudadanos del país reciben una cantidad de dinero de manera incondicional. Se propone que la entrega del dinero se haga de manera mensual.

¿Quién respalda la idea y qué evidencia existe, más allá de la teoría, sobre los efectos de su implementación en distintas partes del mundo?

Es normal que exista el impulso inmediato de descalificar la idea de que todos los ciudadanos del país reciban dinero, de manera mensual, sin condición alguna. No nos debe sorprender que la mayoría de las personas considere que ese planteamiento es irresponsable e imposible de poner en práctica; sin embargo, antes de descartarlo, conviene saber que la idea del Ingreso Básico Universal no es nueva, que ha sido ampliamente debatida y que también ha sido ampliamente respaldada por gente muy brillante en todo el mundo, en distintos momentos de la historia.

Thomas Paine, considerado uno de los padres fundadores de Estados Unidos, fue un decidido promotor del IBU. En las últimas ocho décadas, distintos economistas y ganadores del Premio Nobel han manifestado la conveniencia de su implementación. Lo han hecho no solo desde la izquierda, sino a lo largo de todo el espectro ideológico; prueba de ello son los textos de Friedrich Hayek[55] y Milton Friedman.[56]

En la década de 1960, Martin Luther King también impulsó la idea del Ingreso Básico Universal diciendo que: "Ahora estoy convencido de que el enfoque más sencillo resultará ser el más efectivo: la solución a la pobreza es eliminarla directamente con una medida que hoy se está discutiendo extensamente: el ingreso garantizado".[57]

En mayo de 1968, más de 1 228 economistas, de 143 universidades, firmaron una declaración en la que instaban al Congreso de Estados Unidos a adoptar un sistema nacional de garantías y complementos al ingreso. La declaración fue promovida por Paul A. Samuelson (Instituto Tecnológico de Massachusetts), John Kenneth Galbraith (Universidad de Harvard), James Tobin (Universidad de Yale), Robert Lampman (Universidad de Wisconsin) y Harold W. Watts (Universidad de Wisconsin).[58]

En enero de 1968, el presidente Lyndon B. Johnson creó una comisión para analizar los programas de mantenimiento del ingreso. El informe final fue publicado en noviembre de 1969, siendo Richard Nixon el presidente. Este informe recomendaba un "programa de apoyo al ingreso básico". A los adultos sin otros ingresos se les pagarían 750 dólares al año (cercano al 15% del PIB per cápita), mientras que la máxima cantidad por niño sería de 450 dólares.[59]

El Presidente Richard Nixon inició los preparativos del Family Assistance Plan (Plan de Asistencia Familiar), un programa que otorgaría un ingreso garantizado con complementos financieros para los trabajadores, y en 1970, la propuesta se convirtió en iniciativa y fue aprobada por la Cámara de Representantes de Estados Unidos; sin embargo, no fue aprobada por el Senado.[60]

En 1986 se fundó la Red Global de Renta Básica[61] (antes Red Europea de Renta Básica), con el objetivo de promover un debate informado sobre la idea del IBU a nivel mundial. La Red ha puesto a disposición más de 400 artículos académicos sobre el tema.

La información disponible sobre el IBU no se limita a planteamientos de corte teórico. En la práctica se han realizado pruebas piloto que arrojan evidencia empírica sobre las consecuencias en la vida de las personas. Más de 30 pruebas se han realizado en distintas partes del mundo. Hoy se sabe, por ejemplo, qué sucedió cuando se entregó dinero de manera mensual e incondicional a ciudadanos en Canadá, la India, Estados Unidos, Namibia, Kenia y Finlandia, entre otros países.

Otra referencia importante es el caso del sistema francés de prestaciones familiares que, mediante un programa universal, transfiere recursos a todas las personas que tienen a su cargo dos o más hijos menores de 21 años.[62]

En 2008, estudiantes de Harvard y del MIT fundaron la organización no gubernamental Give Directly, cuya misión es ayudar a las personas a superar la pobreza extrema mediante transferencias directas de dinero. Esta organización realiza investigación experimental rigurosa —mediante el ensayo controlado aleatorio—, para medir el impacto y dilucidar cuestiones de política pública. Sus estudios pueden ser consultados en su portal.[63]

Antes de referirnos a un estudio en particular, conviene recordar qué es un ensayo controlado aleatorio, considerado como una de las formas más fiables de obtener evidencia científica. Se trata de un tipo de experimento diseñado para conocer los efectos de una intervención, en este caso la entrega de dinero a una población. Se requiere de al menos dos grupos de personas para realizar el experimento. Al primer grupo de personas se le entrega el ingreso básico (grupo de tratamiento) y al otro grupo no se le entrega dinero alguno (grupo de control). La aleatorización consiste en dar a todas las personas de una comunidad la misma probabilidad de recibir el tratamiento. El objetivo de la aleatorización es que los dos grupos (grupo de tratamiento y grupo de control) tengan las mismas características. Después de un determinado tiempo, durante el cual un grupo ha estado recibiendo el dinero y el otro no, se puede hacer la comparación e identificar los efectos de la intervención. Así se obtienen conclusiones fiables sobre las consecuencias de entregar dinero a la gente de manera incondicional.

La evidencia muestra que la entrega de recursos definitivamente mejora la vida de las personas, y no provoca los efectos nocivos que los críticos del IBU suelen pronosticar. Según un estudio de dos académicos de la Universidad de Princeton,[64] el destino promedio por cada mil dólares entregados de manera directa e incondicional a personas en un programa implementado en Kenia produjo un incremento de 270 dólares en los ingresos, 430 en los activos y 330 en el gasto para nutrición. Por cuanto ve al efecto de las transferencias en el incremento de consumo de alcohol y tabaco, el resultado fue prácticamente de 0 por ciento.

Uno de los ganadores del Premio Nobel de Economía en 2019, Abhijit Banerjee, junto con otros dos colegas, publicó un artículo académico titulado "Ingreso Básico Universal en los países en vías de desarrollo".[65] El artículo inicia con una pregunta: "¿Deberían los países en vías de desarrollo dar a cada persona dinero suficiente para vivir?" Los autores hacen un extenso recuento de toda la evidencia disponible en distintos países, incluyendo Namibia, India e Irán, dando cuenta de los efectos, en su mayoría positivos: "La evidencia de estos estudios ha sido muy positiva, y existe muy poca evidencia de resultados negativos", y agregan:

> se trata de una idea radical en el contexto de nuestros actuales sistemas de protección social, que suelen ser focalizados [...]; sin embargo, la universalidad es administrativamente más sencilla, una virtud para países con una capacidad limitada, y puede traer beneficios en términos de incentivos y cohesión social. Dada la evidencia [...] nosotros argumentamos que puede haber más razones a favor de la universalidad de lo que suele pensarse [...] Creemos que la universalidad tiene muchos beneficios subestimados y la focalización muchas limitaciones subestimadas.

En sus conclusiones, reconocen que aún estamos en "la etapa inicial del estudio sobre el ingreso básico en países en vías de desarrollo". Los resultados de la primera evaluación experimental a gran escala, conocida como la iniciativa Give Directly en Kenia, serán conocidos en el futuro próximo.[66] Será importante dar seguimiento a los resultados de esa evaluación.

¿Cuánto dinero se propone que se entregue a la gente en México?

Por muchas razones que se irán explicando más adelante, 1 500 pesos al mes para todos los mexicanos mayores de 18 años es una meta razonable, con una primera etapa de mil pesos mensuales. Para hacer sostenible el programa a largo plazo, sería necesario indexar el monto del IBU al crecimiento de la economía y a la recaudación fiscal.

La suma de dinero que se propone, aun en la primera etapa, garantiza que nadie viva en condiciones de pobreza extrema. Como se verá más adelante, el IBU no solo representa un alivio efectivo para quienes diariamente padecen carencias elementales en los pisos más bajos del edificio, sino que también representa un incremento significativo en los ingresos de quienes viven en los pisos más altos.

Para los más vulnerables significa escapar de la tragedia de la pobreza extrema; para los demás representa la posibilidad de mejorar sus condiciones de vida. Más adelante se explicarán a detalle las implicaciones del IBU para cada piso del edificio.

¿Para qué implementar el IBU en México?

A continuación, algunas de las principales razones:

Para erradicar la pobreza

Como ya se expuso, en los últimos 30 años los índices de pobreza prácticamente no han disminuido (ver gráfica 8.8). La economía sí ha crecido —poco—, pero los beneficios no han llegado a todos. Basta observar las cifras de pobreza y de pobreza extrema: casi el 20%[67] de las personas en México vive en condiciones de pobreza extrema y la mitad de la población es pobre. En las últimas décadas se han gastado billones de pesos, a través de todo tipo de programas sociales, y los resultados son claramente insuficientes. Esta primera razón, por sí misma, sería suficiente para justificar el IBU: erradicar de inmediato y al 100% la pobreza extrema en México.

Para reducir la desigualdad

Como se ha expuesto a lo largo de este capítulo, los niveles de desigualdad en México son muy elevados. El IBU es un extraordinario instrumento de política pública para emparejar el terreno de juego. ¿Por qué habría de servir para reducir la desigualdad si se le va a entregar a todos? Aunque la cantidad sea la misma para todos, el factor por el que se multiplican los ingresos, dependiendo del piso del edificio del que se esté hablando, cambia radicalmente. Esto significa que las implicaciones económicas de recibir 1 500 pesos no son iguales para todos. Una manera de entenderlo es pensar en una gran empresa: ¿qué pasa si a todos los trabajadores se les aumenta el sueldo en 1 500 pesos? Mientras que para el trabajador con el sueldo más modesto puede implicar un incremento del 100%, para el director general no representa ni el 1%. A los primeros les cambia la vida; a los segundos les representa una diferencia minúscula.

Para llevar el razonamiento al plano nacional, antes es necesario calcular cuántos adultos hay en cada hogar, dado que la propuesta aquí presentada implica transferir recursos solo a los mayores de edad. En México, el 67% de la población tiene más de 18 años, mientras que el tamaño promedio de los hogares es de 3.7 miembros. Por lo tanto, cada hogar tiene 2.5 adultos en promedio.[68] Para los cálculos, por razones prácticas, usaremos un tamaño de hogar de cuatro miembros, de los cuales dos serán considerados adultos.

En los cálculos que aquí exponemos, a cada hogar se le agregarán 3 mil pesos (1 500 por cada adulto). De esta manera, para los mexicanos que viven en la planta baja, una transferencia de 3 mil pesos al mes implica duplicar los ingresos de todo su hogar.

En la imagen 8.3 se puede observar el cambio que el IBU representa para los hogares de cada uno de los pisos.

En economías más desarrolladas y con niveles de desigualdad más moderados, es mucho más difícil justificar la idea de un IBU. En el caso de México, está tan concentrada la riqueza en el piso 10, especialmente en el *penthouse*, que entregar 1 500 pesos a todas las personas mayores de 18 años no solo les cambia la vida a quienes viven en la planta baja: para los del quinto piso, representa aumentar un 28% sus ingresos; para los del séptimo, un 19%; incluso para los del noveno piso representa un incremento, nada despreciable, del 11 por ciento.

DECILES DE HOGARES	INGRESO MENSUAL (PESOS)	AGREGANDO $3 000 A CADA HOGAR	
10	$ 55 583	$ 58 583	+ 5%
9	$ 26 197	$ 29 197	+ 11%
8	$ 19 628	$ 22 628	+ 15%
7	$ 15 755	$ 18 755	+ 19%
6	$ 12 986	$ 15 986	+ 23%
5	$ 10 773	$ 13 773	+ 28%
4	$ 8 899	$ 11 899	+ 34%
3	$ 7 143	$ 10 143	+ 42%
2	$ 5 367	$ 8 367	+ 56%
1	$ 3 038	$ 6 038	+ 99%

IMAGEN 8.3 Ingreso promedio en hogares por deciles, agregando el IBU.

Fuente: Elaboración propia con información del Instituto Nacional de Estadística y Geografía, Encuesta Nacional de Ingresos y Gastos de los Hogares (ENIGH) 2018.

Para eliminar la trampa de la pobreza y el estigma que pesa sobre los beneficiarios de los programas sociales focalizados

Un problema serio de los programas sociales que se han venido implementando en las últimas décadas es que generan incentivos perversos. Dado que las reglas de operación determinan que solo reciben los apoyos quienes se encuentran en condiciones de pobreza, la gente recibe la señal de que superar la pobreza implicaría dejar de recibir los apoyos. Está documentado que hay gente que mantiene su vivienda en condiciones precarias para poder seguir cumpliendo con los requisitos del programa. Cuando el programa es universal, se elimina esa trampa en la que muchos se encuentran, y se acaba con el estigma que divide a la sociedad entre quienes sí reciben los apoyos y quienes no participan del beneficio. En suma, nos coloca a todos en condiciones de igualdad.

Para reducir la corrupción y muchos costos asociados a la burocracia

La administración de los programas sociales suele ser muy costosa y estar plagada de corrupción. Entre más simple es un programa, más barato es operarlo. El ahorro en sueldos y, sobre todo, el ahorro derivado de que los corruptos ya no puedan desviar el dinero de los programas sociales es enorme. Tan fácil como que la credencial para votar con fotografía sea el instrumento para poder cobrar los 1 500 pesos mensuales, en cualquier banco o tienda de conveniencia de la República Mexicana. Recordemos que tantos fraudes electorales a lo largo de la historia hicieron de la credencial de elector mexicana una de las identificaciones con más elementos de seguridad del mundo. Y para el pequeño porcentaje de personas que viven en comunidades muy alejadas de un banco o tienda de conveniencia con acceso a internet, los pagos se pueden hacer a través de Telecom, como se ha venido haciendo con otros programas gubernamentales. El costo de operación del programa sería muy bajo, y el riesgo de que el dinero se desvíe por corrupción sería prácticamente inexistente.

Para acabar con el clientelismo y el uso electoral de
los programas sociales

En la actualidad, los pobres son utilizados como mercancía en los procesos electorales. Quienes operan los programas sociales suelen obligar a los beneficiarios a asistir a eventos de campaña y a votar por determinados candidatos. Un programa social universal termina, de tajo, con esa perversa manipulación. El ciudadano que recibe los 1 500 pesos al mes sabe que nadie se los puede quitar, sabe que puede votar por quien quiera, y que nunca más podrá ser obligado a acudir a los eventos del candidato al que no desea apoyar.

Para promover el espíritu emprendedor, particularmente de los jóvenes

Un joven que sabe que tiene garantizado un ingreso, aunque sea modesto, puede atreverse a intentar poner en marcha un proyecto, sin la urgencia de tener que aceptar la primera oportunidad laboral que se presente, en aras de subsistir.

Para ayudar a los más pobres a tomar mejores decisiones

Recordemos el estudio de Mullainathan y Shafir, que demuestra que la misma persona, en la etapa de escasez, manifiesta una caída en sus habilidades cognitivas, equivalente a una baja de 13 puntos de IQ.

Para mejorar la salud de las personas

Con mayor seguridad financiera, la gente sufre menos estrés y enfermedades. Una prueba piloto en Canadá muestra una disminución en el ingreso de personas a hospitales de 8.5 por ciento.[69]

Para que todos los mexicanos sean sujetos de crédito y millones se incorporen a la economía formal

Cuando una persona tiene garantizado un ingreso, es muy fácil que pueda tener acceso a un préstamo equivalente a tres o hasta cinco meses de ingreso.[70] Esto implica un posible efecto multiplicador que se puede traducir, por ejemplo, en la puesta en marcha de un negocio familiar, en la compra o reparación de capital de trabajo. Además, el IBU se convierte en un incentivo para incorporar a la población a la economía formal.

Para estimular el crecimiento económico

Esta idea ya se desarrolló al exponer el argumento de la demanda agregada. La transferencia de dinero tendría como consecuencia lógica el incremento en el gasto, lo cual representa un importante estímulo, que se puede traducir en crecimiento de la economía nacional.

Para valorar el trabajo que normalmente no se paga y promover el arte y el trabajo voluntario

En México, 20.9 millones de personas, principalmente mujeres (19.7 millones), realizan trabajo doméstico, valiosísimo para la familia y para la sociedad, sin recibir una remuneración.[71] El IBU es una manera de retribuir su esfuerzo.

Asimismo, el ingreso garantizado permite liberar tiempo, para que más personas lo puedan dedicar a la creación artística o al trabajo no remunerado en favor de los demás.

Para aumentar el poder negociador de los trabajadores

En este capítulo nos hemos referido al hecho preocupante de que los salarios han decrecido en los últimos años (ver gráfica 8.9). Un trabajador con un ingreso básico garantizado está en mejores condiciones de negociar un salario justo, en la etapa de revisión de su contrato.

Para prepararnos frente a la adversidad inesperada

La pandemia del coronavirus que golpeó al mundo entero es la mayor tragedia de nuestra generación, tanto en términos de salud como en términos económicos. Frente a la recomendación de permanecer en casa, en el caso mexicano, se impuso la realidad de quienes no pueden hacerlo, no por falta de voluntad, sino porque no tienen manera de subsistir sin salir a trabajar. El Ingreso Básico Universal, además de mejorar las condiciones económicas de la gente frente a este tipo de acontecimientos inesperados, deja instalado un mecanismo permanente que permite al gobierno actuar de manera inmediata en caso de que sea necesario transferir dinero a los ciudadanos durante la emergencia.

Para prepararnos para el futuro complejo que se avecina

De esto se hablará a detalle en el capítulo 12. Por ahora, es importante recordar que las fábricas en las que antes había mucha gente trabajando y muy pocas máquinas autónomas, ahora cuentan con pocas personas y muchos robots realizando el trabajo. Es cierto que los empleos que se pierdan en un sector (manufactura, por ejemplo), eventualmente podrían ser sustituidos por los generados en otro sector (por ejemplo, el sector de los servicios); sin embargo, hay que tener presente que la transferencia de empleos entre un sector y otro no ocurre de manera inmediata, por lo que los efectos de las disrupciones tecnológicas pueden ser catastróficos en el corto plazo. Como se verá más adelante, México es particularmente vulnerable a este tipo de cambios, debido a la cantidad de personas que trabajan en el sector de la manufactura. El IBU puede ser un valioso instrumento para navegar las turbulentas aguas de una transición laboral.

Revisemos ahora algunas de las objeciones más frecuentes en contra del IBU.

¿Cuáles son las principales objeciones?

Podría pensarse que, al tener un ingreso garantizado, la gente dejará de trabajar y se dedicará a gastar ese dinero en vicios como el alcohol y el tabaco.

Más allá de lo que la imaginación pueda sugerir, en las últimas décadas se han realizado muchos experimentos controlados aleatorizados para medir los efectos de los programas de transferencias directas. La evidencia refuta, contundentemente, esta primera objeción. Cuatro académicos de Harvard y del MIT —entre ellos, el ganador del Premio Nobel de Economía en 2019, Abhijit Banerjee— analizaron la información de siete ensayos controlados de programas gubernamentales de transferencias de efectivo, en seis países distintos. Su conclusión es muy clara:

> En la medida en que ha crecido el número de programas de transferencias de dinero, se ha incrementado el debate relativo a si desincentivan el trabajo, promoviendo "la flojera del pobre". Agregando evidencia de evaluaciones aleatorias de siete programas gubernamentales de transferencia de dinero, no encontramos evidencia sistemática del impacto de las transferencias en el comportamiento laboral, ni en hombres ni en mujeres. Más aún, un análisis de programas de transferencias a nivel mundial de Evans y Popova [72] tampoco muestra evidencia —pese a los argumentos vertidos en los debates sobre este tipo de políticas públicas— en el sentido de que las transferencias induzcan un incremento en el gasto en "bienes de tentación", como el alcohol y el tabaco. Por lo tanto, la evidencia disponible implica que los programas gubernamentales de transferencias de dinero no inducen los "malos" comportamientos con los que se les suele asociar en la discusión sobre este tipo de política pública. En conjunto con los efectos positivos documentados en la literatura, esto sugiere que las transferencias pueden ser palancas efectivas en el combate a la pobreza y la desigualdad.[73]

En México también abunda la evidencia que confirma que las transferencias de dinero no promueven la pereza, ni provocan un incremento en el consumo de alcohol o tabaco.[74]

¿Por qué entregar dinero a los del penthouse *que no lo necesitan?*

Antes de dar la respuesta, es importante señalar que existen mecanismos de discriminación voluntaria que pueden ser eficaces para evitar la transferencia a quienes notoriamente no la requieran. Gonzalo Hernández Licona, ex secretario Ejecutivo del Coneval, acuñó el término Ingreso Básico Universal *Solidario* en alusión a que las personas que no lo requieran, en un ejercicio de solidaridad, podrían renunciar a él, o que su equivalente se convierta en servicios básicos para los más pobres, lo cual lo hace doblemente solidario.

Aclarado lo anterior, la primera razón para hacer universal la entrega es que la cantidad de dinero que se tendría que gastar para excluir a los del *penthouse* podría llegar a superar el ahorro derivado de descartarlos. Pensemos en toda la burocracia que se necesita para realizar estudios socioeconómicos al 100% de la población, solo para descartar a una minúscula fracción.

En adición a lo anterior, conviene recordar que la pobreza es dinámica: un hogar que hoy tiene ingresos altos puede dejar de tenerlos si un evento catastrófico ocurre. Por ejemplo, un accidente que provoca una incapacidad permanente para trabajar, en el caso de una persona sin seguridad social.

Después de todo lo que hasta ahora se ha expuesto sobre el IBU, resta analizar la objeción fundamental.

*¿Cuánto costaría y de dónde se obtendrían los recursos para
financiar el IBU?*

Lo que aquí se ofrece como respuesta sirve para orientar sobre el tipo de razonamiento que se requiere para el diseño de la política pública. Aunque la respuesta puntual es materia de un análisis más detallado, lo que a continuación se expone deja clara la viabilidad de implementar el IBU en México.

Primero, es necesario poner el requerimiento presupuestal del IBU en el contexto de las finanzas del Estado mexicano. En una primera etapa, con una transferencia de mil pesos por persona adulta, el costo total del programa sería de 986 mil millones de pesos al año. A pesar de lo raquítica que es la recaudación en México (ver gráfica 8.4), el Presupuesto de Egresos de la Federación para el año 2020 fue de 6.1 billones de pesos, es decir, seis veces lo que costaría el IBU.

Como hemos dicho, el Coneval ha documentado la existencia de más de 6 400 programas sociales distintos,[75] que tendrían que ser reordenados. Muchos de ellos están duplicados y las evaluaciones muestran poca eficacia, carecen de reglas de operación y están plagados de corrupción.

En el año 2020, el gasto total de esos programas sociales federales fue de más de 1.06 billones de pesos (de acuerdo con el Inventario 2020 Coneval de Programas y Acciones Federales de Desarrollo Social).[76] La asociación civil Gesoc, especializada en el análisis del gasto social, ofrece un desglose que es muy útil para este análisis.

Gesoc ha analizado los programas de desarrollo social federales (102 programas), que cuestan más de un billón de pesos anuales, con base en el Índice de Desempeño de los Programas Públicos Federales (Indep),[77] creado desde 2009, y los programas estatales de desarrollo social (1 414 programas) a través del Índice Estatal de Capacidades para el Desarrollo Social (Ides)[78] generado desde 2016.

A partir de esos instrumentos, Gesoc separa en dos categorías los programas sociales: la primera agrupa a aquellos destinados a atender rezagos distintos de la falta de ingreso de las personas, en la cual se ubican uno de cada tres programas sociales federales y estatales, con un presupuesto agregado de 777 mil millones (con base en el Indep 2020 e Ides 2019). Se trata de programas sociales en materia de salud, educación o infraestructura social.

Sería absurdo proponer fondear el IBU con los recursos actualmente ocupados en esas tareas. Esa no es la propuesta. Lo que se plantea es fijar la atención en la segunda categoría, que agrupa aquellos programas que transfieren dinero a los ciudadanos, en muchos casos, con un diseño muy deficiente. Los programas de esta segunda categoría, en conjunto, representan un gasto de 417 mil millones de pesos (con base en el Indep 2020 e Ides 2019). Ahí hay un área de oportunidad enorme para financiar casi la mitad del IBU.

En una primera etapa de transición, se podría permitir a la gente optar entre conservar el programa vigente o recibir el IBU. Muy probablemente todos optarían por la libertad que ofrece el diseño del segundo.

Como ya se ha visto, México es un país en el que la recaudación apenas supera el 16% del PIB, la mitad del promedio en los países de la OCDE. Otra parte importante del financiamiento podría provenir de una reforma fiscal, técnicamente bien planteada.

Una reforma fiscal en la que todos, pero especialmente quienes más tienen, paguen un poco más, permitiría hacer realidad el Ingreso Básico Universal, la política social más revolucionaria para combatir la pobreza y la desigualdad.

Como ha dicho la CEPAL: "La igualdad de derechos provee el marco normativo y sirve de fundamento a los pactos sociales [...] La agenda de igualdad [...] pasa por construir un gran acuerdo económico-social cuya expresión última es el pacto fiscal".[79]

En adición a lo anterior, es importante reiterar que, para hacer sostenible el programa a largo plazo, sería necesario indexar el monto del IBU al crecimiento del PIB y a la recaudación fiscal, y crear un fondo de estabilización que permita el aprovisionamiento en épocas de bonanza, para hacer posible su permanencia durante la adversidad.

El IBU es una propuesta especialmente pertinente para los tiempos que vivimos. Es importante reiterar que no se trata de la solución total, sino de una pieza que, combinada con otras políticas públicas bien diseñadas, puede seriamente coadyuvar en la construcción de un México más justo. Es importante mencionar que un IBU no sustituye la responsabilidad fundamental del Estado de proveer servicios básicos de calidad, señaladamente en materia de salud[80] y educación, entre muchos otros. Además, el IBU debe ser parte de una red de protección social integral.

Finalmente, como se ha dicho, para mejorar las condiciones de vida de la gente no basta con redistribuir la riqueza, también es necesario crecer. Ningún país del mundo ha logrado un avance significativo en materia de combate a la pobreza y reducción de la desigualdad únicamente mediante políticas redistributivas. Los grandes casos de éxito, sin excepción alguna, han implicado un dinámico y sostenido crecimiento económico. Es urgente comprender por qué no crecemos y qué debemos hacer para que la economía mexicana crezca. De eso trata el siguiente capítulo.

9

El (bajo) crecimiento económico de México: hacia la prosperidad compartida

¿POR QUÉ ALGUNAS NACIONES PROSPERAN ECONÓMICAMENTE Y OTRAS NO?

Antes de entrar al tema del crecimiento económico, es muy importante reiterar que no basta con que crezca la economía para que haya bienestar; sin embargo, también es verdad que los grandes casos de éxito, en términos de combate a la pobreza, reducción de la desigualdad e incremento significativo en los niveles de bienestar, han estado siempre asociados al crecimiento sostenido de la economía.

Esa es la razón por la que en este capítulo buscaremos responder tres preguntas: ¿por qué algunas naciones prosperan económicamente y otras no?, ¿por qué ha sido tan mediocre el desempeño económico de México en las últimas tres décadas?, y por último, ¿qué debemos hacer para crecer?

El enfoque institucional

En el año 2012, Daron Acemoglu y James A. Robinson publicaron el libro *Por qué fracasan los países*[1] para divulgar una serie de ideas sobre las que venían trabajando desde tiempo atrás en el ámbito académico.[2] Se trata de un libro con un enfoque novedoso y atrevido, lo que le ha valido a la vez elogios entusiastas y afiladas críticas.[3] En este capítulo se recupera parte de su argumentación, debido a que algunas de sus reflexiones son pertinentes para entender el caso mexicano, aunque sin dejar de mencionar ciertas debilidades de su relato.

Para Acemoglu y Robinson, el desarrollo económico de un país depende fundamentalmente de un elemento: sus instituciones políticas. En un esfuerzo de simplificación las agrupan en solo dos categorías: inclusivas o extractivas.

Las instituciones políticas inclusivas son propias de sistemas representativos, abiertos y pluralistas, y tienden a moldear, a su vez, instituciones económicas que también son inclusivas, en las que se protege la propiedad privada y se promueve el espíritu emprendedor. La consecuencia a largo plazo es el crecimiento económico y el aumento en el ingreso y el bienestar de los ciudadanos.

En contraste, las instituciones políticas extractivas concentran el poder en manos de una reducida élite, y tienden a moldear instituciones económicas que también son extractivas. La regulación inequitativa y las barreras de entrada, propias de este tipo de instituciones, provocan la concentración de los beneficios y privilegios en un grupo, al tiempo que inhiben el progreso de la mayoría de la gente.

Acemoglu y Robinson repasan diversas hipótesis, cuyo propósito ha sido explicar por qué algunos países fracasan, mientras otros logran progresar. Una vez que han argumentado en contra de cada una de esas teorías, presentan su propia tesis. Debido a que suelen estar presentes en el debate sobre el desarrollo económico de México, a

336

continuación se revisarán dos de esas hipótesis: la de la geografía y la de la cultura.

La hipótesis de la geografía

En la imagen 9.1, la tonalidad de cada país corresponde al nivel del ingreso promedio de sus habitantes. Como puede observarse, es cierto que la mayoría de los países pobres de África, Centro y Sudamérica, así como del sur de Asia, se encuentran situados entre los trópicos de Cáncer y Capricornio, donde las temperaturas son más cálidas; mientras que la inmensa mayoría de las naciones desarrolladas se encuentran en latitudes más templadas.

Un argumento recurrente para explicar este fenómeno es que las enfermedades tropicales —especialmente la malaria o paludismo— se propagan con mayor facilidad en climas cálidos, como los que

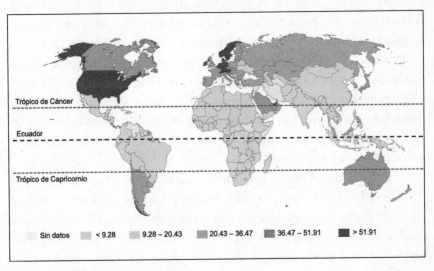

IMAGEN 9.1 PIB per cápita por países, 2018.
(miles de dólares a precios internacionales)
Fuente: Elaboración propia con datos del Banco Mundial, PIB per cápita por países. Datos 2018.

predominan entre los trópicos, provocando consecuencias muy adversas en materia de salud, que afectan la productividad y el desarrollo económico.

La malaria es causada por parásitos del género *Plasmodium* que son transmitidos por el mosquito del género *Anopheles*. La enfermedad se transmite cuando un mosquito pica a dos personas. De la primera persona, ya infectada, se recoge el parásito, y al picar a la segunda se transmite la enfermedad. La temperatura ambiente para que el parásito se pueda mantener vivo en ese intervalo debe ser superior a los 18 grados centígrados, aproximadamente. Tal es la razón por la cual esa enfermedad predomina entre los trópicos. Es un buen ejemplo de cómo la geografía sí puede afectar la prosperidad de los países.

Retomaremos dos ejemplos que los autores utilizan para intentar desvirtuar la hipótesis de la geografía. El primero consiste en comparar dos ciudades: Nogales, Arizona, y Nogales, Sonora. La primera con ingresos por habitante superiores a la segunda. Los autores argumentan que la geografía es la misma, pues se trata de dos ciudades colindantes.[4] El territorio de ambas ciudades fue parte de México hasta mediados del siglo XIX. El clima y las enfermedades que a esa temperatura se pueden propagar también son exactamente iguales. Lo único que separa a estas dos ciudades a partir de la venta de La Mesilla, en tiempos de los presidentes Santa Anna y Pierce, es la línea fronteriza entre México y Estados Unidos. Son las instituciones y su funcionamiento, no la geografía, lo que hace la diferencia, argumentan Acemoglu y Robinson.

Un segundo ejemplo que emplean para desvirtuar la hipótesis de la geografía es el contraste entre Corea del Norte y Corea del Sur. Las diferencias entre estas dos naciones son abismales. El ingreso promedio de los habitantes de Corea del Sur es 22 veces mayor que el de los de Corea del Norte.

Pero lo interesante es que hace apenas 75 años lo que hoy son dos países independientes formaban parte de una misma nación, y no fue sino hasta después de la Segunda Guerra Mundial que la península fue políticamente dividida, a la altura del paralelo 38, con Estados Unidos ocupando el sur y los soviéticos el norte. Nuevamente, según

los autores, la geografía y el clima no explican las profundas disparidades, sino las instituciones que fueron establecidas en uno y otro
país.

Está claro que un par de ejemplos no basta para desvirtuar los
efectos que una variable puede producir; más adelante intentare-
mos llegar a una conclusión.

La hipótesis de la cultura

En los primeros años del siglo xx, Max Weber publicó *La ética
protestante y el espíritu del capitalismo*. En esa obra, Weber diserta sobre
un posible nexo entre la ética propia del protestantismo y el desarrollo del espíritu capitalista en Europa.

Weber considera que en la gestación de la racionalidad capitalista, que conduce a la acumulación de riqueza, pudo haber influido
la ética propia de ciertas corrientes protestantes, que inducen a las
personas a llevar una vida austera y a producir bienes materiales, que
pueden ser incluso considerados como una "certificación" de la gra-
cia divina. En contraposición, otras religiones —señaladamente la
católica— desestiman los bienes de este mundo, predican el despren-
dimiento y proponen concentrarse en la salvación eterna. La diferencia es palmaria.

El calvinismo, como caso notable, postula la predestinación, esto
es, que Dios determina de antemano quién habrá de salvarse y quién
habrá de condenarse. Como consecuencia, Weber afirma que "Todo
creyente tenía que plantearse necesariamente estas cuestiones: ¿Perte-
nezco yo al grupo de los elegidos? ¿Y cómo estaré seguro de que lo
soy?"[5] El hecho de que el enriquecimiento fuera visto como una señal
de predestinación a la salvación pudo propiciar que la gente buscara el
éxito material, lo cual contribuyó al desarrollo del espíritu capitalista.
Weber sostiene que: "Ya los españoles sabían que 'la herejía' (es decir
el calvinismo) favorecía el espíritu comercial",[6] y agrega: "Tiene
razón Gothein cuando califica a la diáspora calvinista como el 'vi-
vero de la economía capitalista' [...] En Alemania, parece ser que el

calvinismo actuó en el mismo sentido; la confesión 'reformada' hubo de resultar excepcionalmente beneficiosa para el desarrollo del espíritu capitalista, en comparación con otras confesiones".[7] En consecuencia, "la fundamentación de la ética profesional en la doctrina de la predestinación hizo surgir, en lugar de la aristocracia espiritual de los monjes situados fuera y por encima del mundo, la de los santos en el mundo, predestinados por Dios desde la eternidad".[8]

De acuerdo con esta línea de pensamiento, habría una razón "cultural" para que algunas naciones fueran ricas y otras no. Para refutar esta hipótesis, Acemoglu y Robinson argumentan que aunque es cierto que países predominantemente protestantes, como Inglaterra y Holanda, fueron los primeros casos de éxito económico de la Era Moderna, también lo es que Francia, una nación mayoritariamente católica, igualó sus niveles de progreso material en el siglo XIX.

En la línea de esta misma hipótesis, se ha afirmado que es específicamente la cultura inglesa la que explica las disparidades entre Norteamérica y América Latina, es decir, que las características anglosajonas son la raíz de las enormes diferencias actuales entre las naciones que fueron colonias inglesas (Canadá y Estados Unidos) y los países que fueron colonias españolas y portuguesas (prácticamente todo el resto del continente americano, incluyendo México).

Pero, nuevamente, aparecen ejemplos que sirven para refutar la hipótesis cultural: Nigeria y Sierra Leona fueron colonias inglesas, y sus niveles de desarrollo son inferiores a los de la mayoría de las naciones latinoamericanas.

Para objetar la hipótesis cultural, Acemoglu y Robinson vuelven a citar el caso de las dos ciudades de Nogales (en Arizona y en Sonora), dado que en ellas muchos aspectos de la cultura son similares, al tiempo que los índices de desarrollo son muy dispares.

La conclusión de estos autores es que la razón por la que algunas naciones prosperan económicamente no guarda relación con la geografía, el clima o la cultura, sino con el tipo de instituciones y el sistema de incentivos que esas instituciones producen.

Críticas a la hipótesis institucional

Una de las críticas más severas hacia los planteamientos de estos dos autores es que su teoría es "monocausal, simplista y pretende ser de aplicación general".[9] Aunque la crítica es atinada, hay que decir que es justamente esa hiperconcentración en el papel que juegan las instituciones políticas lo que hace que el planteamiento sea útil para nuestro análisis.

Así como la principal aportación de ese enfoque consiste en destacar el papel primordial de las instituciones, su principal debilidad estriba en postular que las instituciones políticas son prácticamente la única causa que explica la prosperidad o el fracaso, a largo plazo, de todos los países.

Como ya se vio, Acemoglu y Robinson postulan que las instituciones que conducen al progreso son las inclusivas —aquellas en las que muchas personas participan en la toma de decisiones— y no las extractivas —en las que una élite privilegiada concentra el poder—. Contrario a esa afirmación, abundan los casos de exitosas reformas económicas ejecutadas por regímenes autoritarios, que ellos catalogan como extractivos: Corea del Sur en los años sesenta y China a partir de la década de 1980 son dos ejemplos notables.

Tampoco es cierto que la geografía sea un factor irrelevante para efectos del desarrollo económico. Como argumenta el connotado economista Jeffrey Sachs,[10] basta echar un vistazo a los casos de Vietnam y Bolivia en los años noventa. La inversión de capital fluía en mucho mayor medida hacia el primer país que hacia el segundo, siendo que, en términos de instituciones políticas, las "inclusivas" eran las bolivianas y las "extractivas" las vietnamitas. La geografía lo explica en gran medida: la nación andina no tiene acceso al mar y gran parte de su territorio se encuentra a más de 3 mil metros de altura; mientras que el país asiático cuenta con miles de kilómetros de costa, con puertos de aguas profundas localizados cerca de los países asiáticos, que en esos años se encontraban en pleno auge económico.

El economista indio Arvind Subramanian también ha hecho importantes críticas al modelo de Acemoglu y Robinson, a partir del análisis de los casos de India y China.[11] Objeciones similares a las ya referidas han venido de Francis Fukuyama,[12] Jared Diamond[13] y Martin Wolf,[14] entre otros. Para McCloskey, son las ideas y no las instituciones las que realmente han moldeado al mundo moderno.[15]

Queda claro que las instituciones políticas no son la causa única del éxito o fracaso de un país, pero como el propio Sachs afirma: "La política sí importa y los malos gobiernos pueden acabar con el desarrollo".[16]

En la historia de México, es evidente que muchas instituciones del tipo de las que los autores catalogan como extractivas han jugado un papel determinante, con innumerables consecuencias negativas en el plano económico y social. El enfoque institucional sí resulta entonces pertinente para diagnosticar, pronosticar y tratar los problemas económicos de México.

Sin duda la explicación del éxito o el fracaso económico de las naciones es multicausal; no obstante, el papel de las instituciones políticas y económicas suele subestimarse. Acemoglu y Robinson, con toda su monocausalidad a cuestas, ponen el acento en el papel que las instituciones juegan en el progreso de las naciones, y en ello hay un mérito importante para el caso de México, donde instituciones extractivas, generadoras de incentivos perversos, combinadas con gobiernos ineficaces, sí están en la raíz de la explicación del subdesarrollo.

Este planteamiento permite evidenciar que México no está condenado al subdesarrollo por su historia, sus lenguajes, su geografía o su clima. Poner el acento en el diseño institucional tiene una ventaja adicional: es lo que sí se puede cambiar en el corto plazo.

¿POR QUÉ HA SIDO TAN MEDIOCRE EL DESEMPEÑO ECONÓMICO DE MÉXICO EN LAS ÚLTIMAS TRES DÉCADAS?

Partamos de un dato duro que resulta escalofriante: excluyendo a Venezuela, México ha tenido el peor desempeño económico de toda la región de América Latina en el último cuarto de siglo. La afirmación es difícil de creer, pero es real. Incluso cuando el periodo de estudio inicia después de la crisis de 1994-1995, el crecimiento económico acumulado de México es el más pobre, de nuevo, excluyendo a Venezuela (ver gráfica 9.1).

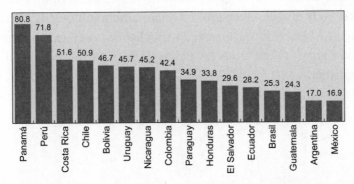

Gráfica 9.1 Crecimiento acumulado del PIB per cápita en países de Latinoamérica (1999-2018). *Fuente:* Cálculos propios con base en el indicador Crecimiento del PIB (% anual) publicado por el Banco Mundial.

México es un país de gran tamaño y considerables recursos. ¿Cuál es la razón detrás de tal fracaso? No existe consenso sobre la respuesta. Aun entre quienes ponen el acento en el diseño y funcionamiento de las instituciones, existen enormes discrepancias a la hora de explicar qué parte del entramado institucional es responsable del mediocre crecimiento, y cuáles son los cambios necesarios para detonar la prosperidad.

Parte del análisis que se presenta a continuación se basa en la hipótesis que ofrece el economista Santiago Levy;[17] sin embargo, es importante tener claro que existen visiones que discrepan radicalmente de su postura.

El diagnóstico sobre el mediocre desempeño de la economía mexicana en las últimas décadas suele ser compartido; es a la hora de identificar la causa cuando surgen discrepancias. Para Levy, el problema no está en el cambio de modelo económico del que se habló ampliamente en el capítulo 2. De hecho, afirma que México ha hecho muchas cosas bien en tiempos recientes: 20 años de estabilidad ma-

343

croeconómica con inflación moderada (ver gráfica 9.2); inserción en la economía global mediante la firma de diversos acuerdos comerciales, incluyendo el Tratado de Libre Comercio con América del Norte (ahora T-MEC); inversión en educación que se ha traducido en un incremento de 25% en la escolaridad de la fuerza laboral; y aumento notable en la tasa de inversión.[18] Adicionalmente, Levy destaca que la gente en México se ha esforzado mucho: los mexicanos ocupan el segundo lugar, entre todos los países de la OCDE, en horas trabajadas por persona.

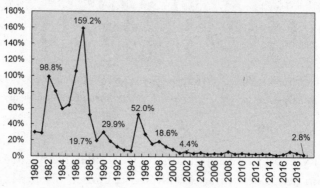

GRÁFICA 9.2 Inflación (1980-2019).
Fuente: Elaboración propia con datos del Banco de México e Inegi.

Su hipótesis es que una persistente mala asignación de recursos es el principal motivo por el que la productividad en México se ha estancado, y a su vez, la clave para entender por qué el crecimiento ha sido tan decepcionantemente bajo.[19]

José Antonio Romero Tellaeche, director del Centro de Estudios Económicos de El Colegio de México, coincide en cuanto al diagnóstico sobre el mediocre crecimiento durante las últimas décadas; sin embargo, en contraste, sostiene que "son precisamente las reformas iniciadas en 1983 las que inhiben el crecimiento", y considera que "las aperturas comercial y de capitales, así como los compromisos adquiridos con Estados Unidos a través del TLCAN y la OMC, constituyen una verdadera camisa de fuerza para nuestro desarrollo".[20] Para él la solución reside en un "Estado desarrollador", es decir, buscar el desarrollo capitalista, pero planificado bajo la dirección del Estado. Su postura es que México debió haber continuado con la estrategia del periodo de industrialización posrevolucionario, que duró hasta la década de 1970.

No entraremos nuevamente en esa discusión, porque ya hemos dedicado un capítulo entero a analizar las características y las condiciones en las que se dio el cambio de modelo económico. Lo que en este momento hay que subrayar es que no existe consenso respecto a lo que México requiere para crecer: ajustes al modelo actual o una vuelta al modelo anterior.

Como vimos en el capítulo 2, la apertura comercial y de capitales ocurrió en un contexto de crisis. La formación académica de los tomadores de decisiones de aquella época sí influyó en la construcción del nuevo modelo; pero también, y en gran medida, los cambios se hicieron por necesidad, en función de las caóticas circunstancias económicas derivadas de la crisis iniciada en 1982.

Cuando se revisa el proceloso ambiente en el que ocurrieron los cambios, resulta entendible el conjunto de problemas que se han venido acumulando, especialmente el hecho de que México se convirtió en un país maquilador, cuyas exportaciones tienen gran contenido importado y muy bajo valor agregado.

Tiene razón Rolando Cordera cuando dice que "una nueva agenda para reformar el Estado no tiene nada que ver con un regreso al pasado", sino que debe ser "el fruto de una recapitulación conceptual y de experiencias, una puesta al día ilustrada por la historia para emprender un nuevo curso que abra cauces para un proyecto de inclusión social y consolidación democrática".[21]

No solo no debemos buscar la solución en el pasado, sino que, como ha dicho Stiglitz, debe entenderse que "el proteccionismo hoy defendido por políticos como Trump, Le Pen y otros plantea una amenaza a la economía mundial". Más que volver al pasado, hay que volver los ojos a los países escandinavos, como sugiere el mismo Stiglitz: "Los países pequeños de la región comprendieron que la apertura era la clave del rápido crecimiento económico y la prosperidad. No obstante, si iban a permanecer abiertos y democráticos, sus ciudadanos tenían que estar convencidos de que no se debía relegar a segmentos importantes de la sociedad".[22]

Así pues, la solución no está en el pasado, sino en una puesta al día informada por las ciencias económicas y sociales. A continuación nos concentraremos en el problema de la mala asignación de los recursos y tres complementos indispensables: reforma fiscal, enfoque regional y confianza.

Una hipótesis institucional: la persistente mala asignación de recursos

Santiago Levy se ha propuesto responder qué parte del diseño institucional es la que mejor explica el mediocre crecimiento de México, a pesar de haber hecho algunas cosas correctas durante las últimas décadas.

Veamos el planteamiento con detalle. Empecemos por recordar que la productividad es el resultado de dividir lo que se produce entre los insumos empleados. Por ejemplo, para producir zapatos se requieren distintos insumos: piel, suela, herramientas, mano de obra, etcétera. En la medida en la que, con la misma cantidad de insumos, se producen más zapatos, se dice que aumenta la productividad. Si los insumos requeridos disminuyen y la producción aumenta o se mantiene igual, también se entiende que ha aumentado la productividad. Así, la productividad es una medida sobre cuán eficiente resulta la conversión de insumos en productos.

Ahora pensemos que a un trabajador le toma una hora producir un par de zapatos. Esos zapatos terminados son la producción (cantidad de bienes o servicios generados). Si el trabajador reorganiza su proceso y logra producir dos pares de zapatos en la misma cantidad de tiempo, al duplicar la producción sin aumentar sus horas de trabajo, tenemos que se incrementa la productividad.

Por lo tanto, el incremento en la productividad se mide dividiendo los cambios en la producción entre los cambios en los insumos. Si el trabajador logra producir la misma cantidad de zapatos en menor tiempo, también se considera que su productividad ha aumentado.

Los aumentos en la productividad implican que el trabajador logre incrementar la producción, o bien, contar con más tiempo libre, sin reducir la producción.

Los incrementos en la productividad, ya en el plano nacional, suelen conducir hacia mayores ingresos para los trabajadores y más utilidades para las empresas. Por eso resulta tan importante el aumento en la productividad, cuando se trata de hacer crecer la economía y mejorar las condiciones de vida de los trabajadores.

El Inegi publica un índice cuyo objetivo es medir la productividad. En la gráfica 9.3 podemos observar lo que Levy señala: la productividad en México se ha mantenido estancada durante los últimos años.

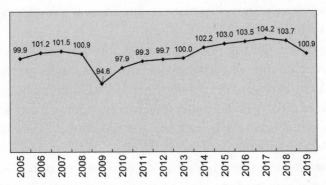

GRÁFICA 9.3 Indicador Global de Productividad Laboral de la Economía (IGPLE) con base en la población ocupada.

Fuente: Cálculos propios del promedio anual del índice trimestral con base en datos publicados por el Inegi.

La pregunta es: ¿por qué no se ha logrado incrementar la productividad, siendo que los niveles de educación sí han aumentado, ha habido estabilidad macroeconómica y se han firmado importantes acuerdos comerciales? Eso es lo que Levy busca responder.

Su análisis se divide en dos partes. La primera está dedicada a revisar la información disponible, y la segunda se aboca a interpretar ese cúmulo de información.

El censo económico mexicano es uno de los más ricos en información, considerando los estándares latinoamericanos. Levy analiza el censo realizado en 2013, que contiene información precisa de 4.2 millones de empresas. Todas esas empresas están clasificadas mediante un código de seis dígitos, que proporciona mucha información de cada una de ellas. Sabemos, por ejemplo, cuántas y cuáles empresas son tiendas de autoservicio (41 993), hoteles, moteles y similares (19 554); compañías de teatro (50); escuelas comerciales de computación y de capacitación para ejecutivos (1 440),[23] etcétera.

Algo muy valioso es que, además de saber a qué se dedica cada empresa, todas cuentan con un número de identificación, de manera que puede observarse qué ocurrió con cada empresa cada vez que se levanta un nuevo censo, es decir, cada cinco años: 1998, 2003, 2008, 2013, 2018, etcétera.[24]

Aunque Levy emplea categorías adicionales, para exponer la idea principal basta con agrupar todas esas empresas en solo dos categorías: formales e informales.

Para efectos de esta explicación, las formales son aquellas que cuentan con contratos salariales, y las informales son las que no cuentan con contratos salariales. La informalidad no necesariamente equivale a ilegalidad. Muchas pequeñas empresas, por ser familiares, no cuentan con contratos salariales, sin que ello conlleve una ilegalidad.

Las implicaciones económicas de esta categorización son enormes. Cuando la empresa es formal, el costo real por trabajador se incrementa de manera muy importante. Al existir un contrato entre el patrón y el trabajador, el costo para el primero es de aproximadamente 30% adicional al salario que el trabajador efectivamente recibe. La razón es que además de lo que se le paga al empleado, por disposición legal, deben cubrirse las cuotas de seguridad social (IMSS), vivienda (Infonavit), el fondo para el retiro (SAR) y el Impuesto Sobre Nóminas (ISN), además del correspondiente Impuesto Sobre la Renta (ISR), a cargo del trabajador, pero retenido por el patrón.

Otra diferencia importante es que, cuando el empleo es formal, el trabajador no puede ser despedido sin causa justificada. Las causas justificadas se encuentran detalladas en la Ley Federal del Trabajo. Si la demanda de bienes o servicios disminuye y la empresa determina que es necesario reducir la producción, la ley no contempla esa circunstancia como una causa justificada de despido. Si el patrón decide prescindir de los servicios del trabajador, debe pagarle tres meses de sueldo como indemnización (art. 123 constitucional), más una prima de antigüedad consistente en 12 días de salario por cada año laborado (art. 162 de la Ley Federal del Trabajo), y la parte proporcional de su aguinaldo y prima vacacional.

En contraste, cuando la empresa es informal y no existe un contrato salarial, no se paga la indemnización por despido injustificado, y el patrón se ahorra aproximadamente un 30%, ya que no paga impuestos ni seguridad social. Esta es —parcialmente— proporcionada al trabajador a través de distintos programas sociales de carácter presupuestal, es decir, contemplados en el Presupuesto de Egresos de la Federación y fondeados con los impuestos que pagan todos los ciudadanos, sin costo directo para el patrón (Seguro Popular, ahora Insabi, pensión para adultos mayores, programas de vivienda, etcétera).

De lo anterior se puede concluir que existen enormes incentivos para que las empresas sean informales. Las señales que la ley manda son muy claras: conviene, siempre que sea posible, mantenerse en la informalidad.[25] Por el lado de los patrones, los incentivos de orden económico son más que evidentes. Y por el lado de los trabajadores, la existencia de programas presupuestales que, parcialmente, atienden las necesidades de seguridad social, inhibe o atenúa el deseo de contar con una relación laboral formal.

La paradoja es que en el caso de las empresas formales, los patrones tienen la carga económica de la seguridad social, mientras que en las informales esa carga se traslada a todos los contribuyentes que, con sus impuestos, subsidian al patrón informal. Así funciona el sistema, por absurdo que pueda parecer.

Quizá el problema no sería tan relevante si las empresas informales fueran la excepción; sin embargo, de las 4.1 millones de empresas identificadas por el censo, el 90% son informales.

Las empresas informales son muy pequeñas, el 90% tiene cinco o menos trabajadores, pero son tantas que generan el 56% de los empleos. Esto significa que más de la mitad de la población ocupada labora en una empresa informal.[26]

El dato no debería sorprender. Frente a la disyuntiva de tener que pagar un 30% más por cada trabajador y la opción de trasladar esa carga a los demás contribuyentes, es lógico que quienes pueden opten por el segundo camino.

Si esto de suyo es relevante, la tendencia en los últimos años lo hace aún más notable: en los 15 años que transcurrieron entre el censo de 1998 y el de 2013, el porcentaje de empresas informales aumentó significativamente: de 83 a 90%; y el tamaño promedio de las empresas bajó de 4.4 a 4.2 empleados. Puede decirse entonces que los incentivos del diseño institucional han provocado que las empresas en México sean cada vez más pequeñas y que un mayor número sea informal.

Es válido preguntarse si esto realmente representa un problema. ¿A quién le afecta esa realidad? ¿Qué implicaciones tiene que cada vez sean más las empresas pequeñas e informales? Como señala Levy, sí hay un grave inconveniente: esas empresas son mucho menos productivas.

Veamos un ejemplo. Imaginemos que se decide invertir una cantidad de dinero idéntica en dos empresas que se dedican a producir lo mismo, en este caso zapatos. En un escenario ideal, en el que ambas empresas fueran igualmente productivas, la cantidad de zapatos sería también equivalente. Pero esto no sucede en la realidad: aun con la misma inversión en piel, suela, herramientas y mano de obra, una empresa produce más que la otra. El que exista una brecha es normal. Así sucede en todo el mundo. El problema es que en México la brecha es enorme.

Levy muestra que mientras en Estados Unidos la empresa más productiva supera cuatro veces el promedio de su sector, en México la brecha es mucho mayor: la más productiva supera 64 veces el promedio.

¿Cómo puede subsistir una empresa improductiva? Si una empresa requiere gastar más dinero para producir la misma cantidad de zapatos, ¿cómo compite en precio con las que son altamente productivas? Esto solo puede ocurrir cuando el gobierno subsidia —directa o indirectamente— a las empresas menos productivas.

Dado que el censo económico asigna un número a cada empresa, se pueden hacer comparaciones a lo largo del tiempo, no solo para observar tendencias promedio, sino también para identificar la evolución de algunas empresas en particular.

Si una empresa no existía en el censo de 2008 y aparece en el de 2013, significa que es de nueva creación. Si existía en el de 2008 y ya no aparece en el de 2013, quiere decir que esa empresa desapareció. Si aparece en ambos censos, entonces sobrevivió. La lógica diría que las empresas más productivas tienden a sobrevivir y las menos productivas tienden a desaparecer: la que puede hacer muchos zapatos con menos inversión (más productiva) será rentable y sobrevivirá; por el contrario, la empresa que con la misma cantidad de dinero produce una cantidad mucho menor de zapatos —suponiendo que la calidad es la misma—, difícilmente podrá competir en el mercado y tenderá a desaparecer.

El hallazgo de Levy es sorprendente: la evidencia muestra que en México es común que empresas productivas desaparezcan, y empresas improductivas sobrevivan. ¿Por qué? Porque muchas empresas improductivas son informales y, como hemos visto, están indirectamente subsidiadas; mientras que muchas empresas productivas son formales y tienen una serie de cargas económicas que las informales no tienen.

Levy concluye que el concepto de "destrucción creativa",[27] popularizado por el economista Joseph Schumpeter, no está ocurriendo en México. Por el contrario, encuentra que lo que está aconteciendo es una especie de "creación destructiva".

Aunque a Levy le tomó varios años analizar las toneladas de información contenidas en los censos, una vez procesados los datos, la explicación es muy simple: las empresas grandes se ven obligadas a ser formales —porque son fácilmente fiscalizables—, lo cual les implica muchos costos adicionales, al tiempo que las pequeñas pueden mantenerse en la informalidad, trasladando sus costos a los contribuyentes. Eso explica, en gran medida, por qué a pesar de la firma de tratados de libre comercio y décadas de estabilidad macroeconómica, la productividad en México se ha estancado, y aunque millones de mexicanos han trabajado muy duro, sus esfuerzos han sido "mal recompensados".[28]

Si el crecimiento económico de un país depende fundamentalmente de la productividad, ¿por qué en México se invierten los recursos en las empresas informales, que son menos productivas, al mismo tiempo que se imponen cargas a las que son formales, aun cuando son 80% más productivas?

La respuesta a esta cuestión central, volviendo a la idea con la que abrimos este capítulo, no está en la geografía, ni en el clima, ni en la cultura. La explicación está en las instituciones que determinan los incentivos. La expresión con la que Levy sintetiza todo este planteamiento es E (L, T, M).

$$E = \text{Entorno}$$
$$L = \text{Relación empresario-trabajadores}$$
$$T = \text{Impuestos}$$
$$M = \text{Condiciones de mercado}$$

El entorno en el que tiene lugar la actividad económica (E) "debe concebirse en términos muy amplios como un resumen del contexto social y económico en que se desenvuelven las personas cuando toman decisiones para crear una empresa, producir, invertir, trabajar para sí mismos o para terceros, asumir riesgos, etcétera. Si bien lo abarca todo, resulta útil pensar en E como compuesto de tres grandes ámbitos":[29] la regulación laboral (L), la regulación fiscal (T) y las condiciones de mercado (M).

La regulación laboral o "relación empresario-trabajadores" (L) se refiere a todas las cargas económicas impuestas a las empresas formales: pago de IMSS, Infonavit, SAR, ISN, indemnización constitucional, prima de antigüedad, etcétera.

La regulación fiscal o impuestos (T) se refiere al conjunto de normas de carácter tributario que suelen beneficiar a las empresas más pequeñas, aun cuando generalmente son menos productivas. Por ejemplo, durante muchos años existió un régimen fiscal llamado Régimen de Pequeños Contribuyentes (Repecos). Si una empresa tenía ventas totales por menos de 1.2 millones de pesos, podía acogerse a este régimen simplificado, y pagar el 2% sobre sus ventas; en cambio, las empresas con ventas mayores a 1.2 millones de pesos debían pagar el impuesto sobre la renta (ISR) a una tasa de alrededor del 30% de sus utilidades. Este es un buen ejemplo de cómo el diseño institucional envía el mensaje de que conviene ser una empresa pequeña.

Las condiciones de mercado (M) son un amplio conjunto de políticas e instituciones, no incluidas en L y T, relacionadas con la vigilancia del cumplimiento de los contratos y el acceso al crédito.

En suma, gran parte del problema está en los incentivos generados por nuestras instituciones —no en la geografía o en la cultura—. Si el capital disponible se invirtiera en empresas productivas, por lógica, la productividad en México aumentaría y en consecuencia crecería la economía y mejorarían los salarios. Los incentivos perversos de nuestro sistema provocan que el capital disponible —tanto público como privado— se esté invirtiendo en empresas improductivas. A eso se refiere Levy cuando dice que la "mala asignación de los recursos", tanto públicos como privados, explica la baja productividad, que a su vez se manifiesta en el bajo crecimiento económico.

En el diseño actual, con los recursos públicos se premia al informal, pequeño o improductivo y se castiga al grande, formal y productivo; paralelamente, en el plano de los recursos privados se está invirtiendo en empresas improductivas y no en las más productivas. Estamos frente a un problema crónico de mala asignación de recursos.

Como dice Luis Felipe López-Calva: "No hay una receta única para abordar el acertijo de la productividad. En el contexto de cada país, los esfuerzos de desarrollo deberán centrarse en eliminar las barreras 'artificiales' existentes para el crecimiento de la productividad y trabajar para suavizar las 'naturales'. No hay necesidad de reinventar la rueda, sino de arreglarla".[30]

Críticas al modelo de Levy

El texto de Levy ha sido muy bien recibido por el rigor con el que sustenta sus planteamientos, siempre con base en evidencia. Las críticas que se le han hecho en cierta medida guardan similitud con las vertidas hacia el texto de Acemoglu y Robinson: la monocausalidad.

Tiene razón Carlos Elizondo cuando señala que en el análisis de Levy "hay dos temas [que] están ausentes, aun dentro de la perspectiva de asignación de capital: la inseguridad y la corrupción". Por cuanto ve a la inseguridad, "muchas empresas no pueden crecer porque están asediadas por la extorsión del crimen organizado o porque deben gastar muchos recursos para protegerse del crimen en general".[31] Existe evidencia que muestra que la violencia ciertamente impide el crecimiento.[32]

Por su parte, la corrupción representa un freno para el crecimiento económico por partida doble: primero, porque implica el desvío de cuantiosos recursos que podrían gastarse en bienes públicos, pero terminan en el bolsillo de políticos y burócratas ladrones; y segundo, desde la perspectiva de los inversionistas, la corrupción es el principal obstáculo para hacer negocios en México,[33] como vimos en los capítulos anteriores.

El economista Luis de la Calle logra una valiosa síntesis de ambas categorías (corrupción e inseguridad) al referirse a la economía de la extorsión: "El mexicano vive dando concesiones al prepotente, al corrupto y al criminal porque, de no contar con recursos suficientes para el proceso que implica levantar una denuncia, el costo puede ser mucho mayor que aquel que implica la amenaza inicial: abogados, trámites, riesgos y tiempo perdido". Y concluye que "si se lograra una política eficaz para reducir de forma radical la práctica de la extorsión, la economía experimentaría una explosión de apertura y crecimiento de empresas pequeñas y medianas formalizadas, lo que aumentaría la productividad laboral y empresarial indispensable para tener altas y sostenibles tasas de crecimiento".[34]

Tres complementos indispensables

Nos referiremos brevemente a tres elementos adicionales y complementarios, esenciales para una estrategia de crecimiento: reforma fiscal, enfoque regional y confianza.

Recaudar más y mejor

Como se mostró en el capítulo anterior, la recaudación tributaria en México es muy baja. Esto ha sido así desde hace muchos años. A México le urge una reforma fiscal por dos razones fundamentales: para crecer y para reducir la desigualdad. Ambas razones aparecen en el título del último libro que Jaime Ros Bosch publicó antes de morir: *¿Cómo salir de la trampa del lento crecimiento y alta desigualdad?*[35]

Como Ros señala, México tiene la carga fiscal que tenían Estados Unidos, Gran Bretaña, Suecia y Francia hace 100 años. Su descripción de la trampa fiscal de bajo nivel es clarísima: servicios públicos malos e insuficientes y una carga fiscal que no alcanza para mejorarlos. La carga fiscal se mantiene baja porque la mala provisión de servicios públicos hace políticamente inviable aumentarla. Los malos servicios públicos erosionan la confianza de los ciudadanos en el gobierno, lo cual vuelve políticamente complicado aumentar los impuestos. Así, la baja carga fiscal perpetúa la baja calidad de los servicios que brinda el gobierno.[36]

La recaudación y el gasto público no solo son esenciales para combatir la pobreza y la desigualdad, como ya se planteó en el capítulo anterior, sino que también juegan un papel primario en el crecimiento económico.

Una reforma hacendaria integral es una condición, aunque no suficiente, sí necesaria para volver a lo que Rolando Cordera llama "lo fundamental":

[...] garantizar la educación, la alimentación, la salud y la seguridad social [...] recuperar su papel dinámico [el del Estado] en la formación de capital, con inversión pública directa y mediante la promoción y apoyo de la inversión privada. Impulsar una nueva y renovada ola de industrialización y reindustrialización, con política industrial, infraestructura, financiamiento de banca de desarrollo y apoyos decisivos y consistentes a la expansión y diversificación de la actual plataforma de investigación científica, innovación y desarrollo tecnológico.[37]

Solo así habrá empleo de calidad, bien pagado.

Tener un enfoque regional

Ver las cosas desde el mirador regional[38] es también indispensable, porque mientras algunos estados de la República Mexicana crecen a tasas de países del sudeste asiático, otros estados decrecen. El PIB per cápita de Nuevo León, uno de los estados más ricos, es de 298 137 pesos, mientras que el de Chiapas, el más pobre de todos, es de una quinta parte: 61 702 pesos.[39] El PIB de Nuevo León ha crecido a una tasa promedio de 3.4% durante los últimos 15 años, mientras que el crecimiento acumulado de Chiapas, en ese mismo periodo, ha sido de apenas 0.8% promedio anual.

Una mirada al caso mexicano permite constatar que el crecimiento: *a)* sí es posible en las condiciones actuales; *b)* es diferenciado entre las diversas entidades federativas; y *c)* en algunos casos alcanza tasas significativamente altas. ¿Cuáles son las lecciones que ofrecen los estados que más crecen? Para Luis de la Calle, los estados que han crecido a una tasa promedio superior al 3% en los últimos años en su mayoría tienen cuatro cosas en común: *1)* logística (transporte y comunicaciones); *2)* energía (principalmente gas natural), *3)* tecnología y educación, y *4)* Estado de derecho.

En los últimos 23 años, 16 estados han crecido a más del 3% promedio anual; todos son exportadores de bienes o servicios: Baja California Sur, Quintana Roo, Aguascalientes, Querétaro, Nuevo León, Guanajuato, San Luis Potosí, Puebla, Coahuila, Chihuahua, Yucatán, Estado de México, Colima, Baja California, Hidalgo y Jalisco. Los estados que menos crecieron, con tasas menores al 2% promedio anual, fueron: Oaxaca, Guerrero, Veracruz, Tabasco, Chiapas y Campeche.[40] Es indispensable una estrategia para procurar el desarrollo y el bienestar en las distintas regiones del país.

Incrementar y mantener la confianza

Sabemos que no puede haber crecimiento económico sin inversión. No existe otra manera de generar empleo si no es mediante la inversión, ya sea pública o privada. Si el sector privado invierte en una nueva planta automotriz, se generan empleos; si el sector público invierte en un nuevo hospital, se generan empleos. Si no hay inversión, no hay crecimiento ni trabajos nuevos. La inversión que se hace hoy se refleja en el crecimiento futuro. Tiene razón el economista Salomón Chertorivski cuando afirma que "el impulso al crecimiento requiere de inversión privada e inversión pública, sin exclusiones ni prejuicios".[41]

La baja inversión pública está relacionada con los ínfimos niveles de recaudación, además del problema de la corrupción y la ineficiencia en el gasto. Pero el problema es mucho más grave, porque la inversión pública representa apenas una séptima parte de la inversión total. Por ejemplo, en 2018, mientras que la inversión del gobierno representó el 3.1% del PIB, la inversión privada alcanzó el 17.2 por ciento.[42]

La mejor amiga de la inversión privada es la certidumbre y su peor enemiga es la desconfianza. La fórmula no podría ser más simple: cuando el sector privado tiene confianza, invierte más; cuando desconfía, detiene sus inversiones. López Obrador, voluntaria o involuntariamente, se ha dedicado a destruir la confianza del sector privado: la cancelación del nuevo aeropuerto de Texcoco, mucho más allá de la afectación para quienes viajan en avión, envió todas las señales equivocadas. Lo mismo sucede con la amenaza de no reconocer contratos para la construcción de gasoductos, firmados con anterioridad por la Comisión Federal de Electricidad; la cancelación de las rondas petroleras, cuando Pemex no tiene ni los recursos ni la tecnología para operar en aguas profundas; las amenazas de terrorismo fiscal; la cancelación, producto de una consulta amañada, de los permisos que fueron otorgados con anterioridad para que una empresa invirtiera más de 1 400 millones de dólares en una nueva planta en Baja California y un largo etcétera. Más allá de las particularidades de cada proyecto, estas decisiones, en su conjunto, explican los elevados niveles de desconfianza que vemos hoy. En palabras del Consejo Coordinador Empresarial: "El Gobierno Federal está empeñado en destruir la posibilidad de generar confianza a los inversionistas nacionales y extranjeros y derruir empleos".[43]

Los altos niveles de incertidumbre provocados por las decisiones del gobierno explican el desplome brutal de la inversión. El Inegi la mide como inversión fija bruta. Desde la llegada de López Obrador al poder, este indicador ligó 11 caídas mensuales consecutivas (ver gráfica 9.4).

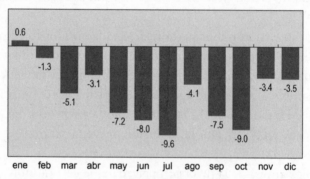

GRÁFICA 9.4 Variación anual de la inversión fija bruta (2019).
Fuente: Instituto Nacional de Estadística y Geografía, Inversión Fija Bruta (Base 2013), 2019.

Aun antes de la crisis desatada por la pandemia del coronavirus, en el cuarto trimestre de 2019, la inversión pública ya se encontraba 9.6% abajo del mismo trimestre de 2018, y la privada también había caído 4.3%.[44] La falta de inversión en el presente siempre repercute en el futuro. Como dice el economista Jorge Suárez-Vélez, "si no invertimos en bienes de capital, más allá de no crecer hoy, no lo haremos mañana".[45]

Por primera vez en mucho tiempo —nuevamente, aun antes de la crisis provocada por la pandemia—, la economía estadounidense y la mexicana se soltaron de la mano. Por la magnitud del intercambio comercial, nuestra economía está ligada a los ciclos económicos de Estados Unidos. Nosotros decrecimos 0.1% cuando ellos crecieron 2.3% en 2019. Como puede verse en la gráfica 9.5, al tiempo que nuestro principal socio comercial crece, nosotros decrecemos. La explicación está en el desplome de la inversión, producto de la ineficiencia del gasto público y la falta de confianza del sector privado.

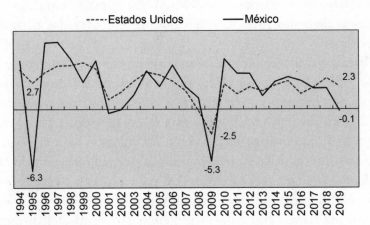

GRÁFICA 9.5 Producto interno bruto de México y Estados Unidos (1994-2019).
Tasa de crecimiento anual.
Fuente: Elaboración propia con datos del Banco Mundial.

Como claramente explica el Banco Mundial, "para que haya crecimiento debe existir un entorno en el que las empresas y las personas físicas se sientan seguras de invertir sus recursos en actividades productivas".[46]

COROLARIO: HACIA EL CRECIMIENTO ECONÓMICO

El éxito del populismo, en el plano político y electoral, radica en la simplicidad de sus mensajes. En los planteamientos populistas, los grandes problemas se pueden resolver con medidas muy simples; sin embargo, la terca realidad es mucho más compleja, y contrariamente a la tesis populista, los problemas complejos suelen requerir soluciones complejas, como hemos reiterado.

En los capítulos 5, 6 y 7 quedó claro que los crónicos problemas de inseguridad no se pueden resolver de un plumazo, y bajo la misma lógica, el complejo problema del estancamiento económico tampoco se solucionará por decreto.

El camino hacia el crecimiento presenta enormes y muy complejos retos en términos de ejecución. En el plano estratégico hay diversos elementos que tendrían que ser considerados de manera prioritaria.

Para forjar una economía de crecimiento veloz y duradero se propone lo siguiente: *1)* consolidación de un sólido Estado de derecho, poniendo el acento en el combate a la extorsión (ver capítulos 4 y 5); *2)* combate serio y eficaz contra la corrupción, a partir de un correcto diseño institucional y auténtica voluntad política —que no voluntarismo político— (ver capítulo 4); *3)* recuperación de la seguridad ciudadana (ver capítulos 5, 6 y 7); *4)* más inversión pública, particularmente en infraestructura, innovación, salud y educación; *5)* reforma hacendaria para incrementar la recaudación y mejorar la calidad del gasto, con un diseño inteligente, que no implique una pérdida de competitividad; *6)* más inversión privada —que es seis veces superior a la inversión pública—[47] como resultado de un ambiente de certidumbre, que se reafirme con decisiones de gobierno sensatas, así como permitiendo mayor intermediación bancaria y flexibilizando las inversiones de los fondos de retiro;[48] *7)* reducción de la desigualdad (ver capítulo 8); *8)* estabilidad macroeconómica; *9)* promoción del desarrollo regional; y *10)* como ha sido ampliamente referido en este capítulo, un rediseño del marco institucional que permita generar los incentivos que conduzcan al aumento en la productividad.

Al pensar el crecimiento económico, es imperativo que la técnica se ponga al servicio de la justicia. Como expresó la filósofa Adela Cortina: "Bien pensado, es decir pensado en profundidad, no hay economía legítima si no se propone como meta ayudar a crear una sociedad justa, ni política que se precie sin intentar dar a cada uno lo que le corresponde, ni tampoco tiene sentido una ciencia crítica que no cuente con un criterio de justicia".[49]

México tiene todo para crecer y prosperar, sin que nadie se quede atrás.

10

El proceso electoral y un breve apunte sobre la elección presidencial de 2018

EL PROCESO ELECTORAL EN MÉXICO

Este capítulo trata sobre las reglas del proceso electoral mexicano y contiene propuestas concretas de mejora. Se aborda también el tema de la igualdad de género, el problema de la manipulación del voto y el modelo de comunicación política. El capítulo está pensado, especialmente, para los jóvenes que quieren participar en política y desean comprender mejor las reglas del proceso electoral. En la parte final del capítulo, me refiero a la elección presidencial de 2018, incluyendo el ataque artero que el gobierno de Peña Nieto enderezó en mi contra, en beneficio de Andrés Manuel López Obrador.

Actos previos al inicio del proceso electoral

Las reglas que rigen el proceso electoral mexicano,[1] a nivel federal, están establecidas en la Constitución Política, en cuatro leyes secundarias,[2] en los acuerdos emitidos por el Instituto Nacional Electoral y en los precedentes sostenidos por el Tribunal Electoral del Poder Judicial de la Federación.

El proceso electoral federal inicia en el mes de septiembre del año previo a la elección.[3] Así pues, en el caso de la elección presidencial de 2018, el proceso electoral comenzó de manera formal, en septiembre de 2017.[4]

La geografía electoral: un riesgo adicional si el INE resulta capturado

En nuestro sistema bicameral de tipo norteamericano, se combina el elemento popular y el elemento federativo: tenemos una Cámara de Diputados electa de manera proporcional a la población, y un Senado de la República cuyo criterio principal de elección es la representación de las entidades federativas y de la Ciudad de México.[5]

Por cuanto ve al Senado, aunque la reforma de 1996 tuvo éxito en términos de introducir la pluralidad que hacía falta, ha perdido sentido la lista de senadores de representación proporcional (plurinominales) que no representan a ninguna entidad federativa. Sería muy conveniente eliminar la figura de los senadores plurinominales. Sin aumentar el número actual, se podría elegir a cuatro senadores en cada entidad, distribuyéndolos en función de la votación que cada partido o candidatura independiente obtuviera.

Dado que la Cámara de Diputados es el órgano que representa a la población, en los 300 distritos electorales en que se divide el país y en las cinco circunscripciones, debe haber un número similar de habitantes.

En México, la facultad de trazar la geografía electoral, delimitando los 300 distritos uninominales[6] (ver imagen 10.1) y las cinco circunscripciones plurinominales[7] (ver imagen 10.2), corresponde al Instituto Nacional Electoral.

IMAGEN 10.1 Distritos federales.
Fuente: Instituto Nacional Electoral, 2019.

IMAGEN 10.2 Circunscripciones federales.
Fuente: Instituto Nacional Electoral, 2019.

A diferencia de Estados Unidos, donde los congresos de los estados tienen la facultad de trazar los mapas electorales, en México la facultad recae en un órgano constitucional autónomo que, en teoría, debe regirse por criterios estrictamente técnicos y no políticos.

La historia de la manipulación de las elecciones mediante el trazado de los mapas es muy antigua. En inglés, existe un término para denominar esa práctica fraudulenta: *gerrymandering*.

El origen de esa palabra está en una caricatura política elaborada por Gilbert Stuart en 1812 (ver imagen 10.3). El título de la caricatura es "Gerrymander". El término está construido mediante la combi-

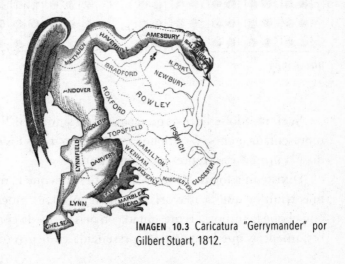

IMAGEN 10.3 Caricatura "Gerrymander" por Gilbert Stuart, 1812.

nación de dos palabras: Gerry, el apellido del gobernador de Massachusetts (Elbridge Gerry); y *salamander* (salamandra), por el parecido entre la forma del distrito electoral y ese anfibio.

El periódico *The Washington Post*[8] publicó este ejemplo gráfico de cómo el trazado de los distritos puede modificar radicalmente el resultado de una elección. En un estado hipotético de 50 casas, con cinco distritos electorales, como el que se muestra en la imagen 10.4, el resultado esperado sería que el partido indicado en color negro obtuviera tres representantes y que el indicado en color gris obtuviera dos, dado que esa es la proporción de puntos negros y grises (imagen 10.5A).

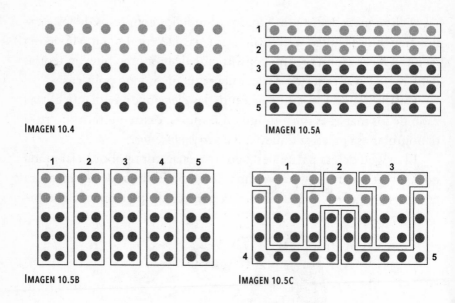

IMAGEN 10.4

IMAGEN 10.5A

IMAGEN 10.5B

IMAGEN 10.5C

Si el trazado se hace como aparece en la imagen 10.5B, la mayoría representada en negro obtiene la victoria en todos los distritos, dejando a la minoría sin representación alguna.

¿Existe una forma de trazado que permita que la minoría obtenga más triunfos que la mayoría? La imagen 10.5C muestra un trazado con el que la minoría representada en gris se queda con tres legisladores, mientras que la mayoría representada en negro solo obtiene dos.

El trazado de los distritos puede ser determinante en la asignación de las curules en juego.

A principios de 2019, la Suprema Corte de Estados Unidos emitió una resolución de enorme trascendencia política para ese país, validando el trazado de los mapas con criterios políticos. Se trató de una resolución aprobada con una votación dividida de cinco votos contra cuatro, con los ministros identificados como los más conservadores del lado de la mayoría. Su argumento central fue que quienes diseñaron la Constitución, asumieron que la política jugaría un papel en el trazado de los mapas, desde el momento mismo en el que decidieron otorgar esa facultad a las legislaturas de los estados.

La ministra de la Suprema Corte estadounidense, Elena Kagan, con toda razón se manifestó en contra y advirtió que la decisión ponía en peligro a todo el sistema de gobierno estadounidense. Kagan señaló que, con esa decisión, la Suprema Corte de Estados Unidos estaba renunciando a ejercer una de sus responsabilidades más importantes en términos de salvaguardar la equidad democrática.

La forma del distrito 12 de Carolina del Norte, conocido como el café derramado (ver imagen 10.6), o el distrito 3 de Maryland (ver imagen 10.7), son dos buenos ejemplos del nivel de arbitrariedad al que se ha llegado en el trazado de los mapas.

 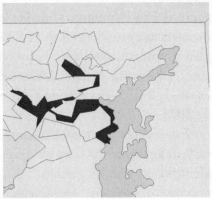

IMAGEN 10.6 Distrito 12 de Carolina del Norte. La forma aquí descrita estuvo vigente de 2011 a 2016. John Oliver se refirió a este distrito como el café derramado.

IMAGEN 10.7 Distrito 3 de Maryland. La forma aquí descrita estuvo vigente hasta marzo de 2020.

En México, a pesar del cúmulo de prácticas fraudulentas registrado a lo largo de los años, el trazado de los distritos no ha sido un tema problemático —al menos en los tiempos más recientes—, gracias a que el Instituto Nacional Electoral, hasta cierto punto ajeno a los partidos,[9] ha sido el responsable del trazado, tanto de los distritos uninominales, como de las circunscripciones plurinominales.[10] Esta es una razón adicional por la que debe cuidarse la independencia del árbitro electoral. Entre las incontables consecuencias negativas que tendría la captura del INE por parte de un partido político, se incluye el riesgo de la manipulación de la geografía electoral que, como hemos visto, resulta determinante en el resultado de una elección, aun cuando los votos se cuenten limpiamente.

La geografía electoral también comprende las secciones electorales, que son las demarcaciones en las que, a su vez, se dividen los distritos. En todo el país existen 68 436 secciones. Las secciones electorales sirven para organizar la instalación de las casillas en las que se recibe la votación durante la jornada electoral.

Registro de nuevos partidos políticos

La ventana para iniciar el proceso de creación de un nuevo partido político se abre únicamente cada seis años, durante el mes de enero del año siguiente al de la elección presidencial. Como la última elección presidencial fue en julio de 2018, el momento para iniciar el proceso, mediante la presentación de un aviso de intención ante el Instituto Nacional Electoral, tuvo lugar durante el mes de enero de 2019, y no volverá a darse esa oportunidad sino hasta enero de 2025.

Esto es algo que también conviene cambiar. La rigidez establecida en la reforma de 2007 es un exceso. Si los ciudadanos no se sienten identificados con los partidos actuales, deben tener la opción de crear uno nuevo. No tiene sentido clausurar la posibilidad de que cada tres años aparezcan nuevas opciones partidistas.

Con las reglas actuales, en el transcurso de los 12 meses siguientes a la presentación del aviso, las organizaciones deben celebrar una serie de asambleas, en las que sus afiliados aprueben su declaración de principios, su programa de acción y sus estatutos. Sobre el número de asambleas y la cantidad de personas que deben acudir, la ley ofrece dos opciones: *a)* celebrarlas en 20 entidades, con al menos 3 mil afiliados en cada una; y *b)* realizarlas en 200 distritos, con al menos 300 afiliados en cada reunión.[11] Adicionalmente, el número total de afiliados de la organización no podrá ser menor al 0.26% del padrón electoral (233 945 personas).[12] Después de las asambleas distritales o estatales, las organizaciones deben realizar una asamblea nacional constitutiva.

Las organizaciones que hayan logrado lo anterior podrán presentar su solicitud de registro ante el INE, durante el mes de enero del año siguiente. En el caso más reciente, el plazo transcurrió del 8 de enero al 28 de febrero de 2020, y las organizaciones debieron presentar las actas de sus asambleas, así como la lista completa de sus afiliados.

El Instituto Nacional Electoral debe resolver sobre la solicitud de cada organización antes del inicio formal del proceso electoral (en este caso, septiembre de 2020).

Cuando este libro se fue a la imprenta, la única organización a la que el Consejo General del INE determinó concederle el registro como nuevo partido político fue Encuentro Solidario (Partido Encuentro Social). Esto dejaría fuera de la boleta electoral de 2021 a México Libre, vinculado al expresidente Felipe Calderón, y a Redes Sociales Progresistas, relacionado con la ex lideresa magisterial Elba Esther Gordillo. La Sala Superior del Tribunal Electoral del Poder Judicial de la Federación tendrá la última palabra.

Hasta ahora se han revisado los actos previos al proceso electoral, el cual inicia en el mes de septiembre del año previo a la elección, es decir, unos nueve meses antes del día en que la ciudadanía emite su voto. Una vez que da inicio el proceso electoral, tienen lugar la etapa preparatoria, la jornada electoral, la difusión de los resultados y la declaración de validez de la elección.

Etapa preparatoria de la elección

Se trata de una etapa muy larga (nueve meses), que inicia con el arranque oficial del proceso electoral[13] y concluye un día antes de que la gente acuda a las urnas a votar. Enseguida se tratarán cuatro aspectos concretos de la etapa preparatoria de la elección: *a)* la regulación de las encuestas y su manipulación, *b)* el registro de coaliciones y el caso del "ingenioso" fraude de MORENA a la ley, *c)* las precampañas electorales y la propuesta de primarias abiertas, simultáneas y obligatorias, y *d)* el registro de candidaturas independientes.

La regulación de las encuestas y su manipulación

En la elección presidencial del año 2012, en la que resultó ganador Enrique Peña Nieto, causó mucha controversia la falta de correspondencia entre los resultados de la elección y las encuestas que se publicaron durante las campañas y en los días previos a la jornada electoral.

El noticiario estelar de Milenio Televisión, cuyo conductor era el periodista Ciro Gómez Leyva, publicó una encuesta tipo *tracking*,[14] de manera diaria, elaborada por GEA-ISA. El hecho de que todos los días se dieran a conocer resultados nuevos tuvo un enorme impacto, al menos entre quienes dan seguimiento cotidiano a las noticias.

Aunque no está claro qué tanto influye la publicación de este tipo de sondeos entre los votantes,[15] lo cierto es que sí tienen un efecto muy importante en el ánimo de los equipos de campaña. Al ser la única encuesta que se publicaba diariamente, marcó la agenda en términos de percepción de triunfo durante la elección presidencial de 2012.

Como puede observarse en la gráfica 10.1, la encuesta llegó a dar una ventaja de 30 puntos porcentuales a Enrique Peña Nieto frente a su más cercano competidor. Cuatro días antes de la jornada electoral, la encuesta marcaba una amplísima ventaja de 18 puntos a favor de Peña Nieto.

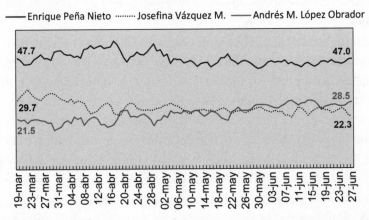

GRÁFICA 10.1 Encuesta de seguimiento diario *Milenio*/GEA-ISA sobre la elección para la Presidencia de la República en 2012.

Fuente: Elaboración propia con datos de *Milenio*/GEA-ISA.

Otras casas encuestadoras[16] pronosticaban un resultado mucho menos holgado a favor de Peña Nieto. Ante la contradicción en las cifras, Ciro Gómez Leyva, confiando en los datos de GEA-ISA, llegó a retar a las otras casas encuestadoras, especialmente al periódico *Reforma*, a contrastar resultados la noche de la elección.[17]

Peña Nieto sí ganó la elección, aunque por un margen mucho menor: 6.5 puntos porcentuales. Con honestidad intelectual, una vez pasada la elección, Ciro Gómez Leyva escribió: "Editorialmente, no hay justificación que valga. Anunciamos el miércoles, luego de 100 días consecutivos de medición y publicación, que Enrique Peña Nieto superaría por 18 puntos a Andrés Manuel López Obrador. Peña Nieto le ganó por 6.5. Falló la encuesta de seguimiento diario *Milenio*-GEA-ISA".[18]

Este suceso dejó una fuerte marca en el ánimo de los partidos políticos contrarios al PRI. Regular a nivel legislativo la publicación de encuestas se convirtió en una prioridad para el PAN y para el PRD, quienes lograron que en la nueva Ley General de Instituciones y Procedimientos Electorales (LGIPE), publicada en 2014, se facultara al Consejo

General del INE para emitir las reglas, lineamientos y criterios que las personas físicas o morales deben adoptar para difundir los resultados de encuestas o sondeos de opinión, en el marco de los procesos electorales.

Desde años atrás, el INE venía dictando algunos lineamientos para el ámbito federal. Las nuevas normas establecieron, de forma homogénea para procesos locales y federales, la obligación de entregar determinada información a las autoridades electorales: los datos de quien pagó por la realización de la encuesta, el costo de la encuesta, su metodología, el cuestionario, el informe de resultados y hasta la base de datos íntegra. La normatividad también estableció la obligación de publicar y difundir en las páginas de internet de los Organismos Públicos Locales toda la información entregada.

A nivel de una elección presidencial, la nueva regulación se estrenó en 2018. ¿Se evitó la manipulación de las encuestas con fines políticos? ¿Se evitó que los datos publicados en los días previos a la elección fueran completamente distintos de los resultados? Lamentablemente, no. La intención era buena, pero los resultados fueron bastante malos.

Para quienes se dedican a vender encuestas cuyos resultados son los que pide el cliente, no resultó mayor complicación elaborar fichas metodológicas y bases de datos para sustentar datos fraudulentos. Como dice Lorena Becerra, de poco sirvió la nueva regulación para acabar con encuestas propagandísticas disfrazadas de estudios de opinión pública.[19] De hecho, la manipulación de los datos en la elección de 2018 fue mucho peor que en la elección de 2012, consistentemente a favor del PRI.

Dos ejemplos claros: el primero, la encuesta firmada por la empresa Suasor, de Juan Manuel Herrero, publicada a lo largo de la campaña en el periódico *El Heraldo*. De manera recurrente, Suasor manipuló los datos para presentar al candidato del PRI en un cercano y competitivo segundo lugar. Todavía el miércoles previo al día de la elección,[20] sus cifras señalaban que José Antonio Meade ocupaba la segunda posición, "solo 13 puntos detrás de López Obrador". El resultado oficial colocó a Meade no en segundo, sino en tercer lugar; y no 13, sino 36 puntos detrás de quien resultó ganador.[21]

El segundo ejemplo: la manipulación de la encuesta realizada por Innovación, publicada en *Publimetro*, fue aún más descarada. También cinco días antes de los comicios, el encabezado de la noticia que daba cuenta de la encuesta decía: "Meade, a 6 puntos de López Obrador, indica estudio".[22]

Con ese tipo de publicaciones fraudulentas, el PRI buscaba aparentar que aún tenía posibilidades de triunfo, para evitar que sus simpatizantes ejercieran un "voto útil" a favor de quien realmente iba en segundo lugar.

Así pues, la nueva regulación no es obstáculo para que abunden este tipo de publicaciones, cuyos datos en nada corresponden a la realidad; sin embargo, como veremos más adelante en el apartado relativo al proceso electoral de 2018, sí existen algunos beneficios en la regulación vigente.

Registro de coaliciones y el caso del "ingenioso" fraude de MORENA a la ley

Una coalición electoral es la unión de dos o más partidos políticos para postular, de manera conjunta, candidatos a presidente, senadores y diputados federales.

Los partidos políticos que decidan coaligarse deben presentar una solicitud de registro de su convenio de coalición, a más tardar 30 días antes de que inicien las precampañas.

En 2018, había en México nueve partidos políticos con registro y se formaron tres coaliciones, cada una conformada por tres partidos: *a)* la coalición integrada por MORENA-PT-PES postuló a Andrés Manuel López Obrador; *b)* la integrada por PRI-PVEM-Panal postuló a José Antonio Meade; y *c)* la conformada por PAN-PRD-Movimiento Ciudadano me postuló a mí.

En elecciones muy cerradas, las coaliciones suelen hacer la diferencia en el resultado final. Hoy lo sabemos con certeza porque a partir de las reformas más recientes, en la boleta electoral que los ciudadanos reciben cuando acuden a votar, el candidato postulado por varios partidos aparece varias veces en la boleta, a un lado del logotipo de cada uno de los partidos que lo postuló. En la imagen 10.8 puede constatarse que quienes fuimos postulados por una coalición, aparecimos tres veces en la misma boleta.

IMAGEN 10.8 Boleta de la elección presidencial de 2018.

Una vez que se cuentan los votos, se puede saber cuántos fueron aportados por cada una de las fuerzas políticas integrantes de la coalición. Abundan los ejemplos en que las coaliciones resultan determinantes en el resultado de una elección. Para ilustrar la idea, veamos tres casos.

En la elección de gobernador de Veracruz en 2016, aunque el PAN aportó la mayoría de los votos (28.93%), sin el 5% que aportó el PRD, la coalición no habría ganado la elección. Otro caso: en 2015, en la elección para la gubernatura de Colima,[23] la diferencia entre el primero y el segundo lugar fue de solo 0.17%. Las aportaciones del Partido Verde (2.41%) o de Nueva Alianza (1.17%) a la coalición encabezada por el PRI[24] pueden parecer insignificantes; sin embargo, resultaron definitivas para el resultado. Un último ejemplo: en la elección para la gubernatura de San Luis Potosí en 2015, el PAN obtuvo más votos que el PRI; sin embargo, las aportaciones de dos partidos coaligados (Partido Verde Ecologista de México y Partido Nueva Alianza), ambas inferiores al 5%, fueron la diferencia para que esa coalición resultara triunfadora.[25] En la elección presidencial de 2018, las diferencias fueron tan amplias que las coaliciones no resultaron determinantes.

Uno de los aspectos más importantes que tendría que abordar una reforma electoral es el de la sobrerrepresentación. Como ha dicho José Woldenberg, expresidente del IFE, "los resultados de 2018 desfiguraron uno de los pilares fundamentales de cualquier régimen democrático: el de la representatividad, dado que una minoría de votos se convirtió en una mayoría congresual, convirtiendo a una mayoría de sufragios en una minoría de representantes".[26]

Con menos del 38% de los votos, el partido MORENA tiene más de la mitad de los diputados; y a nivel de la coalición (MORENA, PT, PES) recibió el 44% de los votos y casi obtuvo las dos terceras partes de la Cámara. ¿Cómo sucedió eso si el artículo 54 de la Constitución establece que en ningún caso podrá un partido contar con un número de diputados que represente un porcentaje que exceda en 8% su porcentaje de votación nacional emitida? La respuesta tiene que ver con las coaliciones electorales y la da el mismo Woldenberg: "Inscribiendo a candidatos de MORENA como si fueran del PES o del PT. Un 'ingenioso' fraude a la ley que ha desfigurado el principio de representación".[27] Un buen ejemplo de esa trampa es que el propio coordinador parlamentario de MORENA, Mario Delgado, fue formalmente registrado como candidato del PT. Con ese truculento mecanismo se apoderó MORENA de la Cámara de Diputados, rompiendo el principio de representación y afectando seriamente los equilibrios democráticos.[28] Una eventual reforma electoral debe cancelar la posibilidad de que se vuelva a realizar un fraude de esa naturaleza.

Precampañas electorales: ¿primarias abiertas, simultáneas y obligatorias?

Se conoce como *precampañas* a las elecciones primarias, es decir, los procesos internos que realizan los partidos políticos para elegir a sus candidatos. Es el equivalente a las campañas electorales, pero al interior de cada fuerza política. Todos los partidos deben realizar esos actos en los mismos plazos,[29] pero cada partido puede determinar, en función de sus estatutos, el procedimiento a emplear en la selección de sus candidatos.

En la pasada elección presidencial, al no haber contiendas internas, el periodo de precampaña se convirtió en un espacio de exposición pública de los candidatos de las tres coaliciones electorales.

La exposición pública de los tres precandidatos fue enorme, dado que la totalidad de los tiempos oficiales, en radio y televisión, estuvo a su entera disposición, en adición a la amplia cobertura mediática de las actividades.

Frente a la crisis del sistema de partidos, surge la pregunta de cómo redefinir la relación de los partidos políticos con los ciudadanos. ¿Cómo acercar los partidos a la gente? Recientemente, se ha abierto la discusión de un modelo de primarias abiertas, simultáneas y obligatorias.[30] Se trata de un mecanismo que obliga a todos los partidos a seleccionar a sus candidatas y candidatos en la misma fecha, mediante el voto directo de la gente. Debe ocurrir en la misma fecha para evitar la intromisión de unas fuerzas políticas en la vida interna de las otras. El riesgo de que gobernantes tramposos movilicen a sus clientelas para imponer candidatos cómodos o cómplices en otros partidos es real; sin embargo, un adecuado diseño podría prevenir ese riesgo, además de permitirnos avanzar hacia el objetivo de hacer de los partidos políticos verdaderos vehículos al servicio de la gente y no de las élites partidistas.

Registro de candidaturas independientes

Durante el mes de noviembre del año previo a la elección, el INE debe publicar una convocatoria. Quienes manifiestan su interés por ser candidatos independientes deben recabar un número predeterminado de firmas de apoyo, dependiendo del cargo al que aspiren. En el caso de la Presidencia de la República, se requiere la firma de apoyo del 1% de la lista nominal (866 593 ciudadanos[31]) incluyendo ciudadanos de por lo menos 17 entidades federativas que sumen, como mínimo, el 1% de la lista nominal de electores en cada una de ellas.[32]

En la elección presidencial de 2018, dos aspirantes lograron su registro como candidatos independientes: Margarita Zavala y Jaime Rodríguez Calderón, *El Bronco*. En un procedimiento que concluyó después de la elección, ambos fueron sancionados por la presentación de firmas falsas.[33]

Existen muchas razones para celebrar la existencia de las candidaturas independientes. Quien no se identifique con los partidos políticos existentes debe poder encontrar una vía para la participación electoral. Las candidaturas independientes enriquecen la vida democrática. Pero el respaldo a su existencia no debe confundirse con el apoyo hacia el discurso antipolítico.

Como explica Woldenberg,[34] el discurso antipolítico hace un corte radical entre dos mundos perfectamente separados: el de los políticos, por un lado, y el de los ciudadanos —o el pueblo— por el otro. En ese relato tramposo, los primeros constituyen una unidad y representan todos los males; mientras que los segundos son un bloque unificado que encarna la virtud. El problema de esa narrativa es que parte de dos premisas falsas: *a)* que todos los partidos y todos los políticos son iguales, y *b)* que la sociedad civil es una sola y tiene una agenda compartida.

Sobre la primera premisa falsa, Woldenberg señala que: "Ese reduccionismo que pone en el mismo plano al PRI y al PAN, al PRD y MORENA, al MC y al Verde, es necesario porque si no, la maniobra de enfrentar políticos a sociedad civil simplemente no puede coagular".[35] Y sobre la segunda premisa falaz explica que, si uno observa con cuidado a las organizaciones de la sociedad civil, queda claro que sus agendas no solo son distintas sino, en ocasiones, radicalmente opuestas. Y ofrece dos buenos ejemplos: *a)* Pro Vida y Gire tienen posiciones encontradas en materia de sexualidad, reproducción y aborto; *b)* Amedi y la CIRT discrepan en relación a la regulación de los medios. Aunque las cuatro son agrupaciones que conforman la sociedad civil, sus diferencias generan a cada momento enfrentamiento entre ellas. Queda claro que ni todos los políticos son iguales, ni "la sociedad civil" constituye una entidad cohesionada.

Como exponen Durán y Nieto, el fenómeno de hartazgo hacia los políticos no es exclusivo de México. En muchos países, "este fastidio con los líderes formales se generaliza y conduce al triunfo de personajes que vienen desde fuera de la política: figuras de los medios de comunicación, de bandas musicales, actores de cine, de las Fuerzas Armadas, del mundo del espectáculo".[36] Pero claramente advierten que "por lo general esos procesos [...] llevan al poder a gente improvisada que produce verdaderos desastres".[37] Estos autores ilustran, con una metáfora futbolística, la razón por la que ese tipo de proyectos con frecuencia fracasan.

A fuerza de perder campeonatos, la mayoría pierde la fe en los jugadores y quiere organizar equipos de futbol en los que juegan obispos. Generalmente los remedios improvisados son peores que la enfermedad, y los resultados son desastrosos. Cualquier equipo mediocre de jugadores puede derrotar a los obispos. Por lo general, el que nunca ha realizado una actividad se desenvuelve peor que el que ha entregado a ella toda su vida.[38]

No hay duda de que las candidaturas independientes son un ingrediente que enriquece la democracia participativa: inyectan frescura, amplían la oferta política, rompen monopolios, evitan la colusión entre partidos, obligan a los partidos a ofrecer mejores alternativas a los votantes, entre muchas otras. También es cierto que una reforma electoral tendría que mejorar las condiciones de equidad en términos de financiamiento y asignación de espacios en radio y televisión. Pero, como se dijo, el respaldo a la existencia de las candidaturas independientes no debe confundirse con el apoyo al discurso antipolítico que, además de falaz, es destructivo para la democracia.

La jornada electoral y tres apuntes: segunda vuelta, cambio de régimen político y el cambio inaplazable en los plurinominales

En los meses previos al día de la votación se celebran las campañas. Su duración a nivel federal varía, dependiendo de si la elección es solo legislativa o si es concurrente con la elección presidencial. En el primer caso, duran 60 días; en el segundo, 90 días. Como ya se dijo, en la parte final de este capítulo me referiré a la campaña electoral de la elección presidencial de 2018.

Se conoce como jornada electoral al conjunto de actividades que se desarrollan a lo largo del día en que se llevan a cabo las elecciones e incluye la recepción de los votos. Para quienes acuden a votar, comienza a las 8:00 horas del primer domingo de junio del año de la elección, y las casillas cierran a las 18:00 horas o hasta que haya votado el último ciudadano que se encuentre formado a la hora del cierre. Concluido el escrutinio y cómputo de los votos, se llenan las actas, que deben ser firmadas por los funcionarios de casilla y por los representantes de los partidos y de los candidatos independientes.

Los presidentes de las mesas directivas de casilla deben fijar avisos, en un lugar visible del exterior de los centros de votación, con los resultados de cada una de las elecciones.

Este no es el espacio para desarrollar la idea a detalle, pero conviene apuntar que un tema que debe ser considerado en una eventual reforma electoral es el de la segunda vuelta en la elección presidencial —también pertinente para ejecutivos locales—. La segunda vuelta —conocida también como *ballotage*— consiste en la posibilidad de que la votación se realice en dos etapas, en caso de que ninguna candidatura alcance el porcentaje de votación requerido (generalmente 50%), o bien, que exista una diferencia considerable entre el primero y el segundo lugar.

La segunda vuelta se utiliza en decenas de países del mundo. Francia es un referente importante, pues sus antecedentes datan del siglo XIX. Existen múltiples variantes en términos de las reglas específicas dependiendo del país de que se trate, pero en general se comparten dos objetivos centrales: *a)* dotar a los ciudadanos de la oportunidad de otorgar el voto a su segunda opción, una vez que la candidatura de su preferencia no ha resultado ganadora; y *b)* dotar de mayor legitimación a quien gana la contienda, ya que, aunque cualquier mayoría proporciona legitimidad, con mayor razón una mayoría absoluta. Este mecanismo permite que ningún candidato con más rechazos que respaldos pueda llegar al cargo, y además fomenta la moderación y la búsqueda de acuerdos entre los candidatos.

Sería muy provechoso retomar el debate sobre un cambio aún más profundo: el tránsito de un sistema presidencial a otro parlamentario, como lo propuso desde hace casi 10 años el Instituto de Estudios para la Transición Democrática; sin embargo, como dice José Woldenberg, expresidente de ese instituto, en tanto no existan las condiciones para un cambio de tal envergadura, se puede ir avanzando en algunos aspectos, como la introducción de la segunda vuelta, aprovechando las posibilidades ya contempladas en la Constitución para construir gobiernos de coalición.[39]

También con relación a la emisión del sufragio, México debe avanzar hacia la implementación del voto electrónico o a distancia. Aunque las más modernas tecnologías son altamente confiables, eso no es suficiente: se requiere un alto nivel de aceptación social, que solo se alcanza mediante el diálogo, en un proceso de construcción de consensos.

Finalmente, otro aspecto que resulta inaplazable reformar es el sistema de representación proporcional —relativo a los candidatos plurinominales—. Se incluye en este apartado la idea porque, entre otras cuestiones, se propone incorporar una boleta específica para las listas de representación proporcional (RP).[40] El actual sistema que contiene la lista de RP en el reverso de la boleta de mayoría —con letras diminutas y que casi ningún ciudadano revisa— ha permitido a personajes impresentables acceder al poder. De ahí el justificado repudio de gran parte de la sociedad hacia los plurinominales.

Lo que se propone es un sistema de "lista no bloqueada"[41] que permita al elector cambiar el orden de prelación de los candidatos que proponen los partidos, de forma tal que se pueda otorgar el voto a los que se consideren mejores y se les pueda negar a los que se consideren indeseables. Este cambio deberá ir acompañado de la corrección de los problemas relacionados con la sobrerrepresentación, de los que ya se habló en el apartado relativo al registro de las coaliciones, idealmente eliminándola por completo. Lo mejor sería un sistema de representación estricta, es decir, que el porcentaje de votos se traduzca en el porcentaje de espacios en el Congreso.

La igualdad de género

En las sociedades democráticas, el espacio público es, por excelencia, un espacio entre iguales. Con esa idea en mente, en 2014 se reformó el artículo 41 de la Constitución para "garantizar la paridad entre los géneros, en candidaturas a legisladores federales y locales".[42]

La presencia de las mujeres en los espacios de decisión política es crucial para avanzar en el objetivo de que la agenda transversal de género se consolide, a mayor velocidad y con más profundidad.

Es importante recordar que el camino hacia la participación plena de las mujeres en política ha sido largo, tortuoso y muy accidentado. En México, se reconoció su derecho a votar en 1953; sin embargo, un asunto sobre el que poco se sabe es que, mediante un fraude, se impidió que esto ocurriera 15 años antes.

En 1938 fue aprobada una iniciativa de reforma constitucional que reconocía el derecho de las mujeres a votar y a ser votadas. La iniciativa fue aprobada tanto en la Cámara de Senadores[43] como en la de Diputados;[44] sin embargo, nunca entró en vigor porque durante años se argumentó que no había sido aprobada por la mayoría de las legislaturas de los estados.

Es cierto que en el expediente original que se encuentra en la Cámara de Diputados no aparecen los votos aprobatorios de los congresos locales, pero la explicación es que esos documentos fueron arteramente sustraídos. Lo sabemos porque quien los hurtó olvidó llevarse un memorándum que aún está en el expediente (ver imagen 10.9).

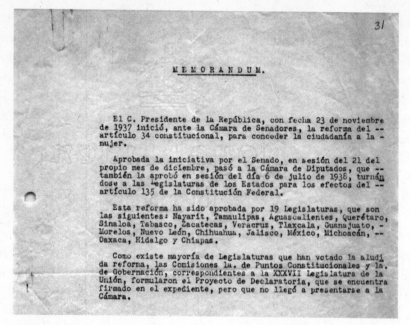

31

M E M O R A N D U M.

El C. Presidente de la República, con fecha 23 de noviembre de 1937 inició, ante la Cámara de Senadores, la reforma del artículo 34 constitucional, para conceder la ciudadanía a la mujer.

Aprobada la iniciativa por el Senado, en sesión del 21 del propio mes de diciembre, pasó a la Cámara de Diputados, que también la aprobó en sesión del día 6 de julio de 1938, turnándose a las legislaturas de los Estados para los efectos del artículo 135 de la Constitución Federal.

Esta reforma ha sido aprobada por 19 Legislaturas, que son las siguientes: Nayarit, Tamaulipas, Aguascalientes, Querétaro, Sinaloa, Tabasco, Zacatecas, Veracruz, Tlaxcala, Guanajuato, Morelos, Nuevo León, Chihuahua, Jalisco, México, Michoacán, Oaxaca, Hidalgo y Chiapas.

Como existe mayoría de Legislaturas que han votado la aludida reforma, las Comisiones 1a. de Puntos Constitucionales y 1a. de Gobernación, correspondientes a la XXXVII Legislatura de la Unión, formularon el Proyecto de Declaratoria, que se encuentra firmado en el expediente, pero que no llegó a presentarse a la Cámara.

IMAGEN 10.9 Memorándum con fecha 23 de noviembre de 1937, relacionado con la reforma al artículo 34 constitucional para reconocer el derecho de las mujeres al voto.
Fuente: Archivo del Congreso de la Unión.

En ese memorándum, cuyo original tuve a la vista, se establece con toda claridad que la reforma fue aprobada por 19 legislaturas estatales,[45] que se enlistan una a una. Eso explica por qué Esther Chapa,[46] durante más de 10 años, envió cada año una carta al Congreso, señalando que solamente hacía falta que ese órgano hiciera la declaratoria correspondiente, para que la reforma entrara en vigor. Tenía razón Esther Chapa, y los políticos de la época lo sabían.

Dice Rosario Castellanos que "en el pasado se hunden y se alimentan nuestras raíces. Porque muchos de nuestros actos y muchas de nuestras costumbres solo se explican cuando recordamos".[47] Por eso conviene recordar el contenido de ese expediente en el que, además de estar documentada una trampa, aparecen expresiones rancias, tan frecuentes en esa época, como la de Fernando Cahero Díaz, quien en una carta dirigida al Congreso el 15 de abril de 1938 exige que en caso de aprobarse la reforma, no puedan votar ni ser votadas las mujeres que "no hayan tenido cuando menos dos hijos o comprobar por los medios legales que es estéril [*sic*]"; o la opinión de los integrantes de la Confederación Nacional de Veteranos de la Revolución, quienes en una carta fechada el 12 de octubre de 1937 manifiestan que su confederación "no está de acuerdo en que se conceda el voto al *elemento femenino* oficialmente, por considerar que la mujer mexicana en su mayoría es fanático católica e impreparada y al concederle el voto, vendría a ser instrumento ciego y ventajoso en manos del clero".[48] Increíble, pero así pensaban.

En 1938 pudo más la chicana legislativa y el pensamiento retrógrado. Las mujeres tuvieron que esperar otros 15 años, hasta 1953, para que se les reconociera —no otorgara— el derecho a votar y a ser votadas.[49]

El acceso de las mujeres a los cargos de decisión trae consigo consecuencias muy positivas. Como ha dicho el filósofo y economista ganador de Premio Nobel Amartya Sen, "a lo mejor nada sea tan importante hoy en la economía política del desarrollo como que se reconozca como es debido la participación y el liderazgo en el terreno político, económico y social de las mujeres".[50]

Es cierto que hoy las mujeres son regidoras, diputadas, senadoras, gobernadoras y alcaldesas; sin embargo, aún son la excepción. Son apenas la avanzada audaz y valiente de un contingente que debe seguir caminando para conquistar la auténtica igualdad de derechos.

Las acciones afirmativas son una vía para superar esta evidente desigualdad en la participación pública entre mujeres y hombres. De los 20 países con mayor participación de mujeres en el gobierno, 17, es decir, casi todos, han implementado políticas concretas de acciones afirmativas.[51] Las acciones afirmativas deben complementarse con políticas integrales, para acabar con todo lo que limita el acceso de las mujeres a los cargos de decisión.

Los estudios relativos a la brecha salarial entre las mujeres y los hombres contienen claves para comprender las razones por las que, sin las acciones afirmativas, la trayectoria de las mujeres en los cargos públicos tiende a rezagarse respecto a la de los hombres.

Estudio tras estudio se confirma que, sin importar el país que se observe, existe una importante brecha entre los ingresos de las mujeres y los de los hombres.

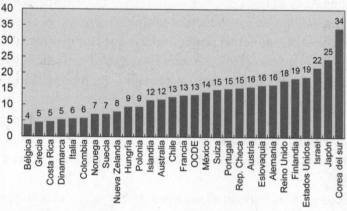

GRÁFICA 10.2 Brecha salarial de género en los países de la OCDE.
Últimos datos disponibles.

Fuente: Elaboración propia con datos de la Organización para la Cooperación y el Desarrollo Económicos, "Gender Wage Gap", Earnings and wages, 2018.

La existencia de esa brecha no está a debate. Es algo que sabemos con certeza. La discusión gira más en torno a las causas que explican esas diferencias. Mientras que algunos estudios se enfocan en el papel del capital humano y la discriminación hacia las mujeres,[52] un interesante estudio,[53] publicado en enero de 2018, demuestra que existe una razón central por la que las mujeres ganan menos que los hombres, aun cuando las barreras de la discriminación hayan sido vencidas: la maternidad.

Los resultados del estudio que abordaremos a continuación son especialmente relevantes porque se refieren a Dinamarca,[54] uno de los países con menores niveles de discriminación hacia las mujeres y que mejores políticas públicas ha implementado en favor de las madres trabajadoras, incluyendo la licencia de maternidad[55] de hasta un año, con goce íntegro de sueldo.

Como puede observarse en la gráfica 10.3A, hasta antes de tener hijos, las mujeres ganan igual o más que los hombres, pero esto cambia a partir de que son madres.

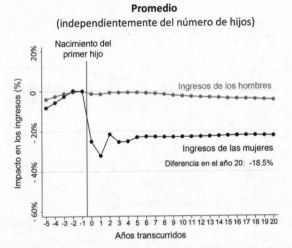

GRÁFICA 10.3A Impacto en los ingresos después de 20 años del nacimiento del primer hijo.
Fuente: Henrik Kleven, Camille Landais y Jakob Egholt Søgaard, "Children and Gender Inequality: Evidence from Denmark", Working Paper núm. 24219. National Bureau of Economic Research, enero de 2018.

Entre más hijos tienen, más se rezagan las mujeres trabajadoras frente a los varones. A continuación puede observarse la variación con uno, dos, tres y cuatro hijos.

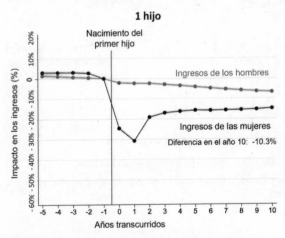

GRÁFICA 10.3B Impacto en los ingresos de las mujeres con un hijo.
Fuente: Henrik Kleven, Camille Landais y Jakob Egholt Søgaard, "Children and Gender Inequality..."

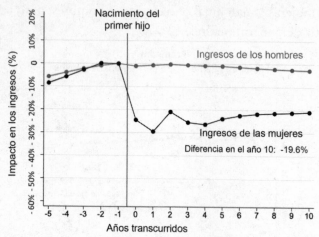

GRÁFICA 10.3C Impacto en los ingresos de las mujeres con dos hijos.

Fuente: Henrik Kleven, Camille Landais y Jakob Egholt Søgaard, "Children and Gender Inequality…"

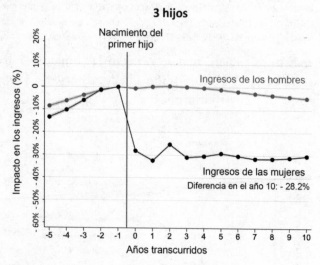

GRÁFICA 10.3D Impacto en los ingresos de las mujeres con tres hijos.

Fuente: Henrik Kleven, Camille Landais y Jakob Egholt Søgaard, "Children and Gender Inequality…"

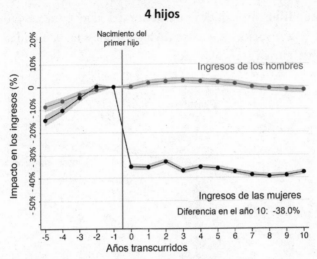

GRÁFICA 10.3E Impacto en los ingresos de las mujeres con cuatro hijos.
Fuente: Kleven, Landais y Søgaard, "Children and Gender Inequality..."

La metáfora de un maratón es útil para comprender el fenómeno: cada hijo representa una pausa en la carrera de la mujer. Entre más pausas se hacen durante la carrera, mayor es el rezago frente a quienes no tienen que detenerse.

Eso explica por qué, como puede observarse en la gráfica 10.3F, también existe una enorme brecha entre las mujeres sin hijos y las

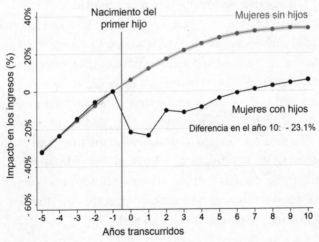

GRÁFICA 10.3F Impacto en los ingresos entre las mujeres sin hijos y las mujeres con hijos.
Fuente: Kleven, Landais y Søgaard, "Children and Gender Inequality..."

mujeres con hijos, independientemente del nivel educativo de sus padres. Por el contrario, en el caso de los varones, la paternidad no hace diferencia alguna (gráfica 10.3G).

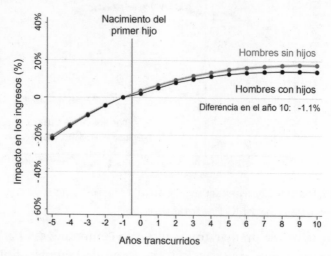

GRÁFICA 10.3G Impacto en los ingresos entre los hombres sin hijos y los hombres con hijos. *Fuente:* Kleven, Landais y Søgaard, "Children and Gender Inequality..."

Esto es relevante porque, aun con políticas públicas dirigidas a mejorar las condiciones laborales de las mujeres, como las implementadas en Dinamarca, la brecha tiende a persistir.

Cuando se extrapolan estos resultados a la actividad política, tan competida como es, se puede inferir que, si se quiere tener una alta representación de mujeres en cargos públicos, es necesario establecer acciones afirmativas como las cuotas de género.

En ese orden de ideas, las reformas constitucionales y los cambios a las leyes secundarias en materia de igualdad de género han sido un acierto. No solo está garantizada a nivel constitucional la paridad entre los géneros en candidaturas a legisladores federales y locales, sino que también se diseñaron mecanismos eficaces en la legislación secundaria, y los tribunales han sentado precedentes que han reforzado las disposiciones constitucionales y legales.[56]

La reforma constitucional publicada en junio de 2019 extendió el principio de paridad de género a todas las candidaturas,[57] a las secretarías de despacho del Poder Ejecutivo, a los organismos constitucionales autónomos[58] y al Poder Judicial.[59]

Los resultados están a la vista: México ya ocupa el primer lugar entre todos los países de la OCDE con el mayor porcentaje de mujeres en el Congreso, y el quinto lugar a nivel mundial.[60]

Como puede observarse en la gráfica 10.4, en 2003, apenas el 23% de los espacios en la Cámara de Diputados estaban ocupados por mujeres, en comparación con el 48% de la actual Legislatura.

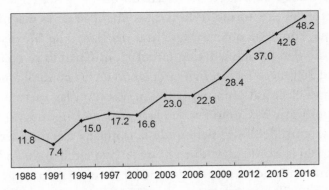

GRÁFICA 10.4 Porcentaje de mujeres integrantes de la Cámara de Diputados.

Fuente: Los datos de 1988 a 2015 fueron tomados de Flavia Freidenberg, ed., *La representación política de las mujeres en México* (México: Instituto Nacional Electoral, Universidad Nacional Autonóma de México, 2017), 19. Los datos de 2018 son del Instituto Nacional Electoral, "Elección 2018: Igualdad de género y no discriminación".

Para quienes creemos que somos un mejor país cuando decidimos juntos, las mujeres y los hombres, las reformas en materia de igualdad de género han significado un paso en la dirección correcta. Tenemos que seguir avanzando con fuerza y determinación en esa dirección. Es por el bien de todas y de todos.

La manipulación del voto en México

Tiene razón Luis Carlos Ugalde cuando sostiene que "No es posible combatir la corrupción sin combatir el financiamiento ilegal de las campañas políticas".[61] Mientras según la ley el tope de campaña a nivel de gubernaturas ronda los 40 o 50 millones de pesos, Ugalde señala, apoyado en el testimonio de varios exgobernadores, que una campaña ganadora requiere un rango de gasto de entre 400 y 700 millones de pesos, con casos que se salen de esa norma hacia abajo y hacia arriba.

La cantidad de dinero no declarado que se gasta en los procesos electorales es enorme. Para darnos una idea de la magnitud del problema, conviene observar las cifras del Banco de México relativas a los billetes y monedas en circulación. Cuando se compara la cantidad de dinero en efectivo circulando en la economía mexicana en tiempo electoral y en periodos sin elección, las variaciones son muy significativas. Como puede observarse en la gráfica 10.5, entre marzo y junio de 2006, tiempo de la campaña electoral federal, el aumento en la cantidad de dinero en efectivo circulando en México fue significativamente mayor que en el mismo periodo tanto del año anterior (2005) como del posterior (2007). Exactamente el mismo

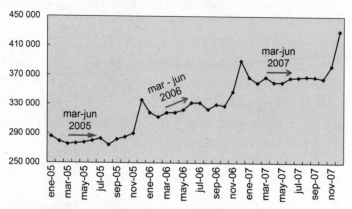

GRÁFICA 10.5 Billetes y monedas en poder del público (2005-2007). Millones de pesos.
Fuente: Elaboración propia con datos del Banco de México.

patrón puede observarse en la gráfica 10.6, respecto de las campañas federales de 2012. Estos datos son evidencia de la brutal cantidad de dinero no declarado, gastado en efectivo, durante los procesos electorales.

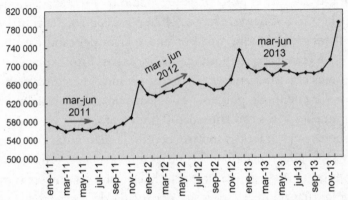

GRÁFICA 10.6 Billetes y monedas en poder del público (2011-2013). Millones de pesos.
Fuente: Elaboración propia con datos del Banco de México.

La gravedad del problema estriba en el hecho de que, como señala Ugalde, "Las campañas se fondean con desvío de recursos públicos[62] y con aportaciones ilegales de otras fuentes: contratistas que quieren asegurar negocios [...] constructores que quieren ganar licitaciones de obra pública a modo [...] Un aportador recurrente en ciertas regiones del país es el crimen organizado".[63]

Otra práctica fraudulenta y delictiva consiste en la compra masiva de credenciales de elector. Los candidatos o partidos que recurren a esta práctica identifican las secciones electorales en las que, con toda certeza, obtendrán menos votos que sus rivales. En esas secciones, los "mapaches"[64] ofrecen a la gente dinero en efectivo, a cambio de su credencial de elector. Dado que en México esa es la única identificación válida para ejercer el voto, cuando el "mapache" la adquiere, garantiza que esa persona no podrá acudir a votar durante la jornada electoral. La compra masiva de credenciales puede provocar variaciones significativas en los resultados, sobre todo en elecciones muy competidas.

Otra deleznable práctica fraudulenta y delictiva consiste en pagar dinero en efectivo a los representantes de otros partidos y a los integrantes de las mesas directivas de casilla, para que firmen las actas y se retiren del lugar una vez que ha cerrado la casilla o inclusive desde su apertura. Dado que el porcentaje promedio de participación rara vez supera el 60%, casi siempre hay un 40% o más de boletas inutilizadas. Esas boletas son cruzadas, una por una, a favor del candidato beneficiario de esa práctica y depositadas en las urnas. Esto explica por qué, en regiones con altos índices de marginación, los registros oficiales llegan a dar cuenta de porcentajes de participación inusualmente altos, en muchos casos cercanos al 100 por ciento.

Aunque estas prácticas son frecuentes, la manipulación de mayor alcance es la relacionada con los programas sociales. Quienes lucran con la pobreza de la gente, preparan la elección con meses o incluso años de anticipación. La persona encargada de entregar los apoyos o de tener contacto permanente con los beneficiarios del programa social es, a la vez, responsable de dar resultados el día de la jornada electoral; su encomienda es convencer o coaccionar a los votantes mediante promesas (de futuros apoyos) o amenazas (el retiro de los apoyos). Ya se mencionó que un Ingreso Básico Universal, entre muchos otros beneficios, se convertiría en un mecanismo eficaz para desmantelar redes clientelares de manipulación electoral.

Luis Carlos Ugalde plantea varias propuestas para hacer frente al problema de la manipulación electoral.[65] Destaca uno de sus planteamientos: el voto obligatorio. Cuando los niveles de participación en los procesos electorales son inferiores al 50%, las prácticas de clientelismo electoral —incluyendo la movilización y la compra de votos—, pueden ser determinantes en los resultados; sin embargo, en la medida en la que el porcentaje de participación aumenta, la eficacia de esas prácticas disminuye. Incentivar la participación de la gente puede ayudar a minimizar el impacto de las prácticas fraudulentas.

EL MODELO DE COMUNICACIÓN POLÍTICA EN MÉXICO

Se conoce como modelo de comunicación política al conjunto de normas que regulan, entre otras cosas, la emisión de propaganda política por parte del gobierno, los partidos y los candidatos a cargos de elección popular.[66] En este apartado nos concentraremos en las reglas relativas a partidos y candidatos.

A nivel mundial, destacan dos modelos de comunicación política: el norteamericano y el europeo. En términos generales, la diferencia radica en que en el modelo norteamericano se pueden comprar anuncios de radio y televisión, mientras que en el europeo eso está prohibido; en el norteamericano es la capacidad económica la que determina el tiempo aire, mientras que en el europeo, los espacios son asignados, sin costo alguno, a los partidos o candidatos.

El modelo norteamericano se rige por la premisa de que "el dinero habla"; mientras que en el modelo europeo el concepto es exactamente el contrario: "el dinero no debe hablar".

Aunque con algunas variantes, comparten el modelo que aquí se ha identificado como europeo países como Reino Unido, Alemania, Francia, Italia y España. Hasta antes de la reforma constitucional de 2007, en México regía el modelo norteamericano; pero a partir de esa reforma, nuestro país adoptó el modelo europeo.

Aun entre los países que comparten el modelo de acceso gratuito a los medios de comunicación masiva, México destaca por la cantidad de tiempo aire en radio y televisión que se asigna a los partidos y a los candidatos. Basta observar la asignación a los candidatos presidenciales en 2018 para apreciar la magnitud. El tiempo asignado a cada candidato no es el mismo, dado que una parte se asigna de forma igualitaria y otra en función de la votación del partido en la elección inmediata anterior.[67] Así, López Obrador tuvo a su disposición, sin costo alguno, aproximadamente 12 anuncios de 30 segundos todos los días, en todos los canales de televisión y en todas las estaciones de radio de la República Mexicana. La cifra para Meade fue de 23, y para mí, de 22. Son muchísimos anuncios: sin importar el canal de televisión o la estación de radio que los ciudadanos sintonizaran, esa fue la cantidad de veces que, durante los 90 días de campaña, apareció un anuncio de 30 segundos de cada una de las coaliciones.

Si se estima el valor comercial de esos espacios, pronto se llega a la conclusión de que sería imposible que un candidato pudiera pagar lo que cuesta una pauta como esa. Veamos un caso concreto, tomando como ejemplo el canal de mayor audiencia en México: el canal 2 de Televisa. Por haber sido declarada empresa preponderante en radiodifusión, Televisa tiene la obligación de hacer públicas sus tarifas publicitarias.[68]

El precio al público de un anuncio de 20 segundos (los asignados a los partidos son de 30 segundos), dependiendo del horario y la fecha, va de 194 mil a 1 millón 813 mil pesos.[69] El precio promedio por anuncio de 20 segundos en el canal 2, de acuerdo con las tarifas de referencia publicadas por Televisa en 2020, es de 520 378 pesos.[70]

Aun tomando como base el precio del spot de 20 segundos y estimando un descuento del 50% por la compra de un volumen muy grande de spots,[71] si multiplicamos esa cantidad de dinero por 20 anuncios diarios, durante los 90 días que dura la campaña presidencial, resulta que un candidato tendría que pagar aproximadamente 468 millones de pesos solamente por los anuncios —a mitad de precio—, que durante la campaña se transmiten exclusivamente en ese canal. Es cierto que por ser el canal de mayor audiencia es también el canal con las tarifas más altas; sin embargo, debe tomarse en cuenta que los candidatos tienen derecho a la difusión de sus anuncios no solo ese canal, sino en 713 canales de televisión y en 1 722 estaciones de radio, a lo largo y ancho de la República Mexicana,[72] así como en 297 medios con multiprogramación durante toda la campaña electoral.[73] En la experiencia mexicana, llega un momento durante las campañas en que la gente está verdaderamente harta de ver a los candidatos en la televisión, porque la cantidad de anuncios llega a ser abrumadora.

Hasta antes de la reforma, el rubro en el que más dinero se gastaba en una campaña presidencial era el relativo a la compra de anuncios de radio y televisión. No hay duda de que el nuevo modelo ha jugado un papel central en la nivelación del terreno de juego; sin embargo, sí sería saludable para la democracia mexicana un replanteamiento de la utilización del tiempo aire, para contar con más espacios de debate y discusión, y menos anuncios de 30 segundos, en los que más que propuestas, destacan las frases ingeniosas, los *jingles* y los *slogans.*

Cuando se hizo la reforma de 2007, la mayoría de las redes sociales no existían o estaban en pañales. En la elección presidencial de 2006 no jugaron un papel relevante. Actualmente Facebook es, por mucho, la red social más influyente en México. Aunque las señales de radio y televisión son concesiones públicas, mientras que las redes sociales no lo son, resulta paradójico el riguroso nivel de regulación de la propaganda en radio y televisión, frente a los criterios aplicables en las redes sociales.

Aunque el INE ha sido cada vez más eficaz en la fiscalización del gasto, incluyendo el relacionado con la promoción política a través de las redes sociales, el problema persiste respecto de las erogaciones cuyo objeto es promover contenidos negativos y anónimos.

La campaña electoral de 2018: el tsunami y la estrategia fallida de Peña Nieto

Como adelanté en las primeras páginas, aunque se me sugirió ubicar este apartado al inicio del libro y llenarlo de contenido anecdótico y de revelaciones personales, decidí no hacerlo por dos razones: *a)* porque, como le queda claro al lector a estas alturas, no es el tema central de este libro; y *b)* porque mi objetivo, al recordar lo sucedido en la campaña presidencial de 2018, no es hacer revelaciones sensacionalistas, sino simplemente dejar consignada una brutal injusticia que se cometió en mi contra y que no se debe repetir jamás.

En las páginas siguientes trato de recuperar con objetividad lo que pasó, y hasta donde es posible, me apoyo en la voz de terceros que han analizado con rigor los hechos.

Exactamente un año después de la elección presidencial, la revista *Nexos* publicó un análisis acucioso sobre el proceso electoral de 2018. La introducción corrió a cargo de Héctor Aguilar Camín, y el texto fue escrito por Jorge Buendía[74] y Javier Márquez,[75] socios fundadores de la casa encuestadora Buendía & Laredo.

Aguilar Camín destaca el hecho de que las elecciones mexicanas de 2018 han sido el único caso en el que el Tribunal Electoral del Poder Judicial de la Federación ha resuelto que hubo una intervención directa por parte del gobierno federal, en contra de uno de los contendientes:

> La intervención reconocida por el Tribunal se refiere a los falsos cargos de corrupción que hizo la Procuraduría General de la República contra el candidato Ricardo Anaya, que ocupaba entonces el segundo lugar de la contienda, 10 puntos abajo del puntero, Andrés Manuel López Obrador.

> Podemos ver ahora que las imputaciones falsas de la Procuraduría, de las que ella misma exoneró al candidato después de los comicios, coincidieron en el tiempo con el estancamiento electoral de Anaya y con el despegue definitivo de López Obrador, quien terminó la contienda 30 puntos arriba.[76]

Se ha señalado que la nueva regulación en materia de publicación de encuestas, que se estrenó a nivel presidencial en 2018, de poco sirvió para evitar la publicación de resultados falsos; sin embargo, un aspecto muy positivo de la reforma es el hecho de que, al estar las bases de datos de todas las encuestas a disposición del público, ha sido posible realizar análisis profundos, con base en la información de aquellas casas encuestadoras que sí tienen un prestigio bien ganado. Buendía y Márquez construyeron una base de datos con 88 843 entrevistas realizadas por distintas casas encuestadoras, que les permitió estudiar con enorme detalle[77] los principales cambios en las preferencias de los votantes durante ese proceso electoral.

Para Buendía y Márquez, la razón por la cual López Obrador arrancó en la primera posición, con un apoyo superior al de las dos anteriores elecciones presidenciales en las que participó, se relaciona con dos momentos. El primer momento se ubica a finales de 2014, e incluye dos sucesos de enorme relevancia: la desaparición de los 43 normalistas de Ayotzinapa[78] y el escándalo de la "Casa Blanca", a los que ya se ha hecho referencia.

Los autores señalan que: "2014 es clave para entender la victoria de López Obrador porque inicia la debacle del gobierno y del partido gobernante".[79] El segundo momento que ellos destacan es el "gasolinazo" de 2017, al que me referiré en breve.

Entre estos dos momentos tuvo lugar el proceso electoral de 2016, en el que el PAN obtuvo excelentes resultados. La de 2016 fue la elección local más exitosa en la historia de Acción Nacional. El 5 de junio fue un día de enorme júbilo para los panistas y un completo desastre para el PRI. El periodista Francisco Garfias tituló su crónica de aquel día como "La noche triste de Manlio".[80] El PAN y la coalición PAN-PRD[81] arrebataron al PRI las gubernaturas de Veracruz, Tamaulipas, Chihuahua, Quintana Roo y Durango; y el PAN retuvo las de Puebla y Aguascalientes.

Para mediados de 2016, la probabilidad de que hubiera alternancia en el poder en la siguiente elección presidencial parecía muy alta, aunque no estaba tan claro cuál partido o candidato opositor alcanzaría el triunfo. Para Buendía y Márquez, la ecuación empezó a despejarse en enero de 2017, cuando el gobierno determinó un importante incremento en el precio de la gasolina. "El impacto del llamado gasolinazo fue brutal. La aprobación del presidente llegó al punto más bajo de su gobierno: 17%; su rechazo, al 79%".[82]

Según la encuesta del periódico *Reforma*, la aprobación presidencial era aún menor: apenas 12%, frente a un 86% de desaprobación. ¿Quién capitalizó ese monumental descontento? El disgusto ciudadano fue capitalizado por MORENA, no por el PAN, muy probablemente porque el alza de los precios fue interpretada como un fracaso de la reforma energética, apoyada por el PAN y siempre rechazada por López Obrador. El gasolinazo se convirtió en un episodio clave en el ascenso de Andrés Manuel.

El texto de Buendía y Márquez inicia recordando que el 15 de febrero de 2018, el periódico *Reforma* publicó una encuesta. El título de la nota periodística era: "Así cierran las precampañas: lidera AMLO, acelera Anaya, se rezaga Meade". Los autores se proponen responder "qué pasó en esas semanas para que AMLO pasara de tener 10 puntos de ventaja a tener 30". Explican que, con el PRI en un lejano tercer lugar, "AMLO y Anaya se disputaban el mercado electoral de oposición. Esto podía dar lugar a un juego de suma cero [...] En esta lógica, las distancias entre los candidatos pueden ser engañosas. Si el candidato puntero A lleva 10 puntos de ventaja, pero pierde 5 ante el candidato B, la pelea está empatada".

La parte competitiva del proceso electoral en México se puede entender en tres fases: precampaña, intercampaña y campaña. Como Buendía y Márquez señalan: "La acusación contra Anaya se dio en el llamado periodo de 'intercampaña', durante el cual están prohibidos los actos proselitistas, así como spots con la imagen de los candidatos. Ello pudo haber magnificado el impacto electoral de la denuncia".

Wlezien y Erikson[83] explican que en toda contienda electoral hay factores que se pueden traducir en "brincos pasajeros" o en "choques permanentes". Para Buendía y Márquez, "las acusaciones de la PGR en contra de Anaya" fueron un choque de consecuencias permanentes, no solo un brinco pasajero.

El texto publicado en *Nexos* señala que un momento importante de la campaña fue el primer debate presidencial, ya que "un debate es uno de los pocos eventos calendarizados con el potencial de alterar el rumbo de una elección" y refieren que "Anaya tuvo una ligera mejoría gracias al debate [...] el diario [*Reforma*] reportó que la ventaja de AMLO sobre Anaya disminuyó 4 puntos porcentuales"; sin embargo, en la terminología de Erikson y Wlezien, fue un brinco (pasajero) más que un choque (permanente).

Buendía y Márquez explican con gran claridad por qué las acusaciones infundadas en mi contra beneficiaron a López Obrador y no a Meade:

La encuesta de *Reforma* de febrero de 2018 reportó que los votantes de Anaya preferían a AMLO sobre Meade en una proporción de dos a uno (y los lopezobradoristas tenían como segunda preferencia a Anaya sobre Meade).

Dado que compartían el mercado electoral de oposición, la acusación contra Anaya benefició a López Obrador. El efecto fue inmediato y permanente. Por el rechazo ciudadano a Peña y al PRI, había pocos votantes de Anaya que vieran con buenos ojos a Meade (menos del 5%, como ya mencionamos). Quien ideó la estrategia de desplazar a Anaya para fortalecer a Meade se equivocó rotundamente. La intención de voto por Meade prácticamente no se movió después de que se dieran a conocer las acusaciones [...] De hecho, al crecer López Obrador, la distancia entre este y Meade aumentó. Pasó de 17 puntos en enero a 27 en marzo. El día de la elección la distancia que los separó fue de 37 puntos.[84]

Para Carlos Navarrete, expresidente nacional del PRD, es un error creer que quien diseñó la estrategia de golpearme para beneficiar a Meade se "equivocó rotundamente", como sostienen Buendía y Márquez. Para Navarrete, los ataques en mi contra no fueron un error de cálculo, sino producto de un pacto entre Enrique Peña Nieto y Andrés Manuel López Obrador. Navarrete ha asegurado contar con información de primera mano que confirma el pacto de impunidad. Según su versión, los golpes que el gobierno enderezó en mi contra fueron parte de un acuerdo mayor en el que López Obrador se comprometió a no perseguir a Peña Nieto. En sus palabras, "la amnistía está pactada".[85] Al menos hasta ahora, los hechos no desmienten a Carlos Navarrete.

La descarada intervención del gobierno federal en pleno proceso electoral motivó una enérgica demanda por parte de personalidades de enorme prestigio en la vida política e intelectual de México. A través de una carta pública,[86] pidieron al presidente Enrique Peña Nieto no utilizar a la Procuraduría General de la República "para perseguir a un líder de la oposición", si no se tenían pruebas contra él.

"El uso del Ministerio Público federal para perjudicar al candidato presidencial, Ricardo Anaya, erosiona aún más a las instituciones que encarnan la autoridad del Estado mexicano", dijeron los firmantes de la misiva.

Señalaron que si la PGR tenía pruebas contundentes "sobre la responsabilidad legal de Ricardo Anaya" se debía proceder en consecuencia; de lo contrario, se ponía "a México junto a países con regímenes autoritarios y democracias totalmente disfuncionales".

Los firmantes dejaban muy claro que la carta no implicaba un apoyo a mi candidatura, pues tenían filiaciones políticas diversas (Denise Dresser, por ejemplo, ha declarado haber votado por López Obrador), sino que expresaba una preocupación fundada sobre el uso del poder del Estado para incidir en el destino de los comicios.

A continuación, el texto íntegro con los nombres de los 60 firmantes.

Señor Presidente Enrique Peña Nieto:

México es una democracia joven con instituciones débiles. El uso del Ministerio Público federal para perjudicar al candidato presidencial del Frente Por México, Ricardo Anaya, erosiona aún más a las instituciones que encarnan la autoridad del Estado mexicano.

Si hay pruebas contundentes sobre la responsabilidad legal de Ricardo Anaya exhortamos a que la autoridad ministerial proceda en consecuencia. De lo contrario, el uso de la Procuraduría General de la República para perseguir a un líder de la oposición, pone a México junto a países con regímenes autoritarios y democracias totalmente disfuncionales. Ante la falta de autonomía del Ministerio Público federal, usted presidente Peña Nieto es la máxima autoridad responsable de este proceso. En 2005, el desafuero de Andrés Manuel López Obrador abrió brechas de polarización en la sociedad, que aún dividen y lastiman la convivencia social en nuestro país.

Las personas que firmamos esta exigencia tenemos filiaciones políticas diversas y plurales. Por lo cual este posicionamiento no implica de ninguna manera un apoyo a la candidatura de Ricardo Anaya sino una preocupación fundada en el uso del poder del Estado para incidir en el destino de los comicios. La decisión de quién será el próximo presidente de México le corresponde exclusivamente a las ciudadanas y los ciudadanos mexicanos.

Héctor Aguilar Camín	Esteban Illades	Raúl Padilla
Emilio Álvarez Icaza	Edna Jaime	Juan E. Pardinas
Mario Arriagada	Enrique Krauze	Catalina Pérez Correa
Aram Barra	Alejandro Legorreta	Rafael Pérez Gay
José Luis Caballero	Genaro Lozano	Jacqueline Peschard

Enrique Cárdenas	Gastón Luken	Ricardo Raphael
Jorge A. Castañeda	Gastón Luken Garza	Eunice Rendón
Jorge Castañeda	Alejandro Madrazo	Federico Reyes
Juan Arturo Covarrubias	Ana Laura Magaloni	Heroles
Denise Dresser	Javier Mancera	Francisco Rivas
Christopher Domínguez	Francisco Martín	Lisa Sánchez
Carlos Elizondo	Moreno	Armando Santa Cruz
Elena Fortes	Ángeles Mastretta	Arturo Sarukhán
Fernando García Ramírez	Héctor de Mauleón	Macario Schettino
Alejandra Garza	Mauricio Merino	Guillermo Sheridan
José Pablo Girault	José Merino	Diego Sierra
Fernando Gómez-Mont	Kathya Millares	Juan Silva Meza
Claudio X. González	María Elena Morera	Maruan Soto Antaki
Guajardo	Valeria Moy	Jorge Suárez Vélez
Bosco Gutiérrez Cortina	Layda Negrete	Isabel Turrent
Carlos Heredia	Saskia Niño de Rivera	José Woldenberg

La demanda de los intelectuales, activistas y académicos no fue satisfecha, en lo absoluto, por el Presidente de la República. Por el contrario, con la colaboración activa y pasiva del gobierno federal, la supuesta investigación por lavado de dinero continuó teniendo la más amplia difusión en los medios de comunicación. Entre el 11 de febrero y el 16 de junio de 2018, un total de 2 784 notas informativas dieron cuenta de la supuesta investigación, de las cuales 1 134 fueron a través de la televisión, 790 a través de la radio y 860 a través de la prensa escrita.[87] No hay precedente de un asunto al que se haya dedicado esa cantidad de notas periodísticas a nivel nacional, y en el que, al concluir el proceso electoral, se haya absuelto al supuesto acusado.

Se trató de una maniobra artera por partida triple: primero, porque, como la propia autoridad terminó reconociendo, no había delito que perseguir; segundo, debido a que la supuesta investigación no tenía por qué ser del conocimiento público; y tercero, porque jamás se me notificó sobre la supuesta investigación. Los únicos notificados fueron los medios de comunicación, mediante una conferencia de prensa encabezada nada menos que por el Procurador General de la República.

¿Hubiera sido distinto el resultado de no haber existido esas falsas acusaciones? No lo podemos saber, pero Buendía y Márquez sugieren que no: "Siempre es complicado argumentar en forma contrafactual, pero incluso si la denuncia contra Anaya no hubiera existido, AMLO probablemente se hubiera llevado la victoria [...] Anaya y Meade [...] fueron los candidatos de los partidos que gobernaron México por décadas. La ola del cambio arrasó con ellos".[88]

¿En qué terminaron las acusaciones en mi contra?

Como explica Aguilar Camín, el 28 de noviembre de 2018, unos meses después de que concluyó el proceso electoral, fui plenamente exonerado por la Procuraduría General de la República.

En noviembre de 2018, la PGR concluyó que:

En una nueva y profunda revisión de los registros de investigación, esta Fiscalía de la Federación logró identificar los pasos previos a cada una de las vías de captación, con los cuales se puso de relieve el origen lícito de los recursos.[89]

En consecuencia, no existen datos de prueba suficientes aun de manera circunstancial que permitan acreditar el hecho con apariencia de delito de operaciones con recursos de procedencia ilícita materia de la carpeta de investigación que nos ocupa [...] En las condiciones anotadas, se advierte que los recursos operados por las personas jurídicas [...] tienen su origen y destino en actividades lícitas.[90]

Se decreta el No ejercicio De La Acción Penal respecto de los hechos atribuidos a Ricardo Anaya Cortés. Así lo resolvió y firma, el [...] agente del Ministerio Público de la Federación adscrito a la Unidad Especializada en Investigación de Operaciones con Recursos de Procedencia Ilícita y de Falsificación o Alteración de Moneda.[91]

Durante el proceso electoral presenté una demanda en contra de la PGR del gobierno de Peña Nieto. El asunto llegó hasta la Sala Superior del Tribunal Electoral del Poder Judicial de la Federación. La resolución definitiva se dio muy tarde, casi un año después de la jornada electoral; sin embargo, por su contundencia marca un importante precedente. El máximo órgano en materia de justicia electoral resolvió, por unanimidad de sus integrantes, sancionar a los funcionarios de la PGR por afectar gravemente la equidad de la contienda en mi perjuicio.

En apoyo de la resolución, el magistrado Reyes Rodríguez Mondragón señaló con contundencia que "por ningún motivo se puede dejar impune el desvío de poder" y que "el Estado no puede acusar a las personas sin pruebas y por razones políticas". Asimismo, señaló que la intervención de los funcionarios de la PGR "desbalanceó el proceso de formación de preferencias".

Por su parte, la magistrada Janine Otálora Malassis señaló que "en este caso, funcionarios de la PGR dejaron de atender el principio de neutralidad para intervenir como actores en la comunicación política dentro de un proceso electoral. Y esta es justamente una conducta perniciosa que debe ser siempre advertida por la autoridad y sancionada para blindar a nuestra democracia de la influencia del poder público".

De acuerdo con la resolución de la Sala Superior, se declaró "la existencia de la infracción consistente en el uso de recursos públicos para afectar la equidad en la contienda electoral".[92]

Macario Schettino señaló al respecto que: "Tal vez lo peor del sexenio de Peña Nieto sea la manera en que decidió entregar el poder a López Obrador, destruyendo la candidatura de Ricardo Anaya [...] Los golpes bajos terminaron entregando todo el poder político en México a una sola persona".[93]

Como argumentan Buendía y Márquez, existe consenso en el sentido de que, aun sin las falsas acusaciones en mi contra, probablemente López Obrador habría ganado la elección. Sin embargo, MORENA no habría logrado la cantidad de escaños que obtuvo en ambas cámaras del Congreso de la Unión,[94] lo cual , sumado al "ingenioso" fraude, destruyó los equilibrios en perjuicio del funcionamiento de nuestra democracia.

Es cierto que esta no es la primera vez que el gobierno federal abusa de su poder para incidir en la elección presidencial. Los atropellos contra López Obrador en procesos anteriores están plenamente documentados. Lo que resulta verdaderamente insólito es que quien sufrió en carne propia las consecuencias del abuso del poder haya decidido iniciar, ni más ni menos, su primer discurso como Presidente de la República, el 1 de diciembre de 2018, con estas palabras: "Licenciado Enrique Peña Nieto, le agradezco sus atenciones. Pero, sobre todo, le reconozco el hecho de no haber intervenido, como lo hicieron otros presidentes, en las pasadas elecciones presidenciales".

Para vivir feliz hay que vivir sin rencor. No escribo desde el rencor, pero sí denuncio la injusticia. Considero que es relevante para nuestra historia democrática dar cuenta de lo ocurrido, para evitar que vuelva a suceder.

11

Relaciones entre México y Estados Unidos: cicatrices y oportunidades

ENTRE EL CONFLICTO, LA INDIFERENCIA Y LA COOPERACIÓN EN LA RELACIÓN BILATERAL

En este capítulo se hablará de la relevante y compleja relación entre México y Estados Unidos. No se hará un recuento estrictamente cronológico de sucesos, sino que, siguiendo la estructura propuesta por los académicos Jorge Domínguez y Rafael Fernández de Castro,[1] se revisarán en la primera parte distintos hechos importantes para la relación bilateral, agrupándolos en cuatro categorías: 1) conflicto, 2) indiferencia o negligencia, 3) cooperación esporádica y 4) el TLCAN como punto de inflexión.

La segunda parte del capítulo está dedicada a la etapa más reciente de la relación entre México y Estados Unidos, a partir del ascenso de Donald Trump al poder.

Conflicto

Como bien dice el historiador Alan Knight, "la historia de las relaciones de Estados Unidos y México [...] es casi siempre una relación conflictiva".[2]

Al revisar las etapas de conflicto entre México y Estados Unidos, resulta obligado iniciar recordando la cadena de sucesos que derivaron en la trágica pérdida de más de la mitad del territorio mexicano a manos de nuestro vecino del norte.

En la imagen 11.1 se pueden observar dos mapas: del lado izquierdo está marcado el territorio del México independiente, después de la promulgación de su primera Constitución en 1824;[3] del lado derecho aparece el territorio mexicano tres décadas más tarde. La independencia de Texas, la guerra entre México y Estados Unidos y la venta de La Mesilla explican la drástica disminución territorial.

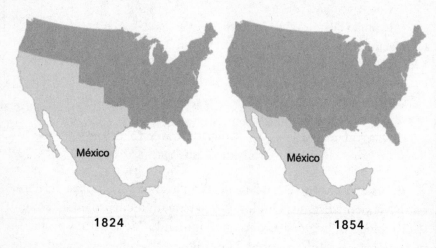

1824   1854

IMAGEN 11.1 Mapa histórico de México (ver nota 3).

La independencia de Texas

Para comprender lo ocurrido en esas tres décadas (1824-1854), es necesario remontarse a los primeros años posteriores a la Independencia. Desde el inicio de sus relaciones diplomáticas como naciones independientes, "México y Estados Unidos se enfrascarían en una serie de temas bilaterales que inexorablemente prefiguraban el conflicto, debido a la insistente posición estadounidense de obtener toda clase de ventajas y lograr sus objetivos de expansión territorial".[4]

Durante los primeros años del México independiente uno de los factores problemáticos era la desigual distribución de la población. La mayor concentración demográfica estaba en el centro del país, mientras el norte del territorio estaba escasamente poblado.

Desde la época colonial se venía autorizando el ingreso de angloamericanos con el objetivo de poblar las provincias del norte, y después de la Independencia se continuó con esa política.[5]

Tanto durante el Imperio de Iturbide como durante la República federal, se expidieron leyes de colonización. En la de 1824 se prohibía la introducción de esclavos, así como la entrada de no católicos.[6] No obstante, "desde el principio las condiciones respecto a religión y esclavitud no fueron respetadas por los colonos", y "nadie exigía su cumplimiento".[7] Así, puede decirse que la ilegalidad reinaba en el norte de México.

El 16 de septiembre de 1829, en uso de facultades extraordinarias, el presidente Vicente Guerrero declaró abolida la esclavitud;[8] pero se concedió una excepción a Texas, bajo la condición de que ya no ingresaran nuevos esclavos.[9] La posibilidad de que desapareciera esa excepción era motivo permanente de preocupación para los colonos propietarios de esclavos, además de que la nueva restricción causó malestar entre los colonos esclavistas.

Para 1830, había muchos más angloamericanos que mexicanos en Texas. La proporción entre unos y otros era de 10 a 1.[10] Así, lo que había sido una política de colonización ampliamente promovida por el gobierno mexicano, con el objetivo de fomentar el desarrollo de los lejanos estados fronterizos, se convirtió en un dolor de cabeza.

Utilizando el rechazo generalizado hacia los intentos de México de poner orden en la frontera,[11] y señaladamente el temor de los propietarios de perder a sus esclavos, los anexionistas incitaron a los colonos a la revuelta a finales de 1835. El presidente Andrew Jackson declaró la neutralidad del gobierno estadounidense frente a lo que denominó un problema interno mexicano;[12] sin embargo, no fue congruente, pues permitió la entrada de armas para los sublevados.[13]

En realidad, como apuntan Herrera y Santa Cruz, en el proceso de separación de Texas "estuvieron abiertamente involucrados todos los sectores de la sociedad y la política estadounidenses de ese tiempo, sin la más mínima consideración hacia la legítima titularidad mexicana [...] sobre ese territorio. Incluso la disputa no estuvo exenta del desprecio racista contra México, a la par del creciente sentimiento de destino manifiesto".[14]

Iniciada la revuelta separatista, el gobierno de México envió una expedición para combatir a los rebeldes y defender el territorio. Antonio López de Santa Anna marchó al frente de un ejército que tenía enormes carencias y que estaba pobremente organizado. La campaña militar inició con importantes triunfos, entre los que destaca la recuperación del fuerte de El Álamo.

El 2 de marzo de 1836, los colonos declararon su independencia, alegando una serie de hechos que consideraban agravios, tales como la intolerancia religiosa y la tiranía militar.

Santa Anna se dirigió a San Jacinto, donde fue derrotado y capturado por las tropas de Samuel Houston en el mes de abril. Estando preso, firmó el Tratado de Velasco, en el que aceptaba la independencia de Texas. El tratado jamás fue ratificado por el Senado mexicano; fue desconocido con el argumento de que había sido firmado por Santa Anna bajo coerción. México se negó a reconocer la independencia de Texas y el conflicto continuó hasta entrada la década de 1840.

Aunque no lo hizo de manera inmediata, en marzo de 1837 el presidente Jackson tomó la decisión de reconocer la independencia de Texas; sin embargo, aún era necesaria la aprobación del Congreso para que pasara a formar parte de Estados Unidos.

Entre las razones que detenían al Congreso de Estados Unidos para incorporar a Texas destacan dos: el hecho de que su anexión podría desatar una guerra —como de hecho ocurrió—, y que la integración de Texas a la Unión Americana favorecería a los estados que defendían la permanencia de la esclavitud. En 1837 había igual número de estados a favor y en contra de la esclavitud, y se buscaba conservar ese equilibrio.

Nueve años después de iniciada la revolución independentista, en 1845, el Congreso de Estados Unidos admitió a Texas como el estado número 28 de la Unión.

La guerra entre México y Estados Unidos

La pretensión de Estados Unidos de extender su territorio no era un secreto para nadie. En aquellos años, el "destino manifiesto" era ya una idea muy extendida. El término se atribuye al editor John O'Sullivan y consistía en la creencia de que los pobladores estadounidenses estaban *destinados* a expandirse sobre *todo* el territorio norteamericano. Como apuntan Terrazas y Gurza: "Una mezcla singular de elementos religiosos y seculares alimenta la noción de que Estados Unidos es un pueblo especialmente favorecido por Dios y con un destino especial",[15] cuya misión es crear y extender un modelo de sociedad ejemplar, lo que es ampliamente utilizado en la esfera política para justificar todo tipo de intervenciones.

El presidente de Estados Unidos, James K. Polk, convencido expansionista, estaba decidido a apropiarse de California. A finales de 1845, un enviado de Polk se presentó en la capital de México con varias propuestas para adquirir territorio mexicano. Al enterarse Polk del fracaso de la misión, ordenó al general Zachary Taylor avanzar con sus tropas y ocupar territorio mexicano —territorio en disputa según su versión— en la zona entre el río Nueces y el río Grande.

Esto provocó un incidente entre las tropas de ambos países, que sirvió de argumento para enviar una declaratoria de guerra al Congreso, la cual se discutió en mayo de 1846. Estados Unidos declaraba la guerra a México bajo el argumento de que las tropas mexicanas habían, en palabras del presidente Polk, "derramado sangre norteamericana en territorio norteamericano",[16] lo cual no era cierto.

Una vez declarada la guerra, los ataques vinieron por dos frentes: el noreste (Tamaulipas, Nuevo León y Coahuila) y el noroeste (Nuevo México y California). La diferencia entre el número y condiciones de los soldados de ambos ejércitos hacía previsible el resultado. En el caso de México, ni siquiera se trataba de un ejército regular: muchos de ellos eran soldados improvisados, sin entrenamiento ni equipo.

Por otra parte, los enfrentamientos entre los grupos políticos nacionales (conservadores, liberales moderados y liberales puros) no cesaron, lo cual hacía aún más compleja la situación. El episodio conocido como la "rebelión de los polkos" es tal vez el más ilustrativo. Generalmente se ha considerado que al rebelarse contra el gobierno mexicano en uno de los momentos cruciales de la guerra, los batallones de "polkos", compuestos por jóvenes de clase acomodada, presuntamente ligados a la Iglesia, se convirtieron en traidores a la Patria. El trasfondo desde luego es más complejo, pero lo cierto es que las tensiones internas que México vivía en ese momento, muchas de las cuales venían de tiempo atrás, dificultaron una defensa eficaz del territorio.[17]

Más adelante, el ejército estadounidense invadió Veracruz y avanzó hasta tomar Puebla. En agosto de 1847 atacó la capital de la República. Santa Anna ordenó el retiro del ejército mexicano de la ciudad para evitar mayores pérdidas, pero la población trató de resistir, lo que provocó un trágico derramamiento de sangre. Los testimonios de los propios soldados estadounidenses dan cuenta de que la gente los atacó con "mosquetes y pistolas", y los que no tenían armas, "arrojando piedras" desde las azoteas. "Miles de personas combatieron a los estadounidenses en las calles", y los ataques solo cesaron cuando el general Scott amenazó al clero y al Ayuntamiento con entrar a las iglesias y saquear la ciudad.[18]

Guardino considera que, contra la opinión generalizada tanto de los contemporáneos como de la historiografía posterior sobre la inexistencia en esa época de una conciencia nacional, "existen muchas pruebas de que incluso los pobres de la ciudad con menos educación habían desarrollado un sentido de sí mismos como mexicanos que se enfrentaban a unos extranjeros que definían como 'americanos'".[19] Es cierto que la sociedad mexicana de ese momento estaba profundamente dividida por diferencias de clase y de ideología, pero los defensores de la capital "estaban combatiendo por México, aun cuando se tratara de un México que los diferentes grupos imaginaban de diferentes maneras".[20]

El 14 de septiembre de 1847, la bandera estadounidense ondeó sobre Palacio Nacional, el corazón de la Ciudad de México y del país. La humillación perduraría en la memoria popular durante décadas.

El presidente Polk había enviado a Nicholas Trist a negociar el tratado de paz, pero alentado por las victorias militares, le ordenó regresar para hacer un replanteamiento con mayores exigencias de territorio; sin embargo, Trist desobedeció la orden e inició la negociación. En una carta dirigida a su familia, Trist confesaría su "sentimiento de vergüenza como americano", al tener que insistir en las pretensiones de su gobierno. "Mi objetivo no fue el de obtener todo lo que pudiera, sino por el contrario, firmar un tratado lo menos opresivo posible para México, que fuera compatible con ser aceptado en casa".[21]

En febrero de 1848 se firmó el Tratado de Guadalupe Hidalgo, por el que México se desprendió de más de la mitad de su territorio.[22] Este tratado "es considerado como el hito del expansionismo de Estados Unidos y la prueba de la fortaleza de los deseos expansionistas personificados sobre todo por el presidente James K. Polk".[23]

Los términos del Tratado de Guadalupe Hidalgo son, según Josefina Vázquez y Lorenzo Meyer, "unos de los más duros impuestos por el vencedor al vencido en la historia del mundo". Pero también es cierto que "el hecho de que [México] sobreviviera a una guerra en la que todo eran desventajas parece todavía hoy casi un milagro".[24]

Los efectos del conflicto fueron inmensos. Después de la guerra, ninguno de los dos países fue el mismo. "La guerra representa el parteaguas de la relación en el siglo XIX".[25]

Los mexicanos de hoy, en nuestra propia circunstancia, estaríamos obligados a conocer, comprender y hacernos cargo de todas las luces y sombras de nuestra historia. El siglo XIX podría enseñarnos, por ejemplo, los altísimos costos de la división.

La venta de La Mesilla

Cinco años después, en 1853, con Santa Anna nuevamente en el poder, el gobierno mexicano volvió a enfrentar el expansionismo estadounidense, no satisfecho con haberse apropiado ya de más de la mitad del territorio.

El gobierno estadounidense utilizó como pretexto un error en el mapa que se había utilizado en el marco del Tratado de Guadalupe Hidalgo para exigir más territorio. Gadsden, el negociador designado por el lado estadounidense, tenía instrucciones que evidenciaban el ansia expansionista de su gobierno: "Señalaban cinco posibilidades para adquirir territorio [...] Las alternativas iban desde la obtención del simple territorio de La Mesilla [...] hasta una cesión que incluiría los estados de Tamaulipas, Coahuila, Nuevo León, parte de Chihuahua y Sonora y toda la península de Baja California por cincuenta millones de pesos".[26]

En un intento de defensa, el gobierno de Santa Anna trató de concretar una alianza europea, pero no tuvo éxito. Frente a la amenaza de otra invasión, para la que el país no estaba en absoluto preparado, Santa Anna finalmente aceptó firmar un tratado —que fue considerado una extensión del Tratado de Guadalupe—, en el que se cedía la Meseta de La Mesilla, territorio que los estadounidenses habían empezado a poblar y que, según adujeron, resultaba indispensable para el trazo de una línea de ferrocarril, a cambio de una indemnización de 10 millones de pesos. Para los mexicanos la venta de La Mesilla significó una nueva derrota. Su efecto interno fue la caída —esta vez definitiva— de Santa Anna.

Esa es la historia de cómo Estados Unidos se apoderó del territorio que hoy incluye los estados de California, Nevada, Arizona, Nuevo México, Texas, Utah y parte de Wyoming, Colorado, Oklahoma y Kansas.

El intervencionismo norteamericano durante la Revolución

Poco más de medio siglo después, en el marco de la Revolución Mexicana, volvieron a agudizarse los conflictos entre México y Estados Unidos.

De hecho, los problemas surgieron desde la etapa final del régimen de Díaz, cuando el longevo presidente acudió a los inversionistas europeos para intentar establecer un contrapeso a los intereses de los estadounidenses en el país. Como explica Friedrich Katz: "Díaz se había comportado con notoria benevolencia hacia las inversiones estadounidenses en México. Su actitud cambió cuando se fue dando cuenta cada vez más claramente de la actitud propietaria que los hombres de negocios estadounidenses, convencidos de su propio 'destino manifiesto', habían llegado a adoptar hacia su país". Así, explica Katz, la caída de Díaz no solo es atribuible al descontento, traducido en estallido social, de muchos grupos internos, sino también "a las muy poderosas fuerzas cuya oposición despertó fuera del país: las de importantes grupos económicos en Estados Unidos".[27]

En el mismo sentido, Berta Ulloa calificó la Revolución Mexicana como una "revolución intervenida", aludiendo al peso que en momentos decisivos tuvo la injerencia del gobierno estadounidense en los asuntos internos de México, señaladamente el papel del embajador Henry Lane Wilson a favor del golpe de Estado de Victoriano Huerta, que costó la vida al presidente Madero y al vicepresidente Pino Suárez.[28]

Otro momento crucial fue la invasión del puerto de Veracruz en 1914, que impidió que una enorme cantidad de armas llegara al ejército de Victoriano Huerta, quien no era bien visto por el nuevo presidente Woodrow Wilson. La orden recibida por el comandante naval estadounidense, Frank F. Fletcher, no deja lugar a dudas sobre los motivos de la invasión del 21 de abril de 1914: "Capture aduana. No permita que los pertrechos de guerra sean enviados al gobierno de Huerta o a cualquier otro partido".[29]

La intervención acabó favoreciendo a los rivales de Huerta, señaladamente al Ejército Constitucionalista (llamado así porque buscaba restablecer el orden constitucional roto tras el golpe de Estado), encabezado por Venustiano Carranza.[30]

Debido a una serie de circunstancias extraordinarias, Carranza obtuvo el reconocimiento de Estados Unidos sin hacer concesiones, como era lo usual. Un nuevo motivo de debate surgió después, con la promulgación de la Constitución de 1917, al establecerse que las riquezas del subsuelo eran propiedad de la nación, no solo para efectos de futuras concesiones, sino también para las otorgadas con anterioridad, lo que afectaba los intereses de las compañías petroleras.[31]

La expropiación petrolera

Un cuarto de siglo después, el gobierno mexicano tomó una decisión audaz que, de no ser por el contexto internacional en el que ocurrió, probablemente habría significado un fuerte conflicto bilateral. Las compañías petroleras extranjeras establecidas en México, tras meses de litigios laborales, decidieron no acatar un fallo de la Suprema Corte de Justicia de la Nación, que favorecía a los trabajadores al obligarlas a aumentar las prestaciones y elevar los sueldos, lo que implicaba erogar alrededor de 26 millones de pesos.[32] En respuesta, el 18 de marzo de 1938, el presidente Lázaro Cárdenas decretó la expropiación de la industria petrolera y nacionalizó 17 empresas extranjeras, en su mayoría británicas y estadounidenses.[33] El respaldo popular a la medida fue enorme.

Las empresas afectadas, respaldadas en parte por el Departamento de Estado norteamericano, emprendieron un boicot para obstaculizar la operación y las ventas de la industria petrolera mexicana recién nacionalizada. No obstante, frente al riesgo de una nueva conflagración mundial, el gobierno de Cárdenas pudo sostener su decisión.

Primero, porque Estados Unidos había empezado a replantear su política exterior hacia América Latina. Ya no eran los tiempos del expansionismo descarado y desbordado, además de que en Washington crecía la percepción de que el costo de las intervenciones recientes, como la de Nicaragua, había sido muy alto.

La política de la "buena vecindad" instaurada por el presidente estadounidense Franklin D. Roosevelt, y los acuerdos interamericanos de 1933 y 1936, en los que Estados Unidos se había comprometido a no usar la fuerza de manera unilateral, eran el nuevo marco en el que tuvo lugar la expropiación petrolera.

Segundo, porque, aunado al nuevo contexto general, había una razón particular que detenía al gobierno de Estados Unidos de emprender represalias en contra de México: su atención en el plano internacional estaba puesta en el inminente estallamiento de la Segunda Guerra Mundial. En esas circunstancias resultaba claramente inconveniente iniciar un conflicto con un vecino cuya frontera compartida era de más de 3 mil kilómetros, y cuya cooperación era útil para la economía de guerra.

Indiferencia o negligencia

Domínguez y Fernández de Castro[34] denominan "negligencia negociada" al periodo comprendido entre mediados de 1940 y finales de la década de 1980. A diferencia de los momentos de conflicto a los que nos hemos referido, se trata de una etapa de la relación bilateral caracterizada por una suerte de indiferencia, en la que ni Estados Unidos imponía férreamente su voluntad, ni México desafiaba de manera abierta a su vecino del norte.

Los gobiernos de ambos países simplemente no veían como una prioridad el fortalecimiento de la relación bilateral. El mundo se había redefinido de acuerdo con los polos de la Guerra Fría y el acuerdo tácito era simple: mientras México no apoyara a la Unión Soviética ni adoptara políticas comunistas, Estados Unidos se abstenía de intervenir abiertamente en su vida interna. Salvo frente a coyunturas francamente críticas como el asesinato del agente de la DEA Enrique Camarena o la crisis económica de 1982, su actitud hacia México en ese periodo era de indiferencia.

Hasta antes del cambio de modelo económico al que nos hemos referido con amplitud en el capítulo 2, la política comercial de ambos países era extremadamente divergente: en México se protegía la industria nacional mediante barreras arancelarias y no arancelarias, mientras que Estados Unidos era uno de los principales promotores del libre comercio de bienes y servicios entre las naciones.

En la narrativa del gobierno mexicano de aquellos años, se ponía el acento en las desventajas de la vecindad con una superpotencia, y muy poco se hablaba de las oportunidades que esa proximidad podía representar. Durante décadas, con una fuerte dosis de desconfianza,

México se rehusó a correr el riesgo de establecer una relación más cercana con Estados Unidos.

Cooperación esporádica

En comparación con la abundante literatura dedicada al estudio de los conflictos entre México y Estados Unidos, existen pocos textos enfocados al análisis de los momentos de cooperación. Aunque esta no ha sido la característica dominante en la relación bilateral, sí existen notables ejemplos de colaboración, especialmente motivada por intereses económicos compartidos o por amenazas externas.

Intereses económicos compartidos

Un ejemplo de cooperación en función de intereses económicos lo tenemos en el Porfiriato. Después de los incidentes del reconocimiento oficial de Díaz por parte del gobierno de Hayes y de un periodo inicial de ajuste, la relación encontró un punto de equilibrio que favoreció la inversión.

En el caso de México, ese crecimiento "se finca en un proceso de apertura comercial y en una incipiente integración con el mercado estadounidense gracias a los ferrocarriles, el desarrollo del comercio exterior y la atracción de fuertes flujos de inversión extranjera".[35]

Hubo en ese periodo otro campo que estuvo en el primer plano de las relaciones comerciales entre ambos países: el henequén, fibra oriunda de Yucatán, se convirtió en un insumo indispensable para el campo estadounidense (se empleaba como hilo para engavillar las cosechas de trigo), y a finales de la década de 1870 llegó a ser, después de los metales preciosos, el primer producto de exportación mexicano.[36]

El interés compartido por el petróleo ha sido otro punto de encuentro en la relación bilateral. Como se expuso en el capítulo 2, con el descubrimiento de los yacimientos de Cantarell en la década de 1970, México se convirtió en una auténtica potencia petrolera, lo cual motivó uno de los esfuerzos más notables del gobierno de Estados Unidos en materia de coordinación con México. En ese contexto el presidente James Carter propuso la creación de la Coordinación para Asuntos Mexicanos y se formó una Comisión Binacional.

Amenazas externas

En relación con la cooperación entre México y Estados Unidos motivada por amenazas extranjeras, el mejor ejemplo está en la declaratoria de guerra de México a las potencias del Eje, que convirtió al país en un aliado de Estados Unidos, en un momento crítico de la historia moderna.[37]

En ese contexto y en el plano económico, destaca el acuerdo laboral iniciado en 1942, conocido como Programa Bracero. La escasez de mano de obra en Estados Unidos, a consecuencia de la guerra, propició una serie de acuerdos que llevaron a trabajadores mexicanos a laborar en Estados Unidos, principalmente en el campo y en los ferrocarriles. Entre 1942 y 1964, se estima que más de 4 millones de mexicanos trabajaron en Estados Unidos en el marco de ese programa. Como señala Hayes-Bautista:

> Una vez que concluyó la guerra, el apoyo de los braceros siguió siendo tan valioso que el programa se mantuvo a lo largo del puente aéreo de Berlín, el triunfo de los comunistas en China, la Guerra de Corea, la Revolución cubana, y la construcción del muro de Berlín. Año tras año, casi medio millón de braceros viajaban al norte a trabajar en los cultivos que daban de comer a gran parte de Estados Unidos.[38]

Las profundas redes personales que se construyeron a lo largo de esos años ayudan a explicar la cuantiosa emigración de mexicanos durante las cuatro décadas posteriores al término del programa.

El punto de inflexión: el TLCAN

El punto de inflexión en la relación bilateral ocurrió durante las presidencias de Carlos Salinas de Gortari y George Bush padre. Después de décadas de una relación que osciló entre el conflicto, la indiferencia y la cooperación esporádica, llegaría una etapa de estrecha colaboración, especialmente en materia comercial.

Es un punto de inflexión porque las economías de los dos países se tomaron de la mano con tanta fuerza que México terminó por convertirse en el socio comercial más importante de Estados Unidos y viceversa. Es un punto de inflexión porque representa dejar atrás, en definitiva, la posición proteccionista que se resistía a la integración. Y es punto de inflexión porque cambió por completo el enfoque: por primera vez se puso el acento en la conveniencia de tener como vecino al mercado más grande del mundo.

Como se vio en el capítulo 3, al año siguiente de haber asumido la presidencia de México, Carlos Salinas anunció su deseo de establecer un acuerdo de libre comercio con Estados Unidos. Tras largas negociaciones, a finales de 1992 se firmó el tratado, que entró en vigor el 1 de enero de 1994. El TLCAN (Tratado de Libre Comercio con América del Norte) tuvo enormes repercusiones en la economía mexicana, además de que inauguró una nueva etapa de cooperación, sin precedentes en la relación bilateral.

LA RELACIÓN BILATERAL EN TIEMPOS DE DONALD TRUMP

Una lengua muy larga

La cordialidad vivida durante las presidencias de Salinas, Zedillo, Fox y Calderón, por cuanto ve al lado mexicano, y de Bush, Clinton y Obama por la parte estadounidense, fue interrumpida con la irrupción de Donald Trump en la escena política. Como dice Eduardo Porter:

El triunfo electoral de Trump pudo haber expuesto la división étnica estadounidense a los reflectores, pero los temas incómodos traídos a flote por un presidente que equipara a los inmigrantes con violadores listos para venir por nuestras mujeres; que impide a los musulmanes entrar al país; que se muestra comprensivo con supremacistas blancos marchando con antorchas en la mano, dispuestos para el saludo nazi; han estado presentes en los sótanos de la política norteamericana desde hace mucho tiempo.[39]

Desde que era candidato presidencial, pero también como presidente de Estados Unidos, Donald Trump ha utilizado una retórica muy agresiva en contra de México. Se trata del discurso presidencial más belicoso del que se tenga registro en toda la historia de la relación bilateral.

A partir del discurso en el que anunció su candidatura, en junio de 2015, Trump dejó claro el tono que utilizaría al referirse a México: "Cuando México manda a su gente, no están mandando a sus mejores [...] Están mandando a gente que tiene muchos problemas, y nos están trayendo esos problemas [...] Están trayendo drogas, están trayendo crimen, ellos son violadores y algunos, asumo, son buenas personas".[40]

Su agresión discursiva se volvió cotidiana. Al concluir la elección del "supermartes"[41] el 1 de marzo de 2016, continuó con los ataques: "Tú ves países como México, donde nos están matando en la frontera, absolutamente destruyéndonos en la frontera. Nos están destruyendo en términos de desarrollo económico".[42]

Una mención especial merece el momento de auténtica humillación nacional ocurrido el 31 de agosto de ese mismo año. Después de meses de insultos, por increíble que pueda parecer, el presidente de México, Enrique Peña Nieto, invitó al entonces candidato Trump a Los Pinos.[43]

Literalmente, el gobierno mexicano le organizó un evento de campaña. Si el objetivo de tan denigrante escena era sentar las bases de una relación cordial y sincera, tan solo unas horas más tarde quedaría muy claro el tamaño tanto del fracaso como del ridículo presidencial. Al concluir el evento en Los Pinos, en el que fue recibido con honores, Trump voló hacia Phoenix, Arizona, para asistir a otro evento de campaña. En la parte medular de su discurso, tan solo unas horas después de haber estado en México, dijo: "Construiremos un enorme muro a lo largo de la frontera sur. Y México pagará el muro. Cien por ciento. Ellos aún no lo saben, pero pagarán el muro".[44]

Las críticas al presidente Peña Nieto fueron tan severas y la reacción nacional tan adversa que el episodio motivó la renuncia del entonces secretario de Hacienda, quien asumió la responsabilidad en un esfuerzo por librar a su jefe de la embestida.

Ya en 2014, Trump se había referido a los mexicanos como enemigos: "[¿] Cuándo dejará Estados Unidos de enviar dinero a nuestros enemigos, esto es, México y otros [?]"[45]

Trump ha repetido esa idea: "[Los mexicanos] no son nuestros amigos, créanme".[46]

Al referirse al juez estadounidense que llevaba el asunto relativo a las demandas contra la universidad de la que es propietario (Trump University), centró su ataque en el hecho de que el juez era de origen mexicano: "He recibido un trato muy injusto de este juez. Ahora, este juez es de origen mexicano. Yo voy a construir un muro, ¿ok? Voy a construir un muro".[47]

Como se ha dicho, los desplantes de Trump contra México no se limitaron a su etapa como aspirante presidencial. Su discurso, ya como titular del Ejecutivo, ha sido igualmente belicoso: "90% de las drogas que llegan a Estados Unidos vienen de México y de nuestra frontera sur, 80 mil personas murieron el año pasado, un millón de personas arruinadas. Esto ha venido sucediendo desde hace años y no se ha hecho nada al respecto. Tenemos un déficit comercial de 100 mil millones de dólares con México. ¡Llegó el momento!"[48]

A finales de mayo de 2019, Trump amenazó al gobierno mexicano con imponer aranceles a todas las importaciones de nuestro país, en caso de que México no detuviera el flujo de migrantes centroamericanos hacia Estados Unidos. Durante el mes de mayo, la patrulla fronteriza de Estados Unidos detuvo a casi 145 mil personas, la mayoría de origen centroamericano. Trump estalló contra México a través de su cuenta de Twitter: "El 10 de junio, Estados Unidos impondrá un arancel de 5% a todos los bienes provenientes de México, hasta que cese la llegada de migrantes ilegales que cruzan a través de México y entran a nuestro país. ALTO. Los aranceles se incrementarán gradualmente hasta que el problema de la migración ilegal se resuelva".[49]

La amenaza consistía en que si México no actuaba según los designios de Trump, los aranceles aumentarían a 10% en julio, 15% en agosto, 20% en septiembre, hasta alcanzar un nivel permanente de 25% a partir de octubre.[50]

Nunca se sabrá si Trump habría cumplido la amenaza en esos términos. Lo que sí sabemos son dos cosas: primero, que una política arancelaria de esa naturaleza resultaría devastadora para México, dado que el 39% de la economía descansa en las exportaciones,[51] y más del 80% de ellas tiene como destino un solo país: Estados Unidos.[52] Esto significa que más de una cuarta parte de toda la economía nacional depende directamente de las exportaciones a Estados Unidos.[53] Segundo, que en su afán de conjurar el chantaje y evitar el problema económico, México emprendió una vergonzosa política de represión hacia los migrantes centroamericanos, insólita en un país como el nuestro, en el que tantas personas migran y han migrado durante décadas hacia el norte en busca de oportunidades. Con razón, uno de los artículos de Jorge Castañeda se tituló "Vergüenza". El texto inicia así:

La foto de la agencia France Press, de un par de militares mexicanos deteniendo a una mujer y a su hija al tratar de ingresar a territorio norteamericano, es sintomática de lo que está sucediendo en México hoy, para desgracia de todos los mexicanos. Cuando el gobierno de López Obrador anunció el acuerdo con Estados Unidos dijo una parte de la verdad y calló otra. Poco a poco fue divulgándose lo que se había callado, pero nunca se anunció que las autoridades mexicanas enviarían a casi 15 mil efectivos de la llamada Guardia Nacional a la frontera norte para impedir la salida de nacionales de otros países a Estados Unidos.[54]

Es cierto que no es la primera vez que México, por conveniencia, le hace el trabajo sucio a Estados Unidos; sin embargo, en este caso la incongruencia presidencial es un ingrediente adicional: apenas siete meses antes, en octubre de 2018, López Obrador ofrecía una política de puertas abiertas: "Vamos a ofrecer empleo, trabajo a los migrantes centroamericanos".[55] El manotazo de Trump lo hizo dar un giro de ciento ochenta grados. Pasamos del "son bienvenidos, hermanos centroamericanos", a mandar a la Guardia Nacional a las dos fronteras. México se convertía así en el muro mismo, tan anunciado por el presidente Trump. ¿Y el supuesto *quid pro quo* de llevar desarrollo a Centroamérica se hizo realidad? Lamentablemente, no.

El dicho contra el hecho

La retórica de Trump merece una respuesta. Para empezar, hay que reconocerla como lo que es: una retórica plagada de mentiras, y que funciona sobre todo como un símbolo que apela a las expectativas y miedos de una parte de la población estadounidense. Como recientemente ha afirmado Andrew Selee:

> A veces parece que México se ha vuelto más un emblema de las esperanzas y los temores de los estadounidenses para nuestro propio futuro, que un país real con el que tratamos en sus propios términos [...] Para Trump y algunos de sus más fervientes seguidores, el muro tiene menos que ver con una política efectiva que con fijar una posición. Sin embargo, el contraste entre la promesa simbólica de Trump de construir un muro fronterizo y lo que en realidad está sucediendo entre México y Estados Unidos es impresionante.[56]

Los mexicanos que llegaron hace una o dos generaciones a Estados Unidos, como demuestra la obra de Selee, han hecho importantes aportaciones al comercio, la tecnología, la cinematografía, la economía y la cultura de ese país, y han tejido lazos duraderos en las comunidades donde habitan.

Como se ha dicho, los datos en los que Trump sustenta sus afirmaciones suelen ser falsos. A continuación, se abordará el discurso falaz del presidente Trump en tres apartados: comercio, migración y la construcción del muro. Como se verá, Trump también tiene "otros datos".

Comercio

México no es un país pequeño. Es el décimo país más poblado del mundo,[57] y nuestra economía es también la decimoprimera del planeta.[58] Un dato que sorprende a los estadounidenses es que la economía mexicana representa dos tercios del tamaño de la economía rusa.

Actualmente, México exporta más productos manufacturados que todos los países de América Latina en su conjunto. Por ejemplo, México es el mayor exportador de pantallas planas, jeringas, catéteres, cánulas y diversos productos farmacéuticos similares; el número cinco en electrodomésticos[59] y el número seis en producción de automóviles.[60]

La fijación de Trump, en términos de proteccionismo comercial, es muy añeja: en una entrevista a la revista *Playboy*, en marzo de 1990, declaró que lo primero que haría si algún día llegara a ser presidente, sería "cobrar impuestos a todos los coches Mercedes-Benz que entraran al país, y a todos los productos japoneses".[61]

Los argumentos relativos al comercio son justamente los que Trump ha utilizado con más frecuencia para atacar: que el TLCAN[62] es ventajoso para México y nocivo para Estados Unidos; y que el déficit comercial en términos bilaterales representa un "abuso" por parte de México y una "brutal injusticia" en contra de su país. Nos referiremos a ambos señalamientos, empezando por el relativo al TLCAN.

El "ventajoso" acuerdo comercial

Menos de dos meses después de asumir la Presidencia de Estados Unidos, al referirse al Tratado de Libre Comercio entre México, Estados Unidos y Canadá, Donald Trump dijo:

Por mucho tiempo, nuestro gobierno ha abandonado el sistema norteamericano. Desde que se aprobó el Tratado de Libre Comercio con América del Norte en 1994, el peor acuerdo comercial jamás celebrado por cualquier país, creo yo, de todo el mundo, Estados Unidos ha perdido casi un tercio de los empleos manufactureros. No se preocupen, empezaremos con el TLCAN muy pronto. Apenas llevo 52 días de presidente, ¿verdad?[63]

Ese planteamiento contiene muchas imprecisiones que deben ser aclaradas. Es absurdo sostener que el TLCAN es el peor acuerdo comercial del mundo. Desde que entró en vigor el tratado, como puede observarse en la gráfica 11.1, el comercio bilateral se ha multiplicado por seis, superando los 600 mil millones de dólares, y esto no ha sido solo en beneficio de México, sino también de Estados Unidos.

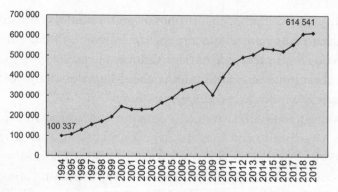

GRÁFICA 11.1 Valor del comercio exterior de Estados Unidos con México (millones de dólares).
Fuente: Elaboración propia con datos de U. S. Census Bureau, "Exports, Imports and Trade Balance", Foreign Trade Data, 2019.

Plantear que México ha sido el único beneficiario del acuerdo también es completamente falso. México compra muchísimos productos estadounidenses. Las exportaciones de productos estadounidenses hacia México representan un poco más del 15% de todas las exportaciones de ese país; esto es, más que todas las exportaciones de Estados Unidos a China, Japón y Gran Bretaña en conjunto. Y cuando se desagrega el dato por estados (ver gráfica 11.2), resulta que para Nuevo México, Texas o Arizona, México es el destino de aproximadamente el 40% del total de sus exportaciones.

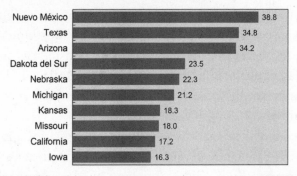

GRÁFICA 11.2 Porcentaje del total de exportaciones por estado que van a México (2018).
Fuente: Elaboración propia con datos de U. S. Census Bureau, "State and Top Countries", Foreign Trade Data, 2019.

Asimismo es mentira que México sea responsable de la pérdida de empleos en Estados Unidos, como reiteradamente ha afirmado Trump. Es innegable que muchas fábricas estadounidenses se han reubicado en México, pero esos casos son solo una pequeña parte de la historia; cuando se hace un análisis a detalle, la película es muy distinta.

Si se observa la gráfica 11.3, en la línea punteada podemos observar que al entrar en vigor el Tratado de Libre Comercio de

GRÁFICA 11.3 Exportaciones mexicanas hacia Estados Unidos *vs.* empleos manufactureros de Estados Unidos.

Nota: El Tratado de Libre Comercio de América del Norte (TLCAN) entró en vigor el 1 de enero de 1994. China es miembro de la Organización Mundial de Comercio (OMC) desde el 11 de diciembre de 2001.

Fuente: Elaboración propia, basada en presentación del doctor Luis de la Calle, con datos de U. S. Census Bureau, "Trade in Goods with Mexico", Foreign Trade: Data, 2019, y U.S. Bureau of Labor Statistics, Federal Reserve Bank of St. Louis, "All Employees, Manufacturing", 2019.

América del Norte, ciertamente se registró un crecimiento sosteni-do de las exportaciones mexicanas hacia Estados Unidos; sin embargo, si se observa la línea sólida puede constatarse que mientras crecían las exportaciones mexicanas, al contrario de lo sostenido por Trump, también aumentaron los empleos en la manufactura estadounidense.

Esa tendencia se mantuvo estable durante varios años, y no fue sino hasta 2001 cuando cayeron de manera dramática los empleos en Estados Unidos (línea sólida), al tiempo que las exportaciones mexicanas también experimentaron un ligero descenso. ¿Qué fue lo que pasó? ¿Esa tendencia es atribuible al TLCAN? La respuesta es no. Lo que sucedió en 2001 es que hubo una desaceleración económica en Estados Unidos, y que China se integró a la Organización Mundial de Comercio.

En la misma gráfica se puede observar que la recesión económica de 2008 causó otra baja sensible de los empleos en Estados Unidos, y que también las exportaciones mexicanas cayeron. Desde entonces, ambos indicadores se han venido recuperando. Cuando se analiza con objetividad, se concluye que no existen elementos para culpar a México de la pérdida de empleos en Estados Unidos. Echarle la culpa a México puede resultar políticamente rentable para Trump, pero sus dichos no dejan de ser falsos.

El "injusto" déficit comercial

Veamos ahora su segundo planteamiento, relativo al déficit comercial. Trump lo ha calificado como "monumental", "injusto" y "fuera de control". Tuits como este han sido su grito de guerra: "Estados Unidos tiene un déficit comercial de 60 mil millones de dólares con México. Ha sido un acuerdo unilateral desde los inicios del TLCAN, con cifras enormes".[64]

El déficit comercial no es otra cosa que la diferencia negativa entre lo que un país vende (exportaciones de Estados Unidos a México) y lo que compra (importaciones de México). Lo primero que debemos preguntarnos es si el déficit comercial que Estados Unidos tiene, específicamente con México, es el más grande de entre todas sus relaciones comerciales. La pregunta debe responderse en términos absolutos (valor en dólares de las exportaciones menos el valor en dólares de las importaciones) y también en términos relativos (la diferencia, en porcentaje, entre las exportaciones y las importaciones). Como puede observarse en la gráfica 11.4, en términos absolutos, el déficit comercial de Estados Unidos con China es mucho mayor que el que tiene con México, de hecho, más del triple.

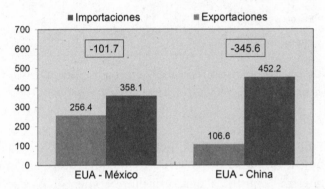

GRÁFICA 11.4 Déficit comercial de Estados Unidos con México y con China en miles de millones de dólares (2019).

Fuente: Elaboración propia con datos de U. S. Census Bureau, "Trade in Goods with Mexico", Foreign Trade Data, 2019.

En términos relativos, el déficit comercial con México (40%) es menor que el déficit comercial que Estados Unidos tiene con China, Rusia, Alemania, Japón o Francia.

Una segunda cuestión, quizá aún más relevante que la anterior, es saber si en términos porcentuales el déficit comercial de Estados Unidos con el mundo entero es mayor o menor que el déficit comercial con México. Por la vecindad y juzgando por la retórica de Trump, podría esperarse que el déficit comercial con México fuera mucho mayor; sin embargo, no es así. Como puede observarse en la gráfica 11.5, mientras que el déficit comercial con México es del 40%, el déficit comercial con el mundo entero es de 52%. La mentira vuelve a quedar de manifiesto.

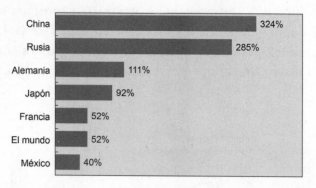

GRÁFICA 11.5 Déficit comercial de Estados Unidos con varios países en porcentaje (2019).
Fuente: Elaboración propia con datos de U. S. Census Bureau, "Top Trading Partners", Foreign Trade Data, 2019.

Es importante comprender que el déficit comercial de Estados Unidos no es, como reiteradamente ha dicho Trump, un asunto relativo a nuestro "injusto" acuerdo de libre comercio. La explicación guarda relación con un problema de orden estructural, que nada tiene que ver con México y mucho menos con nuestro tratado de libre comercio. Los economistas suelen coincidir en el hecho de que no es factible reducir el déficit comercial modificando los acuerdos comerciales, dado que el origen del desbalance es de orden macroeconómico.

La explicación es la siguiente: la demanda de capital de Estados Unidos es monumental, tanto por la magnitud de la inversión productiva propia de su pujante economía, como por el hecho de que tiene un déficit fiscal del 5% del PIB (antes de la pandemia), es decir, el gobierno gasta mucho más de lo que recauda. Cuando los ingresos del gobierno, aun sumados al ahorro de los hogares y las empresas estadounidenses, no son suficientes para igualar la demanda de capital, el dinero tiene que venir de algún otro país; la consecuencia es que Estados Unidos incurra en un déficit comercial con el resto del mundo (ver 11.6).

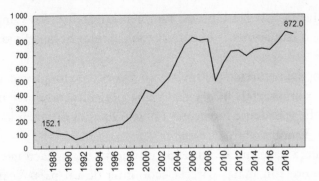

GRÁFICA 11.6 Déficit del comercio exterior en Estados Unidos (miles de millones de dólares).

Fuente: Elaboración propia, basada en presentación del doctor Luis de la Calle, con datos de U. S. Census Bureau Foreign Trade, "Exports, Imports and Trade Balance", Foreign Trade Data, 2019.

Dicho en otras palabras, la economía estadounidense requiere tanto capital, que necesariamente debe importarlo de otros países. Una muestra del grado de falsedad de la retórica de Trump es que a pesar de que se ha dedicado a imponer aranceles a las importaciones provenientes de China, el déficit comercial de Estados Unidos en 2017 y 2018 volvió a alcanzar un máximo histórico. Vuelve a quedar claro que aunque los argumentos de Trump son muy atractivos para su base de simpatizantes, parten de premisas que son falsas.

Otra muestra de que el acuerdo comercial entre México y Estados Unidos no es la "monumental injusticia" que Trump señala, puede verse en la gráfica 11.7: no solo han crecido las exportaciones de

GRÁFICA 11.7 Exportaciones de México y de Estados Unidos.

Fuente: Elaboración propia con datos de U. S. Census Bureau, "Trade in Goods with Mexico", Foreign Trade Data, 2019.

México hacia Estados Unidos, también las de Estados Unidos hacia México han aumentado considerablemente. El beneficio ha sido mutuo.

Trump ha recurrido al argumento favorito de los proteccionistas: ¿por qué comprar en otro país lo que podemos producir nosotros mismos? El presidente mexicano López Obrador también lo ha empleado en innumerables ocasiones.[65]

Lo que a veces no se entiende es que las importaciones no necesariamente son malas para la economía de un país. Veamos un ejemplo concreto: un cierto modelo de televisión producido en Estados Unidos, tendría un precio de mercado de 734 dólares; esa misma pantalla, producida en México, tiene un precio de 699 dólares. Cuando el consumidor estadounidense compra la pantalla plana a un precio menor, se queda con dinero en el bolsillo que puede gastar en alguna otra cosa, por ejemplo, ir a comer a un restaurante. Si bien ese dinero no llega a la empresa ni a los trabajadores que fabrican televisiones, sí llega al mesero estadounidense y al dueño del restaurante. Como demuestran muchos estudios, lo que sucede es que la distribución del empleo se reestructura; en este caso, lo que se pierde en el sector manufacturero se gana en el sector de los servicios.[66]

Trump también ha culpado a México por la pérdida de empleos en Estados Unidos. Su narrativa es que el déficit comercial provocado por el Tratado de Libre Comercio explica la pérdida de puestos de trabajo en Estados Unidos.[67] La gráfica 11.8 revela que no existe correlación alguna entre el déficit comercial y la tasa de desempleo. De hecho, la evidencia muestra exactamente lo opuesto: en los últimos 30 años, en la medida en la que el déficit comercial aumenta, la tasa de desempleo disminuye, y viceversa.

Otro aspecto relevante, que Trump suele desestimar, es el hecho de que buena parte de los productos que Estados Unidos importa de México contiene partes fabricadas en Estados Unidos. Tomemos como ejemplo la camioneta Honda HRV que se fabrica en Guanajuato y se exporta a Estados Unidos, y concentremos nuestra atención en los asientos del vehículo.

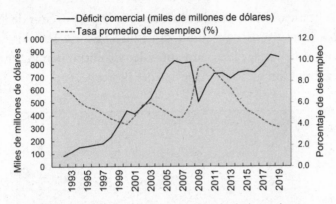

GRÁFICA 11.8 Estados Unidos: déficit comercial *vs.* tasa promedio de desempleo.

Fuente: Elaboración propia con datos de desempleo de U.S. Bureau of Labor y Federal Reserve Bank of St. Louis, "Unemployment Rate", 2019, y el déficit comercial fue tomado de U. S. Census Bureau Foreign Trade, "Exports, Imports and Trade Balance", Foreign Trade Data, 2019.

La piel del cabezal se hace en Saltillo, Coahuila; la tela, en Carolina del Sur; el estampado, en Athens, Tennessee; los rieles sobre los que corre el asiento, en Matamoros, Tamaulipas; las palancas para ajustar el asiento, en Míchigan. Lo mismo ocurre con miles de productos.[68]

La realidad es que no hay un país ganando y otro perdiendo, sino que producimos bienes juntos, y eso nos ayuda a ambos a ser competitivos. Contrario al discurso de Trump, un estudio serio demuestra que menos del 5% de pérdida de empleos en Estados Unidos tiene su causa en las importaciones de México.[69]

El discurso de Trump es efectivo porque es verdad que en Estados Unidos, durante la última década, se han perdido más de 5 millones de empleos manufactureros. ¿Esto significa que la producción también disminuyó? No, la producción aumentó; es decir, se pierden empleos, pero se producen más cosas. La explicación recae en una sola palabra: automatización.

En la gráfica 11.9 se puede observar que la proporción de los empleos manufactureros ha venido disminuyendo en Estados Unidos desde hace muchas décadas, aun antes de que entrara en vigor el Tratado de Libre Comercio de América del Norte.

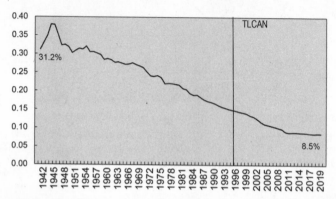

GRÁFICA 11.9 Empleos de manufactura respecto al total de empleos no agrícolas de Estados Unidos (%). *Fuente:* Elaboración propia con datos de U.S. Bureau of Labor Statistics y Federal Reserve Bank of St. Louis, "All Employees, Manufacturing/All Employees, Total Nonfarm", 2019.

Las fábricas que hace 30 años necesitaban de muchísimas personas para producir, por ejemplo, automóviles, ahora requieren muy poca gente, porque las máquinas modernas han sustituido la mano de obra.

En la imagen 11.2 podemos observar, del lado izquierdo, a un trabajador estadounidense colocando la puerta de un vehículo en 1993;

IMAGEN 11.2 Del lado izquierdo, armado manual de puertas en 1993, y del lado derecho, uso de robots en 2018.

del lado derecho, 25 años después, la producción del mismo vehículo ya no emplea a una persona para colocar las puertas, ese trabajo lo hacen los robots. Exactamente lo mismo ocurre con la aplicación de pintura. Esta es la nueva realidad de la producción industrial.

Por más que los políticos atrapados en el pasado se esfuercen en echarles la culpa a sus predecesores o a otros países, ese pasado de abundante empleo manufacturero no va a regresar. El reto es ver hacia el futuro y adaptarse a las nuevas realidades.

Del TLCAN al T-MEC

Las críticas de Trump al Tratado de Libre Comercio de América del Norte han sido constantes, desde su campaña hasta su gestión como presidente. Esto lo obligó a construir una narrativa de cumplimiento de sus promesas de campaña, por lo que en mayo de 2017, notificó al Congreso de Estados Unidos su intención de iniciar la renegociación del Tratado de Libre Comercio con México y Canadá.

Un año y medio después, en noviembre de 2018, se firmó el nuevo acuerdo comercial (USMCA, en inglés; T-MEC, en español). Entre junio de 2019 y abril de 2020, el acuerdo fue ratificado por el Poder Legislativo de los tres países: en el caso de Estados Unidos, por ambas cámaras del Congreso; en México, por el Senado de la República; y en Canadá, por el Parlamento.

Antes de la ratificación por parte de Estados Unidos y Canadá, México realizó una serie de reformas legales en materia laboral,[70] a las que se comprometió durante el proceso de negociación, relacionadas con la democracia sindical, la libertad de asociación y la justicia laboral.[71]

En la narrativa de Trump, la firma del nuevo acuerdo comercial representa un auténtico hito en la historia. Su versión es que Estados Unidos dejó atrás el TLCAN —al que, como vimos, calificó como "el peor acuerdo comercial jamás suscrito por cualquier país del mundo"—[72] para dar vida al nuevo acuerdo llamado T-MEC, al que consideró un "acuerdo increíble, nuevo [...] el más moderno, actualizado y balanceado en la historia de nuestro país".[73]

El colosal contraste planteado por Trump difícilmente podría ser más exagerado: del peor acuerdo que jamás haya suscrito un país, al más balanceado en toda la historia de Estados Unidos. ¿En realidad fueron tan grandes los cambios acordados por los tres países? Ni remotamente. Hubo cambios importantes, sí, pero no ocurrieron modificaciones de la magnitud de lo expresado por Trump. Veamos algunos ejemplos.

La regla de origen[74] para la industria automotriz aumentó de 62.5 a 75%. Esto significa que, por ejemplo, para el caso de la exportación de automóviles de México a Estados Unidos, por lo menos el 75% de los componentes del vehículo deben provenir de alguno de los tres países (México, Estados Unidos o Canadá) para que ese vehículo pueda ser exportado libre de aranceles. En lo que se refiere al salario de los trabajadores, al menos el 40-45% de la manufactura debe pagarse por encima de los 16 dólares por hora. Asimismo, el 70% del acero y del aluminio contenido en los vehículos debe provenir de alguno de los tres países firmantes.

Como ha dicho Luis de la Calle, aproximadamente el 70% de las exportaciones mexicanas ya cumple con estos requerimientos, y las industrias que aún no se ajustan a esas disposiciones tendrán cuatro años para hacer las adecuaciones pertinentes, contados a partir de la entrada en vigor del nuevo acuerdo comercial. Si por alguna razón alguna empresa no es capaz de ajustarse a estos requisitos, siempre tendrá la posibilidad de acogerse a las reglas de la Organización Mundial de Comercio y pagar un arancel de 2.5 por ciento.

Otro cambio importante es el relativo a la vigencia del acuerdo comercial (*sunset clause*). Mientras que el TLCAN era de vigencia indefinida, ahora los tres países acuerdan revisar el contenido del T-MEC en el sexto año de su entrada en vigor, y en caso de ser ratificado, su vigencia se extenderá por 16 años más. Esta modificación es desafortunada, porque abre la puerta a que los intereses electorales del momento contaminen un instrumento de la máxima importancia económica, además de que la asimetría derivada de la diferencia de tamaño entre las economías de México y Canadá, comparadas con la de Estados Unidos, siempre implica un reto para los primeros y una ventaja para el segundo.

Estos ejemplos dan una idea de las diferencias entre el TLCAN y el nuevo T-MEC. Queda clara la inexactitud de afirmar que, desde la perspectiva estadounidense, los cambios significaron un tránsito del "peor acuerdo en la historia del mundo" al "más balanceado en la historia de Estados Unidos", como afirma Trump.

A la hora de hacer un balance general sobre el nuevo T-MEC, aplica la idea de que el todo es mayor que la suma de sus partes: no es perfecto, pero tener acuerdo da certidumbre y, como se discutió en el capítulo 9, la certidumbre es un elemento fundamental para la inversión y el crecimiento.

Migración

Según Trump, los mexicanos que migran hacia Estados Unidos llevan todo tipo de problemas a su país: llevan drogas, llevan crimen y son violadores. *Bad hombres* fue el apelativo que utilizó en uno de los debates presidenciales.[75]

Es cierto que millones de mexicanos han migrado hacia Estados Unidos. El número total de mexicanos o mexicano-americanos que actualmente viven en ese país es de 37.5 millones, lo cual es equivalente a la población total de Canadá; sin embargo, debe tenerse en cuenta que cuatro de cada cinco son ciudadanos estadounidenses o residentes legales,[76] y que de 2009 a la fecha salieron de Estados Unidos más mexicanos de los que ingresaron.[77]

Aquellos cuya estancia no está autorizada, tampoco son violadores ni criminales como Trump afirma.

La incidencia delictiva generalmente desciende en las comunidades cuando los inmigrantes se mudan a ellas, y los datos estadísticos nacionales sugieren que los inmigrantes —y los inmigrantes mexicanos en particular— cometen muchos menos delitos que los estadounidenses por nacimiento. De hecho, su tasa de encarcelamiento es de apenas una quinta o una décima parte de la de los estadounidenses por nacimiento, de acuerdo con algunos estudios.[78]

En su inmensa mayoría, los migrantes mexicanos residentes en Estados Unidos son personas respetuosas de la ley, y su contribución para la prosperidad de la economía estadounidense es invaluable.

La política estadounidense de deportaciones no es algo que haya nacido con la administración de Trump; sin embargo, sí existen nuevos patrones que, por inhumanos, son motivo de preocupación, incluyendo la práctica de colocar a niños en jaulas y separar a las familias.

Con Trump, ha aumentado la deportación de personas que ya llevaban muchos años viviendo en Estados Unidos. La crueldad detrás de esas deportaciones radica en el hecho de que, como puede observarse en la gráfica 11.10, se trata de personas cuyos hijos ya nacieron en Estados Unidos, lo cual coloca a los padres deportados frente a la disyuntiva de traerlos a un país que hasta cierto punto les es ajeno, o dejarlos con algún familiar, sin la posibilidad de volver a verlos en mucho tiempo.

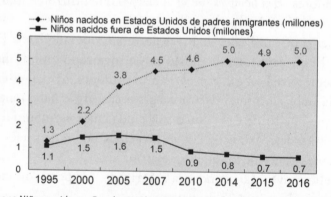

GRÁFICA 11.10 Niños nacidos en Estados Unidos con padres inmigrantes (millones).

Fuente: Elaboración propia con datos de Jeffrey S. Passel, D'vera Cohn y John Gramlich, "Number of U.S.-Born Babies with Unauthorized Immigrant Parents Has Fallen Since 2007", Pew Research Center, 1 de noviembre de 2018.

Para comprender la complejidad del problema, debe tomarse en cuenta que casi el 70% de los mexicanos que no cuenta con los documentos para permanecer en Estados Unidos lleva más de 10 años en ese país, y que en muchísimos casos sus hijos nacieron en Estados Unidos.

Otro signo de alarma es la intención de Trump de dar marcha atrás a la protección legal otorgada a los *dreamers*, que en tiempos de Obama fue institucionalizada mediante el programa DACA.[79]

En junio de 2012, el presidente Obama anunció un programa que, frente a la imposibilidad de lograr la plena regularización, buscaba proteger a quienes fueron llevados por sus padres a Estados Unidos cuando eran niños. Se trata de jóvenes que han vivido en Estados Unidos prácticamente toda su vida. En la mayoría de los casos hablan mejor inglés que español. Son muchachos que no han conocido otro país y que consideran a Estados Unidos su hogar. La intención de expulsarlos es cruel y deleznable.

Frente a esta realidad, México está obligado a ser sensible. No debe convertirse, respecto a los centroamericanos, precisamente en aquello en lo que Trump quiere convertir a Estados Unidos respecto a los mexicanos. No debe perderse de vista que, en términos absolutos, México fue el país de origen número uno de los inmigrantes sin documentos en Estados Unidos hasta 2019, cuando fue superado por Guatemala y Honduras (ver gráfica 11.11). Hoy que el número de migrantes centroamericanos aumenta, Trump ha asignado a México el triste papel de convertirse en el muro que contenga esa migración.

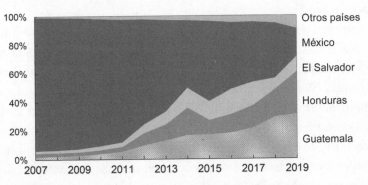

GRÁFICA 11.11 Aprehensiones de inmigrantes indocumentados por nacionalidad en la frontera suroeste de Estados Unidos (% del total).

Fuente: Elaboración propia con datos de U. S. Customs and Border Protection, "U.S. Border Patrol Nationwide Apprehensions by Citizenship and Sector (FY2007-FY 2019)", Stats and Summaries, 2020.

Finalmente, con relación a la presencia de mexicanos en Estados Unidos, también conviene recordar que muchos son turistas. De acuerdo con el Departamento de Comercio de Estados Unidos, México es el país que más turistas aporta a Estados Unidos a nivel mundial: uno de cada cuatro turistas extranjeros que ingresan a Estados Unidos es mexicano. Para dejar clara la magnitud de esta afirmación, basta observar que en 2019 Estados Unidos recibió más turistas mexicanos que los provenientes de Gran Bretaña, Japón, Brasil, China y Francia juntos. Los turistas mexicanos gastan alrededor de 20 mil millones de dólares cada año en Estados Unidos, lo cual se traduce en empleo y prosperidad para miles de estadounidenses.[80]

El muro

Trump ha justificado la necesidad de construir un nuevo muro con el argumento de que no solo sirve para detener la migración, sino también para prevenir el crimen y los actos terroristas. En el discurso es muy fácil ligar la migración con la comisión de delitos; sin embargo, como ya vimos, múltiples estudios demuestran que los inmigrantes no son más proclives a cometer delitos que el resto de la población.

Un dato interesante es que, de acuerdo con el Centro Americano de Inmigración, entre 1990 y 2013 la migración aumentó de manera significativa, mientras que los crímenes violentos disminuyeron un 48 por ciento.[81]

También es importante notar que las ciudades estadounidenses más peligrosas, en términos de la tasa de homicidios publicada en los reportes del FBI, como Detroit, Memphis, San Luis, Atlanta, Buffalo, Baltimore, Washington D. C., Nueva Orleans o Cleveland, no se encuentran en los estados que más migrantes captan, como California, Texas, Nevada o Arizona, por lo que es muy improbable que un muro en la frontera sur pueda incrementar la seguridad pública en ciudades localizadas en el centro y en el noreste de Estados Unidos.

Trump también ha dicho que el muro es necesario para proteger a Estados Unidos de actos terroristas. Es verdad que Estados Unidos tiene muchos enemigos en el mundo. La buena noticia es que México es un buen vecino. Ningún acto terrorista cometido en suelo estadounidense ha sido perpetrado por una persona que haya cruzado la frontera de manera ilegal. Por el contrario, México ha contribuido a la seguridad de Estados Unidos. Si una persona es identificada como una amenaza para Estados Unidos, difícilmente podrá obtener una visa mexicana. En ese aspecto, la solidaridad ha sido incuestionable.

Cada vez que Trump insulta o amenaza a México, debería tener presente que, si bien en el cortísimo plazo la capacidad de Estados Unidos para dañar la economía mexicana es enorme, en el largo plazo la mejor manera de mantener a Estados Unidos seguro no es construyendo un muro, sino contando con un vecino confiable, que comparte los valores de la democracia liberal, y con una población que pueda albergar sentimientos y actitudes positivas hacia Estados Unidos.

Con una frontera de 3 mil kilómetros, la seguridad de Estados Unidos depende en buena medida de la estabilidad y cooperación de México. Ese es un amigo que jamás les convendrá perder. Así lo hicieron ver seis exembajadores estadounidenses que ejercieron el cargo tanto en tiempos de administraciones republicanas como demócratas: "Comentarios intimidatorios o denigrantes no hacen más que dificultar la obtención de resultados económicos y de seguridad en el interés de Estados Unidos, además de que alimentan sentimientos antiamericanos en México".[82]

Mexicanos y estadounidenses pertenecemos a sociedades multiculturales, nacidas de la diversidad, y apostar por la integración, la comprensión y la valoración de lo que somos y lo que representamos el uno para el otro es el único camino para convivir en paz.

Estos años de compleja y constante interacción nos han permitido constatar que la relación con la potencia más poderosa del mundo requiere prudencia, pero entendida como sensatez, jamás como timidez. Prudencia que no es cobardía ni temor, sino reflexión para tomar la mejor decisión. Prudencia que no es el miedo que paraliza, sino el buen juicio que dispone el mejor curso de acción. Prudencia que jamás debe ser confundida con sumisión o subordinación.

Pero además de prudencia, la relación con la potencia más poderosa del mundo también requiere valentía. Porque los problemas solo se superan cuando se enfrentan con valor. Valentía que sin prudencia sería temeridad. Valentía que implica buen juicio, pero también coraje y determinación.

Y sobre todo, la relación nos exige actuar siempre con dignidad. Porque quien pretenda ser respetado debe comenzar por respetarse a sí mismo, y solo desde el respeto mutuo puede florecer una relación de cooperación justa y solidaria, que dé abundantes frutos en beneficio de las dos partes.

El 3 de noviembre de 2021 es una fecha crucial. Es el día en que los electores estadounidenses tendrán la oportunidad de echar de la Casa Blanca a un populista y demagogo. Este libro irá a la imprenta antes de esa fecha decisiva. Por el bien de México, de Estados Unidos y del mundo, espero que cuando estas líneas se lean así haya sucedido.

12

Pensando el futuro: el trapiche, los ventiladores y la refinería de Dos Bocas en la era de las tecnologías exponenciales

EL CRÓNICO DESPRECIO DE AMLO POR LA TECNOLOGÍA

En el marco de una gira por la región huasteca del estado de Hidalgo, el presidente López Obrador difundió, a través de su cuenta de Twitter, un video en el que elogió la producción de jugo de caña de azúcar por medio de un trapiche.

En el video se observa a López Obrador caminando detrás del caballo que impulsa el pequeño molino de madera, mientras da esta explicación: "Esto es la auténtica economía popular [...] Gilberto tiene su trapiche [...] y su caballo [...] que es el motor [...] Y así como esto, existen las actividades productivas, abajo, en la gente [...] Esta es la economía que estamos impulsando".[1]

IMAGEN 12.1 López Obrador en un trapiche de Huejutla de Reyes, Hidalgo. Foto tomada del video "AMLO, el trapiche y el tlacoyo".

En un país cansado de políticos que ignoran a los ciudadanos, el recorrido del presidente a ras de tierra es un potente símbolo de cercanía y de empatía. Gilberto representa a millones de mexicanos que han sido excluidos y olvidados.

El problema de esta escena no está en el acto de proximidad. Eso está muy bien. Tampoco se trata de criticar al productor por lo rudimentario de su técnica. El verdadero problema radica en que AMLO es un presidente que no se da cuenta de que impulsar esas técnicas medievales de producción, en pleno siglo XXI, lejos de ayudar a la gente a mejorar su condición, la puede condenar a vivir en la pobreza.

Aunque el acto de cercanía es encomiable, el discurso proyecta a un presidente atrapado en el pasado, que no comprende cuáles son los medios adecuados para hacer realidad sus intenciones de procurar bienestar a los más desposeídos.

La idea de que esa es la "auténtica economía popular" que debe ser impulsada es señal de extravío y motivo de preocupación en la era de las tecnologías exponenciales.

El gobernante debería estar pensando en cómo cerrar la brecha entre aquellos que sí tienen acceso a las nuevas tecnologías y quienes, como Gilberto, han sido injustamente relegados.

El desprecio de AMLO por la tecnología es crónico. En otra gira de trabajo por Baja California, se detuvo en la zona de La Rumorosa, no para elogiar la instalación de los aerogeneradores que producen electricidad de manera muy eficiente y sin contaminar el medio ambiente, sino para reprochar la construcción de lo que él llama "ventiladores", cuya instalación atribuye a "las transas que se hacían en el periodo neoliberal".[2]

La confusión presidencial ha llevado al gobierno a frenar la entrada en operación de centrales eólicas y solares, capaces de generar electricidad de manera limpia, utilizando el viento y los rayos del sol, y a reactivar en cambio la operación de plantas que producen electricidad a base de combustóleo, uno de los subproductos más contaminantes del petróleo.[3] Esto tiene un impacto negativo en materia de cambio climático y aleja a México del cumplimento de sus compromisos internacionales.

A despecho del extravío presidencial, las nuevas tecnologías no son el enemigo a vencer. Todo lo contrario. Su adecuado aprovechamiento representa la puerta de entrada a un futuro de prosperidad y abundancia, que no tiene precedentes en la historia de la humanidad. México puede y debe aprovechar los beneficios de ir a la vanguardia en materia de cambio tecnológico.

Para entender la magnitud de las oportunidades que tenemos por delante, así como la dimensión del costo de no hacer los cambios pertinentes, hace falta pensar en clave exponencial, no lineal. Es importante detenernos en esa idea, que será la base de la argumentación de este capítulo.

CRECIMIENTO EXPONENCIAL CONTRA CRECIMIENTO LINEAL

Un error frecuente no solo entre los políticos, sino propio de la condición humana, consiste en pensar que los cambios tecnológicos serán lineales, cuando en los hechos muchas transformaciones están ocurriendo a un paso exponencial.

Los cambios lineales ocurren cuando la cantidad que se va sumando al valor original es constante; en cambio, el crecimiento exponencial es mucho más rápido, porque la cantidad aumenta por multiplicación de cada valor nuevo.

Seis pasos lineales, cada uno de un metro de longitud, nos permiten avanzar seis metros a este ritmo: 1, 2, 3, 4, 5, 6. Si los pasos son exponenciales, no son del mismo tamaño, sino que cada paso nuevo mide lo mismo que el paso anterior, pero multiplicado por un factor.[4]

Los seres humanos evolucionamos, a lo largo de cientos de miles de años, observando cambios lineales a nuestro alrededor.[5] Dado que así evolucionó nuestro cerebro, no solo no tenemos una habilidad nata para imaginar cambios a escala exponencial, sino que nos cuesta mucho trabajo hacer ese tipo de cálculos de manera intuitiva.

Al principio, la diferencia entre un crecimiento lineal y uno exponencial es muy sutil y hasta difícil de percibir (1, 2, 3 contra 1, 2, 4); sin embargo, a medida que se avanza en el cálculo, el contraste resulta mayúsculo.

Tomando en cuenta que con 30 pasos lineales de un metro de longitud se avanza lo suficiente como para cruzar una cancha de futbol, ¿hasta dónde se llegaría con 30 pasos exponenciales (con un factor de 2)? Si nuestra respuesta es que se llegará a algún país lejano, nos quedamos muy cortos. Al duplicar el resultado en 30 ocasiones (1, 2, 4, 8, 16, 32, 64, etcétera), se obtiene una cifra (1 073 741 824) que, en metros, representa ir desde la Tierra hasta la Luna en tres ocasiones.[6] El hecho de que el dato nos sorprenda, es prueba de que nuestro cerebro no está acostumbrado a los cambios a escala exponencial.

Un ejemplo conocido es el del grano de arroz en el tablero de ajedrez.[7] Dice la historia que un poderoso rey ofreció a un pobre campesino una recompensa en agradecimiento por haberle salvado la vida. El campesino se presentó ante el rey con un tablero de ajedrez y unos cuantos granos de arroz. Frente a la mirada atenta del monarca, el campesino colocó un grano de arroz en la primera casilla del tablero, dos granos de arroz en la segunda, cuatro en la tercera y ocho en la cuarta. Lo único que el campesino le pidió al rey fue recibir la cantidad de arroz que resultara de seguir multiplicando los granos por dos, hasta llegar a la última casilla del tablero.

El rey, gustoso, ordenó a sus vasallos entregar la cantidad de arroz que el campesino había pedido. Pronto descubrieron que las bodegas del reino quedan completamente vacías incluso antes de llegar al último de los 64 recuadros del tablero.

Imaginemos cuánto arroz correspondería colocar en la última casilla. Nuevamente, la cantidad nos sorprende: China, el mayor productor de arroz del mundo, tardaría casi 3 mil años en producir esa cantidad de granos de arroz.[8]

La reflexión es relevante porque en la actualidad, muchas tecnologías están avanzando a ese vertiginoso ritmo, y nuestra incapacidad para imaginar los cambios nos puede llevar a tomar malas decisiones.

En el plano tecnológico destaca la ley de Moore. Más que una ley, en realidad es una predicción formulada en 1965 por el cofundador de Intel, Gordon Moore, quien afirmó que el número de transistores (diminutos dispositivos que cierran o abren el paso de la corriente eléctrica) en los circuitos integrados (conocidos como chips o microchips), se duplicaría cada año,[9] al mismo tiempo que su costo se reduciría a la mitad. Esta predicción significaba que la capacidad de procesamiento de las computadoras casi se duplicaría anualmente. Las computadoras funcionan con chips que a su vez contienen transistores. Lo que Moore estaba pronosticando era que las computadoras serían infinitamente más rápidas y poderosas para hacer cálculos en las décadas por venir.

Para entender lo que esto ha implicado en la capacidad de las computadoras basta un ejemplo: el hombre llegó a la luna en 1969. La capacidad de todas las computadoras de la NASA juntas —no la computadora más potente sino todas en su conjunto—, era menor que la capacidad de procesamiento de un solo iPhone que hoy millones de personas llevan en el bolsillo. Por exagerado que esto parezca, es verdad.

Actualmente, un solo chip puede contener miles de millones de transistores. Se han ido reduciendo en tamaño, como predijo Moore, al punto de que hoy ya son más pequeños que la mayoría de los virus.[10]

Muchas tecnologías están avanzando a una velocidad exponencial: inteligencia artificial, realidad aumentada, realidad virtual, energía solar, sensores, vehículos autónomos, blockchain, biología digital, biotecnología, internet de las cosas, impresión 3D, robótica, etcétera. Tarde o temprano, nuestra vida cotidiana y laboral se modificará de acuerdo a estos cambios.

LOS CAMBIOS EXPONENCIALES CAUSAN DISRUPCIONES

El disparate de la refinería de Dos Bocas

Las nuevas tecnologías ponen a disposición de las personas productos novedosos que son mucho mejores que los existentes. Pero eso no es suficiente para que ocurra una disrupción, porque generalmente esos nuevos productos son también mucho más caros, y por lo tanto solo un número reducido de consumidores tiene acceso a ellos.

Pero ¿qué sucede cuando el nuevo producto, fruto de la nueva tecnología, no solo es mucho mejor, sino que además es más barato? Cuando ocurren esas dos condiciones —mejor y más barato—, tiene lugar una disrupción. Entonces, quienes se aferran al pasado son arrasados por la ola del cambio.

Kodak tuvo su mejor año de ventas en el 2000, y solo 12 años después se declaró en bancarrota.[11] Muchos aún recordamos cuando comprábamos rollos para nuestras cámaras, por lo general disponibles en formatos de 12, 24 o 36 fotografías. Hoy prácticamente nadie compra esos productos, porque tomamos fotografías con nuestro teléfono. Así de fuerte fue la disrupción tecnológica.

Tony Seba[12] explica este mismo fenómeno con dos fotografías que retratan una de las avenidas más famosas del mundo: la Quinta Avenida de Nueva York. Las fotografías fueron tomadas con una diferencia de solo 13 años: un periodo muy similar al tiempo transcurrido entre el récord de ventas de Kodak y su quiebra.

En la fotografía tomada en 1900 (ver imagen 12.2), la calle aparece plagada de carretas tiradas por caballos. Lo difícil es encontrar un automóvil en la fotografía. Sí hay uno, dado que ya se habían inventado; sin embargo, muy poca gente los compraba, porque eran extremadamente caros.

La producción en serie de automóviles baratos, como el Ford modelo T, causó una disrupción en el mercado. El nuevo producto (automóvil) no solo era mejor que el anterior (carreta de caballos), sino que además era más barato. Como hemos visto, esas son las dos condiciones que detonan la disrupción.

IMAGEN 12.2 Nueva York en 1900.
Fuente: Fotografía "Fifth Avenue in New York City on Easter Sunday in 1900". Autor desconocido, 1900. National Archives and Records Administration.

En la fotografía de la misma avenida (imagen 12.3), tomada solo 13 años después, lo complicado es encontrar una carreta tirada por caballos entre el cúmulo de coches que por ahí circulan.

IMAGEN 12.3 Nueva York en 1913.

Fuente: Fotografía "Easter morning 1913, Fifth Avenue in New York City spot the horse", George Grantham Bain Collection.

Las disrupciones provocadas por las cámaras digitales y por los automóviles no fueron las primeras, ni serán las últimas en ocurrir. Nuestra generación verá más disrupciones que cualquier otra en la historia de la humanidad. La razón es simple: las tecnologías están avanzando a un paso exponencial, no lineal.

Una disrupción que observaremos muy pronto es la provocada por los vehículos eléctricos, que desplazarán casi por completo a los de combustión interna[13] (por practicidad, en adelante les llamaremos vehículos de gasolina). Esa disrupción ocurrirá exactamente por las mismas dos razones: porque los vehículos eléctricos son mejores y porque serán más baratos.[14]

Decimos que los autos eléctricos son mejores que los de gasolina porque *a)* el mantenimiento del motor es más barato, debido a que solo cuentan con una veintena de piezas móviles, mientras que los de gasolina tienen más de 2 mil; *b)* porque su costo de operación es menor; *c)* porque su aceleración es mayor; *d)* porque son muy silenciosos; y, lo más importante de todo, *e)* porque son mucho más amigables con el medio ambiente, en especial si la electricidad que utilizan proviene a su vez de fuentes limpias.

Si son mejores, ¿por qué no ha ocurrido la disrupción? ¿Por qué los vehículos eléctricos no han desplazado a los de gasolina? Todos sabemos la respuesta: porque son más caros. Pero eso está a punto de cambiar, debido a que la parte más costosa de los vehículos eléctricos (la batería) está bajando de precio a una tasa exponencial: en solo 10 años, las baterías (de iones de litio) se han abaratado un 87% (ver gráfica 12.1).

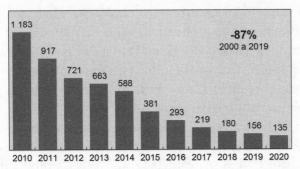

GRÁFICA 12.1 Precio de las baterías de ion de litio para vehículos eléctricos en $/kWh. Dólares reales de 2019.
Fuente: BloombergNEF, "BNEF Talk 2020: Electric Mobility: The End of the Beginning", 2020.

Sabemos que cuando los vehículos eléctricos sean más baratos que los de gasolina, tendrá lugar la disrupción. Existen distintas estimaciones sobre cuándo ocurrirá, pero todo indica que será antes de 2024,[15] justamente el año en el que el gobierno de López Obrador tiene programada la conclusión de la refinería de Dos Bocas.

La actual administración está haciendo una inversión de aproximadamente 200 mil millones de pesos para poder producir gasolina y otros derivados del petróleo, justo en el momento en el que se va a disparar la venta de autos eléctricos. ¡Un disparate económico y ecológico monumental!

Los argumentos que justifican la construcción en función de la seguridad energética o del aumento de los ingresos públicos no se sostienen ante el inevitable declive que experimentará el consumo de gasolina en los años por venir.

Muchos países y ciudades ya están en la ruta de prohibir los vehículos que funcionan con derivados del petróleo (diésel y gasolina). Noruega ha anunciado el objetivo de que todos los automóviles y camionetas ligeras vendidas en 2025 sean vehículos de cero emisiones.[16] En Roma estarán prohibidos los automóviles de diésel en 2024. París tiene como objetivo prohibir los automóviles de diésel también para 2024 y todos los automóviles de combustible fósil para 2030. En Ámsterdam, Barcelona, Copenhague y Londres estarán prohibidos a partir de 2030. En Alemania se aprobó un acuerdo para prohibir los vehículos que no sean eléctricos también a partir del 2030; en toda Gran Bretaña estará prohibida la venta de vehículos de gasolina, diésel e híbridos a partir de 2035; en Francia y España, a nivel nacional, a partir de 2040. Canadá también ha anunciado una política de cero emisiones para 2040. Cabo Verde, Costa Rica, Israel, Japón y Sri Lanka tienen fechas objetivo entre 2030 y 2050.[17]

Muchos fabricantes están adelantándose a esas prohibiciones. Por ejemplo, todos los vehículos que fabrica Volvo son híbridos o eléctricos desde 2019.[18] Esa marca decidió no volver a producir un solo auto de gasolina. En 2020, Smart se convirtió en el primer fabricante europeo en vender solo coches eléctricos.[19] Otros fabricantes tienen objetivos ambiciosos a corto plazo: Honda ha anunciado que a partir de 2022 solo venderá coches eléctricos e híbridos en Europa. Otro ejemplo es Volkswagen, que planea una producción de 3 millones de automóviles eléctricos en 2025. Otras marcas como General Motors, Ford, BMW y Hyundai-Kia incrementarán de manera importante el número de modelos híbridos y eléctricos antes de 2025.[20]

Esa es la dirección hacia la que hoy se mueven los gobiernos y las empresas en el mundo. En el futuro cercano van a sobrar refinerías. Actualmente muchas están trabajando muy por debajo de su capacidad por falta de demanda.

Mientras que el mundo se mueve con responsabilidad y entusiasmo hacia las energías limpias y los vehículos eléctricos, el gobierno de López Obrador ha optado por gastar el presupuesto público en construir una refinería. Atendiendo razones, lo mejor que podría hacer es detener ese proyecto y apostar con todo por las energías renovables.

Aunado a ello, hay que recordar que México asumió el compromiso de generar al menos el 35% de su electricidad a base de energías limpias para el año 2024;[21] sin embargo, al ritmo observado y al no ser una prioridad del gobierno, difícilmente se cumplirá la meta. Como ha dicho Jeffrey Sachs:

> México también está bendecido con luz solar […] Mucho viento en el golfo de México, energía hidráulica, tiene un potencial enorme en energías renovables. Pero el nuevo presidente [López Obrador] está obsesionado con Pemex, con el petróleo, porque está viviendo en el pasado. Es un activista social, que piensa que el petróleo es la solución. Lo que México necesita es Solarmex, no Pemex. Porque el presidente no comprende lo poderoso que México es en energías renovables, y cuántos empleos se podrían generar con Solarmex, más que con Pemex.[22]

La automatización y el empleo

Otra importante disrupción que ya está impactando el mundo laboral es la relativa a la automatización. Pensemos en la gran cantidad de trabajos que antes requería la intervención de una persona, y que ahora es realizada por máquinas controladas por computadoras.

Desde sofisticadas máquinas en las plantas automotrices, drones que levantan inventarios en tiendas de autoservicio, robots que operan los almacenes de los grandes distribuidores, hasta brazos mecánicos que empaquetan los envíos de las empresas de mensajería.

La automatización no es algo nuevo. Llevamos décadas discutiendo sobre sus beneficios potenciales, y también sobre los riesgos que representa en materia de desempleo masivo.

451

Recordemos que en el año 1900, el 62% de toda la población ocupada en México trabajaba en el campo, mientras que hoy representa apenas el 12%;[23] sin embargo, aunque el fenómeno no sea nuevo, tecnologías como la robótica, la inteligencia artificial y el aprendizaje automático sí han acelerado de forma vertiginosa los procesos de automatización, lo cual nos obliga a retomar ese debate.

Las actividades más proclives a ser automatizadas son las que involucran tareas físicas, como las que abundan en la manufactura y el comercio al menudeo. En esta nueva era de la automatización, las máquinas operadas por computadoras no solo son capaces de realizar tareas rutinarias de trabajo físico, sino que cada vez realizan mejor las tareas que requieren competencias cognitivas, que antes se pensaba que no podrían ser automatizadas, como hacer juicios tácticos o manejar un vehículo.

La automatización presenta tanto oportunidades como desafíos. Del lado de las oportunidades destaca su contribución al aumento de la productividad de las empresas, así como el hecho de darnos acceso a productos y servicios más baratos y de mejor calidad. Por el lado de los desafíos, el mayor reto tiene que ver con el empleo.

Se equivocan quienes pronostican que no habrá empleo suficiente en el futuro, debido a que la mayoría del trabajo será realizado por máquinas o por aplicaciones operadas por computadoras. Es verdad que muchos empleos se perderán, pero es igual de cierto que muchos otros se crearán. Lo que sí es seguro es que el mundo laboral, como hasta ahora lo conocemos, va a cambiar, porque la naturaleza del trabajo va a cambiar.

McKinsey estima que para el 2030 hasta un 14% de todos los trabajadores del mundo tendrán que cambiar de ocupación o adquirir nuevas habilidades.[24] Más que un problema de pérdida de empleos, estamos frente al reto de adaptarnos a múltiples cambios en el mundo laboral. El desafío consiste en lograr la transición de manera oportuna y sin que nadie se quede atrás, así como en minimizar los efectos negativos de esos cambios.

Las naciones que tengan la capacidad de adaptarse a los nuevos tiempos saldrán fortalecidas; pero las que se queden atrapadas en el pasado, sufrirán terribles consecuencias.

La magnitud del reto no es uniforme: ni todos los países, ni todas las regiones, ni todas las personas son igualmente vulnerables. Por cuanto ve al plano internacional, México se encuentra entre los países con la más alta proporción de actividades laborales que sí podrían ser sustituidas por máquinas.

Como puede observarse en el mapa de la imagen 12.4, entre más oscuro es el tono de gris, más alta es la proporción de actividades que actualmente son desempeñadas por personas y que podrían ser realizadas por máquinas. En el caso de México, más de la mitad de las tareas que desempeñan los trabajadores podría ser realizada por una máquina, utilizando las tecnologías ya probadas en la actualidad.[25]

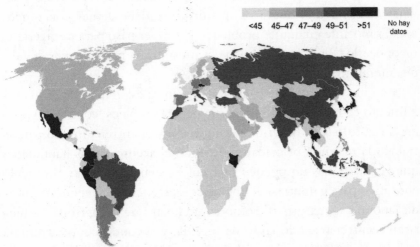

<45 45–47 47–49 49–51 >51 No hay datos

IMAGEN 12.4 Porcentaje ponderado total de las actividades de los empleados que se pueden automatizar, si se usan las tecnologías probadas en la actualidad, por país.

Fuente: McKinsey Global Institute, *Un futuro que funciona: Automatización, empleo y productividad* (Washington D. C.: McKinsey Global Institute, enero de 2017), 9.

Es importante aclarar que estamos hablando de la mitad de las tareas, mas no del 50% de los trabajos. De hecho, de acuerdo con el mismo estudio, menos del 5% de las profesiones u ocupaciones son candidatas a ser totalmente automatizadas.

La diferencia es muy importante: cuando hablamos de ocupación, nos referimos al conjunto de todas las actividades que realiza una persona en su vida laboral. Esto significa que en casi todas las actividades productivas existe un área de oportunidad para automatizar algunas tareas, aunque en el 95% de los trabajos se seguirá requiriendo de una persona que realice el resto de las actividades.

Por cuanto ve al plano regional, aunque la automatización ocurrirá en todas las regiones y en todos los sectores, según un estudio del Banco de México, el reto es aún mayor en el sur del país.[26]

Finalmente, respecto al plano personal, quienes realizan tareas mecánicas con patrones recurrentes tienen un riesgo mayor que quienes realizan tareas más complejas que requieren mayores habilidades cognitivas, de orden creativo o de interacción social.

Para asegurar que quienes sean desplazados de su trabajo puedan encontrar una nueva oportunidad, se debe actuar con urgencia. Como ante cualquier problema, el primer paso para resolverlo es reconocerlo. Elogiar un trapiche es un síntoma preocupante de falta de entendimiento del desafío.

Lo que México debe hacer con urgencia es: *a)* mantener un crecimiento económico sostenido que genere empleos, como se expuso en el capítulo 9; *b)* hacer de la educación y el entrenamiento para el trabajo la máxima prioridad, poniendo el acento en las habilidades que las máquinas no pueden realizar. Se debe actualizar el modelo educativo para garantizar el tipo de competencias que el nuevo mundo laboral va a exigir, así como contemplar que las personas requerirán reentrenarse a lo largo de su vida; y *c)* contar con una amplia red de seguridad social, que brinde apoyo en la etapa de transición a quienes resulten desplazados, incluyendo un Ingreso Básico Universal (IBU).

A lo largo del siglo XX, observamos cómo en las naciones desarrolladas se perdieron millones de empleos en el sector agrícola, al tiempo que se crearon nuevos trabajos en áreas de la economía que no existían. El apocalipsis que muchos pronosticaron jamás llegó. Aunque hoy el reto es mayor por la velocidad del cambio que ya está en marcha, México está a tiempo y tiene todo para convertir el reto en oportunidad de crecimiento, desarrollo y bienestar. Solo hace falta mirar lejos, hacia adelante, y actuar con determinación.

REFLEXIÓN FINAL

Se ha discutido mucho sobre las características que distinguen a los gobiernos que logran impactar de manera decisiva en el bienestar de su población. Entre el cúmulo de variables, hay un rasgo que casi siempre está presente: sus líderes tienen claridad de propósito y visión de futuro.

Muchos gobiernos y organizaciones han fracasado por la sencilla razón de creer que lo que funcionó ayer, volverá a funcionar mañana. México tiene un futuro brillante; pero ese futuro no está garantizado. Lo tenemos que construir.

Observando la imagen de un poderoso elefante adulto que diariamente es maltratado, cabe preguntarnos por qué el animal no se libera del doloroso cautiverio, si lo único que lo detiene es una delgada cuerda sujeta a una diminuta estaca. El imponente animal no se libera porque en sus primeros años de vida estuvo encadenado, y cada vez que intentaba escapar, el grillete lo lastimaba.

Los elefantes tienen buena memoria. Cuando crecen fuertes y poderosos, una insignificante estaca es suficiente para mantenerlos paralizados en circunstancias miserables, aun cuando las cadenas y los grilletes ya solo existen en su mente.

El símil es claro. Para construir un futuro brillante para México, hay que empezar por ser conscientes de nuestra grandeza como país, y olvidar las ataduras del pasado. Hay que romper las cadenas mentales del dogmatismo y la ignorancia; las cadenas mentales del pensamiento mágico; las cadenas mentales que nos atan a lo arcaico y lo obsoleto; las cadenas mentales del pesimismo y la resignación.

Un llamado a la acción

Como cualquier cosa creada por seres humanos, una democracia puede ser destruida. En su libro *Cómo mueren las democracias*, los politólogos de la Universidad de Harvard, Steven Levitsky y Daniel Ziblatt, comparten múltiples ejemplos de países en los que la democracia murió debido a un golpe militar. El gobierno democrática-mente electo fue derrocado y se instauró una dictadura.

Así sucedió en Chile, Argentina, Brasil, República Dominica-na, Ghana, Grecia, Guatemala, Nigeria, Pakistán, Perú, Tailandia, Turquía y Uruguay. Ha ocurrido tantas veces, que la imagen de un golpe militar es lo que viene a la mente cuando se habla del fin de un régimen democrático.

Pero Levitsky y Ziblatt explican que, en la actualidad, muchas democracias mueren de otra manera. Los propios líderes que fueron de-mocráticamente electos se convierten en los verdugos del sistema re-presentativo. Nos recuerdan que antes de acabar con la democracia en Venezuela, Hugo Chávez llegó al poder tras ganar la elección presi-dencial con más del 56% de la votación. Procesos similares de erosión del sistema democrático han ocurrido en tiempos recientes en Georgia, Hungría, Nicaragua, Perú, Filipinas, Polonia, Rusia, Sri Lanka, Tur-quía y Ucrania. Se trata de regímenes que sucumben precisamente a manos de quienes llegaron al poder siguiendo reglas democráticas.

El libro *Cómo mueren las democracias* nace de la preocupación de los autores por la llegada de Donald Trump a la Presidencia de Estados Unidos. En las más de 300 páginas de la obra, la palabra "México" solo aparece en tres ocasiones, y en forma bastante accesoria. No se trata, en absoluto, de un libro sobre México; sin embargo, es sorprendente la exactitud con la que encajan en el rompecabezas mexicano las pie-zas que con detalle describen los autores.

Por ejemplo, dicen que "los populistas suelen ser políticos an-tisistema, figuras que afirman representar la voz del 'pueblo' y que libran una guerra contra lo que describen como una élite corrupta y conspiradora […] prometen enterrar a esa élite y reintegrar el poder 'al pueblo'".[27]

Cualquiera que conozca la política mexicana, inmediatamente relaciona esas líneas con la inmutable cantaleta lopezobradorista de desplazar a "la mafia del poder", para devolver el poder al "pueblo bueno y sabio".

Las marcadas semejanzas en el discurso y en los actos de los líderes populistas, en decenas de países, nada tienen que ver con que exista una conspiración internacional. Muchos de los protagonistas de estos procesos de desmantelamiento de las instituciones democráticas desconocen la similitud de sus acciones con lo que ocurre en otras latitudes. El conocimiento profundo del mundo no suele ser su fuerte. Pero la sincronía de sus voces y movimientos es innegable.

En la versión mexicana, dos objetivos estratégicos han orientado las acciones del gobierno encabezado por López Obrador: *a)* tatuar en la mente de la gente la idea de que lo sucedido en 2018 no fue un simple ejercicio de alternancia en el poder, sino algo mucho más grande: un acontecimiento de dimensión histórica, la autonombrada cuarta transformación de México; y *b)* la concentración del poder.

Para conseguir el primer objetivo, el gobierno lopezobradorista ha recurrido al uso —y abuso— de poderosos y muy eficaces símbolos; actos teatrales e imágenes que dicen mucho más que las palabras: la apertura de Los Pinos al público, la venta del avión presidencial, volar en aerolíneas comerciales y la cancelación de las pensiones a los expresidentes son potentes símbolos de cercanía y de desmantelamiento de los privilegios de la élite política.

Las conferencias de prensa "mañaneras" buscan fijar la idea del gobernante madrugador, afanoso, siempre presente, y sirven además para controlar la agenda mediática.

La torpe cancelación del aeropuerto de Texcoco fue usada como un símbolo de subordinación del poder económico al poder político. El video en el que el presidente fijó su posición, después de la amañada consulta pública que sirvió para validar esa decisión, estuvo a su vez cargado de símbolos: los bustos de Morelos y Juárez, la fotografía de Lázaro Cárdenas, una bandera con el águila juarista y un libro titulado *¿Quién manda aquí?* Las palabras de cierre dejan claro que el título del libro colocado a su derecha no es fortuito: "Yo no voy a ser el florero, no estoy de adorno".[28]

La concentración del poder, segundo objetivo de López Obrador, explica la desaparición del Instituto Nacional de Evaluación de la Educación (INEE), así como el debilitamiento presupuestal o la captura de una larga lista de organismos autónomos y reguladores (INE,

INAI, IFT, CRE, Coneval, CNDH, etcétera). La centralización del gasto público, su iniciativa para modificar el presupuesto sin intervención del Congreso, la orden de inaplicar la ley a través de un memorándum y su autonombramiento como árbitro electoral responden al mismo objetivo.

Todo este ejercicio de acumulación de poder ocurre y se explica por el dominio de MORENA en el Congreso de la Unión. Estamos frente a un gobierno que toma malas decisiones y que cada vez acumula más poder. Una combinación peligrosa.

La situación del país ya era muy frágil antes del coronavirus; pero después de la pandemia ha entrado en un estado francamente crítico. Es urgente la recuperación de frenos y contrapesos. Hace 204 años John Adams le escribió a Thomas Jefferson: "Yo digo que no se puede confiar en el poder sin control".[29] Cuánta razón tenía.

Frente al gravísimo problema de que quien decide mal cada vez pueda decidir más, la pregunta recurrente en toda conversación sobre los problemas del país es ¿qué vamos a hacer? En los últimos meses he escuchado cientos de veces esa misma pregunta: ¿qué vamos a hacer?

Hay quienes piensan que para derrotar a un movimiento radical, hace falta otro aún más radical. No lo comparto. Hay que regresar el péndulo al centro, no enviarlo al otro extremo; hay que recuperar la sensatez y el equilibrio; hay que unir, no polarizar. Hay que escuchar a los expertos y dejar de adjetivar —y denostar— a la ciencia; hay que dejar los apodos y las descalificaciones personales, para poder discutir ideas con seriedad.

Levitsky y Ziblatt, después de reflexionar sobre problemas similares en decenas de naciones, ofrecen una respuesta sensata: "En la medida de lo posible, la oposición debería centrarse en el Congreso, los tribunales y, por supuesto, las elecciones".[30]

La elección intermedia de 2021, en la que se renovará la Cámara de Diputados, es crucial. Personajes como López Portillo y Echeverría no habrían podido hacer tanto daño ni causar tanto dolor, si México hubiera tenido una democracia saludable, con frenos y contrapesos efectivos. Se va a requerir mucha generosidad y altura de miras.

Oponerse a un régimen autoritario siempre conlleva costos. Siendo muy realista, sé que es probable que el gobierno intensifique los ataques en mi contra, tal y como lo hizo el gobierno anterior. Pero eso es lo de menos. ¿Por qué? Porque los ataques hacia mí no se comparan con lo que este gobierno le está haciendo a México: a la economía de las familias, a la salud de la gente y a nuestra vida democrática.

Los partidos y los políticos deberán dejar a un lado intereses personales o de grupo. La oposición no puede pulverizarse ni mucho menos canibalizarse. Las fuerzas de la vanidad, la arrogancia, la soberbia y el egoísmo estarán en juego frente a la generosidad, el patriotismo, la gallardía y el amor a México. Yo confío en que habrá grandeza en las decisiones y en las acciones.

Décadas de corrupción e ineptitud gubernamental, seguidas de las recientes torpezas de la autonombrada cuarta transformación, y ahora agravadas por la inesperada pandemia, han dejado mucho sufrimiento y dolor. Hacia adentro, México es el país que, como Garrick, ríe para no llorar. Y hacia afuera, México parece el país de la promesa que se desvanece. La pregunta es si aún hay esperanza. Como millones de mexicanas y de mexicanos, yo sé que sí.

Me anima saber que México es mucho más grande que sus problemas. Porque México tiene historia, vida y horizonte. México hunde sus raíces en la *Historia antigua* de Clavijero y emerge transformado en la *Historia moderna* de Cosío Villegas. México tiene vida en los paisajes de Velasco y los murales de Siqueiros y Diego Rivera; en *Las flores y los cantos* de Nezahualcóyotl y en la *Piedra de sol* de Octavio Paz. México tiene horizonte en la creatividad de sus jóvenes y la fortaleza de sus mujeres.

Sí, México tiene historia, vida y horizonte. Historia en la fiereza indomable de Cuauhtémoc, en el grito de Hidalgo, la bravura de Morelos, la entereza de doña Josefa Ortiz y el arrojo de doña Leona Vicario; en la valentía de Zaragoza, la perseverancia de Juárez y la fe democrática de Madero. Vida en la cultura que se prodiga dentro de Bellas Artes y se desborda afuera, en la Alameda. Horizonte en la solidaridad de su gente, que es capaz de dar la vida por salvar a otros de la enfermedad.

CAPÍTULO 12: PENSANDO EL FUTURO

México vive y recuerda, porque como dice Unamuno "con maderas de recuerdo, armamos las esperanzas". México vive y sueña, porque la esperanza es el sueño de los que estamos despiertos. México vive y se levanta para reinventarse, para superarse, y para demostrar que su esperanza es invencible. México puede y va a estar mejor. Sí hay de otra. Porque como decía don Efraín González Luna: "Cuando la esperanza se vuelve invencible, la victoria final está asegurada". Todas y todos estamos convocados: toca rehacer la Patria.

ANEXO 1

La estructura del poder
en la Constitución mexicana

1. **El Poder Legislativo**
   a) La Cámara de Diputados
   b) El Senado de la República
      1) 64 electos por voto directo
      2) 32 electos por primera minoría
      3) 32 electos por representación proporcional
   c) Reelección legislativa
   d) Facultades
   e) Reformas a la Constitución
2. **El Poder Ejecutivo**
3. **El Poder Judicial**
4. **Los Organismos Constitucionales Autónomos**
5. **México como una Federación**

De acuerdo con el artículo 40 de la Constitución, México es una república representativa, democrática, laica y federal; el artículo 49 establece el principio de la división de poderes, al determinar que el poder público de la Federación se divide para su ejercicio en Legislativo, Ejecutivo y Judicial.

1. El Poder Legislativo

El Poder Legislativo se deposita para su ejercicio en un Congreso general, que se divide en dos cámaras, una de diputados y otra de senadores.[1]

a) La Cámara de Diputados

La Cámara de Diputados se renueva en su totalidad cada tres años, y está formada por 500 diputados y diputadas, de los cuales 300 son electos en distritos uninominales, y 200 son electos en circunscripciones plurinominales mediante el principio de representación proporcional.[2]

Para la elección de los 300 diputados y diputadas electos por la vía mayoritaria, el país se divide en 300 demarcaciones territoriales denominadas distritos. Toda vez que los diputados son representantes del pueblo, el Instituto Nacional Electoral, al ejercer su facultad de trazar los 300 distritos, debe procurar que la cantidad de población radicada en cada uno de ellos sea similar.

Se llaman distritos uninominales porque cada partido político postula a una sola persona que, junto con las candidaturas independientes, compite por el primer lugar. Quien obtiene más votos en cada uno de los 300 distritos, resulta electo para un periodo de tres años.[3]

Para la elección de las 200 diputaciones restantes opera el principio de representación proporcional. El país se divide en cinco circunscripciones llamadas plurinominales, dado que cada partido postula una pluralidad de personas: 40 candidatos en cada una de las cinco circunscripciones.[4] Bajo la lógica de que las diputadas y los diputados representan al pueblo, en el trazado de las circunscripciones se procura que las cinco tengan un número similar de habitantes.

Cuando los ciudadanos acuden a votar en la elección de diputados, reciben una boleta impresa por ambos lados. En el frente (ver imagen A1.1), aparece el nombre de cada candidata o candidato, a un lado del partido político que lo postula. En caso de que un candidato sea pos-

IMAGEN A1.1 Boleta muestra para la elección de diputaciones federales de 2018.

Fuente: Tomada del Acuerdo del Consejo General del Instituto Nacional Electoral por el que se aprueban el diseño y la impresión de la boleta y demás documentación electoral para el proceso electoral federal 2017-2018, publicado en el *Diario Oficial de la Federación* el 10 de noviembre de 2017.

tulado por una coalición de partidos, su nombre aparece varias veces en la boleta, a un lado de cada uno de los partidos que lo postulan.

Como puede observarse, los candidatos independientes (no postulados por un partido político) también aparecen en la boleta.

Como regla general, los ciudadanos pueden votar por un solo candidato o candidata. En caso de que una misma persona aparezca postulada por varios partidos, el voto se puede ejercer marcando uno o varios recuadros en los que ese candidato aparece, aunque en cualquier caso solo se computará un voto a favor de esa candidatura. Si una persona vota por más de un candidato, el voto se anula. Obtiene el triunfo el candidato o candidata que más votos logra sumar. Ese ejercicio sucede de manera simultánea, cada tres años, en los 300 distritos en que se divide el país. Así resultan electos los 300 integrantes de la Cámara de Diputados por el principio de mayoría relativa.

El reverso de la misma boleta sirve para elegir a los 200 diputados y diputadas restantes. En este caso el país no se divide en 300 porciones territoriales (distritos), sino en 5 demarcaciones llamadas circunscripciones. En el reverso de la boleta se puede ver una lista de

40 candidatos de cada partido. Son 40 porque es el número que resulta de dividir el total de diputaciones a asignar (200), entre las cinco circunscripciones en que se divide el país.

Obviamente, el frente de las boletas es distinto en los 300 distritos, dado que los candidatos no son los mismos; sin embargo, el reverso de las boletas solo cambia dependiendo de la circunscripción de que se trate, por lo que únicamente hay cinco versiones distintas de esa cara de la boleta.

Cuando un ciudadano otorga su voto a un partido en el frente de la boleta, también lo está otorgando a la lista que se encuentra en la parte de atrás. La asignación de las 200 diputaciones de representación proporcional se hace, como su nombre lo dice, en proporción al número de votos que cada partido obtiene. La fórmula y las reglas precisas se pueden consultar en el artículo 54 de la Constitución, pero el espíritu de la disposición es que esos 200 se repartan en función del porcentaje de votos que cada partido político obtenga, incluyendo a las fuerzas políticas minoritarias que podrían no ganar ningún distrito, a pesar de recibir cientos de miles de votos. Al no formar parte de fuerza política alguna, las candidaturas independientes no participan en esta distribución.

Muy poca gente sabe que en el reverso de la boleta está la lista de representación proporcional, y aún menos ciudadanos se toman el tiempo de leer la relación de nombres, que están escritos con letra diminuta. Se trata de un método poco transparente que ha permitido que resulten electos personajes francamente impresentables, los cuales jamás ganarían una elección por voto directo.

b) El Senado de la República

La Cámara de Senadores se renueva en su totalidad cada seis años. Cuenta con 128 integrantes, electos por tres principios distintos: 64 por voto directo, 32 por representación proporcional y 32 por el principio de primera minoría.[5] Mientras que los diputados representan a la población y por eso debe procurarse que el número de habitantes por distrito y por circunscripción sea similar, los senadores representan a las entidades federativas. Por esta razón, aunque el Estado de México tiene más de 20 veces el número de habitantes de Colima, ambas entidades tienen el mismo número de senadores electos por los principios de mayoría y de primera minoría, es decir, tres senadoras o senadores. En la reforma electoral de 1996 se introdujo el principio de representación proporcional para la asignación de 32 senadurías, lo cual rompió con el principio de que todas las entidades federativas contaran con el mismo número de representantes.

1) 64 electos por voto directo

A diferencia de las diputaciones federales, la competencia para el Senado no ocurre a nivel distrital, sino que se da en cada una de las 32 entidades del país (31 estados y la Ciudad de México).

Las candidaturas al Senado de la República se integran por una fórmula, esto es, por dos candidatos propietarios,[6] que aparecen juntos en la boleta. La fórmula que obtiene más votos en cada una de las 32 entidades federativas del país resulta electa, lo que da un total de 64 senadoras y senadores elegidos por el principio de voto directo mayoritario, dos por entidad, sin importar el tamaño de su población.

2) 32 electos por primera minoría

Cada fórmula de dos candidatos tiene un orden con implicaciones prácticas, porque solo resulta electa la persona que encabeza la fórmula que termina en segundo lugar. De este modo, por el principio de primera minoría resulta electa una persona por cada una de las 32 entidades federativas.

3) 32 electos por representación proporcional

Al igual que en el caso de las diputaciones federales, en el reverso de las boletas se puede ver la lista de candidatos postulados por cada partido político, por la vía de la representación proporcional. En el caso del Senado, no hay cinco circunscripciones con cinco listas distintas, como ocurre con las diputaciones, sino que todo el territorio integra una sola circunscripción y, por lo tanto, hay una sola lista nacional por cada partido. La asignación de las 32 senadurías de representación proporcional se hace, como su nombre lo dice, en proporción al número de votos que cada partido obtiene, en los términos establecidos en la ley.

c) Reelección legislativa

La Constitución de 1917 sí permitía la reelección consecutiva de legisladores federales; sin embargo, mediante una reforma promulgada en 1933, quedó prohibida. A partir de 1933, los diputados y senadores sí podían ser reelectos, pero no para el periodo inmediato posterior.

Después de 80 años de permanecer prohibida la reelección consecutiva de legisladores, en 2014[7] se reformó la Constitución, para permitirla en los siguientes términos: los diputados y diputadas podrán reelegirse con un límite máximo de cuatro periodos consecutivos, de tres años cada uno, es decir, podrán permanecer hasta 12 años en el cargo; los senadores podrán reelegirse por dos periodos consecutivos de seis años, e igualmente permanecer hasta 12 años en el cargo.[8]

d) Facultades

El catálogo de facultades del Congreso se encuentra previsto en la Constitución y en la Ley Orgánica del Congreso General. Algunas facultades corresponden a ambas cámaras,[9] otras son exclusivas de la Cámara de Diputados[10] y otras más corresponden exclusivamente al Senado de la República.[11] Por ejemplo, la creación o modificación de las leyes es una facultad de ambas cámaras, que deben aprobar los proyectos de ley de manera sucesiva;[12] la aprobación del Presupuesto de Egresos de la Federación corresponde exclusivamente a la Cámara de Diputados,[13] mientras que la aprobación de los tratados internacionales suscritos por el Presidente de la República corresponde exclusivamente al Senado.[14]

e) Reformas a la Constitución

Para adicionar o reformar la Constitución se requiere del voto de las dos terceras partes de ambas cámaras (diputados y senadores), así como del voto de la mayoría de las legislaturas de los estados y de la Ciudad de México, es decir, al menos 17 de las 32.[15]

2. PODER EJECUTIVO

El Poder Ejecutivo se deposita en una sola persona, que se denomina Presidente o Presidenta de los Estados Unidos Mexicanos.[16] Su elección es por voto directo[17] y sus facultades se encuentran en el artículo 89 de la Constitución y en las leyes secundarias.

A diferencia del parlamentario, en el régimen presidencial la separación de poderes está rigurosamente establecida: el ejecutivo y el legislativo son independientes, aunque deben cooperar en ciertos puntos estratégicos del proceso político.[18]

Por ser el mexicano un régimen presidencial, el Ejecutivo es monocéfalo, es decir, el Presidente de la República es a la vez Jefe de Estado y Jefe de Gobierno.

El encargo de Presidente de la República dura seis años y la reelección está prohibida por la Constitución: "El ciudadano que haya desempeñado el cargo de Presidente de la República, electo popularmente, o con el carácter de interino o sustituto, o asuma provisionalmente la titularidad del Ejecutivo Federal, en ningún caso y por ningún motivo podrá volver a desempeñar ese puesto".[19]

Para el desempeño de sus funciones, el presidente se apoya en la estructura administrativa definida por el artículo 90 constitucional: "La Administración Pública Federal será centralizada y paraestatal conforme a la Ley Orgánica que expida el Congreso, que distribuirá los negocios del orden administrativo de la Federación que estarán a cargo de las Secretarías de Estado y definirá las bases generales de creación de las entidades paraestatales y la intervención del Ejecutivo Federal en su operación".[20]

3. Poder Judicial

El Poder Judicial Federal se deposita en una Suprema Corte de Justicia, en un Tribunal Electoral, en Tribunales Colegiados y Unitarios de Circuito y en Juzgados de Distrito.[21] La Suprema Corte de Justicia de la Nación está compuesta por 11 ministras y ministros.

Como apunta Héctor Fix-Zamudio, existen otros órganos jurisdiccionales que también pertenecen al orden jurídico federal, pero que no están considerados dentro de lo que la Constitución denomina Poder Judicial Federal. Todos esos tribunales se encuentran previstos en los siguientes preceptos constitucionales: tribunales militares, artículo 13; Sistema Integral de Justicia para Adolescentes, artículo 18; tribunales agrarios, artículo 27, f. XIX; Tribunal Federal de Justicia Administrativa, artículo 73, fracción XXIX-H; justicia laboral, a través de las Juntas de Conciliación y Arbitraje[22] y mediante el Tribunal Federal de Conciliación y Arbitraje,[23] artículo 123.

4. Organismos constitucionales autónomos

Una particularidad del diseño constitucional mexicano es la abundancia de órganos del Estado que no se encuentran dentro de la esfera jurídica de ninguno de los tres poderes de la unión. Se trata de los organismos constitucionales autónomos. Son órganos creados en la Constitución y que no están adscritos ni al Poder Ejecutivo, ni al Legislativo, ni al Judicial. Entre los más importantes se encuentra el Banco de México (Banxico); la Fiscalía General de la República (FGR); el Instituto Nacional Electoral (INE); la Comisión Nacional de los

Derechos Humanos (CNDH); La Comisión Federal de Competencia Económica (Cofece); el Instituto Nacional de Estadística y Geografía (Inegi); el Instituto Federal de Telecomunicaciones (IFT); el Instituto Nacional de Transparencia, Acceso a la Información y Protección de Datos Personales (INAI), entre muchos otros.

5. MÉXICO COMO UNA FEDERACIÓN

Como Estado federal, México está integrado por 32 entidades federativas: 31 estados y la Ciudad de México. Los estados adoptan, para su régimen interior, la forma de gobierno republicano, representativo, democrático, laico y popular, y tienen en el municipio la base de su división territorial y de su organización política y administrativa.[24]

En total, México cuenta con 2 463 municipios.[25] El tamaño y población es muy variable entre ellos. Algunos tienen más habitantes, inclusive, que todo un estado; por ejemplo Iztapalapa, municipio de la Ciudad de México, y Ecatepec en el Estado de México, cuentan con más de un millón y medio de habitantes cada uno, muy por encima de la población total de estados como Colima, Aguascalientes, Nayarit o Tlaxcala. En contraste, el municipio de Santa Magdalena Jicotlán, en Oaxaca, cuenta con solo 93 habitantes.[26]

Al igual que a nivel federal, el poder púbico en cada estado y en la Ciudad de México se divide para su ejercicio en Ejecutivo, Legislativo y Judicial. A nivel local, los poderes se organizan de acuerdo con la Constitución de cada entidad, pero sujetándose a las normas establecidas en la Constitución general. El Poder Ejecutivo se deposita en una sola persona denominada Gobernador o Gobernadora del estado (en la Ciudad de México se llama Jefe o Jefa de Gobierno); el Poder Legislativo se deposita en la Legislatura de cada entidad y el Poder Judicial se ejerce por los tribunales que establecen las constituciones respectivas.[27]

Al igual que a nivel federal, los estados cuentan con organismos constitucionales autónomos, con denominaciones y funciones muy similares a los organismos que operan a nivel federal.

Cada municipio es gobernado por un cuerpo colegiado llamado Ayuntamiento, de elección directa, integrado por un presidente o presidenta municipal y el número de regidurías y sindicaturas que la normatividad local determine. La Constitución expresamente establece que no habrá autoridad intermedia alguna entre el Ayuntamiento y el gobierno de cada estado.

La distribución de facultades entre la Federación, los estados, los municipios y los órganos constitucionales autónomos nacionales y locales se encuentra establecida en la Constitución federal, las constituciones de los estados, la Constitución de la Ciudad de México y en diversas leyes secundarias.

Principales indicadores

Geografía y ubicación de México

Superficie	1 960 189 km²
Lugar en el mundo	14
Extensión del total de fronteras	
Frontera con EUA	3 175 km
Frontera con Guatemala y Belice	1 250 km
Extensión de las costas	11 122 km

Fuente: Inegi.

GOBIERNO

Nombre oficial: Estados Unidos Mexicanos	
Forma de Estado y de gobierno	República representativa, democrática, laica y federal
Capital	Ciudad de México

Integración original de la Cámara de Diputados, LXIV Legislatura (2018-2021)		
Partido	Curules	%
MORENA	191	38.2%
PAN	81	16.2%
PRI	45	9.0%
PRD	21	4.2%
PT	61	12.2%
PVEM	16	3.2%
MC	27	5.4%
Nueva Alianza	2	0.4%
PES	56	11.2%
Total	500	100%

Integración original del Senado de la República, LXIV Legislatura (2018-2024)		
Partido	Curules	%
MORENA	55	43.0%
PAN	23	18.0%
PRI	14	10.9%
PRD	8	6.3%
PT	6	4.7%
PVEM	6	4.7%
MC	7	5.5%
Nueva Alianza	1	0.8%
PES	8	6.3%
Total	128	100/%

Nota: La integración del Congreso ha variado considerablemente, sobre todo durante 2020, debido a los "cambios" de diputados de un grupo parlamentario a otro, en función de objetivos partidistas.

Fuente: Instituto Nacional Electoral, 2018.

División política

1 Federación
31 estados + Ciudad de México
2 465 Municipios

Fuente: Constitución Política de los Estados Unidos Mexicanos y el Marco Geoestadístico Nacional del Inegi, 2019.

Personas y sociedad

Población (2020) [1]	127.8 millones
Lugar en el mundo [2]	11
Población urbana (2015) [3]	77%
Población rural (2015) [3]	23%
Población en situación de pobreza (2018) [4]	52.4 millones
Población en situación de pobreza extrema (2018) [4]	9.3 millones

(Continúa)

(*Continuación*)

Tasa de crecimiento de la población (2020) /1	1.08
Tasa global de fecundidad (2020) /1	2.05
Esperanza de vida (2020) /1	75.23 años
Hombres	72.37 años
Mujeres	78.11 años
Años promedio de escolaridad (2015) /3	9.1 años
Usuarios de internet (2019) /3	80.6 millones
Tasa de homicidios dolosos por cada 100 000 habitantes (2018) /3	29
Mexicanos y mexicano-americanos viviendo en EUA /2	37.4 millones

Fuente:

/1 Conapo
/2 U.S. Census Bureau (2017)

/3 Inegi
/4 Coneval.

Población por edad (2020)

0-17 años	39.6 millones
18-40 años	46.5 millones
41-60 años	28.2 millones
Más de 61 años	13.4 millones

Fuente: Conapo

PRINCIPALES INDICADORES DE ECONOMÍA

PIB (precios actuales 2019) [1]	1 258 miles de millones de dólares
Lugar en el mundo [1]	12
PIB per cápita (precios actuales 2019) [1]	9 863 dólares
PIB tasa de crecimiento real (2019) [2]	-0.1%
Tasa de inflación anual (2019) [2]	2.83%
Tasa de referencia de Banxico (agosto 2020) [3]	4.5%
Población Económicamente Activa (2019) [2]	57.6 millones
Población ocupada por sector (2019) [2]	
Agricultura	6.9 millones
Industria	13.8 millones
Servicios	34.7 millones
Porcentaje de población ocupada en la economía informal (2019) [2]	56.2%
Tasa de desempleo (2019) [2]	3.4%
Salario mínimo diario (2020) [4]	123.22 pesos
Tipo de cambio peso/dólar (2019) [3]	19.25 pesos
Importaciones (2019) [5]	455 295 millones de dólares
Lugar en el mundo [1]	14
Exportaciones (2019) [5]	461 115 millones de dólares
Lugar en el mundo [1]	16
Saldo de la balanza comercial (2019) [5]	5 820 millones de dólares
Producción de pretróleo (2019) [6]	1 678 miles de barriles diarios
Deuda pública (% PIB 2019) [7]	47.1%
Deuda externa (% PIB 2019) [7]	15.8%

Fuente:

/1 Banco Mundial
/2 Inegi
/3 Banco de México
/4 Comisión Nacional de Salarios Mínimos

/5 Secretaría de Economía
/6 Pemex
/7 Secretaría de Hacienda y Crédito Público

ANEXO 3

Fechas históricas importantes

1200 a. C.	A partir de esta fecha, distintas civilizaciones florecen en lo que hoy es México, entre ellas los olmecas, mayas, toltecas, teotihuacanos y mexicas.
1325	Fundación de Tenochtitlán (actual Ciudad de México), que sería la capital del Imperio mexica o azteca.
1502	Inicio del reinado de Moctezuma II, emperador o tlatoani mexica que presencia la llegada de los conquistadores españoles.
1519	Hernán Cortés desembarca con sus tropas en las costas del golfo de México y funda la Villa Rica de la Vera Cruz, actual ciudad de Veracruz.
1521	Caída de Tenochtitlán a manos de Hernán Cortés y de sus aliados indígenas.
1524	Llegada de los primeros misioneros de la orden franciscana, para evangelizar a los indígenas de América. En los años siguientes llegarían también los dominicos, agustinos y jesuitas, entre otras órdenes religiosas.
1535	Se establece el virreinato como forma de gobierno en la Nueva España, con el nombramiento de Antonio de Mendoza como primer virrey.
1551	Fundación de la Real y Pontificia Universidad de México.
1571	Se establece la Inquisición en la Nueva España.

1767	Expulsión de la orden de los jesuitas de los dominios de España.
1810	Miguel Hidalgo y Costilla da el "Grito de Dolores", considerado el inicio de la guerra de Independencia.
1811	Hidalgo es capturado y ejecutado. Continúa la lucha su discípulo José María Morelos y Pavón.
1813	Se reúne el Congreso de Chilpancingo, convocado por Morelos, que declara la independencia de la nación y la abolición de la esclavitud.
1814	El Congreso expide el Decreto Constitucional para la libertad de la América Mexicana, conocido como Constitución de Apatzingán, que preveía un régimen de gobierno republicano.
1815	Morelos es aprehendido y ejecutado. Otros caudillos continúan una lucha intermitente contra la Corona española.
1821	Agustín de Iturbide, comandante realista, propone al caudillo insurgente Vicente Guerrero unir sus fuerzas y juntos consuman la Independencia.
1822	Iturbide es proclamado emperador. El Primer Imperio Mexicano dura solo de 1821 a 1823.
1824	Se establece como forma de gobierno la república federal. Guadalupe Victoria es electo primer presidente de México. Se promulga la primera Constitución federal, de corte liberal.
1833	Santa Anna inicia el primero de sus numerosos periodos como presidente.
1836	Texas, con una población proveniente en su mayoría de Estados Unidos, tras un año de conflicto armado declara su independencia de México.
1838-1839	Naves francesas bloquean el puerto de Veracruz en el conflicto conocido como Guerra de los Pasteles.
1845	Texas formaliza su anexión a Estados Unidos de América.
1846-1848	Guerra entre México y Estados Unidos, desatada por los propósitos expansionistas de Estados Unidos y la anexión de Texas. Con la firma del Tratado de Guadalupe-Hidalgo, México pierde más de la mitad de su territorio.

1854-1855	La Revolución de Ayutla, liderada por los liberales Juan Álvarez e Ignacio Comonfort, a quienes se sumaron figuras como Benito Juárez y Melchor Ocampo, derroca a Santa Anna.
1857	Promulgación de una nueva Constitución de carácter liberal, a la que se incorporarían las Leyes de Reforma (expedidas entre 1859 y 1860), que establecen la separación entre la Iglesia y el Estado.
1858-1861	Guerra de Reforma entre liberales y conservadores.
1861	El presidente Benito Juárez suspende los pagos de la deuda exterior. Francia, Inglaterra y España firman la Convención de Londres y envían una flota a Veracruz. Inglaterra y España firman los Tratados de La Soledad y se retiran.
1862	Los franceses, que habían recibido instrucciones de permanecer en México para instaurar un imperio bajo la protección de Napoleón III, se internan en el territorio, con el respaldo del bando conservador.
5 de mayo de 1862	El ejército francés, reputado como el mejor del mundo, es derrotado en Puebla por el ejército mexicano, al mando de Ignacio Zaragoza.
1863	Tras recuperar Puebla, los franceses toman la Ciudad de México.
1864	Maximiliano de Habsburgo y su esposa Carlota de Bélgica llegan a México en calidad de emperadores. Se inicia el periodo conocido como Segundo Imperio Mexicano.
1867	Tras ser derrotado en Querétaro, Maximiliano es juzgado y ejecutado. Se restablece el gobierno republicano con Juárez a la cabeza.
1872	Muere Benito Juárez, tras haber permanecido en la presidencia desde 1858. Lo sucede Sebastián Lerdo de Tejada.
1876	Por la Revolución de Tuxtepec, Porfirio Díaz derroca a Lerdo de Tejada y llega a la presidencia, en la que, con una sola interrupción, permanece hasta 1911. Este periodo, con duración de más de 30 años, es conocido como el Porfiriato.
1910	Francisco I. Madero lanza el Plan de San Luis y convoca a un levantamiento popular. El 20 de noviembre inicia la Revolución Mexicana.

1913	Madero es depuesto durante la Decena Trágica y asesinado por orden de Victoriano Huerta, que asume la presidencia, apoyado por el embajador de Estados Unidos, Henry Lane Wilson. Venustiano Carranza desconoce a Huerta y forma el Ejército Constitucionalista.
1914	Tropas norteamericanas desembarcan en Veracruz y ocupan el puerto durante siete meses. Tras la caída de Huerta, entregan la plaza a los constitucionalistas.
1917	Carranza promulga en Querétaro una nueva Constitución, que sigue vigente hasta hoy.
1920	Carranza es derrocado por la Revolución de Agua Prieta y asesinado en Tlaxcalantongo, Puebla. Álvaro Obregón es electo presidente.
1924	Inicia la presidencia de Plutarco Elías Calles, quien sería llamado *Jefe Máximo de la Revolución*.
1926-1929	Se desarrolla el conflicto armado conocido como la Cristiada. Contingentes populares en el centro y occidente de México, se oponen a las medidas anticlericales dictadas por el gobierno.
1928-1934	Periodo conocido como el Maximato, en el que Plutarco Elías Calles domina la escena política, durante las presidencias de Emilio Portes Gil, Pascual Ortiz Rubio y Abelardo L. Rodríguez.
1929	Plutarco Elías Calles crea el Partido Nacional Revolucionario (PNR).
1934-1940	Periodo presidencial de Lázaro Cárdenas del Río, el primero con duración de seis años. A partir de entonces los periodos presidenciales se denominan informalmente sexenios.
1936	Cárdenas envía al exilio a Plutarco Elías Calles, junto con algunos de sus más cercanos colaboradores.
1938	Lázaro Cárdenas refunda el PNR con el nombre de Partido de la Revolución Mexicana (PRM).
1939	Manuel Gómez Morin, ex rector de la UNAM, encabeza un esfuerzo colectivo que desemboca en la fundación del Partido Acción Nacional (PAN).

1946	El PRM se reestructura y se convierte en el Partido Revolucionario Institucional (PRI).
1946	Inicia el sexenio de Miguel Alemán, el primer presidente civil (sin antecedentes militares) después de la Revolución.
1968	En el marco del movimiento de 1968, estudiantes son masacrados en la Plaza de las Tres Culturas de Tlatelolco, a manos del régimen autoritario de Díaz Ordaz.
1976	Durante el gobierno de Luis Echeverría se incrementa la deuda pública y, después de décadas de estabilidad, el peso se devalúa frente al dólar.
1982	Las malas decisiones económicas del gobierno de José López Portillo desatan una profunda crisis económica.
1988	Tras unas elecciones cuestionadas, Carlos Salinas de Gortari asume la presidencia.
1989	Cuauhtémoc Cárdenas y otros políticos de izquierda fundan el Partido de la Revolución Democrática (PRD).
1994	En el estado de Chiapas se levanta en armas el Ejército Zapatista de Liberación Nacional. El candidato del PRI a la presidencia, Luis Donaldo Colosio, es asesinado en Tijuana durante su campaña. Lo sustituye Ernesto Zedillo. La crisis política desencadena un colapso económico.
1994	Entra en vigor el Tratado de Libre Comercio de América del Norte (TLCAN).
2000	Tras siete décadas de dominio del PRI, gana la elección presidencial un candidato de oposición: Vicente Fox Quesada, del Partido Acción Nacional.
2012	Luego de dos sexenios panistas, el PRI regresa al poder con Enrique Peña Nieto.
2018	En su tercer intento, López Obrador, obtiene el triunfo en la elección presidencial.
2020	Llega a México la pandemia provocada por el Covid-19, y cobra decenas de miles de vidas. Se agudiza la crisis económica preexistente y el PIB sufre su mayor caída desde la Gran Depresión.

Notas

A manera de entrada

[1] La Constitución es muy clara en su artículo 54: no puede haber una diferencia de más de 8% entre los votos que recibe un partido en las urnas y las diputaciones que a ese mismo partido se le asignan. El partido MORENA, con menos del 38% de los votos, obtuvo más del 50% de las diputaciones; y a nivel de la coalición (MORENA-PT-PES), con el 44% de los votos, prácticamente alcanzó la mayoría calificada de dos terceras partes. ¿Cómo pasó eso? A base de triquiñuelas: para que no les aplicara la regla del 8%, postularon a sus candidatos a través de otros partidos políticos. Para mayores detalles puede verse el capítulo 10. Por ahora basta decir que hasta el coordinador del grupo parlamentario de MORENA fue postulado por un partido distinto. Esa maniobra la repitieron no dos o tres veces, sino en 50 ocasiones. El expresidente del IFE, José Woldenberg, calificó la artimaña como "un 'ingenioso' fraude a la ley que ha desfigurado el principio de representación". José Woldenberg, "La reforma necesaria", *El Universal*, 7 de enero de 2020, https://www.eluniversal.com.mx/opinion/jose-woldenberg/la-reforma-necesaria.

[2] Francisco I. Madero, *La sucesión presidencial en 1910*, Vol. 1 (México: Miguel Ángel Porrúa, Cámara de Diputados, 2010), 344.

[3] Jesús Silva-Herzog Márquez, "Exigencia a las alternativas", *Reforma*, 8 de junio de 2020, https://www.reforma.com/exigencia-a-las-alternativas-2020-06-08/op181642.

[4] Gómez Morin, Manuel, *Diez años de México, 1939-1949. Informes y mensajes de los presidentes del PAN*, T. 1., Partido Acción Nacional, 1999, p. 176.

Capítulo 1

El peso de nuestra historia: un vistazo panorámico

[1] "'Los otros datos' de AMLO sobre la fundación de México", *El Financiero*, 27 de mayo de 2019, https://www.elfinanciero.com.mx/nacional/los-otros-datos-de-amlo-sobre-la-fundacion-de-mexico.

[2] Ignacio Bernal, "El tiempo prehispánico", en *Historia mínima de México*, de Daniel Cosío Villegas *et al.*, 2.ª ed. Ebook (México: El Colegio de México, 1994). Respecto a México, se ha demostrado la existencia de seres humanos desde hace unos 21 mil años cerca de la Ciudad de México, en las exploraciones de Tlapacoya. En otras regiones como San Luis Potosí, se han encontrado vestigios con una antigüedad de poco más de 30 mil años.

[3] Es sabido que no todas las culturas prehispánicas florecieron en el mismo momento; sin embargo, solemos perder de vista la enorme cantidad de tiempo que transcurrió entre unas y otras. Consideremos, por ejemplo, el surgimiento de las culturas denominadas genéricamente como olmecas, y el de la mexica o azteca, dominante en el momento de la Conquista. La distancia cronológica entre estas dos culturas es de aproximadamente 3 mil años, un lapso mayor que el que separa al lector de este libro de quienes vivieron en los inicios del Imperio romano. De ese tamaño es la dispersión en el tiempo y la riqueza cultural de lo que conocemos como pueblos prehispánicos.

[4] Un breve repaso: en el Preclásico temprano (2500 a 1200 a. C.) se generalizó la vida sedentaria en Mesoamérica. En el 1200 a. C. empezaron a realizarse obras hidráulicas, como canales, terrazas y chinampas. Para el 500 a. C. surgen la especialización laboral y la estratificación social; se construyen grandes centros ceremoniales urbanizados y surge un repertorio de imágenes simbólicas.

Durante el periodo Clásico (200 a 650 d. C.) florece la gran urbe de Teotihuacán, cuyos habitantes construyeron las famosas pirámides del Sol y de la Luna, y el templo de Quetzalcóatl. La organización de la sociedad era compleja. Como apunta Pablo Escalante: "es frecuente que se imagine a todas las sociedades prehispánicas como tiranías en las que un grupo intensamente rico sometía a comunidades de productores a un trabajo extenuante con un férreo control político. Y ciertamente no eran democracias, pero su estructura interna era más compleja de lo que sugiere el prejuicio".

El Clásico tardío (650 a 900 d. C.) marcó la caída de Teotihuacán pero también el esplendor de algunos centros mayas, como Palenque, Tikal y Calakmul. Este es otro rasgo de la dispersión en el tiempo de las culturas mesoamericanas. Mientras unas se extinguían, otras se fortalecían, sin que mediara relación de continuidad. Es decir, una cultura no se extinguía porque otra la sustituyera; se trata más bien de ascensos y caídas discontinuas, marcadas por fenómenos naturales y también por factores humanos, principalmente la lucha por la hegemonía territorial y comercial entre ciudades de una misma región.

En el Posclásico temprano (900 a 1200 d. C.) la ciudad más importante de la región central fue Tula, en el actual estado de Hidalgo. Los toltecas tuvieron, como en su tiempo Teotihuacán, una vasta área de influencia, comerciaron con poblaciones de Centroamérica, por el sur, y con algunas del actual estado de Sinaloa, por el norte. La lejana Chichén Itzá fue refundada alrededor del 900 d. C., copiando algunas de las imágenes y construcciones de Tula.

Por último, en el denominado Posclásico tardío (1200 d. C. hasta la Conquista) floreció la gran urbe de Tenochtitlán, cuya red de canales y chinampas, populosa población y grandiosos edificios tanto sorprendieron a los españoles, como acredita Hernán Cortés en sus *Cartas de relación*. Ver Pablo Escalante Gonzalbo, "El México antiguo", en *Nueva historia mínima de México ilustrada*, de Pablo Escalante Gonzalbo *et al.* (México: El Colegio de México, Secretaría de Educación del Gobierno del Distrito Federal, 2008), 21-109. Se sigue a este autor para la periodización aquí referida.

[5] José María Roa Bárcena, *Recuerdos de la invasión norte-americana 1846-1848 por un joven de entonces* (México: Librería Madrileña de Juan Buxó y Ca., 1883), 506-507.

[6] Consultar Pablo Mijangos, *La Reforma (1848-1861)*, Herramientas para la Historia. Ebook (México: Centro de Investigación y Docencia Económicas, Fondo de Cultura Económica, 2018).

[7] Para la revisión de la historiografía correspondiente a este periodo, consultar Erika Pani, *El Segundo Imperio: Pasados de usos múltiples*, Herramientas para la Historia. Ebook (México: Centro de Investigación y Docencia Económicas, Fondo de Cultura Económica, 2018).

[8] Las características del régimen porfirista han sido objeto de largos debates. Fue hasta tiempos recientes que se sustituyó la versión del dictador sin matices, difundida por la historia oficial, por la del gobernante que acarreó tanto beneficios como graves perjuicios al país. Una revisión de las obras más relevantes puede consultarse en Mauricio Tenorio Trillo y Aurora Gómez Galvarriato, *El Porfiriato*, Herramientas para la Historia. Ebook (México: Centro de Investigación y Docencia Económicas, Fondo de Cultura Económica, 2018). También son abundantes las biografías de Díaz (Krauze, Rosas, Garner, Tello), lo cierto es que el estudio tanto de la figura como del periodo está lejos de ser agotado.

[9] Para Coatsworth, el autoritarismo del periodo porfirista tuvo características peculiares que favorecieron "la centralización del poder en las manos del gobierno nacional", por encima de la dispersión local del periodo precedente. Ver John H. Coatsworth, "Los orígenes del autoritarismo moderno en México", trad. Alicia Torres, *Foro Internacional* 16, núm. 2 (octubre-diciembre de 1975): 205-232.

[10] Es decir, determinó el juicio sobre el periodo previo y sirvió de bandera para el periodo posterior. "El peso historiográfico de la Revolución mexicana ha sido tal que ha llevado, las más de las veces, a buscarla hacia atrás y a inventarla hacia adelante". Ver "Introducción" en Tenorio Trillo y Gómez Galvarriato, *El Porfiriato*.

[11] Sobre el inicio de la Revolución no hay dudas, pero sobre la fecha en que deba darse por concluido el periodo se ha discutido mucho. Algunos historiadores marcan 1917, año de la promulgación de la Constitución vigente hasta hoy. Otros piensan que 1920, año en que cesa el conflicto armado generalizado. Alan

Knight, en cambio, considera que se extiende hasta 1940. Ver Alan Knight, *La revolución cósmica: Utopías, regiones y resultados, México 1910-1940*. Ebook (México: Fondo de Cultura Económica, 2015).

[12] "La Revolución de 1910 terminaría acaparando el concepto en el imaginario mexicano", dice José Piqueras. Ver José Piqueras, "Excomulgados del universo: Legitimismo y revolución en la Independencia de México", en *Independencia y Revolución: pasado, presente y futuro*, Gustavo Leyva *et al.*, coords., Sección Obras de Historia (México: Universidad Autónoma Metropolitana, Fondo de Cultura Económica, 2010), 101.

[13] Javier Garciadiego Dantán, "1910: Del viejo al nuevo Estado mexicano", en *Ensayos de historia sociopolítica de la Revolución mexicana*, Serie Antologías. Ebook (México: El Colegio de México, 2013).

[14] Daniel Cosío Villegas, *El sistema político mexicano: Las posibilidades de cambio*, 6.ª ed. (México: Joaquín Mortiz, 1974), 31.

[15] Enrique Krauze, *La presidencia imperial: Ascenso y caída del sistema político mexicano (1940-1996)*, 5.ª ed. (México: Tusquets Editores,1999).

[16] Jean Meyer, *La Cristiada*, trad. Aurelio Garzón del Camino, 9.ª ed. (México: Siglo Veintiuno Editores, 1985). Meyer hizo una estimación de 70 a 85 mil muertos. No obstante, en una actualización posterior, aclara: "En mi libro no aparecen cifras fundamentadas en cuanto al costo de vidas humanas del gran episodio bélico [...] unas notaciones impresionistas, nada más [...] fue el presidente de la República, Miguel de la Madrid, en visita oficial a Francia en el año 1986, quien proporcionó una cifra. Cifra muy alta". Y reproduce el fragmento, cuya autenticidad asegura haber verificado, en el que el presidente habla de "una guerra de religión que costó 250 mil muertos". Ver Jean Meyer, *Pro domo mea: "La Cristiada" a la distancia* (México: Siglo Veintiuno Editores, 2004), 13.

[17] Giovanni Sartori, *Partidos y sistemas de partidos: Marco para un análisis*, trad. Fernando Santos Fontenla, 2.ª ed. (Madrid: Alianza Editorial, 2005).

[18] Siguiendo a Sartori: "Las no democracias se denominan con numerosos términos: tiranía, despotismo, absolutismo, autocracia, dictadura, autoritarismo, totalitarismo". Sobre el término autoritarismo el mismo Sartori explica que deriva de autoridad y "fue acuñado por el fascismo como término apreciativo, pero que pasó a ser peyorativo con la derrota del fascismo y del nazismo, ya que denota la 'mala autoridad', es decir, un abuso y un exceso de autoridad que aplastan la libertad. En ese sentido, yo diría que hoy, más que constituir lo contrario de democracia, el término autoritarismo viene a significar lo contrario de libertad". Giovanni Sartori, *La democracia en treinta lecciones*, trad. Alejandro Pradera (México: Taurus, 2009), 54-55.

[19] Cosío Villegas, *El sistema político mexicano...*, 11.

[20] "Quien, como López Obrador, politiza la historia, subordina el interés general de conocimiento a sus intereses políticos particulares." Enrique Krauze,

"El presidente historiador", *Letras Libres*, 2 de enero de 2019, https://www.letras libres.com/mexico/revista/el-presidente-historiador.

[21] Así llamado en la novela homónima de Enrique Serna, *El seductor de la patria* (México: Joaquín Mortiz, 2003).

[22] Ordenada por Fernando VII en 1829 y encomendada al brigadier Isidro Barradas, quien fue derrotado por Santa Anna en Tampico.

[23] Entre la amplia bibliografía sobre el tema, puede consultarse a Josefina Zoraida Vázquez, coord., *México al tiempo de su guerra con Estados Unidos (1846-1848)*, 2.ª ed., Sección Obras de Historia. Ebook (México: Secretaría de Relaciones Exteriores, El Colegio de México, Fondo de Cultura Económica, 1998). También Ángela Moyano Pahissa, *México y Estados Unidos: orígenes de una relación, 1819-1961* (México: Secretaría de Educación Pública, 1987).

[24] Para los pormenores de esta transición ver Reynaldo Amadeo Vázquez Ramírez, "Juárez: de Ministro de la Suprema Corte de Justicia a Presidente de la República", *Alegatos*, núm. 91 (2015): 525-536.

[25] William H. Beezley y Michael C. Meyer, eds., *The Oxford History of Mexico*. Ebook (Nueva York: Oxford University Press, 2010).

[26] Para una comprensión cabal de esta coyuntura, que fue usada por ambos bandos como argumento de descalificación en las décadas siguientes, consultar Patricia Galeana, *El Tratado McLane-Ocampo: La comunicación interoceánica y el libre comercio* (México: Porrúa, Centro de Investigaciones sobre América del Norte [UNAM], 2006).

[27] Tratado McLane-Ocampo, 14 de diciembre de 1859.

[28] Ver Antonio de la Peña y Reyes, *El Tratado Mon-Almonte*, Archivo Histórico Diplomático Mexicano 13 (México: Publicaciones de la Secretaría de Relaciones Exteriores, 1925).

[29] Una visión de las obras principales sobre este periodo puede consultarse en Pani, *El Segundo Imperio...* Para dar idea de las negociaciones que llevaron a la elección de Maximiliano, consultar Egon Caesar Conte Corti, *Maximiliano y Carlota*, 2.ª ed. (México: Fondo de Cultura Económica, 1971).

[30] Incluso en lo personal, Maximiliano y Carlota no tenían una buena impresión del clero mexicano. En una carta dirigida desde Palacio Nacional a Maximiliano por Carlota (quien lo suplía en las labores de gobierno cuando se ausentaba), da cuenta de una reunión con dos prelados en estos términos: "Los dos arzobispos comieron hace poco conmigo en una cena privada. Labastida sufre del estómago y de angustia por el futuro. Con toda certeza no es ya el hombre animoso de antes. [Clemente de Jesús] Munguía [obispo de Michoacán] está tan colérico como siempre. Ambos serían felices si pudieran gastar sus ingresos en Roma. Su única meta es la tranquilidad y el dinero. Si ya no pudieran llevar sus mitras verdes, la situación sería imposible a sus ojos. Extraño clero". Ver Konrad Ratz, *Correspondencia inédita entre Maximiliano y Carlota*, Sección Obras de Historia (México: Fondo de Cultura Económica, 2004).

[31] Edmundo O'Gorman, *La supervivencia política novohispana: Reflexiones sobre el monarquismo mexicano*, Pequeños Grandes Ensayos. Ebook (México: Universidad Nacional Autónoma de México, 2018).

[32] "El presidente López Obrador se declara liberal, pero en su declaración de identidad hay una petición de principio: es liberal porque él dice que lo es (o porque le sirve para señalar a sus críticos como 'conservadores'), no porque pruebe serlo". Krauze, "El presidente historiador".

[33] Ver José Woldenberg, "El reiterado recurso de la evasión", *El Universal*, 4 de febrero de 2020, https://www.eluniversal.com.mx/opinion/jose-woldenberg/el-reiterado-recurso-de-la-evasion.

[34] "Enrique Krauze responde a AMLO y lo acusa de conservador", *Radio Fórmula*, 8 de junio de 2020, https://www.radioformula.com.mx/noticias/20200608/enrique-krauze-amlo-periodistas-entrevista-hoy-ciro-gomez-leyva/.

[35] Loaeza considera que: "La imagen de la omnipotencia presidencial en el México autoritario inspiró un paradigma esencialmente cultural, que desde hace décadas domina la explicación del presidencialismo mexicano, según el cual los mexicanos esperábamos ser gobernados por líderes fuertes y paternalistas. Así habían sido gobernados los aztecas, así habían gobernado los virreyes, y el país solo se había dejado gobernar por hombres fuertes como Porfirio Díaz o Plutarco Elías Calles". En cambio, la hipótesis de la autora se orienta a mostrar que "su poder [de los presidentes] no se construyó solo a partir de amplios márgenes de acción, sino que también le dieron forma las restricciones que le imponían otros componentes del régimen". Soledad Loaeza, "Dos hipótesis sobre el presidencialismo autoritario", *Revista Mexicana de Ciencias Políticas y Sociales* 58, núm. 218 (mayo-agosto de 2013): 59.

[36] Una interpretación de las características originarias del PNR, actual PRI, es la contenida en el libro de Luis Javier Garrido, *El Partido de la Revolución Institucionalizada (medio siglo de poder político en México): La formación del nuevo Estado en México (1928-1945)*, 7.ª ed., Sociología y Política (México: Siglo Veintiuno Editores, 1995).

[37] Garciadiego Dantán, "Vasconcelos y el mito del fraude en la campaña electoral de 1929", *Ensayos de historia sociopolítica...*, 344.

[38] "Vargas Llosa: 'México es la dictadura perfecta'", *El País*, 31 de agosto de 1990, https://elpais.com/diario/1990/09/01/cultura/652140001_850215.html.

[39] El politólogo estadounidense Roderic Ai Camp destaca casi una decena de razones por las que es pertinente el estudio de México desde una perspectiva comparada. Ver Roderic Ai Camp, *La política en México: ¿Consolidación democrática o deterioro?*, trad. Guillermina del Carmen Cuevas Mesa. Ebook (México: Fondo de Cultura Económica, 2018).

[40] Así motejó a Alemán y a su grupo de allegados, con toda la carga satírica, Vicente Lombardo Toledano, destacado político de izquierda, fundador del Partido Popular Socialista.

[41] Como denomina Carlos Fuentes a la silla presidencial en su novela homónima, publicada en 2003.

[42] La delimitación precisa de la región es variable. En este ejercicio comparativo fueron tomados en cuenta 17 países: Argentina, Bolivia, Brasil, Chile, Colombia, Costa Rica, Ecuador, El Salvador, Guatemala, Honduras, Nicaragua, México, Panamá, Paraguay, Perú, Uruguay y Venezuela.

[43] "Acuerdo por el que se dispone de la Fuerza Armada permanente para llevar a cabo tareas de seguridad pública de manera extraordinaria, regulada, fiscalizada, subordinada y complementaria", *Diario Oficial de la Federación*, 11 de mayo de 2020, https://www.dof.gob.mx/nota_detalle.php?codigo=5593105&fecha=11/05/2020.

[44] Ver Javier Corrales, "Latin America Risks Becoming the Land of Militarized Democracies", *Americas Quarterly*, 24 de octubre de 2019, https://www.americasquarterly.org/article/latin-america-risks-becoming-the-land-of-militarized-democracies/.

[45] Datos tomados del Banco Mundial. El PIB por paridad del poder adquisitivo (PPA) es el producto interno bruto convertido a dólares internacionales, utilizando las tasas de paridad del poder adquisitivo.

[46] *Vecinos distantes: Un retrato de los mexicanos* es el título del conocido libro en el que el periodista Alan Riding aborda las diferencias entre México y Estados Unidos a nivel político, económico, social y cultural. No nos ocupamos aquí del contenido, sino de la pertinencia del título para describir esa compleja relación bilateral. Ver Alan Riding, *Distant Neighbors: A Portrait of the Mexicans*. Ebook (Nueva York: Vintage Books, 2000).

[47] Ver Francisco Martín Moreno, "Semejanzas entre AMLO y Trump", *El País*, 21 de junio de 2019, https://elpais.com/internacional/2019/06/21/mexico/1561150584_263035.html.

[48] Yuval Noah Harari, "The World after Coronavirus", *Financial Times*, 19 de marzo de 2020, https://www.ft.com/content/19d90308-6858-11ea-a3c9-1fe6fedcca75.

[49] *Idem.*

[50] *Idem.*

[51] Jackson Diehl, "Los gobiernos ganadores y perdedores en el combate al coronavirus", *Washington Post*, 1 de abril de 2020, https://www.washingtonpost.com/es/post-opinion/2020/04/01/los-gobiernos-ganadores-y-perdedores-en-el-combate-al-coronavirus/.

[52] Pedro Domínguez, "Pese a coronavirus, AMLO pide abrazos para evitar pleitos", *Milenio*, 4 de marzo de 2020, https://www.milenio.com/politica/amlo-pide-abrazarse-pese-a-coronavirus.

[53] Mario González, "López Obrador: El coronavirus vino como anillo al dedo para la transformación", *CNN Español*, 2 de abril de 2020, https://cnnespanol.

cnn.com/video/amlo-crisis-transitoria-coronavirus-perspectivas-mexico-cnne-perspectivas/.

Capítulo 2

El cambio en el modelo económico iniciado en los años ochenta

[1] Dependiendo de la fuente utilizada para el cálculo del PIB del periodo 1950-1970, el promedio puede variar de 6.3% a 6.6% de crecimiento anual, sin que el argumento pierda validez. En Angus Maddison, *Growth and Interaction in the World Economy: The Roots of Modernity*, The Henry Wendt Lecture Series (Washington D. C.: American Enterprise Institute Press, 2005) y en Abraham Aparicio Cabrera, "Series estadísticas de la economía mexicana en el siglo xx", *Economía Informa*, núm. 369 (2011): 63-85, se reporta 6.3%. En Pedro Aspe Armella, *El camino mexicano de la transformación económica*, 2.ª ed. (México: Fondo de Cultura Económica, 1993), así como en la Base de Datos de Historia Económica de América Latina Montevideo-Oxford (MOxLAD) de la Universidad de Oxford y la Universidad de la República del Uruguay de 2010, el promedio anual es de 6.6 por ciento.

[2] El crecimiento promedio anual real del PIB, en el periodo 1989 a 2018, fue de 2.5 por ciento.

[3] Al respecto hay que señalar que Carlos Tello ha fechado el inicio del desarrollo estabilizador en 1954, y no en 1958, como lo definió Antonio Ortiz Mena, haciéndolo coincidir con su gestión al frente de la Secretaría de Hacienda (1958-1970). Carlos Tello, *Estado y desarrollo económico: México 1920-2006*, 2.ª ed. (México: Facultad de Economía [UNAM], 2008); Antonio Ortiz Mena, *El desarrollo estabilizador: reflexiones sobre una época*, Serie Hacienda (México: El Colegio de México, Fideicomiso Historia de las Américas, Fondo de Cultura Económica, 1998).

[4] Nora Lustig, *Mexico: The Remaking of an Economy*, 2.ª ed. (Washington D. C.: Brookings Institution Press, 1998). Leopoldo Solís, *La realidad económica mexicana: retrovisión y perspectivas*, 13.ª ed. (México: Siglo Veintiuno Editores, 1984).

[5] Instituto Nacional de Estadística, Geografía e Informática, *Historia del Sistema de Cuentas Nacionales de México, 1938-2000* (Aguascalientes: Instituto Nacional de Estadística, Geografía e Informática, 2003).

[6] Si comparamos el crecimiento del PIB per cápita entre ambos periodos, se llega a la misma conclusión.

[7] Maddison, *Growth and Interaction...*

[8] United Nations Department of Economic and Social Affairs, "Post-War Reconstruction and Development in the Golden Age of Capitalism", en *World Economic and Social Survey 2017: Reflecting on Seventy Years of Development Policy Analysis* (Nueva York: Organización de las Naciones Unidas, 2017), 23-48.

490

[9] Para comparar el PIB per cápita a lo largo del tiempo de manera correcta, se usa el PIB per cápita a precios internacionales constantes de 2005. Alan Heston, Robert Summers y Bettina Aten, Penn World Table versión 7.1, Center for International Comparisons of Production, Income and Prices de la Universidad de Pensilvania y Groningen Growth and Development Centre de la Universidad de Groningen, noviembre de 2012.

[10] Barry Eichengreen, Donghyun Park y Kwanho Shin, "Growth Slowdowns Redux: New Evidence on the Middle-Income Trap", Working Paper núm. 18673 (National Bureau of Economic Research, enero de 2013). Barry Eichengreen, Donghyun Park y Kwanho Shin, "When Fast Growing Economies Slow Down: International Evidence and Implications for China", Working Paper núm. 16919 (National Bureau of Economic Research, marzo de 2011).

[11] 16 740 dólares, en precios internacionales constantes de 2005, en su publicación de 2012. En 2013, los mismos autores publicaron una actualización de la investigación, usando la base del Groningen Growth and Development Centre, Penn World Table versión 7.1, donde seleccionan 44 países, incluyendo a México. En esta investigación, los nuevos datos apuntan hacia la existencia de dos umbrales donde el crecimiento rápido se desacelera. Uno es cercano a 15 mil dólares, y otro es de entre 10 mil y 11 mil dólares PPA 2005.

[12] México experimentó una desaceleración del PIB per cápita en 1981, cuando alcanzó un nivel de 10 882 PPA 2005, y pasó de un crecimiento promedio del PIB per cápita de 4.4% en los siete años anteriores (1981-1975), a -2.9%, en promedio, durante los siguientes siete años (1982-1988). Esto representa una diferencia de -7.4 puntos porcentuales.

[13] Las "economías de ingresos medios" se definen de acuerdo con las clasificaciones del Banco Mundial por grupo de ingresos, como se explica en Banco Mundial, "World Bank Country and Lending Groups", World Bank Data Help Desk, s/f. Para el año 2020 las economías de bajos ingresos se definen como aquellas con un PIB per cápita, calculado utilizando el método Atlas del Banco Mundial, de 1 025 dólares o menos en 2018; las economías de ingresos medios bajos son aquellas con un PIB per cápita de entre 1 026 y 3 995 dólares; las economías de ingresos medios altos son aquellas con un PIB per cápita de entre 3 996 y 12 375 dólares; las economías de altos ingresos son aquellas con un PIB per cápita de 12 376 dólares o más.

[14] El concepto de la trampa del ingreso medio ha sido cuestionado por algunos economistas. Para más detalle puede verse Gregory Michael Larson, Norman Loayza y Michael Woolcock, "The Middle-Income Trap: Myth or Reality?", Research & Policy Briefs núm. 1 (Washington D. C.: Banco Mundial, marzo de 2016), y Xuehui Han y Shang-Jin Wei, "Re-Examining the Middle-Income Trap Hypothesis: What to Reject and What to Revive?", ADB Economics Working Paper Series núm. 436 (Manila: Asian Development Bank, julio de 2015).

[15] Banco Mundial, Development Research Center of the State Council, P. R. China, *China 2030: Building a Modern, Harmonious, and Creative Society* (Washington D. C.: Banco Mundial, 2013).

[16] También es cierto que, en los últimos 20 años, excluyendo a Venezuela, México ha sido el país con menor crecimiento económico de toda América Latina. Esto amerita toda una reflexión. De eso nos ocuparemos en el capítulo 9. Por otra parte, Edmar Bacha y Regis Bonelli realizaron un interesante estudio comparativo sobre el coincidente colapso de crecimiento en México y en Brasil a principios de los años ochenta. El estudio puede consultarse en Edmar Bacha y Regis Bonelli, "Coincident Growth Collapses: Brazil and Mexico since the early 1980's", *Novos Estudos CEBRAP* 35, núm. 2 (julio de 2016): 151-181.

[17] Sandra Kuntz Ficker, coord., *Historia mínima de la economía mexicana, 1519-2010*. Ebook (México: El Colegio de México, 2012).

[18] En 1975, el gasto del gobierno representaba el 36.43% del PIB, mientras que sus ingresos eran únicamente el 27.13 por ciento.

[19] La fuga de capitales con un tipo de cambio flexible habría debilitado al peso, pero las reservas habrían permanecido intactas. Es la promesa, implícita en el tipo de cambio fijo, de que los dólares siempre estarán disponibles a una cotización determinada, lo que lleva a la pérdida de reservas.

[20] "En la miseria y olvidado por Pemex, murió Rudesindo Cantarell, descubridor de la zona petrolera más importante de México", *Proceso*, mayo de 1997.

[21] Para mayor información de la producción de Cantarell, revisar Daniel Romo, "El campo petrolero Cantarell y la economía mexicana", *Problemas del Desarrollo. Revista Latinoamericana de Economía* 46, núm. 183 (octubre-diciembre de 2015): 141-164.

[22] En 1981, el gasto del gobierno como proporción del PIB fue de 40.9%, mientras que el ingreso representaba el 26.8% del PIB.

[23] Ver nota 19.

[24] 520.3% es el resultado de sumar la inflación de cada año: 80.8% (1983) + 59.2% (1984) + 63.7% (1985) + 105.7% (1986) + 159.2% (1987) + 51.7% (1988). Fuente: Banco de México.

[25] El sexenio de Miguel de la Madrid empezó el 1 de diciembre de 1982 con un tipo de cambio de 70 pesos por dólar y cerró el 30 de noviembre de 1988 con un tipo de cambio de 2 295 pesos por dólar. Fuente: Banco de México.

[26] La estructura de esta explicación proviene de Lustig, *Mexico: The Remaking...*

[27] Banco de México, "Informe Anual 1982" (México: Banco de México, 1983).

[28] Arturo Páramo, "En Campamento de Lindavista, hay damnificados desde 1985", *Excélsior*, 21 de octubre de 2017, https://www.excelsior.com.mx/comunidad/2017/10/21/1196215.

[29] "¿Cuántos muertos causó el terremoto de 1985?", *Milenio*, 19 de septiembre de 2017, https://www.milenio.com/cultura/cuantos-muertos-causo-el-terremoto-de-1985#:~:text=Una%20de%20las%20primeras%20cifras,la%20vida%20durante%20el%20terremoto.

[30] *Excélsior* solicitó al Registro Civil de la Ciudad de México hacer una estimación de los fallecidos en aquellos días tomando como base las actas de defunción expedidas [...] Así se pudo determinar que 9 mil 862 personas murieron a partir del sismo por las siguientes causas: 'traumatismo', 'politraumatismo asociado a los sismos', 'consecuencias de sismos', 'politraumatismo por derrumbe', 'politraumatismo por aplastamiento'. A estos se suman dos mil 981 actas de defunción que fueron expedidas a nombre de 'Desconocido' con causas de muerte 'desconocidas' durante un periodo de tres meses que va del 20 de septiembre al 5 de noviembre de 1985." Arturo Páramo, "Sismo 85: definen cifra de muertes", *Excélsior*, 17 de septiembre de 2015, https://www.excelsior.com.mx/comunidad/2015/09/17/1046211.

[31] Como veremos más adelante, se trata de un decálogo de políticas económicas publicado por el británico John Williamson, que buscaba sintetizar las recomendaciones de organismos con sede en Washington, como el Fondo Monetario Internacional, el Banco Mundial y el Departamento del Tesoro de Estados Unidos. El término es actualmente utilizado de manera más general para referirse a modelos económicos basados en el libre mercado, también referidos como neoliberales.

[32] Lustig, *Mexico: The Remaking...*

[33] Cárdenas Sánchez, *El largo curso de la economía...*, 708.

[34] El superávit se alcanza cuando son mayores los ingresos totales que los gastos totales del gobierno. El superávit primario excluye de los gastos el pago de intereses relativos a la deuda.

[35] Pascual García-Alba Iduñate, "La estructura del IVA en México", *Análisis Económico* 21, núm. 48 (2006): 123.

[36] Banco de México, "Informe Anual 1991" (México: Banco de México, 1992).

[37] Luis Rubio, "Privatización: Falsa disyuntiva", *Nexos*, 1 de junio de 1999, https://www.nexos.com.mx/?p=9287.

[38] *Idem.*

[39] México es miembro del GATT desde el 24 de agosto de 1986 y miembro de la OMC desde el 1 de enero de 1995.

[40] De acuerdo con la CEPAL, usando datos de 2016, mientras que el total de exportaciones del resto de América Latina fue de 150 mil millones de dólares, en México las exportaciones ascendieron a 310 mil millones de dólares, más del doble.

[41] Carlos M. Urzúa, "La Cuatroté y el Consenso de Washington", *El Universal*, 28 de octubre de 2019, https://www.eluniversal.com.mx/opinion/carlos-m-urzua/la-cuatrote-y-el-consenso-de-washington.

[42] *Idem.*

[43] *Idem.*

[44] El texto de Urzúa responde así a la pregunta: "El tercer mandamiento es el que jamás aceptaría públicamente [...] Renegaría también del octavo, pero solamente en el caso del sector energético. Finalmente, en el caso del noveno nunca ha estado clara su posición. De manera similar a los monopolios estatales, al parecer no le quitan el sueño los monopolios privados".

[45] Urzúa, "La Cuatroté y el Consenso de Washington".

Capítulo 3

La transición a la democracia

[1] John M. Ackerman, *El mito de la transición democrática.* Ebook (México: Temas de Hoy, 2015).

[2] Guillermo O'Donnell, Philippe C. Schmitter y Laurence Whitehead, eds., *Transitions from Authoritarian Rule: Comparative Perspectives* (Baltimore: The Johns Hopkins University Press, 1986).

[3] El autor lo atribuye a la existencia de "dos visiones contrapuestas [la del PRI y la de la oposición], hechas por protagonistas cuyo diagnóstico está en función de sus intereses y necesidades políticas", a las que se adscribieron en su momento "la opinión editorial y la intelectualidad". José Woldenberg, *El cambio político en México*, Serie Cuadernos de Divulgación (Pachuca: Tribunal Electoral del Estado de Hidalgo, El Colegio del Estado de Hidalgo, 2007), 9.

[4] Merino, por ejemplo, considera que el modelo ideal de tres factores (pacto entre las élites, ruptura y construcción de nuevas instituciones) "dice poco sobre nuestro tránsito a la democracia". Mauricio Merino, "El desafío de la consolidación democrática", en *La transición votada. Crítica a la interpretación del cambio político en México.* Ebook (México: Fondo de Cultura Económica, 2014).

[5] Lo que sí hubo fueron diversas elecciones pactadas, especialmente desde 1989-1990, mas no un gran y único pacto.

[6] Ricardo Becerra y José Woldenberg, "Recapitulación: La democracia mexicana, ¿comenzar de cero?", en *Informe sobre la democracia mexicana en una época de expectativas rotas*, Ricardo Becerra, coord., Sociología y Política (México: Siglo Veintiuno Editores, 2016), 188.

[7] Ricardo Becerra, Pedro Salazar y José Woldenberg, *La mecánica del cambio político en México: Elecciones, partidos y reformas*, 2.ª ed. (México: Cal y Arena, 2000), 16-17.

[8] *Ibid.*, 38.

[9] *Ibid.*, 55.

[10] *Ibid.*, 63.

[11] José Woldenberg, "La transición democrática mexicana", Ponencia, Universidad Internacional de Florida, 3 de junio de 2004, 8, http://memoria.fiu.edu/memoria/documents/woldenberg.pdf.

[12] Pedro Salazar, "Adenda. Desde la incomprensión de la transición hasta la transición incomprendida: algunas lecturas del cambio político en México", en *La mecánica del cambio...*, de Becerra, Salazar y Woldenberg, 553-557.

[13] Woldenberg, *El cambio político en México*, 7-8.

[14] Becerra, Salazar y Woldenberg, *La mecánica del cambio...*, 16.

[15] Merino, "El desafío de la consolidación democrática".

[16] Becerra, Salazar y Woldenberg, *La mecánica del cambio...*, 43.

[17] Isaac Newton, carta a Robert Hooke, 5 de febrero de 1675.

[18] Para un análisis detallado de las diversas reformas electorales llevadas a cabo en México en el siglo xx, véase la obra ya citada de Becerra, Salazar y Woldenberg, *La mecánica del cambio...* También Fernando Rodríguez Doval y Alejandro Poiré, "Reelección y proporcionalidad: Un triunfo cultural y un debate permanente", en *Constructor de instituciones: La obra de Alonso Lujambio comentada por sus críticos*, Horacio Vives Segl, coord. (México: Instituto Tecnológico Autónomo de México, El Colegio de México, Instituto Nacional Electoral, Miguel Ángel Porrúa, 2014).

[19] María Amparo Casar, "El Congreso del 6 de julio", en *1997: Elecciones y transición a la democracia en México*, Luis Salazar, coord. (México: Cal y Arena, 1999), 131-162.

[20] *Idem.*

[21] La integración del Senado bajo la fórmula de tres senadores para la mayoría y uno para la primera minoría nunca se aplicó completa, porque en 1994 todavía quedaban 32 senadores que habían sido electos en 1991, y luego porque en 1996, como se verá más adelante, se creó la fórmula actual.

[22] Fernando Zertuche Muñoz, coord., *El Instituto Federal Electoral: Presencia y legado* (México: Instituto Nacional Electoral, 2016), 79.

[23] Ver Jorge I. Domínguez, "The Transformation of Mexico's Electoral and Party Systems, 1988-97: An Introduction", en *Toward Mexico's Democratization: Parties, Campaigns, Elections, and Public Opinion*, Jorge I. Domínguez y Alejandro Poiré, eds. Ebook (Nueva York: Routledge, 2010).

[24] Se han publicado muchos libros acerca del movimiento estudiantil de 1968. Por haber sido escrito por uno de sus protagonistas, un testimonio fundamental es el de Luis González de Alba, *Tlatelolco aquella tarde* (México: Cal y Arena, 2016).

[25] Soledad Loaeza, "México 1968: Los orígenes de la transición", *Foro Internacional* 30, núm. 1 (julio-septiembre de 1989): 68.

[26] Lorenzo Meyer, "El último decenio: Años de crisis, años de oportunidad", en *Historia mínima de México*, de Daniel Cosío Villegas *et al.*, 2.ª ed. Ebook (México: El Colegio de México, 1994).

[27] José Woldenberg, "1968, 45 años después. Acercamientos fragmentarios", *De chile, dulce y manteca* (blog), *Nexos*, 6 de octubre de 2014, https://josewolden berg.nexos.com.mx/?p=210.

[28] Alonso Lujambio y Horacio Vives Segl, *El poder compartido: Un ensayo sobre la democratización mexicana* (México: Océano, 2000).

[29] Arturo Fuentes Vélez, *Chihuahua 86: De viva voz* (México: Partido Acción Nacional, Fundación Rafael Preciado Hernández, 2016).

[30] Julia Preston y Sam Dillon, "Chihuahua, 1986", en *El despertar de México: Episodios de una búsqueda de la democracia* (México: Océano, 2004).

[31] Juan Molinar Horcasitas, "Regreso a Chihuahua", *Nexos*, 1 de marzo de 1987, https://www.nexos.com.mx/?p=4739.

[32] Rubén Aguilar, "Bartlett y el fraude electoral en Chihuahua", *El Economista*, 1 de octubre de 2019, https://www.eleconomista.com.mx/opinion/Bar tlett-y-el-fraude-electoral-en-Chihuahua-20191001-0102.html.

[33] Luis H. Álvarez, "Conai y Cocopa", en *Corazón indígena: lucha y esperanza de los pueblos originarios de México*. Ebook (México: Fondo de Cultura Económica, 2012).

[34] Preston y Dillon, "Chihuahua, 1986".

[35] Molinar Horcasitas, "Regreso a Chihuahua".

[36] *Idem.*

[37] *Idem.*

[38] Para profundizar en el tema de la pugna entre "tecnócratas" y "nacionalistas", ver Rolando Cordera y Carlos Tello, *México: La disputa por la nación: Perspectivas y opciones de desarrollo* (México: Siglo Veintiuno Editores, 2011).

[39] Hijo del expresidente de México, Lázaro Cárdenas del Río.

[40] Juan José Rodríguez Prats, "Mi testimonio (1/2)", *Excélsior*, 12 de diciembre de 2019, https://www.excelsior.com.mx/opinion/juan-jose-rodriguez-prats/mi-testimonio-12/1352771.

[41] La elección presidencial y la de la gubernatura de Tabasco no fueron concurrentes.

[42] Se puede consultar el documental *Crónica de un fraude*, México: Canal 6 de Julio, 1988, YouTube: https://www.youtube.com/watch?v=NnVFop2tniM, en el que Manuel Bartlett aparece nervioso y jugando con un lápiz.

[43] Al inicio del sexenio se desempeñó como presidente del Partido Revolucionario Institucional y en 1992 fue designado secretario de Desarrollo Social por Carlos Salinas de Gortari.

[44] El gabinete completo del expresidente Salinas puede consultarse en "Gabinete de Carlos Salinas de Gortari", Academic, https://esacademic.com/dic.nsf/eswiki/513409.

[45] El texto completo se puede consultar en George Bush, "Remarks to Community Members in Monterrey, Mexico", The American Presidency Project, 27 de noviembre de 1990.

[46] Denise Dresser, *Neopopulist Solutions to Neoliberal Problems: Mexico's National Solidarity Program*, Current Issue Brief 3 (San Diego: Center for U.S.-Mexican Studies; Universidad de California, 1991).

[47] Lucía Méndez, Angélica María, Timbiriche, María del Sol, Manuel Mijares, Verónica Castro, Daniela Romo, Marco Antonio Muñiz, Rocío Banquells, Vicente Fernández, Lola Beltrán, Jorge *Coque* Muñiz, Denisse de Kalafe, Pandora, Rigo Tovar, Lucha Villa, Guadalupe Pineda, Aída Cuevas, entre otros. "Solidaridad - Videoclip Original", YouTube: https://www.youtube.com/watch?v=hCbnnewabpE.

[48] Enrique Krauze, "The Man Who Would Be King" y "The Theater of History", en *Mexico: Biography of Power: A History of Modern Mexico, 1810-1996*, trad. Hank Heifetz. Ebook (Nueva York: HarperCollins Publishers, 2013).

[49] "Peña vs. AMLO: Los primeros 100 días de estos presidentes", *Nación321*, 16 de marzo de 2019, https://www.nacion321.com/gobierno/pena-vs-amlo-asi-fueron-los-primeros-100-dias-de-estos-presidentes.

[50] Parametría, "Encuesta Carlos Salinas de Gortari", 15 de noviembre de 2013.

[51] Conversación sostenida el 29 de febrero de 2020. Se cita con autorización expresa del Dr. Agustín Basave Benítez.

[52] Sergio Aguayo, "Carlos Salinas", *Reforma*, 17 de julio de 2019.

[53] También está documentado que Nafinsa prestó recursos para la compra de bancos. Ver Amparo Espinosa Rugarcía y Enrique Cárdenas, eds., *Privatización bancaria, crisis y rescate del sistema financiero: La historia contada por sus protagonistas*, Tomo 1: Funcionarios (México: Centro de Estudios Espinosa Yglesias, 2011).

[54] A partir del 1 de enero de 1993 entró en vigor el "nuevo peso", el cual le quitaba tres ceros a la moneda, de tal manera que 1 000 pesos de 1992 equivaldrían a 1 nuevo peso (N$) de 1993. Las cifras expresadas están en nuevos pesos.

[55] Aunque la opinión mayoritaria es que el peso estaba sobrevaluado, dos destacados economistas sostuvieron lo contrario en un artículo publicado unos años después de la crisis: Francisco Gil Díaz y Agustín Carstens, "One Year of Solitude: Some Pilgrim Tales About Mexico's 1994-1995 Crisis", *The American Economic Review* 86, núm. 2 (mayo de 1996): 164-169.

[56] Enrique Cárdenas Sánchez, *El largo curso de la economía mexicana: De 1780 a nuestros días* (México: Fondo de Cultura Económica, El Colegio de México, Fideicomiso Historia de las Américas, 2015), 746.

[57] Se usa el término canjear para facilitar la explicación. Lo que ocurrió fue que el apetito por papel denominado en pesos (Cetes) se agotó, y los inversionistas optaron por el nuevo instrumento denominado en dólares (Tesobonos), frente al riesgo de una devaluación del peso.

[58] Cárdenas Sánchez, *El largo curso de la economía...*

[59] Así se denominó el acuerdo entre el gobierno, los empresarios y los trabajadores, nacido a finales del sexenio de Miguel de la Madrid, mismo que aún estaba vigente cuando esas conversaciones tuvieron lugar. La reunión se llevó a cabo el 20 de noviembre de 1994 y asistieron Carlos Salinas, Ernesto Zedillo, Jaime Serra Puche, Pedro Aspe, Miguel Mancera, Arsenio Farell y Luis Téllez. Existe un muy buen documental en el que se recoge la opinión de los principales protagonistas del proceso de reprivatización bancaria y de la crisis de 1994-1995: *Privatización Ex Post: La decisión del Presidente*. México: Centro de Estudios Espinosa Yglesias, 2011, YouTube: https://www.youtube.com/watch?v=LrSBuaPbfnE&feature=youtu.be.

[60] Seguía vigente el Pacto de Solidaridad Económica, en el que estaban representados los empresarios, los trabajadores y el gobierno. Fue en esa mesa donde Serra Puche anticipó a los empresarios la decisión del gobierno de devaluar la moneda, lo cual ha sido objeto de amplias discusiones a lo largo de los años. Como explica Enrique Cárdenas: "si bien pudo haber algunas personas que participaron en esa reunión del Pacto que tomaron ventaja de su información privilegiada, el hecho es que la reducción de las reservas que ocurrió al día siguiente, martes 20 de diciembre, fue de solamente 98 millones de dólares. No hubo tal estampida de capitales como consecuencia de la reunión del Pacto. Por lo tanto, la manera de tomar esa decisión NO fue la causante de la crisis cambiaria. En todo caso, el error fue que se decidió ampliar la banda, en lugar de simplemente dejar el tipo de cambio flotar de una sola vez, aquel lunes 19 de diciembre en la noche. Porque lo que ocurrió el miércoles 21, al menos 36 horas después de la reunión del Pacto, fue un ataque brutal al peso, en el que entonces sí se perdieron más de 4 500 millones de dólares en un solo día". Espinosa Rugarcía y Cárdenas, eds., *Privatización bancaria, crisis y rescate…*, LIV.

[61] Cárdenas Sánchez, *El largo curso de la economía…*, 753.

[62] Andrés Manuel López Obrador, *Fobaproa: Expediente abierto: Reseña y archivo* (México: Grijalbo, 1999), 10.

[63] Ver *Privatización Ex Post…*

[64] Los episodios más relevantes de estas negociaciones pueden consultarse en Luis Felipe Bravo Mena, *Acción Nacional. Ayer y hoy: Una esencia en busca de futuro*. Ebook (México: Grijalbo, 2014).

[65] Andreas Schedler, "Mexico's Victory: The Democratic Revelation", *Journal of Democracy* 11, núm. 4 (octubre de 2000): 5-19.

[66] "Spot Labastida Fox 2000", YouTube: https://www.youtube.com/watch?v=qpQK6Hgs9tk.

[67] Merino, "El desafío de la consolidación democrática".

[68] Alberto Aziz Nassif, "El desencanto de una democracia incipiente: México después de la transición", en *México: ¿un nuevo régimen político?*, Octavio Rodríguez Araujo, coord., Sociología y Política (México: Siglo Veintiuno Editores, 2009), 9.

[69] Octavio Rodríguez Araujo, "Metamorfosis del régimen político m ¿irreversible?", en *México: ¿un nuevo régimen político?*, Octavio Rodríguez coord., Sociología y Política (México: Siglo Veintiuno Editores, 2009), 28.

[70] Woldenberg, *El cambio político en México*, 42.

[71] Salazar, "Adenda. Desde la incomprensión...", 557.

[72] *Ibid.*, 561-562.

[73] *Ibid.*, 559.

[74] *Ibid.*, 563.

[75] Seguridad, aclara el autor, entendida como "las certezas básicas que el Estado debe proveer para hacer posible la conveniencia pacífica entre los ciudadanos. La seguridad como lo contrario de la incertidumbre". Merino, "El desafío de la consolidación democrática".

[76] Aziz Nassif, "El desencanto de una democracia...", 53.

[77] Víctor Manuel Durand Ponte, "La cultura política de los mexicanos en el régimen neoliberal", en *México: ¿un nuevo régimen político?*, Octavio Rodríguez Araujo, coord., Sociología y Política (México: Siglo Veintiuno Editores, 2009), 146.

Capítulo 4

La lucha contra la corrupción. El caso del Sistema Nacional Anticorrupción y del Nuevo Sistema de Justicia Penal

[1] Para el caso mexicano, puede verse María Amparo Casar, "Costos de la corrupción", en *México: Anatomía de la corrupción*, 2.ª ed. (México: Mexicanos contra la Corrupción y la Impunidad, 2016). Por otra parte, Raymond Fisman y Miriam A. Golden, *Corruption: What Everyone Needs to Know* (Nueva York: Oxford University Press, 2017), invitan a analizar las consecuencias de la corrupción en términos de crecimiento económico (83-86); tramitología (86-89); bienestar de la gente (89-92); obra pública (92-95); desigualdad (95-98); y confianza en el gobierno (98-101).

[2] La relación causal entre los niveles de pobreza y los de corrupción en un país parece ser bidireccional: "la corrupción ocurre con más frecuencia en países pobres, en parte porque la pobreza hace más probable la corrupción y también porque la corrupción agrava los niveles de pobreza". Ver Fisman y Golden, *Corruption: What Everyone Needs...*, 63.

[3] *Ibid.*, 117-118.

[4] Andrés Manuel López Obrador, *Hacia una economía moral* (México: Planeta, 2019), 65.

[5] *Idem.*

[6] Presidencia de la República, "Versión estenográfica de la conferencia de prensa matutina | Lunes 18 de noviembre, 2019", https://www.gob.mx/presiden cia/articulos/version-estenografica-de-la-conferencia-de-prensa-matutina-lu nes-18-de-noviembre-2019.

[7] Susan Rose-Ackerman y Bonnie J. Palifka, *Corruption and Government: Causes, Consequences, and Reform*, 2.ª ed. (Nueva York: Cambridge University Press, 2016). En el mismo sentido, Fisman y Golden (*Corruption: What Everyone Needs…*) sostienen que los llamados de orden moral suelen no surtir efecto alguno.

[8] Robert Klitgaard, *Controlling Corruption*. Ebook (Berkeley: University of California Press, 1991).

[9] Ver Ricardo Raphael, *Mirreynato: La otra desigualdad*. Ebook (México: Temas de Hoy, 2014).

[10] Jeremy Pope, *TI Source Book 2000: Confronting Corruption: The Elements of a National Integrity System* (Berlín: Transparency International, 2000), xix.

[11] Los artículos se encuentran disponibles en inglés en "David Barstow and Alejandra Xanic von Bertrab of *The New York Times*", The 2013 Pulitzer Prize Winner in Investigative Reporting, 2013, https://www.pulitzer.org/winners/ david-barstow-and-alejandra-xanic-von-bertrab.

[12] El ingreso per cápita en Precios Paridad Dólar para Corea del Sur es de 37 600, y tan solo de 1 700 para Corea del Norte (datos de 2015). Fuente: Central Intelligence Agency, "Country Comparison: GDP - per capita (PPP)", The World Factbook, 2019, https://www.cia.gov/library/publications/the-world-factbook/ fields/211rank.html.

[13] La esperanza de vida en Corea del Sur es de 82.5 años, mientras que en Corea del Norte es de 71 años (estimaciones de 2018). Fuente: Central Intelligence Agency, "Life Expectancy at Birth", The World Factbook, 2019, https://www. cia.gov/library/publications/the-world-factbook/fields/355.html.

[14] El promedio de educación en Corea del Sur es de 17 años, y en Corea del Norte apenas de 11 años (datos de 2015). Fuente: Central Intelligence Agency, "School Life Expectancy (Primary to Tertiary Education)", The World Factbook, 2019, https://www.cia.gov/library/publications/the-world-factbook/ fields/371.html.

[15] Lisa Cameron *et al.*, "Do Attitudes Towards Corruption Differ Across Cultures? Experimental Evidence from Australia, India, Indonesia and Singapore", Working Paper, Universidad de Melbourne, julio de 2005.

[16] Ver Susan Rose-Ackerman, ed., *International Handbook on the Economics of Corruption* (Cheltenham: Edward Elgar Publishing, 2006).

[17] Klitgaard, *Controlling Corruption*.

[18] Ver Fisman y Golden, *Corruption: What Everyone Needs…*, 146-147.

[19] Pope, *TI Source Book 2000…*

[20] Fundador del Consejo Consultivo de Transparencia Internacional.

[21] Peter Eigen, "Preface", en *TI Source Book 2000: Confronting Corruptic. The Elements of a National Integrity System*, de Jeremy Pope (Berlín: Transparency International, 2000), xv-xvi.

[22] Klitgaard, *Controlling Corruption*.

[23] *Idem*.

[24] Un buen ejemplo del potencial de la tecnología en el control de la corrupción es el caso del programa puesto en marcha en la India, que garantiza a todos los adultos de zonas rurales al menos 100 días de empleo con un pago equivalente al salario mínimo. El programa estaba plagado de corrupción: beneficiarios que no cumplían con los requisitos, duplicados o con identidades falsas. Por medio de tarjetas inteligentes con sensores biométricos, el desvío de recursos disminuyó un 40%. Ver Fisman y Golden, *Corruption: What Everyone Needs...*, 245-249.

[25] Por ejemplo, en el caso del incremento en los salarios, la evidencia indica que esta política solo es eficaz en combinación con medidas complementarias. Ver Fisman y Golden, *Corruption: What Everyone Needs...*, 234-235, 238-239.

[26] Rose-Ackerman y Palifka, *Corruption and Government...*, 937.

[27] Mauricio Merino, *Opacidad y corrupción: las huellas de la captura*, Cuadernos de Transparencia, núm. 26 (México: Instituto Nacional de Transparencia, Acceso a la Información y Protección de Datos Personales, mayo de 2018), 22.

[28] El Pacto por México fue un acuerdo político nacional firmado el 2 de diciembre de 2012 en el Castillo de Chapultepec, en la Ciudad de México, por el Presidente de la República, Enrique Peña Nieto; Gustavo Madero Muñoz, presidente del Partido Acción Nacional; Cristina Díaz Salazar, entonces presidenta interina del Partido Revolucionario Institucional; y Jesús Zambrano Grijalva, presidente del Partido de la Revolución Democrática. El Pacto contenía cinco grandes acuerdos, que a su vez preveían acuerdos particulares sobre cada tema, estableciendo un total de 95 compromisos.

[29] La reacción inicial de los líderes parlamentarios del PRI y del PRD en la Cámara de Diputados fue favorable.

[30] "Saving Mexico", *Time Magazine*, 24 de febrero de 2014, http://content. time.com/time/covers/pacific/0,16641,20140224,00.html.

[31] Encuesta telefónica a 400 adultos, realizada por *Grupo Reforma*, los días 20 y 21 de noviembre de 2014.

[32] Jorge Buendía y Javier Márquez, "2018: ¿Por qué el tsunami?", *Nexos*, 1 de julio de 2019, https://www.nexos.com.mx/?p=43082.

[33] Nicolás Mandujano Ramos, "Dependencia e inequidad tributaria de los gobiernos estatales en México", *Dimensión Económica* 2, núm. 6 (mayo–agosto de 2011): 20-36.

[34] "Decreto por el que se reforman, adicionan y derogan diversas disposiciones de la Constitución Política de los Estados Unidos Mexicanos, en materia de combate a la corrupción", *Diario Oficial de la Federación*, 27 de mayo de 2015, https://www.dof.gob.mx/nota_detalle.php?codigo=5394003&fecha=

27/05/2015. Y "Sistema Nacional Anticorrupción (SNA)", Secretaría de la Función Pública, Acciones y Programas, 30 de noviembre de 2018, https://www.gob.mx/sfp/acciones-y-programas/sistema-nacional-anticorrupcion-64289.

[35] Art. 122, similar al art. 116 pero para el Distrito Federal. Congreso de los Estados Unidos Mexicanos, Constitución Política de los Estados Unidos Mexicanos.

[36] El artículo 71, f. IV de la Constitución establece que: "El derecho de iniciar leyes o decretos compete: [...] IV. A los ciudadanos en un número equivalente, por lo menos, al cero punto trece por ciento de la lista nominal de electores, en los términos que señalen las leyes".

[37] Ley General del Sistema Nacional Anticorrupción; Ley General de Responsabilidades Administrativas (3 de 3); Ley Orgánica del Tribunal Federal de Justicia Administrativa; Reformas a la Ley Orgánica de la Administración Pública Federal; Reformas a la Ley de Fiscalización y Rendición de Cuentas de la Federación; Reformas al Código Penal; Ley de la Fiscalía General de la República (para la creación de una Fiscalía Anticorrupción).

[38] Para consultar los formatos: "Acuerdo por el que se modifican los Anexos Primero y Segundo del Acuerdo por el que el Comité Coordinador del Sistema Nacional Anticorrupción emite el formato de declaraciones: de situación patrimonial y de intereses; y expide las normas e instructivo para su llenado y presentación", *Diario Oficial de la Federación*, 23 de septiembre de 2019, https://www.dof.gob.mx/nota_detalle.php?codigo=5573194&fecha=23/09/2019.

[39] Sistema Nacional Anticorrupción, "Aprueba el Comité Coordinador del SNA que los formatos de declaración patrimonial a nivel federal entren en vigor a partir del 1 de enero de 2020, y en estados y municipios a partir de mayo de 2021", *SNA Informa* (blog), 11 de diciembre de 2019, https://www.sesna.gob.mx/2019/12/11/aprueba-el-comite-coordinador-del-sna-que-los-formatos-de-declaracion-patrimonial-a-nivel-federal-entren-en-vigor-a-partir-del-1-de-enero-de-2020-y-en-estados-y-municipios-a-partir-de-mayo-de-2021/.

[40] World Justice Project, *La nueva justicia penal...*, 2-3.

[41] "Urge Astudillo aprobación del Mando Único y la Ley de Seguridad Interior", *Quadratín Guerrero*, Acapulco, 4 de mayo de 2017, YouTube: https://www.youtube.com/watch?v=gVM_F_hvdTM.

[42] Ver Casar, "Índices de percepción: México y el mundo", en *México: Anatomía de la...*

[43] World Justice Project, *World Justice Project Rule of Law Index 2019* (Washington D. C.: World Justice Project, 2019).

[44] Soledad Villagra, *Evaluación del Sistema Nacional de Integridad: Paraguay 2011/12* (Berlín: Transparency International, 2012).

[45] Klaus Abbink, "Staff Rotation as an Anti-Corruption Policy: An Experimental Study", *European Journal of Political Economy* 20, núm. 4 (noviembre de 2004): 887-906.

[46] Cameron *et al.*, "Do Attitudes Towards Corruption..."

[47] En el mismo sentido, puede verse Fisman y Golden, *Corruption: What Everyone Needs...*, 151-172.

[48] Omar Azfar y William Robert Nelson Jr., "Transparency, Wages, and the Separation of Powers: An Experimental Analysis of Corruption", *Public Choice* 130, núm. 3/4 (marzo de 2007): 471-493.

[49] El experimento está disponible en Dan Ariely, "The Corruption Experiment", The (Dis)Honesty Project, 2017, YouTube: https://youtu.be/2Kyavu KmdNE. Francesca Gino y Dan Ariely, "Dishonesty Explained: What Leads Moral People to Act Immorally", en *The Social Psychology of Good and Evil*, Arthur G. Miller, ed., 2.ª ed. (Nueva York: The Guilford Press, 2016), 322-342.

[50] Pope, *TI Source Book 2000...*, xxi.

[51] Transparency International, *Corruption Perceptions Index 2019...*

[52] Lant Pritchett y Michael Woolcock, "Solutions When *the* Solution is the Problem: Arraying the Disarray in Development", *World Development* 32, núm. 2 (febrero de 2004): 191-212.

[53] Alina Mungiu-Pippidi, "The Road to Denmark: Historical Paths to Corruption Control", en *The Quest for Good Governance: How Societies Develop Control of Corruption* (Cambridge: Cambridge University Press, 2015), 57-82.

[54] Klitgaard, *Controlling Corruption*.

[55] *Idem.*

[56] Fisman y Golden, *Corruption: What Everyone Needs...*, 243-244.

[57] *Ibid.*, 244.

[58] *Ibid.*, 243-245.

Capítulo 5

La violencia y la delincuencia en México: en busca de la paz

[1] En México, las estadísticas de homicidio de las fiscalías y procuradurías locales registradas en el Secretariado Ejecutivo del Sistema Nacional de Seguridad Pública (SESNSP) se dividen en homicidio doloso y homicidio culposo. El homicidio doloso es cuando el agresor tiene la intención de causar la muerte a una persona, mientras que en el homicidio culposo no se tiene la intención de quitar la vida: es realizado por imprudencia o sin intención, en forma de una acción u omisión que causa la muerte de otra persona. En el ámbito internacional, de acuerdo con la Clasificación Internacional de Delitos con Fines Estadísticos de la Oficina de las Naciones Unidas contra la Droga y el Delito, el homicidio se clasifica en homicidio intencional y homicidio no intencional.

[2] Instituto Nacional de Estadística y Geografía, Encuesta Nacional de Victimización y Percepción sobre Seguridad Pública (Envipe) 2019 (México: Instituto Nacional de Estadística y Geografía, 2019).

[3] Santiago Roel, "Semáforo de cifra negra", *Semáforo Delictivo*, 13 de marzo de 2015, https://www.semaforo.mx/articulo/semaforo-de-cifra-negra-0.

[4] En el "Estudio global sobre homicidios: tendencias, patrones de homicidios y respuesta de la justicia penal" de la Oficina de Naciones Unidas contra la Droga y el Delito (ONUDD), publicado en 2019, se aclara que "una tasa de homicidios de 10 por cada 100 000 habitantes ha sido denominada 'epidemia' en la literatura, aunque es cuestionable si esta metáfora médica es apropiada en ese contexto y por qué el umbral para llamarlo 'epidemia' se establece exactamente en esta tasa". Su origen exacto sigue sin estar claro. Varios informes (del Banco Mundial y de la ONU) se refieren al planteamiento como un presunto postulado de la Organización Mundial de la Salud. Fuente: United Nations Office on Drugs and Crime, *Global Study on Homicide 2019* (Viena: Organización de las Naciones Unidas, 2019).

[5] Marcelo Bergman, *More Money, More Crime: Prosperity and Rising Crime in Latin America* (Nueva York: Oxford University Press, 2018).

[6] Probablemente gracias a que se puso énfasis en las organizaciones criminales más violentas, y en una política de prevención del delito.

[7] Lantia Consultores.

[8] Nathalie Alvarado y Robert Muggah, "Crimen y violencia: Un obstáculo para el desarrollo de las ciudades de América Latina y el Caribe" (Banco Interamericano de Desarrollo, noviembre de 2018).

[9] Ernesto López Portillo Vargas y Claudia Rodón, "La prevención de la violencia y la delincuencia en México: Una promesa malograda", en *México 2018: La responsabilidad del porvenir*, Pedro Salazar Ugarte, Arturo Oropeza García y José Antonio Romero Tellaeche, coords., Tomo 1 (México: Instituto de Investigaciones Jurídicas [UNAM], Instituto para el Desarrollo Industrial y el Crecimiento Económico, El Colegio de México, 2018), 399-433.

[10] Programa de las Naciones Unidas para el Desarrollo, *Informe Regional de Desarrollo Humano 2013-2014: Seguridad ciudadana con rostro humano: diagnóstico y propuestas para América Latina* (Nueva York: Organización de las Naciones Unidas, 2013), VIII.

[11] *Ibíd.*, 28-32.

[12] Laura Jaitman y Nicolas Ajzenman, "Crime Concentration and Hot Spot Dynamics in Latin America", IDB Working Paper Series (Washington D. C.: Banco Interamericano de Desarrollo, junio de 2016).

[13] En el capítulo 8 se aborda el tema de la desigualdad.

[14] Sobre la relación entre desigualdad y violencia en México, ver las referencias citadas en Gerardo Esquivel Hernández, "Desigualdad extrema en México: Concentración del poder económico y político" (México: Oxfam México, junio de 2015). Sobre los jóvenes y la violencia en México, ver Rafael de Hoyos, Carlos Gutiérrez Fierros y J. Vicente Vargas, "*Ninis* en México: atrapados entre la guerra

contra el narcotráfico y la crisis económica", en *Vida en movimiento: Problemas y políticas públicas*, Armando Ríos Piter y Gerardo Esquivel, coords. (México: Instituto Belisario Domínguez del Senado de la República, 2017), 37-65. También José Merino, Jessica Zarkin y Eduardo Fierro, "Marcado para morir", *Nexos*, 1 de julio de 2013, https://www.nexos.com.mx/?p=15375.

[15] Esquivel Hernández, "Desigualdad extrema en México...", 12.

[16] Hay que aclarar que no se dispone de datos completos y consistentes sobre las tendencias de homicidios en África, debido a las limitadas capacidades institucionales para el registro de datos sobre delincuencia.

[17] Se toma la referencia de los homicidios dolosos durante 2008, publicados por el Secretariado Ejecutivo del Sistema Nacional de Seguridad Pública. En ese año el total nacional fue de 13 155; mientras que en Chihuahua fue de 2 030, en Sinaloa de 1 156 y en Baja California de 853.

[18] Se toma como fuente los "Fallecimientos ocurridos por presunta rivalidad delincuencial en 2008", una base oficial de la Presidencia de la República, que dejó de actualizarse en 2012. En 2008, el total nacional de los asesinatos relacionados con organizaciones criminales fue de 6 837, mientras que en Chihuahua fue de 2 118, en Sinaloa de 1 084 y en Baja California de 778.

[19] Ioan Grillo, "Warlords", en *El Narco: Inside Mexico's Criminal Insurgency*. Ebook (Nueva York: Bloomsbury Press, 2011).

[20] Para los datos de 2019 se tomó una proyección preliminar, que utiliza la estimación del Inegi de homicidios para la primera mitad del año anterior. Ver Mario Luis Fuentes y Saúl Arellano, "¿El 2019 podría no ser el año más violento?", *La Cuestión Social en México* (blog), 3 de febrero de 2020, http://mexicoso cial.org/el-2019-podria-no-ser-el-ano-mas-violento/. En tal sentido, de acuerdo con esa proyección de 2007 a 2019, se han registrado 315 416 homicidios, y para 2019 se espera que la cifra sea de 36 645 casos.

[21] Del 2006 al 2019 suman 60 053 desaparecidos, de acuerdo con el Registro Nacional de Personas Desaparecidas y No localizadas (RNPDNO). Ver Comisión Nacional de Búsqueda de Personas, "Informe sobre fosas clandestinas y registro nacional de personas desaparecidas o no localizadas", 6 de enero de 2020, 20.

[22] Global Financial Integrity, *Transnational Crime and the Developing World* (Washington D. C.: Global Financial Integrity, 27 de marzo de 2017), 3.

[23] En 2017 el narcotráfico mundial representaba ganancias de entre 426 y 652 mil millones de dólares, alrededor del 30% del total de los ingresos de las organizaciones criminales en todo el mundo, que rondaron entre 1.6 y 2.2 billones de dólares. Ver United Nations Office on Drugs and Crime, y United Nations, *World Drug Report 2017: The Drug Problem and Organized Crime, Illicit Financial Flows, Corruption and Terrorism* (Viena: Organización de las Naciones Unidas, 2017), 22. Los cálculos del tamaño del mercado mexicano del narcotráfico son aún menos precisos; sin embargo, según estimaciones de la DEA, tiene un valor

aproximado de 30 mil millones de dólares. Esta cifra proviene, a su vez, de una investigación sobre el mercado de drogas en Estados Unidos durante los noventa, y otra que se concentró en la primera década del 2000. Ver Alberto Nájar, "Por qué es tan fácil para el narco en México hacer negocios con los bancos (y por qué es tan difícil combatirlo)", *BBC News*, 9 de febrero de 2018, https://www.bbc.com/mundo/noticias-america-latina-42998699.

[24] Tania L. Montalvo, "Así evolucionó el robo de combustible en México hasta provocar pérdidas millonarias", *Animal Político*, 3 de febrero de 2017, https://www.animalpolitico.com/2017/02/robo-combustible-mexico/.

[25] En los últimos años, las encuestas de victimización muestran que en América Latina se ha intensificado la comisión de extorsiones a cargo de pandillas, autoridades y el crimen organizado. Ver Vania Pérez Morales *et al.*, "Evolución de la extorsión en México: un análisis estadístico regional (2012-2013)", *Revista Mexicana de Opinión Pública*, núm. 18 (enero-junio de 2015): 113-135.

[26] "Vivir bajo el acecho de extorsionadores", *Reforma*, 29 de junio de 2019, https://www.reforma.com/vivir-bajo-el-acecho-de-extorsionadores/ar1711562.

[27] Algunos ejemplos se pueden hallar en las siguientes notas de diarios locales: Ignacio Alzaga, "Unión Tepito mató a comerciante en Centro por no pagar derecho de piso", *Milenio*, 19 de julio de 2019, https://www.milenio.com/policia/union-tepito-mato-comerciante-centro-pagar-derecho-piso; Roberto Sosa, "Ejecutan a padre e hijo por negarse a pagar derecho de piso", *Diario de Xalapa*, 13 de febrero de 2019, https://www.diariodexalapa.com.mx/policiaca/ejecutan-a-padre-e-hijo-comunidad-mapachapa-minatitlan-derecho-de-piso-3051722.html; "Asesinan a doctora por no pagar 'derecho de piso' en Acapulco", *Eje Central*, 20 de enero de 2019, https://www.ejecentral.com.mx/asesinan-doctora-derecho-piso-consultorio-acapulco/; "Matan a 3 mujeres por cobro de piso en tortillería", *INFO7*, 8 de octubre de 2019, https://www.info7.mx/nacional/matan-a-3-mujeres-por-cobro-de-piso-en-tortilleria/2606186; Xavier Omaña, "Asesinan a dueño de papelería por no pagar 'derecho de piso', en Morelos", *El Gráfico*, 12 de febrero de 2019, https://www.elgrafico.mx/la-roja/asesinan-dueno-de-papeleria-por-no-pagar-derecho-de-piso-en-morelos.

[28] Instituto Nacional de Estadística y Geografía, Encuesta Nacional de Victimización y Percepción sobre Seguridad Pública (Envipe) 2019.

[29] Verónica López, "Víctimas de inseguridad 73% de socios Coparmex", *Milenio*, 28 de diciembre de 2019, https://www.milenio.com/politica/comunidad/victimas-de-inseguridad-73-de-socios-coparmex.

[30] En el capítulo 9 se aborda el nocivo impacto económico de la extorsión.

[31] "Ejército halló manguera de 3 km para robar gasolina en Salamanca", *Regeneración*, 8 de enero de 2019, https://regeneracion.mx/ejercito-hallo-manguera-de-3-km-para-robar-gasolina-en-salamanca/; "Pemex evita desfalco por 2 500 mdp, dice AMLO: investigan a militar por presunto robo de combustible",

Animal Político, 8 de enero de 2019, https://www.animalpolitico.com/2019/01/pemex-baja-robo-combustible-pipas/; Pablo Flores, "Hallan toma clandestina en refinería de Salamanca", *Milenio*, 8 de enero de 2019, https://www.milenio.com/politica/comunidad/encuentran-instalacion-clandestina-en-refineria-de-sala manca; Rubén Mosso, "Vinculan a proceso a 3 militares ligados avTrauwitz", *Milenio*, 13 de junio de 2019, https://www.milenio.com/policia/caso-leon-trauwitz-proceso-3-militares-delincuencia-organizada; Patricia Dávila, "La FGR pide a la Interpol ayuda en la localización del general Trauwitz", *Proceso*, 15 de enero de 2020, https://www.proceso.com.mx/614240/general-trauwitz-interpol-fgr#:~:text=La%20FGR%20pide%20a%20la%20Interpol%20ayuda%20en%20la%20localizaci%C3%B3n%20del%20general%20Trauwitz,-Patricia%20D%C3%A1vila%2015&text=%E2%80%9CEn%20lugar%20de%20crear%20estrategias,fuera%20de%20la%20estad%C3%ADstica%20criminal.

[32] Alejandra Padilla, "Tomas clandestinas disminuyeron en 11% durante 2019", *Serendipia*, 25 de febrero de 2020, https://serendipia.digital/2020/02/to mas-clandestinas-disminuyeron-11-por-ciento-durante-2019/.

[33] Los estados más afectados por este delito en la última década son Hidalgo, Puebla, Estado de México, Guanajuato, Tamaulipas y Veracruz. En 2013 el problema se concentraba en Tamaulipas, pero a lo largo del sexenio de Peña Nieto la incidencia se extendió a Guanajuato, en los municipios colindantes al poliducto de Salamanca; a Puebla, en municipios serranos del norte y en los conocidos como el triángulo rojo (colindantes con Veracruz), así como alrededor de Puebla capital, es decir, localidades en donde transita el poliducto Minatitlán-México y el Tuxpan-Poza Rica-Azcapotzalco.

[34] Con excepción del Estado de México, que pasó de 1 507 tomas clandestinas en 2018 a 1 778 en 2019 (casi 20% más), e Hidalgo, donde se observa un aumento preocupante de más del 90%, al pasar de 2 111 a 4 029 tomas en un año, lo que lo convierte en el estado con más tomas clandestinas.

[35] Registrado como miles de barriles diarios desviados.

[36] La información está en los informes de seguridad diarios del Gabinete de Seguridad, publicados por la Secretaría de Seguridad y Protección Ciudadana federal. Estos ofrecen información sobre la desviación (robo) diaria de derivados del petróleo con cortes mensuales; desafortunadamente, no está desagregada a nivel estatal ni por poliducto. Además, esta práctica de transparencia vino acompañada, como se dijo antes, del fin de la divulgación de la información sobre tomas clandestinas.

[37] En promedio 58 mil barriles diarios; sin embargo, en el último mes de su gobierno, en noviembre de 2018, la desviación llegó a 81 mil barriles diarios: Presidencia de la República, "Conferencia de prensa del presidente Andrés Manuel López Obrador, 27 de diciembre de 2018", https://www.gob.mx/presi dencia/prensa/conferencia-de-prensa-del-presidente-andres-manuel-lopez-obra dor-27-de-diciembre-2018.

[38] "Ejército halló manguera de 3 km…".

[39] Rubén Mosso, "'Cazar' a Trauwitz, pide la Fiscalía a la Interpol", *Milenio*, 15 de enero de 2020, https://www.milenio.com/policia/cazar-a-trauwitz-pide-la-fiscalia-a-la-interpol.

[40] Por ejemplo, el periódico *El Universal* reveló que tuvo acceso a bitácoras de Pemex Logística con fechas, poliductos y el detalle de los volúmenes de combustible que fueron enviados, así como los volúmenes que fueron recibidos durante cuatro meses: junio a octubre de 2019. Según esta investigación, los desvíos de combustible alcanzaron los 13 861 681 barriles, lo cual contradice la versión del gobierno en el sentido de que el robo ha disminuido. Noé Cruz Serrano, "Pemex, víctima de huachicoleo al por mayor", *El Universal*, 19 de febrero de 2020, https://www.eluniversal.com.mx/cartera/sufrio-pemex-huachicoleo-al-por-mayor-durante-2019.

[41] Pueden consultarse estos datos en una entrevista a Gonzalo Monroy, funcionario de la Subsecretaría de Hidrocarburos de la Secretaría de Energía durante la administración del expresidente Felipe Calderón. Ver Marco Antonio Martínez, "14 veces más caro llevar gasolina en pipas que en ductos: experto", *La Silla Rota*, 15 de enero de 2019, https://lasillarota.com/nacion/14-veces-mas-caro-llevar-gasolina-en-pipas-que-en-ductos-experto-ductos-pemex-huachicoleo-huachicol/266482.

[42] Abraham Reza *et al.*, "A un día de la explosión en Tlahuelilpan hay 73 muertos y 74 heridos", *Milenio*, 19 de enero de 2019, https://www.milenio.com/politica/gobernador-hidalgo-confirma-66-muertos-76-heridos-explosion; Édgar Tequianes, "La gente jugaba, reía y se mojaba con gasolina antes de la explosión", *El Universal*, 18 de enero de 2019, https://www.eluniversal.com.mx/estados/la-gente-jugaba-reia-y-se-mojaba-con-gasolina-antes-de-la-explosion; Manu Ureste, "El paso a paso en Tlahuelilpan: Pemex cerró ducto 4 horas después de que se detectó la toma", *Animal Político*, 21 de enero de 2019, https://www.animalpolitico.com/2019/01/cronologia-tlahuelilpan-victimas-pemex-toma/.

[43] Paulina Villegas y Kirk Semple, "Death Toll in Mexico Blast Rises to 79; Leader Vows to Intensify Crackdown on Fuel Theft", *The New York Times*, 19 de enero de 2019, https://www.nytimes.com/2019/01/19/world/americas/hidalgo-explosion-mexico-pipeline.html; "Ejército llegó a Tlahuelilpan y se replegó para evitar enfrentamiento, previo a explosión", *Aristegui Noticias*, 19 de enero de 2019, https://aristeguinoticias.com/1901/mexico/ejercito-llego-a-tlahuelilpan-y-se-replego-para-evitar-enfrentamiento-previo-a-explosion/; "Por qué policías y militares no dispersaron a la multitud que robaba combustible en Tlahuelilpan", *El Universal* y *BBC News*, 21 de enero de 2019, https://www.eluniversal.com.mx/nacion/politica/por-que-policias-y-militares-no-dispersaron-la-multitud-que-robaba-combustible-en; Emmanuel Rincón, "Se eleva a 137 la cifra de muertos por explosión en Tlahuelilpan", *Excélsior*, 8 de mayo de 2019, https://

www.excelsior.com.mx/nacional/se-eleva-a-137-la-cifra-de-muertos-por-ex
plosion-en-tlahuelilpan/1311950.

[44] Oficina de las Naciones Unidas contra la Droga y el Delito, *Convención de las Naciones Unidas Contra la Delincuencia Organizada Transnacional y sus Protocolos* (Viena: Organización de las Naciones Unidas, 2004), 5.

[45] Pasando de 160944 casos en 2015 a un máximo histórico de 213991 casos en 2018.

[46] Para un diagnóstico integral, puede consultarse Diagnóstico de la Comisión Nacional de los Derechos Humanos como integrante de los grupos que dan seguimiento a los procedimientos de alerta de violencia de género contra las mujeres, 2019 (México: Comisión Nacional de los Derechos Humanos, 2019).

[47] Luis Rubio, "Pandemia", *Reforma*, 1 de marzo de 2020, https://www.re forma.com/aplicacioneslibre/preacceso/articulo/default.aspx?__rval=1&urlredi rect=https://www.reforma.com/pandemia-2020-03-01/op175260?referer= --7d616165662f3a3a6262623b727a7a7279703b767a783a--; "Caso Fátima: Lo que se sabe del asesinato y tortura de la niña de 7 años cuyo caso conmociona a México", *BBC News*, 23 de febrero de 2020, https://www.bbc.com/mundo/noti cias-america-latina-51540101.

[48] Instituto Nacional de Estadística y Geografía, Encuesta Nacional sobre la Dinámica de las Relaciones en los Hogares (Endireh) 2016 (México: Instituto Nacional de Estadística y Geografía, 2016).

[49] Data Cívica, *Claves para entender y prevenir los asesinatos de mujeres en México* (México: Data Cívica, Área de Derechos Sexuales y Reproductivos del Programa de Derecho a la Salud del CIDE, 2018).

[50] Amaranta V. Valgañón, "Nosotras tenemos otros datos: Presupuestos, políticas de austeridad y sus consecuencias sobre la vida de las mujeres", *Animal Político*, 14 de mayo de 2020, https://www.animalpolitico.com/blog-invitado/ nosotras-tenemos-otros-datos-presupuestos-politicas-de-austeridad-y-sus-con secuencias-sobre-la-vida-de-las-mujeres/.

[51] "AMLO dice que el 90% de las llamadas sobre violencia contra mujeres son falsas", *Animal Político*, 15 de mayo de 2020, https://www.animalpolitico.com/ 2020/05/llamadas-falsas-violencia-mujeres-amlo/; Alexis Ortiz, "Por negar aumento de violencia de género, mujeres envían carta a AMLO", *El Universal*, 12 de mayo de 2020, https://www.eluniversal.com.mx/nacion/politica/por-negar-aumento-de-violencia-de-genero-mujeres-envian-carta-amlo; "La violencia contra las mujeres no es normal ni tolerable", ONU Mujeres, 25 de noviembre de 2018, https://mexico.unwomen.org/es/noticias-y-eventos/articulos/2018/11/ violencia-contra-las-mujeres.

[52] Gustavo Castillo García, "Todo apunta a que fue venganza del narco", *La Jornada*, 9 de mayo de 2008, https://www.jornada.com.mx/2008/05/09/index. php?section=politica&article=010n1pol; Rubén Villalpando y Misael Habana,

"Asesinan de 50 tiros a alto mando de agentes municipales de Ciudad Juárez", *La Jornada*, 11 de mayo de 2008, https://www.jornada.com.mx/2008/05/11/in dex.php?section=politica&article=007n2pol; "Asesinan al director de Seguridad Pública de Uruapan", *La Jornada*, 2 de junio de 2006, https://www.jornada.com. mx/2006/06/02/index.php?section=politica&article=017n3pol; "Emboscada contra policías deja 10 muertos en Ocotlán, Jalisco", *El Financiero*, 20 de marzo de 2015, https://www.elfinanciero.com.mx/nacional/emboscada-contra-poli cias-deja-10-muertos-en-ocotlan-jalisco; David Blanc Murguía, "Policías asesinados en México", *Animal Político*, 5 de febrero de 2020, https://www.animalpo litico.com/el-blog-de-causa-en-comun/policias-asesinados-en-mexico/.

[53] Esta disputa colocó a Ciudad Juárez como una de las poblaciones más violentas del mundo: en 2010, por ejemplo, se registraba una tasa de 229 homicidios por cada 100 mil habitantes. En ese contexto, el 31 de enero de 2010, un comando armado acribilló a 16 jóvenes de bachillerato (CBTIS 128) y de la Universidad Autónoma de Chihuahua, en Villas de Salvárcar. Los presuntos responsables fueron sicarios de La Línea del Cártel de Juárez, que confundieron a los jóvenes con integrantes de Los Artistas Asesinos del Cártel de Sinaloa. Ver Claudia Herrera Beltrán, "Discúlpeme, Presidente, no le puedo dar la bienvenida: madre de dos ejecutados", *La Jornada*, 12 de febrero de 2010, https://www.jornada.com.mx/20 10/02/12/politica/ 005n1pol.

[54] "Dejan una cabeza humana frente a la tumba del capo Beltrán Leyva", *El Mundo*, 18 de enero de 2010, https://www.elmundo.es/america/2010/01/18/ mexico/1263845512.html; "Repudian ataque a familia de marino", *El Siglo de Torreón*, 23 de diciembre de 2009, https://www.elsiglodetorreon.com.mx/noti cia/487844.repudian-ataque-a-familia-de-marino.html; "Ceremonia al marino que falleció en enfrentamiento contra integrantes de la organización delictiva de los Beltrán Leyva (Comunicado de Prensa 328_2009)", Secretaría de Marina, 20 de diciembre de 2009, http://2006-2012.semar.gob.mx/sala-prensa/comuni cados-2009/1204-comunicado-de-prensa-328-2009.html; Arturo Ángel, "Con Peña aumentó la letalidad en operativos de la Marina: por cada herido hubo 20 muertos", *Animal Político*, 11 de marzo de 2019, https://www.animalpolitico. com/2019/03/marina-letalidad-enfrentamientos-fallecidos-heridos/; Maritza Pérez, "Soldados, 43% de las bajas en la lucha contra el narco", *El Economista*, 26 de enero de 2020, https://www.eleconomista.com.mx/politica/Soldados-43-de-las-bajas-en-la-lucha-contra-el-narco-20200126-0076.html.

[55] "Disonancia: voces en disputa, el informe anual 2019 de Article 19", *Article 19*, 26 de mayo de 2020, https://articulo19.org/disonancia/.

[56] "Clasificación 2020 | El horizonte se oscurece para la libertad de prensa en América Latina", *Reporteros Sin Fronteras España*, 21 de abril de 2020, https:// www.rsf-es.org/news/clasificacion-2020-el-horizonte-se-oscurece-para-la-liber tad-de-prensa-en-america-latina/.

[57] Jorge Fernández Menéndez, "Yarrington y el asesinato de Torre Cantú", *Excélsior*, 11 de abril de 2017, https://www.excelsior.com.mx/opinion/jorge-fernandez-menendez/2017/04/11/1157069; "'El Coss' mandó matar a candidato del PRI: PGR", *Animal Político*, 20 de septiembre de 2012, https://www.animal politico.com/2012/09/el-coss-ordeno-el-asesinato-de-rodolfo-torre-cantu-pgr/; "En 2018 aumentaron 55% los asesinatos de políticos en México, señala reporte", *Infobae*, 8 de enero de 2019, https://www.infobae.com/america/mexico/2019/01/08/en-2018-aumentaron-55-los-asesinatos-de-politicos-en-mexi co-senala-reporte/; "El asesinato de políticos en México aumentó un 55% en 2018", *EFE*, 7 de enero de 2019, https://www.efe.com/efe/usa/mexico/el-asesi nato-de-politicos-en-mexico-aumento-un-55-2018/50000100-3860343.

[58] "EU recuerda asesinato de miembros del consulado en Ciudad Juárez", *Expansión*, 14 de marzo de 2011, https://expansion.mx/nacional/2011/03/14/eu-recuerda-asesinato-de-miembros-del-consulado-en-ciudad-juarez; "Los 14 federales son acusados de tentativa de homicidio por ataque en Tres Marías; abogados: están desaparecidos", *SinEmbargoMX*, 9 de noviembre de 2012, https://www.sinembargo.mx/09-11-2012/425066; Gustavo Castillo García, "Injustificado, ataque de federales en Tres Marías, revelan videos", *La Jornada*, 12 de septiembre de 2012, https://www.jornada.com.mx/2012/09/12/politica/003n1pol; "Fue una 'emboscada' agresión a vehículo diplomático: EU", *Proceso*, 24 de agosto de 2012, https://www.proceso.com.mx/317937/fue-una-emboscada-agresion-a-vehiculo-de-embajada-eu; "Atacan con explosivo a consulado de EU en Guadalajara; autoridades no reportan heridos", *Animal Político*, 1 de diciembre de 2018, https://www.animalpolitico.com/2018/12/ataque-explosivo-consula-do-ee-uu-guadalajara/; Jesús Padilla, "Muere autor de ataque a Consulado en NL", *Reporte Índigo*, 8 de septiembre de 2015, https://www.reporteindigo.com/reporte/muere-autor-de-ataque-a-consulado-en-nl/.

[59] Arturo Ángel, "A 10 años de los granadazos en Morelia, las víctimas siguen esperando reparación y justicia", *Animal Político*, 15 de septiembre de 2018, https://www.animalpolitico.com/2018/09/granadazos-morelia-victimas-10-anos/; "Coches bomba: la alarmante herramienta de intimidación del narco en Guanajuato", *Infobae*, 11 de marzo de 2020, https://www.infobae.com/ameri ca/mexico/2020/03/11/coches-bomba-la-alarmante-herramienta-de-intimida cion-del-narco-en-guanajuato/.

[60] Ginger Thompson, "Anatomía de una masacre", *ProPublica*, 12 de junio de 2017, https://www.propublica.org/article/allende-zetas-cartel-masacre-y-la-dea; Ernesto Aroche Aguilar, "Opacidad y cuerpos sin identificar: los pendientes a 7 años de la masacre en San Fernando", *Animal Político*, 24 de agosto de 2017, https://www.animalpolitico.com/2017/08/pendientes-masacre-san-fernando/; Luciano Campos Garza, "Casino Royale: historias de una tragedia", *Proceso*, 4 de octubre de 2012, https://www.proceso.com.mx/321637/casino-royale-histo rias-de-una-tragedia.

[61] "Autodefensas se extienden en Michoacán", *Animal Político*, 27 de noviembre de 2013, https://www.animalpolitico.com/2013/11/autodefensas-se-extienden-un-municipio-de-apatzingan/; Víctor Manuel Sánchez Valdés, "La geografía de las autodefensas", *Animal Político*, 28 de enero de 2014, https://www.animalpolitico.com/el-blog-de-causa-en-comun/la-geografia-de-las-autodefensas/.

[62] Ver Alejandro Valencia Villa *et al.*, *Informe Ayotiznapa II* (México: Grupo Interdisciplinario de Expertos Independientes, 2016); "Normalistas cumplen dos meses desaparecidos: cronología del caso Ayotzinapa", *Animal Político*, 26 de noviembre de 2014, https://www.animalpolitico.com/2014/11/cronologia-el-dia-dia-del-caso-ayotzinapa/.

[63] Wilbert Torre, "Los militares deben volver a los cuarteles: Peña Nieto en EU", *Expansión*, 14 de noviembre de 2011, https://expansion.mx/nacional/2011/11/14/pena-nieto-defiende-en-estados-unidos-la-renovacion-del-pri; Joaquín Villalobos, "Bandidos, Estado y ciudadanía", *Nexos*, 1 de enero de 2005, https://www.nexos.com.mx/?p=23788; Alejandro Hope, "El mito de los mitos de Joaquín Villalobos", *Nexos*, 1 de febrero de 2012, https://www.nexos.com.mx/?p=14671; Arturo Rodríguez García, "Compara Calderón a criminales con 'cucarachas'", *Proceso*, 14 de diciembre de 2011, https://www.proceso.com.mx/291301/compara-calderon-a-criminales-con-cucarachas; "Programa para la Seguridad Nacional 2009-2012", *Diario Oficial de la Federación*, 20 de agosto de 2009, http://dof.gob.mx/nota_detalle.php?codigo=5106082&fecha=20/08/2009; Eduardo Guerrero Gutiérrez, "Las claves de la seguridad", *Gatopardo*, 28 de octubre de 2014, https://gatopardo.com/reportajes/las-claves-de-la-seguridad/; Enrique Francisco Galindo Ceballos, "Reforma Penal 2008 y la seguridad pública: retos y perspectivas", en *Reforma Penal 2008-2016: El sistema penal acusatorio en México*, Arely Gómez González, coord. (México: Instituto Nacional de Ciencias Penales, 2016), 355-366.

[64] Arturo Ángel, "Gendarmería ineficaz e incompleta: solo tiene el 10% de elementos prometidos por Peña", *Animal Político*, 17 de noviembre de 2017, https://www.animalpolitico.com/2017/11/gendarmeria-incompleta-elementos-pena/; Lizbeth Padilla, "La Gendarmería no ayuda a disminuir los delitos, sus operativos son deficientes: ASF", *Animal Político*, 20 de febrero de 2017, https://www.animal-politico.com/2017/02/gendarmeria-auditoria-operativos/; Tania L. Montalvo, "Desaparece la SSP y Genaro García Luna pierde su proyecto en seguridad", *Expansión*, 16 de noviembre de 2012, https://expansion.mx/nacional/2012/11/16/desaparece-la-ssp-y-genaro-garcia-luna-pierde-su-proyecto-en-seguridad.

[65] "Los 8 ejes del Plan Nacional de Paz y Seguridad de AMLO", *El Financiero*, 14 de noviembre de 2018, https://www.elfinanciero.com.mx/nacional/los-8-ejes-del-plan-nacional-de-seguridad-y-paz-de-amlo; "¿En qué consiste el plan de seguridad de AMLO?", *Milenio*, 14 de noviembre de 2018, https://www.milenio.com/politica/en-que-consiste-el-plan-de-seguridad-de-amlo.

[66] "Qué es la Guardia Nacional, el polémico cuerpo militar de élite con el que AMLO pretende combatir la violencia en México", *BBC News*, 17 de enero de 2019, https://www.bbc.com/mundo/noticias-america-latina-46905995; "AMLO da arranque oficial a la Guardia Nacional y reconoce que aún no hay avances en seguridad", *Animal Político*, 30 de junio de 2019, https://www.animalpolitico.com/2019/06/guardia-nacional-amlo-campo-marte/; Pablo Ferri, "Las protestas de la Policía Federal golpean la estrategia de seguridad de México", *El País*, 5 de julio de 2019, https://elpais.com/internacional/2019/07/04/mexico/1562263207_763735.html.

[67] Benito Jiménez, "Alcanzan militares despliegue histórico", *Reforma*, 9 de diciembre de 2019, https://www.reforma.com/alcanzan-militares-despliegue-historico/ar1830966.

[68] "Promete AMLO regresar al Ejército a sus cuarteles en 6 meses", *Animal Político*, 6 de febrero de 2012, https://www.animalpolitico.com/2012/02/promete-amlo-regresar-al-ejercito-a-sus-cuarteles-en-6-meses/.

[69] Jorge Monroy, "Ejército seguirá en tareas de seguridad por decreto", *El Economista*, 11 de mayo de 2020, https://www.eleconomista.com.mx/politica/AMLO-ordena-a-las-Fuerzas-Armadas-auxiliar-a-la-Guardia-Nacional-en-materia-de-seguridad-publica-20200511-0043.html.

[70] Eduardo Guerrero Gutiérrez, "La estrategia fallida", *Nexos*, 1 de diciembre de 2012, https://www.nexos.com.mx/?p=15083.

[71] Ver Benjamin Lessing, *Making Peace in Drug Wars: Crackdowns and Cartels in Latin America*, Cambridge Studies in Comparative Politics (Nueva York: Cambridge University Press, 2018); Laura H. Atuesta, "Militarización de la lucha contra el narcotráfico", en *Las violencias: En busca de la política pública detrás de la guerra contra las drogas*, Laura H. Atuesta y Alejandro Madrazo Lajous, eds. Ebook (México: Centro de Investigación y Docencia Económicas, 2018); Gabriela Calderón *et al.*, "The Beheading of Criminal Organizations and the Dynamics of Violence in Mexico", *Journal of Conflict Resolution* 59, núm. 8 (diciembre de 2015): 1455-1485; Javier Osorio, "The Contagion of Drug Violence: Spatiotemporal Dynamics of the Mexican War on Drugs", *Journal of Conflict Resolution* 59, núm. 8 (diciembre de 2015): 1403-1432.

[72] Ernesto López Portillo Vargas, coord., *Seguridad pública enfocada en el uso de la fuerza e intervención militar: La evidencia en México 2006-2018*, Programa de Seguridad Ciudadana de la Universidad Iberoamericana, mayo de 2019.

[73] Robert A. Donnelly y David A. Shirk, eds., *Police and Public Security in Mexico* (San Diego: University Readers, Trans-Border Institute, 2010), 35.

[74] Jessica Xantomilla, "ONU-DH: preocupante que fuerzas armadas sigan en tareas de seguridad pública", *La Jornada*, 21 de diciembre de 2018, https://www.jornada.com.mx/2018/12/21/politica/007n2pol.

[75] Comisión Interamericana de Derechos Humanos, *Situación de los derechos humanos en México* (Washington D. C.: Organización de los Estados Americanos,

Comisión Interamericana de Derechos Humanos, 31 de diciembre de 2015), 11, 232, 235.

[76] Richard R. Nelson y Sidney G. Winter, *An Evolutionary Theory of Economic Change* (Cambridge: The Belknap Press of Harvard University Press, 1982). Para referencias más actualizadas de los mismos postulados y reflexiones, ver Richard R. Nelson, *Technology, Institutions, and Economic Growth* (Cambridge: Harvard University Press, 2005); Benn Steil, David G. Victor y Richard R. Nelson, eds., *Technological Innovation and Economic Performance* (Princeton: Princeton University Press, 2002); Richard R. Nelson, "Economic Development from the Perspective of Evolutionary Economic Theory", *Oxford Development Studies* 36, núm. 1 (marzo de 2008): 9-21.

[77] John Bailey, "Security Traps and Mexico's Democracy", en *The Politics of Crime in Mexico: Democratic Governance in a Security Trap* (Boulder: FirstForum-Press, 2014), 8-9.

[78] Ernesto López Portillo Vargas, "Feminicidios y bofetada legislativa", *Animal Político*, 25 de febrero de 2020, https://www.animalpolitico.com/ruta-criti ca/feminicidios-y-bofetada-legislativa/.

[79] Los cinco estados con más homicidios dolosos en 2018 fueron: Guanajuato, Baja California, Estado de México, Jalisco, Chihuahua y Guerrero. Mientras que los estados con mayor proporción de pobreza extrema, según el Coneval, son Chiapas, Guerrero, Oaxaca, Veracruz y Tabasco.

[80] Instituto Nacional de Estadística y Geografía, Encuesta Nacional de Victimización y Percepción sobre Seguridad Pública (Envipe), 2019.

[81] López Portillo Vargas y Rodón, "La prevención de la violencia…"

[82] *Ibid.*, 406.

[83] Dado que ya dedicamos el capítulo anterior al tema del combate a la corrupción, no lo abordaremos aquí. En ese mismo capítulo, nos detuvimos en el Nuevo Sistema de Justicia Penal, que busca generar mayor eficacia en la investigación y en la sanción de los delitos. Por cuanto ve a la desigualdad y a la pobreza, el capítulo 8 está íntegramente dedicado a ese tema; mientras que el necesario crecimiento económico es discutido en el capítulo 9.

[84] Ernesto López Portillo Vargas, "Accounting for the Unaccoutable: The Police in Mexico", en *Mexico's Security Failure: Collapse into Criminal Violence*, Paul Kenny y Mónica Serrano, eds. (Nueva York: Routledge, 2012), 107-121.

[85] Ver el texto de Donnelly y Shirk, *Police and Public Security…* En él se describen con claridad los elementos fundamentales para una reforma policial.

[86] Salomón Chertorivski, *De la idea a la práctica: Experiencias en administración pública.* Ebook (México: Conecta, 2013).

Capítulo 6

El narcotráfico

[1] En 1875 fue aprobada la primera ley de control de drogas para detener la propagación de opio en la ciudad de San Francisco, en California, Estados Unidos. Y en el ámbito nacional, en 1906 se aprobó la Ley de Alimentos y Drogas Puras para disminuir el creciente abuso de medicamentos patentados, como el jarabe de la Sra. Winslow y la heroína Bayer. La Ley decía que los medicamentos patentados podían venderse, pero debían tener una etiqueta que indicara qué contenía el producto. En 1914, con la Ley de Narcóticos Harrison, se prohibió el consumo del opio y de la cocaína para usos no médicos. La marihuana se agregó a la lista de sustancias controladas en 1937, con la Ley del Impuesto a la Marihuana. Drug Enforcement Administration (DEA) Museum and Visitors Center, "Illegal Drugs in America: Enforcing the New Drugs", https://www.deamuseum.org/idatour/enforcing-the-new-drug-laws-6.html.

[2] Luis Astorga, "Drug Trafficking in Mexico: A First General Assessment", Management of Social Transformations (París: Organización de las Naciones Unidas para la Educación, la Ciencia y la Cultura, 1999).

[3] Ernesto Zedillo et al., "Drug Policy in Mexico: The Cause of a National Tragedy: A Radical but Indispensable Proposal to Fix It", University of Pennsylvania Journal of International Law 41, núm. 1 (enero de 2019): 107-175.

[4] Los nombres de los congresistas pueden verse en la agenda diaria de Nixon, disponible en https://www.nixonlibrary.gov/president/presidential-daily-diary.

[5] Richard Nixon Foundation, "President Nixon Declares Drug Abuse 'Public Enemy Number One'", YouTube: https://youtu.be/y8TGLLQ lD9M.

[6] Por sus siglas en inglés: Drug Enforcement Administration (Administración para el Control de Drogas).

[7] En la fuente original las cifras están en libras: U.S. Customs and Border Protection. "CBP Enforcement Statistics Fiscal Year 2020", https://www.cbp.gov/newsroom/stats/cbp-enforcement-statistics.

[8] Drug Enforcement Administration, "Fentanyl", https://www.dea.gov/factsheets/fentanyl.

[9] Ver conferencia de prensa del Fiscal General Adjunto, Rod Rosenstein, del 17 de octubre de 2017.

[10] Luis Astorga y David A. Shirk, "Drug Trafficking Organizations and Counter-Drug Strategies in the U.S.-Mexican Context", Working Paper, Center for U.S.-Mexican Studies, Universidad de California en San Diego, 2010.

[11] Ibid., 5.

[12] United Nations Office on Drugs and Crime, World Drug Report 2012 (Viena: Organización de las Naciones Unidas, 2012).

[13] Para escuchar la versión de los protagonistas de aquellos sucesos, puede verse el documental de Billy Corben, *Cocaine Cowboys* (Estados Unidos: Rakontur/Magnolia Pictures, 2006).

[14] Formado en la Policía Judicial Federal.

[15] Jacob V. Lamar, Larry Wippman y Bernard Diederich, "The Bust of the Century", *Time Magazine*, 3 de diciembre de 1984.

[16] "Death of a Narc", *Time Magazine*, 7 de noviembre de 1988.

[17] Roberto Pliego, "El Chapo Guzmán: Una vida breve", *Nexos*, 1 de marzo de 2001, https://www.nexos.com.mx/?p=9921.

[18] Informe de la PGR sobre el homicidio del cardenal Juan Jesús Posadas Ocampo. Ver también "FBI: Asesinato del cardenal Posadas Ocampo, fue accidental", *Excélsior*, 14 de diciembre de 2012, https://www.excelsior.com.mx/2012/12/14/nacional/874988.

[19] Estadísticas de transporte en los cruces fronterizos, Bureau of Transportation Statistics, https://www.bts.gov/.

[20] "Se llaman Los Zetas y aquí están", *Proceso*, 27 de mayo de 2007, https://www.proceso.com.mx/93121/93121-se-llaman-los-zetas-y-aqui-estan.

[21] Juan Carlos Pérez Salazar, "Así es Miguel Ángel Treviño, el capturado líder de Los Zetas", *BBC News*, 16 de julio de 2013, https://www.bbc.com/mundo/noticias/2012/10/121010_mexico_nuevo_lider_zetas_miguel_angel_trevino.

[22] June S. Beittel, "Mexico: Organized Crime and Drug Trafficking Organizations", Congressional Research Service, CRS Report for Congress R41576, 3 de julio de 2018, 9.

[23] Laura Calderón, Octavio Rodríguez Ferreira y David A. Shirk, *Drug Violence in Mexico: Data and Anaysis Through 2017* (San Diego: Universidad de San Diego, abril de 2018), 38.

[24] Para la elaboración de esta sección se utilizaron los siguientes documentos del Informe Mundial de Drogas 2019, de la Oficina de Naciones Unidas contra la Droga y el Delito: United Nations Office on Drugs and Crime, *World Drug Report 2019: 4. Stimulants* (Viena: Organización de las Naciones Unidas, 2019), 21, 38, 40-43, 79, 82; *World Drug Report 2019: 5. Cannabis and Hallucinogens* (Viena: Organización de las Naciones Unidas, 2019), 13, 54, 63, 67; *World Drug Report 2019: 3. Depressants* (Viena, Organización de las Naciones Unidas, 2019), 43, 59-61. Asimismo, se consultó información de inteligencia de Lantia Consultores y la DEA: Drug Enforcement Administration, *National Drug Threat Assessment* (Washington D. C.: Drug Enforcement Administration, Departamento de Justicia de Estados Unidos, 2018).

[25] Fuera del "triángulo dorado" también destacan algunos municipios de Sonora, Sinaloa y Durango.

[26] Especialmente en Jalisco, Michoacán y Guerrero.

[27] En algunos municipios como Juárez, en Chihuahua, hay pandillas con mayor peso, como Los Artistas Asesinos del Cártel del Pacífico; y en lugares como la

Ciudad de México hay mafias que hacen alianzas con cárteles, para abastecerse de narcóticos y después venderlos en actividades de narcomenudeo, como el acuerdo entre la Fuerza Anti-Unión Tepito y el Cártel Jalisco Nueva Generación.

[28] Pasaron de 45 181 casos en 2017, a 70 112 en 2019.

[29] Una política pública puede promover o desincentivar la denuncia, sin que esto explique la tendencia en la incidencia de ese delito.

[30] Instituto Nacional de Psiquiatría Ramón de la Fuente Muñiz y Comisión Nacional contra las Adicciones, Encuesta Nacional de Consumo de Drogas, Alcohol y Tabaco (Encodat) 2016-2017: Reporte de Drogas (México: Secretaría de Salud, 2017), 47, 56-57, 68-70.

Capítulo 7

Debate sobre la legalización de las drogas

[1] Kofi Annan (ex secretario general de las Naciones Unidas, originario de Ghana, fallecido en 2018); Joyce Banda (expresidenta de Malawi); Pavel Bém (exalcalde de Praga, República Checa); Richard Branson (emprendedor, fundador del Grupo Virgin, cofundador de The Elders, Reino Unido); Fernando Henrique Cardoso (expresidente de Brasil); Maria Cattaui (ex secretaria general de la Cámara Internacional de Comercio, Suiza); Helen Clark (ex primera ministra de Nueva Zelanda y administradora del Programa de las Naciones Unidas para el Desarrollo); Nick Clegg (ex vice primer ministro del Reino Unido); Ruth Dreifuss (expresidenta de Suiza y exministra del Interior); César Gaviria (expresidente de Colombia); Anand Grover (ex relator especial de las Naciones Unidas sobre el derecho a la salud, India); Michel Kazatchkine (ex director ejecutivo del Fondo Mundial para la lucha contra el VIH/sida, la tuberculosis y la malaria, Francia); Aleksander Kwasniewski (expresidente de Polonia); Ricardo Lagos (expresidente de Chile); Olusegun Obasanjo (expresidente de Nigeria); George Papandreou (ex primer ministro de Grecia); José Ramos-Horta (expresidente de Timor Oriental); Jorge Sampaio (expresidente de Portugal); George Shultz (exsecretario de Estado de Estados Unidos de América); Javier Solana (ex alto representante del Consejo para la Política Exterior y de Seguridad Común de la Unión Europea, España); Mario Vargas Llosa (escritor e intelectual público, Perú); Paul Volcker (expresidente de la Reserva Federal de Estados Unidos y del Consejo para la Reconstrucción Económica, Estados Unidos, fallecido en 2019) y Ernesto Zedillo (expresidente de México).

[2] Paul Volcker, hasta antes de su fallecimiento en 2019.

[3] "Illegal Drugs: The Wars Don't Work", *The Economist*, 2 de mayo de 2015, https://www.economist.com/leaders/2015/05/02/the-wars-dont-work.

[4] Comisión Global de Políticas de Drogas, *Regulación: El control responsable de las drogas* (Ginebra: Comisión Global de Políticas de Drogas, 2018).

[5] United Nations Office on Drugs and Crime, *World Drug Report 2018* (Viena: Organización de las Naciones Unidas, 2018), 7.

[6] Drug Policy Alliance, "Drug Decriminalization in Portugal: Learning from a Health and Human-Centered Approach" (Nueva York: Drug Policy Alliance, 2019).

[7] PROHIBICIÓN ABSOLUTA DEL CONSUMO LÚDICO DE MARIHUANA. NO ES UNA MEDIDA PROPORCIONAL PARA PROTEGER LA SALUD Y EL ORDEN PÚBLICO. Jurisprudencia. Décima Época, febrero de 2019. La Suprema Corte de Justicia de la Nación declaró la inconstitucionalidad de diversos artículos de la Ley General de Salud y ordenó al Congreso regular el uso de la marihuana para fines recreativos antes del 30 de octubre de 2019. A solicitud del Senado, la Corte concedió una prórroga hasta el día 30 de abril de 2020: "Hágase del conocimiento de la Senadora oficiante que, en su sesión privada celebrada el veintinueve de octubre del año en curso, el Pleno de esta Suprema Corte de Justicia de la Nación acordó que, de manera excepcional y por única ocasión, atendiendo a la complejidad de la materia, en relación con el plazo establecido en el artículo 107, fracción II, párrafo tercero constitucional respecto de la declaratoria general de inconstitucionalidad 1/2018, se otorga una prórroga del plazo respectivo, la cual vence el último día del periodo ordinario de sesiones del Congreso de la Unión, que transcurrirá del primero de febrero al treinta de abril de dos mil veinte, con el objeto de que, al concluir dicho plazo, el Congreso de la Unión haya aprobado la legislación correspondiente". Acuerdo del 31 de octubre de 2019.

[8] Ver Marijuana Policy Project, "2020 Marijuana Policy Reform Legislation", https://www.mpp.org/issues/legislation/key-marijuana-policy-reform/; y National Conference of State Legislatures, "State Medical Marijuana Laws", https://www.ncsl.org/research/health/state-medical-marijuana-laws.aspx.

[9] Zlatko Mehmedic *et al.*, "Potency Trends of Δ9-THC and Other Cannabinoids in Confiscated Cannabis Preparations from 1993 to 2008", *Journal of Forensic Sciences* 55, núm. 5 (septiembre de 2010): 1209-1217.

[10] Mencionado por el activista Richard C. Cowan, "How the Narcs Created Crack", *National Review Magazine*, 5 de diciembre de 1986.

[11] Se trata de la dosis letal en cada uno de los casos, según la policía de Kensington, Canadá. La imagen se publicó en mayo de 2017. Ver Eric Scicchitano, "DEA: Fentanyl a deadly force in opioid crisis", *The Daily Item*, 10 de julio de 2017, https://www.dailyitem.com/news/dea-fentanyl-a-deadly-force-in-opioid-crisis/article_dfc883cf-ceef-5e46-b50e-aaca1585f7f8.html.

[12] Roberto Secades-Villa *et al.*, "Probability and Predictors of the Cannabis Gateway Effect: A National Study", *The International Journal on Drug Policy* 26, núm. 2 (febrero de 2015): 135-142.

[13] Wm. Noel y Judy Wang, *Is Cannabis a Gateway Drug? Key Findings and Literature Review* (Washington D. C.: National Institute of Justice, noviembre de 2018).

[14] Ver Francesca Ducci y David Goldman, "The Genetic Basis of Addictive Disorders", *Psychiatric Clinics of North America* 35, núm. 2 (junio de 2012): 495-519.

[15] The National Academies of Sciences, Engineering, and Medicine, *The Health Effects of Cannabis and Cannabinoids* (Washington D. C.: The National Academies Press, 2017).

[16] National Institute on Drug Abuse, "Drug Facts: Marijuana", diciembre de 2009, https://www.drugabuse.gov/publications/drugfacts/marijuana.

[17] National Institute on Drug Abuse, "What Are Marijuana's Long-Term Effects on the Brain?", 8 de abril de 2020, https://www.drugabuse.gov/publications/research-reports/marijuana/what-are-marijuanas-long-term-effects-brain.

[18] Dirk W. Lachenmeier y Jürgen Rehm, "Comparative risk assessment of alcohol, tobacco, cannabis and other illicit drugs using the margin of exposure approach", *Scientific Reports* 5 (30 de enero de 2015).

[19] La epidemia de tabaquismo es una de las mayores amenazas para la salud pública. Mata a más de 8 millones de personas al año, de las cuales más de 7 millones son consumidores directos y alrededor de 1.2 millones son no fumadores expuestos al humo ajeno. Organización Mundial de la Salud, "Tabaco", https://www.who.int/es/news-room/fact-sheets/detail/tobacco.

[20] Ver Richard Branson, "Introduction", en *Ending the War on Drugs*, de Ernesto Zedillo *et al.* (Londres: Virgin Books, 2016), 4-9.

[21] Un argumento adicional es que, desde una perspectiva de defensa de la libertad, lo que cada persona adulta hace en privado, siempre y cuando no cause daño alguno a terceros, no debe ser sancionado por el Estado. Nuevamente, ¿quién propone que el Estado castigue a quienes comen o beben en exceso, cuando no causan daños a terceros? Una cosa es que el Estado ofrezca apoyo, y otra muy distinta sería meter a la cárcel a quienes comen o beben en exceso.

[22] Comisión Global de Políticas de Drogas, *Regulación: El control responsable...*, 32.

[23] Daniel Sansó-Rubert, "Nuevas tendencias de organización criminal y movilidad geográfica. Aproximación geopolítica en clave de inteligencia criminal", *Revista UNISCI*, núm. 41 (mayo de 2016): 181-203.

[24] Los artículos 478 y 479 de la Ley General de Salud establecen que no se ejercerá acción penal en contra de quien posea pequeñas cantidades de narcóticos (ver tabla en artículo 479 de la ley) consideradas para consumo personal e inmediato; sin embargo, son frecuentes los casos de extorsión por parte de policías que abusan de su facultad para reportar la cantidad encontrada en posesión de la persona detenida.

[25] Ver Catalina Pérez Correa y Andrés Ruiz, "A ras de tierra: Marihuana y pesticidas", *Nexos*, 1 de julio de 2018, https://www.nexos.com.mx/?p=38377.

[26] El factor de conversión de la "Operación Breakthrough" establece que 375 kg de hoja seca al sol son necesarios para producir un kilogramo de clorhidrato de cocaína 100% pura (estimado entre 2003 y 2004).

[27] El factor es 1.45 kg base de cocaína por tonelada métrica de hoja fresca de coca. Fuente: Oficina de las Naciones Unidas contra la Droga y el Delito y Sistema Integrado de Monitoreo de Cultivos Ilícitos, *Monitoreo de territorios afectados por cultivos ilícitos 2018* (Bogotá: Oficina de las Naciones Unidas contra la Droga y el Delito, Sistema Integrado de Monitoreo de Cultivos Ilícitos, agosto de 2019), 68.

[28] *Ibid.*, 82.

[29] De acuerdo con una serie de grabaciones dadas a conocer en juicio, Guzmán Loera negociaba los precios con sus proveedores colombianos. En esta es posible escucharlos negociando el costo y el lugar de entrega (2100 dólares en Colombia). Audio publicado por el periodista Ciro Gómez Leyva en Twitter, el día 13 de diciembre de 2018.

[30] En la publicación *Monitoreo de territorios afectados por cultivos ilícitos 2018*, de la Oficina de las Naciones Unidas contra la Droga y el Delito (UNODC) y el Sistema Integrado de Monitoreo de Cultivos Ilícitos (SIMCI), se menciona que el precio por kilo de cocaína es de unos 1682 dólares cerca del lugar de producción, y de más de 3200 dólares puesto en un puerto de Colombia.

[31] Precios promedio para 2016 de cocaína al por mayor en Estados Unidos, en dólares estadounidenses por kilogramo. Publicado en la base de datos de la Oficina de las Naciones Unidas contra la Droga y el Delito (UNODC): United Nations Office on Drugs and Crime, "Heroin and Cocaine Prices in Europe and USA", https://dataunodc.un.org/drugs/heroin_and_cocaine_prices_in_eu_and_usa. El margen se calcula de 2 mil USD a 28 mil USD.

[32] El precio promedio de venta al público en Estados Unidos en 2016 fue de 93 dólares. Si lo ajustamos por pureza, el costo de un gramo sería de 165 dólares. Precios publicados en United Nations Office on Drugs and Crime, "Heroin and Cocaine Prices…"

[33] Beau Kilmer *et al.*, *Reducing Drug Trafficking Revenues and Violence in Mexico: Would Legalizing Marijuana in California Help?* (Santa Mónica: RAND International Programs and Drug Policy Research Center, 2010), 30.

[34] La tasa de prevalencia de tabaco en Japón para hombres era de 83.2% en 1965. Kaori Honjo e Ichiro Kawachi, "Effects of Market Liberalisation on Smoking in Japan", *Tobacco Control* 9, núm. 2 (junio de 2000): 193-200.

[35] Los primeros estudios realizados en México para conocer la prevalencia de fumadores no son del ámbito nacional. Por ejemplo, en 1971, la Organización Panamericana de la Salud patrocinó una encuesta en ocho ciudades de América Latina. Para la Ciudad de México, encontraron que el 45% de los hombres y el 17% de las mujeres fumaban. Daniel J. Joly, "El hábito de fumar cigarrillos en

América Latina: Una encuesta en ocho ciudades", *Boletín de la Oficina Sanitaria Panamericana* 79, núm. 2 (agosto de 1975): 95-96.

[36] En 1988 se realizó la primera Encuesta Nacional de Adicciones (ENA-1988), con metodología propuesta por la Organización Mundial de la Salud. En ese año la proporción de fumadores fue de 38.3% en hombres y de 14.4% en mujeres. La prevalencia en general fue de 25.8%. En 2016, el 17.6% de la población de 12 a 65 años fumaba tabaco. La tasa para hombres era de 27.1% y de 8.7% para mujeres. Instituto Nacional de Psiquiatría Ramón de la Fuente Muñiz y Comisión Nacional contra las Adicciones, Encuesta Nacional de Consumo de Drogas, Alcohol y Tabaco (Encodat) 2016-2017: Reporte de Drogas (México: Secretaría de Salud, 2017).

[37] En Estados Unidos, la prevalencia del tabaquismo ha disminuido de un 42.7% en 1965 a cerca del 18% en 2012. Departamento de Salud y Servicios Humanos de Estados Unidos, "Las consecuencias del tabaquismo en la salud: 50 años de progreso", informe de la Dirección General de Servicios de Salud de Estados Unidos, 2014.

[38] Frente a la estricta regulación que ya existe en muchos países desarrollados, las compañías han buscado compensar la caída en sus ventas en aquellos países en los que aún pueden expandir su negocio. Por ejemplo en Indonesia, actualmente casi siete de cada 10 adultos varones fuman. Organización Mundial de la Salud, 2019.

[39] Anne Edwards, directora de comunicación de Philip Morris Internacional en 2013.

[40] Por ejemplo, el dato de la campaña publicitaria de OxyContin relativo a que la tasa de adicción era menor al 1% fue producto de la burda manipulación de un párrafo de una carta enviada al editor de una revista especializada en medicina, que bajo ninguna circunstancia permitía llegar a esa conclusión.

[41] United States General Accounting Office, "Prescription Drugs: OxyContin Abuse and Diversion and Efforts to Address the Problem", Report to Congressional Requesters, 23 de diciembre de 2003, 18.

[42] En 2017 murieron por sobredosis 70 237 personas, de las cuales 47 600 murieron por algún opiáceo. National Center on Health Statistics, CDC Wonder Online Database, https://wonder.cdc.gov/mcd.html.

[43] Para profundizar en las causas, puede verse Maia Szalavitz, *Unbroken Brain: A Revolutionary New Way of Understanding Addiction*. Ebook (Nueva York: St. Martin's Press, 2016).

[44] "Legal Settlements Alone Will Not Solve America's Opioid Crisis", *The Economist*, 29 de agosto de 2019, https://www.economist.com/leaders/2019/08/29/legal-settlements-alone-will-not-solve-americas-opioid-crisis.

[45] Comisión Global de Políticas de Drogas, *Regulación: el control responsable...*, 17.

[46] Ver Ernesto Zedillo *et al*., "Drug Policy in Mexico: The Cause of a National Tragedy: A Radical but Indispensable Proposal to Fix It", *University of Pennsylvania Journal of International Law* 41, núm. 1 (enero de 2019): 164-165.

[47] Alfa I y II, y Beta I y II.

[48] Clara Musto y Gustavo Robaina, "Evolución del consumo de cannabis en Uruguay y mercados regulados", *Monitor Cannabis Uruguay*, 2018, http://monitorcannabis.uy/evolucion-del-consumo-de-cannabis-en-uruguay-y-mercados-regulados/.

[49] *Idem*.

[50] Por ejemplo, sobre un enfoque específico para los opiáceos, la cocaína y otras drogas, puede revisarse la propuesta de Zedillo, Pérez-Correa, Madrazo y Alonso, "Drug Policy in Mexico".

[51] Kofi Annan, miembro de la Comisión Global de Políticas de Drogas, 2016. Comisión Global de Políticas de Drogas, *Regulación: El control responsable...*, 17.

Capítulo 8

Desigualdad y pobreza. El Ingreso Básico Universal, una propuesta revolucionaria

[1] Oxfam Internacional, *¿Bienestar público o beneficio privado?* (Oxford: Oxfam Internacional, enero de 2019), 6.

[2] Cálculos de Oxfam; ver la nota metodológica: Patricia Espinoza Revollo *et al*., "Public Good or Private Wealth? Methodology Note" (Oxford: Oxfam Internacional, enero de 2019).

[3] Se puede profundizar en el tema leyendo a Gerardo Esquivel Hernández, *Desigualdad extrema en México: Concentración de poder económico y político* (México: Oxfam México, junio de 2015).

[4] Los cálculos son propios y la metáfora del edificio está tomada de Ricardo Raphael, *Mirreynato: La otra desigualdad*. Ebook (México: Temas de Hoy, 2014).

[5] Instituto Nacional de Estadística y Geografía, Encuesta Nacional de Ingresos y Gastos de los Hogares (ENIGH) 2018 (México: Instituto Nacional de Estadística y Geografía, 2018).

[6] *Idem*.

[7] El ingreso de los más ricos en México (top 0.001%), no puede ser obtenido de manera directa, como ocurre en otros países donde se infiere del pago de impuestos. En la tesis de Sebastián Sandoval Olascoaga, "The Distribution of Top Incomes in Mexico: How Rich Are the Richest?" (tesis de maestría, Paris School of Economics, 2015), se hace una aproximación, utilizando datos del Censo Eco-

nómico de México de 2009, microdatos de las declaraciones de impuestos personales y declaraciones de salarios por parte del empleador. Adicionalmente, el autor propone una metodología para ajustar los datos fiscales debido a la evasión fiscal. Los datos utilizados por Sandoval son de 2012: ingreso del primer decil 2090 pesos *vs.* ingreso top 0.001% de 17.583 mdp, esto da una relación de 1 a 8415 veces. Usando esa misma proporción para los datos de 2018, es como nosotros llegamos de 3038, que es el ingreso del primer decil, a 25561262 pesos para el top 0.001 por ciento.

[8] Para profundizar en el concepto de "la clase media" puede verse Luis F. López-Calva *et al.*, "Clases medias y vulnerabilidad a la pobreza: Reflexiones desde América Latina", *El Trimestre Económico* 81, núm. 322 (abril-junio de 2014): 281-307.

[9] Ver "Encuesta: 6 de cada 10 mexicanos se consideran de clase media", *Forbes*, 15 de julio de 2019, https://www.forbes.com.mx/encuesta-6-de-cada-10-mexicanos-se-consideran-de-clase-media/. La encuesta "Estudio de Opinión Pública Sobre la Clase Media Mexicana", realizada en 2019 por De las Heras Demotecnia en alianza con *Forbes*, arroja que el 60% de los encuestados considera que forma parte de la clase media, lo que se contrapone con lo que ha estimado el Inegi, usando los datos de la Encuesta Nacional de Ingresos y Gastos de los Hogares (ENIGH) 2010, cuya información y metodología está disponible en Instituto Nacional de Estadística y Geografía, "Cuantificando la clase media en México: un ejercicio exploratorio", febrero de 2010, https://www.inegi.org.mx/investigacion/cmedia/default.html.

[10] Gerardo Esquivel Hernández, "Desigualdad: Vieja historia, nueva historia", en *¿Y ahora qué? México ante el 2018*, Héctor Aguilar Camín, coord. (México: Debate, 2018), 260.

[11] Se utilizaron los últimos datos disponibles, en su mayoría de 2016. Consultados en la base de datos de la OCDE sobre distribución del ingreso de los hogares y pobreza.

[12] Organización para la Cooperación y el Desarrollo Económicos, *Divided We Stand: Why Inequality Keeps Rising* (París: OECD Publishing, 2011).

[13] Organización para la Cooperación y el Desarrollo Económicos, *Divided We Stand...*, 23, tabla 1.

[14] *Idem.*

[15] A veces se olvida que el crecimiento y la distribución se determinan de manera conjunta (no es que el crecimiento ocurra de manera separada; simplificando, el crecimiento en el ingreso total de un país representa la suma del crecimiento del ingreso de los que viven en los distintos pisos. Así, una forma de hacer el crecimiento más incluyente es distribuir capacidad productiva. Como referencia, puede consultarse Luis F. López-Calva y Carlos Rodríguez-Castelán, "Pro-Growth Equity: A Policy Framework for the Twin Goals", Policy Research Working Paper núm. 7877 (Washington D. C.: Banco Mundial, noviembre de 2016).

[16] Para otras referencias, consultar Carlos Rodríguez-Castelán *et al.*, "Understanding the Dynamics of Labor Income Inequality in Latin America", Policy Research Working Paper núm. 7795 (Washington D. C.: Banco Mundial, agosto de 2016).

[17] Efraín González Morfín, *Textos selectos: Antología por Carlos Castillo* (México, PAN, Fundación Rafael Preciado Hernández: 2018), 229.

[18] Para 2017, el 1% más rico de Estados Unidos concentró el 21% del total de los ingresos: Adrian Dungan, "Individual Income Tax Shares: Tax Year 2016", Internal Revenue Service, Statistics of Income Bulletin, 2019.

[19] Joseph E. Stiglitz, *The Price of Inequality*. Ebook (Nueva York: W. W. Norton & Company, 2013).

[20] Para profundizar en el problema de las desigualdades de poder e influencia, así como en sus consecuencias, se puede consultar el informe del Banco Mundial, *World Development Report 2017: Governance and the Law* (Washington D. C.: Banco Mundial, 2017).

[21] Steven Levitsky y Daniel Ziblatt, *Cómo mueren las democracias*, trad. Gemma Deza Guil (Santiago de Chile: Ariel, 2018), 260.

[22] *Idem.*

[23] El CEO Doug McMillon gana 22.8 millones de dólares y un trabajador común gana 19 177: "En EEUU un CEO gana 312 veces más que un empleado promedio", *E&N*, 18 de agosto de 2018, https://www.estrategiaynegocios.net/em presasymanagement/1208088-330/en-eeuu-un-ceo-gana-312-veces-m%C3% A1s-que-un-empleado-promedio.

[24] También es importante tener en mente que puede haber países con niveles similares de desigualdad, medida por el coeficiente de Gini, pero con niveles distintos de polarización. Una desigualdad con polarización es más propensa al conflicto que una desigualdad con clase media fuerte (distribución unimodal). Para profundizar en esta idea puede verse el artículo de Debraj Ray y Joan-Maria Esteban, "On the Measurement of Polarization", *Econometrica* 62, núm. 4 (julio de 1994): 819-851.

[25] Frans de Waal, "Two Monkeys Were Paid Unequally: Excerpt from Frans de Waal's TED Talk", YouTube: https://youtu.be/meiU6TxysCg.

[26] Organización para la Cooperación y el Desarrollo Económicos, *Divided We Stand...*, 40.

[27] Luis Felipe López Calva, "Who Benefits from Growth?: A Look at the Changing Incidence of Economic Growth in Latin America and the Caribbean?", United Nations Development Programme, 22 de noviembre de 2019, https://www.latinamerica.undp.org/content/rblac/en/home/presscenter/direc tor-s-graph-for-thought/who-benefits-from-growth----a-look-at-the-chan ging-incidence-of-.html.

[28] Para profundizar en las razones por las que es importante atender el problema de la desigualdad creciente, puede verse Branko Milanović, *The Haves and*

the Have-Nots: A Brief and Idiosyncratic History of Global Inequality (Nueva York: Basic Books, 2011).

[29] Los resultados fueron presentados únicamente por quintiles. Están disponibles en la página https://movilidadsocial.colmex.mx/.

[30] Instituto Nacional de Estadística y Geografía, Encuesta Nacional de Ingresos y Gastos de los Hogares (ENIGH) 2018.

[31] Raymundo M. Campos Vázquez, *Promoviendo la Movilidad Social en México: Informe de Movilidad Social 2015* (México: El Colegio de México, 2016).

[32] *Idem.*

[33] Para profundizar en la teoría económica de las aspiraciones y sus implicaciones en la desigualdad y el conflicto, se puede consultar Debraj Ray, "Aspirations and the Development Treadmill", *Journal of Human Development and Capabilities* 17, núm. 3 (agosto de 2016): 309-323.

[34] Foro Económico Global, *The Global Social Mobility Report 2020: Equality, Opportunity and a New Economic Imperative* (Ginebra: Foro Económico Global, 2020), 19-20.

[35] Como dice Luis de la Calle: "es solo a través de la movilidad como se puede lograr un salto en la productividad para apuntalar el crecimiento sostenido [...] A mayor movilidad, mayor progreso. No obstante, la movilidad no es viable sin un Estado de derecho como base de partida". Tomado de Luis de la Calle, *La economía de la extorsión*, manuscrito en publicación, cortesía del autor.

[36] Presidencia de la República, "Versión estenográfica de la conferencia de prensa matutina | Jueves 30 de enero, 2020", Presidencia de la República, 30 de enero de 2020, https://www.gob.mx/presidencia/articulos/version-estenografica-de-la-conferencia-de-prensa-matutina-jueves-30-de-enero-2020?idiom=es.

[37] Organización para la Cooperación y el Desarrollo Económicos, *Divided We Stand...*, 40.

[38] Para profundizar en el impacto de la política fiscal sobre el combate a la desigualdad y la pobreza, puede verse Nora Lustig, ed., *Commitment to Equity Handbook: Estimating the Impact of Fiscal Policy on Inequality and Poverty* (Washington D. C.: Brookings Institution Press, 2018).

[39] Organización para la Cooperación y el Desarrollo Económicos, *The Role and Design of Net Wealth Taxes in the OECD* (París: OECD Publishing, 2018).

[40] Alan Cole, "Estate and Inheritance Taxes around the World", *Tax Foundation* (blog), 17 de marzo de 2015, https://taxfoundation.org/estate-and-inheritance-taxes-around-world/.

[41] Tomando en cuenta el ingreso, no el indicador de pobreza multidimensional.

[42] Ni en otras partes del mundo. Ver Raymundo M. Campos-Vázquez, Emmanuel Chávez y Gerardo Esquivel, "Growth Is (Really) Good for the (Really) Rich", Documento de Trabajo núm. 9, Centro de Estudios Económicos de El Colegio de México, diciembre de 2013.

[43] En 1992 había 46.1 millones, mientras que en 2018 ya había 52.4 millones de personas pobres.

[44] Consejo Nacional de Evaluación de la Política de Desarrollo Social, *Informe de Evaluación de la Política de Desarrollo Social 2018* (México: Consejo Nacional de Evaluación de la Política de Desarrollo Social, 2018), 181.

[45] Gonzalo Hernández Licona, "Pobreza: Antiguo mal, nuevos remedios", en *¿Y ahora qué? México ante el 2018*, Héctor Aguilar Camín, coord. (México: Debate, 2018), 284.

[46] La edad mediana es de 27 años: Instituto Nacional de Estadística y Geografía, Encuesta Intercensal 2015.

[47] En promedio, cada año 2.2 millones de jóvenes cumplen 18 años (promedio de 2010 a 2019). Estimación propia con datos de Conapo, "Proyecciones de la población de México a mitad de año".

[48] Es el porcentaje promedio de la PEA (Población Económicamente Activa) de 2010 a 2019: Instituto Nacional de Estadística y Geografía, Encuesta Nacional de Ocupación y Empleo (ENOE) IV trimestre de 2019.

[49] Luis de la Calle analiza el papel del fenómeno demográfico mexicano: el tamaño de las cohortes que ingresaron a la fuerza laboral en las últimas décadas; el ingreso de mujeres al mercado laboral y la tasa de participación laboral; la reversión de flujos migratorios y el impacto de estos fenómenos en el exceso de la oferta laboral. Luis de la Calle, *La economía de la extorsión*, manuscrito en publicación.

[50] En 2019, dos salarios mínimos al mes equivalían a 6160 pesos o 320 dólares.

[51] La información estadística sobre el nivel de ingreso de toda la población ocupada, incluyendo al sector informal, proviene de la Encuesta Nacional de Ocupación y Empleo (ENOE) que realiza el Inegi. El nivel de ingreso se captura y clasifica en "x veces el salario mínimo". El salario mínimo tiene incrementos distintos a la inflación, por lo que las tendencias observadas podrían incluir distorsiones propias de esos cambios; sin embargo, en su más reciente informe mundial sobre salarios, la Organización Internacional del Trabajo (OIT) publicó un índice de salarios reales, donde se observa exactamente la misma tendencia a la baja. La OIT utiliza datos del Sistema Nacional de Empleo y un algoritmo para comparar el nivel de ingreso de la población ocupada entre 2008 y 2017. Organización Internacional del Trabajo, *Informe mundial sobre salarios 2018-2019: ¿Qué hay detrás de la brecha salarial de género?* (Ginebra: Organización Internacional del Trabajo, 2019).

[52] Sendhil Mullainathan y Eldar Shafir, "Introduction", en *Scarcity: Why Having Too Little Means so Much*. Ebook (Londres: Penguin Books, 2014).

[53] Shankar Vedantam, Episodio 65: "Tunnel Vision", *The Hidden Brain*, Podcast, National Public Radio (NPR), 20 de marzo de 2017, https://www.npr.org/2017/03/20/520587241/the-scarcity-trap-why-we-keep-digging-when-were-stuck-in-a-hole.

[54] David K. Evans y Anna Popova, "Cash Transfers and Temptation Goods: A Review of Global Evidence", Policy Research Working Paper núm. 6886 (Washington D. C.: Banco Mundial, mayo de 2014).

[55] Friedrich A. von Hayek, *The Road to Serfdom: Text and Documents*, Bruce Caldwell, ed. (Chicago: University of Chicago Press, 2007); y Friedrich A. von Hayek, *Law, Legislation and Liberty: A New Statement of the Liberal Principles of Justice and Political Economy* (Abingdon: Routledge, 1982).

[56] Milton Friedman y Rose D. Friedman, *Capitalism and Freedom* (Chicago: University of Chicago Press, 1982); y Milton Friedman y Rose D. Friedman, *Free to Choose: A Personal Statement* (Nueva York: Harcourt Brace Jovanovich, 1980).

[57] Esta frase fue escrita por Martin Luther King. Ver Martin Luther King, Coretta Scott King y Vincent Harding, *Where Do We Go from Here: Chaos or Community?*, The King Legacy series (Boston: Beacon Press, 2010), 171. Para más referencias ver Philippe van Parijs y Yannick Vanderborght, *Basic Income: A Radical Proposal for a Free Society and a Sane Economy* (Cambridge: Harvard University Press, 2017).

[58] Se puede consultar la carta completa y el nombre de todos los firmantes en el apéndice 17 del informe de las audiencias del Comité Económico Conjunto del Congreso y el Senado de Estados Unidos sobre los programas de mantenimiento del ingreso, 1968. Disponible en https://www.jec.senate.gov/reports/90th%20Congress/Income%20Maintenance%20Programs%20Volume%20II%20(423).pdf.

[59] United States President's Commission on Income Maintenance Programs, *Poverty Amid Plenty: The American Paradox: The Report of the President's Commission on Income Maintenance Programs* (Washington D. C.: Government Printing Office, noviembre de 1969).

[60] Van Parijs y Vanderborght, *Basic Income: A Radical Proposal...*, 90.

[61] Disponible en https://basicincome.org/.

[62] Los detalles del programa pueden consultarse en https://www.cleiss.fr/docs/regimes/regime_france/es_4.html.

[63] Disponible en https://www.givedirectly.org/research-at-give-directly/.

[64] Johannes Haushofer y Jeremy Shapiro, "The Short-Term Impact of Unconditional Cash Transfers to the Poor: Experimental Evidence from Kenya", *The Quarterly Journal of Economics* 131, núm. 4 (noviembre de 2016): 1973-2042.

[65] Abhijit Banerjee, Paul Niehaus y Tavneet Suri, "Universal Basic Income in the Developing World", Working Paper núm. 25598, National Bureau of Economic Research, febrero de 2019.

[66] Para más información ver https://www.givedirectly.org/research-at-give-directly/.

[67] Estimaciones de Coneval, 2018.

527

[68] Se hace esta estimación a sabiendas de que ningún país está compuesto por "hogares promedio".

[69] Evelyn L. Forget, "The Town with No Poverty: The Health Effects of a Canadian Guaranteed Annual Income Field Experiment", *Canadian Public Policy* 37, núm. 3 (septiembre de 2011): 283-305.

[70] La ley tendría que establecer límites puntuales respecto de su utilización como garantía de pago.

[71] Instituto Nacional de Estadística y Geografía, Encuesta Nacional de Ocupación y Empleo (ENOE) IV trimestre de 2019.

[72] Evans y Popova, "Cash Transfers and Temptation Goods...". Se trata del análisis de 19 estudios relacionados con las transferencias en efectivo y los "bienes de tentación".

[73] Abhijit Banerjee *et al.*, "Debunking the Stereotype of the Lazy Welfare Recipient: Evidence from Cash Transfer Programs", *The World Bank Research Observer* 32, núm. 2 (agosto de 2017): 178.

[74] Aunque Progresa-Oportunidades-Prospera fue un programa de transferencia condicional, en este aspecto en particular la evidencia surgida de su análisis es pertinente para respaldar nuestro argumento. Ver Gonzalo Hernández Licona *et al.*, coords., *El Progresa-Oportunidades-Prospera: A 20 años de su creación* (México: Consejo Nacional de Evaluación de la Política de Desarrollo Social, 2019).

[75] Consejo Nacional de Evaluación de la Política de Desarrollo Social, *Informe de Evaluación de la Política...*

[76] Consejo Nacional de Evaluación de la Política de Desarrollo Social, Inventario Nacional Coneval de Programas y Acciones Federales de Desarrollo Social, https://www.coneval.org.mx/Evaluacion/Paginas/inventario_nacional_de_programas_y_acciones_sociales.aspx.

[77] Gestión Social y Cooperación, Índice de Desempeño de Programas Públicos Federales (Indep) 2019, https://www.indep.gesoc.org.mx/.

[78] Gestión Social y Cooperación, Índice Estatal de Capacidades para el Desarrollo Social (Ides) 2019, http://ides2019.gesoc.org.mx/.

[79] Comisión Económica para América Latina y el Caribe, *La hora de la igualdad: Brechas por cerrar, caminos por abrir. Trigésimo Tercer Período de Sesiones de la CEPAL* (Santiago de Chile: Comisión Económica para América Latina y el Caribe, 2010), 257.

[80] El desmantelamiento del Seguro Popular apunta justamente en la dirección equivocada.

Capítulo 9

El (bajo) crecimiento económico de México: hacia la prosperidad compartida

[1] Daron Acemoglu y James A. Robinson, *Por qué fracasan los países: Los orígenes del poder, la prosperidad y la pobreza*, trad. Marta García Madera (Barcelona: Deusto, 2012).

[2] Sobre sus más recientes ideas, relativas a la importancia de la libertad para la prosperidad de los países, puede verse Daron Acemoglu y James A. Robinson, *El pasillo estrecho: Estados, sociedades y cómo alcanzar la libertad*, trad. Ramón González Férriz y Marta Valdivieso. Ebook (México: Crítica, 2019).

[3] George Akerlof, Premio Nobel de Economía en 2001, apunta de manera contundente en la portada de la obra: "Consideramos que *La riqueza de las naciones* de Adam Smith es un clásico imperecedero. Dentro de dos siglos, lo mismo pensarán de *Por qué fracasan los países*".

[4] El contraargumento de Sachs sobre este caso particular es interesante. Para Sachs, es justamente la ubicación lo que explica por qué Nogales, Sonora, es una de las ciudades más industrializadas de México, mientras que Nogales, Arizona, depende de las transferencias federales y estatales que recibe. El argumento se puede consultar en Jeffrey D. Sachs, "Government, Geography, and Growth: The True Drivers of Economic Development", *Foreign Affairs*, septiembre-octubre de 2012, https://www.foreignaffairs.com/reviews/review-essay/2012-08-16/government-geography-and-growth.

[5] Max Weber, *La ética protestante y el espíritu del capitalismo*, trad. Luis Legaz Lacambra. Ebook (México: Fondo de Cultura Económica, 2012).

[6] *Idem.*

[7] *Idem.*

[8] *Idem.*

[9] Sachs, "Government, Geography, and Growth…", 142.

[10] *Ibid.*, 145.

[11] Arvind Subramanian, "Which Nations Failed?", *The American Interest*, 30 de octubre de 2012, https://www.the-american-interest.com/2012/10/30/which-nations-failed/.

[12] Francis Fukuyama, "Acemoglu and Robinson on Why Nations Fail", *The American Interest*, 26 de marzo de 2012, https://www.the-american-interest.com/2012/03/26/acemoglu-and-robinson-on-why-nations-fail/.

[13] Jared Diamond, "What Makes Countries Rich or Poor?", *The New York Review of Books*, 7 de junio de 2012, https://www.nybooks.com/articles/2012/06/07/what-makes-countries-rich-or-poor/.

[14] Martin Wolf, "The Wealth of Nations", *Financial Times*, 2 de marzo de 2012, https://www.ft.com/content/56f88be0-6213-11e1-807f-00144feabdc0.

[15] Deirdre N. McCloskey, *Bourgeois Equality: How Ideas, Not Capital or Institutions, Enriched the World*. Ebook (Chicago: University of Chicago Press, 2016).

[16] Sachs, "Government, Geography, and Growth…", 150.

[17] Santiago Levy, *Esfuerzos mal recompensados: La elusiva búsqueda de la prosperidad en México*. Ebook (Washington D. C.: Banco Interamericano de Desarrollo, 2018).

[18] La tasa de inversión de México aumentó progresivamente, de un promedio de 19% del PIB de 1996 a 2001, hasta el 21.6% de 2011 a 2015: Levy, *Esfuerzos mal recompensados…*, 5.

[19] Levy, *Esfuerzos mal recompensados…*, 7.

[20] José Antonio Romero Tellaeche y Gaspar Núñez, "La economía mexicana: pasado, presente y la necesidad de un cambio estructural", en *México 2018. La responsabilidad del porvenir*, Pedro Salazar Ugarte, Arturo Oropeza García y José Antonio Romero Tellaeche, coords., Tomo 1 (México: Instituto de Investigaciones Jurídicas [UNAM], Instituto para el Desarrollo Industrial y el Crecimiento Económico, El Colegio de México, 2018), 71.

[21] Rolando Cordera Campos, "Estado y desarrollo: los trabajos (por) venir", en *México 2018: La responsabilidad…*, 78.

[22] Joseph E. Stiglitz, "Lecciones de los antiglobalización", *El País*, 12 de mayo de 2017, https://elpais.com/economia/2017/05/11/actualidad/1494512712_532 788.html.

[23] Los datos del Censo Económico 2014 se levantaron durante 2013. Se pueden consultar los códigos por actividad en la siguiente liga: https://www.inegi. org.mx/app/saic/.

[24] Se refiere al año de levantamiento. El Inegi los identifica por el año en que los publica: 1999, 2004, 2009, 2014 y 2019. Al momento de escribir este capítulo, el censo económico de 2019 ya estaba disponible, y arrojaba un número de 4.8 millones de empresas.

[25] Nos referimos a la acepción del término informalidad empleado por Levy. Valga la aclaración para el uso del término a lo largo del capítulo.

[26] En realidad, el porcentaje de trabajadores sin un contrato salarial es mucho mayor al 56%, porque para efectos de los censos económicos, la unidad de observación es el establecimiento, que se define como "la unidad económica que en una sola ubicación física, asentada en un lugar de manera permanente y delimitada por construcciones o instalaciones fijas, combina acciones y recursos bajo el control de una sola entidad propietaria o controladora, para realizar actividades de producción de bienes, compra-venta de mercancías o prestación de servicios, sea con fines de lucro o no". Esto significa que en el 56% no están consideradas todas las personas que diariamente trabajan en la calle.

[27] De acuerdo con este concepto, en una economía de mercado la innovación (nuevos productos o nuevas ideas) destruye las viejas empresas o los viejos

modelos de negocio. Las innovaciones son la fuerza que impulsa el crecimiento económico a largo plazo, aunque en el corto plazo puedan destruir el valor de compañías bien establecidas.

[28] Tal es la conclusión que da título al libro de Levy.

[29] Levy, *Esfuerzos mal recompensados...*, 62.

[30] Luis Felipe López-Calva, "¿A dónde se fue toda la capacidad productiva?", Programa de las Naciones Unidas para el Desarrollo, 7 de febrero de 2019, https://www.latinamerica.undp.org/content/rblac/es/home/presscenter/director-s-graph-for-thought/where-did-the-productive-capacity-go-.html.

[31] Carlos Elizondo Mayer-Serra, "¿Por qué no crecemos?", *Letras Libres*, 1 de noviembre de 2018, https://www.letraslibres.com/mexico/revista/por-que-no-crecemos.

[32] Ted Enamorado, Luis F. López-Calva y Carlos Rodríguez-Castelán, "Crime and Growth Convergence: Evidence from Mexico", Policy Research Working Paper núm. 6730 (Washington D. C.: Banco Mundial, diciembre de 2013).

[33] Klaus Schwab, *The Global Competitiveness Report 2017-2018* (Ginebra: Foro Económico Mundial, 2018).

[34] Luis de la Calle, "Impunidad Cero: Economía de la extorsión. Ideas para aprovechar la revolución digital", *Este País*, 11 de febrero de 2019, https://estepais.com/impreso/impunidad-cero-economia-de-la-extorsion/.

[35] Jaime Ros, *¿Cómo salir de la trampa del lento crecimiento y alta desigualdad? Grandes Problemas*. Ebook (México: El Colegio de México, Universidad Nacional Autónoma de México, 2015).

[36] Cordera Campos, "Estado y desarrollo: los trabajos...", 83.

[37] *Ibid.*, 89, 91.

[38] Valeria Moy, "Regiones: La otra desigualdad", en *¿Y ahora qué? México ante el 2018*, Héctor Aguilar Camín, coord. (México: Debate, 2018), 267-281.

[39] Datos del PIB per cápita por estados obtenidos de: México ¿Cómo Vamos?, *En cifras, ¿cómo vamos? 2019* (México: México ¿Cómo Vamos?, 2019).

[40] Cálculos propios tomando la serie retropolada base 2013 de la variación anual del PIB por entidad federativa del Inegi, desde 1996 hasta 2018.

[41] Salomón Chertorivski, *Siete pecados capitales en la Ciudad de México: La agenda obligatoria para consolidar un nuevo tipo de gobierno*. Ebook (México: Grijalbo, 2018).

[42] Datos del Consejo Coordinador Empresarial, "Palabras de Carlos Salazar Lomelín en la firma del acuerdo para promover la inversión y el desarrollo incluyente", 13 de junio de 2019, https://www.cce.org.mx/palabras-de-carlos-salazar-lomelin-en-la-firma-del-acuerdo-para-promover-la-inversion-y-el-desarrollo-incluyente/. Datos tomados del Semáforo Económico de la organización México ¿Cómo Vamos? Datos al cuarto trimestre de 2019: https://mexicocomovamos.mx/ ?s=seccion&id=100.

[43] Consejo Coordinador Empresarial, "Decisión del gobierno federal sobre Constellation Brands es arbitraria, violenta la legalidad y es una pésima señal", 23 de marzo de 2020, https://www.cce.org.mx/decision-del-gobierno-federal-sobre-constellation-brands-es-arbitraria-violenta-la-legalidad-y-es-una-pesima-senal/.

[44] Semáforo Económico de la organización México ¿Cómo Vamos? Datos al cuarto trimestre de 2019, https://mexicocomovamos.mx/?s=seccion&id=100.

[45] Jorge Suárez-Vélez, "Toca poner el alto", *Reforma*, 6 de febrero de 2020, https://www.reforma.com/toca-poner-el-alto-2020-02-06/op173656.

[46] Banco Mundial, *Informe sobre el desarrollo mundial 2017: La gobernanza y las leyes: Panorama general* (Washington D. C.: Banco Mundial, 2017), 5.

[47] Como hemos visto, en promedio representa una séptima parte de la inversión total y es seis veces mayor que la pública.

[48] Luis de la Calle, "Cómo crecer: Inversión, educación y gobierno", en *¿Y ahora qué? México ante el 2018*, Héctor Aguilar Camín, coord. (México: Debate, 2018), 213-226.

[49] Adela Cortina Orts, *Lo justo como núcleo de las ciencias morales y políticas: Una versión cordial de la ética del discurso* (Madrid: Real Academia de Ciencias Morales y Políticas, 2008), 11.

Capítulo 10

El proceso electoral y un breve apunte sobre la elección presidencial de 2018

[1] Para una revisión a detalle de las reglas y procedimientos, ver Karolina M. Gilas y Carlos Soriano Cienfuegos, *Proceso electoral* (México: Tribunal Electoral del Poder Judicial de la Federación, 2018).

[2] Ley General de Instituciones y Procedimientos Electorales (LGIPE), Ley General de Partidos Políticos, Ley General del Sistema de Medios de Impugnación en Materia Electoral y Ley General en Materia de Delitos Electorales. Disponibles en Instituto Nacional Electoral, *Compendio de Legislación Nacional Electoral*, Tomo II (México: Instituto Nacional Electoral, Fiscalía Especializada para la Atención de Delitos Electorales, Instituto de Investigaciones Jurídicas [UNAM], Tribunal Electoral del Poder Judicial de la Federación, 2015).

[3] Art. 225, LGIPE.

[4] Con la celebración de la sesión del Consejo General del INE del viernes 8 de septiembre de 2017, dio inicio formal el Proceso Electoral Federal 2017-2018.

[5] La Constitución de 1857 había suprimido el Senado. En 1867, con el triunfo de la República sobre el Imperio, el presidente Juárez y su ministro de Relaciones Exteriores y Gobernación, Sebastián Lerdo de Tejada, expidieron, respectiva-

mente, una convocatoria y una circular que preveían la restauración del Senado. Tras un accidentado proceso de casi siete años, se aprobó la reforma y los primeros senadores fueron electos en 1875, cuando Lerdo ocupaba la Presidencia. Para una explicación más completa consultar Georgette José Valenzuela, *Legislación electoral mexicana 1812-1921: Cambios y continuidades* (México: Instituto de Investigaciones Sociales [UNAM], 1992).

[6] Se llaman uninominales porque se elige un diputado por distrito, mediante el principio de mayoría relativa.

[7] Se llaman plurinominales porque se elige a una pluralidad de 40 diputados por circunscripción, mediante el principio de representación proporcional.

[8] Christopher Ingraham, "What Is Gerrymandering and Why Is It Problematic?", *Washington Post*, 27 de junio de 2019, https://www.washingtonpost.com/business/2019/06/27/what-is-gerrymandering-why-is-it-problematic/.

[9] Decimos que hasta cierto punto, porque el Consejo General del INE (el órgano máximo de decisión en la materia) es electo mediante el voto de las 2/3 partes de quienes integran la Cámara de Diputados. El procedimiento establecido en el artículo 41, f. V, apartado A de la Constitución busca evitar que una fuerza política, aun siendo mayoritaria, pueda imponer a sus leales en el órgano responsable de arbitrar los procesos electorales.

[10] El Consejo General del INE también tiene la facultad de aprobar el trazado de los distritos locales.

[11] Ver el artículo 12 de la Ley General de Partidos Políticos.

[12] Este número será distinto en 2025.

[13] Que tiene lugar, como hemos dicho, en septiembre del año previo.

[14] Las encuestas se realizaron del 17 de marzo al 27 de junio de 2012. Cada día, GEA-ISA realizaba 384 encuestas en viviendas. El reporte diario incluía una muestra de 1 152 casos, debido a que, para su cálculo, se utilizaba el levantamiento de los tres días consecutivos más recientes.

[15] Se sabe que hay muchos estímulos que influyen conjuntamente en el voto. En el Foro "Las encuestas electorales, la experiencia de 2012", organizado por el Instituto Federal Electoral el 23 de noviembre de 2012, se presentaron diversos puntos de vista en la mesa de análisis titulada ¿Influyen las encuestas en la decisión del voto?, YouTube: https://youtu.be/U4wknfQn0Ao.

[16] Algunas encuestas estimaron una ventaja menos holgada de Peña Nieto sobre López Obrador: Berumen, 8%; Demotecnia, 8%; Covarrubias, 8%; y Grupo Reforma, 10 por ciento.

[17] "Tras la manipulación, Milenio pide disculpas y echa a GEA/ISA", *Proceso*, 3 de julio de 2012, https://www.proceso.com.mx/313063/tras-la-manipulacion-milenio-pide-disculpas-y-echa-a-geaisa.

[18] "Ciro Gómez acepta en TV que encuesta de Milenio, que dio durante 90 días amplio triunfo a Peña, se equivocó", *SinEmbargoMX*, 2 de febrero de 2012, https://www.sinembargo.mx/02-07-2012/284138.

[19] Lorena Becerra, "La publicación y regulación de las encuestas electorales", en *La precisión de las encuestas electorales: Un paradigma en movimiento*, de Francisco Abundis Luna *et al.* (México: Instituto Nacional Electoral, 2017), 91-100.

[20] Se trata del último día en que pueden publicarse resultados de encuestas. La Ley General de Instituciones y Procedimientos Electorales establece, en el artículo 213.2, que "durante los tres días previos a la elección y hasta la hora de cierre de las casillas, queda estrictamente prohibido publicar, difundir o dar a conocer por cualquier medio de comunicación, los resultados de las encuestas o sondeos de opinión, que tengan como fin dar a conocer las preferencias electorales".

[21] La encuesta de Suasor, publicada en *El Heraldo de México* a primera plana el 27 de junio de 2018, otorgaba 38% para López Obrador, 25% para Meade, 23% para Anaya, 10% indecisos y 4% para El Bronco.

[22] Se refería a una encuesta telefónica tipo *tracking* realizada del 20 de mayo al 25 de junio de 2018. Los resultados del último día eran: 31.5% López Obrador, 25.1% Meade, 18.5% Anaya, 22.7% indecisos y 2.4% votaría por El Bronco. Se puede consultar la nota completa en "Encuesta Heraldo: Cierran sin mayor cambio", *El Heraldo de México*, 26 de junio de 2018, https://heraldodemexico.com.mx/edicion-impresa/27-de-junio-de-2018/.

[23] Esa elección fue anulada por la Sala Superior del Tribunal Electoral del Poder Judicial de la Federación.

[24] Políticamente hablando, ya que de manera formal, un partido no tiene preeminencia sobre los demás al formarse una coalición.

[25] El PAN obtuvo el 33%, mientras que el PRI obtuvo el 27.3%; sin embargo, el PVEM y el Panal aportaron 3.9% y 2.4%, lo que le dio el triunfo a Juan Manuel Carreras López, candidato de la coalición. Resultados tomados del acta de cómputo estatal de la Elección de Gobernador Constitucional del Estado de San Luis Potosí, 2015.

[26] José Woldenberg, "La reforma necesaria", *El Universal*, 7 de enero de 2020, https://www.eluniversal.com.mx/opinion/jose-woldenberg/la-reforma-necesaria.

[27] *Idem.*

[28] Para una explicación detallada puede verse Ciro Murayama, "La captura del Congreso por MORENA", *Nexos*, 1 de julio de 2019, https://www.nexos.com.mx/?p=43100.

[29] Art. 226, LGIPE.

[30] Las iniciativas de reforma constitucional y legal presentadas por el gobernador de Chihuahua, Javier Corral Jurado, en junio de 2020, pueden consultarse en Gobierno del Estado de Chihuahua, "Elecciones PASO: conoce la exposición de motivos para esta iniciativa revolucionaria", *Cambio.gob.mx*, 11 de junio de 2020, http://www.cambio.gob.mx/spip.php?article16131.

[31] El INE tomó como parámetro el 1% de la Lista Nominal de Electores en territorio nacional y residentes en el extranjero, con corte al 31 de agosto de 2017.

Consultar Instituto Nacional Electoral, "Candidaturas Independientes 2018", 28 de febrero de 2018, https://www.ine.mx/candidaturasindependientes/.

[32] Art. 371, LGIPE.

[33] Carolina Rivera, "Zavala, 'El Bronco' y Ríos Piter falsificaron firmas: Tribunal Electoral", *Milenio*, 5 de julio de 2018, https://www.milenio.com/politica/zavala-bronco-rios-piter-falsificaron-firmas-tribunal-electoral.

[34] Ver José Woldenberg, "El partido de los independientes", *Nexos*, 1 de abril de 2016, https://www.nexos.com.mx/?p=28066.

[35] *Idem.*

[36] Jaime Durán Barba y Santiago Nieto, *Mujer, sexualidad, internet y política: Los nuevos electores latinoamericanos*, Sección de Obras de Política y Derecho (México: Fondo de Cultura Económica, 2006), 16.

[37] *Idem.*

[38] *Idem.*

[39] José Woldenberg, "Parlamentarismo y/o ajustes al régimen de gobierno", *Nexos*, 2 de octubre de 2017, https://josewoldenberg.nexos.com.mx/?p=379.

[40] Para quien no está familiarizado con el sistema de representación proporcional vigente en México, se recomienda ver el Anexo 1 de este libro.

[41] La propuesta concreta es que la lista sea cerrada pero no bloqueada, lo cual no permite conformar una lista distinta, pero sí cambiar el orden de los candidatos.

[42] Constitución Política de los Estados Unidos Mexicanos, artículo 41.

[43] Con fecha 21 de diciembre de 1937. Archivo Histórico y Memoria Legislativa de 1924 a 1949, Senado de la República.

[44] Con fecha 6 de julio de 1938. Crónica Parlamentaria, Cámara de Diputados.

[45] "Esta reforma ha sido aprobada por 19 Legislaturas, que son las siguientes: Nayarit, Tamaulipas, Aguascalientes, Querétaro, Sinaloa, Tabasco, Zacatecas, Veracruz, Tlaxcala, Guanajuato, Morelos, Nuevo León, Chihuahua, Jalisco, México, Michoacán, Oaxaca, Hidalgo y Chiapas."

[46] Esther Chapa Tijerina (1904-1970) fue una escritora, médica cirujana, sufragista y activista mexicana a favor de los derechos de las mujeres.

[47] Rosario Castellanos, *Mujer que sabe latín*, Letras Mexicanas. Ebook (México: Fondo de Cultura Económica, 2003).

[48] Estas referencias fueron incorporadas al discurso que pronuncié como Presidente de la Cámara de Diputados, con motivo del 60 aniversario del voto de las mujeres en México, durante la sesión solemne celebrada en el Congreso, el 17 de octubre de 2013. Ver Cámara de Diputados, "La paridad entre mujeres y hombres debe lograrse en los tres poderes: Ricardo Anaya", boletín núm. 2335, 17 de octubre de 2013, http://www3.diputados.gob.mx/camara/005_comunicacion/a_boletines/2013_2013/octubre_octubre/17_17/2335_la_paridad_entre_mujeres_y_hombres_debe_lograrse_en_los_tres_poderes_anaya_cortes.

[49] Una pequeña parte de esta narración sobre la lucha histórica para lograr el reconocimiento del derecho de las mujeres mexicanas al voto, fue publicada como: Ricardo Anaya, "Paridad es la mitad, nada más pero nada menos", en María Guadalupe Suárez Ponce, coord. *60/40 en 600: Hay mujeres para rato* (México: Secretaría de Promoción Política de la Mujer, Partido Acción Nacional, 2013), 26-27.

[50] Amartya Sen, *Desarrollo y libertad*, trad. Esther Rabasco y Luis Toharia (Barcelona: Planeta, 2000), 249.

[51] Inter-Parliamentary Union, "Monthly Ranking of Women in National Parliaments", 2020, https://data.ipu.org/women-ranking?month=6&year=2020.

[52] Joseph G. Altonji y Rebecca M. Blank, "Race and Gender in the Labor Market", en *Handbook of Labor Economics*, Vol. 3C, Orley C. Ashenfelter y David Card, eds. (Ámsterdam: North Holland, 1999), 3143-3259.

[53] Henrik Kleven, Camille Landais y Jakob Egholt Søgaard, "Children and Gender Inequality: Evidence from Denmark", Working Paper núm. 24219, National Bureau of Economic Research, enero de 2018.

[54] El estudio se basa en información estadística del periodo comprendido entre 1980 y 2013.

[55] Adicionalmente, en Dinamarca la licencia puede ser ejercida por cualquiera de los padres, no es obligatorio que sea la madre.

[56] Para mayor detalle puede verse el artículo 41, párrafo segundo de la fracción I de la Constitución Política de los Estados Unidos Mexicanos; artículos 3 y 25 inciso r) de la Ley General de Partidos Políticos; artículos 7, 232, 233, 234 y 241 de la Ley General de Instituciones y Procedimientos Electorales. La reforma constitucional publicada en junio de 2019 extendió el principio de paridad de género a todas las candidaturas (artículo 41, fracción I, segundo párrafo), al Poder Ejecutivo, a los organismos constitucionales autónomos (artículo 41, segundo párrafo) y al Poder Judicial (artículo 94, octavo párrafo).

[57] Artículo 41, fracción I, segundo párrafo de la Constitución Política de los Estados Unidos Mexicanos.

[58] Artículo 41, segundo párrafo de la Constitución Política de los Estados Unidos Mexicanos.

[59] Artículo 94, octavo párrafo de la Constitución Política de los Estados Unidos Mexicanos.

[60] Inter-Parlamentary Union, "Monthly Ranking of Women in National Parliaments", 2020 [datos al 1 de junio de 2020], https://data.ipu.org/women-ranking?month=6&year=2020.

[61] Luis Carlos Ugalde, "Votos comprados: La corrupción electoral", en *¿Y ahora qué? México ante el 2018*, Héctor Aguilar Camín, coord. (México: Debate, 2018), 117.

[62] Ver "La Estafa Maestra", *Animal Político*, 5 de septiembre de 2017, https://www.animalpolitico.com/estafa-maestra/; y "Operación Safiro", Mexicanos

contra la Corrupción y la Impunidad, 21 de noviembre de 2018, https://contral-acorrupcion.mx/operacionsafiro/.

[63] Luis Carlos Ugalde, "¿Por qué más democracia significa más corrupción?", *Nexos*, 1 de febrero de 2015, https://www.nexos.com.mx/?p=24049.

[64] Así se conoce a los operadores de fraudes electorales en México.

[65] Entre ellas destacan: volver inciertos los beneficios de las donaciones ilegales, robusteciendo los procesos de contratación y licitación de obra pública; combatir el pago de cobertura informativa; fortalecer la fiscalización del gasto público; reducir las asignaciones a los grupos parlamentarios; reducir los montos de financiamiento público ordinario de los partidos; aumentar los topes de financiamiento privado; y repensar los topes de campaña. Ver Ugalde, "Votos comprados: La corrupción…"

[66] Un estudio muy completo sobre el modelo de comunicación política se encuentra en César Astudillo, "El nuevo sistema de comunicación política en la reforma electoral de 2007", en *Estudios sobre la reforma electoral 2007: Hacia un nuevo modelo*, de María del Carmen Alanís Figueroa *et al.* (México: Tribunal Electoral del Poder Judicial de la Federación, 2008), 125-175.

[67] Artículo 41, apartado A de la Constitución Política de los Estados Unidos Mexicanos.

[68] Pueden consultarse en el documento "Tarifa de Referencia en Televisión Radiodifundida de los Canales Ancla 2020, Tarifas Costo Por Spot", en https://televisa.plancomercial.com/assets/files/politicas/tv-abierta/Anexo-B.pdf.

[69] "Tarifa de Referencia en Televisión Radiodifundida de los Canales Ancla 2020, Tarifas Costo Por Spot", en https://televisa.plancomercial.com/assets/files/politicas/tv-abierta/Anexo-B.pdf.

[70] "Políticas TV radiodifundida (plan comercial 2020)", Anexo 2, en https://televisa.plancomercial.com/assets/files/politicas/tv-abierta/Politica-Tv-Abierta.pdf.

[71] Televisa publica una serie de "variables aplicables a las tarifas de referencia a la modalidad de venta costo por spot", entre las que se incluye el volumen. Ver la Parte V de las "Políticas TV radiodifundida (plan comercial 2020)," en https://televisa.plancomercial.com/assets/files/politicas/tv-abierta/Politica-Tv-Abierta.pdf.

[72] El catálogo nacional de estaciones de radio y canales de televisión aprobado por el INE para el año 2017 estaba integrado por 2 732 emisoras.

[73] También durante la precampaña se asigna una cantidad muy importante de tiempo aire, de manera gratuita, a los partidos.

[74] Doctor en Ciencia Política por la Universidad de Chicago.

[75] Maestro en Métodos Cuantitativos por la Universidad de Columbia.

[76] Jorge Buendía y Javier Márquez, "2018: ¿Por qué el tsunami?", *Nexos*, 1 de julio de 2019, https://www.nexos.com.mx/?p=43082.

[77] Mediante modelos estadísticos de agregación.

[78] Comisión Interamericana de Derechos Humanos, *Situación de los derechos humanos en México* (Washington D. C.: Organización de los Estados Americanos, Comisión Interamericana de Derechos Humanos, 31 de diciembre de 2015).

[79] Buendía y Márquez, "2018: ¿Por qué el tsunami?"

[80] Manlio Fabio Beltrones, un político de larga y conocida trayectoria, era el presidente del Comité Ejecutivo Nacional del PRI en ese momento.

[81] Veracruz, Quintana Roo y Durango.

[82] Oraculus, Poll of Polls: aprobación presidencial de Enrique Peña Nieto, citada por Buendía y Márquez, "2018: ¿Por qué el tsunami?"

[83] Christopher Wlezien y Robert S. Erikson, "The Timeline of Presidential Election Campaigns", *The Journal of Politics* 64, núm. 4 (noviembre de 2002): 969-993.

[84] *Idem.*

[85] Álvaro Delgado, "AMLO y Videgaray pactaron amnistía a Peña y gabinete desde la campaña: Carlos Navarrete", *Proceso*, 24 de noviembre de 2018, https://www.proceso.com.mx/561051/amlo-y-videgaray-pactaron-amnistia-a-pena-y-gabinete-desde-la-campana-carlos-navarrete.

[86] "Carta a Enrique Peña Nieto", *Nexos*, 4 de marzo de 2018, https://www.nexos.com.mx/?p=36439.

[87] Elaboración de Ángel Quiñones con información de Medialog.

[88] Buendía y Márquez, "2018: ¿Por qué el tsunami?"

[89] Consulta de no ejercicio. Firmada por Daniel Gerardo Esquivel Chávez, agente del Ministerio Público de la Federación.

[90] Autorización de no ejercicio, p. 40. Firmada por el Mtro. Alonso Israel Lira Salas, subprocurador especializado en investigación de delincuencia organizada y por la agente del Ministerio Público de la Federación, auxiliar del procurador general de la República, Lic. Josefa Penélope Solís García.

[91] Acuerdo de no ejercicio de la acción penal. Firmado por el Lic. Daniel Gerardo Esquivel Chávez, agente del Ministerio Público de la Federación.

[92] Sala Superior del Tribunal Electoral del Poder Judicial de la Federación, unanimidad de votos, 15 de mayo de 2019, expediente 82/2019.

[93] Macario Schettino, columna Fuera de la caja, *El Financiero*, 31 de enero de 2019.

[94] Como ya se dijo, el control que MORENA tiene de ambas cámaras también se explica por el "ingenioso" fraude a la ley cometido por ese partido y sus aliados.

Capítulo 11

Relaciones entre México y Estados Unidos: cicatrices y oportunidades

[1] Jorge I. Domínguez y Rafael Fernández de Castro, *The United States and Mexico: Between Partnership and Conflict*, 2.ª ed., Contemporary Inter-American Relations (Nueva York: Routledge, 2009).

[2] Alan Knight, "Presentación", en *Las relaciones México-Estados Unidos: 1756-2010, vol. 1: Imperios, repúblicas y pueblos en pugna por el territorio 1756-1867*, de Marcela Terrazas y Gerardo Gurza Lavalle (México: Instituto de Investigaciones Históricas [UNAM], 2012), 26.

[3] Durante el Imperio de Iturbide (1821-1823), el territorio mexicano se extendía hasta Costa Rica, comprendiendo lo que hoy son Guatemala, Honduras, El Salvador y Nicaragua, debido a que distintas provincias de Centroamérica se anexaron a México al independizarse de España.

[4] Octavio Herrera Pérez y Arturo Santa Cruz, *Historia de las relaciones internacionales de México, 1821-2010, vol. 1: América del Norte* (México: Dirección General del Acervo Histórico Diplomático [SRE], 2011), 79.

[5] Jaime Olveda, "Proyectos de colonización en la primera mitad del siglo XIX", *Relaciones. Estudios de Historia y Sociedad* 11, núm. 42 (1990): 32.

[6] La Constitución mexicana de 1824 estableció, en su artículo tercero, que "la religión de la nación mexicana es y será perpetuamente la católica, apostólica y romana. La nación la protege por leyes sabias y justas, y prohíbe el ejercicio de cualquier otra".

[7] Josefina Zoraida Vázquez y Lorenzo Meyer, *México frente a Estados Unidos: Un ensayo histórico, 1776-1980*, Colección México-Estados Unidos. Ebook (México: El Colegio de México, 1982).

[8] Miguel Hidalgo y José María Morelos habían decretado la abolición de la esclavitud dos décadas antes, en los inicios del movimiento de independencia. Aunque esas declaratorias no surtieron efectos prácticos, en el plano jurídico representaban principios fundamentales del ideario insurgente. Ver José Luis Soberanes Fernández, "La abolición de la esclavitud en México", Repositorio Institucional de la Universidad Panamericana, 2015.

[9] Ignorando el marco legal, los colonos idearon mecanismos para seguir introduciendo esclavos. Ver Josefina Zoraida Vázquez, "Los primeros tropiezos", en *Historia general de México*, de Ignacio Bernal *et al.* (México: El Colegio de México, 2000), 572.

[10] Josefina Zoraida Vázquez, "Colonización y pérdida de Texas", en *México y el expansionismo norteamericano*. Ebook (México: El Colegio de México, 2010).

[11] También había un fuerte rechazo hacia las aduanas.

[12] Como afirma Josefina Zoraida Vázquez, no dejaba de ser "un descaro del presidente Jackson" el declarar la neutralidad de su país respecto de algo que, en efecto, era "un asunto interno de México". Ver Vázquez, *México y el expansionismo...*, 95.

[13] La pretendida neutralidad del gobierno de Jackson no era más que "ambigüedad diplomática". En los hechos, "el territorio de Estados Unidos se convirtió en una activa plataforma logística de reclutamiento de hombres, armas, provisiones, barcos y dinero, lo que, sumado al clima colectivo favorable a los rebeldes, atizado y alentado por la prensa, se constituyó en un verdadero esfuerzo bélico contra un país extranjero". Ver Herrera Pérez y Santa Cruz, *Historia de las relaciones internacionales...*, 95.

[14] *Ibid.*, 79.

[15] Terrazas y Gurza Lavalle, *Las relaciones México-Estados Unidos...*, 85.

[16] Secretaría de la Defensa Nacional, "La invasión norteamericana", http://www.gob.mx/sedena/documentos/la-invasion-norteamericana.

[17] Para Peter Guardino, "la rebelión de los polkos estuvo firmemente arraigada en la política mexicana", es decir, fue expresión de sus peculiaridades y tensiones: las relaciones Iglesia-Estado, la disyuntiva entre federalismo y centralismo, entre moderados y radicales, más un agudo sentido de la separación de clases y la urgente necesidad de financiar la guerra. Ver Peter Guardino, *La marcha fúnebre: Una historia de la guerra entre México y Estados Unidos*, trad. Mario Zamudio Vega (México: Libros Grano de Sal, Universidad Nacional Autónoma de México, 2018), 219.

[18] Para un relato pormenorizado de la ocupación de la Ciudad de México, basado en los testimonios de los actores, ver *Ibid.*, 323-338.

[19] *Ibid.*, 327.

[20] *Ibid.*, 338.

[21] Citado por Vázquez, "Los primeros tropiezos", 581.

[22] El tratado incluía la renuncia expresa de México al derecho de reclamar Texas y aceptaba, como Estados Unidos había querido desde tiempo atrás, que la línea divisoria se trazara sobre el río Bravo.

[23] Guardino, *La marcha fúnebre...*, 381.

[24] Vázquez y Meyer, "Las décadas más difíciles", en *México frente a Estados Unidos...*

[25] Terrazas y Gurza Lavalle, *Las relaciones México-Estados Unidos...*, 454.

[26] Vázquez y Meyer, *México frente a Estados Unidos...*

[27] Friedrich Katz, *La guerra secreta en México: Europa, Estados Unidos y la Revolución mexicana*, trad. Isabel Fraire, José Luis Hoyo y José Luis González (México: Ediciones Era, 1982), 40.

[28] Berta Ulloa, *La Revolución intervenida: Relaciones diplomáticas entre México y Estados Unidos, 1910-1914* (México: El Colegio de México, 1971).

[29] *Ibid.*, 176.

[30] Las dudas del presidente William H. Taft y de su sucesor Woodrow Wilson sobre el eventual reconocimiento del régimen de Huerta (y el papel que en ello jugó el ominoso intervencionismo del embajador Henry Lane Wilson contra Madero y a favor de Huerta), así como la decisión final de otorgar ese reconocimiento al gobierno de Carranza, están abundantemente documentados en la obra de Ulloa arriba citada.

[31] Ver Vázquez y Meyer, *México frente a Estados Unidos...*

[32] Paolo Riguzzi y Patricia de los Ríos, *Las relaciones México-Estados Unidos 1756-2010, vol. 2: ¿Destino no manifiesto?* 1867-2010 (México: Instituto de Investigaciones Históricas [UNAM], 2012), 288.

[33] Si se analizan los números, puede entenderse mejor el verdadero impacto de la medida y las razones de su factibilidad. La principal compañía, El Águila, que controlaba el 60% de la producción, no era norteamericana sino anglo-holandesa; la Huasteca Petroleum, filial de Standard Oil de Nueva Jersey, controlaba solo el 18%, y en total, la inversión de las compañías petroleras norteamericanas en México representaba apenas el 6% de sus inversiones a nivel mundial. Riguzzi y De los Ríos, *Las relaciones México-Estados Unidos...*, 289.

[34] Domínguez y Fernández de Castro, *The United States and Mexico...*, 10.

[35] Riguzzi y De los Ríos, *Las relaciones México-Estados Unidos...*, 48.

[36] *Ibid.*, 56.

[37] En el discurso que anunció la entrada de México a la guerra, el presidente Ávila Camacho dijo: "Responderemos a los intentos de agresión de los adversarios manteniendo a todo trance la integridad del país y colaborando enérgicamente en la salvaguardia de América, dentro de la medida en que lo permitan nuestras posibilidades, nuestra seguridad y la coordinación de los procedimientos defensivos del Hemisferio". Discurso pronunciado por el presidente Manuel Ávila Camacho ante el Poder Legislativo, el 28 de mayo de 1942.

[38] David E. Hayes-Bautista, *El Cinco de Mayo: An American Tradition*. Ebook (Berkeley: University of California Press, 2012).

[39] Eduardo Porter, *American Poison: How Racial Hostility Destroyed Our Promise*. Ebook (Nueva York: Alfred A. Knopf, 2020).

[40] "Full Text: Donald Trump Announces a Presidential Bid", *Washington Post*, 16 de junio de 2015, https://www.washingtonpost.com/news/post-politics/wp/2015/06/16/full-text-donald-trump-announces-a-presidential-bid/.

[41] Es el día en el que más estados celebran elecciones primarias para elegir al candidato presidencial.

[42] "You look at countries like Mexico, where they're killing us on the border, absolutely destroying us on the border. They're destroying us in terms of economic development". Ryan Teague Beckwith, "Donald Trump's Super Tuesday Victory Speech", *Time*, 2 de marzo de 2016, https://time.com/4245134/super-tuesday-donald-trump-victory-speech-transcript-full-text/.

[43] Hillary Clinton declinó la invitación, al no estar dispuesta a seguir los pasos de su rival en la carrera presidencial. Trump de inmediato anunció que atendería la convocatoria.

[44] Michael D. Shear, "Trump dice que México rembolsará el costo del muro, aunque primero lo paguen los estadounidenses", *The New York Times*, 6 de enero de 2017, https://www.nytimes.com/es/2017/01/06/espanol/trump-dice-que-mexico-rembolsara-el-costo-del-muro-aunque-primero-lo-paguen-los-estadounidenses.html.

[45] Donald J. Trump, "When will the U.S. stop sending $'s to our enemies, i.e. Mexico and others", Twitter, 10 de julio de 2014, https://twitter.com/realDonaldTrump/status/487316463204986880.

[46] "And now they are beating us economically. They are not our friends, believe me. But they're killing us economically." "Full Text: Donald Trump Announces a Presidential Bid", *Washington Post*, 16 de junio de 2015, https://www.washingtonpost.com/news/post-politics/wp/2015/06/16/full-text-donald-trump-announces-a-presidential-bid/.

[47] "I've been treated very unfairly by this judge. Now, this judge is of Mexican heritage. I'm building a wall, OK? I'm building a wall." "Donald Trump's Full CNN Interview with Jake Tapper", *CNN*, 3 de junio de 2016, https://edition.cnn.com/videos/politics/2016/06/03/donald-trump-hillary-clinton-judge-jake-tapper-full-interview-lead.cnn.

[48] Donald J. Trump, "90% of the Drugs coming into the United States come through Mexico & our Southern Border. 80000 people died last year, 1000000 people ruined. This has gone on for many years & nothing has been done about it. We have a 100 Billion Dollar Trade Deficit with Mexico. It's time!", Twitter, 31 de mayo de 2019, https://twitter.com/realdonaldtrump/status/1134469934816346113.

[49] Donald J. Trump, "On June 10th, the United States will impose a 5% Tariff on all goods coming into our Country from Mexico, until such time as illegal migrants coming through Mexico, and into our Country, STOP. The Tariff will gradually increase until the Illegal Immigration problem is remedied." Twitter, 30 de mayo de 2019, https://twitter.com/realDonaldTrump/status/1134240653926232064.

[50] "The statement warned further that if Mexico does not act as Trump demands, tariffs would go up to 10% by July, 15% by August, 20% by September and reach a permanent level of 25% by October". Kaitlan Collins *et al.*, "Trump Erupts Over Immigration, Threatening Mexico with Tariffs", *CNN*, 31 de mayo de 2019, https://www.cnn.com/2019/05/30/politics/trump-mexico-tariffs-immigration/index.html.

[51] Banco Mundial, "Exportaciones de bienes y servicios (% del PIB) - México", 2018, https://datos.bancomundial.org/indicador/NE.EXP.GNFS.ZS?view=chart.

[52] Secretaría de Economía, "Información Estadística y Arancelaria", http://www.2006-2012.economia.gob.mx/comunidad-negocios/comercio-exterior/informacion-estadistica-y-arancelaria.

[53] Exportaciones representan el 39% del PIB * 80% Exportaciones a EUA = 31.2% del PIB de México depende de las exportaciones a EUA.

[54] Jorge G. Castañeda, "Vergüenza", El Financiero, 26 de junio de 2019, https://www.elfinanciero.com.mx/opinion/jorge-g-castaneda/vergueenza.

[55] Jorge Monroy, "AMLO promete visa y trabajo para migrantes centroamericanos", El Economista, 17 de octubre de 2018, https://www.eleconomista.com.mx/politica/AMLO-promete-visa-y-trabajo-para-migrantes-centroamericanos-20181017-0067.html.

[56] Andrew D. Selee, Vanishing Frontiers: The Forces Driving Mexico and the United States Together. Ebook (Nueva York: Public Affairs, 2018). "Sometimes it seems that Mexico has become more an emblem of Americans' hopes and fears for our own future than a real country that we deal with on its own terms [...] For Trump and some of his most ardent supporters, the wall is less about effective policy than about making a statement. Yet the contrast between Trump's symbolic promise to build a border wall and what's actually going on between Mexico and the United States is dramatic."

[57] Central Intelligence Agency, "North America: Mexico. Population - country comparison to the world", The World Factbook, 2020, https://www.cia.gov/library/publications/the-world-factbook/geos/mx.html.

[58] Central Intelligence Agency, "North America: Mexico. GDP (purchasing power parity)", The World Factbook, 2017, https://www.cia.gov/library/publications/the-world-factbook/geos/mx.html.

[59] ProMéxico, "Electrodomésticos: Perfil del sector, mapa de clúster, información estatal y casos de éxito", 14 de febrero de 2016, http://www.gob.mx/promexico/acciones-y-programas/electrodomesticos.

[60] International Organization of Motor Vehicle Manufacturers, "World Motor Vehicle Production -2018 Production Statistics", 2018, http://www.oica.net/category/production-statistics/2018-statistics/.

[61] Glenn Plaskin, "The 1990 Playboy Interview With Donald Trump", Playboy, 1 de marzo de 1990, https://www.playboy.com/read/playboy-interview-donald-trump-1990.

[62] Tratado de Libre Comercio con América del Norte entre México, Estados Unidos y Canadá, que entró en vigor el 1 de enero de 1994.

[63] "Trump: NAFTA Is the Worst Trade Deal Made by Any Country", Fox Business, 20 de marzo de 2017, http://video.foxbusiness.com/v/5366424599001/.

[64] Donald J. Trump, "The U.S. has a 60 billion dollar trade deficit with Mexico. It has been a one-sided deal from the beginning of NAFTA with massive

numbers...", Twitter, 26 de enero de 2017, https://twitter.com/realDonald Trump/status/824615820391305216.

[65] Durante su campaña electoral, el 10 de abril de 2018, López Obrador dijo: "Ya no vamos a comprar en el extranjero lo que consumimos; vamos a producir en México todo lo que consumimos". "López Obrador firma el 'Plan de Ayala 2.0'", *El Financiero*, 10 de abril de 2018, https://elfinanciero.com.mx/eleccio nes-2018/lopez-obrador-firma-el-plan-de-ayala-2-0.

[66] Robbie Whelan y Santiago Pérez, "Why Your Flat-Screen TV Would Cost More If Nafta Ends", *Wall Street Journal*, 27 de noviembre de 2017, https://www.wsj.com/articles/why-your-flat-screen-tv-would-cost-more-if-nafta-ends-1511344800.

[67] Donald J. Trump, "...Remember, NAFTA was one of the WORST Trade Deals ever made. The U.S. lost thousands of businesses and millions of jobs. We were far better off before NAFTA - should never have been signed. Even the Vat Tax was not accounted for. We make new deal or go back to pre-NAFTA!", Twitter, 1 de septiembre de 2018, https://twitter.com/realDonaldTrump/sta tus/1035908242277376001.

[68] Dudley Althaus y Christina Rogers, "Donald Trump's Nafta Plan Would Confront Globalized Auto Industry", *Wall Street Journal*, 10 de noviembre de 2016, https://www.wsj.com/articles/donald-trumps-nafta-plan-would-con front-globalized-auto-industry-1478800848.

[69] Gary Clyde Hufbauer, Cathleen Cimino y Tyler Moran, "NAFTA at 20: Misleading Charges and Positive Achievements", en *NAFTA: 20 Years Later*, (Washington D. C.: Peterson Institute for International Economics, noviembre de 2014), 11.

[70] El 1 de mayo de 2019 fue publicado en el *Diario Oficial de la Federación* el Decreto por el que se reforman, adicionan y derogan diversas disposiciones de la Ley Federal del Trabajo, de la Ley Orgánica del Poder Judicial de la Federación, de la Ley Federal de Defensoría Pública, de la Ley del Instituto del Fondo Nacio-nal de la Vivienda para los Trabajadores y de la Ley del Seguro Social, en materia de justicia laboral, libertad sindical y negociación colectiva. https://www.dof. gob.mx/nota_detalle.php?codigo=5559130&fecha=01/05/2019.

[71] Se crean como autoridades laborales el Centro Federal de Conciliación y Registro Laboral y los Centros de Conciliación en materia local; desaparecen las Juntas de Conciliación y Arbitraje, y ahora los conflictos de naturaleza laboral se-rán del conocimiento de los Tribunales del Poder Judicial federal o estatal, según corresponda.

[72] Julie Hirschfeld Davis y Alan Rappeport, "After Calling Nafta 'Worst Trade Deal,' Trump Appears to Soften Stance", *The New York Times*, 30 de marzo de 2017, https://www.nytimes.com/2017/03/30/business/nafta-trade-deal-trump.html.

[73] Palabras de Trump el día 1 de octubre de 2018. Video disponible en "Donald Trump Ends Nafta Dispute with a 'Wonderful New Trade Deal'", *Guardian News*, 2018, https://www.youtube.com/watch?v=DGB0oWIS38g&feature=-youtu.be.

[74] Según la Organización Mundial de Comercio, las reglas de origen "son los criterios necesarios para determinar la procedencia nacional de un producto. Su importancia se explica porque los derechos y las restricciones aplicados a la importación pueden variar según el origen de los productos importados". Una cosa es que un bien producido en México pueda ingresar a Estados Unidos libre de aranceles, y otra cosa muy distinta sería que un producto manufacturado en China e importado a México pudiera ingresar a Estados Unidos libre de aranceles. Dado que la mayoría de los productos tienen componentes fabricados en distintas partes del mundo, se establecen porcentajes mínimos de contenido nacional, para que el producto pueda ser exportado o importado contando con las facilidades establecidas en el acuerdo comercial.

[75] El debate se celebró el 19 de octubre de 2016.

[76] U.S. Census Bureau, "The Hispanic Population in the United States: 2019", Current Population Survey, 2019.

[77] Entre 2009 y 2014, aproximadamente un millón de mexicanos salieron de Estados Unidos, mientras que 870 mil dejaron México para irse a Estados Unidos. Esto no significa que se haya detenido la migración de mexicanos hacia el país vecino. Debe tomarse en cuenta que muchos de los que regresaron a México fueron deportados. Esta aclaración es importante porque la historia de migración del pueblo de México nos obliga a ser especialmente sensibles y humanos frente al fenómeno de la migración centroamericana.

[78] Selee, *Vanishing Frontiers: The Forces…*

[79] DACA (Deferred Action for Childhood Arrivals) es un programa que excluye a ciertos inmigrantes (quienes fueron llevados por sus padres cuando eran niños) del riesgo de la deportación, y les permite obtener permisos de trabajo.

[80] National Travel and Tourism Office, "International Visitation in the United states", 2019.

[81] Walter A. Ewing, Daniel E. Martínez y Rubén G. Rumbaut, "The Criminalization of Immigration in the United States", Special Report, American Immigration Council, julio de 2015, 1.

[82] John D. Negroponte *et al.*, "Ambassadors: Treat Mexico as a Strategic Partner", *Washington Post*, 13 de febrero de 2017, https://www.washingtonpost.com/news/global-opinions/wp/2017/02/13/ambassadors-treat-mexico-as-a-strategic-partner/.

Capítulo 12

Pensando el futuro: el trapiche, los ventiladores
y la refinería de Dos Bocas en la era de las tecnologías exponenciales

[1] "AMLO, el trapiche y el tlacoyo", Grupo Reforma, 21 de julio de 2019, https://youtu.be/gxXLhYoVqxk.

[2] Andrés Manuel López Obrador, "Mensaje desde La Rumorosa en Tecate, Baja California", 28 de marzo de 2020, https://youtu.be/FbsFkz-gyQU.

[3] Édgar Sígler, "El gobierno pone el pie a las renovables y abre la vía para más generación sucia", *Expansión*, 5 de mayo de 2020, https://expansion.mx/empresas/2020/05/05/el-gobierno-pone-el-pie-a-las-renovables-y-abre-la-via-para-mas-generacion-sucia.

Podría argumentarse que el Centro Nacional de Control de Energía (Cenace) es autónomo; sin embargo, el acuerdo emitido el 29 de abril de 2020 debe leerse en el contexto del esfuerzo sistemático del gobierno lopezobradorista de reemplazar a los profesionales de los organismos autónomos y reguladores por personas leales al gobierno, dispuestas a acatar sus instrucciones.

[4] Para facilitar la explicación usaremos siempre un factor de dos, es decir, multiplicar el último valor por dos para obtener el nuevo valor. Por ejemplo, en lugar de avanzar seis metros con una cuenta lineal (1, 2, 3, 4, 5, 6), si los pasos van creciendo de forma exponencial avanzaremos 32 metros, y la cuenta es: 1, 2, 4, 8, 16, 32.

[5] Nuestro cerebro no se desarrolló haciendo proyecciones exponenciales. Cuando hace 100 mil años un *Homo sapiens* avanzaba hacia un río para beber agua, la distancia que iba recorriendo en su camino aumentaba de forma lineal. Si cada paso medía un metro, después de 10 pasos la persona había avanzado 10 metros.

[6] Si multiplicamos por dos el número resultante en 30 ocasiones consecutivas, los números son estos: 1; 2; 4; 8; 16; 32; 64; 128; 256; 512; 1024; 2048; 4096; 8192; 16384; 32768; 65536; 131072; 262144; 524288; 1048576; 2097152; 4194304; 8388608; 16777216; 33554432; 67108864; 134217728; 268435456; 536870912; 1073741824. Si dividimos este último número entre 384400000 (la distancia entre la Tierra y la Luna en metros), el resultado es 2.8.

[7] Existen muchas versiones sobre el origen del ejemplo, algunos lo refieren a la historia del ajedrez, pero la anécdota central es la misma.

[8] Empezando con el 1, duplicar el número anterior en 63 ocasiones y hacer la suma acumulada para obtener el número de granos de arroz. Dividir esa cifra entre el número de granos que hay en una tonelada (30 millones). Finalmente, dividir esa cantidad entre la producción anual de arroz de China (208 millones de toneladas). El resultado es 2994.79 años.

[9] En 1975 revisó su pronóstico para duplicarse cada dos años.

[10] Por un momento se pensó que la evolución en la capacidad de procesamiento de las computadoras llegaría a su fin. La razón es que si se sigue reduciendo el tamaño de los transistores, se llega a un punto en el que ya son tan pequeños que los electrones (la electricidad con la que funcionan) saltan de un transistor a otro; sin embargo, desde la década de los ochenta se ha venido trabajando en una nueva tecnología: las computadoras cuánticas. En octubre de 2019, Google anunció que sus investigadores habían logrado realizar un cálculo que a una supercomputadora moderna le tomaría más de 10 mil años, en tan solo tres minutos con 20 segundos. Aunque se trata de una tecnología que aún está en una en etapa de maduración, todo indica que habrá de revolucionar el campo de la computación y todas sus aplicaciones prácticas. Lejos de que llegue a su fin la tendencia incremental en la capacidad de las computadoras, el horizonte de expansión parece más prometedor que nunca.

[11] Ver Peter H. Diamandis y Steven Kotler, "Good-Bye, Linear Thinking... Hello, Exponential", en *Bold: How to Go Big, Create Wealth, and Impact the World.* Ebook (Nueva York: Simon & Schuster, 2015).

[12] Para profundizar en el impacto de las disrupciones puede verse el trabajo de Tony Seba en *Tony Seba* (blog), https://tonyseba.com/.

[13] También conocido como motor de explosión o motor a pistón. Son aquellos cuya energía proviene del combustible que arde en la cámara de combustión y que impulsa el pistón. Comúnmente los conocemos como motores de gasolina o motores de diésel.

[14] Tony Seba, *Disrupción limpia de la energía y el transporte: Cómo Silicon Valley hará obsoletos al petróleo, gas natural, carbón, energía nuclear, empresas eléctricas y vehículos convencionales para 2030* (Silicon Valley: Clean Planet Ventures, 2014).

[15] Según Seba y Bohlsen, será en 2022; según Bloomberg, en 2023.

[16] En Noruega, dos de cada tres coches vendidos son eléctricos o híbridos.

[17] La lista de países y ciudades es más larga que la aquí enunciada. Para mayor detalle ver Anexo B.1 en International Energy Agency, *Global EV Outlook 2020: Entering the Decade of Electric Drive?* (París: IEA Publications, 2020).

[18] Volvo, "Taking the Lead: Embracing a Cleaner Mobility. The Future Is Electric", https://group.volvocars.com:443/company/innovation/electrification.

[19] "Smart es ya la primera marca europea que vende solo modelos eléctricos", *eldiario.es*, 30 de diciembre de 2019, https://www.eldiario.es/motor/sector_y_mercado/Smart-primera-europea-modelos-electricos_0_979552221.html.

[20] BloombergNEF, "Electric Vehicle Outlook 2020", https://about.bnef.com/electric-vehicle-outlook/.

[21] La meta fue refrendada en el Plan Nacional de Desarrollo 2019-2024 y la línea base (2018) es de 25.6 por ciento.

[22] 10 de diciembre de 2019. Panel en el marco de la COP25 celebrada en Madrid, España. "Mexico also is blessed with sunshine [...] A lot of wind in the Gulf

of Mexico, hydropower, tremendous renewable energy potential. But the new president is transfixed with Pemex, with oil, because he's living from an earlier time actually. He's a social activist who thinks that oil work is the solution. What Mexico needs is Solarmex, not Pemex. Because the president doesn't understand how powerful Mexico is in renewable energy, and how many more jobs could be created In Solarmex than Pemex."

[23] Para el dato de 1910: Instituto Nacional de Estadística y Geografía, *Estadísticas históricas de México 2009* (México: Instituto Nacional de Estadística y Geografía, 2010). Para el dato de 2019: Instituto Nacional de Estadística y Geografía, Encuesta Nacional de Ocupación y Empleo (ENOE) 2019, IV trimestre de 2019 "Población ocupada por sector de actividad económica".

[24] McKinsey Global Institute, *Un futuro que funciona: Automatización, empleo y productividad* (Washington D. C.: McKinsey Global Institute, enero de 2017).

[25] *Ibid.*, 15.

[26] Banco de México, "La automatización en México desde una perspectiva regional", extracto del Reporte sobre las economías regionales, julio-septiembre 2018, 14 de diciembre de 2018.

[27] Steven Levitsky y Daniel Ziblatt, *Cómo mueren las democracias*, trad. Gemma Deza Guil (Santiago de Chile: Ariel, 2018), 32-33.

[28] El video puede consultarse en Andrés Manuel López Obrador, "Serenidad y paciencia, mejor unámonos en contra de la corrupción. México lo demanda", Facebook, 30 de octubre de 2018, https://www.facebook.com/watch/?v=436037503467188.

[29] John Adams, "From John Adams to Thomas Jefferson, 2 February 1816", Founders Online, National Archives and Records Administration, http://founders.archives.gov/documents/Adams/99-02-02-6575.

[30] Levitsky y Ziblatt, *Cómo mueren las democracias*, 252.

Anexo 1

La estructura del poder en la Constitución mexicana

[1] Art. 50 constitucional.

[2] Art. 52 constitucional.

[3] Art. 53 constitucional.

[4] Art. 54 constitucional.

[5] Art. 56 constitucional.

[6] Tanto en la Cámara de Diputados como en el Senado de la República, por cada propietario se elige a un suplente.

[7] La reelección legislativa se aplicará, por primera vez, a quienes fueron electos en 2018.

[8] Art. 59 constitucional.

[9] Art. 73 constitucional.

[10] Art. 74 constitucional.

[11] Art. 76 constitucional.

[12] Art. 72 constitucional.

[13] Art. 74, f. IV constitucional.

[14] Art. 76, f. I constitucional.

[15] Art. 135 constitucional.

[16] Art. 80 constitucional.

[17] Art. 81 constitucional.

[18] Héctor Fix-Zamudio y Salvador Valencia Carmona, *Derecho constitucional mexicano y comparado*, 8.ª ed. (México: Instituto de Investigaciones Jurídicas [UNAM], Porrúa, 2012), 263.

[19] Art. 83 constitucional.

[20] Art. 90 constitucional.

[21] Art. 94 constitucional.

[22] A partir del día 2 de mayo de 2019, entraron en vigor las reglas relativas al nuevo sistema de justicia laboral. Las Juntas de Conciliación y Arbitraje irán desapareciendo paulatinamente, y los nuevos juicios que se generen deberán ser resueltos por el Poder Judicial local o federal, una vez que entren en funciones los nuevos tribunales federales y locales. Los procedimientos que ya se encuentren en trámite ante las Juntas de Conciliación y Arbitraje federales o locales al entrar en vigor la reforma, deberán ser sustanciados por estas hasta su terminación.

[23] A diferencia de las Juntas de Conciliación y Arbitraje, el Tribunal Federal de Conciliación y Arbitraje imparte y procura justicia en materia laboral burocrática, es decir, para los trabajadores al servicio del Estado.

[24] Art. 115 constitucional.

[25] El Catálogo de Áreas Geoestadísticas del Inegi, a noviembre de 2017, reporta 2 463 municipios; sin embargo, hay municipios que se crearon en diciembre de 2017 (tres municipios en Morelos más un municipio aún en controversia) y otros en abril de 2019 (dos municipios que entrarán en funciones hasta 2021), por lo que la cifra no es definitiva. Ver Germán Castro, "¿Cuántos municipios existen en México?", *Nexos*, 2 de julio de 2019, https://redaccion.nexos.com.mx/?p=10568.

[26] Población tomada del Censo 2010 del Inegi. Municipio de Iztapalapa: 1 815 786. Municipio de Ecatepec: 1 656 107. Estado de Colima: 650 555. Estado de Aguascalientes: 1 184 996. Estado de Nayarit: 1 084 979. Estado de Tlaxcala: 1 169 936.

[27] Art. 116 constitucional.

Bibliografía

Abbink, Klaus. "Staff Rotation as an Anti-Corruption Policy: An Experimental Study." *European Journal of Political Economy* 20, núm. 4 (noviembre de 2004): 887-906.

Acemoglu, Daron y James A. Robinson. *El pasillo estrecho: Estados, sociedades y cómo alcanzar la libertad.* Ebook. México: Crítica, 2019.

—————. *Por qué fracasan los países: Los orígenes del poder, la prosperidad y la pobreza.* Traducido por Marta García Madera. Barcelona: Deusto, 2012.

Ackerman, John M. *El mito de la transición democrática.* Ebook. México: Temas de Hoy, 2015.

"Acuerdo del Consejo General del Instituto Nacional Electoral por el que se aprueban el diseño y la impresión de la boleta y demás documentación electoral para el proceso electoral federal 2017-2018." *Diario Oficial de la Federación*, 10 de noviembre de 2017. https://www.dof.gob.mx/nota_detalle.php?codigo=5504276&fecha=10/11/2017.

"Acuerdo por el que se dispone de la Fuerza Armada permanente para llevar a cabo tareas de seguridad pública de manera extraordinaria, regulada, fiscalizada, subordinada y complementaria." *Diario Oficial de la Federación*, 11 de mayo de 2020. https://www.dof.gob.mx/nota_detalle.php?codigo=5593105&fecha=11/05/2020.

"Acuerdo por el que se modifican los Anexos Primero y Segundo del Acuerdo por el que el Comité Coordinador del Sistema Nacional

Anticorrupción emite el formato de declaraciones: de situación patrimonial y de intereses; y expide las normas e instructivo para su llenado y presentación." *Diario Oficial de la Federación*, 23 de septiembre de 2019. https://www.dof.gob.mx/nota_detalle. php?codigo=5573194&fecha=23/09/2019.

Adams, John. "From John Adams to Thomas Jefferson, 2 February 1816." Founders Online, National Archives and Records Administration. http://founders.archives.gov/documents/Adams/99-02-02-6575.

Aguayo, Sergio. "Carlos Salinas." *Reforma*, 17 de julio de 2019.

Aguilar, Rubén. "Bartlett y el fraude electoral en Chihuahua." *El Economista*, 1 de octubre de 2019. https://www.eleconomista.com. mx/opinion/Bartlett-y-el-fraude-electoral-en-Chihuahua-20191001-0102.html.

Althaus, Dudley y Christina Rogers. "Donald Trump's Nafta Plan Would Confront Globalized Auto Industry." *Wall Street Journal*, 10 de noviembre de 2016. https://www.wsj.com/articles/donald-trumps-nafta-plan-would-confront-globalized-auto-industry-1478800848.

Altonji, Joseph G. y Rebecca M. Blank. "Race and Gender in the Labor Market." En *Handbook of Labor Economics*. Vol. 3C. Editado por Orley C. Ashenfelter y David Card, 3143-3259. Ámsterdam: North Holland, 1999.

Alvarado, Nathalie y Robert Muggah. "Crimen y violencia: Un obstáculo para el desarrollo de las ciudades de América Latina y el Caribe." Banco Interamericano de Desarrollo, noviembre de 2018.

Álvarez, Luis H. "Conai y Cocopa." En *Corazón indígena: lucha y esperanza de los pueblos originarios de México*. Ebook. México: Fondo de Cultura Económica, 2012.

Alzaga, Ignacio. "Unión Tepito mató a comerciante en Centro por no pagar derecho de piso." *Milenio*, 19 de julio de 2019. https://www.milenio.com/policia/union-tepito-mato-comerciante-centro-pagar-derecho-piso.

"AMLO da arranque oficial a la Guardia Nacional y reconoce que aún no hay avances en seguridad." *Animal Político*, 30 de junio de

2019. https://www.animalpolitico.com/2019/06/guardia-nacio nal-amlo-campo-marte/.

"AMLO dice que el 90% de las llamadas sobre violencia contra mujeres son falsas." *Animal Político*, 15 de mayo de 2020. https://www.animal-politico.com/2020/05/llamadas-falsas-violencia-mujeres-amlo/.

Anaya, Ricardo. "Paridad es la mitad: nada más, pero nada menos." En *60/40 en 600: Hay mujeres para rato*. Coordinado por María Guadalupe Suárez Ponce [Carlos Fernández Collado y Salvador Sánchez Gutiérrez, eds.]. México: Secretaría de Promoción Política de la Mujer, Partido Acción Nacional, 2013.

Ángel, Arturo. "A 10 años de los granadazos en Morelia, las víctimas siguen esperando reparación y justicia." *Animal Político*, 15 de septiembre de 2018. https://www.animalpolitico.com/2018/09/granadazos-morelia-victimas-10-anos/.

———. "Con Peña aumentó la letalidad en operativos de la Marina: por cada herido hubo 20 muertos." *Animal Político*, 11 de marzo de 2019. https://www.animalpolitico.com/2019/03/marina-leta lidad-enfrentamientos-fallecidos-heridos/.

———. "Gendarmería ineficaz e incompleta: solo tiene el 10% de elementos prometidos por Peña." *Animal Político*, 17 de noviembre de 2017. https://www.animalpolitico.com/2017/11/gendarme ria-incompleta-elementos-pena/.

Annino, Antonio y Rafael Rojas. *La Independencia: Los libros de la patria*. Herramientas para la Historia. Ebook. México: Centro de Investigación y Docencia Económicas, Fondo de Cultura Económica, 2018.

Aparicio Cabrera, Abraham. "Series estadísticas de la economía mexicana en el siglo XX." *Economía Informa*, núm. 369 (julio–agosto de 2011): 63-85.

Ariely, Dan. "The Corruption Experiment." The (Dis)Honesty Project, 2017. YouTube: https://youtu.be/2KyavuKmdNE.

Aroche Aguilar, Ernesto. "Opacidad y cuerpos sin identificar: los pendientes a 7 años de la masacre en San Fernando." *Animal Político*, 24 de agosto de 2017. https://www.animalpolitico.com/2017/08/pendientes-masacre-san-fernando/.

"Asesinan a doctora por no pagar 'derecho de piso' en Acapulco." *Eje Central*, 20 de enero de 2019. https://www.ejecentral.com.mx/asesinan-doctora-derecho-piso-consultorio-acapulco/.

"Asesinan al director de Seguridad Pública de Uruapan." *La Jornada*, 2 de junio de 2006. https://www.jornada.com.mx/2006/06/02/index.php?section=politica&article=017n3pol.

Aspe Armella, Pedro. *El camino mexicano de la transformación económica*. 2.ª ed. México: Fondo de Cultura Económica, 1993.

Astorga, Luis. "Drug Trafficking in Mexico: A First General Assessment." Management of Social Transformations. París: Organización de las Naciones Unidas para la Educación, la Ciencia y la Cultura, 1999.

Astorga, Luis y David A. Shirk. "Drug Trafficking Organizations and Counter-Drug Strategies in the U.S.-Mexican Context." Working Paper. Center for U.S.-Mexican Studies, Universidad de California en San Diego, 2010.

Astudillo, César. "El nuevo sistema de comunicación política en la reforma electoral de 2007." En *Estudios sobre la reforma electoral 2007: Hacia un nuevo modelo*, de María del Carmen Alanís Figueroa *et al.*, 125-175. México: Tribunal Electoral del Poder Judicial de la Federación, 2008.

"Atacan con explosivo a consulado de EU en Guadalajara; autoridades no reportan heridos." *Animal Político*, 1 de diciembre de 2018. https://www.animalpolitico.com/2018/12/ataque-explosivo-consulado-ee-uu-guadalajara/.

Atuesta, Laura H. "Militarización de la lucha contra el narcotráfico." En *Las violencias: En busca de la política pública detrás de la guerra contra las drogas*. Editado por Laura H. Atuesta y Alejandro Madrazo Lajous. Ebook. México: Centro de Investigación y Docencia Económicas, 2018.

"Autodefensas se extienden en Michoacán." *Animal Político*, 27 de noviembre de 2013. https://www.animalpolitico.com/2013/11/autodefensas-se-extienden-un-municipio-de-apatzingan/.

Ávila, Alfredo y Virginia Guedea, coords. *La Independencia de México: Temas e interpretaciones recientes*. Historia Moderna y Contemporánea 48. México: Instituto de Investigaciones Históricas [UNAM], 2007.

Azfar, Omar y William Robert Nelson Jr. "Transparency, Wages, and the Separation of Powers: An Experimental Analysis of Corruption." *Public Choice* 130, núm. 3/4 (marzo de 2007): 471-493.

Aziz Nassif, Alberto. "El desencanto de una democracia incipiente. México después de la transición." En *México: ¿un nuevo régimen político?* Coordinado por Octavio Rodríguez Araujo, 9-62. Sociología y Política. México: Siglo Veintiuno Editores, 2009.

Bacha, Edmar y Regis Bonelli. "Coincident Growth Collapses: Brazil and Mexico since the early 1980s." *Novos Estudos CEBRAP* 35, núm. 2 (julio de 2016): 151-181.

Bailey, John. "Security Traps and Mexico's Democracy." En *The Politics of Crime in Mexico: Democratic Governance in a Security Trap*, 1-30. Boulder: FirstForumPress, 2014.

Banco de México. "Informe Anual 1976." México: Banco de México, 1977.

―――. "Informe Anual 1978." México: Banco de México, 1979.

―――. "Informe Anual 1982." México: Banco de México, 1983.

―――. "Informe Anual 1991." México: Banco de México, 1992.

―――. "Informe anual 1994." México: Banco de México, 1995.

―――. "La automatización en México desde una perspectiva regional." Extracto del Reporte sobre las economías regionales, julio-septiembre de 2018, 14 de diciembre de 2018.

Banco Mundial. "Crecimiento del PIB (% anual)." https://datos.ban comundial.org/indicador/NY.GDP.MKTP.KD.ZG?view=chart.

―――. "Exportaciones de bienes y servicios (% del PIB) - México." https://datos.bancomundial.org/indicador/NE.EXP.GNFS.ZS? view=chart.

―――. *Informe sobre el Desarrollo Mundial 2017: La gobernanza y las leyes: Panorama general.* Washington D. C.: Banco Mundial, 2017.

―――. "World Bank Country and Lending Groups." World Bank Data Help Desk, s/f.

Banco Mundial, Development Research Center of the State Council, P. R. China, *China 2030: Building a Modern, Harmonious, and Creative Society.* Washington D. C.: Banco Mundial, 2013.

Banerjee, Abhijit, Paul Niehaus y Tavneet Suri, "Universal Basic Income in the Developing World." Working Paper núm. 25598. National Bureau of Economic Research, febrero de 2019.

Banerjee, Abhijit, Rema Hanna, Gabriel E. Kreindler y Benjamin A. Olken. "Debunking the Stereotype of the Lazy Welfare Recipient: Evidence from Cash Transfer Programs." *The World Bank Research Observer* 32, núm. 2 (agosto de 2017): 155-184.

Base de Datos de Historia Económica de América Latina Montevideo-Oxford (MOxLAD). Universidad de Oxford, Universidad de la República del Uruguay, 2010.

Becerra, Lorena. "La publicación y regulación de las encuestas electorales." En *La precisión de las encuestas electorales: Un paradigma en movimiento*, de Francisco Abundis Luna, Lorena Becerra, Federico Berrueto, Edmundo F. Berumen, Mario de la Rosa, Claire Durand, Claudio Flores, Julio Juárez, Alejandro Moreno y Diana Penagos, 91-100. México: Instituto Nacional Electoral, 2017.

Becerra, Ricardo, Pedro Salazar y José Woldenberg. *La mecánica del cambio político en México: Elecciones, partidos y reformas.* 2.ª ed. México: Cal y Arena, 2000.

Becerra, Ricardo y José Woldenberg. "Recapitulación: La democracia mexicana, ¿comenzar de cero?" En *Informe sobre la democracia mexicana en una época de expectativas rotas.* Coordinado por Ricardo Becerra, 188-203. Sociología y Política. México: Siglo Veintiuno Editores, 2016.

Beckwith, Ryan Teague. "Donald Trump's Super Tuesday Victory Speech." *Time*, 2 de marzo de 2016. https://time.com/4245134/super-tuesday-donald-trump-victory-speech-transcript-full-text/.

Beezley, William H. y Michael C. Meyer, eds. *The Oxford History of México.* Ebook. Nueva York: Oxford University Press, 2010.

Beittel, June S. "Mexico: Organized Crime and Drug Trafficking Organizations." Congressional Research Service, CRS Report for Congress R41576, 3 de julio de 2018.

Bergman, Marcelo. *More Money, More Crime: Prosperity and Rising Crime in Latin America*. Nueva York: Oxford University Press, 2018.

Bernal, Ignacio. "El tiempo prehispánico." En *Historia mínima de México*, de Daniel Cosío Villegas, Ignacio Bernal, Alejandra Moreno Toscano, Luis González, Eduardo Blanquel y Lorenzo Meyer. 2.ª ed. Ebook. México: El Colegio de México, 1994.

Blanc Murguía, David. "Policías asesinados en México." *Animal Político*, 5 de febrero de 2020. https://www.animalpolitico.com/el-blog-de-causa-en-comun/policias-asesinados-en-mexico.

BloombergNEF. "BNEF Talk 2020: Electric Mobility: The End of the Beginning", 2020. https://vimeo.com/389506892.

―――. "Electric Vehicle Outlook 2020." https://about.bnef.com/electric-vehicle-outlook/.

Branson, Richard. "Introduction." En *Ending the War on Drugs*, de Ernesto Zedillo, George Soros, Ruth Dreifuss, Anand Grover, Michel Kazatchkine, Fernando Henrique Cardoso, César Gaviria, Olusegun Obasanjo, Carl L. Hart, Nick Clegg, Pavel Bém y Peter Dunne, 4-9. Londres: Virgin Books, 2016.

Bravo Mena, Luis Felipe. *Acción Nacional. Ayer y hoy: Una esencia en busca de futuro*. Ebook. México: Grijalbo, 2014.

Buendía, Jorge y Javier Márquez. "2018: ¿Por qué el tsunami?" *Nexos*, 1 de julio de 2019. https://www.nexos.com.mx/?p=43082.

Bush, George. "Remarks to Community Members in Monterrey, México." The American Presidency Project, 27 de noviembre de 1990.

Calderón, Gabriela, Gustavo Robles, Alberto Díaz-Cayeros y Beatriz Magaloni. "The Beheading of Criminal Organizations and the Dynamics of Violence in Mexico." *Journal of Conflict Resolution* 59, núm. 8 (diciembre de 2015): 1455-1485.

Calderón, Laura, Octavio Rodríguez Ferreira y David A. Shirk. *Drug Violence in Mexico: Data and Analysis Through 2017*. San Diego: Universidad de San Diego, abril de 2018.

Cámara de Diputados. "La paridad entre mujeres y hombres debe lograrse en los tres poderes: Ricardo Anaya." Boletín núm. 2335, 17 de octubre de 2013. http://www3.diputados.gob.mx/camara/

005_comunicacion/a_boletines/2013_2013/octubre_octubre/
17_17/2335_la_paridad_entre_mujeres_y_hombres_debe_lo
grarse_en_los_tres_poderes_anaya_cortes.

Cameron, Lisa, Ananish Chaudhuri, Nisvan Erkal y Lata Ganga-
dharan. "Do Attitudes Towards Corruption Differ Across Cultures? Experimental Evidence from Australia, India, Indonesia
and Singapore." Working Paper, Universidad de Melbourne, julio de 2005.

Camp, Roderic Ai. *La política en México: ¿Consolidación democrática o
deterioro?* Traducido por Guillermina del Carmen Cuevas Mesa.
Ebook. México: Fondo de Cultura Económica, 2018.

Campos Garza, Luciano. "Casino Royale: historias de una tragedia." *Proceso*, 4 de octubre de 2012. https://www.proceso.com.
mx/321637/casino-royale-historias-de-una-tragedia.

Campos Vázquez, Raymundo M., Emmanuel Chávez y Gerardo Esquivel. "Growth Is (Really) Good for the (Really) Rich." Documento de Trabajo núm. 9. Centro de Estudios Económicos de El
Colegio de México, diciembre de 2013.

Campos Vázquez, Raymundo M. *Promoviendo la Movilidad Social en
México: Informe de Movilidad Social 2015.* México: El Colegio de México, 2016.

Cárdenas Sánchez, Enrique. *El largo curso de la economía mexicana: De
1780 a nuestros días.* México: Fondo de Cultura Económica, El
Colegio de México, Fideicomiso Historia de las Américas, 2015.

Carlos Salinas de Gortari, el hombre que quiso ser rey (documental). México: Clío, 1999. YouTube: https://www.youtube.com/watch?v=
bOSzmvmzNTo.

"Carta a Enrique Peña Nieto." *Nexos*, 4 de marzo de 2018. https://
www.nexos.com.mx/?p=36439.

Casar, María Amparo. "Costos de la corrupción." En *México: Anatomía de la corrupción.* 2.ª ed. México: Mexicanos contra la Corrupción y la Impunidad, 2016.

———. "El Congreso del 6 de julio." En *1997: Elecciones y transición
a la democracia en México.* Coordinado por Luis Salazar, 131-162.
México: Cal y Arena, 1999.

————. "Índices de Percepción: México y el mundo." En *México: Anatomía de la corrupción*. 2.ª ed. México: Mexicanos contra la Corrupción y la Impunidad, 2016.

"Caso Fátima: Lo que se sabe del asesinato y tortura de la niña de 7 años cuyo caso conmociona a México." *BBC News*, 23 de febrero de 2020. https://www.bbc.com/mundo/noticias-america-latina-51540101.

Castañeda, Jorge G. "Vergüenza." *El Financiero*, 26 de junio de 2019. https://www.elfinanciero.com.mx/opinion/jorge-g-castaneda/vergueenza.

Castellanos, Rosario. *Mujer que sabe latín*. Letras Mexicanas. Ebook. México: Fondo de Cultura Económica, 2003.

Castillo García, Gustavo. "Injustificado, ataque de federales en Tres Marías, revelan videos." *La Jornada*, 12 de septiembre de 2012. https://www.jornada.com.mx/2012/09/12/politica/003n1pol.

————. "Todo apunta a que fue venganza del narco." *La Jornada*, 9 de mayo de 2008. https://www.jornada.com.mx/2008/05/09/index.php?section=politica&article=010n1pol.

Castro, Germán. "¿Cuántos municipios existen en México?" *Nexos*, 2 de julio de 2019. https://redaccion.nexos.com.mx/?p=10568.

Central Intelligence Agency. "Country Comparison: GDP - per capita (PPP)." The World Factbook, 2019. https://www.cia.gov/library/publications/the-world-factbook/fields/211rank.html.

————. "Life Expectancy at Birth." The World Factbook, 2019. https://www.cia.gov/library/publications/the-world-factbook/fields/355.html.

————. "North America: Mexico. GDP (purchasing power parity)". The World Factbook, 2017. https://www.cia.gov/library/publications/the-world-factbook/geos/mx.html.

————. "North America: Mexico. Population - country comparison to the world." The World Factbook, 2020. https://www.cia.gov/library/publications/the-world-factbook/geos/mx.html.

————. "School Life Expectancy (Primary to Tertiary Education)." The World Factbook, 2019. https://www.cia.gov/library/publications/the-world-factbook/fields/371.html.

"Ceremonia al marino que falleció en enfrentamiento contra integrantes de la organización delictiva de los Beltrán Leyva (Comunicado de Prensa 328_2009)", Secretaría de Marina, 20 de diciembre de 2009, http://2006-2012.semar.gob.mx/sala-prensa/comunicados-2009/1204-comunicado-de-prensa-328-2009.html.

Chertorivski, Salomón. *De la idea a la práctica: Experiencias en administración pública*. Ebook. México: Conecta, 2013.

————. *Siete pecados capitales en la Ciudad de México: La agenda obligatoria para consolidar un nuevo tipo de gobierno*. Ebook. México: Grijalbo, 2018.

"Ciro Gómez acepta en TV que encuesta de Milenio, que dio durante 90 días amplio triunfo a Peña, se equivocó." *SinEmbargo MX*, 2 de febrero de 2012. https://www.sinembargo.mx/02-07-2012/284138.

"Clasificación 2020 | El horizonte se oscurece para la libertad de prensa en América Latina", *Reporteros Sin Fronteras España*, 21 de abril de 2020. https://www.rsf-es.org/news/clasificacion-2020-el-horizonte-se-oscurece-para-la-libertad-de-prensa-en-america-latina/.

Coatsworth, John H. "Los orígenes del autoritarismo moderno en México." Traducido por Alicia Torres. *Foro Internacional* 16, núm. 2 (octubre-diciembre de 1975): 205-232.

"Coches bomba: la alarmante herramienta de intimidación del narco en Guanajuato." *Infobae*, 11 de marzo de 2020. https://www.infobae.com/america/mexico/2020/03/11/coches-bomba-la-alarmante-herramienta-de-intimidacion-del-narco-en-guanajuato/.

Cole, Alan. "Estate and Inheritance Taxes around the World." *Tax Foundation* (blog), 17 de marzo de 2015. https://taxfoundation.org/estate-and-inheritance-taxes-around-world/.

Collins, Kaitlan, Kevin Liptak, Abby Phillip y Caroline Kelly. "Trump Erupts Over Immigration, Threatening Mexico with Tariffs." *CNN*, 31 de mayo de 2019. https://www.cnn.com/2019/05/30/politics/trump-mexico-tariffs-immigration/index.html.

Comisión Económica para América Latina y el Caribe. *La hora de la igualdad: Brechas por cerrar, caminos por abrir. Trigésimo Tercer Período de Sesiones de la* CEPAL. Santiago de Chile: Comisión Económica para América Latina y el Caribe, 2010.

Comisión Global de Políticas de Drogas. *Regulación: El control responsable de las drogas.* Ginebra: Comisión Global de Políticas de Drogas, 2018.

Comisión Interamericana de Derechos Humanos. *Situación de los derechos humanos en México.* Washington D. C.: Organización de los Estados Americanos, Comisión Interamericana de Derechos Humanos, 31 de diciembre de 2015.

Comisión Nacional de Búsqueda de Personas. "Informe sobre fosas clandestinas y registro nacional de personas desaparecidas o no localizadas", 6 de enero de 2020.

Comisión Nacional de los Derechos Humanos. *Diagnóstico de la Comisión Nacional de los Derechos Humanos como integrante de los grupos que dan seguimiento a los procedimientos de alerta de violencia de género contra las mujeres, 2019.* México: Comisión Nacional de los Derechos Humanos, 2019.

Congreso de los Estados Unidos Mexicanos. Constitución Política de los Estados Unidos Mexicanos (1917).

Consejo Coordinador Empresarial. "Decisión del gobierno federal sobre Constellation Brands es arbitraria, violenta la legalidad y es una pésima señal", 23 de marzo de 2020. https://www.cce.org.mx/decision-del-gobierno-federal-sobre-constellation-brands-es-arbitraria-violenta-la-legalidad-y-es-una-pesima-senal/.

———. "Palabras de Carlos Salazar Lomelín en la firma del acuerdo para promover la inversión y el desarrollo incluyente", 13 de junio de 2019. https://www.cce.org.mx/palabras-de-carlos-salazar-lomelin-en-la-firma-del-acuerdo-para-promover-la-inversion-y-el-desarrollo-incluyente/.

Consejo Nacional de Evaluación de la Política de Desarrollo Social. *Informe de Evaluación de la Política de Desarrollo Social 2018.* México: Consejo Nacional de Evaluación de la Política de Desarrollo Social, 2018.

———. Inventario Nacional Coneval de Programas y Acciones Federales de Desarrollo Social. https://www.coneval.org.mx/Eva

luacion/Paginas/inventario_nacional_de_programas_y_accio
nes_sociales.aspx.

Conte Corti, Egon Caesar. *Maximiliano y Carlota*. 2.ª ed. México: Fondo de Cultura Económica, 1971.

Corben, Billy. *Cocaine Cowboys*. Estados Unidos: Racontur/Magnolia Pictures, 2006.

Cordera Campos, Rolando. "Estado y desarrollo: los trabajos (por) venir." En *México 2018: La responsabilidad del porvenir*. Coordinado por Pedro Salazar Ugarte, Arturo Oropeza García y José Antonio Romero Tellaeche. Tomo 1, 77-92. México: Instituto de Investigaciones Jurídicas [UNAM], Instituto para el Desarrollo Industrial y el Crecimiento Económico, El Colegio de México, 2018.

Cordera, Rolando y Carlos Tello. *México: La disputa por la nación: Perspectivas y opciones de desarrollo*. México: Siglo Veintiuno Editores, 2011.

Corrales, Javier. "Latin America Risks Becoming the Land of Militarized Democracies." *Americas Quarterly* (blog), 24 de octubre de 2019. https://www.americasquarterly.org/article/latin-america-risks-becoming-the-land-of-militarized-democracies/.

Cortina Orts, Adela. *Lo justo como núcleo de las ciencias morales y políticas: Una versión cordial de la ética del discurso*. Madrid: Real Academia de Ciencias Morales y Políticas, 2008.

Cosío Villegas, Daniel. *El sistema político mexicano: Las posibilidades de cambio*. 6.ª ed. México: Joaquín Mortiz, 1974.

Cowan, Richard C. "How the Narcs Created Crack." *National Review Magazine*, 5 de diciembre de 1986.

Crónica de un fraude (documental). México: Canal 6 de Julio, 1988. YouTube: https://www.youtube.com/watch?v=NnVFop2tniM.

Cruz Serrano, Noé. "Pemex, víctima de huachicoleo al por mayor." *El Universal*, 19 de febrero de 2020. https://www.eluniversal.com.mx/cartera/sufrio-pemex-huachicoleo-al-por-mayor-durante-2019.

"¿Cuántos muertos causó el terremoto de 1985?" *Milenio*, 19 de septiembre de 2017. https://www.milenio.com/cultura/cuantos-muertos-causo-el-terremoto-de-1985#:~:text=Una%20de%20 las%20primeras%20cifras,la%20vida%20durante%20el%20terre-moto.

Data Cívica, *Claves para entender y prevenir los asesinatos de mujeres en México.* México: Data Cívica, Área de Derechos Sexuales y Reproductivos del Programa de Derecho a la Salud del CIDE, 2018.

"David Barstow and Alejandra Xanic von Bertrab of *The New York Times*", The 2013 Pulitzer Prize Winner in Investigative Reporting, 2013. https://www.pulitzer.org/winners/david-barstow-and-alejandra-xanic-von-bertrab.

Dávila, Patricia. "La FGR pide a la Interpol ayuda en la localización del general Trauwitz." *Proceso*, 15 de enero de 2020. https://www.proceso.com.mx/614240/general-trauwitz-interpol-fgr#:~:text=La%20FGR%20pide%20a%20la%20Interpol%20ayuda%20en%20la%20localizaci%C3%B3n%20del%20general%20Trauwitz,-Patricia%20D%C3%A1vila%2015&text=%E2%80%9CEn%20lugar%20de%20crear%20estrategias,fuera%20de%20la%20esta-d%C3%ADstica%20criminal.

Davis, Julie Hirschfeld y Alan Rappeport. "After Calling Nafta 'Worst Trade Deal', Trump Appears to Soften Stance." *The New York Times*, 30 de marzo de 2017. https://www.nytimes.com/2017/03/30/business/nafta-trade-deal-trump.html.

De Hoyos, Rafael, Carlos Gutiérrez Fierros y J. Vicente Vargas. "Ninis en México: Atrapados entre la guerra contra el narcotráfico y la crisis económica." En *Vida en movimiento: Problemas y políticas públicas.* Coordinado por Armando Ríos Piter y Gerardo Esquivel, 37-65. México: Instituto Belisario Domínguez del Senado de la República, 2017.

De la Calle, Luis. "Cómo crecer: Inversión, educación y gobierno." En *¿Y ahora qué? México ante el 2018.* Coordinado por Héctor Aguilar Camín, 213-226. México: Debate, 2018.

———. "Impunidad Cero: Economía de la extorsión. Ideas para aprovechar la revolución digital." *Este País*, 11 de febrero de 2019. https://estepais.com/impreso/impunidad-cero-economia-de-la-extorsion/.

De la Peña y Reyes, Antonio. *El Tratado Mon-Almonte.* Archivo Histórico Diplomático Mexicano 13. México: Publicaciones de la Secretaría de Relaciones Exteriores, 1925.

De Waal, Frans. "Two Monkeys Were Paid Unequally: Excerpt from Frans de Waal's TED Talk." YouTube: https://youtu.be/meiU-6TxysCg.

"Death of a Narc." *Time Magazine,* 7 de noviembre de 1988.

"Decreto por el que se reforman, adicionan y derogan diversas disposiciones de la Constitución Política de los Estados Unidos Mexicanos, en materia de combate a la corrupción." *Diario Oficial de la Federación,* 27 de mayo de 2015. https://www.dof.gob.mx/nota_detalle.php?codigo=5394003&fecha=27/05/2015.

"Decreto por el que se reforman, adicionan y derogan diversas disposiciones de la Ley Federal del Trabajo, de la Ley Orgánica del Poder Judicial de la Federación, de la Ley Federal de Defensoría Pública, de la Ley del Instituto del Fondo Nacional de la Vivienda para los Trabajadores y de la Ley del Seguro Social, en materia de justicia laboral, libertad sindical y negociación colectiva." *Diario Oficial de la Federación,* 1 de mayo de 2019. https://www.dof.gob.mx/nota_detalle.php?codigo=5559130&fecha=01/05/2019.

"Dejan una cabeza humana frente a la tumba del capo Beltrán Leyva." *El Mundo,* 18 de enero de 2010. https://www.elmundo.es/america/2010/01/18/mexico/1263845512.html.

Delgado, Álvaro. "AMLO y Videgaray pactaron amnistía a Peña y gabinete desde la campaña: Carlos Navarrete." *Proceso,* 24 de noviembre de 2018. https://www.proceso.com.mx/561051/amlo-y-videgaray-pactaron-amnistia-a-pena-y-gabinete-desde-la-campana-carlos-navarrete.

Departamento de la Estadística Nacional, Resumen del Censo General de Habitantes del 30 de noviembre de 1921, https://www.inegi.org.mx/programas/ccpv/1921/.

Departamento de Salud y Servicios Humanos de los Estados Unidos. "Las consecuencias del tabaquismo en la salud: 50 años de progreso." Informe de la Dirección General de Servicios de Salud de los Estados Unidos, 2014.

Diamandis, Peter H. y Steven Kotler. "Good-Bye, Linear Thinking... Hello, Exponential." En *Bold: How to Go Big, Create Wealth, and Impact the World*. Ebook. Nueva York: Simon & Schuster, 2015.

Diamond, Jared. "What Makes Countries Rich or Poor?" *The New York Review of Books*, 7 de junio de 2012. https://www.nybooks. com/articles/2012/06/07/what-makes-countries-rich-or-poor/.

Diehl, Jackson. "Los gobiernos ganadores y perdedores en el combate al coronavirus." *Washington Post*, 1 de abril de 2020. https:// www.washingtonpost.com/es/post-opinion/2020/04/01/los-gobiernos-ganadores-y-perdedores-en-el-combate-al-coronavi rus/.

"Disonancia: voces en disputa, el informe anual 2019 de ARTICLE 19." Artículo 19, 26 de mayo de 2020. https://articulo19.org/di sonancia/.

Domínguez, Jorge I. "The Transformation of Mexico's Electoral and Party Systems, 1988-97: An Introduction." En *Toward Mexico's Democratization: Parties, Campaigns, Elections, and Public Opinion*. Editado por Jorge I. Domínguez y Alejandro Poiré. Ebook. Nueva York: Routledge, 2010.

Domínguez, Jorge I. y Rafael Fernández de Castro. *The United States and Mexico: between partnership and conflict*. 2ª ed. Contemporary Inter-American Relations. Nueva York: Routledge, 2009.

Domínguez, Pedro. "Pese a coronavirus, AMLO pide abrazos para evitar pleitos." *Milenio*, 4 de marzo de 2020. https://www.milenio. com/politica/amlo-pide-abrazarse-pese-a-coronavirus.

"Donald Trump Ends Nafta Dispute with a 'Wonderful New Trade Deal'." *Guardian News*, 1 de octubre de 2018. https://www.you tube.com/watch?v=DGB0oWIS38g&feature=youtu.be.

"Donald Trump's Full CNN Interview with Jake Tapper." *CNN*, 3 de junio de 2016. https://www.cnn.com/videos/politics/ 2016/06/03/donald-trump-hillary-clinton-judge-jake-tapper-full-interview-lead.cnn.

Donnelly, Robert A. y David A. Shirk, eds. *Police and Public Security in Mexico*. San Diego: University Readers, Trans-Border Institute, 2010.

Dresser, Denise. *Neopopulist Solutions to Neoliberal Problems: Mexico's National Solidarity Program*. Current Issue Brief 3. San Diego: Center for U.S.-Mexican Studies, Universidad de California, 1991.

Drug Enforcement Administration (DEA) Museum and Visitors Center. "Illegal Drugs in America: Enforcing the New Drugs." https://www.deamuseum.org/idatour/enforcing-the-new-drug-laws-6.html.

Drug Enforcement Administration. "Fentanyl." https://www.dea.gov/factsheets/fentanyl.

————. *National Drug Threat Assessment* (Washington D. C.: Drug Enforcement Administration, Departamento de Justicia de Estados Unidos, 2018).

Drug Policy Alliance, "Drug Decriminalization in Portugal: Learning from a Health and Human-Centered Approach." Nueva York: Drug Policy Alliance, 2019.

Ducci, Francesca y David Goldman. "The Genetic Basis of Addictive Disorders." *Psychiatric Clinics of North America* 35, núm. 2 (junio de 2012): 495-519.

Dungan, Adrian. "Individual Income Tax Shares: Tax Year 2016." Internal Revenue Service, Statistics of Income Bulletin, 2019.

Durán Barba, Jaime y Santiago Nieto. *Mujer, sexualidad, internet y política: Los nuevos electores latinoamericanos*. Sección de Obras de Política y Derecho. México: Fondo de Cultura Económica, 2006.

Durand Ponte, Víctor Manuel. "La cultura política de los mexicanos en el régimen neoliberal." En *México: ¿un nuevo régimen político?* Coordinado por Octavio Rodríguez Araujo, 121-150. Sociología y Política. México: Siglo Veintiuno Editores, 2009.

Eichengreen, Barry, Donghyun Park y Kwanho Shin. "Growth Slowdowns Redux: New Evidence on the Middle-Income Trap." Working Paper núm. 18673. National Bureau of Economic Research, enero de 2013.

————. "When Fast Growing Economies Slow Down: International Evidence and Implications for China." Working Paper núm. 16919. National Bureau of Economic Research, marzo de 2011.

Eigen, Peter. "Preface." En *TI Source Book 2000: Confronting Corruption: The Elements of a National Integrity System*, de Jeremy Pope, xv-xvi. Berlín: Transparency International, 2000.

"Ejército llegó a Tlahuelilpan y se replegó para evitar enfrentamiento, previo a explosión." *Aristegui Noticias*, 19 de enero de 2019. https://aristeguinoticias.com/1901/mexico/ejercito-llego-a-tlahuelilpan-y-se-replego-para-evitar-enfrentamiento-previo-a-explosion/.

"Ejército halló manguera de 3 km para robar gasolina en Salamanca." *Regeneración*, 8 de enero de 2019. https://regeneracion.mx/ejercito-hallo-manguera-de-3-km-para-robar-gasolina-en-salamanca.

"'El Coss' mandó matar a candidato del PRI: PGR." *Animal Político*, 20 de septiembre de 2012. https://www.animalpolitico.com/2012/09/el-coss-ordeno-el-asesinato-de-rodolfo-torre-cantu-pgr/.

Elizondo Mayer-Serra, Carlos. "¿Por qué no crecemos?" *Letras Libres*, 1 de noviembre de 2018. https://www.letraslibres.com/mexico/revista/por-que-no-crecemos.

"Emboscada contra policías deja 10 muertos en Ocotlán, Jalisco." *El Financiero*, 20 de marzo de 2015. https://www.elfinanciero.com.mx/nacional/emboscada-contra-policias-deja-10-muertos-en-ocotlan-jalisco.

"El asesinato de políticos en México aumentó un 55% en 2018." *EFE*, 7 de enero de 2019. https://www.efe.com/efe/usa/mexico/el-asesinato-de-politicos-en-mexico-aumento-un-55-2018/50000100-3860343.

"En 2018 aumentaron 55% los asesinatos de políticos en México, señala reporte." *Infobae*, 8 de enero de 2019. https://www.infobae.com/america/mexico/2019/01/08/en-2018-aumentaron-55-los-asesinatos-de-politicos-en-mexico-senala-reporte/.

"En EEUU un CEO gana 312 veces más que un empleado promedio." *E&N*, 18 de agosto de 2018. https://www.estrategiaynegocios.net/empresasymanagement/1208088-330/en-eeuu-un-ceo-gana-312-veces-m%C3%A1s-que-un-empleado-promedio.

"En la miseria y olvidado por Pemex, murió Rudesindo Cantarell, descubridor de la zona petrolera más importante de México." *Proceso*, mayo de 1997.

"¿En qué consiste el plan de seguridad de AMLO?" *Milenio*, 14 de noviembre de 2018. https://www.milenio.com/politica/en-que-consiste-el-plan-de-seguridad-de-amlo.

Enamorado, Ted, Luis F. López-Calva y Carlos Rodríguez-Castelán. "Crime and Growth Convergence: Evidence from Mexico." Policy Research Working Paper núm. 6730. Washington D. C.: Banco Mundial, diciembre de 2013.

"Encuesta: 6 de cada 10 mexicanos se consideran de clase media." *Forbes*, 15 de julio de 2019. https://www.forbes.com.mx/encuesta-6-de-cada-10-mexicanos-se-consideran-de-clase-media/.

"Encuesta Heraldo: Cierran sin mayor cambio." *El Heraldo de México*, 26 de junio de 2018. https://heraldodemexico.com.mx/edicion-impresa/27-de-junio-de-2018/.

"Enrique Krauze responde a AMLO y lo acusa de conservador." *Radio Fórmula*, 8 de junio de 2020. https://www.radioformula.com.mx/noticias/20200608/enrique-krauze-amlo-periodistas-entrevista-hoy-ciro-gomez-leyva/.

Escalante Gonzalbo, Pablo. "El México antiguo." En *Nueva historia mínima de México ilustrada*, de Pablo Escalante Gonzalbo, Bernardo García Martínez, Luis Jáuregui, Josefina Zoraida Vázquez, Elisa Speckman Guerra, Javier Garciadiego y Luis Aboites Aguilar, 21-109. México: El Colegio de México, Secretaría de Educación del Gobierno del Distrito Federal, 2008.

Espinosa Rugarcía, Amparo y Enrique Cárdenas, eds. *Privatización bancaria, crisis y rescate del sistema financiero: La historia contada por sus protagonistas*, Tomo 1: Funcionarios. México: Centro de Estudios Espinosa Yglesias, 2011.

Espinoza Revollo, Patricia, Chiara Mariotti, Franziska Mager y Didier Jacobs. "Public Good or Private Wealth? Methodology Note." Oxford: Oxfam Internacional, enero de 2019.

Esquivel Hernández, Gerardo. *Desigualdad extrema en México: Concentración de poder económico y político*. México: Oxfam México, junio de 2015.

————. "Desigualdad: Vieja historia, nueva historia." En *¿Y ahora qué? México ante el 2018*. Coordinado por Héctor Aguilar Camín, 253-265. México: Debate, 2018.

Estadísticas de transporte en los cruces fronterizos, Bureau of Transportation Statistics. https://www.bts.gov/.

"EU recuerda asesinato de miembros del consulado en Ciudad Juárez." *Expansión*, 14 de marzo de 2011. https://expansion.mx/nacio nal/2011/03/14/eu-recuerda-asesinato-de-miembros-del-consu lado-en-ciudad-juarez.

Evans, David K. y Anna Popova. "Cash Transfers and Temptation Goods: A Review of Global Evidence." Policy Research Working Paper núm. 6886. Washington D. C.: Banco Mundial, 2014.

Ewing, Walter A., Danie E. Martínez y Rubén G. Rimbaut. "The Criminalization of Immigration in the United States." Special Report, American Immigration Council, julio de 2015.

"FBI: Asesinato del cardenal Posadas fue accidental." *Excélsior*, 14 de diciembre de 2012. https://www.excelsior.com.mx/2012/12/14/ nacional/874988.

Fernández Menéndez, Jorge. "Yarrington y el asesinato de Torre Cantú." *Excélsior*, 11 de abril de 2017. https://www.excelsior.com. mx/opinion/jorge-fernandez-menendez/2017/04/11/1157069.

Ferri, Pablo. "Las protestas de la Policía Federal golpean la estrategia de seguridad de México." *El País*, 5 de julio de 2019. https:// elpais.com/internacional/2019/07/04/mexico/1562263207_76 3735.html.

Fisman, Raymond y Miriam A. Golden. *Corruption: What Everyone Needs to Know*. Nueva York: Oxford University Press, 2017.

Fix-Zamudio, Héctor y Salvador Valencia Carmona. *Derecho constitucional mexicano y comparado*, 8.ª ed. México: Instituto de Investigaciones Jurídicas [UNAM], Porrúa, 2012.

Flores, Pablo. "Hallan toma clandestina en refinería de Salamanca." *Milenio*, 8 de enero de 2019. https://www.milenio.com/politica/ comunidad/encuentran-instalacion-clandestina-en-refine ria-de-salamanca.

Forget, Evelyn L. "The Town with No Poverty: The Health Effects of a Canadian Guaranteed Annual Income Field Experiment." *Canadian Public Policy* 37, núm. 3 (septiembre de 2011): 283-305.

Foro Económico Global. *The Global Social Mobility Report 2020: Equality, Opportunity and a New Economic Imperative*. Ginebra: Foro Económico Global, 2020.

Freidenberg, Flavia, ed. *La representación política de las mujeres en México*. México: Instituto Nacional Electoral, Universidad Nacional Autónoma de México, 2017.

Friedman, Milton y Rose D. Friedman. *Capitalism and Freedom*. Chicago: University of Chicago Press, 1982.

————. *Free to Choose: A personal Statement*. Nueva York: Harcourt Brace Jovanovich, 1980.

"Fue una 'emboscada' agresión a vehículo diplomático: EU." *Proceso*, 24 de agosto de 2012. https://www.proceso.com.mx/317937/fue-una-emboscada-agresion-a-vehiculo-de-embajada-eu.

Fuentes, Mario Luis y Saúl Arellano. "¿El 2019 podría no ser el año más violento?" *La Cuestión Social en México* (blog), 3 de febrero de 2020. http://mexicosocial.org/el-2019-podria-no-ser-el-ano-mas-violento/.

Fuentes Vélez, Arturo. *Chihuahua 86: De viva voz*. México: Partido Acción Nacional, Fundación Rafael Preciado Hernández, 2016.

Fukuyama, Francis. "Acemoglu and Robinson on Why Nations Fail." *The American Interest*, 26 de marzo de 2012. https://www.the-american-interest.com/2012/03/26/acemoglu-and-robinson-on-why-nations-fail/.

"Full Text: Donald Trump Announces a Presidential Bid." *Washington Post*, 16 de junio de 2015. https://www.washingtonpost.com/news/post-politics/wp/2015/06/16/full-text-donald-trump-announces-a-presidential-bid/.

"Gabinete de Carlos Salinas de Gortari." Academic. https://esacademic.com/dic.nsf/eswiki/513409.

Galeana, Patricia. *El Tratado McLane-Ocampo: La comunicación interoceánica y el libre comercio*. México: Porrúa, Centro de Investigaciones sobre América del Norte [UNAM], 2006.

Galindo Ceballos, Enrique Francisco. "Reforma Penal 2008 y la seguridad pública: retos y perspectivas." En *Reforma Penal 2008-2016: El sistema penal acusatorio en México.* Coordinado por Arely Gómez Gutiérrez, 355-367. México: Instituto Nacional de Ciencias Penales, 2016.

Garciadiego Dantán, Javier. "1910: Del viejo al nuevo Estado Mexicano." En *Ensayos de historia sociopolítica de la Revolución mexicana.* Antologías. Ebook. México: El Colegio de México, 2013.

————. "Vasconcelos y el mito del fraude en la campaña electoral de 1929." En *Ensayos de historia sociopolítica de la Revolución mexicana.* Antologías. Ebook. México: El Colegio de México, 2013.

Garrido, Luis Javier. *El Partido de la Revolución Institucionalizada (medio siglo de poder político en México): La formación del nuevo Estado (1928-1945).* 7.ª ed. Sociología y Política. México: Siglo Veintiuno Editores, 1995.

Gestión Social y Cooperación. Índice Estatal de Capacidades para el Desarrollo Social (Ides) 2019. http://ides2019.gesoc.org.mx/.

————. Índice de Desempeño de Programas Públicos Federales (Indep) 2019. https://www.indep.gesoc.org.mx/.

Gil Díaz, Francisco y Agustín Carstens. "One Year of Solitude: Some Pilgrim Tales About Mexico's 1994-1995 Crisis." *The American Economic Review* 86, núm. 2 (mayo de 1996): 164-169.

Gilas, Karolina M. y Carlos Soriano Cienfuegos. *Proceso electoral.* México: Tribunal Electoral del Poder Judicial de la Federación, 2018.

Gino, Francesca y Dan Ariely. "Dishonesty Explained: What Leads Moral People to Act Immorally." En *The Social Psychology of Good and Evil.* Editado por Arthur G. Miller, 2.ª ed., 322-342. Nueva York: The Guilford Press, 2016.

Global Financial Integrity. *Transnational Crime and the Developing World.* Washington D. C.: Global Financial Integrity, 27 de marzo de 2017.

Gobierno del Estado de Chihuahua. "Elecciones PASO: conoce la exposición de motivos para esta iniciativa revolucionaria." *CAMBIO. gob.mx,* 11 de junio de 2020, http://www.cambio.gob.mx/spip. php?article16131.

González de Alba, Luis. *Tlatelolco aquella tarde*. México: Cal y Arena, 2016.

González, Mario. "López Obrador: El coronavirus vino como anillo al dedo para la transformación." *CNN Español*, 2 de abril de 2020. https://cnnespanol.cnn.com/video/amlo-crisis-transitoria-coronavirus-perspectivas-mexico-cnne-perspectivas/.

Grillo, Ioan. "Warlords." En *El Narco: Inside Mexico's Criminal Insurgency*. Ebook. Nueva York: Bloomsbury Press, 2011.

Guardino, Peter. *La marcha fúnebre: Una historia de la guerra entre México y Estados Unidos*. Traducido por Mario Zamudio Vega. México: Libros Grano de Sal, Universidad Nacional Autónoma de México, 2018.

Guerrero Gutiérrez, Eduardo. "La estrategia fallida." *Nexos*, 1 de diciembre de 2012. https://www.nexos.com.mx/?p=15083.

———. "Las claves de la seguridad." *Gatopardo*, 28 de octubre de 2014. https://gatopardo.com/reportajes/las-claves-de-la-seguridad/.

Guerrero, Víctor Manuel. "Pronósticos electorales." *Nexos*, 1 de octubre de 2012. https://www.nexos.com.mx/?p=15031.

Gutiérrez, Roberto. "El endeudamiento externo del sector privado en México 1971-1991." *Comercio Exterior* 42, núm. 9 (septiembre de 1992): 852-864.

Han, Xuehui y Shang-Jin Wei. "Re-Examining the Middle-Income Trap Hypothesis: What to Reject and What to Revive?" ADB Economics Working Paper Series núm. 436. Manila: Asian Development Bank, julio de 2015.

Harari, Yuval Noah. "The World after Coronavirus." *Financial Times*, 19 de marzo de 2020. https://www.ft.com/content/19d90308-6858-11ea-a3c9-1fe6fedcca75.

Haushofer, Johannes y Jeremy Shapiro. "The Short-Term Impact of Unconditional Cash Transfers to the Poor: Experimental Evidence from Kenya." *The Quarterly Journal of Economics* 131, núm. 4 (noviembre de 2016): 1973-2042.

Hayes-Bautista, David E. *El Cinco de Mayo: An American Tradition*. Ebook. Berkeley: University of California Press, 2012.

Hernández Licona, Gonzalo. "Pobreza: Antiguo mal, nuevos remedios." En *¿Y ahora qué? México ante el 2018*. Coordinado por Héctor Aguilar Camín, 283-293. México: Debate, 2018.

Hernández Licona, Gonzalo, Thania Paola de la Garza Navarrete, Janet Zamudio Chávez e Iliana Yaschine Arroyo, coords. *El Progresa-Oportunidades-Prospera: A 20 años de su creación*. México: Consejo Nacional de Evaluación de la Política de Desarrollo Social, 2019.

Hernández Trillo, Fausto y Alejandro Villagómez Amezcua. "La estructura de la deuda pública en México: Lecciones y perspectivas." Research Network Working Paper núm. 405. Washington D. C.: Banco Interamericano de Desarrollo, 2000.

Herrera Beltrán, Claudia. "Discúlpeme, Presidente, no le puedo dar la bienvenida: madre de dos ejecutados." *La Jornada*, 12 de febrero de 2010. https://www.jornada.com.mx/2010/02/12/politica/005n1pol.

Herrera Pérez, Octavio y Arturo Santa Cruz. *Historia de las relaciones internacionales de México, 1821-2010, vol. 1: América del Norte*. México: Dirección General del Acervo Histórico Diplomático [SRE], 2011.

Heston, Alan, Robert Summers y Bettina Aten. Penn World Table versión 7.1. Center for International Comparisons of Production, Income and Prices de la Universidad de Pensilvania y Groningen Growth and Development Centre de la Universidad de Groningen, noviembre de 2012.

Honjo, Kaori e Ichiro Kawachi. "Effects of Market Liberalisation on Smoking in Japan." *Tobacco Control* 9, núm. 2 (junio de 2000): 193-200.

Hope, Alejandro. "El mito de los mitos de Joaquín Villalobos." *Nexos*, 1 de febrero de 2012. https://www.nexos.com.mx/?p=14671.

Hufbauer, Gary Clyde, Cathleen Cimino y Tyler Moran. "NAFTA at 20: Misleading Charges and Positive Achievements." En *NAFTA: 20 Years Later*. Washington D. C.: Peterson Institute for International Economics, noviembre de 2014.

Iduñate García-Alba, Pascual. "La estructura del IVA en México." *Análisis Económico* 21, núm. 48 (2006): 121-138.

"Illegal Drugs: The Wars Don't Work." *The Economist*, 2 de mayo de 2015. https://www.economist.com/leaders/2015/05/02/the-wars-dont-work.

Ingraham, Christopher. "What Is Gerrymandering and Why Is It Problematic?" *Washington Post*, 27 de junio de 2019. https://www.washingtonpost.com/business/2019/06/27/what-is-gerrymandering-why-is-it-problematic/.

Instituto Nacional de Estadística, Geografía e Informática. *Historia del Sistema de Cuentas Nacionales de México, 1938-2000*. Aguascalientes: Instituto Nacional de Estadística, Geografía e Informática, 2003.

Instituto Nacional de Estadística y Geografía. "Cuantificando la clase media en México: un ejercicio exploratorio", febrero de 2010. https://www.inegi.org.mx/investigacion/cmedia/default.html.

————. Encuesta Intercensal 2015. México: Instituto Nacional de Estadística y Geografía, 2015.

————. Encuesta Nacional de Ingresos y Gastos de los Hogares (ENIGH). México: Instituto Nacional de Estadística y Geografía, de 1992 a 2018.

————. Encuesta Nacional de Ocupación y Empleo (ENOE), IV trimestre de 2019. "Población ocupada por sector de actividad económica." México: Instituto Nacional de Estadística y Geografía, 2020.

————. Encuesta Nacional de Victimización y Percepción sobre Seguridad Pública (Envipe) 2019. México: Instituto Nacional de Estadística y Geografía, 2019.

————. Encuesta Nacional sobre la Dinámica de las Relaciones en los Hogares (Endireh) 2016. México: Instituto Nacional de Estadística y Geografía, 2016.

————. *Estadísticas históricas de México 2009*. México: Instituto Nacional de Estadística y Geografía, 2010.

————. Inversión Fija Bruta (Base 2013), 2019.

————. Sistema de Cuentas Nacionales de México, Producto Interno Bruto (año base 2013), 2020.

Instituto Nacional de Psiquiatría Ramón de la Fuente Muñiz y Comisión Nacional contra las Adicciones. Encuesta Nacional de

Consumo de Drogas, Alcohol y Tabaco (Encodat) 2016-2017: Reporte de Drogas. México: Secretaría de Salud, 2017.

Instituto Nacional Electoral. "Candidaturas Independientes 2018", 28 de febrero de 2018. https://www.ine.mx/candidaturasinde pendientes/.

————. *Compendio de Legislación Nacional Electoral.* Tomo II. México: Instituto Nacional Electoral, Fiscalía Especializada para la Atención de Delitos Electorales, Instituto de Investigaciones Jurídicas [UNAM], Tribunal Electoral del Poder Judicial de la Federación, 2015.

————. "Elección 2018: Igualdad de género y no discriminación." https://igualdad.ine.mx/elecciones/eleccion-2018/.

————. Foro "Las encuestas electorales, la experiencia de 2012", 23 de noviembre de 2012. YouTube: https://youtu.be/U4wknf Qn0Ao.

————. Informe del proceso de constitución de nuevos partidos políticos 2019-2020 de la Comisión de Prerrogativas y Partidos Políticos, 27 de marzo de 2020. https://www.ine.mx/ac tores-politicos/partidos-politicos-nacionales/partidos-formacion/.

International Energy Agency. *Global EV Outlook 2020: Entering the Decade of Electric Drive?* París: IEA Publications, 2020.

International Organization of Motor Vehicle Manufacturers. "World Motor Vehicle Production: 2018 Production Statistics", 2018. http://www.oica.net/category/production-statistics/2018-statis tics/.

Inter-Parliamentary Union. "Monthly Ranking of Women in National Parliaments", 2020. https://data.ipu.org/women-ranking? month=6&year=2020.

Jaitman, Laura y Nicolas Ajzenman. "Crime Concentration and Hot Spot Dynamics in Latin America." IDB Working Paper Series. Washington, D. C.: Banco Interamericano de Desarrollo, junio de 2016.

Jiménez, Benito. "Alcanzan militares despliegue histórico." *Reforma,* 9 de diciembre de 2019. https://www.reforma.com/alcanzan-mi litares-despliegue-historico/ar1830966.

Joly, Daniel J. "El hábito de fumar cigarrillos en América Latina: Una encuesta en ocho ciudades." *Boletín de la Oficina Sanitaria Panamericana* 79, núm. 2 (agosto de 1975): 93-111.

José Valenzuela, Georgette. *Legislación electoral mexicana 1812-1921: Cambios y continuidades.* México: Instituto de Investigaciones Sociales [UNAM], 1992.

Jumilla Muñoz, Alma Rosa. "Evolución de las remesas familiares ante el crecimiento económico en México, 1950-2002." *Papeles de Población* 10, núm. 42 (octubre-diciembre de 2004): 9-35.

Katz, Friedrich. *La guerra secreta en México: Europa, Estados Unidos y la Revolución mexicana.* Traducido por Isabel Fraire, José Luis Hoyo y José Luis González. México: Ediciones Era, 1982.

Kilmer, Beau, Jonathan P. Caulkins, Brittany M. Bond y Peter H. Reuter. *Reducing Drug Trafficking Revenues and Violence in Mexico: Would Legalizing Marijuana in California Help?* Santa Mónica: RAND International Programs and Drug Policy Research Center, 2010.

King, Martin Luther. *Where Do We Go from Here: Chaos or Community?* The King Legacy. Boston: Beacon Press, 2010.

Kleven, Henrik, Camille Landais y Jakob Egholt Søgaard. "Children and Gender Inequality: Evidence from Denmark." Working Paper núm. 24219. National Bureau of Economic Research, enero de 2018.

Klitgaard, Robert. *Controlling Corruption.* Ebook. Berkeley: University of California Press, 1991.

Knight, Alan. *La revolución cósmica: Utopías, regiones y resultados, México 1910-1940.* Ebook. México: Fondo de Cultura Económica, 2015.

—————. "Presentación." En *Las relaciones México-Estados Unidos: 1756-2010, vol. 1: Imperios, repúblicas y pueblos en pugna por el territorio 1756-1867,* de Marcela Terrazas y Gerardo Gurza Lavalle, 11-26. México: Instituto de Investigaciones Históricas [UNAM], 2012.

Krauze, Enrique. "El presidente historiador." *Letras Libres*, 2 de enero de 2019. https://www.letraslibres.com/mexico/revista/el-presidente-historiador.

————. *La presidencia imperial: Ascenso y caída del sistema político mexicano (1940-1996).* 5.ª ed. México: Tusquets Editores, 1999.

————. "The Man Who Would Be King." En *Mexico: Biography of Power: A History of Modern Mexico, 1810-1996.* Traducido por Hank Heifetz. Ebook. Nueva York: HarperCollins Publishers, 2013.

————. "The Theater of History." En *Mexico: Biography of Power: A History of Modern Mexico, 1810-1996.* Traducido por Hank Heifetz. Ebook. Nueva York: HarperCollins Publishers, 2013.

Kuntz Ficker, Sandra, coord. *Historia mínima de la economía mexicana, 1519-2010.* Ebook. México: El Colegio de México, 2012.

"La Estafa Maestra." *Animal Político*, 5 de septiembre de 2017. https://www.animalpolitico.com/estafa-maestra/.

"La violencia contra las mujeres no es normal ni tolerable." ONU Mujeres, 22 de noviembre de 2018. https://mexico.unwomen.org/es/noticias-y-eventos/articulos/2018/11/violencia-contra-las-mujeres.

Lachenmeier, Dirk W. y Jürgen Rehm. "Comparative Risk Assessment of Alcohol, Tobacco, Cannabis and Other Illicit Drugs Using the Margin of Exposure Approach." *Scientific Reports* 5 (30 de enero de 2015).

Lamar, Jacob V., Larry Wippman y Bernard Diederich. "The Bust of the Century." *Time Magazine*, 3 de diciembre de 1984.

Lantia Consultores.

Larson, Gregory Michael, Norman Loayza y Michael Woolcock. "The Middle-Income Trap: Myth or Reality?" Research & Policy Briefs núm. 1. Washington D. C.: Banco Mundial, marzo de 2016.

"Legal Settlements Alone Will Not Solve America's Opioid Crisis." *The Economist*, 29 de agosto de 2019. https://www.economist.com/leaders/2019/08/29/legal-settlements-alone-will-not-solve-americas-opioid-crisis.

Lessing, Benjamin. *Making Peace in Drug Wars: Crackdowns and Cartels in Latin America.* Nueva York: Cambridge University Press, 2018.

Levitsky, Steven y Daniel Ziblatt. *Cómo mueren las democracias.* Traducido por Gemma Deza Guil. Santiago de Chile: Ariel, 2018.

Levy, Santiago. *Esfuerzos mal recompensados: La elusiva búsqueda de la prosperidad en México*. Ebook. Washington D. C.: Banco Interamericano de Desarrollo, 2018.

Loaeza, Soledad. "Dos hipótesis sobre el presidencialismo autoritario". *Revista Mexicana de Ciencias Políticas y Sociales* 58, núm. 218 (mayo-agosto de 2013): 53-72.

———. "México 1968: Los orígenes de la transición." *Foro Internacional* 30, núm. 1 (julio-septiembre de 1989): 66-92.

López Obrador, Andrés Manuel. *Fobaproa: Expediente abierto: Reseña y archivo*. México: Grijalbo, 1999.

———. "Fortalecer la economía apoyando a los artesanos, a pequeños productores y microempresarios, es igual o más importante en creación de empleos y desarrollo, que solo apostar a las grandes corporaciones automatizadas y de poca generación de puestos de trabajo." Twitter, 21 de julio de 2019. https://twitter.com/lopezobrador_/status/1153104838621839361.

———. *Hacia una economía moral*. México: Planeta, 2019.

———. "Mensaje desde La Rumorosa en Tecate, Baja California", 28 de marzo de 2020. https://youtu.be/FbsFkz-gyQU.

———. "Serenidad y paciencia, mejor unámonos en contra de la corrupción. México lo demanda." Facebook, 30 de octubre de 2018. https://www.facebook.com/watch/?v=436037503467188.

"López Obrador firma el 'Plan de Ayala 2.0'." *El Financiero*, 10 de abril de 2018. https://elfinanciero.com.mx/elecciones-2018/lopez-obrador-firma-el-plan-de-ayala-2-0.

López Portillo, Ernesto. "Accounting for the Unaccountable: The Police in Mexico." En *Mexico's Security Failure: Collapse into Criminal Violence*. Editado por Paul Kenny y Mónica Serrano, 107-121. Nueva York: Routledge, 2012.

———. "Feminicidios y bofetada legislativa." *Animal Político*, 25 de febrero de 2020. https://www.animalpolitico.com/ruta-critica/feminicidios-y-bofetada-legislativa/.

López Portillo, Ernesto, coord. *Seguridad pública enfocada en el uso de la fuerza e intervención militar: La evidencia en México 2006-2017*. Programa de Seguridad Ciudadana de la Universidad Iberoamericana, mayo de 2019.

López Portillo, Ernesto y Claudia Rodón. "La prevención de la violencia y la delincuencia en México: Una promesa malograda." En *México 2018: La responsabilidad del porvenir*. Coordinado por Pedro Salazar Ugarte, Arturo Oropeza García y José Antonio Romero Tellaeche. Tomo 1, 399-433. México: Instituto de Investigaciones Jurídicas [UNAM], Instituto para el Desarrollo Industrial y el Crecimiento Económico, El Colegio de México, 2018.

López, Verónica. "Víctimas de inseguridad 73% de socios Coparmex." *Milenio*, 28 de diciembre de 2019. https://www.milenio.com/politica/comunidad/victimas-de-inseguridad-73-de-socios-coparmex.

López-Calva, Luis F., Guillermo Cruces, Samantha Lach y Eduardo Ortiz-Juárez. "Clases medias y vulnerabilidad a la pobreza: Reflexiones desde América Latina." *El Trimestre Económico* 81, núm. 322 (abril-junio de 2014): 281-307.

López-Calva, Luis F. y Carlos Rodríguez-Castelán. "Pro-Growth Equity: A Policy Framework for the Twin Goals." Policy Research Working Paper núm. 7897. Washington D. C.: Banco Mundial, noviembre de 2016.

López-Calva, Luis Felipe. "¿A dónde se fue toda la capacidad productiva?" Programa de las Naciones Unidas para el Desarrollo, 7 de febrero de 2019. https://www.latinamerica.undp.org/content/rblac/es/home/presscenter/director-s-graph-for-thought/where-did-the-productive-capacity-go-.html.

———. "Who Benefits from Growth?: A Look at the Changing Incidence of Economic Growth in Latin America and the Caribbean?" United Nations Development Programme, 22 de noviembre de 2019. https://www.latinamerica.undp.org/content/rblac/en/home/presscenter/director-s-graph-for-thought/who-benefits-from-growth----a-look-at-the-changing-incidence-of-.html.

"Los 8 ejes del Plan Nacional de Paz y Seguridad de AMLO." *El Financiero*, 14 de noviembre de 2018. https://www.elfinanciero.com.mx/nacional/los-8-ejes-del-plan-nacional-de-seguridad-y-paz-de-amlo.

"Los 14 federales son acusados de tentativa de homicidio por ataque en Tres Marías; abogados: están desaparecidos." *SinEmbargo MX*, 9 de noviembre de 2012. https://www.sinembargo.mx/09-11-2012/425066.

"'Los otros datos' de AMLO sobre la fundación de México." *El Financiero*, 27 de mayo de 2019. https://www.elfinanciero.com.mx/nacional/los-otros-datos-de-amlo-sobre-la-fundacion-de-mexico.

Lujambio, Alonso y Horacio Vives Segl. *El poder compartido: Un ensayo sobre la democratización mexicana.* México: Océano, 2000.

Lustig, Nora, ed. *Commitment to Equity Handbook: Estimating the Impact of Fiscal Policy on Inequality and Poverty.* Washington D. C.: Brookings Institution Press, 2018.

Lustig, Nora. *Mexico: The Remaking of an Economy.* 2.ª ed. Washington D. C.: Brookings Institution Press, 1998.

Maddison, Angus. *Growth and Interaction in the World Economy: The Roots of Modernity.* The Henry Wendt Lecture Series. Washington D. C.: AEI Press, 2005.

―――. "The World Economy, 1950-2001." En *The World Economy: Volume 1: A Millennial Perspective and Volume 2: Historical Statistics*, 605-619. París: OECD Publishing, 2006.

Madero, Francisco I. *La sucesión presidencial en 1910* [edición facsimilar, Coahuila, 1908], Vol. 1. México: Miguel Ángel Porrúa, Cámara de Diputados, 2010.

Mandujano Ramos, Nicolás. "Dependencia e inequidad tributaria de los gobiernos estatales en México." *Dimensión Económica* 2, núm. 6 (mayo-agosto de 2011): 20-36.

Marijuana Policy Project. "2020 Marijuana Policy Reform Legislation." https://www.mpp.org/issues/legislation/key-marijuana-policy-reform/.

Martínez, Marco Antonio. "14 veces más caro llevar gasolina en pipas que en ductos: experto." *La Silla Rota*, 15 de enero de 2019. https://lasillarota.com/nacion/14-veces-mas-caro-llevar-gasolina-en-pipas-que-en-ductos-experto-ductos-pemex-huachicoleo-huachicol/266482.

"Matan a 3 mujeres por cobro de piso en tortillería." *INFO7*, 8 de octubre de 2019. https://www.info7.mx/nacional/matan-a-3-mujeres-por-cobro-de-piso-en-tortilleria/2606186.

McCloskey, Deirdre N. *Bourgeois Equality: How Ideas, Not Capital or Institutions, Enriched the World*. Ebook. Chicago: University of Chicago Press, 2016.

McKinsey Global Institute. *Un futuro que funciona: Automatización, empleo y productividad*. Washington D. C.: McKinsey Global Institute, enero de 2017.

Mehmedic, Zlatko, Suman Chandra, Desmond Slade, Heather Denham, Susan Foster, Amit S. Patel, Samir A. Ross, Ikhlas A. Khan y Mahmoud A. ElSohly. "Potency Trends of Δ9-THC and Other Cannabinoids in Confiscated Cannabis Preparations from 1993 to 2008." *Journal of Forensic Sciences* 55, núm. 5 (septiembre de 2010): 1209-1217.

Merino, José, Jessica Zarkin y Eduardo Fierro. "Marcado para morir." *Nexos*, 1 de julio de 2013. https://www.nexos.com.mx/?p=15375.

Merino, Mauricio. "El desafío de la consolidación democrática." En *La transición votada. Crítica a la interpretación del cambio político en México*. Ebook. México: Fondo de Cultura Económica, 2014.

———. *Opacidad y corrupción: las huellas de la captura*. Cuadernos de Transparencia núm. 26. México: Instituto Nacional de Transparencia, Acceso a la Información y Protección de Datos Personales, mayo de 2018.

México ¿Cómo Vamos? *En cifras, ¿cómo vamos? 2019*. México: México ¿Cómo Vamos?, 2019.

———. Semáforo Nacional: Inversión. https://mexicocomovamos.mx/?s=seccion&id=100.

Meyer, Jean. *La Cristiada*. Traducido por Aurelio Garzón del Camino. 9.ª ed. México: Siglo Veintiuno Editores, 1985.

———. *Pro domo mea: "La Cristiada" a la distancia*. México: Siglo Veintiuno Editores, 2004.

Meyer, Lorenzo. "El último decenio: Años de crisis, años de oportunidad." En *Historia mínima de México*, de Daniel Cosío Villegas, Ignacio Bernal, Alejandra Moreno Toscano, Luis González,

Eduardo Blanquel y Lorenzo Meyer. 2.ª ed. Ebook. México: El Colegio de México, 1994.

Mijangos, Pablo. *La Reforma (1848-1861)*. Herramientas para la Historia. Ebook. México: Centro de Investigación y Docencia Económicas, Fondo de Cultura Económica, 2018.

Milanović, Branko. *The Haves and the Have-Nots: A Brief and Idiosyncratic History of Global Inequality*. Nueva York: Basic Books, 2011.

Molinar Horcasitas, Juan. "Regreso a Chihuahua." *Nexos*, 1 de marzo de 1987. https://www.nexos.com.mx/?p=4739.

Monroy, Jorge. "AMLO promete visa y trabajo para migrantes centroamericanos." *El Economista*, 17 de octubre de 2018. https://www. eleconomista.com.mx/politica/AMLO-promete-visa-y-trabajo-para-migrantes-centroamericanos-20181017-0067.html.

———. "Ejército seguirá en tareas de seguridad por decreto." *El Economista*, 11 de mayo de 2020. https://www.eleconomista. com.mx/politica/AMLO-ordena-a-las-Fuerzas-Armadas-auxi liar-a-la-Guardia-Nacional-en-materia-de-seguridad-publica-20200511-0043.html.

Montalvo, Tania L. "Así evolucionó el robo de combustible en México hasta provocar pérdidas millonarias." *Animal Político*, 3 de febrero de 2017. https://www.animalpolitico.com/2017/02/ro bo-combustible-mexico/.

———. "Desaparece la SSP y Genaro García Luna pierde su proyecto en seguridad." *Expansión*, 16 de noviembre de 2012. https://ex pansion.mx/nacional/2012/11/16/desaparece-la-ssp-y-genaro-garcia-luna-pierde-su-proyecto-en-seguridad.

Moreno, Francisco Martín. "Semejanzas entre AMLO y Trump." *El País*, 21 de junio de 2019. https://elpais.com/internacional/2019/06/21/mexico/1561150584_263035.html.

Mosso, Rubén. "'Cazar' a Trauwitz, pide la Fiscalía a la Interpol." *Milenio*, 15 de enero de 2020, https://www.milenio.com/policia/cazar-a-trauwitz-pide-la-fiscalia-a-la-interpol.

———. "Vinculan a proceso a tres militares ligados a Trauwitz." *Milenio*, 13 de junio de 2019. https://www.milenio.com/policia/ca so-leon-trauwitz-proceso-3-militares-delincuencia-organizada.

Moy, Valeria. "Regiones: La otra desigualdad." En ¿Y ahora qué? *México ante el 2018.* Coordinado por Héctor Aguilar Camín, 267-281. México: Debate, 2018.

Moyano Pahissa, Ángela. *México y Estados Unidos: orígenes de una relación, 1819-1961.* México: Secretaría de Educación Pública, 1987.

Mullainathan, Sendhil y Eldar Shafir. "Introduction." En *Scarcity: Why Having Too Little Means so Much.* Ebook. Londres: Penguin Books, 2014.

Mungiu-Pippidi, Alina. "The Road to Denmark: Historical Paths to Corruption Control." En *The Quest for Good Governance: How Societies Develop Control of Corruption,* 57-82. Cambridge: Cambridge University Press, 2015.

Murayama, Ciro. "La captura del Congreso por MORENA." *Nexos,* 1 de julio de 2019. https://www.nexos.com.mx/?p=43100.

Musto, Clara y Gustavo Robaina. "Evolución del consumo de cannabis en Uruguay y mercados regulados." *Monitor Cannabis Uruguay,* 2018. http://monitorcannabis.uy/evolucion-del-consumo-de-cannabis-en-uruguay-y-mercados-regulados/.

Nájar, Alberto. "Por qué es tan fácil para el narco en México hacer negocios con los bancos (y por qué es tan difícil combatirlo)." *BBC News,* 9 de febrero de 2018. https://www.bbc.com/mundo/noticias-america-latina-42998699.

National Conference of State Legislatures. "State Medical Marijuana Laws." https://www.ncsl.org/research/health/state-medical-marijuana-laws.aspx.

National Institute on Drug Abuse. "Drug Facts: Marijuana", diciembre de 2009. https://www.drugabuse.gov/publications/research-reports/marijuana/what-are-marijuanas-long-term-effects-brain.

———. "Overdose Death Rates." CDC Wonder Online Database. Centers for Disease Control and Prevention, National Center for Health Statistics, 2020. https://www.drugabuse.gov/drug-topics/trends-statistics/overdose-death-rates.

———. "What Are Marijuana's Long-Term Effects on the Brain?", 8 de abril de 2020. https://www.drugabuse.gov/publications/

research-reports/marijuana/what-are-marijuanas-long-term-effects-brain.

National Travel and Tourism Office. "International Visitation in the United States", 2019.

Negroponte, John D., James R. Jones, Jeffrey Davidow, Antonio Garza, Carlos Pascual y Earl Anthony Wayne. "Ambassadors: Treat Mexico as a Strategic Partner." *Washington Post*, 13 de febrero de 2017, https://www.washingtonpost.com/news/global-opinions/wp/2017/02/13/ambassadors-treat-mexico-as-a-strategic-partner/.

Nelson, Richard R. "Economic Development from the Perspective of Evolutionary Economic Theory." *Oxford Development Studies* 36, núm. 1 (marzo de 2008): 9-21.

——. *Technology, Institutions, and Economic Growth*. Cambridge: Harvard University Press, 2005.

Nelson, Richard R. y Sidney G. Winter. *An Evolutionary Theory of Economic Change*. Cambridge: The Belknap Press of Harvard University Press, 1982.

Newton, Isaac. Carta a Robert Hooke, 5 de febrero de 1675.

Nöel, Wm. y Judy Wang. *Is Cannabis a Gateway Drug? Key Findings and Literature Review*. Washington D. C.: National Institute of Justice, noviembre de 2018.

"Normalistas cumplen dos meses desaparecidos: cronología del caso Ayotzinapa." *Animal Político*, 26 de noviembre de 2014. https://www.animalpolitico.com/2014/11/cronologia-el-dia-dia-del-caso-ayotzinapa/.

O'Donnell, Guillermo, Philippe C. Schmitter y Laurence Whitehead, eds. *Transitions from Authoritarian Rule: Comparative Perspectives*. Baltimore: The Johns Hopkins University Press, 1986.

Oficina de las Naciones Unidas contra la Droga y el Delito. *Convención de las Naciones Unidas contra la Delincuencia Organizada Transnacional y sus Protocolos*. Viena: Organización de las Naciones Unidas, 2004.

Oficina de las Naciones Unidas contra la Droga y el Delito y Sistema Integrado de Monitoreo de Cultivos Ilícitos. *Monitoreo de territorios afectados por cultivos ilícitos 2018*. Bogotá: Oficina de las Naciones

Unidas contra la Droga y el Delito, Sistema Integrado de Monitoreo de Cultivos Ilícitos, agosto de 2019.

O'Gorman, Edmundo. *La supervivencia política novohispana: Reflexiones sobre el monarquismo mexicano*. Pequeños Grandes Ensayos. Ebook. México: Coordinación de Difusión Cultural [UNAM], 2018.

Olveda, Jaime. "Proyectos de colonización en la primera mitad del siglo XIX." *Relaciones. Estudios de Historia y Sociedad* 11, núm. 42 (1990): 23-47.

Omaña, Xavier. "Asesinan a dueño de papelería por no pagar 'derecho de piso', en Morelos." *El Gráfico*, 12 de febrero de 2019. https://www.elgrafico.mx/la-roja/asesinan-dueno-de-papeleria-por-no-pagar-derecho-de-piso-en-morelos.

"Operación Safiro." Mexicanos contra la Corrupción y la Impunidad, 21 de noviembre de 2018. https://contralacorrupcion.mx/operacionsafiro/.

Organización Internacional del Trabajo. *Informe mundial sobre salarios 2018-2019: ¿Qué hay detrás de la brecha salarial de género?* Ginebra: Organización Internacional del Trabajo, 2019.

Organización Mundial de la Salud. "Tabaco." https://www.who.int/es/news-room/fact-sheets/detail/tobacco.

Organización para la Cooperación y el Desarrollo Económicos. *Divided We Stand: Why Inequality Keeps Rising*. París: OECD Publishing, 2011.

———. "Gender Wage Gap", Earnings and wages, 2018. https://data.oecd.org/earnwage/gender-wage-gap.htm.

———. *The Role and Design of Net Wealth Taxes in the OECD*. París: OECD Publishing, 2018.

Ortiz, Alexis. "Por negar aumento de violencia de género, mujeres envían carta a AMLO." *El Universal*, 12 de mayo de 2020. https://www.eluniversal.com.mx/nacion/politica/por-negar-aumento-de-violencia-de-genero-mujeres-envian-carta-amlo.

Ortiz Mena, Antonio. *El desarrollo estabilizador: reflexiones sobre una época*. Serie Hacienda. México: El Colegio de México, Fideicomiso Historia de las Américas, Fondo de Cultura Económica, 1998.

Osorio, Javier. "The Contagion of Drug Violence: Spatiotemporal Dynamics of the Mexican War on Drugs." *Journal of Conflict Resolution* 59, núm. 8 (diciembre de 2015): 1403-1432.

Oxfam Internacional. *¿Bienestar público o beneficio privado?* Oxford: Oxfam Internacional, enero de 2019.

Padilla, Alejandra. "Tomas clandestinas disminuyeron en 11% durante 2019." *Serendipia*, 25 de febrero de 2020. https://serendipia. digital/2020/02/tomas-clandestinas-disminuyeron-11-por-cien to-durante-2019/.

Padilla, Jesús. "Muere autor de ataque a Consulado en NL." *Reporte Índigo*, 8 de septiembre de 2015. https://www.reporteindigo. com/reporte/muere-autor-de-ataque-consulado-en-nl/.

Padilla, Lizbeth. "La Gendarmería no ayuda a disminuir los delitos, sus operativos son deficientes: ASF." *Animal Político*, 20 de febrero de 2017. https://www.animalpolitico.com/2017/02/gendarme ria-auditoria-operativos/.

Pani, Érika. *El Segundo Imperio: Pasados de usos múltiples*. Herramientas para la Historia. Ebook. México: Centro de Investigación y Docencia Económicas, Fondo de Cultura Económica, 2018.

Parametría. "Encuesta Carlos Salinas de Gortari." Parametría, 15 de noviembre de 2013.

Páramo, Arturo. "En Campamento de Lindavista, hay damnificados desde 1985." *Excélsior*, 21 de octubre de 2017. https://www.excel sior.com.mx/comunidad/2017/10/21/1196215.

―――. "Sismo 85: definen cifra de muertes." *Excélsior*, 17 de septiembre de 2015. https://www.excelsior.com.mx/comunidad/ 2015/09/17/1046211.

Passel, Jeffrey S., D'vera Cohn y John Gramlich. "Number of U.S.-Born Babies with Unauthorized Immigrant Parents Has Fallen Since 2007." Pew Research Center, 1 de noviembre de 2018. https://www.pewresearch.org/fact-tank/2018/11/01/the-num ber-of-u-s-born-babies-with-unauthorized-immigrant-parents- has-fallen-since-2007/.

Pedersen, Mikkel W., Anthony Ruter, Charles Schweger, Harvey Friebe, Richard A. Staff, Kristian K. Kjeldsen, Marie L. Z.

Mendoza *et al.* "Postglacial Viability and Colonization in North America's Ice-Free Corridor." *Nature* 537, núm. 7618 (septiembre de 2016): 45-49.

"Pemex evita desfalco por 2,500 mdp, dice AMLO; investigan a militar por presunto robo de combustible." *Animal Político*, 8 de enero de 2019. https://www.animalpolitico.com/2019/01/pemex-baja-robo-combustible-pipas/.

"Peña vs AMLO: Los primeros 100 días de estos presidentes." *Nación321*, 16 de marzo de 2019. https://www.nacion321.com/gobierno/pena-vs-amlo-asi-fueron-los-primeros-100-dias-de-estos-presidentes.

Pérez Correa, Catalina y Andrés Ruiz. "A ras de tierra: Marihuana y pesticidas." *Nexos*, 1 de julio de 2018. https://www.nexos.com.mx/?p=38377.

Pérez, Maritza. "Soldados, 43% de las bajas en la lucha contra el narco." *El Economista*, 26 de enero de 2020. https://www.eleconomista.com.mx/politica/Soldados-43-de-las-bajas-en-la-lucha-contra-el-narco-20200126-0076.html.

Pérez Morales, Vania, Doria del Mar Vélez Salas, Francisco Javier Rivas Rodríguez y Manuel Alejandro Vélez Salas. "Evolución de la extorsión en México: un análisis estadístico regional (2012-2013)." *Revista Mexicana de Opinión Pública*, núm. 18 (enero-junio de 2015): 113-135.

Pérez Salazar, Juan Carlos. "Así es Miguel Ángel Treviño, el capturado líder de Los Zetas." *BBC News*, 16 de julio de 2013. https://www.bbc.com/mundo/noticias/2012/10/121010_mexico_nuevo_lider_zetas_miguel_angel_trevino.

Piketty, Thomas. *Capital in the Twenty-First Century*. Traducido por Arthur Goldhammer. Cambridge: Harvard University Press, 2014.

Piqueras, José. "Excomulgados del universo: Legitimismo y revolución en la Independencia de México." En *Independencia y Revolución: pasado, presente y futuro*. Coordinado por Gustavo Leyva, Brian Connaughton, Rodrigo Díaz, Néstor García Canclini y Carlos Illades, 65-107. Sección Obras de Historia. México: Universidad Autónoma Metropolitana, Fondo de Cultura Económica, 2010.

Plaskin, Glenn. "The 1990 Playboy Interview With Donald Trump." *Playboy*, 1 de marzo de 1990. https://www.playboy.com/read/play boy-interview-donald-trump-1990.

Pliego, Roberto. "El Chapo Guzmán: Una vida breve." *Nexos*, 1 de marzo de 2001. https://www.nexos.com.mx/?p=9921.

Pope, Jeremy. *TI Source Book 2000: Confronting Corruption: The Elements of a National Integrity System*. Berlín: Transparency International, 2000.

"Por qué policías y militares no dispersaron a la multitud que robaba combustible en Tlahuelilpan." *El Universal* y *BBC News*, 21 de enero de 2019. https://www.eluniversal.com.mx/nacion/ politica/por-que-policias-y-militares-no-dispersaron-la-multi tud-que-robaba-combustible-en.

Porter, Eduardo. *American Poison: How Racial Hostility Destroyed Our Promise*. Ebook. Nueva York: Alfred A. Knopf, 2020.

Presidencia de la República. "Conferencia de prensa del presidente Andrés Manuel López Obrador, 27 de diciembre de 2018." https:// www.gob.mx/presidencia/prensa/conferencia-de-prensa-del-pre sidente-andres-manuel-lopez-obrador-27-de-diciembre-2018.

————. "Versión estenográfica de la conferencia de prensa matutina | Lunes 18 de noviembre, 2019." https://www.gob.mx/presiden cia/articulos/version-estenografica-de-la-conferencia-de-pren sa-matutina-lunes-18-de-noviembre-2019.

————. "Versión estenográfica de la conferencia de prensa matutina | Jueves 30 de enero, 2020." https://www.gob.mx/presidencia/ar ticulos/version-estenografica-de-la-conferencia-de-prensa-ma tutina-jueves-30-de-enero-2020?idiom=es.

Preston, Julia y Sam Dillon. "Chihuahua, 1986". En *El despertar de México: Episodios de una búsqueda de la democracia*. México: Océano, 2004.

Pritchett, Lant y Michael Woolcock. "Solutions When *the* Solution is the Problem: Arraying the Disarray in Development." *World Development* 32, núm. 2 (febrero de 2004): 191-212.

Privatización Ex Post: La decisión del Presidente (documental). México: Centro de Estudios Espinosa Yglesias, 2011. YouTube: https://www.youtube.com/watch?v=LrSBuaPbfnE&feature=youtu.be.

Programa de las Naciones Unidas para el Desarrollo. *Informe regional de desarrollo humano 2013-2014: Seguridad ciudadana con rostro humano: diagnóstico y propuestas para América Latina.* Nueva York: Organización de las Naciones Unidas, 2013.

"Programa para la Seguridad Nacional 2009-2012." *Diario Oficial de la Federación*, 20 de agosto de 2009. http://dof.gob.mx/nota_de talle.php?codigo=5106082&fecha=20/08/2009.

"Promete AMLO regresar al Ejército a sus cuarteles en 6 meses." *Animal Político*, 6 de febrero de 2012. https://www.animalpolitico.com/2012/02/promete-amlo-regresar-al-ejercito-a-sus-cuarteles-en-6-meses/.

ProMéxico. "Electrodomésticos: Perfil del sector, mapa de clúster, información estatal y casos de éxito", 14 de febrero de 2016. http://www.gob.mx/promexico/acciones-y-programas/electro domesticos.

"Qué es la Guardia Nacional, el polémico cuerpo militar de élite con el que AMLO pretende combatir la violencia en México." *BBC News*, 17 de enero de 2019, https://www.bbc.com/mundo/noti cias-america-latina-46905995.

Raphael, Ricardo. *Mirreynato: La otra desigualdad.* Ebook. México: Temas de Hoy, 2014.

Ratz, Konrad. *Correspondencia inédita entre Maximiliano y Carlota.* Sección Obras de Historia. México: Fondo de Cultura Económica, 2004.

Ray, Debraj. "Aspirations and the Development Treadmill." *Journal of Human Development and Capabilities* 17, núm. 3 (agosto de 2016): 309-323.

Ray, Debraj y Joan-Maria Esteban. "On the Measurement of Polarization." *Econometrica* 62, núm. 4 (julio de 1994): 819-851.

"Repudian ataque a familia de marino." *El Siglo de Torreón*, 23 de diciembre de 2009, https://www.elsiglodetorreon.com.mx/noti cia/487844.repudian-ataque-a-familia-de-marino.html.

Reza, Abraham *et al.* "A un día de la explosión en Tlahuelilpan hay 73 muertos y 74 heridos." *Milenio*, 19 de enero de 2019. https://www.milenio.com/politica/gobernador-hidalgo-confir ma-66-muertos-76-heridos-explosion.

Richard Nixon Foundation. "President Nixon Declares Drug Abuse 'Public Enemy Number One'." YouTube: https://youtu.be/y8T GLLQlD9M.

Riding, Alan. *Distant Neighbors: A Portrait of the Mexicans.* Ebook. Nueva York: Vintage Books, 2000.

Riguzzi, Paolo y Patricia de los Ríos. *Las relaciones México-Estados Unidos 1756-2010, vol. 2: ¿Destino no manifiesto? 1867-2010.* México: Instituto de Investigaciones Históricas [UNAM], 2012.

Rincón, Emmanuel. "Se eleva a 137 la cifra de muertos por explosión en Tlahuelilpan." *Excélsior*, 8 de mayo de 2019. https:// www.excelsior.com.mx/nacional/se-eleva-a-137-la-cifra-de-muertos-por-explosion-en-tlahuelilpan/1311950.

Rivera, Carolina. "Zavala, 'El Bronco' y Ríos Piter falsificaron firmas: Tribunal Electoral." *Milenio*, 5 de julio de 2018. https:// www.milenio.com/politica/zavala-bronco-rios-piter-falsifica ron-firmas-tribunal-electoral.

Roa Bárcena, José María. *Recuerdos de la invasión norte-americana 1846-1848 por un joven de entonces.* México: Librería Madrileña de Juan Buxó y Ca., 1883.

Rodríguez Araujo, Octavio. "Metamorfosis del régimen político mexicano, ¿irreversible?" En *México: ¿un nuevo régimen político?* Coordinado por Octavio Rodríguez Araujo, 253-294. Sociología y Política. México: Siglo Veintiuno Editores, 2009.

Rodríguez Doval, Fernando, y Alejandro Poiré. "Reelección y proporcionalidad: Un triunfo cultural y un debate permanente." En *Constructor de instituciones: La obra de Alonso Lujambio comentada por sus críticos.* Coordinado por Horacio Vives Segl. México: Instituto Tecnológico Autónomo de México, El Colegio de México, Instituto Nacional Electoral, MAPorrúa, 2014.

Rodríguez García, Arturo. "Compara Calderón a criminales con 'cucarachas'." *Proceso*, 14 de diciembre de 2011. https://www.pro

ceso.com.mx/291301/compara-calderon-a-criminales-con-cu
carachas.

Rodríguez Prats, Juan José. "Mi testimonio (1/2)." *Excélsior*, 12 de diciembre de 2019. https://www.excelsior.com.mx/opinion/juan-jose-rodriguez-prats/mi-testimonio-12/1352771.

Rodríguez-Castelán, Carlos, Luis F. López-Calva, Nora Lustig y Daniel Valderrama. "Understanding the Dynamics of Labor Income Inequality in Latin America." Policy Research Working Paper núm. 7795. Washington D. C.: Banco Mundial, agosto de 2016.

Roel, Santiago. "Semáforo de cifra negra." *Semáforo Delictivo*, 13 de marzo de 2015, https://www.semaforo.mx/articulo/semaforo-de-cifra-negra-0.

Roitman Rosenmann, Marcos. *Tiempos de oscuridad: Historia de los golpes de Estado en América Latina*. Madrid: Akal, 2013.

Romo, Daniel. "El campo petrolero Cantarell y la economía mexicana." *Problemas del Desarrollo. Revista Latinoamericana de Economía* 46, núm. 183 (octubre-diciembre de 2015): 141-164.

Ros, Jaime. *¿Cómo salir de la trampa del lento crecimiento y alta desigualdad?* Grandes Problemas. Ebook. México: El Colegio de México, Universidad Nacional Autónoma de México, 2015.

Rose-Ackerman, Susan, ed. *International Handbook on the Economics of corruption*. Cheltenham: Edward Elgar Publishing, 2006.

Rose-Ackerman, Susan y Bonnie J. Palifka. *Corruption and Government: Causes, Consequences, and Reform*. 2.ª ed. Nueva York: Cambridge University Press, 2016.

Rubio, Luis. "Pandemia." *Reforma*, 1 de marzo de 2020. https://www.reforma.com/aplicacioneslibre/preacceso/articulo/default.aspx?__rval=1&urlredirect=https://www.reforma.com/pandemia-2020-03-01/op175260?referer=--7d616165662f3a3a6262623b727a7a7279703b767a783a--.

―――. "Privatización: Falsa disyuntiva." *Nexos*, 1 de junio de 1999. https://www.nexos.com.mx/?p=9287.

Sachs, Jeffrey D. "Government, Geography, and Growth: The True Drivers of Economic Development." *Foreign Affairs*, septiembre-

octubre de 2012. https://www.foreignaffairs.com/reviews/re
view-essay/2012-08-16/government-geography-and-growth.

Salazar, Pedro. "Adenda. Desde la incomprensión de la transición
hasta la transición incomprendida: algunas lecturas del cambio
político en México." En *La mecánica del cambio político en México:
Elecciones, partidos y reformas*, de Ricardo Becerra, Pedro Salazar y
José Woldenberg. 2.ª ed., 549-580. México: Cal y Arena, 2000.

Sánchez Valdés, Víctor Manuel. "La geografía de las autodefensas."
Animal Político, 28 de enero de 2014. https://www.animalpolitico.
com/el-blog-de-causa-en-comun/la-geografia-de-las-autode
fensas/.

Sandoval Olascoaga, Sebastián. "The Distribution of Top Incomes
in Mexico: How Rich Are the Richest?" Tesis de maestría, Paris
School of Economics, 2015.

Sansó-Rubert, Daniel. "Nuevas tendencias de organización criminal
y movilidad geográfica. Aproximación geopolítica en clave de inteligencia criminal." *Revista UNISCI*, núm. 41 (mayo de 2016):
181-203.

Sartori, Giovanni. *La democracia en treinta lecciones*. Traducido por Alejandro Pradera. México: Taurus, 2009.

―――. *Partidos y sistemas de partidos: Marco para un análisis*. Traducido
por Fernando Santos Fontenla. 2.ª ed. Madrid: Alianza Editorial,
2005.

"Saving Mexico", *Time Magazine*, 24 de febrero de 2014. http://con
tent.time.com/time/covers/pacific/0,16641,20140224,00.html.

Schedler, Andreas. "Mexico's Victory: The Democratic Revelation."
Journal of Democracy 11, núm. 4 (octubre de 2000): 5-19.

Schwab, Klaus. *The Global Competitiveness Report 2017-2018*. Ginebra: Foro Económico Mundial, 2018.

Scicchitano, Eric. "DEA: Fentanyl a deadly force in opioid crisis."
The Daily Item, 10 de julio de 2017. https://www.dailyitem.
com/news/dea-fentanyl-a-deadly-force-in-opioid-crisis/article_
dfc883cf-ceef-5e46-b50e-aaca1585f7f8.html.

"Se llaman Los Zetas y aquí están." *Proceso*, 27 de mayo de 2007.
https://www.proceso.com.mx/93121/93121-se-llaman-los-zetas-
y-aqui-estan.

Seba, Tony. *Disrupción limpia de la energía y el transporte. Cómo Silicon Valley hará obsoletos al petróleo, gas natural, carbón, energía nuclear, empresas eléctricas y vehículos convencionales para el año 2030.* Silicon Valley: Clean Planet Ventures, 2014.

————. *Tony Seba* (blog). https://tonyseba.com/.

Secades-Villa, Roberto, Olaya García-Rodríguez, Chelsea J. Jin, Shuai Wang y Carlos Blanco. "Probability and Predictors of the Cannabis Gateway Effect: A National Study." *The International Journal on Drug Policy* 26, núm. 2 (febrero de 2015): 135-142.

Secretaría de Economía. "Información Estadística y Arancelaria." http://www.2006-2012.economia.gob.mx/comunidad-nego cios/comercio-exterior/informacion-estadistica-y-arancelaria.

Secretaría de la Defensa Nacional. "La invasión norteamericana." http://www.gob.mx/sedena/documentos/la-invasion-nortea mericana.

Secretariado Ejecutivo del Sistema Nacional de Seguridad Pública, Unidades robadas 2015-2020, 20 de mayo de 2020.

Selee, Andrew D. *Vanishing Frontiers: The Forces Driving Mexico and the United States Together.* Ebook. Nueva York: Public Affairs, 2018.

Sen, Amartya. *Desarrollo y libertad.* Traducido por Esther Rabasco y Luis Toharia. Barcelona: Planeta, 2000.

Serna, Enrique. *El seductor de la patria.* México: Joaquín Mortiz, 2003.

Shear, Michael D. "Trump dice que México rembolsará el costo del muro, aunque primero lo paguen los estadounidenses." *The New York Times*, 6 de enero de 2017. https://www.nytimes.com/ es/2017/01/06/espanol/trump-dice-que-mexico-rembolsara-el-costo-del-muro-aunque-primero-lo-paguen-los-estadouni denses.html.

Sígler, Édgar. "El gobierno pone el pie a las renovables y abre la vía para más generación sucia." *Expansión*, 5 de mayo de 2020. https://expansion.mx/empresas/2020/05/05/el-gobierno-pone-el-pie-a-las-renovables-y-abre-la-via-para-mas-generacion-sucia.

Silva-Herzog Márquez, Jesús. "Exigencia a las alternativas." *Reforma*, 8 de junio de 2020. https://www.reforma.com/exigencia-a-las-alternativas-2020-06-08/op181642.

Sistema Nacional Anticorrupción. "Aprueba el Comité Coordinador del SNA que los formatos de declaración patrimonial a nivel federal entren en vigor a partir del 1 de enero de 2020, y en estados y municipios a partir de mayo de 2021." *SNA Informa* (blog), 11 de diciembre de 2019. https://www.sesna.gob.mx/2019/12/11/aprueba-el-comite-coordinador-del-sna-que-los-formatos-de-declaracion-patrimonial-a-nivel-federal-entren-en-vigor-a-par tir-del-1-de-enero-de-2020-y-en-estados-y-municipios-a-partir-de-mayo-de-2021/.

"Sistema Nacional Anticorrupción (SNA)", Secretaría de la Función Pública, Acciones y Programas, 30 de noviembre de 2018. https://www.gob.mx/sfp/acciones-y-programas/sistema-nacio nal-anticorrupcion-64289.

"Smart es ya la primera marca europea que vende solo modelos eléctricos." *elDiario.es*, 30 de diciembre de 2019. https://www.el diario.es/motor/sector_y_mercado/Smart-primera-europea-mo delos-electricos_0_979552221.html.

Soberanes Fernández, José Luis. "La abolición de la esclavitud en México." Repositorio Institucional de la Universidad Panamericana, 2015.

"Solidaridad - Videoclip Original." YouTube: https://www.youtube.com/watch?v=hCbnnewabpE.

Solís, Leopoldo. *La realidad económica mexicana: retrovisión y perspectivas.* 13.ª ed. México: Siglo Veintiuno Editores, 1984.

Sosa, Roberto. "Ejecutan a padre e hijo por negarse a pagar derecho de piso." *Diario de Xalapa*, 13 de febrero de 2019. https://www.diariodexalapa.com.mx/policiaca/ejecutan-a-padre-e-hijo-co munidad-mapachapa-minatitlan-derecho-de-piso-3051722.html.

"Spot Labastida Fox 2000." YouTube: https://www.youtube.com/watch?v=qpQK6Hgs9tk.

Stanford Research into the Impact of Tobacco Advertising (SRITA) website, 2007. tobacco.stanford.edu.

Steil, Benn, David G. Victor y Richard R. Nelson, eds. *Technological Innovation and Economic Performance.* Princeton: Princeton University Press, 2002.

Stiglitz, Joseph E. "Lecciones de los antiglobalización." *El País*, 12 de mayo de 2017. https://elpais.com/economia/2017/05/11/actuali dad/1494512712_532788.html.

———. *The Price of Inequality*. Ebook. Nueva York: W. W. Norton & Company, 2013.

Suárez-Vélez, Jorge. "Toca poner el alto." *Reforma*, 6 de febrero de 2020. https://www.reforma.com/toca-poner-el-alto-2020-02-06/op173656.

Subramanian, Arvind. "Which Nations Failed?" *The American Interest*, 30 de octubre de 2012. https://www.the-american-interest. com/2012/10/30/which-nations-failed/.

Szalavitz, Maia. *Unbroken Brain: A Revolutionary New Way of Understanding Addiction*. Ebook. Nueva York: St. Martin's Press, 2016.

Tellaeche Romero, José Antonio y Gaspar Núñez. "La economía mexicana: pasado, presente y la necesidad de un cambio estructural." En *México 2018: La responsabilidad del porvenir*. Coordinado por Pedro Salazar Ugarte, Arturo Oropeza García y José Antonio Romero Tellaeche. Tomo 1, 47-76. México: Instituto de Investigaciones Jurídicas [UNAM], Instituto para el Desarrollo Industrial y el Crecimiento Económico, El Colegio de México, 2018.

Tello, Carlos. *Estado y desarrollo económico: México 1920-2006*. 2.ª ed. México: Facultad de Economía [UNAM], 2010.

Tenorio Trillo, Mauricio y Aurora Gómez Galvarriato. *El Porfiriato*. Herramientas para la Historia. Ebook. México: Centro de Investigación y Docencia Económicas, Fondo de Cultura Económica, 2018.

———. "Introducción". En *El Porfiriato*. Herramientas para la Historia. Ebook. México: Centro de Investigación y Docencia Económicas, Fondo de Cultura Económica, 2018.

Tequianes, Édgar. "La gente jugaba, reía y se mojaba con gasolina antes de la explosión." *El Universal*, 18 de enero de 2019. https://www.eluniversal.com.mx/estados/la-gente-jugaba-reia-y-se-mojaba-con-gasolina-antes-de-la-explosion.

Terrazas, Marcela y Gerardo Gurza Lavalle. *Las relaciones México-Estados Unidos: 1756-2010, vol. 1: Imperios, repúblicas y pueblos en pug-*

na por el territorio 1756-1867. México: Instituto de Investigaciones Históricas [UNAM], 2012.

The National Academies of Sciences, Engineering, and Medicine, *The Health Effects of Cannabis and Cannabinoids.* Washington D. C.: The National Academies Press, 2017.

Thompson, Ginger. "Anatomía de una masacre." *ProPublica,* 12 de junio de 2017. https://www.propublica.org/article/allende-zetas-cartel-masacre-y-la-dea.

Torre, Wilbert. "Los militares deben volver a los cuarteles: Peña Nieto en EU." *Expansión,* 14 de noviembre de 2011. https://expansion.mx/nacional/2011/11/14/pena-nieto-defiende-en-estados-unidos-la-renovacion-del-pri.

Transparency International. *Corruption Perceptions Index 2019.* Berlín: Transparency International, 2020.

"Tras la manipulación, Milenio pide disculpas y echa a GEA/ISA." *Proceso,* 3 de julio de 2012. https://www.proceso.com.mx/313063/tras-la-manipulacion-milenio-pide-disculpas-y-echa-a-geaisa.

Trump, Donald J. "90% of the Drugs coming into the United States come through Mexico & our Southern Border. 80 000 People Died Last Year, 1 000 000 people ruined. This Has Gone on for Many Years & nothing has been done about it. We have a 100 Billion Dollar Trade Deficit with Mexico. It's time!" Twitter, 31 de mayo de 2019. https://twitter.com/realdonaldtrump/status/1134469934816346113.

———. "On June 10th, the United States will impose a 5% Tariff on all goods coming into our Country from Mexico, until such time as illegal migrants coming through Mexico, and into our Country, STOP. The Tariff will gradually increase until the Illegal Immigration problem is remedied..." Twitter, 30 de mayo de 2019. https://twitter.com/realDonaldTrump/status/1134240653926232064.

———. "....Remember, NAFTA was one of the WORST Trade Deals ever made. The U.S. lost thousands of businesses and millions of jobs. We were far better off before NAFTA - should never have been signed. Even the Vat Tax was not accounted for. We make new deal or go back to pre-NAFTA!" Twitter, 1 de septiembre de 2018. https://twitter.com/realDonaldTrump/status/1035908242277376001.

———. "The U.S. has a 60 billion dollar trade deficit with Mexico. It has been a one-sided deal from the beginning of NAFTA with massive numbers..." Twitter, 26 de enero de 2017. https://twitter.com/realDonaldTrump/status/824615820391305216.

———. "When Will the U.S. Stop Sending $'s to Our Enemies, i.e. Mexico and Others." Twitter, 10 de julio de 2014. https://twitter.com/realDonaldTrump/status/487316463204986880.

"Trump: NAFTA Is the Worst Trade Deal Made by Any Country." *Fox Business*, 20 de marzo de 2017. http://video.foxbusiness.com/v/5366424599001/.

Ugalde, Luis Carlos. "¿Por qué más democracia significa más corrupción?" *Nexos*, 1 de febrero de 2015. https://www.nexos.com.mx/?p=24049.

———. "Votos comprados: La corrupción electoral." En *¿Y ahora qué? México ante el 2018*. Coordinado por Héctor Aguilar Camín, 117-130. México: Debate, 2018.

Ulloa, Berta. *La Revolución intervenida: Relaciones diplomáticas entre México y Estados Unidos, 1910-1914*. México: El Colegio de México, 1971.

United Nations Department of Economic and Social Affairs. "Post-War Reconstruction and Development in the Golden Age of Capitalism." En *World Economic and Social Survey 2017: Reflecting on Seventy Years of Development Policy Analysis*, 23-48. Nueva York: Organización de las Naciones Unidas, 2017.

United Nations Office on Drugs and Crime. *Global Study on Homicide 2019*. Viena: Organización de las Naciones Unidas, 2019.

———. "Heroin and Cocaine Prices in Europe and USA." https://dataunodc.un.org/drugs/heroin_and_cocaine_prices_in_eu_and_usa.

———. *World Drug Report 2012*. Viena: Organización de las Naciones Unidas, 2012.

————. *World Drug Report 2017: The Drug Problem and Organized Crime, Illicit Financial Flows, Corruption and Terrorism.* Viena: Organización de las Naciones Unidas, 2017.

————. *World Drug Report 2018.* Viena: Organización de las Naciones Unidas, 2018.

————. *World Drug Report 2019: 3. Depressants.* Viena, Organización de las Naciones Unidas, 2019.

————. *World Drug Report 2019: 4. Stimulants.* Viena: Organización de las Naciones Unidas, 2019.

————. *World Drug Report 2019: 5. Cannabis and Hallucinogens.* Viena: Organización de las Naciones Unidas, 2019.

United States General Accounting Office. "Prescription Drugs: OxyContin Abuse and Diversion and Efforts to Address the Problem." Report to Congressional Requesters, 23 de diciembre de 2003.

United States International Trade Commission, *Review of Trade and Investment Measures by Mexico and Prospects for Future United States-Mexican Relations.* Washington D. C.: United States International Trade Comission, 1990.

United States President's Commission on Income Maintenance Programs. *Poverty Amid Plenty: The American Paradox: The Report of the President's Commission on Income Maintenance Programs.* Washington D. C.: Government Printing Office, noviembre de 1969.

Ureste, Manu. "El paso a paso en Tlahuelilpan: Pemex cerró ducto 4 horas después de que se detectó la toma." *Animal Político*, 21 de enero de 2019. https://www.animalpolitico.com/2019/01/crono logia-tlahuelilpan-victimas-pemex-toma/.

"Urge Astudillo aprobación del Mando Único y la Ley de Seguridad Interior." *Quadratín Guerrero.* Acapulco, 4 de mayo de 2017. You Tube: https://www.youtube.com/watch?v=gVM_F_hvdTM.

Urzúa, Carlos M. "La Cuatroté y el Consenso de Washington." *El Universal*, 28 de octubre de 2019. https://www.eluniversal.com. mx/opinion/carlos-m-urzua/la-cuatrote-y-el-consenso-de-was hington.

U.S. Bureau of Labor Statistics y Federal Reserve Bank of St. Louis. "All Employees, Manufacturing", 2019.

————. "All Employees, Manufacturing/All Employees, Total Nonfarm", 2019.

————. "Unemployment Rate", 2019.

U.S. Census Bureau. "Exports, Imports and Trade Balance." Foreign Trade Data, 2019.

————. "The Hispanic Population in the United States: 2019." Current Population Survey, 2019.

————. "Top Trading Partners." Foreign Trade Data, 2019.

————. "Trade in Goods with Mexico." Foreign Trade Data, 2019.

————. "State and Top Countries." Foreign Trade Data, 2019.

U.S. Customs and Border Protection. "CBP Enforcement Statistics Fiscal Year 2020." https://www.cbp.gov/newsroom/stats/cbp-enforcement-statistics.

————. "U.S. Border Patrol Nationwide Apprehensions by Citizenship and Sector (FY2007 - FY 2019)." Stats and Summaries, 2020.

Valencia Villa, Alejandro, Ángela María Buitrago, Carlos Martín Beristain, Claudia Paz y Paz Baile y Francisco Cox Vial. *Informe Ayotiznapa II*. México: Grupo Interdisciplinario de Expertos Independientes, 2016.

Valgañón, Amaranta V. "Nosotras tenemos otros datos: Presupuestos, políticas de austeridad y sus consecuencias sobre la vida de las mujeres." *Animal Político*, 14 de mayo de 2020. https://www.animalpolitico.com/blog-invitado/nosotras-tenemos-otros-datos-presupuestos-politicas-de-austeridad-y-sus-consecuencias-sobre-la-vida-de-las-mujeres/.

Van Parijs, Philippe y Yannick Vanderborght. *Basic Income: A Radical Proposal for a Free Society and a Sane Economy*. Cambridge: Harvard University Press, 2017.

"Vargas Llosa: 'México es la dictadura perfecta'." *El País*, 31 de agosto de 1990. https://elpais.com/diario/1990/09/01/cultura/652140001_850215.html.

Vázquez, Josefina Z. y Lorenzo Meyer. *México frente a Estados Unidos: Un ensayo histórico, 1776-1980*. Colección México-Estados Unidos. Ebook. México: El Colegio de México, 1982.

————. "Los primeros tropiezos." En *Historia general de México*, de Ignacio Bernal *et al.*, 525-582. México: El Colegio de México, 2000.

————. *México y el expansionismo norteamericano*. Ebook. México: El Colegio de México, 2010.

————, coord. *México al tiempo de su guerra con Estados Unidos (1846-1848)*. 2.ª ed. Sección Obras de Historia. Ebook. México: Secretaría de Relaciones Exteriores, El Colegio de México, Fondo de Cultura Económica, 1998.

Vázquez Ramírez, Reynaldo Amadeo. "Juárez: de Ministro de la Suprema Corte de Justicia a Presidente de la República." *Alegatos*, núm. 91 (2015): 525-536.

Vedantam, Shankar. Episodio 65: "Tunnel Vision." *The Hidden Brain Podcast*. National Public Radio (NPR), 20 de marzo de 2017. https://www.npr.org/2017/03/20/520587241/the-scarcity-trap-why-we-keep-digging-when-were-stuck-in-a-hole.

Villagra, Soledad. *Evaluación del Sistema Nacional de Integridad: Paraguay 2011/12*. Berlín: Transparency International, 2012.

Villalobos, Joaquín. "Bandidos, Estado y ciudadanía." *Nexos*, 1 de enero de 2005. https://www.nexos.com.mx/?p=23788.

Villalpando, Rubén y Misael Habana. "Asesinan de 50 tiros a alto mando de agentes municipales de Ciudad Juárez." *La Jornada*, 11 de mayo de 2008. https://www.jornada.com.mx/2008/05/11/index.php?section=politica&article=007n2pol.

Villegas, Paulina y Kirk Semple. "Death Toll in Mexico Blast Rises to 79; Leader Vows to Intensify Crackdown on Fuel Theft." *The New York Times*, 19 de enero de 2019. https://www.nytimes.com/2019/01/19/world/americas/hidalgo-explosion-mexico-pipeline.html.

"Vivir bajo el acecho de extorsionadores." *Reforma*, 29 de junio de 2019. https://www.reforma.com/vivir-bajo-el-acecho-de-extorsionadores/ar1711562.

Volvo. "Taking the Lead: Embracing a Cleaner Mobility. The Future Is Electric." https://group.volvocars.com:443/company/innovation/electrification.

Von Hayek, Friedrich A. *Law, Legislation and Liberty: A New Statement of the Liberal Principles of Justice and Political Economy*. Abingdon: Routledge, 1982.

———. *The Road to Serfdom: Text and Documents*. Editado por Bruce Caldwell. Chicago: University of Chicago Press, 2007.

Weber, Max. *La ética protestante y el espíritu del capitalismo*. Traducido por Luis Legaz Lacambra. Ebook. México: Fondo de Cultura Económica, 2012.

Whelan, Robbie y Santiago Pérez. "Why Your Flat-Screen TV Would Cost More If Nafta Ends." *Wall Street Journal*, 27 de noviembre de 2017. https://www.wsj.com/articles/why-your-flat-screen-tv-would-cost-more-if-nafta-ends-1511344800.

Wlezien, Christopher y Robert S. Erikson. "The Timeline of Presidential Election Campaigns." *The Journal of Politics* 64, núm. 4 (noviembre de 2002): 969-993.

Woldenberg, José. "1968, 45 años después. Acercamientos fragmentarios." *De chile, dulce y manteca* (blog). *Nexos*, 6 de octubre de 2014. https://josewoldenberg.nexos.com.mx/?p=210.

———. *El cambio político en México*. Serie Cuadernos de Divulgación. Pachuca: Tribunal Electoral del Estado de Hidalgo, El Colegio del Estado de Hidalgo, 2007.

———. "El partido de los independientes." *Nexos*, 1 de abril de 2016. https://www.nexos.com.mx/?p=28066.

———. "El reiterado recurso de la evasión." *El Universal*, 4 de febrero de 2020. https://www.eluniversal.com.mx/opinion/jose-woldenberg/el-reiterado-recurso-de-la-evasion.

———. *Historia mínima de la transición democrática en México*. Ebook. México: El Colegio de México, 2012.

———. "La reforma necesaria." *El Universal*, 7 de enero de 2020. https://www.eluniversal.com.mx/opinion/jose-woldenberg/la-reforma-necesaria.

———. "Parlamentarismo y/o ajustes al régimen de gobierno." *Nexos*, 2 de octubre de 2017. https://josewoldenberg.nexos.com.mx/?p=379.

————. "La transición democrática mexicana." Ponencia, Universidad Internacional de Florida, 3 de junio de 2004. http://memoria.fiu.edu/memoria/documents/woldenberg.pdf.

Wolf, Martin. "The Wealth of Nations." *Financial Times*, 2 de marzo de 2012. https://www.ft.com/content/56f88be0-6213-11e1-807f-00144feabdc0.

World Justice Project. *La nueva justicia penal en México. Avances palpables y retos persistentes.* México: World Justice Project, 2018.

————. *World Justice Project Rule of Law Index 2019.* Washington D. C.: World Justice Project, 2019.

Xantomilla, Jessica. "ONU-DH: preocupante que Fuerzas Armadas sigan en tareas de seguridad pública." *La Jornada*, 21 de diciembre de 2018. https://www.jornada.com.mx/2018/12/21/politica/007n2pol.

Zedillo, Ernesto, Catalina Pérez-Correa, Alejandro Madrazo y Fernanda Alonso. "Drug Policy in Mexico: The Cause of a National Tragedy: A Radical but Indispensable Proposal to Fix It." *University of Pennsylvania Journal of International Law* 41, núm. 1 (enero de 2019): 107-175.

Zedillo Ponce de León, Ernesto. "The Mexican External Debt: The Last Decade." En *Politics and Economics of External Debt Crisis: The Latin American Experience.* Editado por Miguel S. Wionczek y Luciano Tomassini. Ebook. Nueva York: Routledge, 2019.

Zertuche Muñoz, Fernando, coord. *Instituto Federal Electoral: Presencia y legado.* México: Instituto Nacional Electoral, 2016.

El pasado, presente y futuro de México de Ricardo Anaya
se terminó de imprimir en el mes de julio de 2021
en los talleres de
Diversidad Gráfica S.A. de C.V.
Privada de Av. 11 #1 Col. El Vergel, Iztapalapa,
C.P. 09880, Ciudad de México.